A Espiritualidade Budista

Coleção Estudos
Dirigida por J. Guinsburg

Equipe de realização – Tradução: Maria Clara Cescato; Edição de texto: Marcio Honorio de Godoy; Revisão de provas: Iracema A. de Oliveira e Soluá Simões de Almeida; Sobrecapa: Sergio Kon; Produção: Ricardo Neves e Sergio Kon.

Takeuchi Yoshinori (org.)

em associação com
Jan van Bragt, James W. Heisig,
Joseph S. O'Leary e Paul L. Sanson

A ESPIRITUALIDADE BUDISTA

ÍNDIA, SUDESTE ASIÁTICO, TIBETE E CHINA PRIMITIVA

PERSPECTIVA

Título do original inglês
Buddhist spirituality

Dados Internacionais de Catalogação na Publicação (CIP)
(Câmara Brasileira do Livro, SP, Brasil)

Espiritualidade budista : Índia, Sudeste Asiático, Tibete e China primitiva / em associação com Jan van Bragt, James W. Heisig, Joseph S. O'Leary e Paul L. Swanson; Takeuchi Yoshinori (org.) ; [tradução Maria Clara Cescato]. – São Paulo : Perspectiva, 2006. – (Coleção estudos ; 219 / dirigido por J. Guinsburg)

Título original: Buddhist spirituality
Bibliografia.
ISBN 978-85-273-0738-3

1. Budismo - China 2. Budismo - História 3. Budismo – Índia 4. Budismo - Sudeste Asiático 5. Budismo – Tibete 6. Espiritualidade I. Yoshinori, Takeuchi. II. Bragt, Jan van. III. Heisig, James W. IV. O'Leary, Joseph S. V. Swanson

05-7835 CDD-294.3095

Índices para catálogo sistemático:

1. Ásia : Budismo : Religião : História 294.3095
2. Budismo : Ásia : Religião : História 294.3095

1ª edição
[PPD]

EDITORA PERSPECTIVA LTDA.
Av. Brigadeiro Luís Antônio, 3025
01401-000 – São Paulo – SP – Brasil
Telefax: (0--11) 3885-8388
www.editoraperspectiva.com.br
2019

Sumário

Introdução IX

PARTE I:
OS PRIMÓRDIOS DO BUDISMO E A ESCOLA TERAVADA

1. A Mensagem do Buda Gautama e suas Primeiras Interpretações – *G. C. Pande* 3

2. A Meditação Budista na Índia – *Paul J. Griffiths* 37

3. Abidarma – *Sakurabe Hajime* 73

4. A Tradição Teravada no Sudeste Asiático – *Winston L. King* 87

5. Os Países de Tradição Teravada 103
   - I. Sri Lanka – *Maeda Egaku* 103
   - II. Mianmar – *Winston L. King* 113
   - III. O Budismo na Cultura Tailandesa – *Sunthorn Na-Rangsi* 120
   - IV. A Espiritualidade Tailandesa e a Modernização – *Sulak Sivaraksa* 125

6. Monasticismo e Civilização – *Robert A. F. Thurman* 133

PARTE II:
A ESCOLA MAHĀYĀNA

7. Os Sutras 153
   I. *O Prajñāpāramitā* e o Surgimento da Tradição Mahāyāna – *Kajiyama Yūichi* 153
   II. *O Sutra de Vimalakīrti* – *Nagao Gajin* 172
   III. *O Sutra de Avataṁsaka* – *Luis O. Gómez* 177
   IV. *O Sutra do Lótus* e a Essência da Tradição Mahāyāna – *Michael Pye* 188

8. As Filosofias da Tradição Mahāyāna 209
   I. A Tradição Mādhyamika – *Tachikawa Musashi* 209
   II. Iogacara – *John P. Keenan* 224
   III. Lógica Budista: A Busca da Certeza – *Ernst Steinkellner* 234

9. O Veículo do Diamante – *Alex Wayman* 243

10. A Devoção da Terra Pura – *Roger J. Corless* 269

PARTE III:
CHINA

11. As Três Jóias na China – *Whalen Lai* 303

12. As Escolas Filosóficas 377
   I. San-lun, T'ien-T'ai e Hua-yen – *Taitetsu Unno* 377
   II. A Escola Iogacara na China – *John P. Keenan* 401

13. A Espiritualidade do Vazio no Budismo Chinês Primitivo – *Paul L. Swanson* 411

14. Budismo Tântrico na China – *Paul B. Watt* 437

Introdução*

Dentre todas as grandes religiões, o budismo é a que se concentra com maior ênfase no aspecto da religião que denominamos espiritualidade. Nenhuma outra religião deu maior valor aos estados de percepção e libertação espiritual, e nenhuma outra descreveu, tão metodicamente e com tamanha riqueza de reflexões críticas, os vários caminhos e disciplinas por meio dos quais esses estados são alcançados, ou as bases ontológicas e psicológicas que tornam esses estados tão importantes e esses caminhos tão eficientes. No budismo, a "espiritualidade" – talvez o termo sânscrito *bhāvanā*, ou "cultivo", seja o equivalente mais próximo – não é uma realidade meramente interior ou uma simples fuga da existência comum. Ela não pressupõe qualquer dualismo entre o domínio espiritual e o domínio dos sentidos, ou entre uma dimensão profana e o mundo sagrado. Ao contrário:

> Ela visa limpar a mente das impurezas e perturbações, tais como os desejos sensuais, o ódio, a malevolência, a indolência, as preocupações e ansiedades, as dúvidas céticas e o cultivo de qualidades como a concentração, a percepção, a atenção, a inteligência, a vontade, a energia, a capacidade analítica, a confiança, a alegria, a tranqüilidade

* O presente volume abrange o desenvolvimento do budismo em seus primórdios na Índia, no Sudeste Asiático, no Tibete e na China. O volume 2 será destinado aos desenvolvimentos ulteriores na China, Coréia e Japão, inclusive a escola Ch'an (Zen). Ele também conterá materiais sobre a espiritualidade dos novos movimentos religiosos budistas e uma abordagem ampla da iconografia budista.

que, por fim, conduzem ao alcance da sabedoria mais alta, que vê a natureza das coisas tal como ela é e compreende a Verdade Última, o Nirvana[1].

Numa palavra, a liberdade alcançada na prática budista é o conhecimento da realidade, ou antes, é a realidade em si, a existência liberta das ilusões e das paixões que nos prendem a um mundo de ignorância e sofrimento.

Por mais obscura que seja a apreensão do conteúdo doutrinal do budismo para a maioria das pessoas nos países não-budistas, a convicção de sua profundidade e sabedoria é compartilhada quase instintivamente por homens e mulheres em toda parte. Os estudiosos budistas e os escritores que tratam da espiritualidade, naturalmente, acolhem essa boa-vontade mundial, mas não sem uma certa reserva que, para o não-budista, muitas vezes é difícil avaliar – e na verdade pode até mesmo parecer elitismo cultural ou religioso. Colocado em termos simples, trata-se do temor de que a pouco religiosa cultura popular, em sua pressa de chegar ao "núcleo" da verdade budista, se contente em pilhar umas poucas idéias ou práticas valiosas que possam ser facilmente absorvidas em outras tradições, ignorando o caráter específico da transformação visada pelo budismo, assim como pelas disciplinas necessárias para alcançá-la.

Não é fácil compreender o budismo em qualquer de suas formas históricas, e só poderemos apreender a grande diversidade de seus ensinamentos se estivermos dispostos a examinar de ponta a ponta toda a tradição, cronológica e geograficamente. A presente coleção tenta fazer isso, embora não vise a uma compreensão mais completa que a que podemos alcançar ao colocar o budismo em seu contexto inter-religioso mais amplo. Os que leram os volumes sobre o hinduísmo nesta coleção podem reconhecer os elementos védicos que moldaram os ensinamentos do próprio Buda e o budismo primitivo, ou o devocionismo que ajudou a moldar o budismo posterior da tradição Mahāyāna ("grande veículo"). A diversidade de crenças e práticas populares que se tornou parte da tradição budista, à medida que ela se disseminou ao sul, difundindo-se na Índia e no Sudeste Asiático, e ao norte, ao penetrar a Ásia Central, Tibete, Mongólia, China, Coréia e Japão, cria um quadro diversificado que nossos colaboradores tiveram de abordar de modo sucinto, a fim de manter o foco sobre a busca espiritual que tradicionalmente tem sido vista como o núcleo da religião. O encontro do budismo com as tradições religiosas e literárias nativas da China, onde seus textos sagrados foram traduzidos para se tornar uma força importante no interior de uma história intelectual completamente diferente, talvez seja o episódio mais dramático desse desenvolvimento, e

1. W. Rahula, *What the Buda Taught*, p. 68.

o entendimento completo dessa metamorfose requer igualmente uma compreensão plena das tradições confucionista e taoísta.

Ao concentrar seu foco nas esferas superiores da espiritualidade budista, nossos colaboradores deram destaque especial a dois temas em particular: a *meditação* e o *vazio*. Se mantiver esses tópicos firmemente em vista, o leitor perceberá que as outras questões discutidas nestas páginas convergem para eles e deles extraem seu significado. O quadro resultante talvez seja reflexo das tendências do atual interesse ocidental, pois esses dois temas oferecem apenas uma solução possível para o problema de se identificar o núcleo característico da espiritualidade budista. No entanto, na atual perspectiva ocidental, caracterizada pela popularidade das técnicas de meditação Vipassanā e Zen e pelo grande interesse acadêmico no "vazio" como tema filosófico, ou pelo menos como prática espiritual, esses dois temas ganharam uma atratividade especial e oferecem um ponto de entrada promissor no mundo imenso, e muitas vezes insólito, do pensamento budista.

O QUE É O BUDISMO?

Antes de discutir os temas da meditação e do vazio, é necessário apresentar algumas noções muito básicas, recorrendo tanto ao Cânone Páli (a principal fonte dos ensinamentos budistas primitivos) como às fontes em sânscrito.

O que é o budismo? A resposta clássica: ser budista é buscar refúgio nas três realidades salutares supremas: o Buda, o Darma e o Saṅgha. Os três são considerados as "três jóias" que estão além de todo preço.

O nome *Buda* (literalmente, "o desperto") refere-se primariamente à figura histórica de Gautama Siddhārtha, ou Sākyamuni (o sábio do clã Śākya), que alcançou a condição de Buda no último de seus muitos nascimentos, mas também a outras figuras que se acredita o precederam no passado ou que o seguiriam no futuro. Alguns ramos do budismo de tradição Mahāyāna afirmam a existência de toda uma hoste de budas vivendo em todos os lugares e em todas as épocas. O termo "Buda" também tem sido compreendido no pensamento Mahāyāna como a meta última rumo à qual todos os seres devem se esforçar, uma realidade perfeita, que preexiste a todos os budas históricos. A meta suprema, que transcende à vida precária do indivíduo e no entanto pertence intimamente a cada indivíduo, é concebida como uma força que nos impulsiona para além da morte, através de ciclos repetidos de nascimento e renascimento, ou como uma capacidade inata, uma "natureza do Buda", que impele todos os seres rumo a um mesmo fim. A perfeição de ser, que o Buda histórico realizou em sua iluminação, é vista como uma vocação humana universal.

O *Dharma* (sânscrito) ou *Dhamma* (páli) é *o Ensinamento*, a visão da realidade ensinada pelo Buda, que, pouco antes da morte, falou aos discípulos inconsoláveis:

> Continuem a fazer de vocês mesmos sua ilha (esteio), a fazer de vocês mesmos – e não de alguém mais – seu refúgio; a fazer do Dhamma sua ilha (esteio), do Dhamma seu refúgio, nada além de seu refúgio[2].

Darma refere-se então a todos os ensinamentos do Buda registrados nos sutras, ou livros sagrados do budismo (uma coletânea amorfa de milhares de obras transmitidas em mais de uma dezena de línguas, no decorrer de mais de dois mil anos). Mas ele também é interpretado, em especial no budismo de tradição Mahāyāna, como significando "as coisas exatamente como são", a realidade última, descoberta e iluminada por Śākyamuni, mas de forma alguma dependente de sua experiência histórica.

A formulação mais bem conhecida do Darma, denominada as *Quatro Verdades*, foi exposta pelo Buda em Benares, imediatamente após sua iluminação:

> A vida é cheia de sofrimento;
> o sofrimento é causado pelo anseio compulsivo pelas coisas da vida;
> o sofrimento pode ser interrompido por meio da renúncia desse anseio; e
> há um caminho que conduz à cessação do sofrimento, isto é, o *Caminho Óctuplo* das concepções corretas, da intenção correta, da fala correta, da conduta correta, do modo de viver correto, do esforço correto, da atenção correta, da concentração correta.

A primeira das Quatro Verdades, a universalidade do sofrimento, é uma barreira para muitos em seu primeiro encontro com o budismo; no entanto ela não é apresentada como expressão de um pessimismo deliberado, mas como a descoberta de uma compreensão espiritual superior:

> É difícil atirar à distância flecha após flecha através do buraco de uma chave e não errar uma única vez. Mais difícil é atirar e fazer penetrar uma ponta de cabelo dividida cem vezes num pedaço de cabelo dividido da mesma forma. Ainda mais difícil é penetrar o fato de que "tudo é sofrimento"[3].

Foi essa percepção do sofrimento que levou Gautama a abandonar sua vida mundana e iniciar sua busca ascética:

> Quando considero a impermanência de tudo neste mundo, não consigo encontrar prazer nele. [...] Se as pessoas, destinadas a passar pela velhice, doenças e morte, não se preocupam, ao se divertir com outros que estão na mesma posição, elas se comportam como pássaros e animais. [...] Eu, ao contrário, fico assustado e extremamente alarmado quando reflito sobre os perigos da velhice, da morte e da doença. Não encontro paz

2. *Mahāparinibbāna-sutta*, tal como citado por W. Rahula, op. cit., p. 61.
3. Citado em E. Conze, *Buddhism: Its Essence and Development*, p. 45.

nem alegria, e o prazer está absolutamente fora de questão, pois a mim o mundo parece em chamas com um fogo que tudo consome[4].

Sua solução para o problema da existência, encontrada na noite de sua iluminação, sua entrada no êxtase do nirvana, expõe tanto as causas desse sofrimento quanto sua cura:

A dependência do contato com objetos agradáveis gera uma sensação agradável; mas, quando cessa esse contato com os objetos, cessa e chega ao fim a impressão que surge do contato, a sensação agradável que tem origem na dependência do contato com objetos agradáveis [...].

Ao perceber isso, o discípulo nobre e instruído concebe uma aversão ao contato, concebe uma aversão à sensação, concebe uma aversão pela percepção, concebe uma aversão pelas predisposições, concebe uma aversão pela consciência. E, ao conceber essa aversão, ele fica privado de paixões, e pela ausência de paixões ele se torna livre, e quando está livre, ele fica consciente de que está livre; e sabe que o renascer está exaurido, que viveu a vida santa, que fez o que lhe cumpria fazer, e que ele não é mais deste mundo[5].

Essa é uma das inúmeras passagens do Cânone Páli que expõem a visão ontológica básica do budismo primitivo, isto é, a doutrina da *origem interdependente* de tudo. Essa doutrina ensina que todas as coisas vêm a ser e deixam a existência por meio de uma cadeia de acontecimentos interconectados, que se condicionam mutuamente e culminam na ignorância. Em sua forma padrão, ela tem doze encadeamentos: a ignorância, as ações volitivas, a consciência, os fenômenos fisiológicos, as capacidades perceptivas, o contato, a sensação, a sede, o apego, o processo do devir, o nascimento e a dor-e-morte. Cada uma dessas condições existe apenas numa relação de interdependência com relação a todas as outras: juntas, elas constituem o mundo de *saṃsāra*, o domínio da ilusão e do sofrimento, no qual vivem os não-iluminados.

O tom imparcial dessas análises pode ser desconcertante, porém ele é permeado pela alegria dos que encontraram a liberdade espiritual e iluminaram o caminho seguro através dos emaranhados dos anseios compulsivos, da aversão e da ilusão, até a clara luz do dia espiritual. A enorme influência desses ensinamentos não se deve a uma atratividade superficial, exercida por sua apresentação, e somente se explica por seus efeitos: assim como acontece com os tratados médicos, o valor das secas listas catequéticas, que enchem tantas páginas do Cânone Páli, está em sua eficácia de cura, de eliminação das paixões e impurezas. O diagnóstico é bastante sombrio, mas persuasivo; a cura prescrita é lúcida, abrangente e pode ser desenvolvida por meio de uma variedade de estilos práticos.

4. Citado em E. Conze, *Buddhist Scriptures*, pp. 40-41.
5. H. C. Warren, "Samyutta-Nikāya" em *Buddhism in Translations*, p. 152.

Uma outra fórmula que, segundo se afirma, captura o núcleo da segunda jóia do budismo é o *Selo Tríplice do Darma* (as três marcas da existência): a impermanência de todas as coisas condicionadas; a universalidade do sofrimento; e a ausência de um eu permanente. Algumas fontes acrescentam um quarto selo – a tranqüilidade do nirvana – a meta de toda a prática budista. Para a mente ocidental, a recusa de um eu substancial, uma outra barreira, é talvez mais plausível hoje que no passado.

> De acordo com os ensinamentos do Buda, a noção de eu é uma crença falsa e imaginária, que não tem realidade correspondente e que produz os pensamentos daninhos do "eu" e do "meu", o desejo egoísta, o anseio compulsivo, o apego, o ódio, a malevolência, a arrogância, o orgulho, o egoísmo e outras degradações, impurezas e problemas. Ela é a fonte de todos os transtornos do mundo, de conflitos pessoais a guerras entre as nações. Em resumo, a essa concepção falsa pode ser remetido todo o mal no mundo[6].

A última jóia, o Saṅgha, refere-se à comunidade dos que seguem o Buda e o Darma. No sentido estrito, o termo refere-se aos monges e monjas que "deixaram o lar para viver sem lar" e encontram seu lar nos preceitos budistas. Esses preceitos, conhecidos como Vinaya, incorporam a prática absolutamente rigorosa do "caminho" para a iluminação e libertação que foi seguido pelo próprio Śākyamuni. Eles são apenas uma parte da vida do Saṅgha e encontram sua realização na meditação – que inclui tanto a prática de tentar centrar a mente quanto a atenção daquele para quem a arte se tornou um hábito – e na sabedoria – a iluminação que provém da observação desses preceitos e do cultivo da meditação. A sabedoria do corpo-mente desperto e desapegado é, podemos dizer, o coração da espiritualidade budista.

MEDITAÇÃO: O BUDISMO PRIMITIVO E A TRADIÇÃO TERAVADA

A meditação é um tema central nos ensaios da Primeira Parte desta coleção. É na meditação que se chega às percepções do próprio Buda e que se descobre o significado dos secos textos dos livros sagrados. O contexto doutrinal, no qual a prática da meditação adquire sua posição crucial, é examinado no ensaio de G. C. Pande sobre os ensinamentos do Buda e seus desenvolvimentos em meio aos debates entre as diversas escolas ou seitas nos primeiros séculos do budismo na Índia. Focalizando de perto a compreensão meditativa da verdade budista, Paul Griffiths põe em destaque algumas das estruturas básicas dos ensinamentos sobre a meditação, que culminaram nas sumas de Budaghosa (século v d.C.). Griffiths identifica e descreve as variedades, métodos e estágios da meditação, que ele caracteriza como

6. W. Rahula, op. cit., p. 51.

"uma tentativa autoconsciente de alterar, de modo amplo e sistemático, a experiência afetiva, cognitiva e perceptiva do praticante".

Sakurabe Hajime evoca as grandes realizações dos pensadores da tradição Abidarma na esfera da análise psicológica e ontológica; elas devem muito a esse treinamento da atenção meditativa. Para alguns, essas especulações altamente técnicas talvez pareçam despojadas do calor ou paixão da verdadeira espiritualidade religiosa, mas, para muitos na história budista, elas simbolizaram o ponto mais alto do desenvolvimento espiritual. Num amplo panorama, Robert Thurman explica o papel da vida monástica no desenvolvimento do esforço espiritual budista – esse ensaio tem em perspectiva todo o curso da tradição, e suas lições devem ser tomadas como pano de fundo para a maior parte dos capítulos que se seguem.

Winston King revela a vitalidade dessa tradição da meditação nos países do Sudeste Asiático, onde continua a florescer a tradição Teravada, baseada exclusivamente no Cânone Páli. A centralidade da meditação, em geral em ambientes monásticos, não é independente da vitalidade cultural e social que o budismo tem manifestado nesses séculos, como revelam também as abordagens do budismo tailandês por Sunthorn Na-Rangi e Sulak Sivaraksa, assim como o quadro apresentado por Maeda Egaku sobre seus desenvolvimentos no Sri Lanka.

A suprema ilusão, que a meditação busca subjugar, é a crença num eu substancial, pois ela é a fonte de todos os pensamentos e desejos, que dispersam e obscurecem a visão do praticante; em termos mais gerais, essa crença é a fonte da preocupação com o "eu", que torna nossas vidas superficiais e sem criatividade. O embate com essa ilusão prepara o terreno para a retórica do vazio, na qual está mergulhada a tradição Mahāyāna. À medida que a autoconsciência – a fonte da dispersão – recua, a mente é libertada para a compaixão com relação a todas as coisas vivas, que é praticada nos "quatro Estados Sublimes" (*brahma-vihāra*): estendendo o amor e a boa-vontade (*mettā*) universal e ilimitados a todos os seres vivos, sem qualquer tipo de discriminação, "da mesma forma que uma mãe ama seu único filho"; dotada de compaixão (*karuṇā*) com relação a todos os seres vivos que estão em dificuldades, sofrendo e em aflição; dotada de alegria empática (*muditā*) pelo êxito, bem-estar e felicidade dos outros; e dotada de equanimidade (*upekkhā*) em todas as vicissitudes da vida[7].

A meditação dá origem a uma percepção não-discursiva da realidade presente, resgatando a mente de seu vagar compulsivo pelos domínios irreais e imaginários do passado e do futuro. No entanto, essa purificação e concentração da mente não são hostis ao uso apropriado do pensamento discursivo. A análise filosófica pode ser uma poderosa auxiliar na luta pela superação da ilusão e dos anseios compulsivos.

7. Idem, p. 75.

Pois, embora o budismo tenha conhecido revoltas contra desenvolvimentos excessivamente acadêmicos – a crítica de Nāgārjuna aos estudiosos da tradição Abidarma, por exemplo, ou a revolta Zen contra a complexidade da erudição e especulação do budismo chinês – ele nunca vivenciou a oposição entre *religião* e *filosofia*, ou entre fé e razão, que é um tema recorrente no Ocidente. Desde a época em que, na Antigüidade, os gregos tentaram substituir a poesia, as revelações divinas, o mito e os símbolos pela natureza, história, ciência e fatos, a religião tem sido obrigada a se limitar a uma linha estreita entre a recusa mutiladora do progresso intelectual e a rendição não menos mutiladora a seu controle absoluto. O budismo não conheceu tal problema: o filósofo budista foi sempre um religioso, e a busca pela iluminação foi sempre um elemento essencial de sua religião; até mesmo mencionar esse fato já é introduzir uma dicotomia onde não há dicotomias.

O organizador geral dos dois volumes sobre o budismo da *Enciclopédia da Espiritualidade no Mundo*, Takeuchi Yoshinori, escreve:

> No budismo, religião e filosofia são como uma árvore que se bifurca a partir da base. Ambas provêm das mesmas raízes e ambas são nutridas pela mesma seiva. Na verdade, a religião forma o tronco principal e a filosofia, seu ramo, mas as duas permanecem intimamente ligadas entre si. Houve épocas, na longa história do budismo, nas quais uma poda do ramo filosófico ajudou o tronco a florescer, e outras épocas em que o ramo filosófico permaneceu em pleno florescimento, enquanto o tronco se tornou oco. Mas, no todo, as duas têm compartilhado o destino comum da mesma árvore, através de seu florescimento e definhamento – duas parceiras presas num diálogo. A religião reflete sobre sua própria essência por meio da filosofia e, com isso, aprofunda e renova sua vitalidade. Ela é como um fluxo constante de água que jorra de uma fonte subterrânea; ao mesmo tempo em que a corrente de água continua a purificar e renovar a água que fluiu antes, ela também continua a cavar seu próprio manancial mais profundamente na terra [...].
>
> Falando em termos rigorosos, o budismo não tem nada que se assemelhe àquilo que São Paulo se refere como a "loucura da cruz". Isso é tanto sua fraqueza quanto sua força e tem levado a filosofia budista numa direção diferente da filosofia e teologia ocidentais. Isso significa que, no Ocidente, a experiência religiosa da "loucura da cruz" coloca a filosofia e a religião em oposição recíproca, estabelecendo a autonomia da razão para exercer sua crítica de fora; mas, ao mesmo tempo, essa oposição básica conduziu a uma nova relação, embora secundária, entre a filosofia e a teologia, uma relação mutuamente fundada num interesse comum pela metafísica [...].
>
> Para o budismo, originalmente, a filosofia servia como um princípio interno da religião, e não como uma crítica externa, embora freqüentemente ela tenha se exercido como um meio de criticar o obscurantismo da religião. Isso quer dizer que, no budismo, a filosofia não é uma especulação ou contemplação metafísica, mas antes uma metanóia do pensamento, uma conversão no âmbito do pensamento reflexivo, que sinaliza um retorno ao eu autêntico [...]. Para o budismo, essa "metanoese" representa o verdadeiro significado da iluminação para a verdade da religião[8].

É claro que a filosofia, assim compreendida, conduz à meditação e que a chegada da pessoa espiritualmente liberta à clareza de sua visão é o ponto mais alto da filosofia, e não sua abolição.

8. T. Yoshinori, pp. 3-4.

Uma outra dicotomia que tem atormentado a espiritualidade ocidental, e que parece ser ignorada ou superada pela meditação budista, é o dualismo mente/corpo, que também remonta aos gregos. A noção moderna do sujeito individual da espiritualidade carrega em si vestígios de séculos de debate sobre a realidade e as estruturas de uma "alma", ou princípio doador de vida, que tornam a mera corporalidade uma característica distintivamente humana. Quer o princípio anímico estivesse *localizado* no corpo, quer simplesmente estivesse *participando do* corpo, a oposição era crucial para a religião no Ocidente: a recusa do princípio praticamente resultava também na rejeição da religião. Em tempos recentes, a oposição vinculada a essa dicotomia, a oposição entre mente inconsciente e mente consciente, tornou-se um produtivo modelo do progresso na vida espiritual, mas sempre como algo "superior" ao corpo. Nas formas mais exemplares da meditação budista, ao contrário, o corpo tem sido visto como o ponto de convergência da iluminação e da experiência, numa inseparável unidade com a mente. Sejam os sentidos utilizados de modo a intensificar a experiência da mente, como na tradição tântrica do Tibete, sejam eles deixados na indigência, em vista de privar a mente de suas preocupações, como no Zen, em cada caso a prática envolve a mente e o corpo numa unidade indiferenciada.

A meditação budista não é apenas um caminho para a iluminação da mente: ela também realiza uma transformação da vida afetiva em suas próprias raízes. Ela substitui a atitude de *apego* por uma atitude de *desapego*. A renúncia ao mundo, e aos apetites que nos fazem tender à perda de nós mesmos no desfrute deles, não é vista como uma mera técnica para purificação da mente e do espírito. Desde o início, a tradição filosófica no budismo considera o libertar-se do apego como a base de uma gama de teorias psicológicas, epistemológicas e até mesmo ontológicas. Novamente, à medida que essa tradição de desapego se expande e se articula através de toda a gama de pensamentos, ela dá origem à intuição dominante do *vazio*. O vazio de todas as coisas é o objetivo que corresponde à liberdade de quem abandonou todos os apegos.

O VAZIO

O vazio (*śūnyatā*, em sânscrito) é um tema recorrente na segunda e terceira partes deste volume, que abordam o movimento Mahāyāna na Índia e sua aculturação no Tibete e na China. Autoproclamando-se o "Grande Veículo", capaz de transportar todos os seres dotados de sentidos até a outra praia da iluminação budista, leigos não menos que monges, a tradição Mahāyāna deve sua expansão missionária sem precedentes ao alcance de sua visão imaginativa e à flexibilidade de seus procedimentos interpretativos. A diversidade resultante de suas formas – a multiplicidade de budas e bodisatvas (alguém que encarna os ideais de quem está no caminho da iluminação budista), de objetos e formas de adoração e de tipos de meditação – deixa atônita nossa imaginação. Mesmo assim, pode-se detectar, na tradição Mahāyāna, uma certa homogeneidade espiritual, não apenas em sua ênfase reiterada nas virtudes cardeais budistas da Sabedoria e da Compaixão e na inseparabilidade delas, mas também no obcecante e fascinante tema do vazio.

Kajiyama Yūichi elucida o pano de fundo cultural do surgimento da escola Mahāyāna nos primeiros séculos da Era Cristã, um acontecimento que permanece em grande parte obscuro. O conjunto de sutras conhecidos como "Perfeição da Sabedoria" (*prajñāpāramitā*) concentra-se em torno da percepção de que todas as coisas são "vazias", de que nada existe de modo independente, autônomo ou eterno.

A devoção a budas e bodisatvas quase-divinizados, um traço proeminente da religiosidade Mahāyāna, está em grande evidência no *Sūtra do Lótus*, um dos livros sagrados mais conhecidos e mais reverenciados entre os budistas na China e no Japão; ela é aqui apresentada por Michael Pye. Pode-se ver como o abandono do devocionismo, aliado à consciência do vazio, tornou possível a convivência frutífera entre a religião popular e a religião sofisticada, legitimada pela idéia de "meios hábeis" (*upāya*), que aqui encontra sua apresentação clássica. O sutra também ensina a iluminação budista universal, uma meta mais alta que a arhatidade, ou santidade, buscada no budismo primitivo.

Nagao Gajin examina o *Sutra de Vimalakīrti*, um texto que, segundo ele, é "mais vazio" que os sutras de Prajñāpāramitā. Esse sutra nunca foi o foco primordial da escola budista, no sentido de que nunca deu origem a uma "Seita Vimalakīrti", mas a história de seu protagonista leigo e de seus ensinamentos sobre a não-dualidade tornou-o um texto popular e influente no Leste Asiático. A consciência da não-dualidade é equivalente à consciência do vazio. A imagem do Vimalakīrti, solicitado pelos participantes de um longo debate filosófico a dar a palavra final e respondendo com um silêncio retumbante, é cara aos budistas da tradição Mahāyāna.

Do ponto de vista literário, o *Sutra de Vimalakīrti* é um dos textos da tradição Mahāyāna que mais atraem o gosto ocidental. Ele transmite, numa série de cenas memoráveis e muitas vezes bastante humoradas, a poesia, alegria e liberdade associadas ao vazio e mostra como a prática da compaixão se funda na sabedoria do vazio:

> "Mañjuśrī, um bodisatva deve considerar todos os seres vivos da mesma forma que um homem sábio considera os reflexos da lua na água ou da mesma forma que os feiticeiros consideram os homens como criados pela magia. Ele deve considerá-los como um rosto num espelho; como a água numa miragem; como o som de um eco; como uma massa de nuvens no céu; como o momento anterior de um aglomerado de espuma; como o aparecimento e desaparecimento de uma bolha de água; como o olho de uma bananeira; como o fulgor de um relâmpago; como o quinto grande elemento [...]"

"Nobre senhor, se um bodisatva considera todos os seres vivos dessa forma, como é que ele gera o grande amor com relação a eles?"

"Mañjuśrī, quando um bodisatva considera todos os seres vivos desse modo, ele pensa: 'Assim como compreendi o Darma, também devo ensiná-lo aos seres vivos'. Assim ele gera o amor que é um verdadeiro refúgio para todos os seres vivos; o amor que é pacífico, porque está livre de cobiça; o amor que não é ardente, porque está livre de paixões; o amor que está em harmonia com a realidade, porque é equânime em todos os três tempos; o amor sem conflitos, porque está livre da violência das paixões; o amor que é não-dual, porque não está envolvido nem com o exterior nem com o interior; [...] o amor do Buda que faz com que os seres vivos despertem de seu sono; [...] o amor que nunca se exaure, porque ele reconhece o vazio e a supressão do eu"[9].

O ensinamento do vazio recebeu um firme suporte lógico no *Mūlamadhyamaka-kārikā*, de Nāgārjuna (séculos II-III d.C), que submeteu os conceitos budistas básicos a uma análise lógica radical, com o objetivo de demonstrar o vazio de todas as coisas. Se tudo tem uma origem interdependente, todas as coisas são vazias de uma natureza própria, ou ser próprio; o vazio é a verdadeira natureza do real, que não pode ser captado por nossas palavras ou conceitos, mas apenas numa meditação que se afasta do pensamento. Tachikawa Musashi descreve a tradição Mādhyamika, ou "caminho do meio", que tem origem em Nāgārjuna, mostrando como sua lógica supera todas as formas de pensamento dualista: Nāgārjuna e seus comentadores, longe de dissolver a lógica numa intuição mística, explicou essa intuição com o rigor incansável de sua argumentação lógica.

A outra grande escola de filosofia Mahāyāna, a escola Iogacara, ou escola unicamente-da-mente, fundada por Asaṅga e Vasubandhu (século V d.C), é muitas vezes vista como uma reação contra os perigos "niilistas" de Nāgārjuna e seus discípulos e como propondo, em seu lugar, uma explicação idealista da natureza auto-suficiente da consciência. No entanto, como mostra John Keenan em sua nova abordagem dessa escola, eles incorporaram os ensinamentos essenciais dos filósofos da tradição Mādhyamika, embora enraizando-os numa doutrina da mente. Os desenvolvimentos mais completos da lógica budista estão associados a essa escola e o ensaio de Ernst Steinkellner dá uma idéia dos trabalhos desses sofisticados epistemólogos.

A visão expansiva e a rica imagética do *Sutra de Avataṁsaka*, um "compêndio enciclopédico do budismo de tradição Mahāyāna", fizeram dele um dos preferidos no Leste Asiático, onde ele floresceu plenamente. Luis Gómez discute o impressionante jogo de perspectivas no *Avataṁsaka* (conhecido em chinês como Hua-yen e em japonês como Kegon), que descrevem as várias promessas dos bodisatvas, a busca da verdade por um leigo chamado Sudhana e os estágios do progresso espiritual. Esse enorme sutra serviu de base para a forma mais brilhante do budismo especulativo na China, aqui examinado

9. R. A. F. Thurman (trad.), *The Holy Teaching of Vimalakīrti*, pp. 56-57.

por Taitetsu Unno, juntamente com dois outros grandes movimentos no pensamento budista chinês. Sua discussão dessas escolas mostra como a erudição filosófica serve como veículo para a espiritualidade e permanece ancorada na meditação, de uma forma tal que a dicotomia entre ensinamento e prática nunca é formulada. Ao contrário, ambos são como as duas asas de um pássaro. Se qualquer dos dois faltar, a busca religiosa nunca sai do lugar. Essa imagem também é salientada por Chih-i, o fundador da escola T'ien-t'ai no século VI, que Paul Swanson introduz no contexto de uma abordagem mais ampla do vazio no budismo chinês primitivo.

Está ausente de todos esses sistemas uma noção que corresponda ao Deus das religiões monoteístas. Com exceção de certas formas de pensamento devocional que parecem ter origem na tradição chinesa do budismo da Terra Pura – a menos filosófica das escolas de tradição Mahāyāna, aqui descrita por Roger Corless – a idéia de um relacionamento pessoal com um ser absoluto num outro mundo transcendente é alheia ao budismo. Isso não significa, no entanto, que se possa falar do budismo simplesmente como um "ateísmo", que estaria em contradição radical com a espiritualidade teísta. Em última análise, não se trata tanto de negar a existência de um ser supremo quanto de delinear o mapa de uma realidade espiritual absolutamente diferente.

A filosofia Mādhyamika permaneceu como uma força intelectual importante no Tibete, onde estava associada com o que, a princípio, poderia ser visto como algo totalmente alheio a ela; a exuberante tradição tântrica, cuja ênfase no ritual e na prática tinha uma atratividade disseminada, entre outras coisas, devido a suas afinidades com as práticas populares locais. As práticas tântricas consistem basicamente em gestos manuais (*mudrā*), no canto de fórmulas rituais (*dhāraṇī*), e na concentração em representações gráficas do Darma (*mandala*). As origens na Índia e o desenvolvimento na China desse terceiro caminho importante do budismo Mahāyāna – Vajrayāna, ou "veículo do diamante" – são examinados por Paul Watt; seu florescimento no Tibete é abordado com entusiasmo por Alex Wayman.

Também na China, a filosofia do vazio desenvolveu-se de formas ricas e inesperadas. É de grande interesse sua hibridização com o conceito taoísta de "nada", que Whalen Lai acompanha em seus intricados detalhes, em sua discussão da "extravagante fuga do espírito" na China, "durante seu período budista medieval, que durou do século III ao século XII". Ele não vê o budismo na China quer como uma indianização da China, quer como uma mera adaptação do Darma aos gostos locais, mas como um "desdobramento dinâmico do Darma".

É importante compreender a espiritualidade budista para ter consciência de que o vazio não é meramente uma conquista teórica. Mesmo nos mais altos vôos de sua especulação, o budismo sempre manteve – pelo menos em princípio – a subserviência da ortodoxia à ortoprática. Com isso não estou me referindo a uma moralidade social, que insistiria em efetivar na prática as convicções doutrinais, mas antes à compreensão de que o que se vivencia na prática religiosa é em si mesmo a verdade da doutrina. Muitas das questões que, para a tradição intelectual do Ocidente, podem parecer "práticas" e secundárias são tão centrais ao budismo que fazem as preocupações deste último parecer secundárias e "especulativas".

É contrário ao budismo pensar em termos de lógica apenas, separando o estudo do verdadeiro da exploração do caminho da liberdade espiritual. A libertação e a transformação são a meta e a substância de toda a filosofia budista. Se a tradição não deixou de contar com os que cultivam deliberadamente uma abordagem especulativa ou teórica dos fins religiosos, ela também foi constante em sua vigilância contra o perigo de ser engolfada pelas buscas acadêmicas e pelo abandono de sua preocupação essencial com a libertação. A filosofia do vazio é na verdade desenvolvida inteiramente como uma série de defesas contra esse perigo, uma motivação que pode justificar o que foi considerado, por muitos dos críticos dos pensadores da escola Mādhyamika, como seus excessos.

Assim, enquanto a metafísica ocidental desenvolveu um sofisticado conjunto de explicações alternativas sobre o *ser* e as *essências*, as escolas filosóficas de budismo da tradição Mahāyāna desenvolveram um conjunto, não menos impressionante e pluralista, de teorias sobre o *nada* e o *vazio*. Muito do que tem a aparência de repetitivo assim parece porque o significado de diferenças menores se perde para o não-budista, enquanto muito do que parece simplista e não-crítico é assim porque a tradição budista concentrou seu foco em outro ponto.

Consciente da condição provisória da língua, o budismo pôde acolher muitas das noções e práticas de um tipo muitas vezes proscrito, como herege ou supersticioso no Ocidente. As culturas asiáticas que aceitaram o budismo e o mesclaram produtivamente com suas tradições nativas, nunca deram origem a algo que se assemelhasse aos movimentos "subterrâneos", que foram tão importantes na história religiosa do Ocidente. As correntes de gnosticismo, misticismo, alquimia, magia, espiritismo e até mesmo folclore, que ofereceram uma espécie de contracorrente ao cristianismo oficial desde o início de sua história, não estão presentes da mesma forma no mundo budista. Evidentemente esses elementos não estão ausentes do budismo; na verdade eles se tornaram parte integrante da tradição budista em muitas das culturas e funcionam como formas úteis de fazer contato com as mentes e corações das pessoas comuns. A convicção de que todas as coisas são vazias torna possível considerar a linguagem e os gestos religiosos como desprovidos de toda e qualquer substância intrínseca, pertencentes, como toda linguagem, à esfera do convencional e não à da verdade absoluta e, assim, úteis enquanto "meios eficientes" que conduzem à iluminação, mesmo quando assumem formas que podem parecer toscas e materialistas.

A Equipe do Instituto Nanzan de Religião e Cultura
Nagóia, Japão

BIBLIOGRAFIA

CONZE, Edward. *Buddhism: Its Essence and Development*. Londres, Faber, 1951.

______. *Buddhist Scriptures*, Harmondsworth, Penguin, 1959.

CORLESS, Roger J. *The Vision of Buddhism*. Nova Iorque, Paragon House, 1989.

MASCARÓ, Juan (trad.). *The Dhammapada: The Path of Perfection*. Harmondsworth, Penguin, 1973.

GOMBRICH, Richard. *Teravada Buddhism*. Londres, Routledge & Kegan Paul, 1988.

HARVEY, B. Peter. *An Introduction to Buddhism: Teachings, History and Practices*. Cambridge, Cambridge University Press, 1990.

NYANAPONIKA THERA. *Heart of Buddhist Meditation*. Londres, Rider, 3ª ed., 1962.

RAHULA,Walpola. *What the Buda Taught*. Nova Iorque, Grove Press, 1974.

THURMAN, Robert A. F. (trad.). *The Holy Teaching of Vimalakīrt*. University Park, PA, Pennsylvania State University Press, 1976.

WARREN, Henry Clarke. *Buddhism in Translations*. reimpressão, Nova Iorque, Atheneum, 1977.

WILLIAMS, Paul. *Mahāyāna Buddhism: The Doctrinal Foundations*. Londres, Routledge, 1989.

YOSHINORI, Takeuchi. *The Heart of Buddhism*. Nova Iorque, Crossroad, 1983.

Parte I:
Os Primórdios do Budismo e a Escola Teravada

1. A Mensagem do Buda Gautama e suas Primeiras Interpretações

G. C. Pande

O contexto imediato do surgimento do budismo na Índia no século v a.C. é o do movimento dos Sramaṇa, no qual ascetas independentes se libertaram da autoridade védica, do ritualismo bramânico, da tradição social conservadora e das comunidades estabelecidas, com o propósito de explorar novos caminhos de libertação espiritual. Os Ājīvakas, os naturalistas Lokāyatas, a escola agnóstica, os jainistas e os budistas são os mais proeminentes desses grupos. Os ensinamentos, damma (em sânscrito, *darma*), deste último grupo estão estreitamente associados com a vida de seu fundador, Gautama, aclamado como um Buda, ou *o desperto*. Já nas primeiras fontes, sua biografia, ou os fragmentos dela que nelas encontramos, tornou-se um exemplo do dhamma e do caminho para a libertação, o nibbāna. A principal dessas fontes está nos livros sagrados (*sutta*) do *Sutta-piṭaka*, o primeiro dos Três Cestos (Tripiṭaka) nos quais se dividem as primeiras escolas do budismo. No presente caso, podemos nos apoiar exclusivamente no Cânone Páli, da escola Teravada.

A CONVERSÃO DE GAUTAMA

Podemos reunir apenas pouquíssimos detalhes rigorosamente históricos sobre a vida de Siddhartha Gautama, o Buda. Ele nasceu por volta de 566 a.C., em Lumbinī, próximo a Kapilavatthu, a principal cidade do clã dos Sākya, no atual Nepal. O clã dos Sākya se organizava numa república, e o Buda pertencia a uma de suas famílias governantes.

Com a idade de vinte e dois anos, ele "partiu" para viver uma existência sem lar. Afirma-se que sua conversão à vida espiritual resultou, de um lado, da percepção do sofrimento em conseqüência da velhice, doença e morte e, de outro, da paz provinda do ascetismo de renúncia ao mundo.

Estreita é a vida no lar, um caminho poeirento [...], também não é fácil, quando se habita um lar, levar a jornada do Brama a seu pleno cumprimento, completamente purificada, polida como a concha de um caramujo. Mas e se agora eu, após cortar os cabelos e a barba, após me vestir com roupas cor de açafrão, partir de casa para o desabrigo, sem-teto? Assim ponderou ele, e partiu[1].

Veio a mim o pensamento: "Por que eu, sendo de natureza a renascer, estando sujeito à morte, ao sofrimento, às impurezas, busco então por coisas dessa mesma natureza? E se eu, sendo dessa mesma natureza, e vendo as desvantagens do que está sujeito ao renascimento, fosse buscar a segurança perfeita e insuperável que é o nibbāna!" – Então, irmão, algum tempo depois disso – eu era ainda um rapaz jovem, um garoto de cabelos pretos, vivendo uma juventude feliz, no primeiro arroubo da maturidade – contra os desejos de minha mãe e de meu pai, que lamentavam, com os olhos cheios de lágrimas, fiz cortar meus cabelos e barba, vesti roupas cor de açafrão e parti de casa para uma vida sem-teto[2].

O que levou o Buda a essa renúncia foi uma sensibilidade espiritual ultrajada com a futilidade das buscas egoístas e sensuais, e com a universalidade da mudança e instabilidade, do conflito e do sofrimento. Essa transformadora experiência de *dukkha* foi sua descoberta da primeira das quatro nobres (ariyanas) verdades, a saber: 1. a natureza de *dukkha*; 2. sua origem; 3. sua cessação; 4. o caminho para essa cessação. Em vez de traduzir *dukkha* por "dor" ou "sofrimento", seria mais apropriado empregar o termo "mal" ou "desvalor", para indicar que a verdade de *dukkha* é revelada, não por sentimentos, mas por uma iluminação espiritual. Por identificar *dukkha* com o mero sofrimento físico ou emocional, C. A. F. Rhys Davids acreditava que, como *dukkha* não era um "mal eminentemente espiritual", a primeira nobre verdade não podia ser um princípio original do budismo, mas devia ser um acréscimo monástico posterior[3]. As tentativas de definir *dukkha* simplesmente em termos do sofrimento socialmente estruturado são igualmente equivocadas. Ele também não pode ser concebido apenas como inquietação ou agitação, embora esses sejam aspectos essenciais dele. Sensações desagradáveis, sofrimento emocional ou privações sociais podem ocasionar insatisfação espiritual com a vida habitual do corpo e da mente, em termos individuais e sociais. Falar de *dukkha,* nesse sentido, não é falar de insatisfação do corpo e da mente, mas antes de insatisfação com o corpo e com a mente, um sofrimento existencial enraizado na temporalidade da existência humana.

1. I. B. Horner (trad.), *The Collection of the Middle Length Sayings,* p. 295.
2. Idem, p. 207 (tradução para o inglês do próprio autor).
3. C. A. F. Rhys Davids, *What Was the Original Gospel in 'Buddhism'?*, pp. 56-57.

A universalidade de *dukkha – sabbaṃ dukkhaṃ* – não era uma crença peculiar ao budismo, ao contrário, ela era bastante disseminada em meio às seitas indianas. Os adeptos da doutrina Teravada rejeitavam a interpretação, proposta por algumas escolas budistas, de que essa doutrina implicava em não ser possível haver prazer no mundo. Se não havia prazer, como poderia haver algum apego? Para evitar confusão, foi feita uma distinção entre tipos de sofrimento. *Dukkha-dukkhatā* é a dor das sensações desagradáveis e é conhecida por todos. *Pariṇāma-dukkhatā* é a dor causada pelo desaparecimento do prazer e da felicidade. *Saṃkhāra-dukkhatā* é a forma mais sutil de "dor", plenamente reconhecida apenas pelos que são dotados de discernimento espiritual. É a dor causada pela instabilidade e transitoriedade inerentes a todos os fenômenos. A experiência e todos os seus elementos são compostos que incessantemente surgem e desaparecem. Quando a atenção é focalizada nessa instabilidade do ser consciente, produz-se uma dor excruciante. Essa é uma dor para a qual não pode haver alívio, exceto por um total desprendimento interior. A renúncia à vida mundana, aos vínculos familiares, à propriedade e à posição social, à busca dos prazeres e às ambições egoístas é o primeiro passo nessa direção.

A NOBRE BUSCA

O Buda dedicou os seis anos seguintes ao estudo das práticas espirituais. Seus dois principais mestres ensinaram-no a alcançar o que o budismo classifica como a terceira e quarta das meditações sem-forma. Nelas, a mente recolhe-se e se afasta dos objetos externos, até repousar na virtual ausência de objetos. Na terceira meditação sem-forma, ensinada por Ālāra Kālāma, a mente repousa no simples vazio, ou nada. O Buda aprendeu essa meditação, mas sentia-se insatisfeito, pois, embora afastasse a mente das atribulações e da dispersão da vida exterior por algum tempo, ela não conduzia à ausência de paixões ou a um conhecimento superior, nem eliminava as raízes das paixões: "Esse *dhamma* não conduz ao desapego nem à supressão das paixões, nem à cessação, nem à tranqüilidade, nem ao conhecimento supremo, nem ao despertar, nem ao nibbāna, mas apenas até o plano da nem-percepção-nem-não-percepção"[4]. Uma tal concentração da consciência abstraída não erradicava as paixões e, dessa forma, não podia produzir paz duradoura. Na quarta meditação sem-forma, ensinada por Uddaka Rāmaputta, a consciência recolhida em si torna-se tão sutil que, apesar de continuar existindo, sua presença não pode ser percebida nitidamente, e a pessoa atinge "a esfera da nem ideação nem não-ideação". O Buda descobriu que ela sofria da mesma deficiência que a meditação aprendida anteriormente.

4. I. B. Horner (trad.), op. cit., p. 210.

O Buda agora se dedicava à prática de austeridades, comum entre os grupos do movimento dos Śramaṇa:

> Eu ficava sem roupas, zombando das regras de decoro da vida, lambendo as mãos (após as refeições), não atendendo quando solicitado [...], eu era alguém que subsistia com raízes e frutas da floresta, comendo as frutas que haviam caído [...] tornei-me uma pessoa que ficava de pé e recusava-se a sentar-se; tornei-me uma pessoa que se acocora sobre os flancos, firme na prática de me acocorar. Tornei-me uma pessoa adepta dos espinhos recobertos, fiz minha cama sobre espinhos recobertos [...] sobre meu corpo acumularam-se terra e sujeira de anos, que caíam pedaço por pedaço[5].

Ele praticou a solidão extrema, fugindo de todo contato humano. Expôs-se ao calor e frio extremos:

> Ora causticado pelo calor, ora enregelado, sozinho na floresta aterradora.
> Nu e sentado sem o calor de uma fogueira, o sábio está firme em sua busca[6].

Ele se deitava no campo de um cemitério, sobre ossos e corpos, e recebia com impassividade os insultos e provocações que as pessoas lançavam contra ele.

Ele se empenhava em aquietar a mente por puro esforço e perseverança e por meio das práticas descritas da seguinte forma, num diálogo entre o Buda e um adversário jainista:

> Então, Aggivessana, com os dentes cerrados, com a língua comprimida contra o céu da boca, minha mente subjugada, contive e dominei minha mente [...]. Quando parei de inspirar e expirar pela boca e nariz, surgiu um barulho extraordinariamente alto do vento escapando pelas passagens auditivas [...]. Quando parei de inspirar e expirar pela boca e pelo nariz e ouvidos, ventos soando extraordinariamente alto dilaceraram minha cabeça [...]. Uma energia furiosa começou a se agitar em mim, uma atenção cristalina se instalou e, no entanto, meu corpo estava agitado, e não calmo, porque eu me esforçava em lutar por lutar contra a própria dor [...]. Como eu comia muito pouco, todos os meus membros ficaram como as juntas atrofiadas do aleijado que anda de rastos [...] minhas magras costelas ficaram como as ripas descojuntadas de uma cabana desabada [...] as pupilas de meus olhos estavam baixas e fundas [...]. Alguns reclusos [...] no passado vivenciaram sentimentos que eram agudos, dolorosos, atrozes, extremos; mas isso é sem igual, nem existe pior que isso [...]. Mas eu, com essa austeridade extrema, não alcanço estados de homens-mais-além, o excelente conhecimento e visão apropriados aos ariyanos. Poderia haver um outro caminho para o despertar?[7]

Assim o Buda abandonou o caminho das austeridades e foi abandonado por seus companheiros como um apóstata.

5. Idem, pp. 103-105.
6. Idem, p. 106.
7. Idem, pp. 297-301.

ILUMINAÇÃO

Que austeridades físicas extremas não constituem um caminho espiritualmente frutífero tornou-se um princípio cardeal dos ensinamentos do Buda. O "caminho do meio", defendido no Primeiro Sermão, aconselha que sejam evitados os dois extremos; de um lado, a autocomplacência e o prazer, de outro, as austeridades extremas e a automortificação. Um alaúde é melodioso somente se suas cordas não estão nem frouxas nem excessivamente distendidas[8]. A prática espiritual requer corpo e mente bem sintonizados, nem apáticos nem agitados. O Buda por fim alcançou sua meta pela prática de *jhāna* – um termo que se traduz por "concentração" ou "meditação". Ao escolher o caminho de *jhāna*, o Buda abandonou o medo ascético de todos os tipos de felicidade. "Agora, tenho medo da felicidade que é felicidade dissociada dos prazeres dos sentidos, dissociada dos estados da mente não-treinada?"[9] Uma felicidade não-sensual como essa é característica dos primeiros estágios da *jhāna*. Por meio da prática da *jhāna*, o Buda superou *Māra* (a figura do tentador, que representa o desejo e a morte) e atingiu *saṃbodhi* (o despertar, a iluminação). É interessante observar que Nigaṇṭha Nātaputta, um contemporâneo do Buda, afirmava ter atingido a perfeição espiritual por meio da prática de austeridades extremas; também é interessante notar que isso continua a ser um princípio cardeal do jainismo.

As quatro *jhānas* são descritas da seguinte forma:

> Mas então, Aggivessana, tendo ingerido alimento material e recuperado as forças, afastado dos prazeres dos sentidos, afastado dos estados da mente não-treinada, penetrei e permaneci na primeira meditação, que é acompanhada do pensamento inicial e do pensamento discursivo, que é nascida do afastamento e é arrebatadora e cheia de alegrias [...].
>
> Ao aquietar o pensamento inicial e o pensamento discursivo, com a mente internamente tranqüilizada e fixa num ponto, penetrei e permaneci na segunda meditação, que é vazia de pensamento inicial e discursivo, que é nascida da concentração e é arrebatadora e cheia de alegrias [...].
>
> Ao diminuir o arrebatamento, permaneci com equanimidade, atento e com a consciência clara, e vivenciei em mim a alegria, sobre a qual os ariyanos dizem: "Vive com alegria aquele que tem equanimidade e está atento", e penetrei e permaneci na terceira meditação [...].
>
> Ao superar as alegrias e ao superar a angústia, ao diminuir os antigos prazeres e tristezas, penetrei e permaneci na quarta meditação, na qual não há nem angústia nem alegria e que está inteiramente purificada pela equanimidade e atenção[10].

Tendo alcançado a quarta *jhāna*, a mente do Buda ficou "completamente purificada, completamente límpida, sem máculas, sem falhas, tornou-se mais branda e maleável, fixa, imóvel"[11]. Ele adquiriu o co-

8. F. L. Woodward & E. M. Hart (trad.), *The Book of the Gradual Sayngs*, vol. III, p. 267.

9. I. B. Horner (trad.), op.cit., vol. I, p. 301.

10. Idem, p. 302.

11. Idem.

1. O Nascimento do Futuro Buda em Lumbinī.

nhecimento de suas existências anteriores, do surgimento e decadência dos seres, e da destruição dos cancros dos prazeres dos sentidos, do vir-a-ser e da ignorância.

Destruído está o nascimento, levada a termo está a jornada do Brama, feito está o que era para ser feito, não há mais ser tal e tal. Esse, Aggivessana, foi o terceiro conhecimento por mim atingido na terceira vigília da noite; dissipava-se a ignorância, surgia o conhecimento, dispersava-se a escuridão, surgia a luz, mesmo quando eu permanecia ativo, entusiasmado, resoluto[12].

Para a tradição budista da espiritualidade, *saṃbodhi* constitui a experiência fundadora. Era com base nele que o Buda pregava, e foi sempre ele a meta dos budistas que aspiravam à espiritualidade. Na iluminação, a mente fica num estado de concentração iluminadora. Ela reflete a quiescência transcendente e é onisciente, capaz de iluminar todo objeto para o qual ela se volta. A totalidade de objetos, assim apreendida, é radicalmente diferente do mundo finito acessível a nosso senso comum. Todo movimento finitizante e objetivante da mente é contido, e a mente repousa em seu estado original, "luminosa, etérea". A iluminação é uma experiência intuitiva, além das palavras e do pensamento, uma visão sinóptica da realidade em seu duplo aspecto, atemporal e temporal:

Eu alcancei o Dhamma, profundo, difícil de vislumbrar, difícil compreender, imóvel, excelente, além do pensamento, sutil, cognoscível apenas pelos de mente receptiva [...]. Difícil de vislumbrar é esta situação: origem contingente ou dependente; também esta situação é difícil de vislumbrar: a quiescência de todas as condições compostas, o abandono de todos os acidentes, a cessação dos desejos, ausência de paixões, cessação, *nibbāna*[13].

Nessa passagem, o conteúdo da iluminação, ou Dhamma, é formulado reflexivamente em termos de princípios de origem dependente e do *nibbāna*; temos então a origem, enfatizando a contingência e ordenação dos fenômenos temporais, e o *nibbāna,* enfatizando a transcendência do atemporal. Diz-se que, após seu despertar, o Buda teria exclamado: "Quando os elementos são revelados pelo iluminado que medita arduamente, suas dúvidas são todas dissipadas, uma vez que ele conhece os fenômenos junto com suas causas"[14]. Segundo uma outra passagem do *Dhammapada*, suas primeiras palavras teriam sido as seguintes:

Em busca do construtor da casa
Percorri o ciclo de muitos nascimentos
Infausto é o nascer vezes e vezes repetidas,
Construtor da casa, você é avistado,
Você não vai mais construir uma casa.

12. Idem, p. 303.
13. Idem, pp. 211-212.
14. *Udāna*, I, 1 (tradução para o inglês do próprio autor), F. L. Woodward (trad.), em *Minor Anthologies of the Pali Cannon*, II, p. 2.

Todos os seus caibros estão quebrados,
A cumeeira está arruinada,
A mente está livre de seus acúmulos
Ela alcançou a cessação dos desejos.

(Dhammapada, 11.8-9)

OS ENSINAMENTOS DO BUDA

Como poderia o Buda comunicar sua visão transcendental? Ela estava além das palavras e do pensamento e as pessoas estavam mergulhadas na ensandecida busca mundana. Era natural sua relutância em retornar ao mundo e pregar. Conta-se que Brama suplicou-lhe que pregasse e que ele teria concordado em fazê-lo por compaixão. Esse episódio simboliza a compaixão sobre-humana que liga o vasto abismo entre o silêncio eterno da sabedoria transcendental e a pregação da verdade no mundo. Por si só, a sabedoria teria conduzido ao silêncio absoluto. Foi a compaixão que tornou possível a pregação histórica do Buda.

O Buda pôde comunicar verdades espirituais por meio de uma reinterpretação do papel das palavras. A teoria védica na época era a de que os iluminados vêem a verdade vestida *ab initio* em palavras. Os outros têm de captar a verdade nessas palavras perenes e por meio delas. O Buda, no entanto, queria que as pessoas se lembrassem de seus ensinamentos em seus próprios dialetos. A verdade tem então de ser compreendida direta e pessoalmente. O Buda pode apenas apontar o caminho. Por isso ele buscou limitar-se a orientações práticas, evitando imagens conceituais e verbais da verdade. Uma vez que são derivados da experiência ordinária, conceitos e palavras não podem ser aplicados a verdades transcendentais. Por essa razão, o Buda recusava-se a responder questões sobre o que transcende a experiência ordinária e guardava um nobre silêncio sobre questões especulativas, tais como perguntas sobre se o mundo é permanente ou impermanente, finito ou infinito, se a alma é o mesmo que o corpo ou algo diferente, se o Tathāgata sobrevive ou não à morte; como essas perguntas não contribuem para a moderação das paixões nem para a iluminação, ele as classificava como *abyākata* (não analisadas, não explicadas). O que ele prometera explicar foram as quatro verdades. Se alguém for atingido por uma seta envenenada, por acaso o médico deve realizar uma investigação detalhada sobre a situação da pessoa ou sobre a fabricação da seta, deixando o paciente morrer sem tratamento? As orientações práticas do Buda são dirigidas à cura espiritual da humanidade, e não à especulação vazia[15].

A espiritualidade que o Buda pregava pode ser caracterizada da forma que se segue. A vida espiritual consiste no esforço em afastar-se da ignorância e aproximar-se da sabedoria. Esse esforço tem duas

15. I. B. Horner (trad.), op.cit., vol. II, pp. 97-101.

dimensões principais: o cultivo da serenidade e o cultivo da introvisão. A ignorância é a crença equivocada na identidade do corpo e da mente, e é essa crença que conduz ao egoísmo, às paixões, às ações e ao repetido nascer e morrer. A sabedoria é o vislumbrar das três características de toda existência – não-eu (*anattā*), impermanência (*anicca*), e *dukkha*; ela é, também, a experiência direta da realidade atemporal que conduz à libertação e à paz duradoura. As diferentes classificações, explicações e elaborações desses princípios, nos diferentes relatos sobre os ensinamentos do Buda, fornecem a base para as diferenças posteriores entre as seitas. A tradição Mahāyāna solucionou essas inconsistências por meio da teoria de que o Buda ensinava de modo diferente para diferentes pessoas, de acordo com suas inclinações e capacidades.

Podemos avaliar a especificidade dos ensinamentos do Buda contrastando-os com as crenças e práticas correntes na época. Na tradição védica, por exemplo, buscava-se a imortalidade da alma por meio do aplacamento dos deuses com orações e rituais, o que não tem lugar nos ensinamentos do Buda. Por outro lado, em acentuado contraste com os jainistas, que se concentravam no aperfeiçoamento da alma individual, o Buda não aceitava uma substância espiritual individual permanente. De acordo com seus ensinamentos, é possível, pela prática da serenidade interior e da vigilância, discernir a não-identidade tanto do corpo quanto da mente. Como ajuda para se alcançar esse discernimento, estimulava-se uma análise objetiva do ser humano como um agregado de fatores físicos e mentais:

"O que pensam vocês sobre isso, monges? O corpo é permanente ou impermanente?"

"Impermanente, senhor".

"Mas o que é impermanente é doloroso ou agradável?"

"Doloroso, senhor".

"Mas é adequado considerar o que é impermanente, doloroso e de natureza mutável como 'isto é meu, isto sou eu, este é meu eu'?"

"Não é, senhor"[16].

A pergunta é repetida com relação aos outros quatro *skandhas* – sentimentos, percepção, tendências habituais, consciência. Embora o Buda evitasse as especulações, subjazem a essa prática da análise meditativa uma visão filosófica e um método filosófico que são característicos. Ela também pressupõe uma ordem universal dos fenômenos e trata a mente como um simples fenômeno condicionado.

Esses fundamentos da espiritualidade budista não eram garantidos pela fé na tradição nem por qualquer revelação expressa em palavras. Enquanto os rituais védicos eram executados com vistas a resultados invisíveis, o caminho espiritual do Buda envolve uma transformação

16. I. B. Horner (trad.), *The Book of Discipline*, IV, p. 20.

constante da própria autoconsciência e tem resultados perceptíveis. No entanto, seria incorreto acreditar que o Buda se situava completamente fora da antiga tradição espiritual. Ele era visto como alguém que voltava a proclamar a antiga estrada para o *nibbāna*. O que o Buda pregava era considerado como parte de uma antiga tradição espiritual esquecida ou que fora deixada cair em desuso. A confirmação pela tradição fortalece a credibilidade do testemunho pessoal. Mas a tradição aqui em questão é essencialmente invisível e a-histórica. É também incorreto dizer que o budismo exclui a noção de graça. Como mestre supremo, o próprio Buda operava como um canal da graça. Além disso, o próprio fato de que as pessoas, mergulhadas na ignorância e nas paixões, têm a capacidade de alcançar o conhecimento transcendente, atesta o poder espontaneamente iluminador da realidade: e isso é da ordem da graça[17]. Ao recitar as palavras "Eu me refugio no Buda, no Dhamma, no Saṅgha", aquele que aspira à espiritualidade se liga às Três Jóias como canais da graça. Esse aspecto do budismo é extremamente elaborado nas escolas de tradição Mahāyāna.

O CAMINHO DO MEIO E O NIBBĀNA

No Primeiro Sermão, dado a cinco monges após sua iluminação, o Buda apresenta seu dhamma como o caminho do meio entre os extremos da indulgência sensual e da autoflagelação ascética:

> E qual, monges, é a rota do meio completamente avivada por Aquele que encontra a verdade, ao ir em busca da visão, em busca do conhecimento que conduz à calma, ao conhecimento superior, ao despertar, ao nirvana? É o próprio Caminho Óctuplo ariyano, isto é: visão correta, pensamento correto, fala correta, ação correta, modo de viver correto, esforço correto, atenção correta, concentração correta[18].

A expressão "caminho do meio" também pode significar o evitar os extremos do eternalismo (*sassatavāda*) e da aniquilação materialista (*ucchedavāda*); nesse sentido, ele se identifica com a origem interdependente, *paṭiccasamuppāda*. Para alguns, isso significa que o conceito de fluxo do devir psíquico deve substituir a noção de substância-alma permanente, bem como sua negação materialista. A interpretação da tradição Mahāyāna representada por Nāgārjuna é superior: ela afirma que nem o ser nem o não-ser podem verdadeiramente ser predicados do fluxo dos fenômenos contingentes e relativos. Embora a origem interdependente seja um ensinamento central do Buda, sua importância, no entanto, enfraqueceu-se nas análises teóricas das escolas, em favor de uma teoria mais geral das causas e condições. Na escola Mahāyāna, ele foi revitalizado como um princípio de relativi-

17. Cf. Marco Pallis, *A Buddhist Spectrum*, pp. 52-71.
18. I. B. Horner (trad.), *The Book of the Discipline*, VI, p. 15.

dade dialética que revela o vazio dos fenômenos. Nos ensinamentos do Buda, a origem interdependente é o caráter essencial do mundo dos fenômenos. Ele explica a gênese de *dukkha* e a ordem necessária que liga diferentes estados mentais. A cadeia inteira de doze causas (*nidāna*) é um tema padrão da dogmática budista:

> Condicionadas pela ignorância, as atividades ocorrem; condicionada por atividades, a consciência; condicionado pela consciência, o nome-e-forma; condicionados pelo nome-e-forma, os sentidos; condicionado pelos sentidos, o contato; condicionados pelo contato, os sentimentos; condicionado pelos sentimentos, o anseio compulsivo; condicionada pelo anseio compulsivo, a avidez; condicionado pela avidez, o devir; condicionado pelo devir, o nascimento; condicionada pelo nascimento, a velhice-e-morte, a angústia, o pranto, o sofrimento, a dor, o desespero ocorrem. Essa é a insurgência da massa inteira de males. Isso, irmão, é chamado acontecer [causal].
>
> Mas, do completo enfraquecimento e cessação da ignorância, [vem] a cessação das atividades; da cessação das atividades, a cessação da consciência [...][19].

O conhecimento dessa lei do encadeamento dá à pessoa a possibilidade de autolibertação. Desistindo-se das ações mundanas, dominando-se os desejos e, em última análise, destruindo-se a ignorância por meio do cultivo da sabedoria, pode-se romper as cadeias da própria servidão.

O nibbāna é a meta do esforço espiritual. É necessária uma correta apreciação de sua natureza, para ser possível compreender a orientação e o valor da espiritualidade budista. O nibbāna não é a mera aniquilação: isso seria o *ucchedavāda*, que o Buda reiteradamente condenou. Nenhuma escola budista, exceto a dos Sautrāntikas, afirma que o nibbāna é meramente negativo. Designações negativas predominam nas explicações sobre ele, tanto porque ele significa a cessação da vida de sofrimentos, desejos e ignorância, quanto porque, não sendo um objeto finito, fenomênico, ele apenas pode ser descrito por meio de negações e contrastes. O nibbāna é o farol eterno para a prática espiritual:

> Monges, existe um não-nascido, um não-vindo-a-ser, um não-feito, um não-composto. Monges, se esse não-nascido, não-vindo-a-ser, não-feito, não-composto não existisse, não seria discernível nenhuma saída disto aqui, que é nascido, vindo-a-ser, feito, composto[20].

A razão por que o nibbāna é tão freqüentemente concebido como vacuidade está em que se acredita, que a doutrina do não-eu tem como

19. C. A. Rhys Davis & F. L. Woodward (trad.), *The Book of Kindred Sayings*, trad. de C. A. F. Rhys Davids e F. L. Woodward, II, p. 2 e p. 13: "Tudo existe: esse é um dos extremos. Nada existe: esse é o outro dos extremos. Não se aproximando de nenhum dos extremos, o Tathāgata ensina uma doutrina pelo [caminho do] meio: – Condicionadas pela ignorância, as atividades acontecem[...]".

20. F. L. Woodward (trad.),op.cit., vol. II, p. 98.

conseqüência não ser possível restar nada após cessarem os agregados corporal e mental. No entanto, essa doutrina não é uma negação da continuidade da vida espiritual (saṃsāra) e da responsabilidade moral após a morte (carma). Ela também não nega a realidade de um princípio transcendente e eterno que se pode alcançar por meio do esforço espiritual. Ela rejeita, sim, a concepção substancial da alma e a identidade de agregados mutáveis, para que seja possível o cultivo do desprendimento com relação a eles. Seu contexto é a prática espiritual, e não uma crítica naturalista ou positivista da metafísica.

O CAMINHO DA LIBERTAÇÃO

A espiritualidade budista começa, então, com uma análise radical da cadeia da servidão humana. Dependente de uma ignorância que não tem um começo, surge o nome-e-forma, um mundo de pessoas individuais e, com isso, de prazer e dor, de amor e ódio. Em meio ao anseio compulsivo e à luta atroz, nós abandonamos o fardo de uma vida, apenas para pegar o de uma outra. O caminho óctuplo inverte metodicamente essa cadeia de causas, a começar pela posição vantajosa e libertadora da visão correta, em oposição à ignorância, na qual a servidão teve origem. Fundada nessa análise lúcida, a prática espiritual é um treino gradual e sistemático, no qual o esforço pessoal é um guia tão indispensável quanto competente[21]. Em primeiro lugar, as ações são controladas por regras morais. Então, a mente é aquietada, de modo que a turbulência dos desejos e paixões enfraquece. Por fim, o cultivo da introvisão conduz à sabedoria e à erradicação da ignorância. Esses três estágios da vida espiritual são chamados *sīla*, samādhi e *paññā*[22].

Mas o Buda não delineou o caminho espiritual com uma fórmula fixa. Seu Dhamma é uma inspiração, não um manual detalhado. Um de seus esquemas apresenta trinta e sete elementos que devem conduzir à iluminação: quatro aplicações da atenção, quatro esforços corretos, quatro bases das capacidades psíquicas, cinco faculdades, cinco capacidades, sete fatores de sabedoria e o caminho óctuplo. As quatro aplicações da atenção a empregam, respectivamente, ao corpo, às sensações, aos estados mentais e aos fenômenos. Os quatro esforços corretos – evitar o surgimento de estados nocivos, eliminar os estados nocivos que surgem, promover o surgimento de bons estados e mantê-los – são uma elaboração do empenho correto que faz parte do caminho óctuplo. As quatro bases das capacidades psíquicas – a concentração na vontade correta, o esforço, o pensamento e a inves-

21. I. B. Horner, op.cit., vol. III, pp. 52-57.

22. Cf. *Dialogues of the Buda*, C. A. Rhys Davids & T. W. Rhys David (trad.), vol. I, pp. 56-95.

tigação – estão vinculados à resolução correta e ao empenho correto. As cinco faculdades e as cinco capacidades são idênticas: fé, vontade, atenção, concentração e sabedoria. Os sete fatores de sabedoria são a atenção, a investigação da lei, a energia, o arrebatamento, o repouso, a concentração e a equanimidade. As várias listas se sobrepõem e representam esquematizações diversas dos elementos do caminho tomado ou como um todo ou em partes.

Na concepção do próprio Buda, a fé desempenhava um papel pequeno. Ele pregava em oposição a fés estabelecidas. Afirmava ensinar uma doutrina que qualquer pessoa poderia compreender diretamente, por si mesma, e criticava os brâmanes e os jainistas por se apoiarem na fé e na tradição[23]. No entanto, a fé (*saddhā*), no sentido de um compromisso interior e sincero com a vida espiritual, mais que a crença baseada na autoridade, é considerada um ingrediente essencial da orientação espiritual. A fé budista é conativa, e não cognitiva. A adoção entusiasmada da vida espiritual tem de ser seguida por um esforço resoluto da vontade. *Vāyāma* (empenho), *viriya* (energia), *padhāna* (esforço), *parakkama* (aplicação da vontade), *utthāna* (iniciativa), são alguns dos termos empregados. Essa atitude diferia acentuadamente do predeterminismo dos Ājīvakas e da dependência da graça proclamada em alguns dos Upanishadas. Na vida cotidiana, somos criaturas do hábito, moldadas pela ignorância e pelas paixões. Para superar essa inércia, precisamos de um esforço contínuo e da persistência da vontade. A vida espiritual requer que nos esforcemos por praticar ideais que estão em desacordo com nossas inclinações habituais. Normalmente a mente está tomada pela dispersão. O desejos, como a sede (*taṇhā*), dominam a mente, voando de cá para lá como borboletas. Para superá-los, são necessárias vigilância e atenção (*sati*). Mas, antes que seja possível fazer grandes progressos, no sentido de alcançar a atenção e concentração (samādhi), é necessário que se adote com firmeza uma cultura moral apropriada. O regramento e a purificação da conduta precedem a concentração e a introvisão.

CULTURA MORAL

A ausência de dogmas teológicos e metafísicos no caminho ensinado pelo Buda não significa que esse caminho consiste apenas na prática ética. Uma tal prática é o início necessário da cultura espiritual budista, mas não seu ponto máximo. A reta conduta não é meramente a adoção de regras claramente formuladas: ela é também a adoção de uma atitude de moderação, em oposição à preguiçosa submissão às impressões dos sentidos e aos impulsos que nelas se originam. O

23. I. B. Horner, op.cit., vol. III, pp. 3-6; C. A. Rhys Davids & T. W. Rhys David, op.cit., vol. I, pp. 300-320.

mero formalismo, ético ou ritual, é condenado[24]. Alguns brâmanes recomendavam a privação total dos sentidos como método para controlá-los[25]. O Buda rejeitava isso, em favor de uma atitude analítica com relação às impressões dos sentidos, que devia "afastar das ilusões e paixões perturbadoras, os complexos impactos do mundo exterior e convertê-los em sóbrios juízos do intelecto"[26]. Essas orientações se sustentam numa abordagem psico-ética da ação, que é característica. Os valores morais não se separam da psicologia fatual da ação, e o bem e o mal são vistos pelo foco da percepção introspectiva e intuitiva dos motivos que levam a vontade à ação. A vontade pode ser levada a agir por motivos maus – desejos, ódios, ilusões – ou por seus opostos – compaixão, não-violência, equanimidade, que são intrinsecamente bons. Assim, a distinção entre bem e mal se apoia na distinção entre motivos superiores e inferiores.

A lei moral não é simplesmente uma obrigação formal que deixa os fatos intocados, mas uma lei natural que atua cosmicamente, que é percebida pela sabedoria e é expressa em seqüências apropriadas de ação e experiência. As boas ações levam à felicidade, as más, à infelicidade. Ações não-motivadas não produzem conseqüências nos estados emotivos. A correlação das ações com as conseqüências, no entanto, não é diretamente perceptível devido à complexidade dos motivos e ao fato de que os resultados das ações se desdobram em longas cadeias de vida e morte. Somente o Buda pode perceber o funcionamento da lei de Carma. Seu ensinamento inalterável é o de que os homens são constituídos por seu Carma. Sua herança real consiste em seu próprio Carma passado.

Assim a cultura moral envolve a adoção de regras, a purificação dos motivos e, em última análise, a transcendência do Carma. A adoção dos preceitos é o início dos *sīla*. Cinco deles são fundamentais e destinados tanto para leigos e seguidores quanto para os monges: evitar 1. prejudicar seres vivos, 2. tomar o que não é dado, 3. a má conduta sexual, 4. a falsidade, 5. as bebidas alcoólicas que induzem ao esquecimento. Os quatro primeiros eram universalmente aceitos na antiga espiritualidade indiana e podem mesmo ser descritos como pressupostos universais da cultura espiritual. O reconhecimento dos direitos naturais da vida, da propriedade e das transações justas está implícito neles. As regras adicionais para os monges incluíam: evitar 6. alimentação imprópria, 7. assistir à exibição de dançarinos, músicos e comediantes, 8. usar adornos corporais, 9. usar camas altas e confortáveis, 10. aceitar ouro e prata. Outras listas de *sīlas* colocam no lugar do quinto preceito: 5. evitar a difamação, e acrescentam:

24. I. B. Horner, op.cit., vol. II, pp. 102-107.
25. Idem, ibidem, vol. III, pp. 346-350.
26. C. A. F. Rhys Davids, *Journal of the Royal Asiatic Society*, p. 481.

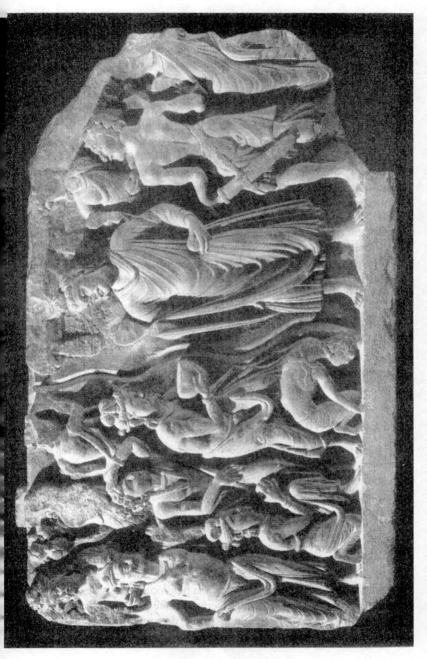

2. *Cena Não-identificada da Vida do Buda*, séc. II ou III d.C. Período Kuṣhāṇo (cerca de 50 d.C. – metade do século V). escultura – Pakastani (Gandhāra). Filito cinza escuro prateado. 57,25 x 91,44 cm.

evitar 6. falar com aspereza, 7. a conversa frívola, 8. a avidez, 9. a malevolência, e 10. as concepções falsas. Os monges estavam, além disso, sujeitos a regras básicas chamadas *pātimokkha*, que eram coletivamente recitadas na cerimônia quinzenal chamada *uposatha*, na qual os monges que houvessem cometido alguma transgressão deviam confessar e aceitar a punição prescrita pelo Saṅgha local. Outras regras, tratando de detalhes, como os bens pessoais que os monges tinham permissão para usar, ou seu tratamento médico em caso de doença, estavam reunidas no Vinaya; essas regras se tornaram gradualmente mais abrangentes e mais liberais que as seguidas por seitas como as dos Jainistas e dos Ājīvakas. Afirma-se que o Buda teria acusado essas seitas de se autoflagelarem nesta vida, sem com isso se libertarem dos sofrimentos na próxima.

A moralidade budista consiste em "evitar o mal, promover o bem e purificar o coração". Evitando a autoflagelação ascética e o ritualismo, a moralidade budista se distingue por sua moderação, racionalidade e introspecção. Embora rejeitando a automortificação, ela é um caminho ascético na medida em que prescreve a autodisciplina e rejeita a meta mundana da gratificação. Assim como quem ocupa uma casa, vive-se no mundo sem aspirar a ele e cultiva-se a verdade, a não-violência, o respeito pela propriedade de outros e a fidelidade conjugal, aceitando-se apenas os métodos corretos de subsistência e praticando a liberalidade e a compaixão. O *Sermão de Sigāla* apresenta um esboço das práticas apropriadas ao ocupante de uma casa, concentrando-se em torno do refreamento e da purificação do coração[27].

A CONCENTRAÇÃO ESPIRITUAL

A purificação do coração pode ser favorecida por certos exercícios de contemplação, em especial os quatro *brahmavihāras*, os estados (bramânicos) divinos, também praticados no hinduísmo: a meditação sobre o amor (*mettā*), a compaixão (*karuṇā*), a alegria empática (*muditā*) e a equanimidade (*upekkhā*)[28]. O amor é definido como pura boa-vontade, o desejo de trazer o bem e o bem-estar para os seres humanos, seus parceiros. A meditação sobre o amor começa com a reflexão sobre os males do ódio e as vantagens da tolerância. A pessoa pode evocar máximas como "Amigo, um homem que é tomado pelo ódio e cuja mente é assaltada pelo ódio mata seres". "Chamo brâmane aquele que é forte na tolerância, que faz dela um exército". A seguir a pessoa se concentra num objeto de amor apropriado, para que a mente seja banhada com o sentimento do amor. O objeto do amor

27. C. A. F. Rhys Davids & T. W. Rhys Davids, op. cit., vol. III, pp. 168-194.
28. Para o que se segue, cf. Pe. Maung Tin, *The Path of Purity, being a Translation of Budaghosa's Visuddhimagga*, pp. 340-375.

é então universalizado e o sentimento de amor é aprofundado até se alcançar um transe. A pessoa começa pensando em si mesma e então evoca a semelhança entre si e os outros, assim expandindo a boa-vontade com relação aos outros e superando as diversas barreiras que impedem essa expansão. "E como, monges, vive o monge que banha um quarto do globo com o coração cheio de amor? Assim como, ao ver um alguém atraente e querido, a pessoa se apaixonaria, também ele banha todos os seres com amor". Durante esse processo deve-se evitar o ressurgimento dos sentimentos de animosidade e cólera. Podemos retomar as advertências encontradas na parábola da serra: "Monges, se espiões e ladrões viessem com uma serra cortar os membros de um homem e ele ficasse com a mente enraivecida por causa disso, ele, por esse motivo, não seria um seguidor de minha religião". Quando a pessoa alcança o transe contemplativo, ela "permanece banhando generosamente toda a vastidão do mundo, acima, abaixo, ao redor e em toda parte com o coração transbordando de amor, projetando-se longe, tornando-se imensa, além de toda medida, sem sentimentos de inimizade, sem malevolência". Uma pessoa assim está feliz, quer acordada quer adormecida, é cara a todos os seres e vai para o céu de Brama após a morte.

A meditação sobre a compaixão começa com a reflexão sobre os males de não se ter compaixão e sobre os benefícios da compaixão. O primeiro objeto de compaixão é a pessoa colocada em circunstâncias calamitosas. "E como vive o monge que banha um quarto do globo com o coração cheio de compaixão? Assim como, ao ver uma pessoa em circunstâncias miseráveis, ou em dificuldades, ele deve mostrar compaixão, ele também banha todos os seres com compaixão". Após desenvolver a compaixão com relação às pessoas que sofrem em agonia, a pessoa deve desenvolver o mesmo sentimento com relação aos que lhe são caros, ou neutros, e por fim, com relação aos inimigos (vale a pena observar que a escola Mahāyāna, ao distinguir entre *karuṇā* e *mahākaruṇā*, considerava esta concepção da compaixão como limitada, porque ela descreve um sentimento psicológico a ser desenvolvido no caminho para o nibbāna e porque pressupõe a realidade das pessoas individuais). Para desenvolver a alegria empática, a pessoa deve começar por pensar em um amigo querido. "Assim como ao ver uma pessoa querida, encantadora, ele ficaria alegre, ele também banha todos os seres com empatia". Tendo alcançado a terceira jhāna em qualquer uma dessas três meditações, a pessoa pode passar ao desenvolvimento da equanimidade. "Assim como ao ver uma pessoa nem adorável nem não-adorável, ela deve ter a mente impassível, ela também banha todos os seres com a serenidade da impassividade". A equanimidade surge da compreensão de que todos os seres são moldados por suas ações, de que a lei moral determina sua condição. Ela é uma atitude de objetividade concentrada.

Os *brahmavihāras* são uma ligação entre *śīla* e samādhi. Amor, compaixão, empatia e equanimidade são formas intrinsecamente espiritualizadoras da consciência, que transformam o sujeito, e não meramente sentimentos socialmente aprovados. Uma outra prática, igualmente importante para o desenvolvimento da concentração, é o cultivo da atenção, e a forma mais famosa desse cultivo é a atenção à respiração (*ānāpānasati*).

A atenção à respiração, monges, desenvolvida e repetidamente praticada, traz grandes frutos, grandes benefícios; a atenção à respiração, desenvolvida e repetidamente praticada, aperfeiçoa os quatro fundamentos da atenção; os quatro fundamentos da atenção aperfeiçoam os sete fatores da iluminação; os sete fatores da iluminação aperfeiçoam a visão clara e a libertação[29].

O monge que quer praticar a atenção senta-se com as pernas cruzadas e com o corpo ereto. Ele inspira e expira com atenção, observando se a respiração é longa ou curta. Ele observa todo o processo de respirar, acalmando as formações corporais. Ele então combina a atenção à respiração com a observação de seus sentimentos subjetivos. Depois, ele observa a passagem dos pensamentos e, por fim, percebe a impermanência, o desvanecimento e a cessação dos fenômenos. Essa prática tem afinidade estreita com a *prāṇāyāma* na ioga. Em tempos recentes, U Sobhana Mahāthera, de Mianmar, revitalizou, refinou e popularizou a prática[30]. Ela é recomendada em especial para os que se encontram desorientados ou sofrendo de delírios (*moha*). A mente do homem moderno somente se convencerá de sua surpreendente eficácia por meio da experiência efetiva, o que, no entanto, não é difícil de se conseguir.

Jhāna, que é um ponto central do cultivo budista da introvisão e serenidade mental, não é exclusiva ao budismo, mas o Buda a defendia de uma forma característica, como a intuição pela mente tranqüila e purificada da evanescência, da ordenação determinada e da não-identidade de todos os fenômenos, em especial os fenômenos mentais. É somente essa intuição que pode levar a mente a seu fulgor noumenal e pleno desprendimento. A prática da jhāna era usada por diversas seitas, com uma série de diferentes propósitos – para atingir este ou aquele mundo divino, para a aquisição de capacidades acima do normal, para a busca de uma experiência agradável, para a comunicação com o eu verdadeiro ou realidade interior. O Buda, no entanto, defendia-a com vistas à realização do aprendizado espiritual (*vijjā*), que culminava com o bodhi. O paralelo mais próximo a essa concepção encontra-se na prática de Sāṁkhya Yoga, que também incluía as quatro jhānas. Na primeira jhāna, como vimos, o praticante se liberta das paixões e dos estados nocivos, mas fica na posse do

29. I. B. Horner (trad.), op.cit., vol. III, p. 124 (tradução do autor).
30. M. Sayadaw, *The Progress of Insight*.

pensamento e de um prazer nascidos da discriminação. Na segunda jhāna, cessa o movimento do pensamento, mas continua o prazer arrebatado, nascido da concentração. Na terceira, a experiência do arrebatamento fica para trás, mas continua a sensação física de prazer. Na quarta, todo o prazer desaparece e permanece somente a concentração com a mente impassível. Nos primeiros textos canônicos, foi nesse estado que o Buda alcançou a iluminação. No entanto, as explicações habituais sobre jhāna acrescentam a essas quatro jhānas do mundo da forma, as quatro meditações sem-forma, nas quais a pessoa permanece nas esferas da infinitude etérea, da infinitude da consciência, do nada e da nem ideação e nem não-ideação, respectivamente. Às vezes, elas acrescentam uma nona meditação, denominada cessação do pensamento e das sensações. Alguns tentaram ver nela o alcançar o nibbāna, mas isso é pouco provável.

Às vezes faz-se uma distinção entre o cultivo da serenidade (*samatha*) e a introvisão (*vipassanā*). Sayadaw escreve:

> Existem dois tipos de desenvolvimento da meditação, isto é, a tranqüilidade e a introvisão. Uma pessoa que, dentre esses dois, primeiro desenvolveu a tranqüilidade, e após ter se estabelecido, quer na Concentração de Acesso quer na Concentração Plena, contempla então os cinco grupos da Compreensão, é chamada de *samathayānika*, isto é, aquele que tem a tranqüilidade como seu veículo. Uma pessoa que, sem desenvolver nenhuma dessas concentrações, contempla os cinco grupos da Compreensão, é chamada de *suddhavipassanā-yanika*, isto é, aquele que tem a introvisão pura como seu veículo.

Na verdade, a diferença entre os dois caminhos está apenas no estágio em que a meditação se inicia, pois, a um certa altura da prática da jhāna, a pessoa tem de meditar sobre a verdade, enquanto quem principia com essa meditação deve tranqüilizar a mente, se sua meditação é suficientemente séria. Ambos os caminhos culminam com a intuição da verdade. Isso é possível porque, na prática espiritual budista, os objetos da meditação não são entidades transcendentes ou verbais, mas fenômenos essencialmente psíquicos que devem ser discernidos com clareza e sem preconceitos. A marca fundamental (*lakkhaṇa*) do que é nocivo e à qual se deve buscar o desprendimento é a impermanência. Tudo o que é impermanente é causalmente determinado e despido de identidade. É somente por meio de uma percepção interior direta dessas verdades, voltada para os elementos da experiência, que a pessoa pode finalmente aquietar e libertar a mente. Isso é possível devido à natureza da mente, luminosa em si, mas coberta pelos desejos que surgem da apreensão equivocada da natureza das coisas.

Pode-se distinguir quatro estágios do desenvolvimento espiritual. A compreensão da nobre verdade do sofrimento permite à pessoa penetrar no fluxo da espiritualidade que conduz ao nibbāna. Quando as três primeiras cadeias – ilusões do eu, dúvidas com relação ao Buda e a seus ensinamentos, crença na eficácia dos ritos e cerimônias – são

3. O Stūpa em Bodhgayā, o local da Iluminação do Buda.

4. Stūpa e Portal em Sāñchī, do período Aśoka.

eliminadas, a pessoa se torna um percorredor-do-fluxo, cuja salvação está assegurada no decorrer de um período de sete nascimentos. O estágio seguinte é o daquele "que terá somente mais um nascimento" e o terceiro, o daquele "que não renascerá novamente". Durante esses estágios, a pessoa erradica as cadeias dos desejos sensuais e do ódio. O quarto caminho é o daquele que é valoroso, ou arahant, o que se libertou das cadeias do amor à vida no mundo da forma, orgulho, arrogância e ignorância. Assim, a arahantidade é a liberdade com relação às dez cadeias. A imagem de arahant, como a de uma pessoa que abandonou todos os desejos, paixões e egoísmo e habita e se move na paz imperturbável, é uma inspiração espiritual perpétua. O caminho da arahantidade culmina no nibbāna, cujas facetas são indicadas pelos nomes infindáveis que os primeiros budistas encontraram para ele: emancipação, ilha de refúgio, fim dos anseios compulsivos, estado de pureza, o supremo, o transcendente, o incriado, o tranqüilo, o imutável, o emanante, o inabalado, o imperecível, a ambrosia. Essas são descrições relacionais do nibbāna como a meta da prática espiritual. O que o nibbāna é em si mesmo fica além da fala e do pensamento.

OS SEGUIDORES DO BUDA E AS PRIMEIRAS DIFERENÇAS DE INTERPRETAÇÃO

O Buda morreu, ou antes, atingiu o último e completo nibbāna – o nibbāna livre do substrato residual de constituintes físicos e mentais – em Kusinārā, por volta dos oitenta anos de idade. Seus últimos dias estão registrados no *Mahāparinibbāna-suttanta*, segundo o qual suas últimas palavras teriam sido: "A decomposição é inerente a todas as coisas compostas; trabalhem com diligência"[31]. Os seguidores do Buda eram provenientes de todos os setores da sociedade, e entre eles estavam reis, rainhas, generais, ricos banqueiros, ferreiros, cortesãs, escravas, pescadores, barbeiros, ladrões. Uma vez que se juntassem à ordem, todos eram considerados iguais e, para muitos, o Saṅgha budista trazia a libertação das imposições de uma sociedade de castas. Embora alguns estudiosos tenham tentado vincular seguidores específicos do Buda a doutrinas budistas específicas, essas tentativas permanecem altamente especulativas. Mesmo a tradição preserva pouquíssimas informações sobre as práticas e experiências espirituais individuais desses seguidores. Os comentários oferecem detalhes biográficos sobre os seguidores do Buda, mas não reivindicam para eles qualquer originalidade doutrinal ou espiritual, pois a tradição pressupõe que todo o *corpus* de textos canônicos é, direta ou indiretamente, a palavra do Buda e não distingue entre seus ensinamentos e o desenvolvimento posterior deles por seus seguidores. Historicamente uma tal distinção é

31. C. A. F. Rhys Davids & T. W. Rhys Davids, op.cit., vol. II, pp. 71-191.

mais que provável. Somente uma estratificação detalhada do cânone pode esclarecê-la. As investigações preliminares nessa direção revelam que a mensagem do Buda foi desenvolvida por meio de elaboração e sistematização, por meio da introdução de elementos metafísicos, e por meio de uma ênfase crescente numa perspectiva negativa e analítica. A tentativa de sistematização abrangeu igualmente a prática espiritual e a disciplina monástica. Se, de um lado, as noções fundamentais de *dukkha*, origem interdependente, paz absoluta, caminho do meio e meditação, foram sem dúvida formuladas pelo Buda, de outro, ele se absteve de especulações metafísicas do tipo já encontrado no cânone.

Podemos dar alguns exemplos do que foi sem dúvida alguma um ensinamento do Buda e do que seus seguidores viriam a formular por meio de elaboração e análise. No *Aṭṭhakavagga*, uma das mais antigas e autênticas partes do *Suttanipāta*, o Buda descreve o homem como aprisionado e atormentado no mundo pelos prazeres e desejos. Deve-se abandonar o egoísmo, a consciência mundana, a especulação e tudo o que atrapalha. O estado que se alcança não é o de nem eu nem não-eu. Trata-se de um estado no qual não existe a mínima construção mental. O *Pārāyanavagga* desenvolve esse tema de modo mais metafísico. Nesses textos, o sujeito espiritual é o homem ou a consciência (*vinnāna*); seus acidentes são o nome-e-forma. A doutrina dos cinco agregados que constituem o homem é, dessa forma, um desenvolvimento do nome-e-forma. No Abidarma, os agregados são ainda subdivididos em muitos elementos (dhamma). Essa tendência analítica dá maior destaque ao conceito de *anattā* e o torna mais negativo. É a prática espiritual de meditar sobre os fenômenos mentais e físicos, como um não-eu que está por trás dessa tendência a uma perspectiva analítica e a um negativismo, que virtualmente havia se tornado um fim em si mesmo.

Em vez de nomear um sucessor, o Buda declarou que o dhamma deveria ser o líder da ordem.

> O venerável Ānanda dirigiu-se a O Exaltado e disse: [...] "Embora, diante da visão da doença d'O Exaltado, meu corpo tenha ficado fraco como o de um rastejante, [...] consolei-me um pouco com o pensamento de que O Exaltado não morreria antes de pelo menos deixar instruções com relação à Ordem". "O que então, Ānanda, a Ordem espera isso de mim? Eu preguei a verdade, sem fazer qualquer distinção entre doutrinas exotéricas e esotéricas; pois com relação às verdades, Ānanda, o Tathāgata não tem nada que se assemelhe ao punho fechado do mestre que retém algumas coisas consigo [...] Agora, Ānanda, o Tathāgata não acha que seja ele que deve conduzir a irmandade, ou que a Ordem seja dependente dele. Por que então ele deveria deixar para a Ordem instruções sobre qualquer assunto? [...] Assim, oh Ānanda, sejam vocês candeias luminosas para vocês mesmos. Sejam vocês o refúgio para vocês mesmos. Que vocês não recorram a nenhum refúgio externo. Agarrem-se à Verdade como a uma candeia luminosa. Agarrem-se à Verdade como um refúgio. Não busquem refúgio em ninguém além de vocês mesmos"[32].

32. Idem, II, pp. 107-108.

Além disso, em vez de deixar uma compilação com explicações inambíguas sobre o dhamma, o Buda autorizou pequenas modificações da lei: "Quando eu tiver partido, Ānanda, deixe que a Ordem, se assim desejar, venha a abolir todos os preceitos menores e secundários"[33]. Isso criava uma situação fluida. O Primeiro Concílio foi realizado em Rājagṛha, pouco depois da morte do Buda, por iniciativa de Mahākassapa, a fim de garantir um cânone que consistisse nas palavras do Buda, com o qual todos concordassem e ao qual todos se submetessem. O Venerável Upāli foi interrogado por Mahākassapa quanto às regras disciplinares, ou Vinaya. Ānanda foi, por sua vez, interrogado quanto aos princípios da fé, ou dhamma. Finalmente foram compilados os textos básicos do Vinaya e do dhamma, o *Suttapiṭaka*. Não existem referências nesses relatos, o mais antigo sendo o próprio Vinaya, a nenhuma compilação do *Abidarma-piṭaka*. A questão da supressão de regras menores veio à tona antes da realização do Concílio, mas decidiu-se não fazer nenhuma supressão, pois temia-se que uma vez iniciado, o processo poderia continuar indefinidamente e colocar em risco também as regras mais importantes. O pedido a todos os principais monges de que concordassem com as conclusões do Concílio foi em grande parte bem sucedido, mas houve algumas vozes discordantes.

O Segundo Concílio, realizado em Veśāli, cem anos mais tarde, teve impacto suficiente para resultar no acréscimo de um apêndice, que descrevia seus desdobramentos com relação ao Vinaya, tal como fora coligido pelo Primeiro Concílio[34]. O Concílio abordava a controvérsia provocada pelas dez novas práticas que haviam sido adotadas pelo Saṅgha em Veśāli. Entre essas práticas estavam: armazenar um suprimento pessoal de sal; comer após o meio-dia, desde que a sombra[35] não excedesse a dois dedos; comer uma segunda vez, quando fosse a uma aldeia diferente; pedir permissão depois de realizado o ato; adotar a conduta mundana durante a convivência na família; beber uma mistura de leite e coalho após as refeições; ingerir bebidas alcoólicas, sorvendo-as como uma sanguessuga; usar assentos ou esteiras desprovidos de bordas; aceitar ouro, prata, dinheiro e outros bens de valor. Podemos descobrir questões importantes por trás de algumas dessas aparentes trivialidades, quando as percebemos como pontos de debate preparatórios para a fundamentação de outros. Diversos dos pontos sob disputa são relativos a doenças, em especial a permissão do uso de tônicos e digestivos de diferentes espécies, alguns dos quais haviam sido permitidos pelo próprio Buda. Do mesmo modo, poderia haver também motivos sensatos para se comer após o meio-dia, ou durante uma viagem. Alguns consideravam uma tolerância disciplinar como essa

33. Idem, p. 171.

34. I. B. Horner (trad.), *The Book of the Discipline*, vol. v, pp. 407-430.

35. Referência à passagem de tempo, medida pela inclinação do sol após ao meio-dia (N. da Ed.).

um perigoso desvio, no entanto, a rigidez em questões menores não se encaixava realmente no espírito original do budismo. Na fé védica, as partes das prescrições que não eram inteligíveis racionalmente eram justificadas pela referência ao mérito inobservável que elas adquiriam. O Buda, no entanto, havia evocado a razão e a experiência pessoal, estimulando a flexibilidade com relação a regras menores.

Alguns estudiosos sugeriram que a verdadeira questão do Concílio era a oposição entre autoridade local e central[36]. Na realidade, no entanto, o San˙gha não tinha qualquer autoridade central organizada, exceto quando se realizava um Concílio Geral ou quando algum governante importante decidisse intervir em seus assuntos. Normalmente o Saṅgha existia como uma unidade local administrada com autonomia. Essas unidades eram consideradas como unidades de uma *ecclesia* universal submetida ao dhamma único. No entanto, diferenças regionais e locais, em especial com relação a práticas monásticas, deviam inevitavelmente surgir. Uma vez que o Segundo Concílio foi o último concílio realmente ecumênico, e a autoridade conciliar não havia se desenvolvido como uma força controladora regular, o problema de conflitos entre autoridade central e regional não tinha como surgir. O espírito altamente democrático do Saṅgha excluía a idéia de um controle personalizado e centralizado. Alguns estudiosos levantaram a suspeita de que a opção pela aceitação de ouro e prata em esmolas revelaria um expressivo crescimento da opulência e estaria refletindo decadência espiritual. No entanto, embora o desenvolvimento da vida econômica e urbana, aliado ao patrocínio de leigos, deva ter resultado em algumas mudanças na vida monástica, não há provas reais de um declínio espiritual correspondente.

AS PRIMEIRAS ESCOLAS

O desenvolvimento de novas formas de espiritualidade, os protótipos do budismo da escola Mahāyāna, ou "grande veículo", pode ser visto como uma importante força silenciosa moldando o surgimento de diversas seitas e escolas. O grande rei Aśoka conseguiu que Moggaliputta Tissa convocasse o Terceiro Concílio em Pātaliputta, em 236 ou 250 a.C., com o objetivo de dar fim a controvérsias sectárias e de purificar o Saṅgha, por meio da expulsão dos dissidentes[37]. Esse

36. C. A. F. Rhys Davids, *Sakya, or Buddhist Origin*.

37. Por suas iniciativas missionárias e como manifestação do ideal budista de monarquia, Aśoka é um dos personagens mais expressivos na história do budismo. Sua atitude pessoal com relação ao budismo talvez se revele com maior clareza na famosa proclamação de Bhabru: "O governante de Magadha, de visão compassiva, tendo saudado o Saṅgha, transmite-lhe os melhores votos. Na verdade, é conhecido de vocês quanta fé e veneração nós temos com relação ao Buda, o Dhamma e o Saṅgha. Senhores, o que quer que tenha sido dito pelo Buda foi bem dito". Em geral, no entanto, o que suas proclamações designam como Dhamma é despojado de todos os elementos

concílio já não incorporava um budismo unido, mas representava uma seita principalmente, a dos Sthaviras, que defendiam uma ortodoxia tradicional contra os grupos dos Mahāsāṅghikas, dos Sarvāstivādas (em páli: Sabbatthivāda, de *sabbam atthi*, "tudo existe") e dos Puggalavādas (personalistas), que haviam se separado durante o período de quase um século desde o Segundo Concílio. O Concílio é lembrado apenas na tradição do Sri Lanka da escola Teravada; seus debates estão registrados no *Katthavatthu* (Pontos de Controvérsia), um dos livros do *Abidarma-piṭaka*.

Tradicionalmente relata-se que existiam primitivamente dezoito escolas de budismo; as descrições fragmentárias de seus ensinamentos formam um mosaico confuso. Segundo a tradição do Sri Lanka, a cisão entre a seita Mahāsāṅghika e a dos Sthaviras teria ocorrido por ocasião do Segundo Concílio. Mais plausível é a tradição preservada pelos historiadores tibetanos, segundo a qual os Mahāsāṅghikas teriam surgido numa assembléia em Pātaliputta, em 349 a.C. Eles aceitavam os Cinco Pontos de Mahādeva, que liberalizavam as qualificações para a arahantidade de uma forma inaceitável para o grupo dos Sthaviras, que representavam os ensinamentos tradicionais. Uma outra cisão importante foi provocada por Vātsīputra, que acreditava que por trás dos cinco Skandhas estava uma pessoa inefável (*puggala*) – que, no entanto, não devia ser identificada com a alma substancial (*attā*) rejeitada pelo Buda. Ele fundou o grupo de Vajjiputtaka (em sânscrito, Vātsīputrīya), do qual uma das ramificações, os Sammitiyas, se tornaria uma das quatro seitas mais importantes do budismo primitivo (juntamente com os Mahāsāṅghikas, os Sarvāstivādins e os Sthaviras, estes últimos representados por sua maior ramificação, os Theravādins). Os Sarvāstivādins, defensores de uma posição realista, separaram-se dos Sthaviras durante o reinado de Aśoka. Enquanto isso, os Lokattaravādins surgiram como a mais docetista e transcendentalista das ramificações Mahāsāṅghikas.

Os Mahāsāṅghikas, e as sub-seitas que posteriormente deles surgiriam, levaram a cabo a mais importante ruptura com relação à

característicos do budismo. Ele denunciava o sectarismo e declarava existir uma unidade essencial nos objetivos espirituais das diferentes seitas, e que era apenas o preconceito que as mantinha separadas. O Dhamma de Aśoka é um sistema ético completo, ao mesmo tempo, pessoal, social e político; ele inclui os princípios do *rājaDhamma* (lei real), concebido em termos de um Estado de benefícios paternalistas, e o princípio budista da "conquista do Dhamma", em oposição à conquista pela guerra. A crença de Aśoka na unidade de todas as fés e sua política de auxílio a todas elas criaram condições favoráveis, das quais o Saṅgha soube extrair todas as vantagens, que lhe permitiram reorganizar-se e desenvolver extraordinária atividade missionária. Após o Terceiro Concílio, Moggaliputta enviou missionários para propagar o Dhamma em diferentes regiões de fronteira. Aśoka enviou missões por conta própria, talvez em coordenação com as enviadas pelo Saṅgha. A vasta organização imperial dos Mauryas, sua rede de rotas que facilitavam o comércio e a movimentação dos exércitos e de seus oficiais, sua segurança e benevolência oficial favoreceram a ampla propagação do Dhamma.

5. *Buda Visita a Terra para Testemunhar*. Índia, Bengala, período Pāla, século IX. Clorita preta. 94 cm.

antiga tradição e são em geral reconhecidos como os precursores da revolução Mahāyāna. Os Cinco Pontos de Mahādeva representam provavelmente a primeira expressão da doutrina Mahāsāṅghika, que estabelece que os arahants podem ter paixões, ignorância e dúvidas, que eles podem receber instruções de outros e que o Caminho pode ser alcançado por um grito repentino. Essas teses estão em conflito com a concepção tradicional dos arahants como absolutamente santos. Como ninguém jamais afirmou que os arahants são oniscientes, a atribuição de ignorância a eles tem certa plausibilidade. Mas como pode haver um arahant ainda não liberto das paixões? Mahādeva podia estar tateando, em busca de uma posição na qual a verdadeira meta da vida espiritual estivesse centrada exclusivamente na iluminação budista, mais que em torno da arahantidade, ou talvez ele estivesse apenas atacando as pretensões de pseudo-arahants. Ao mesmo tempo em que denegriam os arahants, os Mahāsāṅghikas exaltavam o Buda e o bodisatva (páli: *Bodisatva*). Seu ponto de vista tem sido comparado ao do docetismo do cristianismo primitivo[38]. Como um mero ser humano pode ser considerado a fonte da verdade espiritual perfeita? Após sua morte, o Buda não seguiu o caminho comum aos seres humanos. Pode-se então dizer que ele seguiu um tal caminho em sua vida antes do nascimento? De acordo com o *Mahāvastu*, uma biografia do Buda mesclada com mitos, que se apresenta como o Vinaya dos Mahāsāṅghikas, nada do que é próprio ao Buda se assemelha ao que é próprio a um mortal comum. O nascimento dos bodisatvas e de seus filhos é imaculado e sobrenatural. Seu comportamento na vida pública é meramente uma peça encenada por eles para estabelecer uma relação com os mortais comuns.

> Não existe nada nos Budas que possa ser medido pelos padrões do mundo, não obstante tudo que é próprio aos grandes iluminados é transcendental [...] Os Budas se conformam às condições do mundo, mas de um tal modo que eles também podem se conformar ao que é próprio ao transcendentalismo [...] É verdade que eles lavam seus pés, mas nenhuma terra jamais adere a eles; seus pés se mantêm limpos como folhas de lótus. O ato de lavar não passa de uma adaptação ao mundo[39].

O conceito de Mahāsāṅghika – o conceito do corpo espectral do Buda – é ininteligível sem uma revisão radical dos conceitos de mente e de matéria. A mente pode se projetar como um corpo material; ela pode agir espontaneamente em resultado da iluminação; a matéria pode ser absolutamente pura, ilimitada e não oferecer resistência; ambas podem estar unidas num ser sobrenatural. Os Mahāsāṅghikas declaravam que o corpo físico do Buda (*rūpakāya*) é ilimitado em

38. Masaharu Anekasi, "Buddhist Docetism", em *Encyclopaedia of Religion and Ethics*, vol. 4, pp. 835-840.

39. J. J. Jones (trad.), *The Mahāvastu*, vol. I, pp. 125, 132-133.

todos os sentidos e que a mente é naturalmente luminosa e só se polui por fatores acidentais. O Buda está eternamente absorto na contemplação da verdade. Embora ele jamais emita uma palavra, sua influência salvadora opera em conseqüência de sua decisão de ajudar os seres mortais[40]. A crença dos Mahāsāṅghikas na matéria pura e na mente original os coloca muito próximo da tradição Mahāyāna. Essa impressão se acentua quando nos lembramos da afirmação de Paramārtha de que os Lokottaravādins consideravam os elementos naturais como irreais, porque seriam produto de ilusões. Somente o elemento sobrenatural é real. Esse elemento é o caminho e a meta. A meta inclui as duas espécies de vazio (*sunnatā*). O caminho é a introvisão que conduz à meta.

Os Theravādins e os Sarvāstivādins defendiam a doutrina do não-eu, o *anattā*, em oposição aos Vajjiputtakas e Sammitiyas, que sustentavam ser sensato afirmar a realidade da pessoa, ou *puggala*, como a portadora dos elementos e componentes da personalidade. A pessoa não é nem idêntica a um dos cinco agregados nem é diferente deles[41]. A realidade de *puggala* é percebida diretamente, e é o *puggala* que transmigra. O nibbāna, afirmavam eles, não é nem idêntico nem diferente dos elementos (dhammas). Eles também acreditavam que o arahant estava sujeito à queda. O abandono das paixões ocorre gradualmente, assim como a introvisão espiritual também ocorre gradualmente. Eles afirmavam que a matéria é o produto do Carma e, dessa forma, podia ser boa ou má. No século VII d.C., eles tinham considerável influência na Índia. Tinham seu próprio *Abidarma*, que eles atribuíam a Sāriputta. Sua importância se revela claramente no fato de que o *AbhiDarma-kośa* discorre longamente sobre eles[42]. Na bibliografia budista primitiva existem demasiadas referências ao *puggala* e ao *attā,* para que seja possível descartar a teoria personalista como simplesmente infundada. Seria ininteligível falar de vontade, esforço moral, caráter, ou construção do próprio futuro, sem se postular um eu pessoal, e o cânone contém afirmações que vão nessa direção: "Por que vocês não buscam o eu?"; "Fiz do eu meu refúgio"[43].

Os Theravādins, aos quais praticamente todos os mosteiros budistas do Sudeste Asiático pertencem, são em geral considerados a mais antiga das seitas Hīnayānas e como os preservadores da tradição Sthavira. O fato de eles possuírem um cânone completo numa antiga língua indiana dá plausibilidade a essa idéia. Os princípios da escola

40. André Bareau, *Les sectes bouddhiques du petit véhicule*, p. 57 e ss.; S. N. Dube, *Cross Currents in Early Buddhism*, p. 120 e ss.

41. B. C. Law (trad.), *The Debates Commentary*, pp. 9-43.

42. *AbhiDarmakośa*, 9º *Kośasthāna*. Os personalistas sustentavam que é válido falar da realidade da pessoa como dependente dos skandhas, assim como se pode falar do fogo como dependente do combustível.

43. Para uma interessante discussão desse problema, cf. Steven Collins, *Selfless Persons*.

Teravada encontraram sua primeira expressão sistemática no *Abidarma-piṭaka*. O *Abidarma* é a análise dos dhammas, ou os elementos irredutíveis. Um dhamma, que se define como "aquilo que tem sua própria natureza", é considerado uma função momentânea. Ele tem uma natureza fixa, mas dificilmente uma duração. No contexto espiritual, a peculiaridade desse conceito está em que ele parece demolir toda diferença fundamental entre os pólos subjetivo e objetivo da experiência. Em resultado disso, os intérpretes às vezes o consideram um conceito positivista e às vezes, um conceito fenomenalista. Ambas as interpretações são equivocadas, pois o *Abidarma* não considera nem a realidade externa nem a mera experiência como finais. Ele meramente se concentra em torno de seu caráter dado de forma dependente. Do ponto de vista da prática espiritual, sua meta é reduzir a noção de personalidade a um mero fluxo de acontecimentos determinados pela ordem causal. Objeto de reflexão constante, esse ponto de vista é considerado como emancipador da ilusão da personalidade. O *Abidarma* da escola Teravada dividia os dhammas em quatro categorias principais: mente, funções mentais, matéria e nibbāna.

Os Sarvāstivādins parecem ter-se disseminado em especial na Cachemira e em Gandhara. Na época de Kaniṣka, realizou-se um grande Concílio dos Sarvāstivādins, o Quarto Concílio, que foi tão sectarista quanto o Terceiro. Assim como o *Kathāvatthu* fornece um sumário, do ponto de vista dos Sthaviras, das seitas budistas e suas concepções no século III a.C., o *Mahāvibhāṣā*, provavelmente compilado durante o Quarto Concílio, contém uma vasta documentação sobre a seita Sarvāstivāda e outras. A principal doutrina Sarvāstivāda era a de que os dhammas passados e futuros são substancialmente reais. No entanto, a duração dos dhammas compostos (*saṃskṛta*) é apenas momentânea, pois eles têm as quatro marcas da produção, duração, destruição e cessação, ou impermanência. Embora mutuamente contraditórias, essas marcas atuam juntas. A primeira traz o elemento do futuro para o presente, a segunda o mantém aí, a terceira o destrói e a quarta o coloca no passado. Os Sarvāstivādins acharam necessário aceitar a realidade dos elementos futuro e passado, não apenas porque eles são objetos da mente: eles também estão envolvidos na lei do Carma. Em que exatamente se constitui a diferença entre as três fases do tempo é, no entanto, uma questão difícil.

A concepção dos Sarvāstivādins tinha uma perigosa semelhança com o eternalismo da Ioga Sāṁkhya. Os Sautrāntikas, que se separaram dos Sarvāstivādins, rejeitavam esse realismo extremo, assinalando a impossibilidade de os dhammas terem uma natureza eterna e atribuindo-lhes apenas um ser temporal. Os Sarvāstivādins, da tradição Vaibhāṣika (seguidores do *Mahāvibhāṣā*), acrescentaram construções não-mentais às quatro espécies de dhamma reconhecidas pelos Theravādins. Os Sautrāntikas as rejeitavam: os objetos externos podiam ser apenas inferidos, e não diretamente percebidos. Eles acreditavam que uma mente sutil (em sânscrito, *jñāna*) é tanto a raiz quanto o elemento permanente do fluxo dos skandhas[44]. Em vez de se apoiarem na autoridade dos sutras, eles defendiam seu ponto de vista divergente por meio de uma argumentação lógica. Ao opor-se ao realismo Sarvāstivāda, eles também prenunciavam algumas das tendências básicas da tradição Mahāyāna.

A ortodoxia Hīnayāna caracteriza-se pelas seguintes crenças: 1. O Buda foi um ser humano mortal, que atingiu conhecimento e poderes sobre-humanos por um esforço pessoal. Seu corpo físico (*rūpakāya*) era corruptível. O corpo de suas doutrinas (*dhammakāya*) permanece um guia vivo para os budistas. 2. Não existe uma alma: os pensamentos e as ações são reais, mas não existe uma pessoa que pensa ou age independentemente deles. 3. A experiência humana depende da interação de uma pluralidade de reais momentâneos. 4. Também existe uma entidade imutável e permanente, cujo conhecimento é o propósito da alma humana, pois esse conhecimento liberta a pessoa das incessantes labutas da vida. No entanto, se o ser humano não é nada além de um fluxo de acontecimentos, "se o sofrimento surge e se vai sem uma pessoa que sofre", quem é que deve ser libertado? Qual o significado dessa liberdade e paz, a não ser talvez o fim da vida e da experiência? Mas isso não seria o aniquilacionalismo (*ucchedavāda*) expressamente rejeitado pelo Buda? Essas dificuldades levaram os Theravādins e os Sarvāstivādins a uma análise cada vez mais sutil, que no entanto não conseguiu satisfazer a muitos. Enquanto os personalistas recorriam a referências canônicas ao "homem" e à "pessoa", uma alternativa, que seria mais tarde plenamente desenvolvida na tradição Mahāyāna, estava em considerar a mente como o solo último da servidão e da emancipação humanas. As escolas Teravada e Sarvāstivāda desenvolveram uma perspectiva pan-objetivista, na qual o próprio nibbāna se tornava um entre muitos objetos, positivos e negativos. A análise abhidhâmmica da experiência, decompondo-a em seus elementos momentâneos mais simples, era um processo que parecia não ter fim e cujo valor para a prática espiritual se tornava cada vez menos evidente. O que a aspiração religiosa precisava era de um Deus poderoso, e não elementos mortos e inertes.

Enquanto o budismo se alastrava até as regiões fronteiriças de noroeste e de sudeste, a busca por uma figura divina conduzia a uma deificação do Buda nas várias seitas Mahāsāṅghika. Até mesmo a escola Sarvāstivāda, que se disseminava no noroeste, foi intensamente influenciada por essa tendência. Na antiga concepção Hīnayāna, os que entram no fluxo, os que retornam uma vez, os arahants, os bodisatvas e os budas diferem apenas em seu conhecimento e realizações, e

44. Bareau, *Les sectes bouddhiques du petit véhicule*, p. 159.

não em sua essência constitutiva. Todos eles são seres humanos em diferentes estágios do caminho espiritual. A escola Teravada considerava o Buda como uma pessoa humana sujeita à morte. Os Mahāsāṅghikas tornavam a pessoa que vivia e a que morria uma imagem irreal, uma mera aparência. O Buda real não é nada, a não ser o princípio eternamente auto-subsistente da iluminação espiritual que serve como fonte de inspiração espiritual. Ao fazer do Buda um ser sobre-humano, os Mahāsāṅghikas despiram-no de personalidade. A idéia de *nirmāṇ akāya*, assim como a de *saṃbhogakāya*, remonta a eles[45]. A divindade do Buda consistia em ser a fonte da graça, e não da criação. No nível popular, isso poderia ser compreendido em termos de um dualismo que atribuía o mal a Carma e māyā, e a graça ao Buda. Para o aspirante sério à espiritualidade, no entanto, isso tornava o Buda um princípio sempre vivo, inspirando esperança, fé e devoção. Para os Mahāsāṅghikas, o Buda era a imagem da contemplação eterna e silenciosa, onipresente e resplandecente[46]. O Buda histórico era visto como uma aparência projetada no mundo humano e como um meio. Se o Buda é sobrenatural, uma pergunta desse mesmo tipo deve surgir com relação ao bodisatva. Uma interpretação era a de que o Buda é constituído por bodhi[47], deixando intocado o bodisatva como pessoa histórica. Ou então os bodisatvas podiam ser considerados como uma classe distinta de seres sobrenaturais destinados a ser budas. Ainda não havia surgido a diferença radical entre a concepção Hīnayāna e a concepção Mahāyāna do bodisatva.

BIBLIOGRAFIA

Fontes

ANEKASI, Masaharu, "Buddhist Docetism". In: *Encyclopaedia of Religion and Ethics*. HASTINGS, James (ed.), vol. 4, New York, Scriber's Songs, 1928.

BABBITT, Irving (trad.). *The Dhammapada*. Nova York, New Directions, 1965.

COWELL, E. B. (org.). *The Jātaka*. Londres, Pali Text Society, 1981.

GEHMEN, H. S. & HORNER, I. B. (trad.). *The Minor Anthologies of the Pali Canon*, III-IV. Londres, Pali Text Society, 1974-75.

HORNER, I. B. (trad.). *The Collection of the Middle Length Sayings*. Londres, Pali Text Society, 1975-77.

PALI Text Society (org.). *Sutta Piṭaka*. Londres, datas das reimpressões distribuídas pela Routledge & Kegan Paul, Londres, Henley e Boston.

RADHAKRISHNAN, S. (trad.). *The Dhammapada*. Londres, Oxford University Press, 1966.

RHYS DAVIDS, C. A. F. *Sakya, or Buddhist Origin*. Londres, Kegan Paul, 1931.

45. S. N. Dube, *Cross Currents in Early Buddhism*, pp. 139-140.
46. A. Bareau, *Les sects bouddhiques du petit véhicule*, pp. 58, 59, 60.
47. Idem, p. 248.

_____. *What Was the Original Gospel in 'Buddhism'?*. Londres, Epworth, 1938.
_____. Journal of the Royal Asiatic Society (1902), p. 481.
_____. & WOODWARD, F. L. (trad.). *The Book of the Kindred Sayings*. Londres, Pali Text Society, 1975-82.
RHYS DAVIDS, T. W. e RHYS DAVIDS, C. A. F. (trad.). *Dialogues of the Buda*. Londres, Pali Text Society, 1977.
SADDHATISSA, H. (trad.). *The Sutta-Nipāta*. Londres, Curzon Press, 1985.
WOODWARD, F. L. (trad.). *The Minor Anthologies of the Pali Canon*, II. Londres, Oxford University Press, 1948.
_____. & HARE, E. M. (trad.). *The Book of Gradual Sayings*. Londres, Pali Text Society, 1972-82.

O Vinaya Piṭaka

HORNER, I. B. (trad.). *The Book of the Discipline*. Londres, Pali Text Society, 1966-82.

Outras Narrativas sobre a Vida do Buda

JOHNSTON, E. H. (org. e trad.). *Aśvaghosa's Budacarita or Acts of the Buda*. Déli, Motilal Banarsidass, 1978.
_____. (org. e trad.). *The Saundarananda of* Aśvaghosa. Déli, Motilal Banarsidass, 1975.
JONES, J. J. (trad.). *The Mahāvastu*. Londres, Pali Text Society, 1973-78.

As Primeiras Escolas

AUNG, Shwe Zan e RHYS DAVIDS, C. A F. (trad.). *Points of Controversy*. Londres, Pali Text Society, 1979. Distribuído por Routledge & Kegan Paul. Uma tradução do *Kathāvatthu*.

GEIGER, Wilhelm (trad.). *The Mahāvaṃsa*. Londres, Luzac, Pali Text Society, 1964.

LAW, B. C. (trad.). *Dīpavamsa, The Chronicle of the Island of Ceylon*. Ceilão, The Saman Press, 1959; *The Ceylon Historical Journal*, 7 (1957-58).
_____. (trad.). *The Debates Commentary*. Londres, Luzac, Pali Text Society, 1969. Um comentário sobre o *Kathāvatthu*.
NIKAM, N. A. & MCKEON, Richard P. (trad.). *Aśoka: Edicts*. Chicago, University of Chicago Press, 1958.
OBERMILLER, E. (trad.). *History of Buddhism by Bu-ston*, I-II. Heidelberg, Harrassowitz, 1931-32. Reimpressão, Tóquio, Suzuki Research Foundation, 1964.
STRONG, John S. *The Legend of King Aśoka: A Study and Translation of the Aśokāvadāna*. Princeton, Princeton University Press, 1984.
TĀRANĀTHA'S *History of Buddhism in India*. Simla, Indian Institute of Advanced Study, 1970.

Estudos

BAREAU, André. *Les premiers conciles bouddhiques*. Paris, Presses Universitaires de France, 1955.
_____. *Recherches sur la biographie du Bouddha dans les Sutrapiṭaka et les Vinayapiṭaka anciens*. Paris, École Française d'Extreme-Orient, 1963-71.

_____. *Les sectes bouddhiques du petit véhicule.* Saigon, École Française d'Extreme-Orient, 1955.

BASHAM, Arthur L. History *and Doctrines of the Ājīvikas*. Londres, Luzac, 1951.

BOND, George D. "The Development and Elaboration of the Arahant Ideal in the Teravada Buddhist Tradition". *Journal of the American Academy of Religion*, 52 (1984), pp. 227-42.

CARTER, John Ross. *Dhamma: Western Academic and Sinhalese Buddhist Interpretations*. Tóquio, Hokuseido Press, 1978.

_____ (org.). *The Threefold Refuge in the Teravada Buddhist Tradition.* Chambersburg, PA, Anima, 1982.

COLLINS, Steven. *Selfless Persons*. Cambridge, Cambridge University Press, 1982.

DUBE, S. N. *Cross Currents in Early Buddhism.* Nova Déli, Manohar, 1980.

DUTT, Nalinaksha. *Early Monastic Buddhism.* Calcutá, Oriental Book Agency, 1960.

DUTT, Sukumar. *The Buda and Five After-Centuries*. Londres, Luzac, 1957.

HOFINGER, Marcel. *Étude sur le Concile de Vaiśālī*. Louvain, Bureaux du Muséon, 1946.

HOLT, John C. *Discipline: The Canonical Buddhism of the Vinayapiṭaka*. Déli, Motilal Banarsidass, 1981.

JAYATILLEKE, K. N. *Early Buddhist Theory of Knowledge*. Londres, Allen & Unwin, 1963.

_____. *Ethics in Buddhist Perspective*. Kandy, Buddhist Publication Society, 1972.

_____. *The Message of the Buda.* Nova York, Free Press, 1976.

JOHANSSON, Rune E. A. *The Psychology of Nirvana*. Londres, Allen & Unwin, 1969.

KALUPAHANA, David J. *Causality: The Central Philosophy of Buddhism.* Honolulu, University of Hawaii Press, 1975.

_____. & KALUPAHANA, Indrani. *The Way of Siddhartha. A Life of the Buda.* Boulder e Londres, Shambhala, 1982.

LAMOTTE, Étienne. *Histoire du bouddhisme indien.* Louvain, Publications Universitaires, 1976.

_____. "La Légende du Bouddha". Revue de l'histoire des religions, Ivry-sur-Seine, Armand Colin Edit. Press Universitaires de France, n. 134 (1948), pp. 37-71.

NAKAMURA, Hajime. *Gotama Buda.* Los Angeles e Tóquio, Buddhist Books International, 1977.

OLDENBERG, Hermann. *Buda: His Life, His Doctrine, His Order*. Varanasi, Indological Book House, 1971.

PALLIS, Marco. *A Buddhist Spectrum*. Nova York, Seabury, 1981.

PANDE, G. C. *History of the Development of Buddhism.* Lucknow, 1962. Em hindi.

_____. *Śramaṇa Tradition*. Ahmedabad, 1978.

_____. *Studies in the Origins of Buddhism.* Déli, Motilal Banarsidass, 1983.

PÉREZ-REMÓN, Joaquin. *Self and Non-Self in Early Buddhism*. Haia, Mouton, 1980.

PREBISH, Charles. "A Review of Scholarship on the Buddhist Councils". *Journal of Asian Studies*, 33 (1974), pp. 239-54.

PRZYLUSKI, Jean. *Le Concile de Rājagṛha*. Paris, Geuthner, 1926-28.
RAHULA, Walpola. *What the Buda Taught*. Nova York, Grove Press, 1962.
REYNOLDS, Frank. "The Many Lives of Buda". In: Frank Reynolds (org.). *The Biographical Process*, pp. 37-61. Haia, Mouton, 1976.
SADDHATISSA, H. *Buddhist Ethics*. Londres, Allen & Unwin, 1970.
SAYADAW, Mahasi. *The Progress of Insight*, Kandy. Sri Lanka, Forest Hermitage, 1965.
THOMAS, Edward J. *The Life of the Buda as Legend and History*. Londres, Routledge & Kegan Paul, 1975.
TIN, Maung (Pe.). *The Path of Purity, being a Translation of Budaghosa's Visuddhimagga*. Londres, Pali Text Society, 1975.
WARDER, A. K. *Indian Buddhism*. Déli, Motilal Banarsidass, 1980.
WELBON, Guy Richard. *The Buddhist Nirvana and Its Western Interpreters*. Chicago, University of Chicago Press, 1968.
YOSHINORI, Takeuchi. *The Heart of Buddhism*. Nova York, Crossroad, 1983.

2. A Meditação Budista na Índia

Paul J. Griffiths

A prática da meditação sempre foi de importância central para a soteriologia budista e para as teorias filosóficas budistas. Os intelectuais da tradição, passada e presente, freqüentemente dizem que uma tal prática é condição necessária, tanto para o alcance do nirvana quanto para se chegar às conclusões filosóficas corretas sobre a natureza das coisas. Aparentemente não é possível alcançar a salvação nem envolver-se no filosofar efetivo sem a prática da meditação. Embora a prática da meditação no budismo sempre tenha sido, de fato mesmo que não em teoria, uma atividade que rigorosamente exige grande dedicação (isto é, não são muitas as pessoas que efetivamente a exercem e os que a exercem são quase todos homens, celibatários e vivem em mosteiros), o lugar de destaque dado a ela pela tradição significa que uma grande quantidade de energia tem sido gasta por budistas na criação de teorias sistemáticas sobre ela, assim como no desenvolvimento e ensino de técnicas específicas de meditação.

Neste pequeno estudo, apresentarei algumas dessas teorias e descreverei algumas dessas práticas. Ao fazê-lo, recorrerei a fontes do subcontinente indiano (inclusive o Sri Lanka), pertencentes aos primeiros mil e quinhentos anos da história budista (aproximadamente, de 500 a.C.. até 1000 d.C.). Embora as fontes textuais disponíveis a nós para a reconstrução da tradição budista sejam fragmentares, sua quantidade é assombrosamente grande; além disso, não se trata de desenvolver aqui uma abordagem sistemática dela. Um milênio e meio de intensa atividade espiritual e intelectual não podem ser adequadamente sumarizados num curto artigo como este. Além disso, na maior parte dos casos, abordarei as práticas e idéias dos budistas indianos sobre a meditação sincronicamente, mais que diacronicamente: darei mais atenção ao conteúdo dos conceitos-chave, e à estrutura dos sistemas nos quais eles estão inseridos, que às mudanças históricas pelas quais eles passaram.

Na tradição budista indiana, a prática da meditação – aqui provisoriamente compreendida como uma tentativa consciente de alterar, de forma sistemática e integral, a experiência perceptiva, cognitiva e afetiva do praticante – está intimamente vinculada tanto a rituais quanto à magia. Provavelmente estamos exagerando somente um pouco ao dizer que nenhum budista jamais se dedicou sistematicamente à prática da meditação, sem colocá-la num contexto ritual apropriado e sem considerar as técnicas empregadas nesse contexto como tendo eficácia rigorosamente mágica. Infelizmente, não será possível abordar aqui nenhum desses importantes elementos da concepção budista do que é a meditação, uma vez que considerá-los iria exigir uma discussão do devocionalismo budista, da prática ritual budista e (sobretudo) do tantra budista, questões que estão além dos limites deste artigo. O tantra tem sido definido como "[...] uma técnica para escancarar magicamente as portas da iluminação budista"[1]; muitas das práticas que vamos aqui discutir também podem ser compreendidas exatamente dessa forma, embora a exposição que farei delas não dê destaque a esse aspecto. Não se deve esquecer que as técnicas aqui descritas de forma distante, abstrata e teórica, faziam parte de uma prática religiosa viva, prática que desde os primeiros tempos incluía a crença de que é possível a pessoa deificar a si mesma, assim como a crença de que, em resultado da prática da meditação, o praticante necessariamente alcançaria toda espécie de poderes mágicos, da clarividência ao teletransporte.

TERMINOLOGIA

Em primeiro lugar, serão necessários alguns comentários sobre a terminologia. Os budistas indianos desenvolveram uma rica e complexa terminologia técnica (em sânscrito) para a descrição e análise das práticas de meditação e dos estados de consciência alterados que delas resultam. Naturalmente, no âmbito da tradição cristã, há também um vocabulário técnico relativamente rico (extraído principalmente do latim e do grego), que os teólogos ascetas empregam na descrição e análise de questões até certo ponto semelhantes. Mas a tradução de um vocabulário técnico para outro não é uma questão simples, como mostra o próprio emprego do termo "meditação". Este

1. Stephan Beyer, *The Cult of Tārā: Magic and Ritual in Tibet*, p. 92.

termo tem conotações técnicas precisas em muitos contextos cristãos. Por exemplo, alguns teólogos ascetas o empregam para referir-se ao ato do praticante de repetidamente se identificar, por meio de sua capacidade imaginativa, com os episódios da paixão e ressurreição de Cristo; o termo também é freqüentemente empregado para referir-se ao ato de imbuir-se da consciência íntima e precisa dos próprios pecados. Dificilmente seria uma surpresa o fato de não existir no léxico técnico da meditação budista indiana um termo que reflita exatamente essas ênfases. Existem, é verdade, sentidos mais gerais nos quais o termo "meditação" é empregado no Ocidente, por exemplo, para denotar o ato de ruminar ou ponderar sobre um tópico específico, ou (desde a década de 1960) para referência a quase todo método não-ocidental de alteração dos estados da consciência. Mas, também nesse caso, não há um termo em sânscrito com um grau semelhante de não-especificidade que os budistas possam empregar para discutir essas questões. O mesmo vale, *mutatis mutandis*, para outras palavras que freqüentemente empregamos para discutir a meditação budista e para traduzir a terminologia técnica de origem sânscrita.

Existem, dessa forma, as habituais dificuldades técnicas e conceituais envolvidas na tradução de um conjunto de termos técnicos precisos de uma língua para outra. Os métodos usualmente empregados para lidar com problemas desse tipo incluem: 1. o neologismo (a cunhagem de novas palavras na língua-alvo, como por exemplo, *shimpi-shisō*, em japonês, para refletir o termo "misticismo"); 2. o empréstimo (a importação direta de palavras da língua-fonte para a língua-alvo, como a adaptação a partir do sânscrito do termo "karma" ou a adoção do termo sânscrito "dhyāna" tanto no chinês – *Ch'an*[*na*] – quanto no japonês – *Zen*; e 3. equivalência de conceitos (o uso de um termo ou termos na língua-alvo, cujas conotações têm – ou parecem ter – suficiente semelhança conceitual com as do termo na língua-fonte para ser possível considerá-la apropriada como termo para tradução). Cada um dos métodos tem suas desvantagens. O uso excessivo de neologismos e empréstimos resulta em incompreensibilidade; o uso indiscriminado da equivalência de conceitos muito freqüentemente leva a modificações semânticas graves. No que se segue, farei uso de todos esses três métodos, tentando assim minimizar as desvantagens de cada um.

Emprego o termo "meditação" de uma forma muito ampla, para me referir a toda técnica de alteração da consciência empregada conscientemente e sem o recurso a substâncias químicas externas ao praticante para a produção da alteração desejada. Isto é, o termo "meditação" refere-se a toda técnica destinada a alterar o estado de consciência do praticante sem o uso de drogas. De acordo com essa definição, envolver-se numa relação sexual, ouvir um quarteto de Beethoven ou contemplar as boas qualidades do Buda serão todos exemplos de meditação. Mas beber uma garrafa de clarete ou ingerir cocaína, não. Nas teorias budistas, o termo samādhi às vezes é empregado num sentido bastante próximo desse sentido geral, mas não traduzo samādhi por "meditação" e, de modo geral, meu uso do termo meditação não pretende refletir nenhum termo específico do sânscrito.

Entre os mais importantes termos técnicos empregados pelos budistas, estão os seguintes. Em primeiro lugar, samādhi. Será em geral traduzido por "concentração". O termo parece apropriado, uma vez que a explicação-padrão que os textos budistas indianos fornecem para *samādhi* é "uni-orientação da mente" (*cittasyaikāgratā*), e essa idéia de dirigir a atenção a um único objeto é um significado central também do conceito "concentração". Em segundo lugar, estreitamente vinculado a samādhi, está o termo "diana". Vou deixá-lo sem tradução. Em seu emprego mais técnico, ele se refere a um conjunto de estados alterados da consciência (em geral em número de quatro). A natureza desses estados alterados será discutida abaixo; neste ponto, é suficiente dizer que são estados enstáticos, que visam, no início, ao recolhimento dos sentidos e pensamentos do praticante, afastando-o de sua interação com o mundo exterior e que devem, no final, levar à cessação de toda a atividade mental. Etmologicamente o termo "diana" deriva da raiz verbal *dhyai-*, que significa algo semelhante a "ponderar, considerar, pensar firmemente em", mas é evidente que o uso técnico do termo no budismo – que é o que interessa aos meus propósitos – não reflete esse sentido discursivo. Não será equivocado pensar nos estados alterados aos quais o termo *diana* se refere como os exemplos de estados alterados produzidos por concentração (samādhi).

Talvez o termo mais geral empregado para referência à prática da meditação seja *bhāvanā*: vou traduzi-lo por "cultivo". Trata-se de uma forma nominal causativa derivada da raiz verbal *bhū-*, que significa simplesmente "ser". Literalmente, *bhāvanā* significa algo próximo a "fazer vir a ser, causar, produzir, desenvolver, cultivar". O termo é empregado pelos budistas em contextos teóricos sobre a meditação, para referência ao cultivo de técnicas específicas e, assim, em geral aparece em composição com outros termos, como por exemplo, na expressão *śamatha-bhāvanā*, o "cultivo da tranqüilidade". Essa expressão composta conota, assim como *diana* e *samādhi*, o desenvolvimento de práticas enstáticas, que visam à redução dos conteúdos da vida mental do praticante. Essa redução, como mostrarei, era às vezes vista como um fim em si mesmo e, nesses casos, o "cultivo da tranqüilidade" era apresentado como resultando na cessação de toda e qualquer atividade mental. Mas ela era vista também (e talvez mais freqüentemente) como uma prática preliminar, que deveria atuar como uma propedêutica apropriada ao *vipaśyanā-bhāvanā*, o "cultivo da introvisão". Cultivar a introvisão é transformar as próprias faculdades cognitivas e perceptivas de acordo com as doutrinas filosóficas budistas. Essa expressão denota, então, um conjunto de técnicas que envolve a contemplação repetida de elementos centrais da doutrina budista – como por exemplo, a doutrina de que tudo é impermanente – de modo tal, que esses elementos terminam por ser internalizados de forma radical. O praticante aprende não apenas a dar seu assentimento intelectual a sua verdade, mas, também, a alterar suas faculdades de maneira que tanto a percepção quanto a cognição ocorrem apenas nas formas prescritas pela doutrina, ou doutrinas, em questão. Isto é, ele aprende não apenas a dar seu assentimento à proposição "tudo é impermanente", mas também a perceber diretamente a impermanência de tudo.

Uma instância importante das técnicas empregadas para cultivar dessa forma a introvisão é a técnica denominada *smṛti*, "atenção". A palavra "atenção" é um tanto desajeitada para traduzir o termo, mas já está estabelecida como padrão da tradução. O termo sânscrito *smṛti* muitas vezes significa algo próximo a "memória"; mas freqüentemente também conota o ato de prestar atenção cuidadosa a algum fenômeno, e é esse o significado enfatizado pelo uso budista do termo. A prática da atenção consiste, pelo menos a princípio, em simplesmente prestar atenção estreita e cuidadosa aos fenômenos da própria vida física e mental. Assim, de acordo com os estudiosos da teoria budista, ela não é elaborada como uma técnica de alteração da consciência, uma vez que seu uso não exige que o praticante tente a alteração de nenhum de seus estados, mas apenas que os observe. Nisso ela difere das técnicas enstáticas e dos estados denotados pelas práticas da diana, da concentração e do cultivo da tranqüilidade. Mas a atenção também pode ser considerada como um exemplo da meditação tal como eu a defini acima, uma vez que o próprio esforço em se observar com atenção os fenômenos da própria vida mental inevitavelmente modifica esses fenômenos. É difícil, por exemplo, a pessoa estar intensa e concentradamente cheia de cólera ou desejos sensuais, se ela está ao mesmo tempo atenta em observar cuidadosamente a cólera ou desejo em questão e em notar algo como "eis aqui um exemplo de cólera intensa". E, como mostrarei, a atenção é considerada pela própria tradição budista como uma instância paradigmática do cultivo da introvisão.

Por fim, há o importante conceito geral de *mārga*, "caminho". A soteriologia budista sempre foi concebida como um caminho daqui (saṃsāra) para lá (nirvana), um caminho que conduz o praticante a lugar algum, quando o saṃsāra e o nirvana são considerados como idênticos, mas que, no entanto, tem efeitos dramáticos sobre a condição epistemológica de seu praticante. A meditação, concebida em termos amplos, é uma parte essencial (embora de forma alguma a única) desse caminho. Ela abrange os dois últimos "membros" (*aṅga*) do caminho óctuplo no qual a prática soteriológica budista tradicionalmente tem sido dividida desde os primeiros tempos ("atenção perfeita" e "concentração perfeita"), sendo que sua prática, por sua vez, era dividida e subdividida pelos estudiosos budistas em caminhos de meditação cada vez mais complexos. Abaixo será feito um rápido comentário sobre a variedade e estrutura interna desses caminhos da meditação (mārga)[2].

A DIANA COMO PREPARAÇÃO PARA O ALCANCE DA CESSAÇÃO

Pode-se compreender melhor as quatro dianas se elas forem pensadas como uma série de estados de consciência alterados, caracterizados por um grau crescente de enstasia. O termo "enstasia" significa literalmente "estar dentro". Uma prática enstática, portanto, é aquela que visa ao recolhimento dos sentidos e pensamentos do praticante, afastando-o do contato com o mundo exterior e à redução dos conteúdos de sua consciência. Uma imagem freqüentemente usada, tanto em textos budistas quanto em textos não-budistas, para a descrição desse processo, é a da tartaruga que recolhe a cabeça e os membros em sua carapaça. Os membros da tartaruga em geral representam os sentidos do praticante (inclusive a mente, o órgão do pensamento); seu lugar próprio, sugere a imagem, é o interior, voltado para longe das potenciais agitações e perturbações resultantes do contato com os objetos sensoriais externos ao praticante. A seguinte descrição corriqueira das quatro dianas parece retratar uma série de estados alterados de consciência que conduzem justamente a essa meta:

> [O praticante], separado dos desejos e dos estados negativos da mente, atinge e permanece na primeira *diana*; ela se origina da separação e é acompanhada pelo pensamento aplicado, sustentada pelo pensamento, pela alegria e pela felicidade. Ao suprimir tanto o pensamento aplicado quanto o pensamento sustentado, [o praticante] atinge e permanece na segunda *diana*; ela se origina da concentração, consiste na tranqüilidade interior e na uni-orientação da mente, é livre do pensamento aplicado e do pensamento sustentado, e é acompanhada tanto pela alegria quanto pela felicidade. Ao se afastar da alegria [o praticante], permanece na equanimidade; atento e vigilante, ele vivencia aquela felicidade física sobre a qual os sábios dizem que "aquele que é atento e possui a equanimidade permanece feliz". Assim, ele alcança e permanece na terceira *diana*. Ao abandonar a felicidade e a tristeza, assim como a antiga euforia e a depressão, [o praticante] atinge e permanece na quarta *diana*; ela é sem felicidade e tristeza e se caracteriza pela pureza da atenção que é a equanimidade (*Saṃyutta-Nikāya*, 5:307).

Essa descrição corriqueira delineia um processo de separação ou isolamento (*viveka*), um processo por meio do qual o praticante se dissocia de uma sucessão de fatores mentais. Cada diana é descrita tanto em termos

2. Cf. p. 58, abaixo.

6. *O Grande Milagre em Śrāvastī*, Índia, Gandhāra, na área de Peshawar, primeiro período Kuṣhāṇo, cerca de 100 d.C., xisto cinza.

daquilo com relação ao que o praticante que a alcança se isola ou separa quanto em termos dos fatores psicológicos que ele ainda possui.

Assim, a primeira diana envolve a dissociação com relação aos "desejos" (*kāma*) e com relação aos estados negativos da mente em geral. Os estados negativos da mente não são especificados na passagem citada, mas em geral são identificados pelos pensadores budistas numa lista-padrão de cinco "obstáculos" (*nivaraṇa*), que incluem emoções como os desejos ou prazeres sensoriais, a malevolência, a preguiça, a inércia, a agitação, o remorso e a dúvida. Os estados negativos da mente, dos quais o praticante se separa ao atingir a primeira diana, são então estados afetivos, mais que estados cognitivos ou perceptivos. Eles se vinculam às reações e envolvimentos emocionais do praticante com seu ambiente e às fraquezas psicológicas mutiladoras, que podem impedir a superação desses envolvimentos emocionais. Estão presentes na primeira diana quatro fatores mentais, dois deles cognitivos e dois afetivos. Os fatores cognitivos são o "pensamento aplicado" (*vitarka*) e o "pensamento sustentado" (*vicāra*): o primeiro deles muitas vezes é equiparado à ação de uma abelha que se aproxima de uma flor atraente e o segundo, à ação dessa abelha de pousar sobre a flor e extrair seu néctar. Assim, "pensamento aplicado" é um termo empregado para descrever a atenção inicial que a mente dispensa a algum objeto da cognição, enquanto o "pensamento sustentado" refere-se ao pensamento analítico detalhado que ela dirige a esse mesmo objeto. Ambos os termos referem-se à atividade da mente de apropriar-se, classificar e pensar nos objetos com os quais ela entra em contato por meio dos sentidos. Essas atividades estão intimamente vinculadas ao pensamento discursivo e à língua; sua inclusão na lista de fatores psicológicos, associados com a primeira diana, visa mostrar que tais atividades – que, da forma como os budistas as percebem, são essencialmente construtivas e estão necessariamente mergulhadas em erros – ainda estão presentes para o praticante da primeira diana.

Os termos que designam os estados afetivos da "felicidade" (*prīti*) e "alegria" (*sukha*) distinguem-se, em geral, um do outro pela atribuição à "felicidade" de um tom afetivo mais intenso que à "alegria". Sua presença conjunta na primeira diana, bem como a ausência de qualquer outro termo designando estados afetivos, mostra que o único tipo de estado afetivo, presente ao praticante da primeira diana, é uma sensação generalizada de bem-estar (alegria), juntamente com ocasionais reações intensas de júbilo (felicidade) com relação às impressões sensoriais, à medida que elas vão sendo classificadas pela mente de forma apropriada. Em resumo, a primeira diana é um estado alterado no qual, embora as funções cognitivas e verbais ainda estejam operando plenamente, a gama e intensidade da vida afetiva do praticante estão enormemente reduzidas.

À medida que o praticante avança através das três dianas restantes, ele perde primeiramente as capacidades cognitiva e verbal denotadas pelos termos *vitarka* e *vicāra* (na segunda diana); em seguida, os estados afetivos mais intensos denotados por *prīti* (na terceira diana); e por fim todos os estados afetivos, exceto a tranqüila serenidade da mente denotada pelo termo "equanimidade" (*upekṣa*, na quarta diana). Assim, nesse quarto e mais alto estado alterado, os estados afetivos ficam reduzidos a quase nada, e as atividades analítica e classificatória da mente também são reduzidas a zero.

Nos textos budistas sobre a meditação, essas quatro dianas freqüentemente estão vinculadas a uma outra seqüência de cinco estados alterados; uma seqüência que consiste nos "quatro estados sem-formas" e mais um quinto estado, o "alcance da cessação" (*nirodhasamāpatti*). A série resultante de nove estados (as quatro dianas, mais os quatro estados sem-formas, mais o alcance da cessação) é ainda mais manifestamente enstática que as quatro dianas tomadas sozinhas, uma vez que ela visa explicitamente a cessação de todo e qualquer evento mental e culmina nela. A descrição corriqueira dos quatro estados sem-formas e do alcance da cessação é a seguinte:

> Ao transcender completamente todos os conceitos de formas, ao abandonar os conceitos baseados em dados dos sentidos, ao não prestar atenção aos conceitos da multiplicidade, ao pensar o "espaço é sem-fim", [o praticante] alcança o domínio do espaço infinito e nele permanece. Ao transcender inteiramente o domínio do espaço infinito e pensar a "consciência é sem-fim", [o praticante] alcança o domínio da consciência infinita e nela permanece. Ao transcender inteiramente o domínio da consciência infinita e pensar "nada existe", [o praticante] alcança o domínio do absolutamente nada e nele permanece. Ao transcender inteiramente o domínio do absolutamente nada, [o praticante] alcança o domínio da nem-conceitualização-nem-não-conceitualização e nele permanece. Ao transcender o domínio da nem-conceitualização-nem-não-conceitualização, [o praticante] alcança a cessação das sensações e da conceitualização e nele permanece (*Dīgha-Nikāya*, 2:71).

O praticante penetra no primeiro dos três estados sem-formas – o "espaço infinito", a "consciência infinita" e o "absolutamente nada" – ao dissociar-se dos conceitos que caracterizam o estado imediatamente precedente e conscientemente prestar atenção e imbuir-se das características do estado no qual ele está para penetrar. Assim, no caso do primeiro estado sem-formas, o praticante rejeita, ou suprime, todos os conceitos vinculados às formas físicas ou à diversidade e pluralidade de objetos físicos, e então conscientemente pensa o "espaço é infinito". Como resultado, ele penetra num estado alterado de consciência, no qual a única coisa presente em sua mente é precisamente: a infinitude do espaço, desobstruído de objetos materiais. Um avanço do mesmo tipo ocorre, à medida que o praticante passa através dos estados alterados chamados "consciência infinita" e "absolutamente nada". Esta última designação talvez seja inapropriada para designar o estado, uma vez que, de acordo com a descrição que dele é dada na citação acima, o praticante que o alcançou ainda pode pensar "nada existe". Assim, devem ser possíveis estados alterados mais tênues e mais altos, nos quais nem sequer esse pensamento pode ocorrer. É justamente isso que encontramos na descrição do estado sem-formas que consiste na "nem-conceitualização-nem-não-conceitualização": a descrição acima citada, do estado em que se alcança essa condição, não faz qualquer referência ao pensamento por parte do praticante, já que a ocorrência do pensamento verbalizável iria requerer a existência de pelo menos alguma "conceitualização" (*saṃjñā*), e se há algum tipo de conceitualização no quarto estado sem-formas, ela é suficientemente tênue para que esse estado possa apropriadamente ser descrito como consistindo em nem conceitualização nem sua ausência.

No entanto, é possível um estado alterado ainda mais exaltado, e ele é denominado "cessação das sensações e da conceitualização", ou, mais simplesmente, o "alcance da cessação". Embora esse estado não receba uma definição precisa na passagem acima citada, ele é amplamente discutido em muitos textos budistas sobre a meditação. Ele consiste na ausência completa de todo e qualquer evento mental e muitas vezes é chamado de estado "a-mental" (*acittaka*). O praticante que alcança essa condição muito provavelmente deve se assemelhar a uma pessoa em estado catatônico ou em coma profundo: a única coisa que distingue esse indivíduo de uma pessoa morta é a permanência das funções autônomas do sistema nervoso, como um mínimo de batidas cardíacas, calor corporal e (talvez) respiração. É impossível qualquer resposta a estímulos externos, assim como é impossível dar início a uma ação. Alcançar a cessação dessa forma é o ponto máximo, e talvez a *reductio ad absurdum*, da técnica enstática de meditação.

Nos textos budistas encontram-se muitas histórias narradas com a finalidade de indicar a natureza e os efeitos desse estado alterado. Uma das mais famosas é uma narrativa sobre Mahānāga. Conta-se que Mahānāga alcançara a cessação na sala de meditação de um mosteiro e que a sala se incendiara enquanto ele se encontrava absorto nesse estado. Evidentemente, todos os outros monges reuniram seus pertences e fugiram. Mas não Mahānāga. Uma vez que havia alcançado a cessação, ele não era capaz de responder a estímulos externos, nem mesmo a estímulos tão prementes quanto as chamas violentas de um incêndio; assim, ele permaneceu imóvel, enquanto o mosteiro ardia ao seu redor. A história em geral termina com Mahānāga saindo em segurança do estado de cessação e com a descrição de sua surpresa ao perceber que algo tão ultrajante tivesse acontecido enquanto ele estava, por assim dizer, envolvido em algo absolutamente diverso.

Existem também muitos problemas puramente lógicos postos aos intelectuais budistas pela presença de descrições e recomendações de estados como esses nos textos da tradição. O mais crucial deles envolve a necessidade de oferecer uma explicação racional para o processo por meio do qual ocorre a saída do alcance da cessação. Se, ao alcançar a cessação, o praticante está realmente despojado de todo e qualquer tipo de evento mental, é difícil explicar o mecanismo causal por meio do qual os eventos mentais podem recomeçar para ele. Mas o exame dessas questões iria exigir um desvio pelos domínios da teoria causal e metafísica desenvolvida pelo budismo, e para isso não há espaço aqui.

Os métodos soteriológicos estão sempre vinculados a metas soteriológicas: o que você faz para se salvar depende intimamente daquilo de que você acredita precisar ser salvo. A prática da meditação enstática não é exceção a essa regra geral. Ela está vinculada (pelo menos em termos conceituais) à idéia de que o problema soteriológico fundamental se encontra no apego passional, no afeto intenso. Não é difícil perceber que o caminho da meditação enstática que se delineia nesta seção oferece uma resposta real para esse problema. As quatro dianas reduzem gradualmente tanto a atividade cognitiva quanto a afetiva; os quatro estados sem-formas reduzem, ambas, ainda mais, até o praticante alcançar o estado de cessação, no qual não resta traço algum das duas atividades. Nesse ponto, manifestamente, o problema soteriológico está respondido: não permanece nenhum apego passional e está rompida a conexão causal entre esse apego e o renascer incessante (com o concomitante sofrimento).

Nessa leitura da tradição, o alcance da cessação, que é o ponto máximo do caminho enstático, deve ser idêntico ao nirvana, e existem alguns elementos na documentação textual, sugerindo que pelo menos parte da tradição budista primitiva estava disposta a fazer essa identificação. No entanto, existem também outras (e muito mais fortes) indicações insinuando que a maior parte da tradição era ambivalente, senão simplesmente negativa, em sua avaliação do significado soteriológico dos estados enstáticos mais altos, em especial, os quatro estados sem-formas e o alcance da cessação. Um bom exemplo dessa ambivalência pode ser encontrado numa das histórias sobre a vida do Buda Śākyamuni antes de sua iluminação. Essa história relata que Śākyamuni estudava sob a orientação de dois mestres antes de alcançar ele próprio a iluminação. O primeiro mestre, chamado Ārāḍa Kālāma, conseguiu ensiná-lo a alcançar o estágio do "absolutamente nada" (o terceiro estado sem-formas) e o segundo, chamado Udraka Rāmaputra, ensinou-o a alcançar o estágio de "nem-conceitualização-nem-não-conceitualização" (o quarto estado sem-formas). De acordo com a história, o Buda achou ambos os estados soteriologicamente insatisfatórios e, uma vez que os mestres não podiam ensinar-lhe mais nada, ele os deixou e foi buscar a iluminação por conta própria. A atitude negativa, com relação aos estados enstáticos, reflete-se, também, nas histórias sobre o alcance da iluminação pelo Buda: ele o faz, sem recorrer aos estados sem-formas ou ao alcance da cessação, o que sugere fortemente que esses estados alterados não eram considerados necessários para o alcance da salvação.

Apesar dessa ambivalência, o método enstático e os estados alterados dele resultantes sempre foram e ainda continuam a ser uma parte importante da prática budista da meditação. Em geral, como mostrarei na próxima seção, ele está subordinado à prática do que denomino "método analítico" e é empregado como propedêutica a ele; por outro lado, ele pode ser recomendado apenas a certos tipos característicos: os que são especialmente atormentados por intensas reações afetivas a estímulos. Mas a tradição dedica bastante atenção a esses estados alterados da consciência e existem certas técnicas específicas consideradas como especialmente importantes para seu desenvolvimento. Um exame rápido de uma delas encerrará minha discussão sobre a diana como uma preparação para o alcance da cessação.

Em seu uso cotidiano normal o termo sânscrito *kṛtṣna* é um adjetivo que significa "todo", "inteiro", "completo" e semelhantes. Em seu uso técnico pelos budistas, o termo se refere a dez "totalidades"; dez espécies de dispositivos materiais, cada um deles podendo ser tomado como objeto para o praticante da meditação. O dispositivo material mais comumente usado (ou pelo menos mais comumente discutido em detalhe nos textos) é a "totalidade terra": dispondo de um disco (em geral) de argila, da cor mais neutra possível e com a superfície tão lisa quanto possível, o praticante coloca esse disco de argila sobre um pedestal e se senta diretamente a sua frente e a curta distância. Ele então concentra toda sua atenção nesse disco de argila, eliminando a consciência de todos os outros estímulos sensoriais e de qualquer outro conceito e emoção. Por fim, após longa e árdua prática, ele consegue formar uma imagem mental do disco de argila; uma imagem mental sem qualquer das pequenas imperfeições de forma e cor que necessariamente estão presentes em todo objeto físico. Essa imagem mental toma, então, o lugar do objeto físico como objeto de meditação e, nesse ponto, o praticante pode continuar a prática meditativa sem estar próximo ao objeto físico com o qual ele começou. Nesse estágio, a imagem mental em questão pode ser "totalizada", ou expandida, como afirma o texto, em todas as direções até preencher (do ponto de vista do praticante) todo o universo.

Mesmo essa explicação resumida já deixa claro que essa espécie de prática da "totalidade" é puramente enstática: ela reduz o conteúdo da consciência a um simples conteúdo perceptivo, que tudo abrange e que, no caso da "totalidade terra", é uma imagem mental da terra pura. Essa técnica (e outras semelhantes) é um meio de produzir estados enstáticos de nível mais alto; assim, também em relação à prática da totalidade encontra-se algo da ambivalência que envolve esses estados. Raramente ela é apresentada como uma técnica independente o suficiente para se alcançar o nirvana.

A DIANA COMO PREPARAÇÃO PARA A ANÁLISE OBSERVACIONAL

A expressão "análise observacional" denota as práticas destinadas quer a uma observação íntima dos processos psico-físicos do praticante (dos quais o paradigma é a atenção, a ser abordada na próxima seção), quer à contemplação repetida e a internalização de elementos fundamentais da doutrina (o que discutirei aqui resumidamente e com mais detalhes abaixo, pp. 58-64). A forma como emprego aqui a expressão recobre muitas das práticas e estados alterados denotados pela expressão budista "cultivo da introvisão".

A seção precedente mostrou que a diana é muitas vezes vista como uma preparação para os estados enstáticos superiores e, por fim, para o alcance da cessação. Mas freqüentemente ela também é colocada no contexto das técnicas observacionalmente analíticas e vista como um preparo adequado para esse tipo de prática. Por exemplo, um dos desenvolvimentos mais comuns, indo da prática da diana para a análise observacional, tem a seguinte forma. Em primeiro lugar, apresenta-se a descrição corriqueira das dianas (como a que foi traduzida e discutida na seção precedente) e então diz-se o seguinte:

> Quando a mente [do praticante] está assim concentrada [isto é, com o alcance da quarta *diana*], purificada, limpa, clara, livre de degenerecência, flexível, dócil, firme e imóvel, então [o praticante] aplica e volta sua mente ao conhecimento e à introvisão. Ele sabe: esse meu corpo é material; ele é feito dos quatro grandes elementos, nascido de pai e mãe, nutrido com arroz cozido e leite coalhado, está sujeito a ser triturado, esmagado, despedaçado e desintegrado. E também sabe: minha consciência se sustenta nele e está ligada a ele (*Dīgha-Nikāya*. 1:76).

Os elementos-chave nesse texto da tradição são, em primeiro lugar, o dirigir a mente do praticante para o "conhecimento e visão" (jñāna e *darśana*) e, em segundo lugar, o conhecimento resultante (exprimível em proposições), um conhecimento vinculado à natureza composta do corpo e à conexão íntima entre a consciência e o corpo, entre o mental e o físico. O uso dos termos "conhecimento" e "visão" é significativo: pode-se interpretá-los como indicando algo próximo da distinção ocidental entre "conhecer que" (jñāna: neste contexto, o dar assentimento a proposições, o conhecimento por descrição) e "ver como" (*darśana*: neste contexto, a apropriação direta por experiência, o conhecimento por familiarização). Naturalmente, outros elementos da doutrina budista podem ser tratados dessa mesma maneira (e, como mostrarei abaixo, os desenvolvimentos posteriores do pensamento budista sobre a prática da meditação viriam a incluir sob esse título todos os elementos mais relevantes da prática budista).

Esse vínculo das dianas com a análise observacional é apenas o primeiro estágio de uma das apresentações budistas típicas do caminho do despertar. À análise observacional segue-se o desenvolvimento e exercício de diversos poderes mágicos (inclusive a criação de duplicatas mágicas de si mesmo, a clariaudição, a clarividência, a telepatia e semelhantes), o desenvolvimento da capacidade de lembrar-se das próprias vidas anteriores, de perceber diretamente as vidas passadas e futuras de todos os seres e, por fim, de compreender a destruição de todas as "cadeias" que impedem que se atinja o nirvana. Assim, o praticante alcança o próprio despertar (*bodhi*) e se torna um desperto (Buda).

Essa apresentação do caminho do despertar tem raízes muito profundas na tradição budista. Alguns dos relatos sobre a iluminação do Buda seguem um padrão muito semelhante a esse. Ela também se baseia numa concepção do problema soteriológico básico um tanto diferente da que está presente na apresentação e recomendação da técnica enstática acima discutida. Para o emprego e recomendação da análise observacional como técnica de meditação é fundamental a idéia de que o que precisa ser corrigido é a ignorância do praticante, e não as paixões. Desse ponto de vista, o problema fundamental está, de um lado, no fato de que os seres humanos têm, profundamente arraigada, uma tendência a perceber e conceber equivocadamente a natureza do universo, tanto em seus aspectos humanos quanto nos não-humanos e, de outro, no fato de que essa tendência arraigada só pode ser corrigida por uma internalização radical da verdade a respeito dessas coisas. Essa verdade, naturalmente, é identificada pela tradição budista com a doutrina budista, e são os principais elementos dela que o praticante precisa internalizar. A concepção de que a ignorância é o principal problema soteriológico, sem dúvida, não é necessariamente incompatível com a concepção de que o mesmo deve ser dito do apego às paixões. Ambas podem ser combinadas de diversas formas. Pode ser que, como sugerem alguns pensadores budistas, o apego às paixões seja um produto da ignorância e que, se a causa for removida, também o efeito desaparecerá. Nessa visão, são nossas percepções e concepções equivocadas que nos levam a um desmedido apego às coisas. Ou então pode ser que o apego às paixões seja, para a maioria de nós, a principal barreira à cognição acurada: se ele for eliminado, surgirá o conhecimento acurado. Por fim, pode ser que o equilíbrio e as conexões causais entre a ignorância e o apego às paixões seja diferente em diferentes indivíduos e que, portanto, diferentes graus e combinações, entre técnicas enstáticas e técnicas de análise observacional, sejam apropriadas para diferentes indivíduos. Todas essas concepções (e várias combinações delas) podem ser encontradas nas tradições do budismo indiano. Seja qual for a concepção considerada como normativa, não há dúvida de que essa tensão entre a enstasia, a análise observacional e as teorias soteriológicas que as acompanham oferece um bom meio de examinar as tradições do budismo indiano sobre a meditação.

A ATENÇÃO: UM CASO PARADIGMÁTICO DA ANÁLISE OBSERVACIONAL

A tradição atribui um valor extremamente alto à prática da "atenção" (*smṛti*), à análise observacional íntima e contínua de cada processo que contribui na constituição da vida psico-física do praticante. As descrições e recomendações sobre ela freqüentemente são introduzidas da seguinte forma:

Esse, monges, é o caminho que conduz a uma [meta], que produz a purificação dos seres, a transcendência da dor e do pranto, a destruição da dor e da tristeza, o alcance do caminho e a realização do Nirvana – isto é, as quatro atenções (*Dīgha-Nikāya*, 2:290).

As "quatro" em questão são os quatro tópicos aos quais deve se dirigir a atenção íntima do praticante. O primeiro deles é o corpo (*kāya*), seus processos físicos e fisiológicos; o segundo é a sensação afetiva (*vedanā*) em todas as suas variedades; o terceiro é a mente (*citta*) em todos os seus estados possíveis; e o quarto consiste nas fórmulas doutrinais (*dharma*), os elementos fundamentais da doutrina budista. Não será possível abordar todos eles em detalhe, mas podemos obter uma certa idéia sobre sua prática e resultados pretendidos, ao examinar com certo detalhe a "atenção à respiração" – uma das subdivisões da primeira das "quatro atenções", a que toma como seu objeto o objeto físico. Tanto nos textos clássicos da tradição como em meio aos defensores atuais da eficácia da meditação budista no Sul e Sudeste asiáticos, a atenção, aplicada ao processo de respiração, recebe mais espaço e atenção que qualquer outro elemento da prática e, em algumas de suas versões (em especial na que vem traduzida abaixo), ela se apresenta como um método soteriológico completo e auto-suficiente.

Estágio 1:

Sobre essa questão, monges, um monge que foi à floresta, até às raízes de uma árvore, ou a um local deserto, senta-se de pernas cruzadas e com as costas retas coloca a atenção a sua frente. Atentamente ele inspira e atentamente ele expira. (I) Inspirando longamente, ele sabe: "estou fazendo uma inspiração longa"; expirando longamente, ele sabe: "estou fazendo uma expiração longa". (II) Fazendo uma inspiração curta, ele sabe: "estou fazendo uma inspiração curta"; fazendo uma expiração curta, ele sabe: "estou fazendo uma expiração curta". (III) Ele se exercita: "Sentindo [a respiração] por todo o corpo, vou inspirar"; ele se exercita: "Sentindo [a respiração] por todo o corpo, vou expirar". (IV) Ele se exercita: "Acalmando a função corporal [da respiração], vou inspirar"; ele se exercita; "Acalmando a função corporal [da respiração], vou expirar".

Estágio 2:

(V) Ele se exercita: "Sentindo alegria, vou inspirar"; ele se exercita: "Sentindo alegria, vou expirar". (VI) Ele se exercita: "Sentindo felicidade, vou inspirar"; ele se exercita: "Sentindo felicidade, vou expirar".

Estágio 3:

(VII) Ele se exercita: "Sentindo o funcionamento da mente, vou inspirar"; ele se exercita: "Sentindo o funcionamento da mente, vou expirar". (VIII) Ele se exercita: "Acalmando o funcionamento da mente, vou inspirar"; ele se exercita: "Acalmando o funcionamento da mente, vou expirar". (IX) Ele se exercita: "Sentindo a mente, vou inspirar"; ele se exercita: "Sentindo a mente, vou expirar". (X) Ele se exercita: "Alegrando a mente, vou inspirar"; ele se exercita: "Alegrando a mente, vou expirar". (XI) Ele se exercita: "Concentrando a mente, vou inspirar"; ele se exercita: "Concentrando a mente, vou expirar". (XII) Ele se exercita: "Libertando a mente, vou inspirar"; ele se exercita: "Libertando a mente, vou expirar".

Estágio 4:

(XIII) Ele se exercita: "Contemplando a impermanência, vou inspirar"; ele se exercita: "Contemplando a impermanência, vou expirar". (XIV) Ele se exercita: "Contemplando a degenerescência, vou inspirar"; ele se exercita: "Contemplando a degenerescência, vou expirar". (XV) Ele se exercita: "Contemplando a cessação, vou inspirar"; ele se exercita: "Contemplando a cessação, vou expirar". (XVI) Ele se exercita: "Contemplando a renúncia, vou inspirar"; ele se exercita: "Contemplando a renúncia, vou expirar" (*Saṃyutta-Nikāya*, 5:311-12).

O estágio 1 descreve a prática da observação íntima e cuidadosa do processo de respirar, um processo que os atuais defensores da técnica muitas vezes denominam "simples atenção". A prática envolve simplesmente a observação e registro mental do que está acontecendo enquanto se respira. A pessoa inicialmente (nos sub-estágios i e ii) não faz tentativa alguma de alterar ou interromper o ritmo da própria respiração. A chave é a observação. É somente nos sub-estágios iii e iv que ela conscientemente altera a respiração, primeiro, expandindo, com o auxílio da imaginação, a própria respiração através de todo o corpo e então "acalmando", ou reduzindo, a freqüência e profundidade das inspirações e expirações.

O estágio 2 introduz exercícios para se alterar os estados emocionais do praticante (que serão comentados na próxima seção). Aqui, as respirações são usadas como veículos para se infundir os estados mentais de alegria e felicidade. Com o estágio 3, o praticante começa a observar o funcionamento da mente (sub-estágio vii) e então a alterar esse funcionamento de várias formas (sub-estágios viii-xii). Em outros textos encontramos descrições muito mais detalhadas sobre o que se pretende com essas técnicas. A simples observação do funcionamento da mente é semelhante à observação da respiração: a pessoa presta atenção e registra mentalmente o que ocorre enquanto a mente responde aos estímulos externos, inicia padrões de pensamento e modifica seu estado emocional. A princípio nada é feito para alterar esses estados. A simples observação é em si mesma uma disciplina espiritual exigente, como salientam quase todos os que a ensinam, e requer muitos anos de prática, para se alcançar seu domínio completo. Existem amplas e complexas tradições intelectuais budistas, denominadas *Abidarma*, cujos principais argumentos são uma tentativa de desenvolver sistemas de classificação para todos os tipos de eventos mentais que possam ocorrer. Dessa forma, uma parte importante do aprendizado da observação da própria vida mental como budista está em aprender e internalizar esses sistemas de classificação, de modo a ter disponível uma denominação apropriada para cada tipo de evento mental que pode vir a se manifestar no decorrer da prática.

A prática da atenção, da forma como apresentada no texto acima traduzido (e tal como apresentada pela maioria de seus atuais defensores), parece então basear-se numa nítida separação entre as técnicas destinadas à observação da própria vida mental e as técnicas destinadas a sua alteração. Mas, de fato, como já sugerido, parece difícil separar nitidamente a prática da simples observação das práticas, destinadas a alterar o funcionamento da mente do praticante. A observação necessariamente produz alteração. Uma simples ilustração: suponha-se que um determinado praticante tenha um caráter especialmente sensualista e que, ao se colocar em meditação, observando seus processos mentais, ele perceba a ocorrência de uma fantasia sensualista de sua imaginação e, como seu mestre ensinou, faça um registro mental dela: "Eis aqui um exemplo de uma fantasia sensualista da imaginação". A própria ação de fazer esse registro mental irá quase inevitavelmente reduzir a intensidade da fantasia sensualista em questão, e parece pouco duvidoso que esse seja um efeito pretendido. A prática da "simples atenção" é então uma propedêutica, apropriada e necessária, às práticas subseqüentes, que são mais explicitamente destinadas a alterar os estados de consciência do praticante.

Com o estágio 4 (sub-estágios xiii-xvi), o praticante passa a técnicas destinadas a internalizar elementos centrais da doutrina budista. Assim ele medita (ainda com o emprego das respirações) sobre a impermanência, a degenerescência, e semelhantes: a cada inspiração, ele absorve a idéia budista básica de que tudo é impermanente e, a cada expiração, ele exala a degenerescência. O objetivo das práticas é tornar essas idéias doutrinais budistas coextensivas à vida emocional e cognitiva do praticante.

A esta altura deve estar clara a razão por que chamei a atenção de um "caso paradigmático da análise observacional": ela começa com a simples observação, passa naturalmente por uma série de técnicas destinadas a reduzir a intensidade da vida mental do praticante e chega finalmente a uma análise profunda, ou filtração, de todos os fenômenos através da fina rede de doutrinas budistas, como a de que tudo é impermanente ou de que tudo é insatisfatório. Aprendido e praticado sob a direção de um mestre competente, esse conjunto de práticas é em geral considerado como um caminho soteriológico simples, eficaz e auto-suficiente.

TÉCNICAS DESTINADAS A MANIPULAR AS EMOÇÕES

Técnicas desse tipo já foram comentadas rapidamente na discussão sobre a atenção. Mas como é de importância fundamental para a soteriologia budista que os estados emocionais do praticante estejam sob controle e não sejam excessivamente intensos (afetos intensos de qualquer espécie são considerados como uma barreira ao alcance do tipo de visão da realidade, clara e isenta de paixões, que é condição *sine qua non* para se atingir o nirvana), não é de surpreender que a tradição preserve muitas outras técnicas destinadas explicitamente à alteração dos estados afetivos do praticante. Vou mencionar aqui apenas duas delas.

Os Quatro Modos de se Viver como Brama

Quatro atitudes afetivas são consideradas pela tradição budista como de importância especial. São elas: a amizade (*maitri*); a compaixão (*karuṇā*); a alegria empática (*mudita*); e a equanimidade (*upekṣa*). Todas são mais ou menos relacionais, no sentido de que se vinculam ao modo como o praticante se relaciona e interage com outros seres vivos. A amizade é o antídoto para o ódio, a hostilidade e a cólera. A compaixão, tradicionalmente a atitude que permitiu ao Buda passar a vida pregando as verdades que ele havia descoberto, mesmo tendo consciência de que poucos dos que o ouviam poderiam compreender o que ele dizia, está, dessa forma, em geral associada a uma atitude que permite (ou requer) tentativas resolutas de dar alívio ao sofrimento de outros. A alegria empática está associada em especial com as atitudes necessárias para a convivência harmoniosa em meio a grupos de pessoas: as discussões sobre ela nos textos budistas, como se espera, freqüentemente estão vinculadas ao modo pelo qual os habitantes de um estabelecimento monástico específico poderiam aprender a conviver em harmonia. A equanimidade, por fim, é uma atitude mental que, em certa medida, vai além do que, em geral, seria considerado como uma resposta emocional de qualquer espécie. Seu pleno desenvolvimento transfere por completo a experiência afetiva do praticante do domínio habitual dos afetos, para uma área na qual as respostas emocionais se tornam irrelevantes, porque foram, por fim, desmoronadas as barreiras entre os indivíduos, as diferenças que transformam o amor, o ódio, a tristeza e a alegria em respostas apropriadas. Isso acontece porque o praticante vê que essas barreiras são meras construções mentais: toda percepção da diferença – exceto, de modo paradigmático, a percepção da diferença entre si mesmo e os outros – é removida, e somente quando isso acontece é que o pleno desenvolvimento da equanimidade é possível.

Essas quatro atitudes são denominadas "modos de se viver como Brama" (*brahmavihāras*), porque acredita-se que, quando praticadas de forma apropriada, elas devem resultar no renascimento no domínio cósmico celestial no qual vive a divindade Brama. Isso, evidentemente, não é o mesmo que o nirvana: o desejo do renascimento no domínio do Brama é quase sempre caracterizado nos textos budistas como uma meta soteriológica preliminar, de modo que, em conseqüência, as técnicas empregadas para alcançá-lo também são preliminares. Essas técnicas em geral não são apresentadas como um caminho soteriológico auto-suficiente (como, por exemplo, a prática da atenção acima descrita), mas, ou como um conjunto de práticas especialmente úteis para os que têm deficiências específicas de caráter (como, por exemplo, uma tendência ao ódio excessivo ou à agressão excessiva) ou então como um conjunto de práticas cuja finalidade principal é estimular atitudes apropriadas com relação aos outros.

A descrição habitual dos quatro modos de se viver como Brama é a seguinte:

> [O praticante] vive impregnando uma das direções com a mente amiga; e assim também, de modo semelhante, ele vive impregnando a segunda, a terceira e quarta direções, impregnando-as acima, abaixo e em todas as direções, impregnando o mundo inteiro com uma mente amiga, que é ampla, abrangente, imensurável, pacífica e despida de hostilidade. [O praticante] vive impregnando uma das direções com a mente compassiva, e assim também, de modo semelhante, ele vive impregnando a segunda, a terceira e quarta direções, impregnando-as acima, abaixo e em todas as direções, impregnando o mundo inteiro com uma mente amiga, que é ampla, abrangente, imensurável, pacífica e despida de hostilidade. [O praticante] vive impregnando uma das direções com a mente de alegria empática, e assim também, de modo semelhante, ele vive impregnando a segunda, a terceira e quarta direções, impregnando-as acima, abaixo e em todas as direções, impregnando o mundo inteiro com uma mente de alegria empática, que é ampla, abrangente, imensurável, pacífica e despida de hostilidade. [O praticante] vive impregnando uma das direções com a mente de equanimidade, e assim também, de modo semelhante, ele vive impregnando a segunda, a terceira e quarta direções, impregnando-as acima, abaixo e em todas as direções, impregnando o mundo inteiro com uma mente de equanimidade, que é ampla, abrangente, imensurável, pacífica e despida de hostilidade (*Majjhima-Nikāya*, 1:297).

O termo aqui fundamental é "impregnando": o praticante deve fazer um esforço consciente para imbuir-se da atitude emocional em questão e então expandi-la universalmente, preencher com ela cada canto do cosmos, aplicá-la em suas respostas a cada ser vivo e em suas interações com eles. Ao desenvolver essas atitudes, o praticante em geral recebe instruções para começar por aplicá-las a um amigo íntimo e querido (embora, de preferência, não um do sexo oposto, uma vez que um excesso de amizade, e assim por diante, dirigida a uma tal pessoa tem probabilidade, de acordo com a tradição, de provocar desejos sensuais), e então aplicá-la a alguém com relação à qual ele se sente indiferente e, por fim, com relação a uma pessoa que lhe é hostil ou com relação à qual ele sente intensa aversão. O praticante então avança dos casos fáceis – quem acha difícil sentir amizade com relação a um amigo? – até os casos difíceis e, por fim, está apto a aplicar universalmente as atitudes inculcadas, sem fazer distinções. Os efeitos dessas técnicas sobre a conduta ética são naturalmente amplos, mas estão além do âmbito deste artigo.

O Cultivo do Horrível

O cultivo do "horrível" (*aśubha-bhāvanā*) consiste na contemplação estreita de cadáveres em vários estados de decomposição. Diz-se em geral existir dez tipos de cadáveres, que vão dos recentemente mortos, inchados pela deterioração, passando pelos "mastigados" (corpos que foram parcialmente devorados por chacais ou outros necrófagos), aos "ensangüentados" (corpos cobertos de sangue), chegando finalmente aos "esqueletos" (corpos dos quais nada resta além dos ossos). Os textos descrevem as várias categorias de cadáveres com cuidadoso detalhamento. Um bom exemplo é a descrição de um cadáver "lívido" feita por Buddhaghosa, um estudioso budista do século v:

> Aquele que tem uma descoloração irregular é chamado "lívido" [...] o que é lívido é vil, devido à repulsividade [...] esse é um termo para um cadáver de cor avermelhada em lugares em que a carne é aparente, de cor esbranquiçada onde o pus se acumulou, mas principalmente de cor preto-azulada, se envolvido em tecido preto-azulado [...] (*Visuddhimagga*, VI.1).

Os métodos empregados para a meditação sobre coisas como essas são quase os mesmos descritos na discussão acima sobre a "totalidade terra". Também aqui, o praticante focaliza a mente no objeto físico em questão (neste caso, um dos dez tipos de cadáveres), até estar apto a formar uma imagem mental do objeto e contemplar essa imagem sem necessariamente estar na presença do cadáver real. Assim, há um sentido no qual essa prática, assim como a prática da "totalidade", é enstática: ela envolve o recolhimento dos sentidos do praticante – afastando-o de sua interação com o mundo exterior – e a concentração da atenção sobre uma imagem central. Mas também há uma diferença importante. A contemplação do "horrível" é destinada especificamente às pessoas que têm um apego excessivo à beleza e atratividade dos corpos (vivos) físicos, em especial àqueles que são excessivamente incomodados por impulsos sexuais. O cultivo do "horrível" é destinado a modificar esse tipo de reação afetiva, positiva aos corpos físicos, e substituí-la por uma reação mais realista (do ponto de vista budista). Ele também é destinado a atuar como propedêutica à compreensão das doutrinas budistas fundamentais relativas à impermanência e insatisfatoriedade de tudo. Ao empregar o "horrível" como objeto de meditação, a pessoa pode começar a ver a atratividade do corpo humano (e, por extensão, de todas as coisas) como impermanente, transitória, sujeita à deterioração; ela também pode começar a ver que o que aparece como atraente é na verdade apenas uma aparência que, com a morte, se revela em sua luz verdadeira.

Esse vínculo entre o cultivo do "horrível" e a compreensão dessas verdades budistas fundamentais fica explícito em alguns textos intitulados *Iogacarabhūmi* – "os estágios da prática da ioga". "Ioga" é um outro termo geral para a prática da meditação, um termo usado em toda a Índia, que foi completamente incorporado ao vocabulário ocidental. O termo composto "Iogacara", que significa tanto "a prática da ioga" quanto "os que se envolvem na prática da ioga", tornou-se o nome de uma importante escola filosófica budista na Índia a partir do século IV d.C; mas ele também era empregado – e é esse sentido que me interessa aqui – como um título genérico para textos relativos à apresentação dos estágios dessa prática. Textos recebendo esse título eram produzidos na Índia desde os primeiros anos da era cristã e, em dois dos mais antigos, encontra-se uma relação dos seguintes cinco conjuntos de práticas: primeiro, o cultivo do "horrível", destinado a combater os desejos sensuais; segundo, o cultivo da amizade (*maitri*), destinado a combater a cólera; terceiro, o cultivo da compreensão relativa ao fato universal da causalidade, destinado a combater a ignorância; quarto, o cultivo da meditação sobre o processo de respiração, destinado a combater o pensamento excessivamente analítico; e quinto, o cultivo da meditação sobre os esqueletos, destinado a combater o egotismo. Aqui, é clara e explícita a tentativa de fazer a conexão entre o cultivo do horrível (que, tomado sozinho, tem eficácia soteriológica limitada) e as outras práticas da meditação, destinadas mais diretamente à supressão da ignorância. O cultivo do horrível está inserido em seu lugar próprio como uma prática em meio a um conjunto mais amplo de práticas da meditação: ele se tornou uma parte do caminho da meditação.

Esse interesse em criar caminhos de meditação sistemáticos a partir de tradições heterogêneas, e às vezes quase contraditórias, da prática da meditação (como, por exemplo, é possível reconciliar o alcance da cessação e as práticas que a ele devem conduzir com a atenção e as metas soteriológicas a ela associadas?) sempre foi uma parte importante da teorização budista sobre a meditação. As tradições encontradas nos textos denominados Iogacara, acima mencionadas, são um exemplo, relativamente pouco desenvolvido, dessa tendência. Outras tradições, muito mais explícitas, sistemáticas e complexas, podem ser encontradas em textos expressamente dedicados ao desenvolvimento e elaboração desses caminhos da meditação. Uma vez que é, em grande parte, no estudo desses textos e em seu uso como base para a prática (sempre sob a orientação de um mestre devidamente qualificado) que os estudiosos budistas, por quase dois milênios, obtiveram acesso aos tesouros conceituais e soteriológicos de suas tradições da meditação, vou apresentar, na próxima seção, um dos mais influentes modelos sistemáticos do progresso através dos caminhos da meditação que podem ser encontrados nesses textos.

UM CAMINHO SISTEMÁTICO DA MEDITAÇÃO

Um dos mais importantes textos teóricos produzidos pela tradição budista indiana é denominado *Um Comentário ao Tesouro da Metafísica* (*Abidarmakośabhāṣya*), uma obra atribuída ao grande pensador budista Vasubandhu e que data provavelmente do século v da era cristã. É difícil superestimar a importância desse texto: quase desde a época de sua composição, ele tem sido usado por budistas de muitas escolas, e em um grande número de diferentes culturas, como uma ferramenta de ensino, como um sumário sistemático e autorizado de ensinamentos fundamentais do budismo. Uma parte substancial dele é dedicada à explicação das relações entre as várias práticas da meditação contidas na tradição budista e ao esforço sistemático em mostrar como elas se encaixam num caminho da meditação bem organizado (*mārga*).

A exposição de Vasubandhu tem início com o "Caminho da Preparação" (*prayogamārga*)[3]. É com ele que os neófitos e as pessoas comuns principiam sua prática religiosa; os que estão no caminho da preparação ainda não são "seres nobres" (*ārya*). Esse caminho se inicia com a aquisição das quatro "atitudes nobres" (*ārya-vaṃsa*), atitudes que consistem em grande parte no contentamento com a vida de um monge. Mais uma vez, o fato de o caminho se iniciar nesse ponto indica que, para a maioria dos teorizadores do budismo, essas práticas da meditação tinham em vista apenas os monges. Após a aquisição das quatro atitudes nobres, o praticante faz uso de uma série de práticas preliminares, inclusive várias das já discutidas aqui: primeiro, a atenção à respiração; depois, a meditação sobre o horrível; então, a aplicação da atenção ao corpo, às sensações afetivas, à mente e às fórmulas doutrinais; e, por fim, a aquisição, como resultado da prática apropriada dessas técnicas, das quatro "ajudas para a penetração" (*nirvedha-bhāgīya*), estados mentais que tornam possível ao praticante passar do caminho puramente preliminar da preparação para o "caminho transcendente da visão" (*lokottara-darśana-mārga*). Em resumo, o caminho da preparação é um caminho no qual o praticante se torna um monge (se já não for um) e aprende a se contentar com os aspectos materialmente insatisfatórios da vida monástica. Ele então começa a praticar algumas das técnicas preliminares de meditação e, por meio delas, conquista uma certa percepção inicial da natureza condicionada e insatisfatória de todos os existentes. A essa altura, ele

3. O que se segue toma como base, em especial, os materiais do sexto capítulo do *Abidarmakośabhāṣya*.

está apto a passar desse ponto para o "caminho nobre" (*ārya-mārga*), o próprio caminho da salvação.

Vale a pena observar algumas das técnicas que, conforme sugeri, eram muitas vezes consideradas em si mesmas válidas em vista das metas soteriológicas – em especial a prática da atenção – são aqui caracterizadas como preparatórias. Essa desvalorização, por assim dizer, de métodos anteriormente vistos como importantes por si próprios, tornou-se em certa medida necessária devido à natureza sistemática do empreendimento no qual estavam envolvidos Vasubandhu e outros como ele: a força motivadora estava na busca de uma explicação para todas as diferentes técnicas de meditação observadas pela tradição, na tentativa de determinar um lugar para cada uma delas e de mostrar como cada uma podia vincular-se às outras. Isso naturalmente tornava difícil admitir que alguma das técnicas fosse por si só suficiente para a salvação.

A segunda divisão importante da exposição de Vasubandhu recebe o nome de "Caminho da Visão". Ela consiste basicamente num conjunto de práticas analíticas por meio das quais o praticante deve analisar detalhadamente os vários aspectos (geralmente dezesseis) nos quais, em geral, se subdividem as quatro verdades do budismo (a verdade sobre o sofrimento, sobre o surgimento do sofrimento, sobre a cessação do sofrimento e sobre o caminho para a cessação do sofrimento). O praticante contempla e internaliza o detalhado e complexo conteúdo conceitual de cada um desses dezesseis aspectos até que essas categorias se tornem coextensivas para suas percepções e cognições. Como exatamente isso funciona, ficará mais claro com o exame das detalhadas subdivisões do caminho da visão. O caminho se divide em dezesseis elementos, que incluem oito "disposições" (*kṣānti*), que visam ao alcance de certos tipos de compreensão intuitiva (*jñāna*), e os correspondentes oito tipos de compreensão intuitiva. Esses dois conjuntos de oito abrangem os dezesseis elementos do caminho da visão e correspondem, por sua vez, aos dezesseis aspectos das quatro verdades. Com o alcance de cada um dos dezesseis estágios, um certo número de "propensões" (*anuśaya* – tanto as tendências da paixão com relação a ações erradas quanto os padrões de hábitos arraigados que resultam em falsas cognições) é definitivamente suprimido. Esse conjunto um tanto complexo de estados alterados da consciência, juntamente com as propensões suprimidas por meio do alcance de cada um deles, é apresentado no quadro da página seguinte.

O que apresentamos aqui é uma lista de dezesseis estados alterados, estados nos quais o praticante ou tem a "disposição" de conquistar um certo tipo de conhecimento intuitivo, ou efetivamente já conquistou esse conhecimento. O conhecimento em questão pode, por sua vez, ser de dois tipos: ou "conhecimento intuitivo da doutrina" (*dharma-jñāna*), ou "conhecimento intuitivo conseqüente" (*anvaya-jñāna*).

O CAMINHO DA VISÃO

(*darśana-mārga*)

A COMPREENSÃO DA PRIMEIRA VERDADE

1. Disposição que resulta no conhecimento intuitivo da doutrina relativa ao sofrimento
2. Conhecimento intuitivo da doutrina relativa ao sofrimento
3. Disposição que resulta no conhecimento intuitivo conseqüente relativo ao sofrimento
4. Conhecimento intuitivo conseqüente relativo ao sofrimento

(28 propensões abandonadas pela compreensão da primeira verdade: três espécies de concepções erradas relativas à existência de uma pessoa individual; três espécies de concepções erradas extremas; três espécies de concepções erradas *simpliciter*; três espécies de apegos a concepções erradas; três espécies de dúvidas; três espécies de apego à prática ética e à observância religiosa; três espécies de paixões; uma espécie de aversão; três espécies de orgulho; três espécies de ignorância)

A COMPREENSÃO DA SEGUNDA VERDADE

5. Disposição que resulta no conhecimento intuitivo da doutrina relativa ao surgimento do sofrimento
6. Conhecimento intuitivo da doutrina relativa ao surgimento do sofrimento
7. Disposição que resulta no conhecimento intuitivo conseqüente relativo ao surgimento do sofrimento
8. Conhecimento intuitivo conseqüente relativo ao surgimento do sofrimento

(19 propensões abandonadas pela compreensão da segunda verdade: três espécies de concepções erradas *simpliciter*; três espécies de apego às concepções erradas; três espécies de dúvidas; três espécies de paixões; uma espécie de aversão; três espécies de orgulho; três espécies de ignorância)

A COMPREENSÃO DA TERCEIRA VERDADE

9 Disposição que resulta no conhecimento intuitivo da doutrina relativa à cessação do sofrimento

10 Conhecimento intuitivo da doutrina relativa à cessação do sofrimento

11 Disposição que resulta no conhecimento intuitivo conseqüente relativo à cessação do sofrimento

12 Conhecimento intuitivo conseqüente relativo à cessação do sofrimento

(19 propensões abandonadas pela compreensão da terceira verdade: três espécies de concepções erradas *simpliciter*; três espécies de apego às concepções erradas; três espécies de dúvidas; três espécies de paixões; uma espécie de aversão; três espécies de orgulho; três espécies de ignorância)

A COMPREENSÃO DA QUARTA VERDADE

13 Disposição que resulta no conhecimento intuitivo da doutrina relativa ao caminho

14 Conhecimento intuitivo da doutrina relativa ao caminho

15 Disposição que resulta no conhecimento intuitivo conseqüente relativo ao caminho

16 Conhecimento intuitivo conseqüente relativo ao caminho

(22 propensões abandonadas pela compreensão da quarta verdade: três espécies de concepções erradas *simpliciter*; três espécies de apego às concepções erradas; três espécies de dúvidas; três espécies de apego à prática ética e à observância religiosa; três espécies de paixões; uma espécie de aversão; três espécies de orgulho; três espécies de ignorância)

7. *Buda Sentado*, Índia, região de Gandhāra, período Kushāṇa, primeira metade do século III d.C., xisto cinza, 130 x 79 como.

Por fim, existem quatro objetos possíveis para cada tipo de disposição e cada tipo de conhecimento, que são as próprias Quatro Verdades. Isto quanto ao quadro geral. E quanto à prática efetiva? E qual o significado da distinção entre os dois tipos de conhecimento intuitivo, assim como o da distinção entre uma "disposição" ao conhecimento e o próprio conhecimento?

Em primeiro lugar, a divisão entre a "disposição" ao conhecimento intuitivo e o próprio conhecimento: essa separação destina-se a assinalar a existência de dois estágios no processo de abandono das propensões. No primeiro estágio, o da "disposição", o praticante volta sua mente para o conhecimento em questão e o alcança prolepticamente; ao mesmo tempo, ele se separa das propensões em questão. Mas é somente com a passagem dessa "disposição" para a firme posse do conhecimento intuitivo em questão, que o praticante, por fim, se separa irreversivelmente das propensões em questão. A imagem usada por Vasubandhu para descrever esse processo é pitoresca: a disposição ao conhecimento intuitivo é comparada ao encontrar um ladrão na própria casa e expulsá-lo; o conhecimento, por sua vez, é comparado ao fechar a porta por trás do ladrão expulso, de modo a não haver possibilidade de ele reentrar. Essa distinção, então, nada mais pretende além de assinalar a diferença entre, de um lado, a introvisão temporária (e, assim, possivelmente reversível) junto com o concomitante abandono das propensões negativas e, de outro, a introvisão permanente (e assim irreversível) e o abandono correspondente.

A distinção entre os dois tipos de conhecimento intuitivo – o conhecimento relativo à doutrina e o conhecimento denominado "conseqüente" – é também um dispositivo teórico, destinado a assinalar a diferença entre os domínios cósmicos no interior dos quais se situam certos tipos de sofrimento. A cosmologia budista regularmente reconhece três domínios cósmicos: o domínio dos desejos, o domínio das formas e o domínio do sem-formas. Cada qual tem suas próprias características, seus próprios habitantes, suas próprias potencialidades e obstáculos e, importante para os propósitos deste artigo: cada domínio tem também paixões e propensões que pertencem exclusivamente a ele. Isso explica a multiplicidade de espécies de paixões abandonadas pela compreensão de cada verdade: a razão, por que tão freqüentemente existem três espécies de cada propensão específica suprimida, está em que cada uma das espécies pertence a cada um dos domínios cósmicos. Em termos da distinção entre o conhecimento intuitivo relativo à doutrina e o conhecimento intuitivo conseqüente, o primeiro tem como seu objeto o sofrimento (ou origem, ou cessação, ou caminho – dependendo de que verdade está sob discussão), que se situa no domínio dos desejos, enquanto o último tem como seu objeto o sofrimento (ou origem e assim por diante), que se situa nos dois outros domínios cósmicos: o das formas e o do sem-formas.

Isso quanto aos detalhes. Para uma noção mais precisa sobre exatamente o que se supõe acontecer quando o praticante penetra no caminho da visão, vou apresentar agora alguns comentários mais específicos sobre os detalhes envolvidos na compreensão da primeira verdade (estágios 1-4 no quadro dado acima). Esses detalhes podem ser depois generalizados e aplicados à compreensão das outras três verdades. Em primeiro lugar, é importante lembrar que, ao percorrer esse caminho, o praticante está envolvido em meditações intelectuais analíticas cujos objetos são ramificações e conseqüências filosóficas das Quatro Verdades. No caso da primeira verdade (o sofrimento, *duḥkha*), ele irá considerar a tríplice subdivisão que é padrão da verdade do sofrimento em: o "sofrimento que consiste em sofrimento" (*duḥkha-duḥkhatā*), o "sofrimento que consiste em ser composto" (*saṃskāra-duḥkhatā*) e o "sofrimento que consiste na transformação" (*vipariṇāma-duḥkhatā*). Ele irá analisar a subdivisão tríplice, que pretende ser uma classificação completa de todos os tipos de sofrimento possíveis, irá considerá-la de todos os ângulos possíveis, irá desdobrar suas implicações e, por fim, irá internalizá-la, captar sua realidade e verdade e torná-la coextensiva ao modo pelo qual ele percebe, responde e tem cognição do mundo. Esse processo resulta por fim na "compreensão completa" (*abhisamaya*) das verdades em todos os seus aspectos e, nesse ponto, o praticante terá abandonado todo tipo de concepções filosóficas equivocadas e permanecerá preso a apenas algumas paixões e padrões residuais de hábitos.

Esses padrões residuais de hábitos e propensões precisam, de acordo com Vasubandhu, ser eliminados pelo praticante, que deve realizar repetidas re-presentações para si mesmo da compreensão completa já alcançada no caminho da visão. Isso ocorre, diz-nos Vasubandhu, no "caminho transcendente do cultivo" (*lokottara-bhāvanā-mārga*), no qual o praticante entra, ao atingir o estágio 16 do caminho da visão. O ponto importante a observar aqui está no fato de que o objeto da prática meditativa não muda quando o praticante faz a transição do caminho da visão para o do cultivo; ele consiste ainda nas Quatro Verdades em todos os seus aspectos. O que muda, no entanto, e de forma notável, é o método empregado. Ao descrever o que acontece no caminho transcendente do cultivo, Vasubandhu introduz as quatro dianas e os quatro estados sem-formas que já foram discutidos. Isso é intrigante, uma vez que, como deve ter ficado claro pela descrição dada dos estados alterados e das técnicas empregadas para alcançá-los, eles não podem facilmente acomodar a repetida re-presentação de verdades complexas exprimíveis proposicionalmente – e é justamente isso que é exigido pelas funções que Vasubandhu atribui ao caminho transcendente do cultivo. Esses estados são, afinal de contas, enstáticos, destinados à redução progressiva dos conteúdos da consciência. Como mostrei, nos mais altos estados sem-formas, as funções mentais que devem ser vistas como precondição necessária, para o tipo de pensamento analítico exigido (conceitualização e assim por diante), não estão, por definição, presentes.

Existe, acredito, uma explicação histórica para esse problema. A concepção de Vasubandhu é a de que as funções mais importantes do caminho da meditação são as que chamei de "observacionalmente analíticas", e não as que chamei de "enstáticas". Mais do que os métodos que reduzem os conteúdos da consciência do praticante e por fim produzem a cessação, ele quer enfatizar os métodos que suprimem os erros cognitivos e transformam a experiência perceptiva e cognitiva do praticante. Isso explica a importância que ele atribui ao caminho da visão – que, paradigmaticamente, é analítico – e se empenha em detalhar, até certo ponto, sua explicação de por que ele identifica o caminho transcendente do cultivo com as dianas e com os estados sem-formas. Estes últimos devem encontrar seu lugar próprio em todo caminho budista que pretenda sistematicidade, já que estão presentes de modo tão proeminente na tradição; no entanto, na medida em que Vasubandhu atribui pouco valor a seu ímpeto soteriológico original, ele tem de encontrar esse lugar de uma forma que obscureça bastante a função originalmente destinada a eles. Isso fica mais claro ainda quando consideramos o valor que Vasubandhu atribui ao alcance da cessação, a condição a-mental que sugeri ser a meta própria às práticas enstáticas. Para ele, o alcance da cessação é simplesmente um lugar repousante e agradável, um lugar para o praticante tirar umas curtas férias das tensões e desgastes do caminho propriamente dito. Ele não tem a validade soteriológica independente que aparentemente lhe era atribuída pela tradição primitiva (ou algumas de suas correntes).

O quadro do caminho da meditação apresentado por Vasubandhu condensa o que se tornaria posteriormente a ortodoxia budista sobre essas questões. Suas classificações e subdivisões, bem como sua terminologia (a maior parte da qual, sem dúvida, não foi criada por ele, mas recebeu dele sua forma padrão), tornaram-se o padrão pressuposto pelas discussões posteriores. As mudanças ocorridas na Índia, nessa área do pensamento, durante a segunda metade do primeiro milênio da era cristã não alteraram drasticamente esse esquema, embora elas muitas vezes o tenham modificado pela alteração do conteúdo conceitual das idéias internalizadas pela prática da meditação. E nos casos em que essas idéias eram suficientemente diferentes, para exigir novos exercícios de meditação para sua apropriação adequada, esses exercícios foram desenvolvidos e incorporados à tradição. É para um dos conjuntos, cujo os exercícios, exerceram influência, que passamos agora.

A PERFEIÇÃO DE DIANA

Na primeira metade do século VIII da era cristã, o poeta e filósofo Śāntideva compôs o texto em sânscrito chamado *Adentrando a Prática do Despertar* (*Bodhicaryāvatāra*, ou talvez *Bodisatvacaryāvatāra*). O texto é estruturado, em parte, em torno do conjunto budista tradicional de seis "perfeições" (*pāramitā*), das quais a quinta é a "perfeição de diana" (abordada no oitavo capítulo do *Bodhicaryāvatāra*). Uma olhada rápida na estrutura e conteúdo desse capítulo dará uma boa idéia de como o caminho (uma parte dele) da meditação budista se apresentaria na Índia num período posterior: ficará manifesto que Śāntideva tinha preocupações soteriológicas um tanto diferentes das de Vasubandhu, ou pelo menos que ele enfatiza as coisas de modo diferente.

Śāntideva começa por afirmar a seguinte dupla necessidade: primeiro, a de se isolar o corpo (*kāya*) do mundo, e depois a de igualmente isolar a mente (*citta*). O isolamento do corpo se realiza com a renúncia aos envolvimentos físicos, o da mente com a renúncia ao pensamento discursivo. Ambos são difíceis: o primeiro em grande parte devido a *sneha*, uma espécie de envolvimento lúbrico consigo mesmo e com o que pertence a si mesmo junto com o concomitante envolvimento e preocupação com as coisas mundanas, e o último devido à dificuldade, inerente à atividade, de se limitar e concentrar a mente. A tranqüilidade (*śamatha*) é, dessa forma, a primeira coisa a ser perseguida, na busca do isolamento de si mesmo com relação à atração da vida mundana.

Śāntideva dedica muitos de seus versos (vv. 5-39) à descrição dos perigos da existência social (vv. 9-25) e aos prazeres da solidão, da pobreza, da vida nas florestas e da contemplação de cadáveres (vv. 26-39). Nesses últimos versos ele sugere muitos dos mesmos temas que eram recobertos pelo material discutido acima com relação à contemplação do "horrível", e ele manifestamente vê essas práticas como corretivos necessários para nossa tendência natural a nos envolver na vida mundana. Mas esse é apenas o primeiro estágio. Mesmo quando o corpo foi isolado dessa forma, quando o praticante se afastou da proximidade física com relação às distrações do mundo, ainda falta isolar a mente. Isso é feito tentando-se primeiro compreender e depois suprimir os desejos sensuais (*kāma*) e, então, limitar e controlar conscientemente os processos de pensamento discursivo da mente (vv. 40-89). É nesse ponto, mais que em qualquer outro, que Śāntideva revela o alcance restrito que ele atribui às técnicas puramente enstáticas acima descritas.

Porém mesmo isso é apenas preliminar. Quando tanto o corpo quanto a mente se isolaram dessa forma, o praticante deve inculcar a "decisão pela iluminação" (*bodhicitta*) e a compaixão sincera pelos outros. Para Śāntideva, tudo isso é parte da "perfeição de diana" tanto quanto a tentativa de isolar corpo e mente; de fato, as práticas anteriores se justificam somente na medida em que tornam possível ao praticante empreender estas últimas. Ao explicar como o praticante deve desenvolver a ação compassiva, Śāntideva salienta a importância do cultivo, por meio da meditação, da compreensão de que ele próprio e os outros seres vivos são na verdade idênticos. Os seguintes versos programáticos são importantes:

> Para começar, deve-se esforçadamente cultivar
> do modo apropriado,
> a identidade de si e do outro:
> Todos [os seres] são semelhantes em [evitar a] dor e [querer o] prazer!
> Devo protegê-los assim como protejo a mim! (v. 90)

O ponto central aqui é em parte conceitual – o de que, metafisicamente, não há distinção significativa a ser feita entre os "meus" sofrimentos ou prazeres e os "seus" sofrimentos ou prazeres, uma vez que "você" e "eu" não somos diferentes – e em parte relativo à meditação. Isto é, não é suficiente para o praticante compreender a verdade conceitual da doutrina de que o eu e os outros são idênticos; isso não é suficiente sequer para que ele aja como se o que importa fosse a supressão do sofrimento e não o indivíduo no qual esse sofrimento aparentemente se localiza. Ao contrário, ele deve efetivamente aprender a se perceber como os outros e a perceber os outros como ele próprio – e a fazer isso mentalmente colocando-se no lugar dos outros:

> Assim, quem quer que deseje de repente dar proteção
> Tanto a si quanto aos outros [seres]
> Deve praticar esse supremo segredo:
> Colocar a si no lugar dos outros (v. 120).

Tomando um exemplo prático: ao perceber uma pessoa que parece menos feliz do que ele próprio – por exemplo, um mendigo ou um aleijado – com o auxílio da imaginação, o praticante iria se identificar com o infeliz em questão a ponto de ele próprio – num sentido quase literal – se tornar esse infeliz. As dores do aleijado ou a fome do mendigo se tornariam suas e ele faria tudo em seu poder para atenuá-los, como faria uma pessoa comum, se as dores ou a fome fossem realmente "suas". Assim, ao doar ao mendigo ou cuidar do aleijado, o praticante não percebe a si como doador nem aquele que recebe como alguém que não ele próprio; por um momento pelo menos, ele se vê como a pessoa que recebe e a outra pessoa que não ele (seu "eu real") como o doador (vv. 155-73). Por fim, ao recomendar essa atitude, Śāntideva é conduzido a alguns estranhos paradoxos de linguagem: línguas (o sânscrito não menos que o inglês) são irremediavelmente centradas na pessoa e uma metafísica sustentada na idéia de que não existem pessoas, de que não existem "possuidores de ações", como afirma o texto, conduz a dificuldades conceituais e lingüísticas genuínas. Mas, do ponto de vista da prática da meditação, as recomendações de Śāntideva são bastante claras: o praticante deve tentar persistentemente dissolver a idéia de si mesmo como um sujeito permanente e subsistente – uma "pessoa" – e fazê-lo por meio de repetidos e completos experimentos do pensamento, nos quais ele troca sua identidade (ilusória) pela identidade (igualmente ilusória) de um outro. Para Śāntideva, essa prática, quando realizada com coerência, é o ponto mais alto da prática da meditação, pois, ao se envolver nela, a pessoa pode simultaneamente compreender a verdade da doutrina mais característica do budismo (a de que não existe um eu substancial que permanece) e conquistar para si o que é, do ponto de vista do budismo, a única base possível para a conduta ética autêntica.

***

Se existem temas em comum no material aqui examinado, eles parecem ser os seguintes. As técnicas budistas de meditação, da forma como foram teorizadas e sistematizadas na Índia, eram de dois tipos: em primeiro lugar, enstáticas, destinadas a reduzir os conteúdos da consciência e, por fim, resultar na cessação completa de todos os eventos mentais (isso foi extensamente discutido neste capítulo e é nesse contexto que as dianas se situam mais propriamente); em segundo lugar, observacionalmente analíticas, destinadas primeiro à compreensão e depois à internalização de elementos fundamentais da doutrina budista. Esse amplo conjunto de práticas foi de grande importância para sistematizadores da tradição como Vasubandhu, que parecem ter-se sentido um tanto inquietos quanto ao primeiro tipo de práticas. Sob o título de observacionalmente analíticas devem ser colocadas a prática da atenção, o caminho da visão e, embora com um espírito bastante diferente, a meditação que torna possível a identificação e troca do eu pelo outro. Técnicas observacionalmente analíticas como essas são transformadoras num sentido amplo e profundo, uma vez que estão sempre ligadas a uma metafísica específica, com freqüência altamente desenvolvida: sua razão de ser está simplesmente em encarnar essa metafísica, tornar necessário ao praticante perceber o mundo e responder a ele de acordo com as categorias dessa metafísica. E mais do que as técnicas específicas, é o conteúdo da metafísica que torna peculiarmente budistas as práticas da meditação aqui apresentadas.

BIBLIOGRAFIA

A bibliografia que se segue não é, nem pretende ser completa. Sua primeira seção fornece detalhes sobre as traduções de textos citadas no corpo do artigo ou de textos que podem oferecer um bom pano de fundo. Sua segunda seção apresenta algumas das mais importantes obras publicadas sobre o tema em alguma das línguas ocidentais. A maioria das obras citadas oferece também um guia bibliográfico para o que hoje constitui um enorme campo de pesquisa.

Fontes

Os textos canônicos da tradição Teravada são quase todos facilmente encontrados nas traduções para o inglês (de qualidade variada) publicadas pela Pāli Text Society. A maioria das passagens citadas e discutidas nas pp. 42-57 é extraída dessa bibliografia.

O padrão da sistematização pós-canônica das teorias sobre a meditação na tradição Teravada é o *Visuddhimagga*, de Buddhaghosa, disponível numa excelente tradução para o inglês de Ñyāṇamoli (Bhikkhu) com o título *The Path of Purification*, 2 vols.; 1ª ed.: Sri Lanka, 1956, 1964; reimpressa, Berkeley e Londres, Shambhala, 1976.

A obra correspondente ao *Visuddhimagga* na tradição da escola Vaibhāṣika é o *Abhidarmakośabhāṣya* de Vasubandhu. Essa obra foi traduzida para o francês por Louis de La Vallée Poussin, *L'Abidarmakośa de Vasubandhu*, 6 vols., Paris, Paul Geuthner, 1923-31; reimpressão: Bruxelas, Institut Belge de Hautes Études Chinoises, 1971.

Os primeiros textos, denominados *Iogacarabhūmi*, foram pouco abordados pelos estudiosos do Ocidente. A análise mais facilmente acessível é a de Paul Demeville, "La Iogacarabhūmi de Saṅgharakṣa", *Bulletin de l'École Française d'Extrême-Orient*, n. 44 1954, pp. 339-436.

Mais tarde podem-se encontrar concepções Iogacara mais rigorosamente filosóficas do período posterior sobre a prática da meditação no *Abidarmasamuccaya*, de Asaṅga, traduzido para o francês por Walpola Rahula com o título *Le compendium de la superdoctrine (philosophie) (Abidarmasamuccaya) d'Asaṅga*, Paris, École Française d'Extrême-Orient, 1971; do mesmo autor, *Mahāyānasaṃgraha;* traduzido para o francês por Étienne Lamotte com o título *La somme du Grand Véhicule d'Asaṅga*, 2 vols, Louvain, Bibliothèque du Museon, 1938-39; reimpressão, Institut Orientaliste de Louvain, 1973; e no capítulo sobre o nirvana do *Viniścayasaṃgrahaṇī*; traduzido para o alemão por Lambert Schmithausen sob o título *Der Nirvana-Abschnitt in der Viniścayasaṃgrahaṇī der Iogacarabhūmiḥ*, Österreichische Akademie der Wissenschaften, Philosophisch-Historische Klasse Sitzungsberichte 264; Veroffentlichungen der Komission für Sprachen und Kulturen Süd- und Ostasiens 8, Viena, Hermann Böhlaus, 1969.

Uma sistematização-padrão das concepções da escola Mahāyāna sobre o caminho da meditação, que pode ser de origem indiana, é o *Mahāprajñāpāramitāśāstra*; traduzido do chinês para o francês por Étienne Lamotte com o título *Le Traité de la grande vertu de sagesse*, 5 vols., Publications de l'Institut Orientaliste de Louvain, 2, 12, pp. 24-26; Louvain-la-Neuve, Institut Orientaliste de Louvain, 1970-81. Os volumes 2-3 são especialmente ricos em materiais dedicados às especificidades técnicas do caminho da meditação.

O *Bodhicaryāvatāra*, de Śāntideva, recebeu recentemente duas traduções para o inglês; primeiro a partir do original em sânscrito, por Marion L. Matics; com o título *Entering the Path of Enlightenment*, Nova York, Macmillan, 1970 e depois, a partir da versão tibetana, por Stephen Batchelor; com o título *A Guide to the Bodhisattva's Way of Life*, Dharamsala, Library of Tibetan Works and Archives, 1979. O oitavo capítulo é sobre a diana.

Estudos

BARNES, Michael. "The Buddhist Way of Deliverance". *Studia Missionalia* n. 30, 1981, pp. 233-277. É especialmente útil por seu copioso material comparativo sobre a *Mahābhārata*.

BEYER, Stephan. *The Cult of Tārā: Magic and Ritual in Tibet*. Berkeley, University of California Press, 1973.

BRONKHORST, Johannes. "The Two Traditions of Meditation in Ancient India". *Alt- und neuindische Studien*, n. 26. Stuttgart, Franz Steiner, 1986. Um estudo textual detalhado (inclusive muito material interessante sobre a doutrina jainista), explorando a tensão entre os modos enstático e observacional da prática.

CONZE, Edward. *Buddhist Meditation*. Londres, Allen & Unwin, 1956. (com freqüentes reimpressões em brochura). Trata-se de um estudo amplo, um tanto datado e com um certo viés anti-theravādin.

COUSINS, Lance S. "Buddhist Jhāna: Its Nature and Attainment According to the Pāli Sources". *Religion* n. 3, 1973, pp. 115-131. É especialmente útil por sua discussão do termo *jhāna* (sânscrito: diana).

DE SILVA, Lily. "Cetovimutti Paññāvimutti and Ubhatobhāgavimutti". *Pāli Buddhist Review*, n. 3, pp. 118-145. A obra é uma análise técnica detalhada de um conjunto de categorias theravādin, com o objetivo de abordar o problema de se combinar técnicas de concentração com técnicas analíticas.

ELIADE, Mircea. *Yoga: Immortality and Freedom*. Segunda edição revisada. Nova York, Bollingen Foundation, 1969. É uma obra indispensável e uma leitura excelente. Eliade introduziu boa parte da terminologia técnica que, desde então, se tornou padrão na discussão dessas questões. Não confiável, no entanto, em termos de detalhes.

GRIFFITHS, Paul J. "Buddhist Jhāna: A Form-Critical Study". *Religion, n.* 13, pp. 55-68.

_____. "Concentration or Insight: The Problematic of Teravada Buddhist Meditation Theory". *Journal of the American Academy of Religion*, n. 49, 1981, pp. 605-624.

_____. *On Being Mindless: Buddhist Meditation and the Mind-Body Problem*. La Salle, IL, Open Court, 1986. Uma análise detalhada dos problemas históricos e filosóficos em torno do "alcance da cessação" (*nirodha-samāpatti*).

_____. "On Being Mindless: The debate on the reemergence of consciousness from the attainment of cessation in the Abidarmakośabhāṣyam and its commentaries". *Philosophy East and West*, n. 33, 1983, pp. 379-394.

GUNARATANA, Henepola. "A Critical Analysis of the Jhānas in Teravada Buddhist Meditation". Tese de Ph.D. apresentada na American University (Washington, DC), 1980. Uma análise lingüística e textual extremamente detalhada sobre o desenvolvimento de teorias sobre as jhānas na tradição Teravada.

HEILER, Friedrich. *Die Buddhistische Versenkung: Eine religionsgeschichtliche Untersuchung*. Munique, Reinhardt, 1922. Uma das obras pioneiras no estudo ocidental da meditação budista. Heiler baseou suas análises sobretudo em materiais da tradição Teravada, mas suas afirmações aplicam-se a um âmbito muito mais amplo que os próprios textos dessa tradição. Em alguns aspectos, seu trabalho ainda não foi superado.

HURVITZ, Leon. "Dharmaśrī on the Sixteen Degrees of Comprehension". *Journal of the International Association of Buddhist Studies*, n. 2, 1979, pp. 7-30. Um estudo dos tipos de compreensão (*abhisamaya*).

_____. "The Eight Liberations". In A. K. Narain e L. Zwilling (orgs.). *Studies in Pāli and Buddhism: A Memorial Volume in Honor of Bhikkhu Jagdish Kashyap*. Déli, B. R Publishing, 1979, pp. 121-169. Uma coletânea de materiais sobre as oito "libertações" (*vimokṣa*), um conjunto de categorias não discutidas neste artigo, mas que se sobrepõem, em certa medida, ao material nele analisado.

KATZ, Nathan. *Buddhist Images of Human Perfection: The Arahant of the Suttapiṭaka Compared with the Bodhisattva and the Mahāsiddha*. Déli, Motilal Banarsidass, 1982. Com deficiências conceituais e metodológicas, mas contendo material interessante.

KING, Winston L. *Teravada Meditation. The Buddhist Transformation of Yoga*. University Park, PA, Pennsylvania State University Press, 1980.

KIYOTA, Minoru, e Elvin W. Jones, (orgs.). *Mahāyāna Buddhist Meditation. Theory and Practice*. Honolulu, University Press of Hawaii, 1978. Uma coletânea de ensaios sobre diversos aspectos da meditação budista em textos Mahāyāna. A qualidade das contribuições é irregular, mas as de Nagao e Kiyota são excelentes.

KORNFIELD, Jack. *Living Buddhist Masters*. Santa Cruz, University Press, 1977. Uma coletânea fascinante de entrevistas e estudos sobre os mestres contemporâneos da meditação (em sua maioria theravādin).

LA VALLÉE POUSSIN, Louis de. "Musīla et Nāradā: le chemin du Nirvana". In *Mélanges chinois et bouddhiques*, 5 (1936-37), pp. 189-222. Um artigo básico e de grande influência. Poussin foi o primeiro estudioso no Ocidente a assinalar e analisar sistematicamente as tensões presentes nas teorias theravādin sobre a meditação. Leitura essencial.

NYANAPONIKA (Thera). *The Heart of Buddhist Meditation*. Londres, Rider, 1962. (freqüentes reimpressões em brochura). Uma abordagem da versão Teravada da atenção, elaborada do interior da tradição.

RAHULA, Walpola. "A Comparative Study of Dhyānas According to Teravada, Sarvāstivāda and Mahāyāna". In: RAHULA, W. *Zen and the Taming of the Bull*. Londres, Gordon Fraser, 1978, pp. 100-109.

SAYADAW, Mahasi (Mahāthera). *The Progress of Insight*. Kandy, Forest Hermitage, 1965. Uma curta abordagem clássica da prática da atenção por um mestre da meditação mianmarense no século XX. Originalmente escrito em páli. A edição da The Buddhist Publication Society (1973 e reimpressões) inclui o texto em páli bem como uma tradução para o inglês.

SCHMITHAUSEN, Lambert. "Ich and Erlösung im Buddhismus". In *Zeitschrift für Missionswissenschaft und Religionswissenschaft*, n. 53, 1969, pp. 157-170.

_____. "On Some Aspects of Descriptions or Theories of 'Liberating Insight' and 'Enlightenment' in Early Buddhism". In: BRUHN, Klaus e WEZLER, Albrecht (orgs.), *Studien zum Jainismus und Buddhismus*, pp. 199-250. Wiesbaden, Franz Steiner, 1981.

_____. "Spirituelle Praxis und Philosophische Theorie im Buddhismus". In *Zeitschrift für Missionswissenschaft und Religionswissenschaft*, n. 57, 1973, pp. 161-186.

_____. "Versenkungspraxis und Erlösende Erfahrung in der Śrāvakabhūmi". In: OBERHAMMER, Gerhard (org.), *Epiphanie des Heils: Zur Heilsgegenwart in Indischer und Christlicher Religion*. Viena, Osterreichische Akademie der Wissenschaften, 1982, pp. 59-85.

_____. "Die Vier Konzentrationen der Aufmerksamkeit: Zur geschichtlichen Entwicklung einer spirituellen Praxis des Buddhismus". In *Zeitschrift für Missionswissenschaft und Religionswissenschaft*, n. 60, 1976, pp. 241-266.

_____. "Zur Struktur der Erlösenden Erfahrung im Indischen Buddhismus". In: Oberhammer, Gerhard (org.). *Transzendenzerfahrung. Vollzugshorizont des Heils*, pp. 97-119. Essa coletânea de textos de Schmithausen constitui, entre os estudiosos ocidentais, a contribuição teórica mais significativa para a compreensão da meditação budista indiana. É devido ao fato de estar, em sua maior parte, escrita em alemão que a obra não tem recebido a atenção que merece pela comunidade anglo-saxônica de estudiosos. Alguns dos textos abordam questões da tradição Teravada, mas a maior parte deles focaliza a tradição Iogacara, na qual Schmithausen é um especialista.

soni, R. L. *The Only Way to Deliverance*. Boulder, CO, Prajñā Press, 1980. Uma outra exposição do conceito de atenção na tradição theravādin; acrescenta muito pouco ao trabalho de Nyanaponika.

takeuchi Yoshinori. *Probleme der Versenkung im Ur-Buddhismus*. Leiden, Brill, 1972. Um estudo elaborado pelo mais destacado membro vivo da escola japonesa de Quioto sobre o que o Cânone Páli tem a dizer a respeito da meditação. Problemático em termos da história, mas filosoficamente interessante.

vajirañāṇa, (Mahāthera). *Buddhist Meditation*. Colombo, Sri Lanka, M. D. Gunasena, 1962. Uma versão sistemática das teorias de Buddhaghosa sobre a meditação. Pouco crítico, mas útil como obra de referência.

Existe também uma enorme bibliografia em japonês, boa parte dela excelente, sobre os tópicos abordados neste capítulo.

3. Abidarma

Sakurabe Hajime

A BIBLIOGRAFIA ABIDARMA

Os estudos modernos da bibliografia Abidarma ainda não estão suficientemente adiantados para ser possível um quadro amplo do processo pelo qual o *Abidarma* (literalmente, o "estudo com relação ao Darma") desenvolveu-se no âmbito da tradição monástica indiana. O Abidarma tem origem nos *Abidarmakathā* (discursos sobre o Darma) realizados no Saṅgha, nos primórdios do budismo, possivelmente ainda durante a vida do próprio Buda. Após o Saṅgha cindir-se em cerca de vinte facções, diversas das mais importantes delas se envolveram em estudos abhidhármicos e, em conseqüência, formaram escolas em torno de diferentes teorias soteriológicas, psicológicas e ontológicas, que viriam posteriormente a constituir sistemas coerentes de pensamento com a contrapartida de uma terminologia precisa e plenamente desenvolvida. Não sabemos quantas dessas escolas produziram uma bibliografia; os textos que chegaram até nós são, em grande parte, provenientes de apenas duas escolas. As fontes em páli são o *Abidarma-pitaka* da tradição Teravada e os cerca de dez tratados pós-canônicos. Na seção sobre o Abidarma da edição Taishō do Tripittaka chinês encontram-se vinte e oito textos traduzidos, dos quais todos, exceto um, pertencem à escola Sarvāstivāda. Por outro lado, o Tripittaka tibetano contém uma outra coletânea de nove tratados dessa mesma escola.

A Tradição Sarvāstivāda

A bibliografia da tradição Sarvāstivāda – mais ampla que a da escola Teravada tanto em número de textos quanto em volume – permite-nos distinguir três estágios de desenvolvimento do Abidarma: 1. um estágio primitivo de explicação, organização e classificação dos termos encontrados nos sutras; 2. um estágio no qual se desenvolveram diferentes teorias doutrinais; e 3. o último estágio de sistematização das doutrinas.

1. Ao primeiro estágio pertencem o *Saṅghītiparyāya* e o *Dharmaskandha*, cada qual tradicionalmente atribuído a um discípulo do Buda. O primeiro desses śāstras (tratados) é uma exposição do *Saṅ ghīti*[*-paryāya*]*-sutra* do *Dīrgha Āgama*, um sutra de cunho Abidarma, do qual cada seção trata de termos técnicos, organizados de um a dez; o śāstra fornece explicações ou definições de cada um desses termos e, assim, deriva-se diretamente do sutra. O mesmo vale para o *Dharmaskandha*, que trata de vinte e um tópicos encontrados nos ensinamentos do *Sutra-piṭaka*, num mesmo número de capítulos. T. Kimura descreve esses dois textos como "śāstras como exposições do sutra". Embora alguns dos termos e idéias peculiares à tradição Sarvāstivāda já apareçam nesses textos, a maioria deles ainda é comum a ambas as escolas.

2. Os śāstras do segundo estágio são manifestamente independentes do *Sutra-piṭaka* e têm um matiz mais caracteristicamente Sarvāstivāda. Entre eles estão o *Prajñapti*, que desenvolve uma análise cosmológica; o *Vijñānakāya*, que analisa as funções mentais; o *Dhātukāya*, que investiga os elementos mentais e tudo o que os acompanha; e o *Prakaraṇa*, uma colagem de diversas obras originalmente independentes. Esses textos abundam em definições de termos técnicos e análises detalhadas das relações entre eles, além de estabelecer o título da argumentação cada vez mais intricada da bibliografia posterior sobre o Abidarma.

Ao contrário dos textos precedentes, que tentavam abranger apenas um campo limitado e específico, o importantíssimo *Jñānaprasthāna* apresentava um quadro amplo de toda a doutrina Sarvāstivāda. Assim, ele às vezes é chamado de o śāstra "corpo", em contraste com as obras precedentes que constituem os śāstras "membros". Durante muito tempo ele foi considerado o principal texto da escola. No entanto, sua composição não é muito metódica e os tópicos abordados são apenas reunidos em cada uma das seções, sem qualquer tentativa de dispô-los de forma mais sistemática. O *Mahāvibhāṣā* (150-200 d.C.), um volumoso comentário sobre o *Jñānaprasthāna*, apresenta um nível de análise ainda mais avançado. Generoso em suas citações de concepções provenientes de diversas origens, esse texto constitui a compilação mais completa das teorias da tradição Sarvāstivāda e de outras escolas. Não se trata de um simples comentário rígido e linha-a-linha dos diferentes temas; ao contrário, a obra reserva amplo espaço para os tópicos considerados mais importantes, deixando outros completamente de lado, ou abordando-os de forma apenas incidental.

3. A curta, mas sistemática, apresentação da teoria Sarvāstivāda nos primeiros sete dos dez capítulos do *Abidarma-hṛdaya* marca um claro progresso em termos de organização[1]. Os capítulos 1 e 2 expõem a "lógica do darma", o ponto de vista básico da escola; os capítulos 3 e 4 esclarecem a natureza do mundo de ilusões a nós presente; os capítulos 5, 6 e 7 abordam o domínio da iluminação e o caminho para se aceder a ela. Esse esquema é seguido por quase todas as obras escritas posteriormente na tradição Sarvāstivāda, que também imitam o procedimento desse texto de apresentar as teorias em versos concisos seguidos por uma paráfrase em prosa.

Vasubandhu foi o autor do *Abidarma-kośa*, no qual o desenvolvimento do pensamento nessa linha de textos da tradição Abidarma alcança seu ponto alto[2]. Esse volumoso compêndio de precisas definições de termos budistas era de grande circulação como um manual básico, na Índia, Tibete, China e Japão; um grande número de comentários e textos doutrinais resultaram do estudo a ele dedicado. Às vezes o autor critica os ensinamentos da escola Sarvāstivāda, aparentemente de um ponto de vista Sautrāntika, deixando dúvidas sobre se o texto pode ser considerado simplesmente como uma obra dessa escola. Apesar disso, tanto em termos de estrutura quanto de conteúdo a obra está diretamente vinculada ao *Abidarma-hṛdaya* e menos diretamente ao *Saṅghītiparyāya* e, dessa forma, sem dúvida faz parte da bibliografia da escola Sarvāstivāda. Na verdade, o próprio autor afirma claramente estar seguindo as doutrinas dos Vaibhāṣika (isto é, dos que estudam o *Mahāvibhāṣā*). Ao contrário da maioria das outras obras da tradição Sarvāstivāda, esse texto de importância extraordinária felizmente chegou até nós no original em sânscrito, assim como em suas traduções para o chinês e para o tibetano.

A Tradição Teravada

O *Abhidhamma-piṭaka* (ca. 100 a.C.-100 d.C.), escrito em páli, contém sete obras cuja ordem de surgimento até agora não foi elucidada. Vou descrevê-las na ordem em que são em geral apresentadas.

1. O *DhummaSanghaṇi*[3]. O capítulo 1 discute os oitenta e nove elementos mentais e as quarenta funções mentais, dividindo-os em bons, maus e neutros. O capítulo 3 discute as coisas existentes, cate-

1. C. Willemen (trad.), *The Essence of Metaphysics: Abidarmahṛdaya*.
2. L. de la Vallée Poussin (trad.), *L'Abidarmakośa* de Vasubandhu.
3. C. A. F. Rhys Davids (trad.), *A Buddhist Manual of Psychological Ethics*.

gorizadas em "trios" e "duplas" que totalizam 122 itens denominados divisões do *abhidhamma mātikā*, que são depois novamente categorizados em "duplas", totalizando quarenta e dois itens, as divisões do *sutta mātikā* (que, em parte, coincide com a lista de termos encontrados no *Saṅghīti-suttanta* e comentados no *Saṅghītiparyāya* da tradição Sarvāstivāda).

2. O *Vibhaṅga*[4]. Assim como o *Dharmaskandha* da tradição Sarvāstivāda, esse texto elucida discursos do *Sutta-piṭaka*, tomando como base o mātikā encontrado no *DhammaSaṅghaṇi*.

3. O *Dhātukathā*[5]. Para elucidar os conceitos expressos em termos técnicos, essa complexa obra, constituída por fórmulas, examina se elas estão ou não conotativa ou denotativamente relacionadas.

4. O *Puggalapaññatti*[6]. Essa obra, talvez a mais antiga das sete, tenta oferecer explicações definitivas para termos relativos à pessoa humana encontrados nos sutras.

5. O *Kathāvatthu*[7]. Juntamente com o *Paṭṭhāna*, essa é a última das sete obras e a única que não é atribuída ao Buda, nem mesmo em lendas. Foi identificado como a coletânea de discursos do ancião Tissa, que destruiu as concepções heréticas durante o Terceiro Concílio. Toda a obra está na forma de perguntas e respostas e, sem o apoio de um comentador, fica difícil determinar quais os adversários envolvidos ou que escolas mantinham que concepções heréticas. É uma obra única pelo fato de expor a ortodoxia Teravada ao mesmo tempo em que pulveriza as concepções heréticas da escola adversária.

6. O *Yamaka*. Essa obra examina pares de conceitos e faz perguntas do tipo "O todo de A é idêntico a B, ou o todo de B é idêntico a A?", ou "Sempre que ocorre A também ocorre B, ou sempre que ocorre B também ocorre A?".

7. O *Paṭṭhāna*[8]. Esta obra, a mais volumosa das sete, define as vinte e quatro «condições» (*paccaya*) freqüentemente mencionadas desde a época dos āgamas e apresenta, para cada uma, um conjunto de associações de acordo com o *abhidhamma mātikā*.

Três obras pós-canônicas, o *Peṭakopadesa*[9], o *Nettipakaraṇa*[10], e o *Milindapañha* (*Perguntas do Rei Milinda*)[11], contêm partes com claras características abhidhármicas. As duas primeiras são manuais de teorias canônicas. A terceira é o registro de uma conversa entre o rei grego Milinda (Menandro) e o sacerdote budista Nāgasena, sendo

4. P. A. Thiṭṭila (trad.), *The Book of Analysis*.
5. U Nārada Mūla Paṭṭhāna Sayadaw (trad.), *Discourse on Elements*.
6. Bimala Charan Law (trad.), *Designation of Human Types*.
7. Shwe Zan Aung e C. A. F. Rhys Davids (trad.), *Points of Controversy*.
8. U Nārada Mūla Patthāna Sayadaw (trad.), *Conditional Relations*.
9. Ñāṇamoli (trad.), *The Pitaka-Disclosure*.
10. Ñāṇamoli (trad.), *The Guide*.
11. I. B. Horner (trad.), *Milinda's Questions*.

um texto ímpar no gênero de obras doutrinais, devido ao fato de se concentrar em torno de problemas práticos com relação ao cultivo do caminho. É também uma obra de grande interesse histórico por ser um retrato da disseminação do budismo e de seu encontro com a cultura grega e pelo fato de sua qualidade estética ter algumas vezes sugerido a comparação com os *Diálogos* de Platão.

Na tradição Teravada existe uma antiga linha de transmissão de comentários sobre o Tripiṭaka, que foram compilados por Buddhaghosa no século V d.C. "Os Suttas ofereciam descrições da descoberta; o Abhidhamma, a elaboração de um mapa; mas a ênfase agora [nos comentários] não está na descoberta, nem mesmo no mapear, mas sim na consolidação, na complementação e na explicação. O material é elaborado em vista da coerência"[12]. O *Aṭṭhasālinī*, um comentário sobre o *DhammaSaṅghaṇi*, dá substância a sua análise estrutural, ao oferecer um mapa sutil dos estados psicológicos que podem servir de arcabouço para o esforço ético e para a prática da meditação[13]. Há também um comentário sobre o *Vibhaṅga* e um outro sobre os cinco trabalhos restantes. Esses volumosos comentários seguem o original, palavra por palavra, e revelam o progresso ocorrido em termos de estudos teóricos desde o aparecimento do *Abhidhamma-piṭaka*. O *Visuddhimagga* está estreitamente vinculado aos dois primeiros desses comentários e acredita-se que a obra se baseia no *Vimuttimagga* de Upatissa, que viveu dois ou três séculos antes. O *Visuddhimagga* é uma obra tão volumosa e complexa que a tradição Teravada o substituiu por manuais curtos como o *Abhidharmāvatāra* de Buddhadatta e o *AbhidhammatthaSaṅghaha* de Anuruddha[14].

ALGUMAS DOUTRINAS DO ABIDARMA

A Lógica Sarvāstivāda do Darma

A impermanência de todas as coisas é um tema recorrente no *Sutra-piṭaka*. As pessoas tendem a não perceber essa impermanência e a sofrer com seu apego às coisas. Conhecer a verdade da impermanência e livrar-se do apego é uma meta básica do budismo. Qual a razão da impermanência de todas as coisas? Todas as coisas são *dependentes* (*pratītya*) de uma série de causas e *surgem* (*samutpāda*) em resultado delas. As coisas não são entidades auto-suficientes, mas vêm a existir somente em resultado (*phala*) de uma interação entre várias causas (*hetu*). Quando a causa sofre uma mudança, também o resultado sofre mudanças. A concepção budista de que todas as coisas

12. Bhikkhu Ñyāṇamoli [Ñānamoli] (trad.), *The Path of Purification*.
13. Pe Maung Tin, (trad.), *The Expositor*.
14. Para o *Visuddhimagga*, cf. a seção sobre a meditação, na abordagem de Winston King do Teravada no Sudeste Asiático (capítulo 4).

provêm de uma relação de resultados causais opõe-se a concepções como a de que todas as coisas se originam de uma causa última, como um Deus criador, ou a de que todas as coisas são acidentais e sem uma causa e que, dessa forma, o universo seria um caos. A realidade na qual o budismo busca alcançar a introvisão não é o absoluto ou o infinito, nem o empírico e o contingente, mas a lógica que subjaz à existência.

Uma vez que todas as coisas têm *origem por meio de dependência* (*pratītyasamutpanna*) e são *produzidas* (*saṃskṛta*; vamos empregar a palavra "condicionadas") por uma série de causas, elas são impermanentes. Quando percebemos claramente a natureza impermanente das coisas, nosso apego a elas desaparece, nossa mente se torna calma e serena e abre-se para nós o domínio de nirvana, o mundo da iluminação. Como o mundo da iluminação não é produzido por causas, ele é denominado *asaṃskṛta*. Uma pessoa que não percebe a impermanência, tal como ela verdadeiramente é, vive no mundo da ilusão. Isso se chama *sāsrava* e significa estar coberto pela degenerescência, enquanto o mundo da iluminação é denominado *anāsrava*. Em termos das Quatro Nobres Verdades, o mundo condicionado de *sāsrava* é *duḥkha* (sofrimento) e *samudaya* (a causa pela qual surge o sofrimento), e o mundo não-condicionado de *anāsrava* é *nirodha* (a extinção de todo sofrimento). O primeiro é o mundo de saṃsāra (transmigração), o último é o mundo do nirvana. *Mārga* (o caminho do sofrimento até a extinção do sofrimento) é também condicionado, na medida em que, nele, ainda não se atingiu o nirvana, mas é também *anāsrava*, uma vez que já se está no processo de afastamento da degenerescência, das paixões nocivas.

O termo *sarvāstivādin*, que significa "os que explicaram que tudo existe", expressava apropriadamente a "lógica do darma" dessa escola; com base nessa lógica, eles apresentaram provas detalhadas sobre a verdade da impermanência. A palavra *Darma* em geral tem o significado de ordem, comando ou lei; ela também pode significar justiça, realidade, virtude, costume ou qualidade. No budismo, ela também pode significar "acontecimento", "coisa existente" – um uso provavelmente baseado no fato de que todos os seres existentes seguem leis e princípios. Como um termo técnico da tradição Sarvāstivāda, no entanto, ela não se refere a uma "coisa" existindo de forma auto-subsistente, mas aos "elementos da existência" que coexistem em composição. Que todos os existentes e fenômenos no mundo da experiência são uma composição em fluxo de darmas incontáveis, combinando-se e separando-se em complexas relações com resultados causais, é a concepção básica da "lógica do darma". Na teoria acabada, esses darmas totalizam setenta e cinco espécies, que se dividem em cinco categorias: *rūpa* (os elementos materiais), *citta* (a mente), *caitasika* (as várias funções mentais), *citta-viprayukta-saṃskāra* (o que não é nem material nem mental e inclui elementos como relação, potencialidade e condição), e *asaṃskṛta*.

8. Ruínas da Universidade Budista, mosteiro em Nālanda.

9. Ruínas da Universidade Budista, mosteiro em Nālanda.

10. Ruínas da Universidade Budista, mosteiro em Nālanda.

Que "tudo existe" (*sarvaṃ asti*) é a crença central da escola Sarvāstivāda. Existe o Darma passado, existe o Darma presente e também existe o Darma futuro. Mas como os darmas condicionados também "desaparecem instantaneamente", eles não podem ser de natureza contínua no tempo. Por exemplo, nós geralmente pensamos que se a xícara sobre a prateleira permaneceu sem mudanças durante uma hora, então ela existia de forma contínua. No entanto, do ponto de vista da "lógica do darma", ela nada mais é que uma série ininterrupta de incontáveis darmas condicionados surgindo instantaneamente e desaparecendo instantaneamente. Que a xícara exista em um momento é algo que consiste meramente na combinação, num instante, da forma redonda e alongada da xícara (essa é uma espécie de darma) com a sensação de sua superfície lisa e dura (essa é uma outra espécie de darma) e com incontáveis outros darmas, para formar o fenômeno conhecido como a existência da xícara. No instante seguinte, cada um desses darmas desaparece completamente e a xícara continua a existir apenas porque darmas da mesma espécie tomam seu lugar na mesma relação espacial, dando origem ao mesmo fenômeno da xícara que existia no instante anterior. Nesse processo de surgimento e extinção de darmas não-contínuos, a xícara continua a existir como um fenômeno estável, estático, mas apenas enquanto a sucessão de darmas surgindo permanecer ininterruptamente a mesma.

Os darmas não se originam do nada, nem retornam ao nada após a extinção. A origem significa que o Darma vem do futuro, para aparecer no presente; a extinção significa que o Darma vai do presente para o passado. Antes de surgir no presente, os darmas *existem* no futuro. Após deixar o presente, os darmas *existem* no passado. No instante em que os darmas surgem do domínio do futuro e estão indo para o passado, eles *existem* no presente. Quer passado, quer presente, quer futuro, o darma, mantendo sua natureza própria e imutável (*svabhāva*) continua existindo. Como então o Darma aparece do futuro para surgir no presente? Os darmas no domínio do futuro são incontáveis e sem uma ordem. Saindo desse domínio, um determinado Darma surgirá num certo instante. É uma "causa" que decide qual Darma irá surgir e em qual instante. Assim, o Darma que uma causa faz surgir num determinado instante é o resultado dessa causa e, assim, diz-se que ele "surge em dependência". Se é isso que ocorre, o que é essa "causa" que dá origem ao surgimento de um darma. A resposta é: trata-se de um outro darma, ou outros darmas. É na conexão entre Darma e Darma que ocorre a relação de resultados causais. Cada Darma tem sua causa nos incontáveis outros darmas e tem origem em resultado deles, cada qual sendo a causa de incontáveis darmas e ocasionando seu surgimento e seus resultados. Essa complexa relação de resultados causais entre incontáveis darmas entrelaçados constitui nosso mundo atual mergulhado em sofrimento. De um lado, existem as degenerescências (*kleśa*) que formam a base das ações erradas (*karman*) em resultado da quais mergulhamos ainda mais profundamente no sofrimento (*duḥkha*); de outro, existe a atividade serena da sabedoria (*prajñā*), que dissipa as degenerescências uma a uma e nos dirige para o caminho da iluminação (bodhi). *Kleśa* e *karman* são a causa da qual *duḥkha* é o resultado; *prajñā* é a causa da qual bodhi é o resultado.

A Soteriologia Sarvāstivāda

Na vasta extensão do universo, seres incontáveis estão nascendo e morrendo num fluxo constante. Cada ser repetiu esse ciclo de nascimento e morte vindo de um passado sem começo. No budismo, os seres presos a esse ciclo são denominados *sattva*. Para a tradição Sarvāstivāda, o Abidarma divide os modos de existência dos *sattvas* em três domínios (*dhātu*) e cinco percursos (*gati*). Desses três domínios, dois são domínios com formas: o domínio dos desejos, no qual dominam os desejos instintivos dos seres vivos, e o domínio das formas, no qual eles são menos dominantes. O domínio dos desejos corresponde ao mundo sob a terra, a superfície da terra e o nível inferior do mundo celeste. O domínio das formas é o nível intermediário do mundo celeste. O terceiro domínio, o domínio do sem-formas, é o nível mais alto do mundo celeste. O mundo sob a terra é o dos estados infernais; o mundo da superfície da terra é o dos seres humanos, animais e fantasmas famintos; o mundo celeste é o dos deuses – esses são os cinco percursos dos *sattvas*. Os três percursos inferiores são mergulhados em maior sofrimento que o percurso dos seres humanos e os deuses têm uma existência muito mais feliz que a dos seres humanos. Mas até mesmo os deuses não podem escapar à mudança, à degenerescência e à morte. É o destino dos *sattvas* nascer em algum ponto dos cinco percursos e permanecer no mundo de saṃsāra, enquanto a cadeia de nascimento e morte permanecer intacta.

São as boas ou más ações (*karman*) da vida dos *sattva* que determinam os vários estados da existência. O bom *karman* no passado recebe circunstâncias mais favoráveis no presente, enquanto o *karman* ruim necessariamente recebe circunstâncias desfavoráveis, carregadas de sofrimento. As relações de resultados causais são estritamente individuais. Não se pode nem obter os frutos favoráveis de um outro bom *karman* nem transferir a um outro os resultados desfavoráveis do próprio *karman* ruim. Essa lei é a base da moralidade budista. Mas, por mais desejável que seja renascer no mundo celeste em resultado do próprio bom *karman*, essa não é a meta última. Ao contrário, o budismo busca o mundo da iluminação, que transcende o mundo de *saṃsāra* e surge no ponto em que a pessoa se liberta das cadeias do *karman*. Com "bom *karman*" referimo-nos àquilo que é bom pelos padrões da moral mundana; ele não vai além de ser um bem *sāsrava*. Para livrar-se das degenerescências e alcançar o nirvana é necessário ter o bem de *anāsrava*, que acompanha *anāsrava prajñā*. Esse é o caminho supramundano (o Nobre Caminho) que transcende a moral mundana.

Antes de iniciar esse caminho, os aspirantes ao nirvana devem realizar um estágio de disciplina preliminar, no qual eles se empenham em manter uma vida pura e em dominar a mente e torná-la tão serena e límpida quanto possível. Após realizar isso em grau suficiente, o praticante desperta o *anāsrava jñāna* e penetra no Nobre Caminho, tendo agora se tornado um nobre (*ārya*). O Abidarma da escola Sarvāstivāda distingue dois estágios: o caminho da introvisão e o caminho do cultivo. O caminho da introvisão é o primeiro estágio conduzindo ao vislumbre das Quatro Nobres Verdades, que livra a pessoa das vinte e oito espécies de degenerescência. No entanto, continuam existindo mais dez espécies de degenerescências, como a cobiça e o ódio, que são degenerescências emocionais ou psicológicas e não podem ser suprimidas apenas pela compreensão intelectual. O caminho do cultivo – isto é, o caminho do cultivo mental por meio da prática repetida do samādhi sobre as Quatro Nobres Verdades – torna possível à pessoa livrar-se gradualmente dessas degenerescências. Esse processo de cultivo espiritual, longo e percorrido passo a passo, é necessário para que aquele que, no caminho da introvisão, "penetrou o fluxo dos ensinamentos do Buda" (*srotāpanna*) possa se tornar uma "pessoa de valor" (*arhat*), livre de todas as degenerescências, e alcançar a iluminação.

A Filosofia da Mente da Escola Teravada

Como exposição sistemática dos ensinamentos encontrados no *Sutra-piṭaka*, o Abidarma da escola Teravada não é qualitativamente diferente do da tradição Sarvāstivāda. No entanto, existem pontos em que essa escola desenvolveu suas próprias teorias especiais, por exemplo, a divisão dos processos mentais nos quatorze estágios de *citta*, que refletem o curso da vida do nascimento até a morte. O primeiro estágio é o primeiro momento de *citta*, com o nascimento e a aquisição da vida, e o décimo quarto é o último momento de *citta*, com a morte e o término da vida. O segundo estágio, denominado *bhavānga*, é o do subconsciente, que é o depositário de toda atividade psicológica. Embora ela própria não contenha processos mentais, todos os processos mentais surgem dela e retornam a ela. O terceiro estágio, que deriva do subconsciente, é o processo de manifestação consciente de potencialidades latentes. Desse estágio surge cada um dos cinco sentidos (os estágios de quarto a oitavo), ou consciência. No nono estágio, um objeto é percebido por um dos sentidos e considerado como agradável ou desagradável. No décimo estágio, o objeto é julgado como alegria ou tristeza. Nos décimo primeiro e décimo segundo estágios, estão envolvidos processos intelectuais: o décimo primeiro estágio é o da percepção intelectual inicial, enquanto a plena elaboração dos processos intelectuais, como a recognição, o discernimento e a vontade, não é introduzida antes do décimo segundo estágio. A consciência, saindo do terceiro estágio, escapa aos estágios de nono a décimo primeiro e entra diretamente no décimo segundo estágio. Enquanto o terceiro estágio exigia dois instantes para se completar, e apenas um instante era necessário para qualquer um dos processos mentais dos estágios de quarto a décimo primeiro, o décimo segundo estágio requer um total de sete instantes para se completar. Quando um objeto percebido no décimo segundo estágio é suficientemente claro e definido para produzir uma impressão, a impressão é preservada na consciência. A atividade de preservar uma imagem faz parte do décimo terceiro estágio. Após completar a série de processos mentais dos estágios de terceiro a décimo terceiro, *citta* retorna novamente a *bhavāṅga*.

Enquanto a lógica do Darma da escola Sarvāstivāda tenta explicar em termos lógicos a transitoriedade de todas as coisas, essa teoria da escola Teravada é uma tentativa de observar cuidadosamente a psicologia humana. A especulação Sarvāstivāda reflete o intercâmbio com o pensamento não-budista e com outras escolas budistas, enquanto a da tradição Teravada se baseia principalmente no samādhi e na prática diligente.

***

Os sistemas de Abidarma muitas vezes foram acusados de não ter relevância alguma para a vida espiritual. Eles parecem tipificar a atitude da pessoa atingida por uma seta e que está mais preocupada em descobrir tudo sobre a seta do que em curar o ferimento. Esses sistemas foram o produto de uma elite intelectual na esfera do Saṅgha e não refletem as preocupações do Saṅgha como um todo, e muito menos as dos que pertenciam à massa de devotos budistas. No entanto, os que se ocupavam com questões sobre o Abidarma não eram livre-pensadores. Seus esforços eram dedicados à elucidação dos ensinamentos do Buda, tais como apresentados nos sutras, e ao serviço do Darma. Os progressos em termos da análise sutil, da coerência lógica e da perfeição arquitetônica que esses estudiosos realizaram, ao criar a primeira filosofia budista, deviam parecer-lhes a apresentação da verdade do Darma em todo seu esplendor.

Também não se deve esquecer que, se não fosse por esses sistemas, a história posterior do pensamento budista talvez nunca tivesse produzido os grandes e elaborados sistemas que serão descritos nos próximos capítulos deste volume. A crítica da escola Mādhyamika ao Abidarma da tradição Sarvāstivāda e a reapropriação da análise

Sarvāstivāda pela escola Iogacara deram à filosofia Mahāyāna sua arquitetura própria[15]. As teorias Mādhyamika do vazio (śūnyatā) e da ausência de natureza própria (*niḥsvabhāva*) têm a clara finalidade de refutar ou ir além do conceito de Darma da escola Sarvāstivāda. A teoria Iogacara da consciência-receptáculo (*ālaya-vijñāna*) está intimamente vinculada ao conceito Teravada de *bhavāṅga*. Pode-se notar também que a doutrina do tathāgatagarbha não se vincula ao conceito Mahāsaṅghika da natureza básica da mente e que os conceitos sautrāntikas de "semente" (*bīja*) e "impressão na mente" (*vāsanā*) foram adotados na doutrina Iogacara e tathāgatagarbha. Assim, alguns conceitos-chave do pensamento Mahāyāna derivam ou estão estreitamente vinculados ao budismo do Abidarma.

O Abidarma também merece o crédito de ter focalizado o problema da condição humana e sua solução com lúcida fidelidade às concepções budistas básicas. Ele demonstra claramente que o problema e a solução encontram-se no interior da mente humana e não dependem de um Deus onipotente nem de um princípio universal. Além disso, ele infunde a consciência de que o estabelecimento do próprio eu interior verdadeiro não pode ser alcançado por uma auto-afirmação, mas somente pelo regramento e controle do próprio eu por meio de uma quiescência espiritual absoluta. Ele também revela uma lucidez radical em sua explicação do domínio moral como condicionado e caracterizado por saṃsāra, assim como em sua aspiração a transcender inteiramente a esse domínio condicionado, a fim de alcançar o bem absoluto – ou melhor, a quiescência e a extinção – do nirvana.

BIBLIOGRAFIA

BAREAU, André. *Les sectes bouddhiques du petit véhicule*. Saigon, École Française d'Extrême-Orient, vol. XXXVIII, 1955.

CONZE, Edward. *Buddhist Thought in India*. Parte II. Londres, Allen & Unwin, 1962.

FRAUWALLNER, Erich. "Abidarma-Studien". Wiener Zeitschrift für die Kunde Süd- und Ostasiens, 7-17 (1963-73).

GUENTHER, Herbert V. *Philosophy and Psychology in the Abidarma*. Berkeley e Londres, Shambhala, 1976.

HORNER B. I. (trad.). *Milinda's Questions*. 2 vols., Londres, Luzac, 1963, 1964.

LAW, Bimala Charan (trad.). *Designation of Human Types*. Londres, Pali Text Society, 1979.

ÑĀṆAMOLI (trad.). *The Guide*. Londres, Pali Text Society, 1977.

ÑYĀṆAMOLI [Ñāṇamoli], Bhikku (trad.). *The Path of Purification*. Berkeley e Londres, Shambhala, 1976, 1:xxix.

15. Cf. os ensaios de Kajiyama Yuichi (capítulo 7, seção I), Tachikawa Musashi (capítulo 8, seção I) e John Keenan (capítulo 8, seção II).

ÑĀṆAMOLI (trad.). *The Piṭaka-Disclosure*. Londres, Pali Text Society, 1979.

NORMAN, K. R. *Pāli Literature. A History of Indian Literature*, 7/2. Wiesbaden, Harrassowitz, 1983, pp. 96-153.

POUSSIN, Louis de la Vallée (trad.). *L'Abidarmakośa* de Vasubandhu. 6 vols., 2ª ed., Bruxelas, Institut Belge des Hautes Études Chinoises, 1971.RENOU, Louis e Jean Filliozat. *L'Inde classique*, II. Hanói, École Française d'Extrême-Orient, 1953, capítulo XI.

RHYS DAVIDS, C. A. F. (trad.). *A Buddhist Manual of Psychological Ethics*. Londres, Pali Text Society, 1974; distribuído por Routledge & Kegan Paul.

SAVADAW, U Nārada Mūla Patthāna (trad.). Discourse on Elements. 2 vols., Londres, Pali Text Society, 1977.

SAVADAW, U Nārada Mūla Patthāna (trad.). Conditional Relations. 2 vols., Londres, Pali Text Society, 1969, 1981.

SHWE ZAN AUNG e RHYS DAVIDS, C. A. F. (trad.). *Points of Controversy*. Londres, Luzac, 1979.

STCHERBATSKY, Theodor. *The Central Conception of Buddhism and the Meaning of the Word "Dharma"*. Déli, Indological Book House, 1970.

THITHILA, P. A. (trad.). *The Book of Analysis*. Londres, Luzac, 1969.

TIN, Pe Maung, (trad.). *The Expositor*. Londres. Pali Text Society, 1976.

VAN DEN BROECK, José. *Le saveur de l'immortel*. Louvain-la-Neuve, Institut Orientaliste de P. Université Catholique de Louvain, 1977.

VAN VELTHEM, Marcel. *Le traité de la descente dans la profonde loi de l'Arhat Skandhila*. Louvain-la-Neuve, Institut Orientaliste de l'Université Catholique de Louvain, 1977.

WILLEMEN, Charles (trad.). *The Essence of Metaphysics: Abidarmahṛdaya*. Bruxelas, Institut Belge des Hautes Études Bouddiques, 1975.

4. A Tradição Teravada no Sudeste Asiático

Winston L. King

A disseminação do budismo no Sudeste Asiático deve ser vista como parte integrante da indianização comercial e cultural da região. Durante alguns séculos antes da era cristã e por todo o primeiro milênio da era cristã, a Índia foi a civilização dominante no Sul e Sudeste Asiático. Esse predomínio cultural raramente foi exercido por alguma atividade política ou militar fora do subcontinente, talvez porque as tentativas em vista de alcançar a unidade social e política no interior da própria Índia ocupassem todas as energias disponíveis. Principelhos sem terras de vários estados indianos ocasionalmente se estabeleciam como soberanos em uma ou outra pequena "nação". Mas jamais se faziam conquistas militares. Esses governantes eram bem recebidos, às vezes convidados, como representantes de uma civilização superior e como especialistas na arte de governar. A Índia nunca foi uma entidade política individual, mesmo nos períodos das dinastias Maurya (cerca de 320-185 a.C.) e Gupta (terceiro a quinto séculos d.C.), os períodos de maior unidade política, mas sua cultura se unificou de forma heterogênea no interior de uma multiplicidade de formas variantes, coletivamente conhecidas como "hinduísmo", cuja variedade e flexibilidade tornou-lhe possível penetrar nas regiões ao redor, ao sul e a leste. A cultura indiana foi levada a essas áreas por comerciantes e imigrantes e recebeu forte influência da cultura e das instituições de quase todas as regiões do Sudeste Asiático. Muitos tentaram imitar as instituições políticas e culturais indianas e, para isso, importaram incessantemente especialistas da Índia, para o exercício de várias funções.

Assim, a disseminação do budismo da Índia para o Sudeste Asiático não deve ser interpretada apenas em termos de seu próprio caráter intrínseco. Na própria Índia, esse caráter já havia passado por mudanças em seus contatos com o hinduísmo bramânico-upanishada (que deu origem à tradição Mahāyāna) e seu precoce distanciamento com relação a esses contatos (que produziu a escola Teravada). Ambas as formas do budismo desempenharam um papel importante na formação do budismo do Sudeste Asiático, embora, no final, a tradição Teravada se tornasse dominante. Além disso, a presença simultânea, em toda a região, de modelos político-culturais influenciados pelo hinduísmo, bem como de diversas formas do próprio hinduísmo, deram origem a uma diversidade de interações entre as religiões mãe e filha – que iam da competição e hostilidade à cooperação, complementaridade funcional e um certo grau de incorporação recíproca. Algumas vezes, essas diferentes interações ocorreram simultaneamente e envolveram fatores religiosos, culturais, políticos e sociais. Por fim, a religião e a cultura nativas, a "pequena" tradição sobre a qual as "grandes" tradições do hinduísmo e do budismo se sobrepuseram, foram um ingredientes importantes na mistura resultante.

OS INÍCIOS NO SUDESTE ASIÁTICO

A data da primeira entrada do budismo nas várias partes do Sudeste Asiático é incerta. Em muitos casos, um acontecimento ou inscrição datável, indica a presença do budismo, mas não oferece pistas quanto ao momento de sua entrada. A tradição da devoção Teravada invariavelmente opta pelas datas mais antigas possíveis. Os theravādins, ou seguidores dos "ensinamentos dos anciãos" (*theras*, ou discípulos pessoais do Buda), insistem na pureza prístina de sua fé como diretamente derivada do próprio Buda Gautama – daí suas lendas sobre as visitas "pelo ar" de Gautama a várias regiões Teravada, como comprovado, por exemplo, por sua pegada, deixada no Pico de Adão, no Sri Lanka. Mianmar tem uma lenda sobre dois devotos comerciantes de origem Mon, que teriam levado para o país fios de cabelos do Buda trazidos da Índia, que hoje se encontram num relicário no templo de Shwedagon, em Rangum. Existem também relatos sobre outras relíquias do Buda ou de seus principais discípulos, que se encontrariam em uma ou outra localidade, em especial a Relíquia do Dente, em Kandy, no Sri Lanka.

Sem dúvida, havia budistas em meio aos comerciantes e imigrantes que deixaram a Índia e se dispersaram por mar e por terra, durante os últimos séculos antes da Era Cristã e nos primeiros séculos da Era Cristã. Mas o primeiro relato semi-histórico de um esforço missionário budista é o da crônica *Mahāvaṃsa*, do Sri Lanka, sobre como o rei Aśoka (274-232 a.C.) enviou emissários budistas a diversas regiões do Sudeste Asiático. Uma dessas regiões é denominada "a Terra do Ouro", em geral considerada como sendo a região oeste de Java, mas que alguns historiadores mianmarenses identificaram como Thaton, no sul de Mianmar. Considerada como mais digna de crédito em termos históricos é a afirmação encontrada no *Mahāvaṃsa* de que Aśoka enviou seu próprio filho, Mahinda, e sua filha, Saṅghamitta, ao Sri Lanka, a fim de estabelecer o budismo na região. Não é de surpreender que não tenham ocorrido esforços missionários budistas antes disso. Pois, embora se afirme que, em seus primórdios e primeiras interpretações, o budismo já era uma devoção universal, os indícios históricos parecem sugerir que, em seus dois primeiros séculos de existência, o budismo indiano foi uma seita religiosa relativamente pequena em meio a muitas outras, ainda envolvida, na definição de sua própria natureza e instituições, num contexto bramânico-hinduísta e, em grande parte, restrita sua expressão monástica. Mas o decidido envolvimento de Aśoka como discípulo e seu generoso apoio material – embora não apenas o seu – projetaram o budismo à frente das religiões indianas e deram-lhe um forte senso de missão histórica e destino. O *Mahāvaṃsa* apresenta Aśoka como um leigo budista muito atuante e um modelo de rei budista, ou *dhamma rāja*. Essa tradição, embora questionada por alguns historiadores, é um elemento importante tanto da identidade budista no Sri Lanka, instilando um forte senso de superioridade do Sri Lanka em relação ao rebanho budista, quanto de sua responsabilidade permanente na preservação da pureza prístina da fé.

A entrada do budismo no restante do Sudeste Asiático, seja pela chegada de imigrantes seja por um esforço missionário, não pode ser datada com a mesma segurança, nem há clareza sobre se foi a tradição Mahāyāna ou a Hīnayāna que chegou primeiro a uma ou outra região determinada. A tradição Mahāyāna se estabeleceu como seita distinta no período inicial da expansão budista fora da Índia. Sem dúvida, a denominação "Grande Veículo", que ela mesma se atribui, também ajudou a fortalecer o senso Teravada de identidade própria, embora, por algum tempo, as seitas Mahāyāna e Hīnayāna tenham convivido em harmonia. Os grandes centros da atividade missionária na Índia foram Nalandā, ao norte (é provável que principalmente a tradição Mahāyāna), e os centros Hīnayāna próximos a Madras. Às vezes a propagação do budismo acompanhou as rotas comerciais marítimas, como nos casos de Java e da costa do Camboja (Mahāyāna) e da área de Thaton, no sul de Mianmar, um dos primeiros centros da escola Teravada. Foi por meio do comércio terrestre para a China que a tradição Mahāyāna alcançou Pagan, seu primeiro centro mianmarense, por volta do século V e, a partir daí, penetrou no norte da Tailândia e na ilha de Camboja. A despeito de sua possível origem em conseqüência da iniciativa de Aśoka, o budismo de Java era da tradição Mahāyāna. Durante os séculos VII e VIII, ele alcançou sua maior força sob a dinastia Sailendra, quando foi construída a imponente estrutura Borobudur. Chegou à região vindo do Camboja, alcançando o Vietnã no século IX, e disseminou-se para leste, até Sumatra, no século X.

A INTERAÇÃO HINDU-BUDISTA

O budismo compartilhava de muitas das representações religiosas do hinduísmo: a crença no renascimento sem-fim, no carma, na desejabilidade da libertação (mokṣa) da existência governada pelo carma e numa multiplicidade de seres sobre-humanos, ou deuses. Cada uma delas recebeu uma forma budista específica; em particular, houve uma redução na importância dos deuses, nos poderes a eles atribuídos e na adoração a eles dedicada. O vínculo Mahāyāna hindu, devido a sua longa influência recíproca na Índia, estava mais próximo e era mais acessível que o vínculo Teravada hindu. A tradição Teravada tendia a ver os deuses como auxiliares leigos do Buda, desejosos de usar seus poderes sobre-humanos em benefício do desenvolvimento do Dhamma, mas inferiores em compreensão espiritual até mesmo com relação a um monge apenas digno. Alguns séculos após o nascimento do budismo, o hinduísmo aceitava o Buda como um avatar de Viṣṇu. Os budistas da escola Mahāyāna podiam viver em relativa harmonia com os devotos dos deuses hindus. O próprio hinduísmo desenvolveu uma concepção em dois níveis do Ser Supremo: o Brama *nirguṇa*, o Brama sem qualidades discerníveis, e o Brama *saguṇa*, o Brama com qualidades, que assumia para seus devotos a forma de Īśvara, um deus específico. Todos os budistas objetavam ao sacrifício de animais pelo hinduísmo e às distinções de castas, mas esses elementos recebiam pouca ênfase no hinduísmo disseminado fora da Índia. Assim, por exemplo, quando a dinastia javanesa do século XVIII tornou-se śaivita, mais que budista como até então, não houve grandes mudanças: "O retorno de um governo śaivita a Java central não trouxe antagonismos entre budistas e hindus; suas relações eram excelentes em toda parte"[1].

O Sri Lanka oferece um padrão bastante inesperado de interação entre budismo e hinduísmo. A despeito de períodos de hostilidade, como quando, no século XI, o Coḷas hindu-tamil impôs um regime de perseguições aos budistas do Sri Lanka, os budistas e hindus adoravam lado a lado em diversos templos "budistas"; ou talvez, de modo mais preciso, muitos dos habitantes do Sri Lanka, que podemos supor deviam ser budistas, realizavam ambos os tipos de adoração num único templo misto. Em diversos casos, o santuário central continha imagens do Buda e apetrechos rituais em seus recintos internos, enquanto a parte externa das paredes era constituída por relicários de

1. D. G. E. Hall, *History of Southeast Asia*, p. 63.

deuses hindus. Os funcionários das duas religiões viviam em áreas separadas num mesmo terreno adjacente ao templo. Em sua prática e modo de pensar, os budistas parecem ter feito uma divisão de funções, recorrendo ao Buda para as questões de nível mais alto relativas à acumulação de um bom carma e à libertação com relação a saṃsāra, mas dedicando orações aos deuses, tanto hindus quanto locais, para as questões deste mundo, relativas à boa sorte, saúde e prosperidade. Pode-se perceber um resquício da estrutura de castas da sociedade indiana no fato de que as seitas Teravada recusam a admissão das classes inferiores na vida monástica. Os padrões de adoração nas outras regiões de influência Teravada têm muito poucas coisas assim explicitamente hindus, porque a presença hindu nunca foi muito forte nessas regiões.

O PAPEL DO MONARCA

Uma outra faceta da relação entre o hinduísmo e o budismo no Sudeste Asiático está na diferença em suas concepções do poder monárquico. O conteúdo efetivo do papel ideal do monarca era muito semelhante em ambos os casos, uma vez que o budismo, em grande parte, adotou como sua a instituição indiana (hindu) da monarquia. O rei virtuoso, afirma-se, concede presentes (a monges e sacerdotes) e é afável, benevolente e imparcial. Ele deve ter bons conselheiros, deve evitar a opressão, punir o mal e recompensar o bem. Suas virtudes reais devem ser a doação de esmolas, a justiça, penitência, brandura, o caráter pacífico, a misericórdia, paciência, caridade e pureza moral. Era esse ideal que Aśoka buscava realizar. O budismo, a princípio, sancionava a ideologia do *deva rāja*, ou rei-deus. Como manifestação e encarnação de alguma divindade – muitas vezes Śiva – num determinado tempo e lugar, o rei-deus tinha poder absoluto sobre seus súditos e era tecnicamente o possuidor de todo o reino e seus habitantes. Todos os seus atos justos e benevolentes eram atos de graça condescendente. O respeito reverente a ele era, desse modo, uma forma de adoração; o trono era envolvido por sacerdotes e rituais que o fortaleciam. O conhecimento secreto dos rituais corretos, ou eficazes, por meio dos quais um rei hindu era entronizado, e por meio dos quais ele realizava suas obrigações reais, era altamente valorizado e os sacerdotes que possuíam o segredo das técnicas apropriadas eram considerados indispensáveis.

O budismo não propôs uma alternativa ao poder monárquico, mas construiu um novo modelo da monarquia, o *dhamma rāja*, já nascente nas histórias de *Jātaka*, nas quais, em suas vidas anteriores, o Buda Gautama governa como um rei bodisatva. Após o governo de Aśoka, muitos dos monarcas do Sudeste Asiático pelo menos fingiram adotar esse ideal. Isso deve tê-los tornado mais pacíficos, menos inclinados a conquistas e mais humanos que sua contrapartida hindu, o rei-pai-deus. De fato, no entanto, muitas vezes era difícil distinguir um *dhamma rāja* de um *deva rāja*. Os monarcas Teravada, que adotavam o ideal do dhamma *rāja*, ainda mantinham o grupo de funcionários hindu-bramânicos, formado por videntes, adivinhos, astrólogos e ritualistas da corte. As ressonâncias religiosas hindus presentes nessas atividades não parecem tê-los preocupado. Os monarcas Mahāyāna preocupavam-se ainda menos. A deferência que os súditos dedicavam a um *dhamma rāja* diferia muito pouco da que era prestada a um *deva rāja*, pelo menos na forma exterior. No entanto, a ideologia do *dhamma rāja* era uma corajosa, e ocasionalmente bem sucedida, tentativa de modificar e humanizar o poder cruel e inclemente do governo de um rei-deus. Às vezes os papéis de *deva rāja* e *dhamma rāja* tendiam a se fundir. O nascimento como rei era indicativo de um grande acúmulo de méritos em vidas passadas. Esse alto grau de virtude dhamma, aliado ao poder e prestígio intrínsecos ao governante *deva*, expressava-se nos rituais tradicionais de entronização. No século XIII, o rei do Camboja, Jayavarman VII, autodesignou-se um Buda-Buda vivo, tendo se tornado um deus no estilo hindu; o monarca tailandês é considerado um quase-Buda.

Tanto os monarcas Mahāyāna quanto os Teravada, especialmente estes últimos, eram defensores da fé e patronos do Saṅgha, que era a garantia da ortodoxia da doutrina e da prática. Nessa relação, o soberano era o parceiro dominante, na medida em que ele era o principal construtor dos templos e mosteiros, o provedor de propriedades e privilégios monásticos, de generosos presentes e do patrocínio e proteção oficiais. Seguindo o exemplo atribuído a Aśoka, o rei também era requisitado como árbitro de controvérsias doutrinais e de disputas internas ao San'gha. Assim, em Mianmar no século XI, Anawrahta apoiou o monge Arahan, da escola Shin, e estabeleceu em Pagan o budismo do tipo de Thaton (Cânone Páli), destituindo o Saṅgha de tradição Mahāyāna tântrica. Um século mais tarde, um monge de origem Mon, que recebera treinamento no Sri Lanka, sentiu que o Saṅgha mianmarense tinha se tornado demasiado complacente e deu início a uma nova ordem mais rígida, chamada Ordem Posterior; o rei, no entanto, não emitiu uma decisão clara, assim permitindo a cisão numa nova seita. No final do século XV, o rei Dhammazedi enviou uma delegação de mianmarenses ao Sri Lanka para reordenação – uma forma de renovar o Saṅgha após um período de distúrbios sociais. Mianmar retribuiu o favor no século XVII, ajudando a reparar os danos feitos pelos portugueses ao budismo do Sri Lanka. Esses exemplos mianmarenses de intervenção real são típicos de todas as regiões em que predomina a tradição Teravada.

As vantagens e desvantagens desse poder do soberano sobre o Saṅgha eram recíprocas. Raramente os monarcas budistas seguiam o exemplo de Duṭṭhagāmāni (161-137 a.C.) no Sri Lanka, que levou consigo um grupo de monges ao campo de batalha, a fim de garantir seu êxito – e posteriormente os fez absolvê-lo das ações anti-budistas de matar. Mas o apoio e aprovação do Saṅgha era importante para quase todos os reis no Sudeste Asiático. No Sri Lanka tornou-se uma tradição aceita a regra de que apenas um budista podia ser rei; adotava-se como prática uma cerimônia de legitimação e, às vezes, o soberano "dava" seu reino ao Saṅgha por alguns dias. Mesmo quando a aprovação do Saṅgha e sua legitimação não eram formalizadas, seu apoio tácito era considerado necessário para assegurar a manutenção do trono.

O TERAVADA COMO BUDISMO REFORMADOR

Na maior parte do Sudeste Asiático, o budismo de tradição Mahāyāna foi o primeiro a se instalar e a tradição Teravada, quando chegou, já estava muito distante, tanto do hinduísmo quanto da escola Mahāyāna, sendo vista como substituição ao hinduísmo e como uma reforma do Mahāyāna. Isso ocorreu principalmente no segundo milênio d.C. Quando a escola Teravada se confrontou com o hinduísmo, como em Angkor, no reino do Camboja, o padrão de governo *deva rāja* já havia entrado em decadência. Christopher Pym assinala que, enquanto o povo gradualmente se convertia à doutrina Teravada, os governantes descobriam que "todas as características do rei-deus – governante único, árbitro, comandante-chefe do exército, deus ao qual todos tinham de adorar, governante divinamente entronizado, forma encarnada de Śiva, Viṣṇu, Brama *ou Buda* – eram odiosas aos devotos da fé Teravada"[2]. De acordo com G. Cœdès, "a dinastia real não conseguia mais instilar no povo o respeito religioso que tornava possível realizar grandes empreendimentos [...] o prestígio (do soberano) diminuiu, seu poder temporal se desmoronou e o rei-deus foi derrubado do altar"[3]. Em Mianmar, isso significou a destruição do mahāyānismo Ari do século XI, levada a cabo por Anawrahta. Na Tailândia, o forte caráter dos reis como discípulos, a partir do século XIV, suprimiu as formas de prática Mahāyāna e estabeleceu firmemente a tradição Teravada. Em ambos os casos, houve uma série de reimplantações da prática e dos ensinamentos do Cânone Páli, originadas no Sri Lanka, o que uma ou outra vez também ocorria no sentido inverso. Assim, entre as regiões em que predominava a tradição Teravada, deu-se um processo de reformas que foram mutuamente benéficas.

O êxito do budismo no Sudeste Asiático foi em grande parte devido ao grande respeito de que desfrutava a civilização indiana nesses séculos. Tanto o hinduísmo quanto o budismo continham uma filosofia a respeito do mundo, um ideal social e uma ética completa, um

2. C. Pym, *Ancient Civilization of Angkor*, p. 183.
3. G. Cœdès, em Hall, *History of Southeast Asia*, p. 114.

modo de vida refletido e um modo de salvação absolutamente superiores a tudo o que os cultos nativos tinham a oferecer. Com o tempo, o budismo tomou o lugar do hinduísmo, em grande parte devido a suas crenças e práticas éticas, democráticas e despojadas de castas, e à adaptabilidade de determinados aspectos de suas práticas e doutrinas. Ele nunca negou a existência de deuses e dos espíritos: simplesmente os rebaixou a uma posição subordinada, mas ainda importante, como auxiliares do Buda e como ajudas poderosas em questões mundanas. Os convertidos, que assim podiam manter, até certo ponto, seus antigos deuses e padrões mágicos de adoração, reconheciam o budismo como superior, mas não estranho ou inacessível. As imagens do Buda tinham a essa altura se tornado populares na tradição Teravada, que a princípio resistira a elas, de modo que as pessoas tinham um objeto concreto de adoração, vividamente representado. Além disso, a vida exemplar do Saṅgha colocava diante delas uma representação concreta do caminho para a libertação do sofrimento e um convite atrativo à busca de refúgio no Buda, no dhamma e no Saṅgha; ela também exemplificava o compromisso de obediência aos cinco preceitos.

MEDITAÇÃO

A principal contribuição da escola Teravada à espiritualidade foi, sem dúvida, sua preservação das práticas budistas originais de meditação. O próprio Buda alcançou a iluminação perfeita por meio da meditação, tendo ensinado sua metodologia aos discípulos durante os quarenta e cinco anos de vida pública, sem jamais hesitar em apresentá-la como o único método apropriado para se escapar finalmente ao círculo da vida e morte (saṃsāra). Uma vez que a escola Teravada se empenha na busca da fidelidade completa ao Cânone Páli, considerado como o registro fiel aos ensinamentos do Buda, as explicações dos livros sagrados, sobre o papel e o método da meditação, são vistas como a autoridade final sobre o assunto. Desenvolveu-se uma abundante bibliografia de comentários sobre todos os tópicos importantes nele discutidos, inclusive a meditação, que é abordada de modo mais extenso e sistemático no comentário denominado *O Caminho da Purificação* (*Visuddhimagga*), composto no Sri Lanka, no século V d.C., pelo grande estudioso do budismo indiano Bhadantācariya Buddhaghosa. Para a tradição Teravada, essa obra foi sempre o manual-padrão autorizado para a teoria e prática da meditação. O texto nunca foi considerado canônico, mas é freqüentemente mencionado logo após o cânone quando o assunto é a meditação. A obra consiste numa volumosa compilação de mil anos de pensamento, prática e formação de uma tradição com relação à meditação, que inclui trechos extraídos de livros sagrados e de comentários, relatos tradicionais sobre as técnicas de meditação, anedotas sobre alguns praticantes da meditação, bem como uma longa digressão sobre algumas doutrinas budistas básicas e sobre a teoria budista dos ciclos de destruição e renovação do mundo. Esse material variado é organizado de acordo com o desenvolvimento, desde os passos iniciais no caminho da meditação até a iluminação final. Apesar da dificuldade em se acompanhar esse desenvolvimento e seu estilo, às vezes tortuoso e pedante, a obra é insuperável como fonte de informações e de análises abhidhármicas.

A finalidade da obra era preservar a tradição ortodoxa do Cânone Páli, que, para os que apoiavam Buddhaghosa no mosteiro da Anurādhapura, parecia ameaçada pelos ensinamentos das novas seitas. Uma segunda meta era o restabelecimento da antiga ascendência do mosteiro principal. Os requisitos dessa tarefa eram claros: a obra tinha de seguir de perto a autoridade do Cânone Páli e incorporar as práticas e tradições ortodoxas centrais da escola Teravada relativas à meditação. Os ensinamentos canônicos recebidos não podiam ser espiritualizados nem desmitologizados. Os materiais produzidos na época e os comentários acrescentados deviam ser usados apenas como ilustração da verdade eterna, e não como novas contribuições. Seria a expectativa de Buddhaghosa que os praticantes posteriores da meditação iriam seguir – livro na mão, por assim dizer – o caminho que ele estava mapeando? Seria ele próprio um praticante da meditação em profundidade, ou apenas um estudioso que conhecia intimamente a bibliografia e a tradição? Essas são perguntas impossíveis de se responder. Quer se veja a obra como um guia prático e como referência para os estudiosos – monges e mesmo os mestres da meditação – com o objetivo de esclarecer teses densas dos livros sagrados e como garantia para a preservação da ortodoxia e eficácia da prática, quer se admita a hipótese de que ela era reverenciada mais como tributo verbal que por seu uso prático, ainda assim ela permanece como ponto de referência para se compreender as metas e meios da meditação Teravada, antiga ou moderna, complexa ou simples, em termos de apresentação e de prática.

O padrão maduro e cuidadosamente estudado da meditação Teravada, que encontramos no *Caminho da Purificação,* estrutura-se como um desenvolvimento em três estágios. Os elementos de cada estágio estão implícitos uns nos outros e são completamente interativos no estágio mais alto. O primeiro estágio é *sīla,* ou o caráter e conduta moral; o segundo é samādhi, ou a concentração mental, uma técnica absolutamente essencial; o terceiro é *pañña*, ou o conhecimento libertador da natureza da existência humana, a condição *sine qua non* do alcance da iluminação.

Sīla, ou a correta atitude e prática ética, é tanto preliminar a toda a estrutura da meditação quanto a base dela. Na verdade, a própria iluminação é a moralidade em sua perfeição. Não apenas se deve começar pela observância dos cinco preceitos básicos e permanecer neles, mas essas regras de conduta exterior são progressivamente aprofundadas e internalizadas, com o avanço no caminho da meditação. O mero evitar a matança de toda e qualquer criatura viva, por exemplo, por fim se torna a perfeição de uma benevolência que é absolutamente incapaz de aversão, ódio, ou raiva. Existem também algumas práticas que devem ser metodologicamente evitadas, mesmo pelos leigos que praticam a meditação, como as diversões mundanas, camas luxuosas e ungüentos para o corpo. Para os "profissionais" da meditação, os monges, existem mais de duzentos procedimentos regulativos, que dizem respeito aos trajes, alimentação, vida pessoal, e conduta social que, segundo se acredita, intensificam o crescimento espiritual e o progresso na meditação. Que a moralidade deva ser assim fundamental até mesmo para uma pessoa que medita sozinha não é de surpreender, dada a interpretação budista da natureza da iluminação. O budismo iniciou seu desenvolvimento independente na Índia bramânica como um caminho para a salvação mais moral que ritual; na concepção do Buda, nenhum ritualismo, por mais antigo ou por mais aprimoradamente realizado que fosse, podia libertar o ser humano de saṃsāra. Somente uma completa transformação ética do indivíduo, invertendo a maior parte das idéias habituais sobre as atitudes com relação à natureza e o significado da vida humana, seria capaz de realizar isso. Pois, o que liga a humanidade ao renascimento perpétuo é a cobiça, o ódio e a ilusão em suas diversas formas. A cobiça e o ódio têm origem na ilusão (ignorância) quanto à natureza da existência corpórea e na percepção normal dessa existência como desejável em si mesma; por outro lado, a busca ávida pelos bens desta vida e a aversão profunda aos males desta vida são o amor de si disfarçado – disfarçado até mesmo para si próprio. Somente por meio do afastamento das ambições, dos apetites comuns, das falsas esperanças e das aversões, a humanidade pode se libertar do renascimento perpétuo.

O *Visuddhimagga* orienta o principiante da meditação – presumivelmente sob a supervisão de um mestre – a se concentrar em algum tema devocional ou ético apropriado a seu caráter. Existem cinco tipos de caráter reconhecidos: o devocional, o intelectual, o apaixonado, o apático, o irritável; os quarenta temas tradicionais de meditação são distribuídos entre eles em proporções variadas. Para o principiante, ou mesmo para o início de um período de meditação em qualquer nível, são apropriados temas como o Buda, o Dhamma, a paz, a bondade, a compaixão, a alegria altruísta e a serenidade, embora somente os quatro últimos deles sejam adequados para levar o praticante aos níveis mais altos da meditação. Os três primeiros conduzem apenas ao estágio inicial de concentração mental denominado consciência de proximidade, ou de acesso – acesso aos estados genuinamente samádicos. A consciência de proximidade é um estado tênue de concentração da atenção, no qual os elementos de distração são em grande parte eliminados da consciência, mas no qual a consciência ainda não está completamente dirigida a um único ponto, com exclusão de todo conteúdo, exceto o tema especificamente escolhido.

O segundo nível da estrutura da meditação é o samādhi, ou a concentração intensamente dirigida a um único ponto, para um dado tema ou objeto. Em geral, os temas apropriados a esse segundo estágio têm uma base física: a respiração, a repulsividade dos alimentos, os estágios de decomposição dos corpos e os *kasiṇas* têm a capacidade de produzir os diferentes níveis do samādhi. A bondade, compaixão, alegria altruísta e serenidade, que não são dotadas de natureza física, são praticadas nesse estágio, ao ser dirigidas na imaginação a objetos e pessoas. Por meio de uma concentração contínua desse tipo, são produzidas as jhānas. Jhāna (a forma páli do termo sânscrito *diana*, que mais tarde se tornaria *Ch'an*, em chinês, e *Zen*, em japonês) significa um estado de transe no qual toda entrada sensorial, exceto o tema da meditação, é totalmente excluído da consciência. Nos níveis mais altos da jhāna, a pessoa que medita é também incapaz de fala ou movimento e, no nível mais alto possível, diz-se que sua atenção fica desprovida de consciência normal e alcança o transe da cessação. De acordo com o Cânone Páli, Gautama teria alcançado a iluminação budista por meio das quatro jhānas clássicas, alcançadas por meio da concentração da atenção em temas (não especificados) de meditação que ele escolhia. Elas são descritas como a eliminação progressiva de acompanhantes emocionais e como resultando numa consciência "purificada pela equanimidade e atenção".

Os *kasiṇas* (cores, formas circulares) têm a capacidade de levar o desenvolvimento para além das quatro jhānas, em que são denominadas as quatro meditações sem formas. A pessoa que pratica a meditação deve fixar o olhar em alguma forma circular ou área colorida com essa forma, com uma concentração tão completa e persistente que, após prática contínua, pode apresentar a imagem diante de sua "visão" com ou sem o estímulo original. Quando se chega a isso, o segundo passo consiste em desmaterializar essa forma e libertá-la de seus limites. Assim, um *kasiṇa* feito em argila torna-se puro e brilhante como a lua cheia para a visão do praticante da meditação, tomado ele todo por um só brilho, sem marcas internas. Então seus limites são progressivamente suprimidos, quando o praticante o imagina cada vez maior e maior até se tornar infinito, por assim dizer. Dessa forma, o praticante da meditação chega à percepção da infinitude do espaço. Usando cada estado que é alcançado como trampolim para o estado seguinte, ela progressivamente alcança a infinitude da consciência, o nada, e a nem percepção nem não-percepção. Nesse oitavo estado de consciência de tipo jhāna, o praticante apaga toda a consciência de distinção entre sujeito e objeto e forma uma unidade com sua consciência; esse estado é descrito como um vazio luminoso.

Pode-se questionar se esses quatro estados sem formas fariam parte do método original de prática da jhāna; mas, na época de Buddhaghosa, a herança bramânica da jhāna no budismo havia se imposto e eles haviam se tornado parte integrante dele. No entanto, deve-se observar que, por si só, a capacidade de produzir as jhānas não pode nem alcançar a experiência mais alta possível nesta vida, o êxtase do nibbāna, nem a iluminação plena (arhatidade). Para esses estados é necessário um fator adicional, presente, deve-se presumir, nas quatro jhānas alcançadas por Gautama, mas não mencionado explicitamente no cânone até o momento da afirmação de Gautama, após a iluminação, da liberdade com relação a saṃsāra. Esse fator é *pañña*, ou o conhecimento libertador da verdadeira natureza do eu e da existência, sem o qual não é possível o acesso à iluminação. O tipo de consciência meditacional que produz *pañña* é *vipassanā*, ou introvisão. Ela consiste na aplicação, por meio da meditação da percepção budista central, de que toda a vida fenomênica e toda experiência consciente são impermanentes (*anicca*), vazias de substancialidade ou essência (*anattā*) e intrinsecamente permeadas de insatisfação, e mesmo sofrimento (*dukkha*). O praticante da meditação deve aplicar essa percepção a sua própria pessoa e situação existencial. Ele deve ver-se e ver sua vida consciente, como carregados de impermanência, vazio, sofrimentos.

O ponto-chave atacado pela meditação *vipassanā* é o senso inerente de identidade – a consciência de ser um eu indivisível, que permanece idêntico no decorrer do tempo e através da passagem dos estados e condições sempre em mudança. Na visão budista, isso é necessário porque a concepção ilusória da identidade de um eu indivisível é o núcleo da condição humana prisioneira de saṃsāra; pois o "eu" se apega tanto positiva quanto negativamente a seus estados, experiências, idéias e desejos. Na verdade, o "eu" não passa de um nome para o apego, e esse apego a entidades irreais, impermanentes, é o que projeta o ser humano na cadeia sem fim dos renascimentos repetidos. Os métodos de destruição desse apego escravizante são dois: o intelectual e o emocional. No primeiro método, por meio de uma contínua observação e análise introspectiva dos estados do corpo e da mente, o indivíduo se torna consciente de que o "eu" não passa de uma série contínua de estados físico-mentais, um fluxo incessante de consciência. O segundo método é emocional: a pessoa libidinosa, por exemplo, pode precisar observar um corpo humano em decomposição, ou o glutão pode precisar pensar no processo repulsivo de digestão dos alimentos. Essa análise deve necessariamente ser aplicada até mesmo aos estados de jhāna, após a saída deles, para que não sejam tomados pelo nibbāna.

O resultado final de se atingir o conhecimento libertador por meio da meditação de introvisão é o alcance das condições daquele-que-entra-no-fluxo (*sotāpanna*), daquele-que-retorna-uma-vez (*sakadāgāmīn*), daquele-que-não-retorna (*anāgāmīn*) e do liberto (arhat). Os que entram no fluxo nunca mais nascerão numa forma menos-que-humana e têm no máximo mais sete vidas antes da libertação; os que retornam uma vez têm apenas mais um nascimento humano; os que não retornam irão alcançar o nibbāna numa vida futura num domínio celestial; os arhats irão adentrar o nibbāna, ao morrer. O Buda Gautama foi, naturalmente, o Arhat Supremo. Enquanto permanece vivo, o *arhat* está na condição de *kilesa-parinibbāna*, a extinção de toda corrupção; ao morrer, ele alcança o *khandha parinibbāna*, a extinção final de todos os fatores do corpo e da mente que causam o renascimento, e é um indivíduo completamente liberto.

O transe da cessação (*nirodha-samāpatti*), o estado de meditação supremo (embora por si próprio ele não alcance a iluminação, nem seja condição necessária para se alcançá-la) pode apenas ser vivenciado por um *anāgāmīn*, ou arhat que alcançou o estado de nem percepção nem não-percepção. Nesse estado, o praticante fica sem percepção ou sentimentos e parece estar morto; esse estado pode durar até sete dias. Ele é visto como a experiência do sabor do nibbāna por "tanto tempo quanto queiramos", para citar um discípulo do Buda. Ele é a plenitude da consciência do Caminho, que inicialmente chega ao que entra no fluxo em vislumbres momentâneos e que se torna mais forte e prolongada, até que se alcance seu ponto máximo nesse transe. Ele é a maximização da consciência *direta* do nibbāna. Embora seja a experiência suprema do êxtase do nibbāna nesta vida, ele não é essencial à iluminação. Somente o conhecimento plenamente existencializado de *vipassanā*, do verdadeiro caráter da existência corpórea é absolutamente essencial. Assim, embora escreva num tom condescendente sobre os "santos de visão seca", ou "os que trabalham a pura introvisão", isto é, os que simplesmente não passaram pelos estados de jhāna e alcançaram a concentração em *vipassanā*, Buddhaghosa tem de admitir que esse modo de acesso à iluminação é bem sucedido, pois ele contém o fator essencial do conhecimento libertador. A capacidade de alcançar a jhāna é útil, por aprofundar e estabilizar até mesmo a meditação *vipassanā*, e é um complemento a ela, de diversas formas. Mas não é essencial para se alcançar a libertação com relação ao saṃsāra; a meditação *vipassanā*, como uma disciplina meditacional absolutamente indispensável, pode ser buscada de direito próprio e legítimo, sem o acréscimo da prática de jhāna.

Na verdade, a meditação Teravada contemporânea, onde encontrada, é cada vez mais de caráter exclusivamente *vipassanā*. É legítimo perguntar – sem esperanças no entanto de uma resposta garantida – se um caminho de caráter integralmente jhāna-vipassanā foi alguma vez seguido em larga escala nos 2500 anos de história budista. Sem dúvida, essa tradição tem sido mantida viva por pelo menos uns poucos "especialistas" em cada geração, mas, em sua maior parte, o alcance pleno do estado jhāna-vipassanā tem provavelmente permanecido um ideal elevado, cada vez mais atribuído apenas aos santos das primeiras eras do budismo. Hoje, com o número crescente de leigos que praticam a meditação, assim como de estrangeiros que seguem o Dhamma, a meditação *vipassanā* vem sendo praticada por ela mesma. A razão disso está em que o pleno desdobramento do desenvolvimento jhāna-vipassanā requer um modo de vida monástico, dedicado quase que exclusivamente à meditação. Na maioria dos países de tradição Teravada, os monges estão muito conscientes de suas obrigações para com os leigos: obrigações como mestres do Dhamma, conselheiros e celebrantes de rituais. Na maioria das sociedades de tradição Teravada, os monges que se dedicam à vida monástica durante toda sua existência estão se tornando cada vez mais escassos; a maioria deles permanece nos mosteiros por apenas alguns anos. Além disso, no Sri Lanka e na Tailândia e, até certo ponto, em Mianmar, tem havido uma discussão cada vez maior em defesa de uma vida monástica socialmente mais ativa. Esses desenvolvimentos atuam contra o ideal de dedicação em tempo integral à meditação, exceto a intervalos esporádicos.

Uma vez que o Buda previu que seu Dhamma iria decair em pureza e força e que a devoção de seus discípulos iria enfraquecer após cerca de quinhentos anos depois de sua morte, os theravādins de hoje estão imbuídos de um forte senso da necessidade de empregar os métodos mais fáceis e rápidos para o alcance da iluminação. A inclusão dos leigos na classe dos que se dedicam à meditação, da qual por muito tempo eles estiveram excluídos pelos costumes tradicionais (embora não pelos livros sagrados), tornou ainda mais essencial uma maior facilidade desse alcance. Uma vez que *vipassanā* é o elemento essencial da meditação e, uma vez que exige apenas um nível relativamente baixo de capacidade de concentração, ele é ideal para o leigo praticante da meditação. Insiste-se muitas vezes em que o mundo barulhento e turbulento no qual vivemos exige algum meio de libertação com relação a saṃsāra, que seja mais rápido e eficiente que o método tradicional, mais apropriado a um modo de vida isolado e retirado. Essa nova disposição e situação tiveram impacto sobre o próprio método, tornando possível uma integração maior entre a vida meditativa e a vida ativa. A meditação *vipassanā* pode ser praticada a intervalos curtos, todos os dias e em conjunção com alguma tarefa cotidiana. Alguns mestres sugerem que o próprio trabalho seja transformado numa disciplina meditativa, por meio da concentração completa nele, pelo que podemos denominar "atenção no trabalho" – uma combinação entre o cuidado com o que está envolvido na tarefa e o desapego de todo benefício pessoal que possa resultar dela. Mais uma vez, os praticantes da meditação *vipassanā* são incentivados a concentrar a atenção na experiência presente, cultivando a consciência das sensações corporais, e no surgimento e cessação dos estados emocionais e seqüências de pensamentos. Atribui-se um grande valor à paz que surge do desapego originado do reconhecimento e aceitação da existência corpórea, como completa e inerradicavelmente impermanente, irreal e permeada de sofrimento. Alguns intérpretes não-ortodoxos sugerem que, nos ensinamentos centrais do Buda, o nibbāna nada mais era que a libertação da vida atual com relação às disposições nocivas e os apegos escravizadores, ou uma transformação do caráter, embora o Buda, às vezes, empregasse a linguagem do fim dos renascimentos como um dispositivo necessário a seus ouvintes, por demais mergulhados na ignorância. Mas, por mais que se sintam longe de alcançar o nibbāna, os theravādins, em sua vasta maioria, continuam a desejar o nibbāna como o encerramento final da existência corpórea.

BIBLIOGRAFIA

Fontes

BUDDHAGHOSA, Bhadantācariya. *The Path of Purification (Visuddhimagga).* Traduzido por Bhikkhu Ñyāṇamoli. Colombo, A. Semage, 2ª ed. 1964.

UPATISSA, Arahant. *The Path of Freedom (Vimuttimagga).* Traduzido por N. R. M. Ehara Thera. Colombo, Sr. Lanka, D. Roland Weerasuria, 1961.

WOODWARD, Frank L. (trad.). *Manual of a Mystic.* Londres, Pāli Text Society, 1982. Distribuído por Routledge & Kegan Paul.

Estudos

BUDDHADASA, Bhikkhu. *Ānāpānasati: Mindfulness of Breathing.* Traduzido por Nagasena Bhikkhu. Bancoc, Sublime Life Mission, sem data.

BYLES, Marie. *Journey into Burmese Silence.* Londres, Allen & Unwin, 1956.

CONZE, Edward. *Buddhist Meditation.* Londres, Allen & Unwin, 1956.

GOLDSTEIN, Joseph. *Experience of Insight: A Natural Unfolding.* Santa Cruz, Unity Press, 1976.

HALL, D. G. E. *A History of Southeast Asia.* Nova York, Macmillan, 1961.

KING, Winston L. *Teravada Meditation: The Buddhist Transformation of Yoga.* University Park, PA, Pennsylvania State University Press, 1980.

KORNFIELD, Jack. *Living Buddhist Masters.* Santa Cruz, Unity Press, 1977.

LE MAY, Reginald. *The Culture of Southeast Asia.* Londres, Allen & Unwin, 1954.

ÑYĀṆAMOLI, Thera. *Mindfulness of Breathing (Ānāpānasati).* Kandy, Sri Lanka, Buddhist Publication Society, 2ª ed. 1964.

NYANAPONIKA, Thera. *The Heart of Buddhist Meditation.* Londres, Rider, 3ª ed. 1962.

PYM, Christopher. *The Ancient Civilization of Angkor.* Nova York, New American Library, 1968.

SADDHATISSA, H. *The Buddha's Way.* Londres, Allen & Unwin, 1971.

SAYADAW, Mahasi. *The Progress of Insight.* Kandy, Sri Lanka, Forest Hermitage, 1965.

SMITH, Bardwell L. (org.). *Religion and Legitimation of Power in Thailand, Laos, and Burma*. Chambersburg, Anima Books, 1978.
SMITH, Bardwell L., *Religion and Legitimation of Power in Sri Lanka*. Chambersburg, Anima Books, 1978.[_______. *The Two Wheels of the Dhamma*. Chambersburg, American Academy of Religion, 1972.
SOBHANA Dhammasudi. *Insight Meditation*. Londres, Committee for the Advancement of Buddhism, 2ª ed. 1968.
STEINBERG, D. J. (org.). *In Search of Southeast Asia*. Nova York, Praeger, 1971.

5. Os Países de Tradição Teravada

I. SRI LANKA

Maeda Egaku

Em 1981, o Sri Lanka tinha uma população de 14,9 milhões de habitantes, dos quais 74 por cento eram de etnia cingalesa e 18,2 eram de etnia tâmul. A maioria da população cingalesa era constituída por budistas da tradição Teravada; a maioria dos tâmules eram hindus, e os muçulmanos e cristãos formavam os restantes 15 por cento da população. A Constituição da República Socialista Democrata do Sri Lanka estabelece: "A República do Sri Lanka dará ao budismo o lugar mais alto e, assim, será o dever do Estado proteger e patrocinar o *sāsana* [igreja] de Buda, ao mesmo tempo em que mantém garantidos os direitos de todas as religiões [...]" (artigo 9). As três principais seitas, ou ordens (*nikāyas*), são a de Siyam (11.474 monges, em 1973), a de Amarapura (5.034 monges) e a de Rāmañña (3.514 monges). A Nikāya de Siyam divide-se em quatro ou seis sub-seitas e afirma-se que a de Amarapura tem vinte e seis sub-seitas, que não parecem ter muita unidade. Não existe uma organização central unificadora. Mais ainda que os monges comuns nos templos, que dedicam suas energias a obras sociais, os cerca de quinhentos monges que habitam a floresta, cujos eremitérios são centros de treinamento em meditação, são altamente considerados pela população. Em muitos templos, existem santuários para a adoração de divindades como Viṣṇu, Kataragama e Nātha.

O budismo de tradição Teravada teve origem no Sri Lanka, e foi o Sri Lanka que transmitiu Tipiṭaka Pāli, assim como um grande número de comentários, sinopses, crônicas e gramáticas. A lenda, encontrada no *Dīpavaṃsa* e em outras crônicas, de que o Buda teria visitado três vezes o país é uma crença amplamente disseminada no atual Sri Lanka. Até onde se sabe, o budismo foi introduzido inicialmente quando Mahinda, que segundo se afirma seria o filho ou o irmão mais novo do rei Aśoka, estabeleceu o Saṅgha no início do reinado de Devānaṁpiya Tissa (ca. 250-210 a.c.). O rei construiu o mosteiro de Mahāvihāra na capital Anurādhapura, e o Saṅgha, que lá se reunia, foi por longo tempo reconhecido como a escola ortodoxa do budismo no Sri Lanka. O budismo do Sul e Sudeste Asiático herdou a tradição de Mahāvihāra e, assim, deve sua origem ao estabelecimento desse mosteiro.

O Período de Instituição

Auxiliado por um estado ininterrupto de paz e pela proteção real, o budismo gradualmente expandiu sua influência. Os cingaleses estavam constantemente envolvidos em conflitos com os invasores tâmules, provindos da costa da Índia. O rei Duṭṭhagāmaṇī Abhaya (161-137 a.C.) conseguiu vencer os invasores e ampliou seu poder sobre toda a ilha. Trinta anos mais tarde, o rei Vaṭṭagāmaṇī Abhaya construiu o mosteiro de Abhayagirivihāra, dedicado a seu amigo, o velho monge Mahātissa. Devido a problemas relativos ao Vinaya, Mahātissa era criticado pelos monges Mahāvihāra e foi expulso do Saṅgha. Ele reagiu, instituindo sua própria seita, Abhayagiri, que prosperou sob a proteção real, enquanto a seita Mahāvihāra entrou em declínio. Os bhikkhus da seita Mahāvihāra, temendo a extinção do budismo, deram início à transcrição do Tipiṭaka (que até então existia apenas em tradição oral). Os monges do mosteiro de Abhayagirivihāra tinham uma visão liberal e, como ofereciam residência permanente aos seguidores da escola Mahāyāna, sua disciplina se tornou bastante concessiva. Opondo-se a isso, os mahāvihāras recorreram ao rei e tentaram fazer com que os mahāyānistas fossem banidos. Um monge Mahāyāna conseguiu conquistar a confiança do rei Mahāsena (276-303) e obteve retaliação contra os mahāvihāras. Quando o monge foi assassinado por um ministro que se rebelara contra o rei, Mahāsena teve de mudar sua política, mas não quis favorecer os mahāvihāras. Construiu então o Jetavanavihāra em seus componentes, e essa se tornou a terceira grande seita do Sri Lanka.

O monge chinês Fa-hsien, que visitou o Sri Lanka em 410-412, menciona a prosperidade do mosteiro de Abhayagirivihāra e afirma que ele tinha cinco mil monges, enquanto o mosteiro de Mahāvihāra tinha três mil e o de Cetiyapabbatavihāra tinha dois mil. Alguns anos mais tarde, o monge do Sul da Índia, Buddhaghosa, escrevia o *Vi-*

suddhimagga e o presenteava aos Mahāvihāra; com todos os textos budistas a sua disposição no mosteiro de Mahāvihāra, Buddhaghosa pôde compor um conjunto amplo de comentários em páli. Sua obra foi continuada por Buddhadatta e por Dhammapāla e, em resultado desses comentários, a doutrina Teravada foi firmemente estabelecida.

O Período das Trevas

A partir do final do século v, o budismo de tradição Teravada foi rapidamente enfraquecendo no Sri Lanka, em resultado do declínio do poder de seus patronos reais. Até o século XI, não se observam atividades budistas de relevância. No continente indiano, a religião também estava em declínio. As influências da escola Mahāyāna no Sri Lanka são visíveis a partir do século III e continuariam até o final do século VI, quando o monge indiano Jotipāla demoliu a doutrina Mahāyāna num debate público. Não houve mais convertidos à doutrina Mahāyāna e a escola Mahāvihāra recuperou o antigo prestígio. Por volta de 638, o monge chinês Hsüan-tsang viajou por toda a Índia, mas não chegou ao Sri Lanka, porque ouvira dizer que não apenas o país passava por instabilidade política, mas também não tinha monges com formação mais notável. Ele escreveu que havia no Sri Lanka mais de dez mil monges e que a tradição Mahāyāna-sthavira (Abhayagirivihāra?) predominava com relação à Hīnayāna-sthavira (Mahāvihāra?).

De acordo com relatos chineses, Vajrabodhi (671-741), que introduziu o budismo tântrico na China, visitou o Sri Lanka duas vezes, ficando no mosteiro de Abhayagirivihāra. Segundo se afirma, seu discípulo Amoghavajra (705-774) teria nascido no Sri Lanka. Atendendo à última vontade de seu mestre, ele teria viajado em 741 da China para o Sri Lanka, a fim de difundir os livros sagrados do budismo tântrico. Diz-se que, na época, o budismo tântrico florescia no país e que foi aí que Amoghavajra passou pela cerimônia de iniciação com água espargida e levou mais de quinhentos livros sagrados ao voltar para a China.

A partir da última metade do século VIII, a manutenção de Anurādhapura tornou-se difícil, e a capital foi transferida para Polonnaruwa. Também o mundo religioso freqüentemente ficava conturbado. Há muito poucas menções ao budismo tântrico e ao da tradição Mahāyāna nas crônicas desses séculos. Em contrapartida, havia uma influência do hinduísmo, refletindo a fé da população indiana. A seita Mahāvihāra alcançou os limites de seu declínio e, a certa altura, não havia sequer um monge da seita no Sri Lanka. No início do século XI, a invasão dos colas reduziu Anurādhapura a ruínas. Os mosteiros de Mahāvihāra, Abhayagivihāra e de Jetavanavihāra foram completamente destruídos. Os colas eram seguidores de Śiva e perseguiram impiedosamente o budismo.

11. Monges budistas em Malvatta Vihare, um dos principais templos budistas da escola de Siam Nikāya, Kandy, Sri Lanka.

O PERÍODO DE PROSPERIDADE

Enquanto na Índia, após a destruição do Saṅgha, o budismo foi completamente substituído pelo hinduísmo, que conquistou a adesão das massas, no Sri Lanka, o rei e a população permaneceram budistas, apesar do desaparecimento do Saṅgha. O rei Vijayabāhu (1055-1110) retomou dos colas a cidade de Polonnaruwa e a tornou sua capital. Tendo restaurado a estabilidade, ele deu atenção ao restabelecimento da ordem monástica. Enviou um emissário ao rei de Mianmar, Anawrahta, e reintroduziu o budismo desse país. Também estimulou as atividades budistas e o Tipiṭaka em ambos os países. Após sua morte, houve um retorno da instabilidade ao país e o ressurgimento de conflitos entre os monges. Essas dificuldades foram finalmente superadas pelo grande rei Parakramabāhu I (1153-1186). Em 1165, ele realizou uma conferência com os principais monges, que resultou na reunificação das três seitas sob a denominação Mahāvihāra. Foi implantada uma reforma, com ênfase especial nos seguintes pontos: 1. o estudo dos livros sagrados; 2. momentos e lugares nos quais era permitido deixar o mosteiro; 3. pré-requisitos para a aceitação de novos discípulos. O rei construiu diversos mosteiros, e sua atividade literária assinala o início da "Era Augusta da literatura do Sri Lanka". O mais renomado estudioso do período é Sāriputta, cujas diversas obras, inclusive o *Vinayasaṅgaha*, um sumário de mandamentos, conquistou um grande número de seguidores.

No período de Polonnaruwa, ocorreram diversas mudanças na prática budista. Em primeiro lugar, o desaparecimento súbito da ordem das monjas budistas foi uma grande perda para o Saṅgha. A razão disso não está muito clara, mas não há indícios de perseguição. Em segundo lugar, o budismo como sistema ético rendeu-se ao budismo popular, marcado pela popularidade crescente da devoção aos espíritos. Em terceiro lugar, as peregrinações ao monte Śrīpāda cresceram em popularidade e eram patrocinadas pela realeza. Em quarto lugar, a Relíquia do Dente em Kandy, doada em 311 pela Casa Real Indiana de Kaliṅga e, havia muito, um objeto de adoração bastante popular, tornou-se o principal símbolo da autoridade real, de modo que príncipes lutavam por sua posse. No período posterior à mudança da capital para Kōṭṭe, no século XV, o budismo do Sri Lanka seria admirado e imitado por visitantes provindos de Mianmar, da Tailândia e do Camboja.

O PERÍODO DO MODERNO RENASCIMENTO BUDISTA

A partir de 1505, o Sri Lanka foi colonizado sucessivamente por Portugal, Holanda e Inglaterra. Nessa época, a ilha estava dividida em três estados: Kōṭṭe, Jaffna e Kandy, que não tinham capacidade de exercer uma ação conjunta contra os invasores. Os objetivos dos portugueses eram "cristianismo e especiarias" e, com o apoio de seu poder militar esmagador, eles conseguiram gradualmente dominar a ilha. A maioria da população de Kōṭṭe era constituída por budistas, enquanto entre os habitantes de Jaffna predominava o hinduísmo. Mas, em ambos os Estados, eram os muçulmanos os maiores rivais dos portugueses, tanto na religião quanto no comércio, e foram eles os primeiros alvos de seus ataques. Como consideravam o hinduísmo e o budismo como religiões primitivas, os portugueses não se propuseram a estudá-los. O missionário franciscano, Vicente, chegou em 1505, seguido pelos dominicanos e jesuítas; eles pregavam na língua nativa, viviam e comiam em meio ao povo, ajudavam os pobres e construíam escolas e hospitais, conquistando assim muitos convertidos. Para o budismo, esse desenvolvimento foi um grande golpe. A conversão dos reis do Sri Lanka ao cristianismo, a começar pelo rei Dharmapāla, em 1557, foi um duro golpe. Em resultado dessas conversões, as populações de Kōṭṭe e Jaffna tornaram-se predominantemente católicas, e o budismo e o hinduísmo perderam totalmente o patrocínio real que tradicionalmente eles recebiam. O declínio do budismo se acelerou. Portugal levou a poderosa cultura do Renascimento da Europa para o Sri Lanka, cada um de seus aspectos parecendo superior e merecedor de imitação. A grande diversidade de cerimônias e rituais existentes no budismo e no hinduísmo da época facilitou a adoção dos costumes cristãos. Os templos budistas foram destruídos e muitos monges tombaram vítimas; a propriedade de templos e as rendas a eles enviadas pelas aldeias foram transferidas para as igrejas cristãs.

Foi durante o reinado de Vimaladharmasūriya I (1592-1604), rei de Kandy, que o primeiro enviado da Holanda chegou ao Sri Lanka. O único desejo do rei era livrar-se dos portugueses e, assim, recebeu os holandeses de braços abertos. No entanto, quando com sua ajuda os portugueses foram expulsos em 1658, os holandeses tomaram seu lugar. Sua política religiosa, implantada por meio das escolas abertas por missionários calvinistas, era a de converter à fé reformada holandesa não apenas os budistas e hindus, mas também os católicos. Quando se construía uma escola numa aldeia, as crianças eram obrigadas a freqüentá-la e, além da leitura e da escrita, o catecismo e as orações da Igreja Reformada Holandesa eram as principais matérias de estudo.

Os reis de Kandy, uma área insular menos importante para os comerciantes ocidentais e não tão intensamente afetada pelo domínio sucessivo de Portugal e da Holanda, continuavam como zelosos reformadores do Saṅgha. O reinado de Kīrti Śrī Rājasīmha (1747-1781) foi um período de reflorescimento budista, marcado pela atividade do fundador do Siyam Nikāya, Vālivița Saraṇaṁkara. Ele se tornou um *sāmaṇera* com a idade de dezesseis anos e foi um pregador popular, amplamente respeitado por sua personalidade e erudição. Teve de permanecer como *sāmaṇera* por longo tempo, uma vez que o budismo estava numa situação de extrema decadência e não havia disponíveis

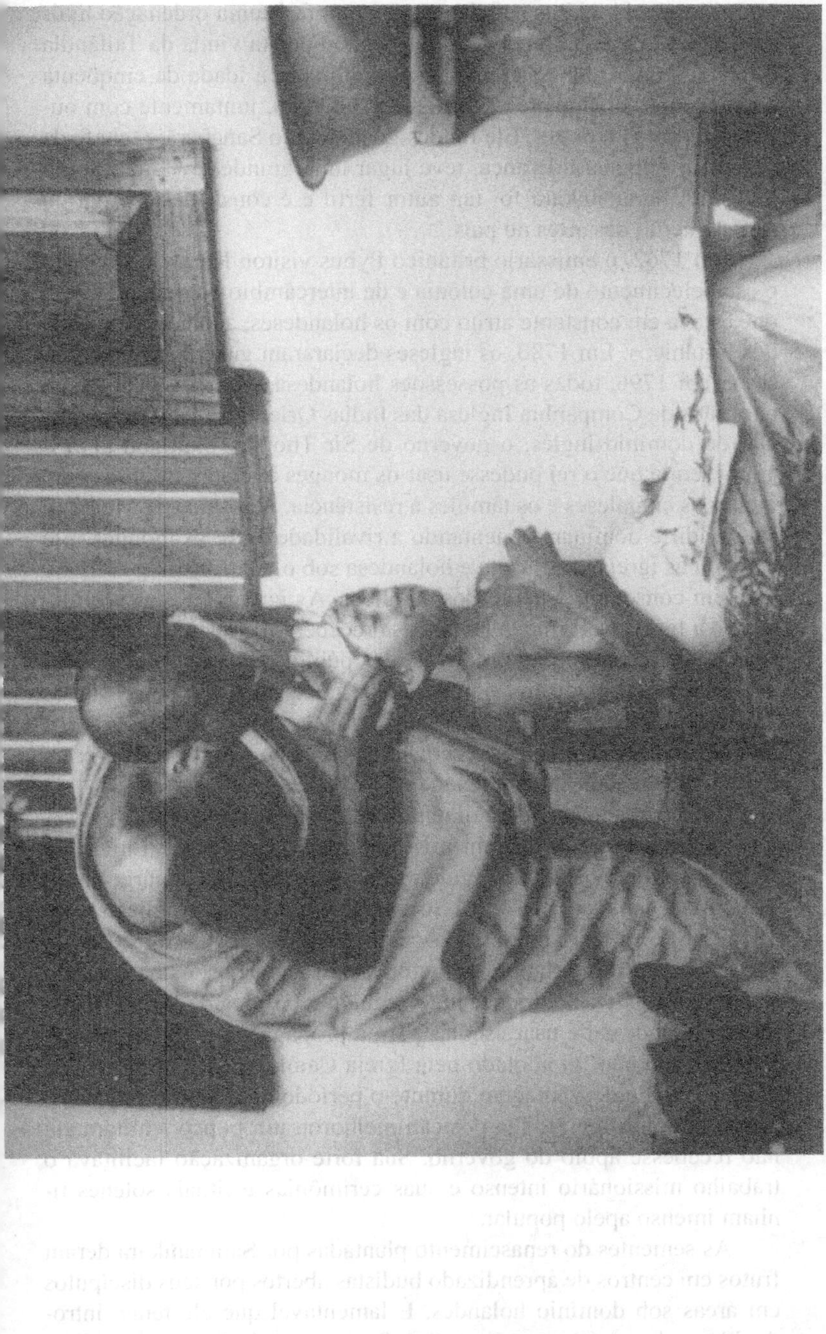

12. Um menino (11 anos de idade) tem a cabeça raspada, como parte da cerimônia para tornar-se monge budista; Kurunegala, Sri Lanka. pp. 104-105.

no Sri Lanka bhikkhus suficientes para conferir uma ordenação mais alta. Em 1753, o rei recebeu a delegação budista vinda da Tailândia e liderada por Upāli. Saraṇaṁkara, então com a idade de cinqüenta e cinco anos, finalmente se tornou um bhikkhu, juntamente com outros setecentos monges. Ele foi designado como Saṅgharāja (chefe da ordem) e, sob sua liderança, teve lugar uma grande revitalização do budismo. Saraṇaṁkara foi um autor fértil e é considerado o pai do renascimento das artes no país.

Em 1762, o emissário britânico Pybus visitou Kandy e solicitou o estabelecimento de uma colônia e de intercâmbio comercial. O rei, que estava em constante atrito com os holandeses, acolheu a chegada dos britânicos. Em 1780, os ingleses declararam guerra aos holandeses e, em 1796, todas as possessões holandesas no Sri Lanka caíam nas mãos da Companhia Inglesa das Índias Orientais. No período inicial de domínio inglês, o governo de Sir Thomas Maitland (1795-1806) temia que o rei pudesse usar os monges budistas e hindus para incitar os cingaleses e os tâmules à resistência. A política de Maitland foi dividir e dominar, fomentando a rivalidade entre os monges. Ele colocou as igrejas anglicana e holandesa sob o controle do governo e também conseguiu o apoio dos católicos. As igrejas ligadas a Inglaterra e à Igreja Reformada Holandesa receberam o apoio do governo; seus ministros eram pagos com fundos públicos. O governo não deu apoio algum ao budismo; o governador não realizava o papel que os reis desempenhavam nas cerimônias budistas, nem demonstrava aos monges o respeito que eles recebiam dos reis; ao contrário, eles eram obrigados a prestar-lhe homenagens.

Em resultado do renascimento religioso na Inglaterra, diversas igrejas protestantes enviaram missionários ao Sri Lanka. Em 1812, chegava a Missão Batista, seguida pela Sociedade Missionária Metodista Wesleyana, em 1814, e a Sociedade Missionária Anglicana, em 1815. Hoje, entre as igrejas não-católicas no Sri Lanka estão os anglicanos, os presbiterianos, os metodistas wesleyanos, os batistas e o Exército da Salvação, todos tendo seguido a política da Igreja Reformada Holandesa de usar escolas para a propagação do cristianismo. Este método não foi adotado pela Igreja Católica. Esta Igreja viu-se em posição de desvantagem durante o período de domínio holandês. Sob o domínio inglês, sua posição melhorou um pouco, embora ela não recebesse apoio do governo. Sua forte organização facilitava o trabalho missionário intenso e suas cerimônias e rituais solenes tinham imenso apelo popular.

As sementes do renascimento plantadas por Saraṇaṁkara deram frutos em centros de aprendizado budistas abertos por seus discípulos em áreas sob domínio holandês. É lamentável que ele tenha introduzido o sistema de castas no Saṅgha, que originalmente não tinha qualquer tipo de discriminação. O Siyam Nikāya fundado por ele proibia de entrar no Saṅgha pessoas de todas as castas que não a dos agricultores. Os que se viram excluídos foram receber ensinamentos em Mianmar e fundaram o Amarapura Nikāya. Um movimento de reforma no interior do Siyam Nikāya levou ao estabelecimento do Rāmañña Nikāya. Os budistas perceberam a necessidade de organização para que sua religião sobrevivesse. Estabeleceram associações, usando os mesmos métodos das igrejas cristãs. Também publicaram livros e panfletos explicando a doutrina budista. Os budistas começaram a comparar sua fé com o cristianismo e realizaram-se diversos debates públicos entre as duas religiões. Em 1873, Mohoṭṭivattē Guṇānanda travou um debate histórico com o reverendo David de Silva e o sr. F. S. Sirimanna diante de líderes budistas e cristãos e de um grande número de pessoas. Ao contrário do que esperavam os cristãos, o debate convenceu as pessoas de que o budismo era superior ao cristianismo, além de estimular a recuperação da autoconfiança dos cingaleses.

Helena P. Blavatsky e o coronel H. C. Olcott, os primeiros ocidentais a compreender o budismo e a se tornar eles próprios budistas, ficaram profundamente impressionados com essa controvérsia e, após fundar a Sociedade Teosófica, foram para o Sri Lanka em 1880, estabelecendo aí a Sociedade Teosófica Budista, com a finalidade de fundar escolas nas quais as crianças pudessem receber educação budista. Olcott publicou um catecismo budista de um jornal budista. Anagārika Dharmapāla (1864-1933), o pai do reflorescimento budista no Sri Lanka, estudou o páli por aconselhamento de Madame Blavatsky e se dedicou ao estudo e propagação do budismo, ao serviço social e ao esclarecimento político. Foi para a Índia em 1891 e ficou chocado ao descobrir que os locais sagrados do Buda estavam nas mãos de descrentes e em ruínas. Seu apelo aos budistas de todo o mundo levou à restauração dos locais sagrados. A Sociedade de Mahā Bodhi, por ele fundada com esse propósito, tem ramificações em todo o mundo. Em 1898, um grupo de cerca de vinte jovens budistas, sob a liderança de C. S. Dissanayake, um convertido do catolicismo, reuniu-se na sede da Sociedade Teosófica Budista. Esse foi o início da Associação Budista de Moços (ABM: YMBA, Young Men´s Buddhist Association), que contribui de modo muito atuante na educação social dos budistas, inclusive com escolas dominicais. Em 1919, a ABM criou o Congresso Budista de Todo o Sri Lanka, a primeira organização de leigos budistas em âmbito nacional, que realiza importantes campanhas políticas pela proteção dos direitos budistas. Uma parte de seu departamento de serviços internacionais, a Irmandade Mundial de Budistas (World Fellowship of Buddhists), foi fundada em 1930; ela foi restabelecida após a guerra, tendo como presidente G. P. Malalasekera. Após o Sri Lanka tornar-se independente em 1948, o budismo tornou-se um pilar central na formação da nova nação, como sua principal ideologia. O budismo enfrenta agora a tarefa de encontrar seu lugar num país independente, sem um rei. Os monges, despertados para suas responsabilidades políticas, iniciaram um movimento para tornar o budismo a religião do Estado. Foi nesse contexto que a atual constituição do Sri Lanka foi promulgada. O novo significado político da religião reflete-se no fenômeno dos chamados monges políticos fazendo discursos nas ruas. No entanto, também há um aumento no número de monges que praticam a meditação como eremitas, buscando retornar ao caminho original do Buda.

II. MIANMAR

Winston L. King

Embora o budismo de tradição Teravada possa ter tomado raízes em Thaton e Pegu já no segundo século da era cristã, e embora Pagan fosse um baluarte da tradição Mahāyāna desde por volta do século v, a história do budismo mianmarense que pode ser confirmada tem início apenas no reinado de Anawrahta (1044-1077), o governante que fez de Mianmar uma força política importante no Sudeste Asiático, estabelecendo o primeiro "império" mianmarense. Esse monarca concedeu refúgio a um monge chamado Shin Arahan, que fugira de Thaton para Pagan, devido ao crescente avanço do hinduísmo (e da escola Mahāyāna?), que tomava o lugar do budismo do Cânone Páli, em Thaton. Shin Arahan convenceu Anawrahta da verdade superior e da ortodoxia da doutrina Teravada e o instigou a proibir a variedade Ari do budismo local (aparentemente uma forma de Mahāyāna, que fora influenciada pelo tantrismo). Com Shin Arahan como conselheiro, e mais tarde seu primaz, o rei empreendeu uma reforma completa, executando os líderes aris recalcitrantes, recrutando o corpo de monges para o exército e ordenando um corpo de monges inteiramente novo. Os novos monges deviam seguir o código Vinaya, abandonando o consumo de inebriantes, a ligação com mulheres e outras práticas contrárias aos padrões de moralidade do Teravada. Anawrahta respeitosamente solicitou ao rei de Thaton um conjunto de textos canônicos em páli, dos quais ele não tinha cópias, mas recebeu uma rude recusa. Em 1056, organizou uma campanha militar e capturou Thaton, seu rei e seus textos sagrados. Num esforço por se tornar um verdadeiro *dhamma rāja*, seguindo o modelo de Aśoka, Anawrahta construiu diversos pagodes e templos, iniciando a onda de construções cujas ruínas, ainda impressionantes, cobrem diversos quilômetros quadrados da região de Pagan. Ele se empenhou em estabelecer a doutrina Teravada em toda parte de seus domínios em expansão que, quer por domínio direto quer por meio de pequenos reinos tributários, incluía a maior parte da atual Mianmar e uma parte da Tailândia.

As principais características da doutrina Teravada da forma como Anawrahta a estabeleceu sobrevivem na atual Mianmar. O Cânone Páli é o padrão da fé e da prática e oferece o quadro geral para as reformas, quando necessárias. É responsabilidade do Saṅgha manter a força e pureza da tradição de textos sagrados, tanto em termos da doutrina quanto da observância do Vinaya. Seus membros oferecem aos leigos um campo para a obtenção de méritos, por meio da doação de esmolas. Eles também têm a responsabilidade de ensinar o Dhamma, embora poucos tenham permissão para assumir a vocação especial de dedicar-se à meditação em tempo integral ou à vida de eremitas na floresta. Todos os monges renunciam às ocupações e preocupações

13. Uma procissão de monges budistas na atual Mianmar, em seu trajeto diário, pedindo esmolas.

leigas, raspando a cabeça, vestindo o traje amarelo e nada possuindo, a não ser suas roupas e a tigela de pedinte, medicamentos, uma agulha e um coador para água – todos eles, na verdade, de propriedade do Saṅgha. Sua vida é dedicada à busca do nibbāna e a ajudar outras pessoas nessa mesma busca. Os monges podem deixar o Saṅgha sem desabono, por qualquer razão que lhes parecer importante. A vocação das monjas nunca floresceu, apesar das provisões para ela no cânone; as monjas são poucas e suas funções são subalternas.

As principais obrigações dos leigos são observar os cinco preceitos e dar apoio ao Saṅgha. A meta da prática leiga é a produção de méritos, assim garantindo um renascimento favorável e estabelecendo as bases remotas para o alcance do nibbāna. Os leigos às vezes adotam a vida monástica por um período de tempo, assim aumentando seu estoque em méritos. A devoção dos leigos se concentra no templo e na imagem do Buda. Acredita-se que alguns templos encerram relíquias do Buda ou de alguns de seus discípulos, em especial o templo de Shwedagon, em Rangum, que, segundo se afirma, conteria alguns fios de cabelo do Buda. Mas todos os templos que tenham uma imagem do Buda, em algum nicho em sua espira ou sentado na base dela, é uma presença sacramental do poder do Buda (*paya*) para os leigos que circulam a seu redor e, ajoelhando-se, oferecem flores. Mesmo templos simples no campo ou nas aldeias, nos quais não se encontra a imagem do Buda, são considerados sagrados[1]. Existem apenas alguns outros poucos rituais leigos, inclusive o Refúgio Triplo, recitado três vezes e conduzido por um monge, e a cerimônia de iniciação *shimbyu*, realizada na maioria das famílias, na qual um menino na idade da puberdade representa o papel do príncipe Gautama, vivendo no esplendor e depois renunciando ao mundo, para tomar o traje de monge (o que o menino faz por cerca de uma semana, mendigando comida como um monge).

Apesar de todo seu empenho com relação à doutrina Teravada, Anawrahta não conseguiu extirpar a religião popular, firmemente enraizada nos festivais populares locais. O culto dos Trinta e Seis Senhores, com Mahagiri de Monte Popa a sua frente, era dominante e os mianmarenses se viam como seguidores de um ou outro desses senhores (popularmente chamados *nats*). Embora tivesse demolido todos os grandes relicários dos *nats*, Anawrahta viu-se no final obrigado a adotar os *nats* no domínio da fé, dando-lhes uma posição subordinada. Thagyamin, o Sakra do Cânone Páli, o rei dos deuses que habita o monte Sumeru, tornou-se o trigésimo sétimo e supremo

1. Imagens do Buda, introduzidas nos últimos séculos antes da Era Cristã, são provavelmente uma inovação Mahāyāna, que não encontra justificação no Cânone Páli; no entanto, elas são consideradas como um suporte inabalável para a imaginação popular nos países de tradição Teravada.

senhor, tomando o lugar de Mahagiri e, nos templos, as imagens dos trinta e sete senhores, colocadas na mesma plataforma que o Buda, retratava-os adorando o Buda[2]. Isso estabeleceu o padrão do budismo mianmarense, no qual os deuses e espíritos, agora num número muito maior que os trinta e sete originais, são potências a ser homenageadas e aplacadas no contexto próprio, mas sempre em subordinação à potência e valor transcendentes do Buda. Essa é uma variante de um padrão autorizado pelo cânone, que nunca negou os deuses hindus, mas os deixou submetidos à impermanência, e que ensinava que, com o carma apropriado, os seres humanos podem tornar-se deuses e que, por mais brilhante que seja, o conhecimento que os deuses têm da verdade última é menor que o de um monge virtuoso. Os *nats* são úteis neste mundo – o primeiro ministro U Nu prestava-lhes homenagens por sua ajuda em dominar a revolta ocorrida logo após a independência mianmarense em 1948 – e alguns mianmarenses vêem uma certa falta de respeito em se recorrer a eles em questões mundanas, como os guardiães do Buda extramundano, abrigados em relicários espirituais nos jardins dos templos. Podem-se observar restos e formas camufladas de cultos nativos em muitos dos costumes budistas. Os meninos que recebem iniciação devem ser mantidos em ambiente fechado durante sete dias antes da cerimônia, para sua proteção contra os espíritos; às vezes, eles andavam até o relicário de um *nat* durante os ritos. Os gritos "*Shwe*" ("senhor") em voz alta, indicando sua entrada na maturidade, são um elemento hindu. Também o festival de três dias, celebrando o Ano Novo na primavera, e a Festa das Luzes no outono, embora com roupagens budistas, são sem dúvida celebrações de equinócios. Apesar das adaptações, existe uma tensão residual entre os *nats* e o Buda, e formas autônomas de adoração dos *nats* – com relicários, sacerdotisas, médiuns e ritos de fertilidade, por ocasião da colheita – podem ser encontrados nas áreas rurais.

Anawrahta também estabeleceu o padrão da relação entre o trono e o Saṅgha. O Saṅgha devia ficar afastado das questões de governo. Esse papel extramundano nem sempre pôde ser rigorosamente mantido. A fé do rei sempre foi uma preocupação dos monges, uma vez que ela se expressava em apoio material ao Saṅgha. A prosperidade, ou mesmo a sobrevivência do Saṅgha, dependia da disposição do rei com relação a ele, pois somente ele tinha os recursos para a construção dos templos e o poder de concessão de terras. Além disso, como os reis budistas seguiam o padrão de poder do *dhamma rāja*, mais que o do *deva rāja*, eles buscavam no Saṅgha uma legitimação sacra de seu poder monárquico, que, por mais intangível que fosse, fortalecia enormemente seu domínio. Entre os sucessores de Anawrahta estavam reis devotos e generosos como Nadoungmya (1210-1234), o último

2. Cf. Maung Htin Aung, *Folk Elements in Burmese Buddhism*, pp. 73-75.

grande construtor de templos antes que o reino de Pagan sucumbisse às incursões de Shan no final do século XIII; Dhammazedi, que reinou em Pegu (1472-1492) e instituiu uma reforma do Saṅgha; Bodapawya (1782-1819), que reinou a partir de Amarapura, próximo a Mandalay, foi o último construtor do império, regularizou o Saṅgha e promoveu o ensino do budismo[3]; e Mindon (1853-1878), que reinou Mianmar já reduzido pela conquista britânica, tentou fazer de Mandalay o grande centro de um budismo renovado e fez gravar em pedra todos os textos sagrados e alguns dos comentários. A variação na força e extensão do poder central no decorrer desses séculos ocasionou uma freqüente desorganização e a conseqüente indisciplina em meio aos monges. Sob um rei forte, que designava o primaz (como Shin Arahan, sob o rei Anawrahta), o Saṅgha era mantido em ordem; raras vezes o rei intervinha diretamente, mas o primaz dispunha do prestígio do apoio real. As reformas do Saṅgha quase sempre se espelhavam num modelo do passado. Em 1192, Chapta, um monge mianmarense, que recebera formação no Sri Lanka e estava convicto de que o budismo de lá era mais "ortodoxo", persuadiu o rei Narapatisithu (1173-1210) a empreender a reforma do budismo de Thaton que então predominava, por meio de uma reordenação de muitos dos monges. Esses monges formaram a Ordem Posterior, em contraste com a Ordem Anterior. Em 1474, o rei Dhammazedi enviou vinte e dois monges ao Sri Lanka, para reordenação, e impôs a reforma e reordenação de todos os monges de seu reino. Nos séculos XVIII e XIX, houve uma cisão do Saṅgha, devido à disputa relativa aos trajes: deviam os monges cobrir ambos os ombros ou apenas um quando em público? Sob a pressão do rei Bodapawya, a disputa foi decidida em favor dos dois ombros. A maioria das divisões nas seitas atuais tem origem na indecisão do rei Mindon. Shwegyn Sayadaw, um protegido do rei e educador de seus filhos, reivindicava o retorno às regras do Vinaya: a proibição para os monges do uso de sandálias, de guarda-sóis e do comparecimento em festivais mundanos. Mindon reconheceu a seita de Shwegyn, mas ela não tomou o lugar da seita Thudhamma existente; a divisão continua, sendo a seita Thudhamma a maior das duas. Outras seitas são a seita Dwaya, que tem proximidade com a de Shwegyn, o pequeno grupo Hngetwin, que despreza práticas leigas populares como a adoração de imagens do Buda, a queima de velas e a oferenda de alimentos, e a seita Pakokku, extremamente conservadora, que se orgulha da instrução de seus monges. Além dessas três, existem diversas sub-seitas de porte diminuto, cada qual com seus traços específicos e todas afirmando-se como a pura doutrina Teravada.

3. Ele esperava ser designado como um Futuro Buda, como tinham sido Alaungsithu (1112-1167) e Alaungpaya (1752-1760), mas a honra foi-lhe recusada. Cf. Maung Htin Aung, *A History of Burma*, p. 89.

O domínio britânico (1885-1948) foi um desastre para o budismo. O apoio estatal para as instituições budistas foi interrompido, não foram tomadas medidas para a supervisão do Saṅgha por um primaz, e escolas missionárias e governamentais tomaram o lugar das escolas tradicionais dos mosteiros. O Saṅgha desorganizou-se e perdeu a disciplina, as crianças foram afastadas de uma educação budista. Na década de 1930, os ingleses fizeram um esforço tardio no sentido de dar autoridade a uma supervisão nacional do Saṅgha, mas sem resultados. Os protestos contra o uso de sapatos pelos ingleses no interior dos templos desdobraram-se num forte movimento no Saṅgha em favor da independência, que produziu um ou dois mártires. A independência não trouxe melhoras imediatas, pois embora ajudasse o budismo de todas as formas que podia, U Nu estava preocupado com a sobrevivência de seu próprio governo. No final do período em que foi primeiro ministro (1960-1962), ele tentou fazer do budismo a religião do Estado: foi instituído um calendário budista, as instituições budistas passaram a receber apoio do estado, na proporção devida, assim como as outras religiões, as escolas dos mosteiros foram fortalecidas, tentou-se um "socialismo budista", nem capitalista nem comunista, no nível do Estado. O experimento santo durou apenas dois anos. Após o golpe militar de 1962, o Estado foi secularizado e os monges foram enviados de volta aos mosteiros. A prática leiga não foi muito afetada. Uma nova característica do budismo atual de Mianmar é a popularidade da meditação leiga, estimulada por U Nu; essa é a principal contribuição da expansão missionária de Mianmar para o Ocidente.

III. O BUDISMO NA CULTURA TAILANDESA

Sunthorn Na-Rangsi

Há muito o budismo é reconhecido como a religião de Estado na Tailândia, e os reveses ocorridos em seu desenvolvimento estão associados às vicissitudes históricas do país. Embora o reino do povo tai se estabelecesse na península da Indochina somente em 1238[4], seu relacionamento com o budismo teve início no primeiro século da era cristã, quando viviam em seu antigo reino chamado Ailao, em Yunnan, com a conversão ao budismo do rei Khun Luang Mao[5]. Provavelmente o budismo professado nesse período era o de alguma seita Hīnayāna. Quando o reino de Ailao foi conquistado pelos chineses em 255, o povo tai perdeu sua independência. A maior parte da população permaneceu em sua região nativa sob o domínio chinês, mas muitos migraram para o sul e, no decorrer do tempo, muitos deles avançaram até o vale do rio Chao Phraya na atual Tailândia. Em 651, os tais que habitavam Yunnan se rebelaram contra a China e estabeleceram o reino de Nanchao, que permaneceu independente até ser conquistado pelo exército de Kublai Khan, em 1253, o que provocou uma segunda migração em massa rumo ao sul. A forma de budismo predominante no reino de Nanchao era o da escola Mahāyāna, que viera da China durante a dinastia T'ang. De acordo com os registros dos anais chineses da dinastia T'ang, "o povo de Nanchao tinha alta cultura, era devoto do budismo e recitava os sutras com grande respeito"[6]. Os anais da dinastia Yüan afirmam que o povo de Nanchao podia viajar com relativa facilidade até a Índia, que um altar para a imagem do Buda podia ser encontrado em cada casa, rica ou pobre, e que o povo de Nanchao, tanto os idosos quanto os jovens, sempre levava um rosário nas mãos, pronto para uso no momento da oração diária[7].

Em 1238, o povo tai rebelou-se contra os kmers, que reinavam sobre a região que é hoje a Tailândia e estabeleceu o reino de Sukhothai. Os tais que viviam na península da Indochina havia gerações seguiam ou o budismo Teravada dos mons, ou o budismo Mahāyāna dos kmers, as duas raças nativas da Indochina. Os que se juntaram a eles após a queda de Nanchao traziam consigo a tradição Mahāyāna. A introdução da forma de budismo hoje dominante foi obra do rei Ramkamhaeng o Grande, que reinou a partir de 1297 e expandiu amplamente o reino tai. Impressionado com a aparência calma e a atitude culta dos monges do Sri Lanka que iam propagar o budismo Teravada em Nakorn Sridhammaraj (cerca de 800 km ao sul de Bancoc), ele os

4. Rong Syamananda, *A History of Thailand*, p. 8.
5. Mahamakut Buddhist University, *Buddhism in the Kingdom of Thailand*, p. 26.
6. Idem, p. 21.
7. Idem, p. 23.

convidou para estabelecer o budismo Teravada em sua capital. Como eles preferiam viver num local tranqüilo, ele ordenou que se construísse para eles um mosteiro na floresta. Numa inscrição em pedra pode-se ler: "A oeste desta cidade de Sukhothai existe um mosteiro para os monges da floresta. O rei Ramkamhaeng fundou-o e ofereceu-o ao Venerável Preceptor, conhecedor dos Três Piṭakas, superior em conhecimento a todos os outros monges de toda a terra"[8]. O rei Ramkamhaeng ofereceu o título de Saṅgharāja (chefe da ordem) ao líder dos monges. Esse grupo ordenou um grande número de jovens de Sukhothai, e assim o budismo de tradição Teravada da linhagem do Sri Lanka se estabeleceu firmemente no reino.

Esse foi o início de uma longa história de relações religiosas entre a Tailândia e o Sri Lanka. No reinado do rei Lithai (1347-1374), um bhikkhu do Sri Lanka, Sumana Thera, foi acolhido pelo rei e convidado a passar a estação chuvosa (vassa, a quaresma budista) num mosteiro construído pouco tempo antes, num pomar de mangas. O próprio rei Lithai entrou temporariamente para a vida monástica, sendo o primeiro monarca tai reinante a fazê-lo. Essa é provavelmente a origem do costume que se estabeleceria mais tarde e é ainda observado, pelo qual os jovens se ordenam temporariamente como monges por três meses durante o período de vassa. O rei Lithai é celebrado como um estudioso do budismo. Consultando o Tipiṭaka Páli, comentários, e cerca de trinta outras obras independentes em páli, ele escreveu um tratado denominado *Tebhūmikathā* (Sermão sobre os Três Mundos), descrevendo os três planos de existência na cosmologia budista e o carma (ação) que conduz a eles. Uma outra expressão da vitalidade da tradição Teravada nesse reinado é a arte da escola de Sukhothai, que pode ser admirada na belíssima imagem do Buda chamado Jinarāj, no grande templo de Pitsanuloke (cerca de 400 km ao norte de Bancoc), no Phra Buddha Jinasīha e o Phra Srisasadā, na capela principal, e no vihāra de Wat Bovoranives, em Bancoc. Após seu reinado, o reino de Sukhothai entrou em declínio, até ser anexado, em 1438, ao reino de Ayudhya, que fora fundado pelo rei Uthong, em 1350.

Ayudhya herdou o budismo Teravada de Sukhothai e nesse período a vida religiosa continuou tranqüila. O budismo continuou a desempenhar um papel importante como a religião nacional e a fonte da moralidade. O rei Boromkot (1733-1758) conseguiu retribuir a gentileza do Sri Lanka a Tailândia, enviando Upāli para lá restabelecer um Saṅgha puro e ordenado corretamente, em resposta ao pedido de Kittisirirājasīha, rei de Kandy. Quando Ayudhya foi saqueada e destruída pelos mianmarenses em 1767, o rei Tak Sin o Grande, então general do exército tailandês, conseguiu libertar seu país em

8. S. A. Príncipe Dhani Nivat, Kromamun Bidyalabh, *A History of Buddhism in Siam*, p. 5.

sete meses. Ele estabeleceu como capital Thonburi, do lado oposto à atual Bancoc, e subiu ao trono. Embora o rei tentasse resgatar para o budismo sua antiga condição e eliminar os danos da guerra, o curto período de seu reinado foi insuficiente para conseguir muita coisa. O budismo recuperou sua antiga estabilidade e prosperidade no período de Bancoc. Embora o rei Rama I, que estabeleceu Bancoc como a capital, tivesse de travar diversas guerras contra o inimigo invasor, ele encontrou tempo para promover a prosperidade do budismo. Ele patrocinou o Concílio Budista, que deu origem a um purificado Tipiṭ aka Páli padrão, escrito em folhas de palmeira corypha. Muitos dos grandes mosteiros de Bancoc foram construídos por ordem sua e o estudo e prática do budismo foram estimulados.

Uma reforma da prática disciplinar empreendida posteriormente pelo rei Mongkut durante seus vinte e sete anos de vida monástica levaram ao surgimento do Dhammayuttika Nikāya, uma nova seita budista, rigorosamente observante das regras de disciplina estabelecidas pelo Buda. Desde então, a Igreja Budista Tailandesa se divide em duas seitas: a seita Dhammayuttika e a do Saṅgha tradicional, denominada Mahānikāya, na qual se encontra a maioria de monges e noviços. Como soberano, o rei Mongkut, embora fundador de uma das seitas, deu apoio imparcial a ambas. Seu sucessor, o rei Chulalongkorn (1868-1910), deu prosseguimento à tradição de apoio real ao budismo. Ele fundou duas academias budistas, Mahāmakuta-rājavidyalaya, de tradição Dhammayuttika, e Mahāchulalongkorn-rājavidyalaya, de tradição Mahānikāya, que mais tarde dariam origem a duas universidades budistas, e deu início à primeira impressão do Tipiṭaka Páli escrito em tai.

Pode-se dizer que o modo de vida do povo tailandês está inseparavelmente vinculado ao budismo, do nascimento à morte. Quando nasce uma criança, os pais buscam um monge para dar-lhe um nome auspicioso. As crianças aprendem a rezar e a prestar homenagem à Jóia Tripla (Buda, Dhamma, Saṅgha), antes de dormir, e a respeitar os monges. Muitas famílias budistas dão alimentos aos monges todas as manhãs; isso é considerado uma forma de acumular méritos e o cumprimento do dever dos budistas leigos de dar sustento aos monges que preservam os ensinamentos do Buda para o mundo. Quando um jovem chega aos vinte anos de idade, os pais providenciam sua ordenação temporária como monge e ele permanece na vida monástica por pelo menos três meses de vassa.

A educação pública na Tailândia era, antigamente, organizada em mosteiros encontrados em quase todas as aldeias. Os mosteiros desempenhavam a função de escola, faculdade e até mesmo universidade. Os pais que queriam que seus filhos recebessem educação formal ou em alguma profissão tinham de levá-los aos mosteiros, que serviam tanto como alojamentos quanto como local de estudo. A edu-

14. Monges da floresta na Tailândia. Numa floresta desmatada ilegalmente, Phra Prajak (à direita) faz um gesto a seus discípulos, enquanto fala sobre questões de conservação e desmatamento.

cação era gratuita em todos os níveis; o horário das aulas diárias não era muito sistemático, pois tinha de ser acomodado às horas livres de cada monge. Os meninos realizavam para seus mestres as tarefas domésticas necessárias. O moderno sistema de educação na Tailândia teve início no reinado do rei Chulalongkorn. Como a maioria das escolas primárias e secundárias está situada nos terrenos ao redor dos mosteiros, os monges budistas na Tailândia ainda têm um certo papel a desempenhar na educação nacional.

Também tem sido enorme o impacto do budismo na arquitetura e na arte tailandesas. A construção de mosteiros tem sido motivada não apenas pela devoção sincera, mas também pelo desejo de exibir um marco de realização artística para o público e para a posteridade. Arquitetos e artistas investiram suas habilidades nos principais edifícios dos mosteiros, tais como o templo, o saguão do relicário e o vihāra. Esses edifícios servem como verdadeiros "manuais vivos" para os arquitetos e artistas de gerações mais jovens. Como locais sagrados para pessoas de todas as classes, eles desempenham um papel importante na preservação da arquitetura nacional e das obras de arte em toda a longa história da nação.

IV. A ESPIRITUALIDADE TAILANDESA E A MODERNIZAÇÃO

Sulak Sivaraksa

O rei Ramkamhaeng [...] ordenou a seu artesão que entalhasse um bloco de pedra e o colocasse em meio às palmeiras. No dia da lua nova, no oitavo dia da lua crescente, no dia da lua cheia e no oitavo dia da lua minguante, um dos monges [...] senta-se sobre o bloco de pedra para pregar o Darma para a multidão de leigos que observam os preceitos. Quando não é Dia de pregar o Darma, o rei Ramkamhaeng, senhor do reino de Sri Sajjanalai e Sukkothai, senta-se sobre o bloco de pedra e permite que os oficiais, senhores e príncipes discutam com ele questões de estado[9].

O espírito do budismo tailandês já se evidencia claramente nessa extremamente importante inscrição registrando a história tailandesa, datada de 1292. O texto revela a proximidade e influência mútuas entre o monarca e os súditos. O rei não era apenas o líder político, mas um mestre de moral. Espiritualmente, a vida monástica era colocada num patamar ainda mais alto que o do rei: quando o monge se sentava sobre o bloco de pedra, o soberano permanecia no chão, com seus súditos, ouvindo o sermão, como é costume ainda hoje.

A inscrição também revela o caráter alegre do budismo tailandês:

No final da estação chuvosa, eles presentearam os monges com roupas [cerimônias de Kathina] [...]. Todos vão para o Mosteiro da Floresta [...]. Quando estão prontos para voltar à cidade, eles caminham juntos, formando uma fila ao longo de todo o caminho do Mosteiro da Floresta até o terreno do desfile. Eles mais uma vez prestam as homenagens juntos, acompanhados por música [...] quem quiser se divertir, se diverte; quem quiser rir, ri; quem quiser cantar, canta.

Nenhuma expressão de fervor religioso está completa sem o elemento deleite, ou *sanuk*, uma palavra-chave da cultura tailandesa. Mas os elementos do medo e da ignorância também recebem destaque, em especial para a população leiga não esclarecida. Crenças animistas, derivadas da cultura kmer, ficam evidentes na seguinte inscrição:

Existem os rios das montanhas e existe Brah Krabun. O espírito divino dessa montanha é mais poderoso que qualquer outro espírito neste reino. Seja qual for o soberano no comando deste reino de Sukhothai, se ele prestar-lhe obediência da forma apropriada, com as oferendas certas, o reino irá prosperar, mas se não se prestar a obediência apropriada ou se as oferendas não forem apropriadas, o espírito da montanha não irá mais protegê-lo e o reino se perderá.

Um outro texto que ilustra a rica textura do budismo tailandês é o *Sermão sobre os Três Mundos*, do rei Lithai, uma obra que busca

9. Cf. A. B. Griswold e Prasert na Nagara, "Epigraphic and Historical Studies n. 9", *Journal of the Siam Society*, pp. 179-228.

tornar mais acessível aos leigos a dimensão espiritual do budismo[10]. Lithai insere, num arcabouço cosmológico, lendas sobre as divindades budistas, descrições de esferas celestiais e seres infernais e outros elementos que, embora nem sempre compatíveis com a ortodoxia Teravada, podiam servir para a transmissão do dhamma aos que possuíam apenas um mínimo de formação budista. O esquema cosmológico está associado a uma análise da consciência de orientação mais psicológica e a fatores materiais constitutivos da ortodoxia doutrinal Teravada, bem como a concepções da escola Teravada sobre a ordem e a hierarquia social humana. A obra incute temas como os efeitos negativos do pecado e os resultados positivos das ações meritórias, a impermanência que caracteriza toda a existência na esfera de saṃsāra, o ideal do Nobre Caminho Óctuplo e o alcance do nirvana. Combinando sua pretensão de encarnar a ortodoxia Teravada com o forte apelo popular das representações cosmológicas residuais do bramanismo e da tradição Mahāyāna, esse texto, talvez a mais importante e fascinante obra escrita na língua tai, tem exercido durante séculos uma poderosa influência sobre as consciências religiosas, sobre o desenvolvimento literário e artístico e sobre atitudes éticas, políticas e sociais.

A concepção de mundo expressa nesses textos tornou-se problemática para muitos budistas conscienciosos, ao ser exposta à ciência e ideologia ocidentais. Não apenas a imagética e o simbolismo cosmológicos, mas também os padrões rituais e comunitários a eles vinculados, tornaram-se objeto de ceticismo e foram freqüentemente atacados como arcaicos e até mesmo antitéticos aos ensinamentos primitivos do Buda. O rei Mongkut (1804-1868) sentiu necessidade de ir além dos *Três Mundos*, de Lithai. A obra tinha se apoiado nos comentários e sub-comentários ao Cânone Páli. Mongkut estudou essas fontes secundárias, mas deu mais atenção ao próprio Tipiṭaka original. Assim ele poderia distinguir os ensinamentos puros e essenciais do Buda das camadas mitológicas e populares a eles sobrepostas, de mescla com crenças mágicas e ritos bramânicos. Ele praticou a meditação da atenção e das autoridades, prescrita no Cânone Páli, e viajou a muitas partes do reino, misturando-se a pessoas de várias camadas sociais, recebendo esmolas deles e dando-lhes aconselhamento espiritual, ganhando assim uma experiência e percepção não disponíveis às famílias nobres e abastadas. Em 1833, ele descobriu a inscrição de Ramkamhaeng, juntamente com o bloco de pedra que ela menciona. Interpretou a inscrição como uma Magna Carta da nação tailandesa e tomou como guia o exemplo de Ramkamhaeng, usando o bloco de pedra como seu trono em sua própria coroação, em 1851.

10. Cf. *Three Worlds According to King Ruang: A Buddhist Cosmology*, tradução com introdução e notas de Frank E. Reynolds e Mari B. Reynolds.

Mongkut acreditava que, para sobreviver ao imperialismo ocidental, os budistas tais teriam que 1. retornar aos ensinamentos originais do Buda, para além dos *Três Mundos*, e 2. reinterpretar a mensagem de Ramkamhaeng à luz do budismo Teravada, de modo que o rei fosse um *dhamma rāja* mais que um *deva rāja*: os monarcas do reino de Ayudhya tinham regredido a este último modelo, apropriando-se das concepções do kmer bramânico, em especial após as conquistas tailandesas de Angkor, por volta de 1367 e em 1432. Mongkut sustentava que o rei tinha o direito de governar, enquanto permanecesse justo e que, se não o quisesse no trono, o povo tinha o direito de removê-lo.

A tradição Teravada herdada do Sri Lanka dividiu os monges em duas categorias: os que habitavam as cidades e se concentravam no estudo dos textos sagrados e os que habitavam as florestas e se dedicavam à prática da meditação. Posteriormente, dois dos filhos de Mongkut se empenhariam em realizar a primeira dessas tarefas: o príncipe Vajirañānavarorasa (1892-1921), que introduziu os estudos sobre o Dhamma em âmbito nacional, para monges de ambas as seitas, bem como para homens e mulheres leigos, e o rei Chulalongkorn. Um outro empreendimento educacional foi a apresentação do budismo para a geração mais jovem e sua defesa contra os missionários estrangeiros, levado avante por Chao Phya Dipakaravamsa (1812-1870), autor de *O Budista Moderno*, uma crítica pioneira aos *Três Mundos*. O prefácio à tradução para o inglês o descreve da seguinte forma:

> *O Budista Moderno* pressupõe que a religião é a ciência do homem e não a revelação de Deus. Ele não acredita que a compreensão da Divindade ou a firme persuasão da natureza exata do céu sejam tão importantes quanto a idéia justa sobre o próprio eu, que ele acredita encontrar no budismo purificado das superstições [...]. Ele tem a convicção firme de que quaisquer que sejam as verdades que a ciência possa revelar, nenhuma delas se oporá aos pontos fundamentais do budismo. Ele critica livremente seus livros sagrados, apesar de seus limitados conhecimentos da ciência. Ele apresenta sua opinião de que, embora tudo conhecesse, Buda teve o cuidado de não ensinar o que o povo de sua época não tinha maturidade para compreender e, assim, evitou muitos temas de que poderia ter tratado, caso vivesse numa época mais adiantada [...]. Os missionários freqüentemente têm a esperança de que o dia da conversão está próximo, no entanto, eles estão sempre fadados ao desapontamento. Só posso pensar que o dinheiro e a energia gastos em seu trabalho é em grande parte desperdiçado e que o esforço de muitos deles seria mais bem empregado em seu próprio país[11].

No Saṅgha, Mongkut estabeleceu uma forte tradição da prática de meditação profunda. Em particular, a ordem de Dhammayuttika, na região nordeste, desenvolveu essa tradição, principalmente por meio dos mestres carismáticos da meditação, como o Venerável Phra

11. Cf. Henry Alabuster, *The Wheel of the law or Buddhism Illustrated from Siamese Sources*. O autor mais tarde entraria para o governo da Tailândia e se estabeleceria com sua família em Bancoc. Seu neto Sitthi Sawetasila, tornou-se ministro do exterior da Tailândia.

Acariya Mun (1871-1949). Sua biografia, escrita por seu discípulo, o Venerável Phra Acariya Mahā Boowa, o decano dos mestres vivos, foi traduzida para o inglês[12]. O Venerável Phra Acariya Cha, um outro mestre vivo, foi um discípulo muito próximo do Venerável Phra Acariya Mun e divulgou seu estilo de vida, seu método e prática da meditação e sua adesão rigorosa à disciplina do Vinaya para a maioria dos monges da ordem Mahānikāya, e também para os monges do Ocidente que estabeleceram comunidades na Grã-Bretanha, nos Estados Unidos, no Sri Lanka, na Nova Zelândia e na Austrália. Existem vários outros grupos que afirmam ser mais antigos que a reforma do rei Mongkut e tendem a aceitar as superstições e poderes sobrenaturais, no espírito dos *Três Mundos*.

No norte, Kru Ba Srivijaya (1873-1937) recusou-se a reconhecer a autoridade espiritual e temporal de Bancoc. Ele foi considerado um homem santo, com uma compreensão espiritual profunda, que levou multidões a reconstruir importantes monumentos budistas, mas ordenou monges em desafio às exigências estabelecidas no primeiro Decreto Eclesiástico de 1902. Existem ainda uns poucos mestres da meditação que afirmam ser seus discípulos diretos. Eles são famosos por sua arte de curar por meio de ervas tradicionais e são conhecidos como psiquiatras religiosos que empregam água sagrada e outros meios espirituais, e também como astrólogos. Mas eles não deram continuidade às atividades sociais e à dissensão política de Kru Ba. Na verdade, a corte real, os militares, os civis, bem como as comunidades profissionais, consideram os mestres da meditação, de todas as escolas e linhagens, como seu grande apoio em termos espirituais, sociais, políticos e econômicos[13].

A seita Santiasoka foi a única que se rebelou contra o Saṅgha atualmente estabelecido. Seu fundador, Phra Bodhirakśa (n. 1934), foi ordenado tanto na seita Dhammayuttika quanto na Mahānikāya, mas não estava satisfeito com nenhuma delas. Sua seita data de 1975, quando ele promoveu ordenações em desafio à Lei Eclesiástica de 1962. Ele também atraiu seguidores leigos, com seu puritanismo e vegetarianismo, e com sua rejeição de todos os tipos de cerimônias. Ele afirma ser espiritualmente iluminado, e combina erudição com meditação, dando ênfase maior à reforma social que à manutenção do *status quo*. Mas seu conhecimento do budismo e sua percepção da realidade social tailandesa não parecem suficientemente profundos para garantir que a seita Santiasoka venha a se tornar um movimento

12. Existem duas versões para o inglês dessa biografia: uma delas, por Ruth Inge Heinze, publicada pela Asian Folklore and Social Life Monograph Series, Teipe, a outra, por Siri Buddhasukh, Bancoc, Mahamakut Rajavidyalaya Press, 1976.

13. Cf. Stanley J. Tambiah, *The Buddhist Saints of the Forest and the Cult of Amulets*.

importante. O governo e o Conselho Supremo do Saṅgha preferiram ignorar seu desafio, em vez de recorrer à lei.

A escola Dhammakaya, estabelecida em 1970, remonta sua existência ao Venerável Luang Poh Sod (1884-1959), que afirmava ter redescoberto uma técnica de meditação perdida para o Saṅgha durante centenas de anos, presumivelmente desde que os tailandeses foram convertidos ao budismo do Sri Lanka. Essa técnica, próxima a certas práticas tântricas, tornou-se popular, em especial em meio aos budistas japoneses da seita Shingon. O mais conhecido seguidor de Luang Poh Sod, Kittivuddho Bhikkhu (n. 1936), trabalha em relação estreita com os militares; afirmou certa vez que matar um comunista para preservar a nação, a religião e a monarquia, não é pecado. Muitos budistas têm dúvidas de que a paz e a não-violência tenham ainda importância para esse monge e seus admiradores. A escola alega representar o único ensinamento autêntico do Buda, não revelado nos textos sagrados. Ela não atacou o Saṅgha estabelecido e também lida bem com a tendência capitalista da sociedade tailandesa, tendo ligações estreitas com o palácio real e os militares. As associações budistas na maioria das universidades têm sido dominadas por seguidores leigos dessa escola.

Em 1932, a ordem social monárquica tradicional foi desafiada pela ideologia ocidental da democracia liberal. No mesmo ano, um monge tailandês, insatisfeito com a divisão do Saṅgha em praticantes da meditação e estudiosos de textos, deixou Bancoc e retornou a sua aldeia nativa no sul, em Chaiya, e fundou a seita Suan Mokha, o jardim da libertação. Esse monge, o Venerável Buddhadasa Bhikkhu (n. 1906), tem a visão e erudição de Mongkut, mas foi além do grande rei. Não estando interessado em detalhes cerimoniais e indo além da mensagem erudita do Cânone Páli, ele conseguiu captar o ensinamento essencial do Buda. Não pretendia fundar uma nova seita nem criticar as hierarquias estabelecidas. Na verdade, Buddhadasa foi o primeiro monge tailandês a obter uma compreensão crítica do Tipiṭaka Páli e a dedicar séria consideração à tradição Mahāyāna como não inferior à escola Teravada. Ele também estudou o cristianismo e o islamismo, no espírito do diálogo e sem qualquer sentimento de superioridade ou inferioridade. Ele é extremamente admirado tanto por cristãos quanto por muçulmanos tailandeses. No entanto, tem sido atacado por alguns budistas tailandeses e do Sri Lanka, que consideram sagrado o texto páli, em especial o *Abhidhamma-piṭaka* e os comentários de Buddhaghosa, e não admitem sua reinterpretação ou crítica. Seus comentários sobre as reformas sociais e o socialismo do dhamma também deram-lhe a reputação de comunista em meio a certos círculos. No entanto, sua influência em meio aos monges, de todas as seitas, é imensa. Tanto estudiosos quanto mestres da meditação o consideram um guru muito importante, embora ele apenas afirme ser um *bom amigo* (*kalayānamitta*). Ele deu uma importante contribuição à hermenêutica de tradição tailandesa. Ao ler-se textos como *Os Três Mundos*, deve-se poder distinguir entre a linguagem do dhamma e a linguagem mundana e ir além de coisas que seriam normalmente consideradas como mitos, superstições, milagres, divindades, nem as aceitando facilmente nem as rejeitando simplesmente, mas empregando a própria sabedoria para interpretá-las em vista do próprio crescimento espiritual, iluminação e libertação.

Um estudioso norte-americano escreve:

A visão de Buddhadasa da sociedade boa e justa coincide com sua concepção de um estado de natureza original, ou uma condição humana original, de mútua interdependência, harmonia e equilíbrio. Por sua própria essência, esse estado de natureza é não-egoísta – os indivíduos não estão ligados ao eu em vista do próprio eu. Mas, com a perda desse estado de inocência, os indivíduos ficam sujeitos à servidão do apego (*upādāna*) e da sede insaciável (*taṇhā*). Em conseqüência, os seres dotados de sentidos precisam encontrar meios de restaurar, ou retornar a essa condição de mútua interdependência e harmonia, amor e respeito. No nível pessoal, o alcance da sabedoria (*bodhi*), por meio dos métodos da atenção (*sati*), atenção contínua (*sampajaña*) e atenção concentrada (*samādhi*), serve para sair da condição de avidez, ignorância e sensualismo (*kilesa*), enquanto no nível social, os que estão nas posições de poder promovem as medidas econômicas e políticas que, após atender as necessidades físicas básicas, promovem um desenvolvimento equilibrado, no qual as questões do espírito (*citta*) assumem seu domínio justo. A noção de Buddhadasa de uma comunidade verdadeiramente humana é uma visão universal, compartilhada por todas as religiões. Sua sociedade socialista é uma sociedade governada pelo amor (*mettā*). Na linguagem das expectativas milenaristas do budismo, ela é a era do Buda Maitreya. Mas os ensinamentos de Buddhadasa relativos ao socialismo budista não podem ser interpretados como um messianismo extramundano. Sua visão serve como crítica às teorias políticas ocidentais do capitalismo e do comunismo e oferece os princípios básicos de uma filosofia política com potencial de guiar não apenas a Tailândia nos anos futuros, mas todas as sociedades que lutam por criar uma ordem econômica, política e social justa e equitativa[14].

A quantidade e qualidade de sua obra escrita superou a de todos os estudiosos do Teravada vivos. Ele foi até mesmo comparado a Buddhaghosa, do Sri Lanka, e com Nāgārjuna, da Índia. É cedo demais para dizer se essas comparações são válidas, mas suas obras têm sido estudadas com rigor por tailandeses e estrangeiros como a expressão mais alta da espiritualidade tailandesa contemporânea e como signo de seu futuro.

14. Donald K. Swearer, (org.), *Buddhadasa's Dhammic Socialism*.

BIBLIOGRAFIA

I. Sri Lanka

ADIKARAM, E. W. *Early History of Buddhism in Ceylon*. Colombo, M. D. Gunasena, 1953.

ARIYAPALA, M. B. *Society in Mediaeval Ceylon*. Colombo, K. V. G. de Silva, 1956.

GEIGER, Wilhelm. *Culture of Ceylon in Mediaeval Times*. Editado por Heinz Bechert. Wiesbaden, Harrassowitz, 1960.

MALALASEKERA, George Peiris. *The Pāli Literature of Ceylon*. Londres, Royal Asiatic Society, 1928.

MALALGODA, Kitsiri. *Buddhism in Sinhalese Society: 1750-1900*. Berkeley, University of California Press, 1976.

NICHOLAS, C. W. & PARANAVITANA, S., *History of Ceylon*. Colombo, Ceylon University, 1959-1973.

RAHULA, Walpola. *History of Buddhism in Ceylon: The Amurādhapura Period*. Colombo, M. D. Gunasena, 1966.

II. Mianmar

AUNG, Maung Htin. *Folk Elements in Burmese Buddhism*. Londres, Oxford University Press, 1962.

_____. *Burmese Monks' Tales*. Nova York, Columbia University Press, 1966.

_____. *A History of Burma*. Nova York, Columbia University Press, 1967.

AUNG-THWIN, Michael. *Pagan: The Origins of Modern Burma*. Honolulu, University of Hawaii Press, 1985.

TIN, P[E] MAUNG e G. H. Luce (trad.). *The Glass Palace Chronicle of the Kings of Burma*. 1923. Rangum, Burma Research Society, 1960.

KING, Winston L. *A Thousand Lives Away: Buddhism in Contemporary Burma*. Cambridge, MA, Harvard University Press, 1964.

_____. *In the Hope of Nibbāna: An Essay on Theravāda Buddhist Ethics*. LaSalle, Open Court, 1964.

MENDELSON, E. Michael. *Sangha and State in Burma*. Ithaca, Nova York, Cornell University Press, 1975.

RAY, Nihar Ranjan. *An Introduction to the Study of Theravāda Buddhism in Burma*. Calcutá, University of Calcutta, 1946.

RAY, N. *Theravāda Buddhism in Burma*. Calcutá, University of Calcutta, 1956.

SARKISYANZ, E. *Buddhist Backgrounds of the Burmese Revolution*. Haia, Nijhoff, 1965.

SPIRO, Melford E. *Buddhism and Society. A Great Tradition and its Burmese Vicissitudes*. Nova York, Harper & Row, 1970.

_____. *Burmese Supernaturalism: A Study in the Explanation and Reduction of Suffering*. Englewood Cliffs, NJ, Prentice-Hall, 1967.

III. O Budismo na Cultura Tailandesa

_____. MAHAMAKUI BUDDHIST UNIVERSITY. *Buddhism in the Kingdom of Thailand*. Bangkok, Mahamakuta Rajavidyalaya Press, 1972.

_____; NIVAT. H. H. Prince Dhani & BIDYALABH, Kromamun. A History of Buddhism in Siam. Bangkok, The Siam Society, 1965.

_____; SYAMANANDA, Rong. A History of Thailand. Bangkok, Thai Watana Panich, 1977.

IV. A Espiritualidade Tailandesa e a Modernização

ALABUSTER, Henry. *The Wheel of the law or Buddhism Illustrated from Siamese Sources*. Londres, Trubner, 1871.

GABAUDE, Louis. *Introduction* a *l'herméneutique de Buddhadhasa Bhikkhu*. Paris, École Française de l'Extrême Orient, 1979.

GRISWOLD, A. B. e NAGARA, Prasert na. "Epigraphic and Historical Studies n. 9". *Journal of the Siam Society*, 59 (1971).

MAHAMAKUT Buddhist University. *Buddhism in the Kingdom of Thailand*. Bancoc, Mahamakuta Rajavidyalaya Press, 1972.

RAJADHON, Phys Anuman. *Popular Buddhism in Siam and other Essays*. Bancoc, Sathirakoses-Nagapradipa Foundation (no prelo).

RAJANUBHAB, Príncipe Damrong. *Monuments of the Buddha in Siam*. Traduzido por S. Sivaraksa e A. B. Griswold. Bancoc, The Siam Society, 1973.

RAJAVARAMUNI, Phra (P. Patutto). *Thai Buddhism in the Buddhist World*. Bancoc, Mahachulalongkorn Rajavidyalaya, 1985.

KROMAMUN BIDYALABH. S. A. Príncipe Dhani Nivat, *A History of Buddhism in Siam*. Bancoc, The Siam Society, 1965.

SIVARAKSA, Sulak. *Buddhist Vision for Renewing Society*. Bancoc, Thienwan Press, 1986.

________. *Siamese Resurgence*. Bancoc, ACFOD, 1985.

SWEARER, Donald K. (org.). *Buddhadasa's Dhammic Socialism*. Bancoc, Thai Inter-Religious Commission for Development, 1986.

SYAMANANDA, Rong. *A History of Thailand*. Bancoc, Thai Watana Panich, 1977

"SYMPOSIUM: Religion and Society in Thailand". *Journal of Asian Studies*, 36, 1977, pp. 239-326.

TAMBIAH, Stanley J. *The Buddhist Saints of the Forest and the Cult of Amulets*. Cambridge, Cambridge University Press, 1984.

THREE *Worlds According to King Ruang: A Buddhist Cosmology*, tradução com introdução e notas de Frank E. Reynolds e Mari B. Reynolds, Berkeley, CA, Asian Humanities Press, 1982.

6. Monasticismo e Civilização

Robert A. F. Thurman

A tradição budista se inicia com a espetacular renúncia ao mundo do jovem Siddhartha Gautama e é em geral considerada como essencialmente "extramundana"[1]. Ao mesmo tempo em que admiram a visão espiritual e o virtuosismo iogue dos budistas, os estudiosos – orientais e ocidentais, antigos e modernos, de dentro e de fora – tendem a simplesmente ignorar a enorme contribuição do budismo à civilização em sua dimensão planetária e milenar.

Não podemos avaliar precisamente a contribuição espiritual do Buda, se ignoramos a influência do relato de que ele estava predestinado a ser ou um Cakravartin (imperador do mundo) ou um Buda perfeito. Aos olhos de seus contemporâneos, ele escolheu a última opção, a fim de ter um impacto maior sobre este planeta. Na mitologia indiana, um Cakravartin é um messias político que cria paz no mundo para sua própria geração. O Buda, ou Jina, um conquistador iluminado, era um messias espiritual e social, cuja vida inteira era dedicada a salvar o mundo todo do sofrimento e a trazer paz permanente a todos. Sua conquista não era política nem militar, mas tinha impacto social imediato. Ele renunciava ao uso da força, buscando, em vez disso, conquistar os corações com sua Verdade Sagrada (*saddharma*). No entanto, ele não podia realizar seu objetivo educacional, sem uma instituição, uma nova comunidade fundada em sua ética civilizadora. Embora incluísse mulheres e homens leigos de todas as classes sociais, essa comunidade, o

1. Max Weber, *The Religion of India*, pp. 204-290 e "The Social Psychology of the World Religions", em *From Max Weber: Essays in Sociology*, pp. 267-301.

Saṅgha, era monástica em sua essência, assim refletindo, em sua estrutura, a supremacia dos interesses de seus indivíduos sobre seus próprios interesses coletivos[2]. Consciente de que demoraria um longo tempo até que o planeta fosse civilizado o suficiente para a realização plena de uma sociedade cujas relações fossem baseadas no amor e sabedoria não-egoísta, o Buda criou o monasticismo como uma sociedade especialmente protegida no interior da sociedade, na qual as sementes da futura Terra do Buda poderiam amadurecer e que poderia impor um padrão extraordinário de vida ética, religiosa e intelectual, voltada para a realização social e para a realização individual transcendente. Ele estabeleceu o primeiro "mosteiro" da história, na cidade de Rājagṛha, com o estímulo do rei Bimbisāra de Magadha e o apoio financeiro de um comerciante rico da cidade[3].

O monasticismo budista surgiu na Era Axial na Índia e se expandiu por toda a Ásia, transformando a paisagem, cultura e política de todas as suas nações, bem como um número incontável de indivíduos. É até mesmo provável que tenha exercido influências no Oeste da Ásia, no Norte da África e na Europa, fornecendo seu estilo institucional ao cristianismo maniqueísta, aramaico e egípcio[4]. A idéia de que o monasticismo é uma instituição revolucionária é corroborada por descrições do papel do monasticismo cristão durante os períodos difíceis da história européia – como o baluarte e vanguarda da espiritualidade, da cultura e até mesmo da civilização[5]. Estudos recentes sobre períodos específicos da história budista têm oferecido uma enorme quantidade de dados que confirmam uma avaliação global análoga de seu papel no Oriente[6]. Vou apresentar dez teses que podem nos permitir reavaliar os registros históricos a partir dessa perspectiva[7].

2. Essa definição do monasticismo pode espantar os que acham que o *anatma* budista é uma "ausência de individualidade", e não apenas "não-egoísmo". Refutei essa fusão do individualismo espiritual budista com o monismo místico bramânico em "The Emptiness that is Compassion: An Essay on Buddhist Ethics", em *Religious Traditions*, 4/2 (outubro-novembro, 1981).

3. Essa primeira "habitação" (vihāra), no jardim do príncipe Jeta, somente aos poucos se estruturaria num mosteiro organizado. O espaço para a nova comunidade ficou inacreditavelmente caro, uma vez que o doador teve de cobrir quase toda sua superfície com moedas de ouro. Esse é um excelente símbolo das dificuldades de uma sociedade em ceder parte de seu espaço para a busca da liberdade suprema.

4. Isso tem sido admitido por vários estudiosos, embora não tenham sido feitos até agora estudos sérios quanto à hipótese, plausível devido à anterioridade de sete séculos de monasticismo budista, da longa coexistência na área de Bactria-Irã (que se reflete na afirmação de Mani no século III de que descenderia do Buda, de Zoroastro e Cristo) e da forte tradição da influência da cultura indiana sobre o mundo helênico por meio de Alexandria.

5. Jean Decarreaux, *Monks and Civilization*; Jean Leclercq, *The Love of Learning and the Desire for God*.

6. Cf. os trabalhos de Collcutt Gunawardana, Joshi, Mendelson, Miller, Tambiah, e Welch na bibliografia.

7. Cf. R. A. F. Thurman, "The Politics of Enlightenment", *Lindisfarne Letter 8*, 1979.

I

A iluminação transcende todas as dicotomias e é tão poderosa no domínio social quanto na experiência pessoal. A concepção central do vazio não-egoísta envolve imediatamente a conexão inexorável do indivíduo não-egoísta com todos os outros. Assim o vazio é "o abrigo da compaixão" (Nāgārjuna).

Todas as formas do budismo estão de acordo em definir um Buda como alguém que alcançou o ápice da evolução. Ao alcançar esse ápice, ele satisfaz completamente seus próprios interesses pessoais e se torna capaz de ajudar os outros com seus interesses relativos e supremos. Os textos do Vinaya de todas as escolas de tradição Hīnayāna (Veículo Individual)[8] mostram Śākyamuni como uma força motriz poderosa na sociedade do Vale do Ganges, demonstrando suprema competência como mestre e como organizador das instituições de ensino. Ele é um "domesticador", ou civilizador das sociedades humanas, o fundador de uma nova sociedade utópica. Nas escolas de tradição Mahāyāna (Veículo Universal), essa competência pública é denominada "grande compaixão" (*mahākaruṇā*) e "habilidade na arte libertadora". Essa realização social suprema é chamada de "perfeição da Terra do Buda". Como ele era um bodisatva, seu voto messiânico era o de não alcançar a iluminação budista até que todos os outros seres tivessem alcançado a libertação do sofrimento. Assim, em teoria, a iluminação de um Buda deve estar em alcançar uma perspectiva a partir da qual todos os outros seres, inclusive sua sociedade e seu planeta, alcancem simultaneamente a liberdade e a felicidade. Ele não pode deixar para trás um único ser sequer. O resultado pleno de toda a evolução deve estar totalmente presente à mente do Buda, e cada uma de suas palavras e gestos deve manifestar essa presença aos outros que ainda não chegaram a vê-lo. Seu próprio corpo deve tornar-se um corpo de beatitude (saṃbhoga) e emanação (*nirmāṇ akāya*), um gerador inexaurível de ações benevolentes, e cada uma de suas ações sociais deve contribuir estrategicamente para a realização da bondade e beleza perfeitas da Terra do Buda.

Embora o Veículo Individual não tenha uma doutrina explícita do altruísmo perfeito, ele é dotado de uma percepção do papel do Buda de transformador da sociedade. A vida do Buda como um Buda é apresentada como o ápice evolutivo de uma série de vidas na figura de monarcas que, um após outro, salvam seu mundo social por meio de atos assombrosos de generosidade, sacrifício pessoal e tolerância. A compaixão é uma virtude central atribuída ao Buda e da qual ele seria dotado numa dimensão maior até mesmo que a de um benevolente imperador do mundo. Ele recusa este último papel, argumentan-

8. Emprego o par "Veículo Individual" e "Veículo Universal" para o budismo monástico primitivo como um todo e para o budismo messiânico posterior como um todo, em contraste recíproco. Sinto que isso nos dá um equivalente não-depreciativo do desafortunado termo *Hīnayāna*.

do que um tal monarca não pode proteger seu povo de seus inimigos reais: o nascimento, a doença, a velhice e a morte. Essa afirmação tem sido interpretada como envolvendo a renúncia da vida e de seus valores, simplesmente porque não acreditamos que seja possível a *ninguém*, nem mesmo a um Deus, proteger os seres desses sofrimentos inevitáveis. Mas a afirmação budista é a de que um Buda é um ser que alcançou um tipo superior de monarquia e pode proteger os outros seres do sofrimento.

Os suttas de *Mahāparinibbāna* e *Mahasudassana* afirmam que um Buda perfeitamente iluminado eclipsa a glória de um imperador do mundo um milhão de bilhões de vezes[9]. Na mitologia indiana, um imperador do mundo é uma pessoa que conquista o planeta inteiro sem qualquer esforço. Ele tem a ajuda não insignificante de uma gigantesca roda mágica que gira no ar, zunindo vigorosamente por sobre as capitais de outras nações, fazendo-as se submeter a ele imediatamente. Ele é invariavelmente um bom governante, benevolente e não corrompido pelo poder. Seu supremo êxito no mundo deve-se a seu vasto estoque de méritos obtidos com sua generosidade, moralidade e tolerância anteriores. Ele pacifica todos os continentes da terra e desfruta de um reinado longo e agradável sobre súditos amáveis, empregando sua plena autoridade para ajudá-los a alcançar suas metas mais altas. O Buda é apresentado como recusando em sua última vida essa realização social mítica em benefício de um êxito ainda maior. É demasiado simplista dizer que ele estava se afastando de preocupações altruístas, resignando-se ao desespero do mundo, em busca de um triunfo extramundano. Isso também equivale a uma acusação de egoísmo contra uma das grandes figuras da história asiática. Para refutar essa interpretação equivocada, será preciso expor a perspectiva histórica na qual ele pode ser visto exercendo uma influência sobre os destinos de seres no planeta ainda mais benéfica que a que os grandes governantes políticos jamais conseguiram exercer.

II

A iluminação budista é muito mais que o domínio de um Cakravartin: ela é a conquista plena da Verdade de todo o mundo, a criação da Terra do Buda que aparece como desdobramento atemporal para as pessoas não-iluminadas presas no tempo ou história normais.

Se um Buda perfeito é muito superior até mesmo a um monarca universal, ele deve conquistar esse mundo inteiro permanentemente e trazer paz sem-fim a todos os seres, numa conquista por meio do darma, e não pela força. Um Buda perfeito deve ser um imperador do darma, absolutamente bem sucedido no Darma-*vijaya*, a conquista da verdade. Assim, Śākyamuni só poderá aceitar a iluminação quando este mundo tiver se tornado "Terra Pura", e "Campo-do-Buda". No *Sutra de Vimalakīrti*, quando Śāriputra assinala a incoerência entre a

9. Cf. T. W. Rhys Davids, *Pali Suttas*.

definição de Śākyamuni da iluminação budista e sua Terra do Buda e a realidade deste mundo, o Buda o censura e miraculosamente revela que a terra é, afinal de contas, perfeita, pura e bela, como uma terra de êxtase sem-preço. Mas, após um momento, o Buda abandona seu poder, e a assembléia retorna a sua percepção normal, à história normal[10]. Esse incidente mostra que a tradição budista está extremamente consciente do paradoxo da teodicéia (ou "budodicéia") – um mundo deve ser perfeito para que um Buda surja nele, e assim estamos salvos; no entanto, nossa percepção da imperfeição histórica é também relativamente válida e devemos nos esforçar por nos aperfeiçoar e ao mundo, mesmo sabendo que quando alcançarmos nossa meta vamos compreender como ele já era perfeito o tempo todo!

Na psicologia budista do Caminho, esse paradoxo não pode ser facilmente resolvido, nem suprimido. Seu impacto libertador pode ser sustentado inicialmente pela fé. Ele pode ser intensificado pela investigação crítica e pela contemplação concentrada num único ponto. Ele pode ser incorporado e reconciliado, em última análise, somente por uma sabedoria intuitiva, na qual a pessoa se torna iluminada, não-egoísta, santa. A pessoa descobre que outros também alcançaram esse estágio e se junta a eles como membro da Jóia Comunitária, criada pelo interrelacionamento de pessoas que vivem na consciência da imanência da Terra do Buda. Seus centros nodais são chamados "habitações" (vihāra), ou mosteiros, as instituições precursoras de Terra do Buda universal, que funcionam para a sociedade normal de uma forma ética/legal, religiosa/médica e científica/educacional[11]. A iluminação budista deve ser transformadora do mundo, tanto quanto autotransformadora, uma vez que a realização pessoal suprema é uma experiência de supressão do eu que é simultaneamente a interconexão com todos os seres vivos.

III

A compaixão do Buda realiza a transformação do planeta, transformação que se desenrola no decorrer da história como o processo de domesticação da violência pela não-violência.

Um Buda perfeito pode ver ele/a mesmo/a a perfeição do mundo transformado, purificado, devido a sua transcendência com relação à objetificação do tempo. Um Buda pode revelar por um instante seu potencial para as pessoas não-iluminadas, como o tocar o solo

10. Cf. R. A. F. Thurman (trad.), *The Holy Teaching of Vimalakīrti*, capítulo 1.

11. Tem sido difícil para os estudiosos modernos discernir essas funções não-"religiosas" dos mosteiros budistas, uma vez que um dos fenômenos da modernidade é a redução das instituições religiosas a uma variedade muito restrita de funções, sendo que diversas organizações seculares assumiram os serviços sociais que anteriormente eram oferecidos pelas instituições.

com um dedo do pé no *Sutra de Vimalakīrti*. E a visão do Buda da perfeição atemporal torna possível uma consciência precisa da evolução temporal dos seres vivos, de seu progresso inexorável até sua própria consciência iluminada. O Buda viveu numa época em que uma combinação entre sacrifício tribal e urbanização imperialista incipiente dava início a um ciclo de violência que continua até seus limites extremos atuais, na era nuclear. Ele foi o primeiro a ensinar que o "ódio não fará cessar o ódio; ele pode cessar apenas pelo amor". Ele compreendeu claramente que não é possível opor-se realmente ao mal tornando-se mau. Resistir ao mal com o mal é render-se ao mal. O inimigo só pode ser derrotado pelo amor, a violência, somente pela não-violência. Ele abandonou todos os lados de muitos dos conflitos da época. Ele tornou-se um mendicante, abandonando a identidade da classe superior. Ele entrou para uma família espiritual, abandonando sua identidade racial e nacional. Ele tornou-se uma pessoa sem propriedades, abandonando a competição por riquezas e toda identidade derivada da propriedade. Ele se tornou uma pessoa a-doutrinária, abandonando toda identidade ideológica e todos os dogmatismos fanáticos. Ele se tornou não-egoísta, abandonando toda ânsia pessoal por reconhecimento. Ele se tornou sem-vida, abandonando toda reivindicação violenta por ar, alimentos, água e outros recursos valiosos. Assim, abandonando todos os papéis normais, ele criou um novo papel, o do mendicante ou monge bhikṣu, que se conecta, e assim conecta os outros, a uma realidade transcendente que coloca as exigências da realidade relativa numa perspectiva mais apropriada.

Ele estabeleceu um exemplo, transmitiu um ensinamento e fundou uma comunidade (as Três Jóias), com base na conquista de si por meio da transcendência de si. Isso tudo difundiu-se por todo o mundo, espelhando-se nas vidas de numerosos líderes, santos e sábios. Hoje está mais claro que nunca que o valor da conquista de si por meio da transcendência de si, da conquista da violência pela não-violência, não é em absoluto um idealismo irrealista, mas é indispensável à própria vida. Se o planeta sobreviver, o que os Budas oniscientes já devem tê-lo visto como acontecendo, então o triunfo da civilização como conquista da verdade estará completo; os seres humanos terão por fim domado seu ódio e violência, e a Terra do Buda estará plenamente manifesta.

IV

A conquista da verdade, ou a construção da Terra do Buda, só pode ocorrer sem recurso à violência, uma vez que os indivíduos somente podem ser conquistados de dentro, a partir de seus corações, por sua própria livre compreensão. Sua própria compreensão é o que libera a energia da boa-vontade que constitui a terra perfeita.

A conquista da verdade não pode ser implementada pela força, por meio de doutrinas ou por mágica, pois as mentes humanas não podem ser convertidas por meio de uma aquiescência passiva, mas apenas por sua própria compreensão. De acordo com o famoso verso de Mātṛceta, os "Budas não dissolvem os pecados em água; eles não curam impondo suas mãos; eles não transmitem sua própria compreensão a outros; eles conduzem à libertação, ensinando a verdadeira realidade". O Buda transmitiu a seguinte tarefa missionária:

> Vocês, monges, estão livres de todas as armadilhas, tanto as dos deuses quanto as dos homens. Sigam, monges, em viagem rumo às bênçãos dos muitos povos, por compaixão pelo mundo, pelo bem, bênção e felicidade dos deuses e homens. Não permitam que dois de vocês vão pelo mesmo caminho. Monges, ensinem o dhamma que é belo no início, belo no meio e belo no fim. Expliquem o espírito e a letra da conduta do Brama, completamente realizada, completamente pura. Existem seres com pouca poeira nos olhos que, não ouvindo o dhamma, estão se deteriorando; mas se forem aprendizes do dhamma, eles irão crescer[12].

O Buda então sentia que seu dhamma era aplicável universalmente e era zeloso em difundi-lo amplamente. No entanto, o dhamma não devia ser tomado meramente como um sistema de crenças. Era necessário mudar o próprio modo de vida e a própria compreensão interior, assim como os próprios hábitos afetivos. Em especial, estes últimos tinham de vir de dentro de cada indivíduo e não podiam ser resultado de qualquer espécie de coerção. Assim, os budistas nunca empreenderam uma cruzada ou guerra santa. Eles atuavam até mesmo transnacionalmente no nível cultural e social, e não no nível político.

V

> Budas perfeitos devem levar avante sua conquista da verdade por meio da educação no sentido liberal, que não é nem uma doutrinação nem um treinamento. A visão da "supressão do eu" psicológico é a fonte do individualismo criativo que o budismo sempre nutriu e de seu dinamismo do não-egoísmo ético, capaz de transformar o mundo.

O Buda buscou conquistar o mundo por meio da *educação* no Darma Verdadeiro, em suas formas prática e como texto sagrado. A forma do Darma como texto sagrado (*āgama*) consiste no Tripiṭaka. O Darma prático (*adhigama*) consiste nas educações superiores (*adhiśikṣa*) ética (*sīla*), psicológica/religiosa (*citta/samādhi*) e intelectual/científica (*prajñā*)[13]. Assim, o "darma" envolve todo um padrão de cultura e

12. I. B. Homer (trad.), *The Book of the Discipline*, p. 28 (com modificações).

13. A esse respeito, é interessante observar que o Buda era celebrado como o descobridor da causação e da cessação, e não como o receptor de algum tipo de revelação religiosa. O termo sânscrito *sikṣa* é em geral traduzido por "treinamento", para distingui-lo do termo moderno – supostamente "secular" – "educação". O Governo Central da Índia, no entanto, ainda emprega o termo *Sikṣa* para seu Ministério da Educação, e

civilização. Ele não pode se disseminar como um fenômeno externo, um conjunto de textos, ou símbolos, ou construções, mas deve ser incorporado nas ações, nos padrões emocionais e nos níveis de compreensão das pessoas individuais. Isso só pode ocorrer por meio da educação gradual e sistemática.

VI

A instituição educacional que o Buda fundou foi o Saṅgha, que funciona nos níveis moral, espiritual e intelectual como a âncora da ética, religião e ciência.

O Buda se defrontava com grandes dificuldades, ao buscar ensinar um novo padrão de ética, uma nova religião e novas ciências. As leis estavam sob o controle dos reis, de seus exércitos e da polícia. Os brâmanes controlavam a ortodoxia religiosa e a mantinham no interior de uma esfera rigorosamente definida. Eles também controlavam as ciências da época, destinadas à manipulação ritual e mágica das forças da natureza e da sociedade, e não à investigação racional dos enigmas da causação. Era evidente que, nessas circunstâncias, o Buda precisava fundar uma "escola", uma academia. Ele podia ter estabelecido um *āśrama*, o recolhimento na floresta. Mas o preço do conforto de um tal afastamento teria sido o abandono do empreendimento de transformação da sociedade mais ampla, uma vez que esse tipo de recolhimento jamais poderia acomodar um grande número de aspirantes de todas as esferas da vida.

Assim o Buda gradualmente desenvolveu a forma institucional do mosteiro, urbano, ou talvez suburbano. Isso consistiu na fundação de uma nova comunidade (Saṅgha) no interior do mundo social existente (*loka*), sendo o limite entre eles uma mudança de identidade tão drástica que envolvia uma morte e um renascimento psíquicos. O monge, ou monja, tinha de abandonar sua raça, casta, família, nome, propriedade, trabalho, roupas, adornos, cabelos, e até mesmo o envolvimento genético por meio da sexualidade. A seriedade desse limite era essencial para isolar o núcleo monástico da nova comunidade das fortes exigências do todo social mais amplo. Com isso, os monges e monjas ficavam sob a proteção do respeito religioso que já era sentido na Índia pelo asceta que renunciava ao mundo. No entanto, eles permaneciam em constante proximidade com os leigos, indo à cidade todos os dias para buscar alimentos e então pregar para os doadores. Os que faziam parte da nova comunidade podiam se relacionar entre si sem violência, exploração ou grosseria. Como cada um deles estava em busca da libertação transcendente, havia

o tipo de crescimento que o Buda buscava estimular combina com o desdobramento interior que buscamos para nossos estudantes com a educação liberal.

uma nova consideração pelo indivíduo, uma nova sensibilidade com relação aos outros como fins em si mesmos, um novo respeito pela liberdade, pela realização pessoal e pela sabedoria. Eles podiam colocar em prática os métodos psicológicos do Buda de autocultivo, para libertar-se das noções e paixões negativas e desfrutar da felicidade das emoções positivas. Mesmo as mulheres e os membros das castas mais baixas podiam adotar os penetrantes ensinamentos filosóficos do Buda, criticar as noções convencionais absorvidas da cultura e alcançar a libertadora e transformadora visão da natureza do eu e da realidade. Assim, a nova comunidade era um solo de teste ético para uma futura sociedade da Terra do Buda, um asilo psicológico e um retiro para a meditação, uma escola filosófica e um centro cultural, uma fonte de bondade (pela contenção sistemática do mal), um abrigo de paz (pela concentração da mente e o cultivo da emoção positiva) e um centro de aprendizado, compreensão e conhecimento (por meio da investigação sistemática da natureza verdadeira da realidade).

VII

O monasticismo é o núcleo da nova comunidade e é uma invenção original do Buda; ele é a institucionalização do individualismo transcendental, o reconhecimento da sociedade de que seu mais alto interesse é a auto-realização dos indivíduos.

A nova comunidade não foi construída num único momento de organização. O Buda estava consciente de que as regras da nova comunidade e seus padrões de conexão com a antiga sociedade deveriam evoluir naturalmente. Lentamente, mais e mais pessoas começaram a compartilhar dessa visão e a sentir necessidade de um novo padrão de vida, enquanto os de fora se acostumavam a ter em seu meio esse povo santa e excentricamente "iluminado". Na verdade, o novo estava estreitamente ligado ao velho – a velha sociedade tinha de alimentar o novo povo, oferecer espaço para ele e permitir a seus próprios parentes, empregados e súditos a liberdade de se juntar à nova comunidade.

O *Mūlasarvāstivāda Vinayavastu* (Fundação da Disciplina)[14] começa de uma forma bastante surpreendente, com um longo relato das guerras realizadas entre o rei Aṅga e o rei Mahāpadma de Magadha, poucos anos antes do nascimento do Buda. O povo de Magadha é derrotado fragorosamente na guerra e tem de pagar um tributo ao rei Aṅga, enquanto o bodisatva observa do Céu de Tuṣitā. O bodisatva penetra então no ventre de Māyādevī em sua forma de elefante branco com seis presas, e simultaneamente são concebidos quatro príncipes

14. Conheço apenas a versão tibetana, *Kanjur*, vol. *'Dul-ba ka.*

nos quatro maiores reinos da região do Ganges, sendo Bimbisāra o filho de Mahāpadma. Mesmo nesse mito budista do Veículo Individual, já existe um claro senso do destino messiânico que opera na vida do Buda. O mito apresenta todo o país como tomado por uma espécie de infiltração sobrenatural via reencarnação. Bimbisāra logo cresce e fica sabendo do tributo humilhante que deve ser pago ao rei Aṅga. Ele lidera quinhentos amigos de infância pertencentes à nobreza e destrói o exército de Aṅga, mata o rei e anexa Aṅga ao império de Maghada. Assim, ao se tornar o principal patrono real do Buda e sua comunidade, ele já é o mais poderoso rei da Índia central. Esses mitos mostram que o Saṅgha compreendia sua própria existência, função e destino como inextricavelmente entrelaçados com a história social da época.

No Vinaya da tradição Teravada, a uma certa altura o Buda se recusa a ditar o *Sutra Prātimokṣa* (Regra para a Libertação Individual). Ele diz a Śāriputra que deve esperar, que o Senhor saberá quando for a época certa. "O Mestre não dá a conhecer a seus discípulos o processo da educação nem designa a Regra para a Libertação Individual, enquanto as condições causadoras da contaminação estiverem presentes aqui na comunidade"[15]. As regras então ainda não são necessárias, porque, no estágio inicial, todos os monges já mudaram em sua consciência, já mudaram completamente em seus desejos internos e não precisam de regras. Na verdade, a maioria dos relatos concordam em que as regras não são formalmente recitadas como um todo até que o rei Bimbisāra solicite aos monges budistas que recitem o pacto central de sua comunidade. Assim, a Regra da Disciplina surge da vida do Saṅgha; cada uma das centenas de regras que se originam em incidentes particulares é um julgamento acompanhado da justificativa do Buda para esse caso particular. Todas as regras são dadas de uma perspectiva explicitamente multifocal, em termos de seu impacto sobre o indivíduo, sobre o restante do Saṅgha e sobre o mundo, sendo deixado espaço para o futuro assim como para o presente. Ao dar uma regra, o Buda sempre recita dez razões:

> Por essa razão, monges, vou dar a conhecer o processo da educação para os monges, com base em dez razões: para a excelência do Saṅgha, para o conforto do Saṅgha, para a contenção dos homens maldosos, para a tranqüilidade dos monges bem-comportados, para o controle das contaminações aqui e agora, para o combate dos contaminantes nos mundos futuros, para o benefício dos de fora, para o aumento do número dos membros, para o estabelecimento do dhamma, na verdade para se seguir as regras da disciplina[16].

15. *Livro da Disciplina*, volume 1.
16. Idem, ibidem.

VIII

O monasticismo é uma instituição mediadora, centrista em todos os sentidos, a meio caminho entre a cidade e a floresta, de sacerdotes e eremitas, nobres e plebeus, indiretamente oferecendo tanto a coesão quanto a mobilidade social.

Os monges têm um papel social sem precedentes, a meio caminho entre os ascetas eremitas preexistentes (śramaṇa) e os sacerdotes bramânicos. O papel das monjas também era uma inovação, uma vez que não havia mulheres ascetas ou sacerdotisas. Às vezes o Buda se referia a si próprio e a seus monges como ascetas (śramaṇa), assim redefinindo o ascetismo em termos de pureza, compreensão e esforço mental interior, em oposição a mortificações espetaculares. Ele considerava a tradição indiana do uso do ascetismo para a obtenção de poder ou prazer por meio do renascimento em meio aos deuses como apenas uma outra forma de aprisionamento ao mundo de saṃsāra. Menos freqüentemente, o Buda referia-se a seus monges como sacerdotes (brāhmaṇa). Enquanto de um lado muitas das regras na *Disciplina* servem para distingui-los dos sacerdotes, não lhes permitindo predizer o futuro, realizar rituais de batismo, casamento, ritos funerais etc., nem desenvolver relações do tipo sacerdote-cliente com os leigos, de outro lado o *Dhammapada* redefine o significado dos brāhmaṇa para fazê-lo corresponder ao monge ou monja iluminado, que é puro em seus motivos, palavras e ações[17].

A descoberta do Buda de um "caminho do meio" entre o hedonismo e o ascetismo resultou em um tipo social intermediário, um renunciante que representava o caminho do meio entre o asceta e o sacerdote. Mais uma vez, o mosteiro budista pode ser visto como uma instituição a meio caminho entre o *āśrama* dos ascetas rurais tradicionais e o complexo de templos dos sacerdotes da cidade. Esses mosteiros em geral ficavam em meio a arvoredos ou jardins na periferia das cidades, a meio caminho entre o centro da cidade e a floresta.

O Saṅgha era destinado a uma série de funções mediadoras, apenas incidentais em relação a suas funções principais como centro de retiro, escola e academia de pesquisa, mas é provável que essas funções tenham sido extremamente importantes para sua rápida e bem sucedida disseminação por todo o norte da Índia. Ele foi a primeira instituição a conceder algum tipo de educação a membros das castas que estavam fora da elite dos "duas vezes nascidos" da religião védica e que, na verdade, constituíam a maior parte da população. Foi a primeira instituição transnacional, no sentido de que os monges e monjas budistas numa das extremidades dos "Dezesseis Países", que constituíam a Índia central, estavam teoricamente vinculados a monges e monjas na outra extremidade de modo muito mais estreito do que com

17. Irving Babbitt (trad.), *The Dhammapada*, capítulo XXVI.

relação aos não-budistas em seus próprios países. E foi a primeira instituição transexual, no sentido de que homens e mulheres tinham a liberdade de se juntar à comunidade, embora em seu interior houvesse uma cuidadosa segregação dos sexos assim como uma superioridade hierárquica dos monges com relação às monjas. Apesar disso, os cantos das primeiras irmãs da comunidade expressam graficamente o enorme conforto que essas mulheres experimentavam em resultado da libertação de sua condição social de confinamento, bem como da libertação transcendental que algumas delas alcançavam[18]. Assim, o Saṅgha se tornou uma avenida importante para a mobilidade social, assim como um mecanismo de coesão social. Talvez por essa razão as mais importantes das novas classes em ascensão na sociedade indiana da época, as classes mercantis, algumas das quais provindas das camadas mais baixas da hierarquia védica ou até mesmo provindas das castas marginais, encontrassem algumas de suas necessidades e aspirações satisfeitas pelo Saṅgha, e eram seus patrocinadores mais importantes. Na época do Buda, os reis dos dezesseis principais estados disputavam entre si o domínio imperial de toda a Índia. Uma das razões por que eles davam suporte ao Saṅgha era sua grande popularidade em meio aos comerciantes. A aceitação do monasticismo pelos reis marcou o nascimento de um influente individualismo social na civilização indiana.

IX

O principal rival do monasticismo, cuja origem data da mesma época, é o militarismo imperialista e universalista. O êxito maior do monasticismo pode dever-se em parte a sua aliança natural com o mercantilismo e o estado burocrático.

Sócrates foi condenado à morte por "corromper a juventude de Atenas". O duque de Lu e outros pequenos governantes não estavam dispostos a deixar Confúcio disseminar amplamente suas idéias éticas e filosóficas em seus reinos. No entanto, as comunidades dos budas, com seu núcleo monástico, ao contrário, tinham um êxito fenomenal, disseminando-se por todos os reinos indianos do norte até tornar-se, na época de Aśoka, uma instituição "estabelecida" na Índia. Espera-se em geral que os reis sejam avessos ao monasticismo, que estimula os soldados em potencial a buscar a salvação em vez de servir a seu país, diminui as fileiras de agricultores, artesãos e outros produtores, atrai donativos e pode afastar receitas e propriedades de terras em quantidades consideráveis da lista real de cobrança de impostos. Por essas razões, o monasticismo não pôde tomar raízes no Oeste e no Leste asiáticos senão depois de mais de sete séculos após a época do Buda. Na Índia do Buda e de Aśoka, deve ter existido um excedente

18. C. A. F. Davids (trad.), *Psalms of the Early Buddhists.*

de recrutas, terras e riquezas, e o monasticismo devia oferecer uma válvula de segurança para as energias libertacionistas de desocupados potencialmente descontentes. Ele deve ter sido uma fonte eficaz de legitimação, suas tendências universalistas contrastando com as tradições tribalistas do bramanismo e suas linhagens rituais regionais. Foi a onda religiosa em meio aos comerciantes poderosos e extremamente importantes que financiou as aventuras dos reis. Por fim, ele fornecia aos próprios reis um esquema cósmico mais plausível que os encontrados nos majestosos rituais védicos, no interior do qual suas pessoas, ações e reinos adquiriam significado. Quando analisamos o papel do Saṅgha nos editos de Aśoka, podemos ver claramente sua contribuição ética e educacional para tarefa com a qual um imperador se defronta, após a conclusão de suas conquistas de expansão – a manutenção de uma ordem pacífica e auto-equilibrada, baseada no mais barato e eficiente de todos os meios de controle social, uma ética sensata, coerente e, com isso, facilmente internalizável.

Existe uma conexão entre o militarismo e o monasticismo. Alguns dos aspectos do Saṅgha refletem as práticas militares da antiga Índia. Num certo sentido, ele era um antiexército: um exército de soldados espirituais, ascetas, em busca da transcendência, que se empenhava em conquistar todo o mundo de seres vivos pela Verdade Sagrada do não-egoísmo. Evidentemente, a campanha de Śākyamuni era de uma amplitude absolutamente extrema, e a vitória podia ser medida unicamente pelo número de almas que voltassem suas próprias vontades para o alcance da autoconquista. Mas, antes de ter de atuar subterraneamente, numa época de invasões bárbaras no final do primeiro milênio, seu exército havia conquistado culturalmente a maior parte da Ásia. O que depois aconteceu a ele é uma questão sutil, precisamente devido a sua estratégia não-violenta de ação subterrânea em resposta à oposição violenta.

X

Pode-se distinguir três fases de monasticismo budista: 1. a fase revolucionária e radicalmente dualista do Veículo Individual; 2. a fase evolucionária, ou educativamente não-dualista, do Veículo Universal; 3. a fase da plena realização, ou universalmente não-dualista, do Veículo do Diamante.

A primeira fase abrange aproximadamente os primeiros cinco a sete séculos na Índia, durante os quais Śākyamuni e seus sucessores se empenharam em estabelecer a instituição original. Nas interações subseqüentes com outras culturas, essa fase inicial de estabelecimento de um espaço institucional "extramundano" na, por assim dizer, nova terra, foi sempre um processo lento e difícil. Na China, foram bem documentadas as críticas de Confúcio e a defesa budista da idéia de monasticismo, a criação de uma esfera teoricamente fora do controle do imperador. No Tibete e no Japão, os monarcas que o patrocinavam empenharam-se na construção de templos públicos para os rituais da nova religião, mas foram necessários séculos até as forças mais conservadoras da cultura aceitarem a idéia de um espaço monástico não-produtivo, livre e potencialmente subversivo. Hoje, no Ocidente, embora existam muitas organizações budistas leigas, apenas se começa a compreender a necessidade do monasticismo genuíno (tendo em seu núcleo o celibato, a pobreza e a imunidade política) e a idéia ainda não se estabeleceu firmemente após mais de um século.

A primeira fase se encerrou automaticamente, quando foram alcançadas suas metas ético-sociais, educativo-culturais e ideológico-científicas. "Alcançar" significa aqui que a sociedade mais ampla tornou-se mais civilizada, mais cultivada, "domesticada", com uma maior tolerância ao individualismo, não sendo mais essencial, a quem buscava a iluminação, recolher-se no isolamento monástico. Agora, os centros monásticos desenvolvem uma relação mais agressiva com a sociedade mais ampla, interferindo mais abertamente nas questões, debates e costumes da sociedade leiga. Eles adotam uma abordagem mais "imanente" da transformação social, desenvolvendo um interesse maior na educação leiga. Com o surgimento da tradição Mahāyāna e a disseminação da ética bodisatva, os mosteiros começaram a servir a toda a sociedade em termos da educação, tornando-se o núcleo das maiores universidades do planeta durante o primeiro milênio. O programa messiânico do budismo podia vir a público, por assim dizer.

Os estudiosos do Ocidente, predispostos a interpretar a história asiática como uma crônica de erros, declínio e decadência, viram na tradição Mahāyāna o resultado do fracasso ou decadência do Veículo Monástico, mas parece estar claro que ela surgiu em resposta às necessidades de uma sociedade mais cultivada, mais civilizada. Enquanto o budismo se disseminava no leste e no interior da Ásia, essa segunda fase coexistia com a fase anterior, em algumas das novas culturas. A segunda fase preservou essencialmente intacto o núcleo monástico da primeira fase – o budismo messiânico nunca considerou o budismo monástico como institucionalmente obsoleto, embora às vezes alguns bodisatvas individuais tenham repreendido certos monges por sua mentalidade estreita ou por sua ingenuidade filosófica. As grandes universidades monásticas da Índia no primeiro milênio da Era Cristã foram as instituições típicas dessa segunda fase, instituições que ainda existiam no Tibete e na Mongólia até o século XX. Seus herdeiros ainda florescem no Sri Lanka, na Tailândia, nas nações fronteiras a China, na Coréia do Sul e no Japão, na forma das inúmeras faculdades e universidades budistas desses países.

A fase final, da plena realização, não-dualista, é mais difícil de se discutir, pois ela ainda não veio a existir em quase nenhum lugar.

A Índia da dinastia Pala e, numa dimensão menor, a China da dinastia T'ang, as duas maiores civilizações aluviais em seu zênite, estavam centradas em universidades monásticas. Os missionários bodisatvas da época transcenderam a dependência individual com relação a toda instituição e criaram o estilo do Grande Adepto (*Mahāsiddha*). Sua expansão missionária alcançou domínios anteriormente inacessíveis – os que não tinham acesso à educação e os párias da sociedade indiana, chegando às áreas periféricas não alcançadas por sua civilização no sudeste, leste e interior da Ásia. Eles empregaram os ensinamentos esotéricos dos tantras, assim como abordagens iconoclastas e não-convencionais como o Ch'an, a Grande Perfeição e o Grande Selo[19]. Seu movimento de expansão a partir dos centros da civilização até domínios periféricos como o Tibete, a Indonésia e o Japão ocorreu afortunadamente a tempo, pois o segundo milênio traria as grandes invasões bárbaras para as áreas civilizadas: os muçulmanos turcos na Índia, os mongóis na China e, mais tarde, os portugueses, os holandeses, os franceses e os ingleses, em ambas as áreas.

Somente no Japão do período Kamakura, no Tibete do período Phagmodruba e em certas nações mongóis, foi permitido ao monasticismo continuar a se desenvolver. Ele alcançou seu ponto alto como possibilidade de plena realização na era do Dalai Lama no Tibete, consolidada no século XVII[20]. Os dualismos sociais das fases anteriores terminaram quando o mosteiro assumiu plena responsabilidade pelo mundo, produzindo um governo, uma burocracia, uma cultura completa. Isso representou um oposto inverso fascinantemente exato do que acontecia com o monasticismo europeu nos mesmos séculos. Na Europa, a Reforma fez ruir o dualismo social da Europa medieval na cultura industrial secularizada e unificada do norte da Europa. Na Suíça e no Tibete, a busca monástica por uma civilização realmente ética e cultivada produziu tipos opostos da plena realização milenar: a primeira, pela dissolução do mosteiro no mundo, nas corporações, universidades, burocracias governamentais, hospitais, a segunda, pela dissolução do mundo no mosteiro, tendo seus monges e monjas assumido todas essas responsabilidades de uma forma sistemática e racionalizada. Hoje, essas imagens sociais invertidas finalmente entram em confronto direto.

19. As semelhanças entre os siddhas tântricos da Índia do final do primeiro milênio, os mestres do Ch'an (Bodhidharma, Hui Neng, Ma Tzu, Hang Po) e os siddhas tântricos do Leste Asiático do final do primeiro milênio (Amoghavajra, Hui Ko, Kūkai) foram observadas por Tucci, Blofeld e Govinda, mas não são amplamente reconhecidas. Elas são importantes para uma reformulação da interpretação desse período da histórica indiana, que supostamente seria decadente, enquanto o mesmo período no Leste Asiático seria de renascimento.

20. A realização do Quinto Grande Dalai Lama, de completar a construção de uma sociedade plenamente monasticizada nas décadas de 1640 e 1650, apenas começa a ser compreendida. Cf. Franz Michael e Eugene Knez, *Rule by Incarnation*.

Diante da ameaça mutuamente genocida de extermínio nuclear, vamos finalmente domesticar nossas paixões e realizar uma paz celestial na terra. Ou vamos permanecer selvagens e criar o inferno na terra. Muitos monges budistas são hoje refugiados, alguns em retiros sagrados, como Sua Santidade o Dalai Lama, em seu abrigo nas montanhas do Himalaia, alguns na turbulência infernal de campos de sobreviventes de holocaustos, como nos campos cambojanos, nas fronteiras da Tailândia. Em meio a toda sua aparente auto-aniquilação institucional, eles transpiram um sereno otimismo que brota das fundações da Jóia de uma Comunidade que, como tentei elucidar, se sustenta na capacidade do Buda de ver, para além dos holocaustos, o destino deste planeta de se tornar a Terra do Buda.

BIBLIOGRAFIA

BABBITT, Irving (trad.). *The Dhammapada*. Nova York, New Directions, 1965, capítulo XXVI.

BUNNAG, Jane. *Buddhist, Monk, Buddhist Layman*. Nova York, Cambridge University Press, 1973.

COLLCUTT, Martin. *Five Mountains. The Rinzai Zen Monastic Institution in Medieval Japan*. Cambridge, MA, Council on East Asian Studies – Harvard University, 1981.

DECARREAUX, Jean. *Monks and Civilization*, Nova York, Doubleday, 1964.

GUNAWARDANA, R. *Robe and Plough: Monasticism and Economic Interest in Early Medieval Sri Lanka*. Tucson, University of Arizona, 1979.

HONER, I. B.(trad.). *The Book of the Discipline*. Londres, Pāli Text Society, 1966-82, IV, p. 28 (com modificações).

JOSHI, Lal Mani. *Studies in the Buddhistic Culture* of *India*. Déli, Motilal Banarsidass,1967.

LECLERCQ, Jean. *The Love of Learning and the Desire for God*. Nova York, Fordham University Press, 1982.

MENDELSON, E. Michael. *Saṅgha and State in Burma*. Ithaca, NY, Cornell University Press, 1975.

MICHAEL, Franz & KNEZ, Eugene. *Rule by Incarnation*. Boulder, CO, Westview, 1982.

MILLER, Robert James. *Monasteries and Culture Change in Inner Mongolia*. Wiesbaden, Harrassowitz, 1959.

RHYS DAVID, C. A. F. (trad.). *Psalms of the Early Buddhists*. Londres, Luzac [Pali Text Society], 1964.

RHYS DAVIDS, W. *Pali Suttas*. Nova York, Dover, 1973.

TAMBIAH, Stanley J. *World Conqueror and World Renouncer*. Nova York, Cambridge University Press, 1976.

THURMAN, Robert A. F. "The Emptiness that is Compassion: An Essay on Buddhist Ethics", in *Religious Traditions*, 4/2 (outubro-novembro, 1981).

_____. "The Politics of Enlightenment", *Lindisfarne Letter* 8 (1979).

_____. *The Holy Teaching of Vimalakīrti*. University Park, PA, Pennsylvania

State University Press, 1976, capítulo 1.

WEBER, Max. "The Social Psychology of the World Religions", in *From Max Weber: Essays in Sociology*. Londres, Routledge & Kegan Paul, 1970.

_____. *The Religion of India*. Nova York, Grove Press, 1967.

WELCH, Holmes. *The Practice of Chinese Buddhism 1900-1950*. Cambridge, MA, Harvard University Press, 1967.

Parte II:
A Escola Mahāyāna

7. Os Sutras

I. O *PRAJÑĀPĀRAMITĀ* E O SURGIMENTO DA TRADIÇÃO MAHĀYĀNA

Kajiyama Yūichi

Após o período do rei Aśoka (m. 232 a.c.), os monges e monjas budistas viviam em comunidade, em grandes mosteiros, sustentados economicamente por reis e comerciantes ricos. Não tendo nem problemas financeiros nem deveres domésticos e sociais, eles podiam dedicar-se aos estudos doutrinais (ou abhidhármicos), à prática prolongada da meditação e à busca da emancipação, atividades muito além da capacidade dos seguidores leigos. O budismo monástico tornou-se "profissional" e os monges e monjas tenderam a exercer discriminação contra os budistas leigos, por não alcançar um nível tão alto de desenvolvimento quanto o deles próprios. Durante os últimos séculos anteriores à Era Cristã, e nos primeiros séculos d.c., os bactrianos, os saka-citas, os pártias e os kushanos, sucessivamente invadiram o noroeste da Índia e penetraram profundamente no subcontinente indiano. As pessoas eram vítimas de guerras, pilhagens, assassinatos e pobreza. Nessa época de turbulências, as pessoas que tinham perdido suas famílias, terras e posses tinham de recorrer a ações criminosas para poder sobreviver. Relatos sobre esse período narram como os brâmanes abandonaram os antigos rituais védicos e se submeteram à servidão, como a ética social se degenerou, como as esposas traíam os maridos, como os meninos de apenas oito anos de idade se casavam, como meninas de cinco anos de idade davam à luz crianças, e como as pessoas se matavam umas às outras como se estivessem caçando gamos[1]. Os santos da tradição Hīnayāna desse período ensinavam a retribuição cármica e a transmigração, enfatizando os méritos da meditação e do modo de vida religioso, mas esses ensinamentos não eram suficientes para aliviar a ansiedade que o povo sentia nem para oferecer um caminho de salvação praticável sob as condições da vida cotidiana.

Entre o final da dinastia mauriana (por volta de 180 a.c.) e o estabelecimento por Kaniṣka da segunda dinastia kushana (por volta de 129 d.c.), a Índia ficou exposta a civilizações estrangeiras, à civilização grega, egípcia, iraniana e, até certo ponto, à chinesa, como atestam as rochas e os pilares de pedra polida portando inscrições, a arquitetura do palácio em Pātaliputra, as moedas de ouro do império kushano e as primeiras imagens budistas. Na religião, esses contatos interculturais catalisaram novos desenvolvimentos: salvadores divinos como Viṣṇu e Amitābha, a noção de bodisatva e a filosofia do vazio (śunyatā), que foi desenvolvida em oposição consciente ao realismo conceitual, ao distincionismo e ao dualismo das escolas da filosofia Abidarma.

O Vazio e os Sutras da Perfeição da Sabedoria

A filosofia Sarvāstivāda consistia num realismo pluralista, que analisava todos os fenômenos até seus elementos singulares e indivisíveis, ou princípios (setenta e cinco darmas em cinco grupos), vistos como separados e distintos entre si e como tendo seu próprio ser intrínseco (*svalakṣaṇa, svabhāva*), que permaneciam imutáveis por todo o passado, presente e futuro. Quando combinadas com a ação, essas essências imutáveis se manifestavam como os fenômenos do presente, de uma forma muito análoga ao que acontece com os quadros de um filme nas bobinas de um projetor que, ao passar da bobina superior para a inferior, projetam na tela imagens momentâneas e sempre em mudança, ao mesmo tempo em que existem de forma permanente no filme sobre as bobinas. Os pensadores da escola Mahāyāna, ao contrário, se contentavam em afirmar que as coisas não tinham um ser próprio e que elas simplesmente apareciam quando todas as causas e condições estavam presentes e desapareciam na ausência de qualquer uma delas. Assim como o som de um alaúde é produzido pelo conjunto formado pelo corpo e cordas do instrumento, pela palheta e pelo

1. J. A. B. Van Buitnen (trad.), *The Mahābhārata*, Livros 2-3,pp. 593-597; *Cakkavatti-sīhanāda-suttanta, Dīgha Nikāya*, nº. 26; *Sukhāvatīvyūha*, Seção sobre os Cinco Pecados, em T 12, nº. 362, 361, 360; *Fu-fa-tsang-yin-yüan-ch'uan*, T 50.315-17.

esforço de quem toca, toda e qualquer coisa, sem ter um ser próprio, aparece e desaparece, dependendo da suficiência ou insuficiência de suas causas e condições. Tudo que depende de outras coisas para sua produção e existência é desprovido de ser próprio ou realidade, assim como um sonho ou uma ilusão. Uma vez que todas as coisas são igualmente vazias de ser próprio, elas não são diferentes entre si com relação ao vazio. Essa filosofia encontrou sua primeira expressão radical no vasto *corpus* de textos conhecidos como *Prajñāpāramitā*, ou os sutras da Perfeição da Sabedoria.

Os mais antigos desses textos foram produzidos por volta do primeiro século d.c. e novas compilações foram desenvolvidas a partir deles, por meio de desdobramentos e condensações, durante cerca de mil anos, em quatro fases: 1. o período de formação do *Sutra da Sabedoria Perfeita em Oito Mil Versos* (*Aṣṭasāhasrikā-prajñāpāramitā-sutra*), que constitui o sutra básico da Perfeição da Sabedoria (anterior a 100 d.c.), ele próprio constituído por camadas mais antigas e mais recentes; 2. o período de ampliação (100-300 d.c.), durante o qual o sutra básico foi ampliado para a forma dos *Sutras da Sabedoria Perfeita em Dezoito Mil Versos, Vinte e Cinco Mil Versos e Cem Mil Versos*, composições em prosa que recebem seus nomes de acordo com o número de śloka (estrofes) de 32 sílabas nelas contidas; 3. o período dos textos condensados em prosa e verso (300-500 d.c.), como o *Sutra do Diamante* (*Vajracchedikā*) e o *Sutra do Coração* (*Prajñāpāramitā-hṛdaya*); 4. o período tântrico (600-1200 d.c.), no qual os textos foram compostos sob a influência do tantrismo. Os mais importantes desses sutras foram traduzidos para o chinês diversas vezes, e Hsüan-tsang compilou uma coletânea de seiscentos volumes com quase todos os sutras da Perfeição da Sabedoria.

Esses textos têm como tema central a compaixão e o auto-sacrifício dos bodisatvas, que, enquanto não tivessem salvo todos neste mundo, não entrariam no nirvana da quiescência absoluta. Recusando-se a desfrutar da iluminação apenas eles próprios, eles não deixariam a sociedade comum para trás, mas andariam junto com todos os demais. A ideologia dos bodisatvas desenvolveu-se rapidamente junto com a prática religiosa efetiva. Em contraste com os monges dos mosteiros conservadores, os seguidores da escola Mahāyāna, quando monges, guiavam persistentemente os leigos que adoravam os stūpas. Mais freqüentemente, o próprio bodisatva era um leigo. A imagem da pessoa religiosa mudou radicalmente. Até então, os praticantes tinham ou vivido num mosteiro ou meditado na floresta. Mas os bodisatvas que aparecem no *Sutra da Sabedoria Perfeita* são em geral homens ricos e poderosos, que vivem em esplêndidas mansões nas cidades, são modelos de educação, virtude e eloqüência, são respeitados e amados por todos, são elegantes e estão cercados de admiradores e, conforme a ocasião exigir, são empreendedores e heróicos. Eles podem ser descritos em termos essencialmente ativos, sociais e seculares. No bodisatva, o religioso e o profano se mesclam numa só figura.

A história do chefe de família encontrada no *Sutra da Sabedoria Perfeita em Oito Mil Versos* ilustra esse ideal. Ele sai numa viagem com sua família e dependentes e eles se perdem na selva. Quando seus companheiros de viagem, entre os quais estão mulheres e crianças, ficam assustados e agitados, ele lhes diz: "Não fiquem com medo. Já vou conduzi-los para fora da selva". Não importa com que força as dificuldades e perigos o pressionam, ele não abandona seu povo, para tentar escapar sozinho. Ele inventa um método apropriado para cada ocasião e defende os companheiros de cada novo perigo. No final, ele conduz todos de volta a sua própria cidade. Embora compreenda a verdade e chegue até o portal da salvação, como não pode abandonar os seres seus irmãos, o bodisatva renuncia a seu próprio nirvana, a fim de seguir o caminho do sofrimento neste mundo junto com todos os demais. Essa compaixão se enraíza na percepção dos bodisatvas de que não há salvação fora da vida neste mundo. Não é verdade que a ilusão ou a iluminação tenham uma natureza intrínseca, pois nenhuma delas existe como uma entidade separada. Elas são não-duais e desafiam a uma diferenciação essencial. A ordem religiosa está no interior do profano. A iluminação não existe fora da ilusão.

O *Sutra da Sabedoria Perfeita* faz uma relação de seis perfeições (pāramitā) como as práticas religiosas do bodisatva: a caridade perfeita, a observação de preceitos, a perseverança perfeita, a energia perfeita, a meditação perfeita e a sabedoria perfeita. Aqui, a palavra "perfeita" tem um significado especial. A caridade não significa dar aos outros quando se tem mais que o suficiente, mas dar tudo que se tem, até e inclusive a própria vida. Além disso, enquanto a pessoa permanece autoconsciente, não se pode dizer que sua caridade tem a perfeição de um ato puramente não-egoísta. Por outro lado, a prática religiosa da meditação envolve mais que o controle da própria mente, sentando-se e meditando sobre um objeto. A meditação perfeita vai além da forma exterior da meditação. A meditação verdadeira pode existir em meio à ação social. A perfeição depende da compreensão de que *nenhuma prática tem sua própria natureza intrínseca.* Quando se insiste numa virtude chamada caridade, acreditando-se que ela tem alguma qualidade intrínseca, a caridade não é perfeita. Somente quando não tem natureza intrínseca de caridade – quando ela é vazia (*śūnya*) – é que a caridade se torna perfeita. A iluminação também, quando se insiste nela como iluminação, se torna ilusão. Assim, a sabedoria perfeita significa saber que nada tem uma natureza intrínseca, ou que tudo é vazio. Em algumas circunstâncias, até o veneno pode se tornar uma droga miraculosa: se o veneno tivesse uma natureza intrínseca, essa transformação não poderia ocorrer. A distinção entre corrupção e pureza é, em última análise, uma questão de apego egoísta.

Na filosofia Abidarma, cada dado é classificado de acordo com categorias, e atribui-se ao dado assim categorizado um ser próprio inerente e imutável: a água tem sua própria qualidade da umidade e o fogo, a do calor. Desse ponto de vista, o nirvana, que é incondicionado e imutável, constitui um domínio completamente diferente do dos fenômenos condicionados e mutáveis. Os dados se diferenciam da mente; a mente se diferencia das funções mentais, cada qual sendo dotado de um ser próprio diferente. Uma ação boa é essencialmente diferente de uma ação má. Uma coisa não pode ser alternadamente boa e má, isto é, não pode haver às vezes iluminação e às vezes ilusão. O *Sutra da Sabedoria Perfeita* se contrapunha a essa filosofia da distinção e a seu dualismo religioso e metafísico. O chamado ser próprio imutável é meramente o resultado do apego às formas da percepção e da linguagem. Não se trata da existência de um ser próprio da forma "cor" dos objetos vermelhos ou brancos nem da existência de um ser próprio da impureza no amor. Os seres humanos ligam arbitrariamente o "ser próprio" ao fluxo dos dados sempre em mudança. Na forma original do vazio e pureza, não há distinção entre os dados e a mente, a iluminação e a ilusão, nem qualquer outra dicotomia. Nessa forma original, tudo é não-dual, indiferenciado.

Na época, a filosofia Abidarma representava o racionalismo no interior do budismo. No entanto, desde o início, havia místicos no budismo que rejeitavam as tendências racionalistas. O *Sutra da Sabedoria Perfeita* é a obra de pessoas que viam na meditação o único e exclusivo caminho para a compreensão da realidade. Quando a pessoa concentra sua atenção num certo objeto e medita sobre ele, o nome e forma desse objeto desaparecem. Como os objetos do pensamento, as representações e os sentimentos desaparecem todos, a pessoa apreende a realidade mais alta, que permanece até o final e que nem vem a ser nem perece. Essa realidade também não se manifesta em nenhuma forma, é ilimitada e infinita, tanto em termos temporais quanto em termos espaciais, e é livre de toda designação, é pura, quiescente e isolada.

Três espécies de meditação (samādhi), também denominadas as três entradas para a libertação, representam a atitude religiosa fundamental dos budistas da tradição Mahāyāna com relação a todas as coisas. São elas a meditação do vazio (śūnyatā), a ausência de signos (*animitta*) e a ausência de desejos (*apraṇihita*, o estado em que se está livre dos desejos). O vazio, a negação de ser próprio (*niḥsvabhāva*), é a realidade mais alta da pureza original; a ausência de signos, equivalente à não-cognição (*anupalabdhi*), é o caráter epistemológico dessa realidade; a ausência de desejos, o desapego (*asaktatā*), é seu caráter psicológico. A pessoa que apreende intuitivamente a realidade mais alta não mais supõe que existe um ser próprio nas coisas, ela também não considera possível que as coisas possam ser reconhecidas por certas características ou captadas por definições. Em conseqüência, essa pessoa não se apega a ser algum, não se prende a ele, nem tem desejos com relação a ele.

Na ordem mais alta da realidade, as coisas são intrinsecamente vazias e não podem ser caracterizadas por nenhum signo. Os místicos do *Sutra da Sabedoria Perfeita* não confiavam na linguagem nem na cognição humanas. Com relação à realidade mais alta, o que quer que se diga é meramente um símbolo verbal. Assim como as palavras, as percepções comuns, os julgamentos e a cognição também são desprovidos de validade objetiva. Esses místicos ainda não tinham desenvolvido uma epistemologia sutil como a que seria encontrada nas filosofias budistas posteriores: ao contrário, na meditação, eles efetivamente vivenciavam o desaparecimento gradual da percepção e dos julgamentos em relação aos objetos. A intuição que restava no final não podia ser expressa por nenhum meio. A realidade mais alta é às vezes descrita como a "mente pura e brilhante". Uma vez que até mesmo a distinção entre a mente e os dados não se dá no mundo da intuição, que transcende a linguagem, é uma e a mesma coisa dizer que uma coisa é originalmente pura e dizer que a mente é pura e brilhante. O *Sutra* não desenvolve sua descrição da realidade mais alta além disso. No entanto, a idéia de que tudo que está além dessa pureza – as imagens perceptuais e as formas verbais, o valor dos julgamentos, a degeneração e as ações que nela se originam – é disposto arbitrariamente pelos sujeitos humanos teve grande influência sobre o pensamento posterior das escolas Mādhyamika, Vijñānavāda, Tathāgatagarbha, Hua-yen e Ch'an.

Contra as distinções da escola Abidarma entre o bem e o mal, o sagrado e o profano, a iluminação e a degeneração, o nirvana e o saṃsāra, a filosofia do vazio defendia o ponto de vista da não-dualidade, argumentando a partir da impossibilidade de traçar distinções nítidas e inequívocas entre as coisas despidas de ser próprio. Esse ponto de vista da não-dualidade é magnificamente expresso no *Sutra de Vimalakīrti*. Uma deusa lança flores sobre os muitos convidados que se reuniram na casa de Vimalakīrti. As flores que caíam sobre os bodisatvas da escola Mahāyāna escorregavam e caíam ao chão, enquanto as que caíam sobre os monges da escola Hīnayāna prendiam-se a seus corpos. Achando que, como um mendicante que renunciara à vida mundana, ele não deveria adornar-se com flores, Śāriputra, o sábio que representa os monges da escola Hīnayāna, emprega, em vão, todo seu esforço para remover as flores presas a seu corpo. A deusa, rindo para ele, diz que é somente a atitude de discriminação de Śāriputra que distingue entre o mundano e o não-mundano. Śāriputra argumenta que o Buda ensinou as pessoas a atingir a emancipação livrando-se da degeneração da avidez, do ódio e da ignorância. A deusa responde que esse ensinamento destina-se apenas aos que têm apego a si próprios e que o Buda ensinou a não-dualidade da degeneração e iluminação para os que estão livres dessa forma de orgulho. Vimalakīrti pede aos trinta e dois bodisatvas que se encontram a sua volta que expliquem o ensinamento do Buda sobre a "entrada na não-dualidade". Cada qual apresenta uma explicação diferente do que significa a não-dualidade: a identidade entre bem e mal, entre saṃsāra e nirvana, entre degeneração e iluminação, entre mundano e não-mundano, e assim por diante. O bodisatva Mañjuśrī assinala a inadequação dessas respostas e declara que a não-dualidade ensinada pelo Buda é a atitude de libertar-se das palavras e conceitos. Então Mañjuśrī pede a Vimalakīrti que apresente sua própria interpretação. Vimalakīrti permanece em silêncio e não emite uma só palavra.

O Contexto Social da Filosofia Mahāyāna

O contexto social imediato do surgimento da filosofia Mahāyāna encontra-se na prática da *adoração do stūpa*. De acordo com o *Mahāparinibbāna-suttanta* (*Digha Nikāya*, n. 16), em resposta à pergunta de Ānanda sobre como tratar o corpo do Buda após sua morte, o Buda teria instruído Ānanda e os outros ascetas a dedicar-se a sua busca religiosa, sem se preocupar com a questão, e que a cremação, a construção de um stūpa contendo as relíquias do Buda e os rituais de homenagem deveriam ser confiados aos seguidores budistas leigos, inclusive os brāmanes, kṣatriyas e pessoas judiciosas. No mesmo sutra, o Buda ensina em detalhe como seu corpo deve ser colocado no caixão, como deve ser cremado, como construir um stūpa e como adorá-lo com coroas de flores, incenso, cores, guarda-chuvas – ao quê, a versão chinesa do sutra (T 1.20b) acrescenta a música e a dança. Nem a versão páli nem a chinesa podem remontar aos tempos primitivos, mas a versão páli era conhecida na época de Aśoka, que erigiu muitos stūpas, determinou os quatro locais sagrados do Buda e realizou peregrinações até eles. Os textos do Vinaya das escolas Mūlasarvāstivāda e Dharmaguptaka descrevem como, por ocasião de um serviço budista num stūpa, muitos comerciantes se reuniram para abrir um mercado e ofereceram ouro, prata, roupas, pérolas e pedras preciosas, destinados unicamente a manter o stūpa; eles foram proibidos de usar monges e monjas.

Uma vez que seus preceitos proibiam aos monges e monjas ouvir músicas e narrativas mundanas, ver danças, entrar em mercados e colher flores vivas, eles não podiam realizar serviços nos stūpas junto com os leigos. Os textos chineses do Vinaya compilados por diversas escolas revelam que os stūpas estavam sob os cuidados e administração de budistas leigos, e não de monges e monjas, enquanto os textos mais antigos do Vinaya, escritos em páli, não fazem menção ao servi-

15. Cópia do *Sutra do Diamante*, datado de 868.

ço nos stūpas[2]. É evidente que, muito cedo, os seguidores leigos, reunindo-se em torno dos stūpas, começaram a formar um "budismo da fé", separado do "budismo da verdade" mantido nos mosteiros. Como é mais antigo que o *Sutra da Sabedoria Perfeita em Oito Mil Versos*, o *Grande Sutra de Amitābha* (T 12. 300-320) é reconhecido como sendo de um período anterior à escola Mahāyāna. O sutra descreve os vinte e quatro votos primitivos feitos pelo bodisatva Dharmākara, antes de se tornar Amitābha. Ele faz o voto de aceitar no Sukhāvatī, sua Terra do Buda, os filhos e filhas de boas famílias que adoram os stūpas, que irá torná-los bodisatvas nessa terra, se eles tiverem fé nele (sexto voto), e que fará ascetas (śramaṇa), praticantes das seis perfeições, nascerem em sua terra e os tornará bodisatvas irreversíveis (sétimo voto). Esses votos separados para leigos e monges indicam que, por volta do primeiro século d.C., entre os que adoravam Amitābha, alguns haviam se tornado monges e monjas, provavelmente para responder à necessidade de líderes, à medida que esses grupos cresciam, ou que alguns monges e monjas das escolas de tradição Hīnayāna haviam se juntado ao grupo dos que adoravam Amitābha. Uma vez que os conservadores monges da escola Hīnayāna se recusavam a reconhecer budas em contemporâneos seus como Amitābha, os ascetas mencionados no sétimo voto deviam viver fora dos mosteiros hīnayānas.

A escola Sthaviravāda e suas subescolas, como a escola Sarvāstivāda e a Vibhajyavāda, estavam entre as escolas de tradição Hīnayāna que afirmavam que no passado haviam surgido apenas sete budas, dos quais o sétimo fora Gautama, o Śākyamuni. A época presente pertence à era de Śākyamuni, que deverá continuar até o aparecimento de Maitreya, o futuro Buda. As escolas progressistas, como a Mahāsāṅghika e suas subescolas tendiam a acreditar que havia muitos budas habitando nosso presente, nas dez direções ou mesmo na própria Índia. Algumas dessas escolas, como por exemplo Caitika (Cetiya), deviam estar associadas a stūpas, como o próprio nome sugere – "caitya" (cetiya) equivalendo a "stūpa". Os leigos que costumavam dobrar-se e orar em frente ao stūpa do Buda jamais poderiam aceitar o ensinamento monástico Hīnayāna de que o Buda no stūpa estava morto havia muito; eles se recusavam a acreditar que não existia nenhum Buda na época em que viviam. Mesmo antes de surgir o budismo de tradição Mahāyāna, novos budas como Akṣobhya e Amitābha eram reverenciados pelos leigos e os monges progressistas, como fica evidente nas referências freqüentes do *Sutra da Sabedoria Perfeita em Oito Mil Versos* a Akṣobhya, cuja Terra do Buda está no Leste, e a outros bodisatvas. Os que adoravam os stūpas, tanto leigos quanto monges, eram chamados de "filhos e filhas de boas famílias"

2. A. Hirakawa, *Shoki daijō no kenkyū* (Estudos sobre o Budismo Mahāyāna Primitivo), pp. 617-643.

e viriam a ser chamados "bodisatvas", provavelmente no primeiro século d.C., quando o *Sutra da Sabedoria Perfeita em Oito Mil Versos* estava sendo compilado. Muitos dos sutras da escola Mahāyāna, ao enumerar seu público nas partes introdutórias, mencionam um "grupo dos bodisatvas" (*bodhisattva-gaṇa*) ou uma "ordem dos bodisatvas" (*bodhisattva-saṅgha*), separada da (Hīnayāna) "ordem dos discípulos" (*śrāvaka-saṅgha*). Isso sugere que havia grupos de seguidores da doutrina Mahāyāna formando ordens distintas.

O Culto do Bodisatva

Uma das inovações mais notáveis da espiritualidade Mahāyāna é o desenvolvimento da *noção de bodisatva*. Acreditava-se que o Buda Gautama fora um seguidor de outros budas em muitas vidas anteriores. A existência de muitos budas no passado e no futuro significava que poderia haver muitos aspirantes à iluminação budista, ou bodisatvas, em qualquer época, e eles não precisavam ser monges. Não podemos determinar a data exata do surgimento das histórias de Jātaka, nas quais são repetidamente encontradas as formas existentes da palavra *bodhisatta* (em sânscrito, *bodhisattva*), referindo-se às encarnações anteriores do Buda Gautama. Como relevos retratando cenas das histórias de Jātaka são encontrados nos stūpas em Barhut que, segundo uma inscrição, foram construídos durante a dinastia Śuṅga (cc. 180-70 a.C.), as histórias devem ter-se originado o mais tardar na metade do segundo século a.C. A palavra *bodisatva*, no entanto, surgiu posteriormente às histórias de Jātaka e foi nelas interpolada. A idéia do bodisatva como um ser senciente, destinado à iluminação plena, teve origem na famosa história do Buda Dīpaṁkara, um dos sete budas do passado, na qual ele faz uma predição ao jovem Megha, uma encarnação anterior de Gautama, que atingiu a iluminação plena ao ver o Buda Dīpaṁkara. Ele ofereceu ao Buda cinco hastes de flores e espalhou seus longos fios de cabelos sobre o solo barrento, para que o Buda andasse sobre eles. O Buda então predisse que Megha seria um Buda chamado Śākyamuni. Após ouvir essa profecia, Megha, consciente de sua futura iluminação, empenhou-se em praticar as seis perfeições de um bodisatva. Assim, ele representa exatamente o que significa a palavra *bodisatva* – um ser destinado a buscar, ou que busca, a iluminação plena. Esse conceito tinha se tornado amplamente conhecido por volta do ano 100 a.C[3].

A palavra composta *bodisatva* pode ser analisada de muitas formas, mas apenas três interpretações são bem confirmadas pela bibliografia budista: 1. nos sutras Páli, o Buda freqüentemente diz,

3. A. L. Basham, "The Evolution of the Concept of the Bodhisattva", em Leslie S. Kawamura (org.), *The Bodhisattva Doctrine in Buddhism.*

referindo-se a sua experiência passada: "Quando eu era um bodisatva, e ainda não plenamente iluminado, ocorreu-me que [...]". O contexto mostra claramente que *bodhi* significa "iluminação" e *satta* (*sattva*) um "ser senciente". *Bodisatva* refere-se então a um ser senciente que busca a iluminação plena. 2. A palavra páli *satta* pode ser equivalente ao *sakta* em sânscrito, que significa "apegado a, devotado a". Buddhaghosa, o ilustre comentador do Cânone Páli, interpreta a palavra *bodhisatta* como significando um ser devotado à iluminação. No entanto, o *Sutra da Sabedoria Perfeita em Oito Mil Versos* e o em *Vinte e Cinco Mil Versos*, enfatiza que o bodisatva Mahāyāna não deve ser apegado a nada, nem mesmo à iluminação budista, porque a sabedoria perfeita é vazia de ser próprio. 3. O *Sutra da Sabedoria Perfeita em Oito Mil Versos* e os grandes comentadores Haribhadra e Kumārajīva interpretam o componente *sattva* como significando "intenção" (*abhiprāya*), "mente" (*citta*), ou "mente heróica" (cf. o *satvan* védico), de modo que o *bodisatva* denota um ser cuja mente ou intenção são dirigidas à iluminação plena.

Nos *Sutras da Sabedoria Perfeita* e outros sutras de tradição Mahāyāna, a palavra *bodisatva* freqüentemente aparece em combinação com a palavra *mahāsattva* (um grande ser, ou um ser dotado de grande intenção). Ao comentar as palavras *bodisatva mahāsattva*, Haribhadra diz o seguinte:

> Os *bodisatvas* são aqueles cujo *sattva*, ou intenções, é dirigido à realização de seus próprios interesses, isto é, a iluminação como desapego de todas as coisas. É possível contestar que mesmo os *śrāvakas* (monges da escola Hīnayāna) possam ser assim. Deste modo, é acrescentada a palavra *mahāsattva*. Aqueles cuja mente é dirigida à realização de grandes benefícios para outros são chamados *mahāsattvas*. Pode-se objetar que um *mahāsattva*, ou um ser com grande mente altruísta pode ser encontrado em toda parte, como no caso do bom não-budista. Assim a palavra *bodisatva* também é empregada[4].

Na Índia, o conceito de bodisatva desenvolveu-se em quatro estágios: 1. O bodisatva como Gautama, antes de sua iluminação: Gautama desde seu nascimento em seu mundo histórico até a época de sua iluminação, na qual ele se tornou um Buda, tinha sido um bodisatva, um praticante da religião que aspirava à iluminação budista. Ele é às vezes chamado de bodisatva, mesmo quando no Céu de Tuṣita, antes de seu nascimento neste mundo. 2. O *Jātaka*. As antigas fábulas populares indianas, nas quais não apenas os homens e mulheres de todas as classes e profissões, mas também os animais, os pássaros e outras criaturas desempenham papéis importantes, que foram introduzidas no budismo. Os monges budistas identificavam os personagens

4. Cf. Y. Kajiyama, "On the Meanings of the Words 'Bodhisattva' and 'Mahāsattva' in Prajñāpāramitā Literature", em L. A. Hercus et al. (orgs.), *Indological and Buddhist Studies*.

principais das histórias com as várias encarnações do Buda Gautama em suas inúmeras vidas anteriores. Proibidos de ouvir ou contar histórias mundanas, eles recorriam a essas adaptações, com a finalidade de disseminar os ensinamentos budistas. Eles chamavam de bodisatva o principal personagem de uma história. As histórias eram depois incorporadas ao cânone budista, sob o nome de *Jātaka*, ou histórias do Buda em seus nascimentos anteriores. 3. Bodisatvas divinos: mesmo antes do aparecimento do budismo da escola Mahāyāna, salvadores divinos, como Avalokiteśvara, Maitreya e Amitābha, manifestavam-se em resposta aos desejos fervorosos das massas que sofriam. Eles são seres de misericórdia, que salvam os pecadores. Alguns deles, como Avalokiteśvara e Maitreya, são denominados bodisatvas, enquanto outros, como Akṣobhya e Amitābha, são mencionados como budas. No entanto, os primeiros devem se tornar budas no futuro, enquanto os últimos eram bodisatvas antes de alcançar a iluminação budista. 4. O bodisatva como "todo e qualquer budista Mahāyāna"[5]: os sutras de tradição Mahāyāna ensinavam aos que adoravam os stūpas que eles deveriam se esforçar para se tornar, não arhats, os sábios supremos do budismo Hīnayāna, mas budas, por meio da prática das seis perfeições. Assim, todos os seguidores da escola Mahāyāna, tanto leigos quanto monges, vieram a ser chamados de bodisatvas (aqueles que buscam a iluminação budista), ao contrário dos śrāvakas (discípulos, ou monges da escola Hīnayāna). Nos sutras de tradição Mahāyāna, os bodisatvas leigos aparecem como heróis e heroínas.

A ética e disciplina budistas foram reformuladas à luz do ideal do bodisatva. No budismo de tradição Hīnayāna, os monges e monjas observam de duzentos a trezentos preceitos, mas os seguidores leigos seguem apenas cinco preceitos. Os sutras de tradição Mahāyāna aconselhavam os filhos e filhas de boas família, ou bodisatvas, tanto leigos quanto monges, a se manter no caminho das dez boas ações, ao observar as seguintes regras: 1. não matar, 2. não roubar, 3. não cometer adultério, 4. não mentir, 5. não usar palavras rudes, 6. não emitir palavras que causem inimizade entre as pessoas, 7. não travar conversas frívolas, 8. não ser ávido, 9. não ficar irritado, 10. não ter concepções erradas. Os quatro primeiros conselhos coincidem com os quatro primeiros preceitos da escola Hīnayāna para os leigos (o quinto era não ingerir substâncias tóxicas). Pouco depois do surgimento da escola Mahāyāna, os "três aprendizados", que consistiam em preceitos, meditação e sabedoria e haviam sido práticas fundamentais do budismo primitivo, foram ampliados para seis perfeições (pāramitā): caridade (*dāna*), observação de preceitos (*śīla*), disposição (*kṣānti*), energia (*vīrya*), meditação (diana) e sabedoria (prajñā), das quais a última,

5. M. Shizutani, *Shoki daijō Bukkyō no seiritsu katei* (O Processo de Formação do Budismo Mahāyāna Primitivo), pp. 238 ss.

prajñā-pāramitā, orienta os cinco primeiros como seu princípio interno. A perfeição da sabedoria, ou sabedoria perfeita, é a sabedoria do vazio, que constitui a onisciência de um Buda e é a verdadeira natureza de todas as coisas (*dharmatā*). As primeiras cinco perfeições permanecem como meras boas práticas mundanas, se não são fundadas da sabedoria perfeita: da mesma forma que pessoas cegas que, sem um guia, não podem alcançar seu destino, como acrescenta o sutra. Cada uma dessas práticas só passa a ser chamada "perfeita" ao ser acompanhada pela sexta, a sabedoria perfeita. Enquanto os outros sutras da tradição Mahāyāna, em especial o *Sutra do Lótus*, incentivam as pessoas a adorar os stūpas, os *Sutras da Sabedoria Perfeita* ensinam que a onisciência, ou sabedoria perfeita de um Buda, é muito mais importante e merecedora de respeito que os restos de seu corpo contidos num stūpa. O *Prajñāpāramitā* é a mãe de todos os budas, pois todos eles foram iluminados sob sua guia e proteção. Essa idéia levou ao desenvolvimento de dois aspectos importantes do budismo da escola Mahāyāna: 1. os seguidores budistas eram aconselhados a copiar um sutra em vez de adorar um stūpa e, mesmo hoje em dia, copiar um sutra, em especial o *Sutra do Coração*, é uma prática amplamente disseminada entre os budistas leigos no Japão; 2. o conceito de "Corpo da Verdade" (*dharmakāya*), que apareceu talvez por volta de 200 a.C.[6]. Os *Sutras da Sabedoria Perfeita* enfatizavam que um Buda deveria ser considerado não como um corpo físico (*rūpakāya*), mas como o Corpo da Verdade.

A originalidade ética e espiritual do budismo de tradição Mahāyāna também se revela em sua reinterpretação da *origem dependente em doze membros* em termos do vazio. Os estudiosos da filosofia Abidarma explicavam a origem dependente em doze membros como o processo de transmigração de um ser senciente. Essa "teoria dos períodos da origem dependente" foi exposta pela primeira vez no *Jñānaprasthāna* e, depois, sistematizada no *Mahāvibhāsā* (por volta do século II d.C.). A teoria foi concluída na mesma época do aparecimento do budismo de tradição Mahāyāna. Os membros da escola Sarvāstivāda afirmavam que cada um dos doze membros da origem dependente é dotado dos cinco agregados (skandha) de todos os elementos do corpo e da alma, mas é denominado de acordo com o elemento que prevalece num período ou estágio específico de sua vida individual. A escola considerava os dois primeiros membros, "ignorância" e "volição" (saṃskāra), como pertencentes a uma das vidas passadas da pessoa; os oito membros, indo de "consciência" (*vijñāna*) a "existência" (*bhāva*), como pertencentes à vida presente,

6. A expressão "Corpo da Verdade" não aparece na camada mais antiga do *Sutra da Sabedoria Perfeita em Oito Mil Versos* (cf. versão chinesa, T 8.425 ss.); Nāgārjuna (150-250 D.C.), no entanto, usa a palavra.

e os dois últimos membros, "nascimento" (*jāti*) e "velhice e morte" (*jarāmaraṇa*), como pertencentes à vida futura. Assim, a origem dependente em doze membros passou a significar a transmigração de um ser que, devido a sua ignorância e más ações (volição) durante a vida passada, vem a nascer no ventre de uma mulher; como um grupo de elementos representados pela consciência, consolida sua individualidade (forma "nome"), desenvolve órgãos (seis órgãos), sai do ventre da mãe, compreende (contato) e sente (sensações) objetos externos e acumula paixões (desejos, apego) e ações más (existência) na vida presente, para renascer (nascimento) num futuro no qual ele repete o mesmo processo de sofrimento (velhice e morte)[7].

Os budistas da escola Mahāyāna admitiam que essa era a interpretação tradicional mais reconhecida, mas tentavam transcendê-la sem perder seu significado moral ou convencional. Como disse Schopenhauer, uma grande verdade que promete salvação precisa de um veículo mítico, para descer ao mundo do uso prático. A doutrina da transmigração e retribuição cármica é o veículo da verdade do budismo na esfera moral. A interpretação dos períodos da origem dependente em doze membros é um mito realista, criado com a finalidade de vincular a moralidade à religião. Qual era a alternativa para a escola Mahāyāna? O sexto capítulo do *Sutra Daśabhūmika* oferece dez diferentes interpretações da origem dependente em doze membros, em manifesta conformidade com a teoria da transmigração da escola Sarvāstivāda. Mas, no final, é feita uma súbita afirmação: "O bodisatva percebe, pela sabedoria da iluminação, que não há um eu, nem um ser senciente, nem vida, nem ser humano, nem substância, e que a origem dependente é vazia de um indivíduo que age e sofre". O *Sutra de Śālistamba*, venerado pela escola Mādhyamika, também explica a origem dependente em doze membros de acordo com a interpretação Sarvāstivāda. Mas acrescenta:

> Nada migra deste mundo para o outro, e sim, meramente, os efeitos das ações aparecem quando suas causas e condições estão presentes. Assim como o reflexo de nosso rosto é visto na superfície límpida de um espelho, não porque o rosto se desloca para a superfície do espelho, mas apenas porque todas as causas e condições estão

7. Causa [vida passada]:
 1. *avidyā* (ignorância)
 2. *saṃskāra* (volição = *carman*) Efeito [vida presente]:
 3. *vijñāna* (consciência)
 4. *nāma-rūpa* (forma "nome")
 5. *sadāyatana* (seis órgãos)
 6. *sparśa* (contato)
 7. *vedanā* (sensações) Causa [vida presente]:
 8. *tṛṣṇā* (desejo)
 9. *upādāna* (apego)
 10. *bhāva* (existência = *karman*) Efeito [vida futura]:
 11. *jāti* (nascimento)
 12. *jarā-marana* (velhice e morte)

presentes, também o efeito de uma ação aparece, não porque alguém, morrendo neste mundo, nasce no outro [...]. O fogo não queima quando alguma de suas causas ou condições está ausente, mas queima quando surgem todas as suas causas e condições. Da mesma forma, uma semente de consciência, produzida pelo carma e pela degeneração, vem a nascer no ventre de uma mulher e, desde que nenhuma das causas e condições esteja faltando, produz o embrião da forma "nome" – embora, assim como o espaço e a ilusão, todas essas coisas não pertençam a ninguém nem sejam possuídas por ninguém (T 16.823a14-24).

Tranferência de Méritos e o Ínicio da Terra Pura

A teoria budista da transmigração em cinco etapas, que parece ter sido estabelecida no final do terceiro século a.C., por volta da época em que ocorreu o primeiro cisma da ordem budista[8], também passou por uma transformação radical no pensamento Mahāyāna. As cinco etapas, ou as cinco formas da vida senciente, abrangem os habitantes do inferno, os fantasmas famintos (*preta*), os animais, os seres humanos e os seres divinos. Mais tarde, uma forma amplamente disseminada da teoria acrescentou demônios (*asura*) entre os animais e os seres humanos. Cada ser senciente leva ou uma vida relativamente feliz, à qual ascendem os seres divinos e humanos, ou uma vida miserável que é o destino dos fantasmas famintos, dos animais e dos habitantes do inferno – uma condição determinada por suas próprias ações passadas. Mesmo que nascida no céu, a pessoa deve cair no mundo humano ou no inferno, ao exaurir os méritos das boas ações passadas. O ser senciente transmigra infinitamente, vida após vida, passando pelas cinco formas e seus mundos respectivos. Essa concepção contrapõe-se à escatologia zoroastriana ou cristã, nas quais acredita-se que o indivíduo vai para um lugar determinado eternamente. Uma boa ação, por mais meritória que seja, assegura ao ser que a realiza uma felicidade apenas temporária no céu ou no mundo humano, que não é o lugar da felicidade suprema, mas meramente um dos mundos nos quais ele transmigra. Como a transmigração é um princípio que vincula as boas ou más ações a resultados felizes ou infelizes, a virtude moral não é suficiente para libertar um ser do mundo da transmigração. Os seres divinos, embora mais felizes que os seres humanos, também tinham necessidade de ser salvos. O politeísmo da antiga Índia não tinha um Deus criador que salvava as almas pela graça, de modo que não podia haver um princípio de salvação na doutrina da transmigração. Antes do surgimento dos cultos de Viṣṇu e Amitābha, o único princípio que emancipava a pessoa da transmigração era a intuição mística. Nos Upanishadas, era a intuição da identidade entre o eu individual e o princípio bramânico, cósmico e absoluto; no bu-

8. Cf. *Samyutta Nikāya*, V, 474 ss.; *Samyukta Āgama*, T 2.114; *Samyukta Āgama Menor*, T 2.488. A concordância em termos de teoria entre os textos chineses e os textos em páli sugere que sua origem é bem antiga.

dismo, era a compreensão do desaparecimento da degeneração e do sofrimento. Tanto no budismo quanto no bramanismo, essa intuição podia ser alcançada por meio da meditação (ioga), um caminho aberto apenas a uma pequena elite religiosa.

Os dois princípios da transmigração e retribuição cármica ensinados pelo budismo da escola Hīnayāna são: 1. as boas e más ações produzem felicidade e sofrimento correspondentes; 2. os resultados retornam a nenhum outro além do ser que realiza as ações. No entanto, idéias opostas e transcendendo aos dois princípios começaram a aparecer posteriormente em textos em páli e na filosofia Abidarma. Por fim, no *Sutra da Sabedoria Perfeita em Oito Mil Versos*, surgiu o conceito de *parināmanā*, que significa tanto a transferência dos méritos quanto a transformação dos méritos. Juntamente com o desenvolvimento da doutrina da transferência e transformação dos méritos, deuses da graça, como Viṣṇu e Amitābha, manifestaram-se em resposta às indagações do povo que sofria. Muitas das narrativas encontradas no *Petavatthu* do Cânone Páli indicam que os seres divinos, os fantasmas famintos e outros seres inacessíveis não são capazes de receber oferendas diretamente de um doador e que, para beneficiá-los, a pessoa deve fazer as oferendas diretamente a um monge virtuoso ou a uma comunidade budista, um ato por meio do qual ela pode transferir méritos a eles. Os textos sobre o Abidarma encontrados no *Jñānaprasthāna* e no *Abidarmakośabhāṣya* afirmam que os budas ou arhats podem transformar o carma que amadurece como vida em carma que amadurece como felicidade, ou vice-versa, assim encurtando ou prolongando seu tempo de vida. Esses textos, embora ainda não empreguem o termo *parināmanā*, já expressam a idéia de que o carma e o mérito são transferíveis de uma pessoa para outra e de que seu conteúdo pode ser alterado, ao contrário dos dois princípios da retribuição cármica, acima. De acordo com o *Sutra da Sabedoria Perfeita em Oito Mil Versos*, as seis práticas de um bodisatva, que em si mesmas são ações de um bem mundano, se transformam em onisciência com o qual elas passam a ser denominadas seis perfeições (pāramitā); o sutra também fala sobre a transformação dos méritos das boas ações – isto é, felicidade – em iluminação suprema e perfeita, que é a sabedoria não-mundana.

O tema dos deuses da graça está por trás do início da tradição da Terra Pura. De acordo com o *Grande Sutra de Amitābha*, que representa a forma mais antiga do *Sutra de Sukhāvatīvyūha*[9], Dharmākara,

9. O *Sutra Sukhāvatīvyūha Maior*, encontrado no original sânscrito e na tradução tibetana, representa um desenvolvimento posterior do sutra. Entre as cinco traduções chinesas, o chamado *Grande Sutra de Amitābha* (T 12.300, nr. 362), que os estudiosos supõem ser um sutra anterior ao surgimento da escola Mahāyāna, retém a forma mais antiga do *Sukhāvatīvyūha*. Na China e no Japão, no entanto, uma tradução chinesa (T 12.265, nr. 360) do *Sukhāvatīvyūha Maior* é considerada como o sutra padrão.

o bodisatva, antes de se tornar o Buda Amitābha, diz no quinto de seus vinte e quatro votos:

> Se os inúmeros seres, inclusive os seres divinos, os seres humanos e mesmo os insetos que voam e se arrastam, apesar de ter cometido maldades em suas vidas anteriores, após ouvir meu nome quando eu tiver me tornado um Buda, dirigirem sem cessar seus pensamentos, ao nascer em meu país, e refletirem sobre si mesmos, e se arrependerem de suas más ações, realizarem bons atos pela causa do budismo e recitarem sutras, então farei com que eles nasçam em meu país sem ter de voltar ao inferno e ao estado de animais e fantasmas famintos; e se assim quiserem, eu farei deles budas, em virtude deste meu voto. Se este meu voto não se realizar, então que eu não me torne um Buda (T 12.301b14-20; tradução para o inglês do autor).

Assim, Amitābha pode fazer com que todos os seres sencientes, inclusive os mais degenerados, nasçam em sua Terra do Buda e se tornem budas, pela transferência aos seres sencientes dos méritos que ele acumulou durante eras de prática religiosa.

De acordo com o *Sutra Maior de Sukhāvatīvyūya*, no passado imensuravelmente distante, após ouvir o sermão do Buda Lokeśvararāja, o bodisatva Dharmākara fez quarenta e oito votos originais para salvar todos os seres sencientes. Após alcançar a iluminação budista, ele possuiria luz infinita e vida infinita; sua própria terra seria superior à de todas as outras terras do Buda, um país ideal, sem degeneração, sofrimento ou ilusão, e os que acreditavam nele e desejassem sinceramente nascer em seu país teriam todos os seus desejos realizados e poderiam aí seguir vidas religiosas perfeitas que conduziriam à iluminação budista. Após anos imensuráveis de disciplina, cheios de dificuldades, Dharmākara, que havia feito o voto de que não se tornaria um Buda até que todos os seus votos tivessem se cumprido, finalmente alcançou a iluminação budista. Ele é denominado Amitābha. Ele agora prega sua doutrina e chama todas as pessoas, prometendo-lhes que nascerão em seu país, simplesmente ao pensar nele. Designada como *Sukhāvatī*, ou Terra do Êxtase, esse país se encontra a oeste das incontáveis terras do Buda. Tanto o *Sutra Maior de Sukhāvatīvyūha* quanto o *Menor*[10] descrevem suas características em detalhe, usando a capacidade hiperbólica da imaginação indiana até o limite, para expressar suas maravilhas, tanto religiosas quanto mundanas. Na escola Mahāyāna, esses votos eram feitos por todos os bodisatvas. No entanto, Dharmākara, após examinar todos os votos dos budas e bodisatvas e seus países, fez seus votos de modo a estabelecer um país que ultrapassasse todas as terras do Buda. Ao retratar Amitābha e a Terra do Êxtase como supremos em meio aos

10. No Budismo da Terra Pura da China e do Japão, o *Sutra Maior de Sukhāvatīvyūha* (T 12.265, n. 360), o *Sutra Menor de Sukhāvatīvyūha* (T 12.346, n. 366) e o *Sutra de Amitāyur-dhyāna* (T 12.340, n. 365) constituem os sutras básicos da doutrina da Terra Pura, sendo denominados "os Três Sutras".

inúmeros budas e terras do Buda, os dois sutras conseguem dar-lhes uma posição absolutamente única na devoção que se desenvolveria posteriormente.

Um bodisatva Mahāyāna pode ser comparado a alguém que conduz, através de um deserto sem fim, uma grande caravana de jovens de temperamento turbulento, crianças, mulheres e velhos ignorantes, camelos e cavalos, carregando um grande número de pertences. Essa tarefa requer uma forte determinação e total preparo, num grau inimaginável para os pequenos comerciantes que buscavam sua própria prosperidade (seguidores da escola Hīnayāna em busca da própria salvação). Antes da partida, o líder deve preparar as provisões e reservas de água; ele deve estar familiarizado com as características geográficas do trajeto e ser capaz de prever todos os perigos de acidentes que podem acontecer. Ele precisa de sabedoria, para discernir as intenções das pessoas, de conhecimento prático e engenhosidade, de medidas apropriadas contra emergências e de compaixão, para poder conduzir o grupo a seu destino sem perder nenhum deles, enfrentando sozinho todas as agruras. O voto do bodisatva é como o plano de viagem desse líder de caravana. Ele é permeado de um espírito corajoso e do mais completo conhecimento da ignorância das pessoas e das paixões más. Ele avalia as causas e condições da ilusão e do sofrimento e projeta a felicidade e prosperidade das pessoas em sua chegada a seu destino. As pessoas que seguem esse líder têm confiança absoluta nele e estão cheias de felicidade antes do início da jornada. Na adoração de Amitābha, em sua forma mais antiga na Índia e em seus desenvolvimentos posteriores na China e no Japão, a pura fé em Amitābha, o ato de pensar nele ou a recitação de seu nome eram considerados como a única condição necessária para o renascimento na Terra do Êxtase. No entanto, na Índia e na Ásia Central, onde a adoração de Amitābha se propagou amplamente nos primeiros séculos da Era Cristã, também a meditação concentrada em Amitābha, na qual o Buda é visualizado como uma *manifestação da Verdade do Vazio*, se tornaria uma característica importante desse tipo de budismo. O *Sutra de Pratyutpanna-buddha-saṃmukhāvasthita-samādhi* (T 13.897) enfatiza que é possível ver o Buda Amitābha e ouvir sua pregação quando se está em meditação profunda, sem ir ao Sukhāvatī, usando-se os olhos divinos e outros poderes sobrenaturais e que, desse modo, Amitābha nada mais é que a própria mente que está vazia de ser próprio. O Buda nem vem de algum lugar nem vai para lugar algum; ele aparece e desaparece de acordo com a suficiência e insuficiência de causas e condições, como o desejo sincero de vê-lo do adorador, a meditação profunda e assim por diante. O *Sutra de Amitāyur-dhyāna* (T 12.340) também descreve em detalhe como meditar, focalizando Amitābha e sua Terra do Buda, a fim de alcançar uma visão clara de ambos. Também esse sutra identifica Amitābha com a mente da pessoa que medita, uma vez que o Buda nada mais é que a mente plena de compaixão.

Em seu comentário sobre o *Sutra de Sukhāvatīvyūha*, Vasubandhu, após enumerar e elogiar as dezessete espécies de embelezamentos, ou méritos, sobrenaturais da Terra do Êxtase, as oito de Amitābha e as quatro de bodisatvas na Terra do Êxtase, diz que todas as vinte e nove podem ser resumidas em Uma Palavra Verdadeira (*eka-dharma-pada*), "pureza" (*pariśuddhi*), e que pureza significa o Corpo Incondicionado do Darma (*asaṃskṛta-dharmakāya*) como Sabedoria Perfeita. Essa pureza é dupla: o ambiente puro e a pureza dos seres sencientes. A pureza do ambiente refere-se à Terra de Sukhāvatī embelezada pelas dezessete espécies de méritos, a pureza dos seres sencientes refere-se a Amitābha, dotado dos oito embelezamentos, e aos bodisatvas, dotados dos quatro embelezamentos. Assim, é a pureza do Corpo Incondicionado do Darma como Sabedoria Verdadeira que se manifesta como Amitābha, como bodisatvas e como Sukhāvatī. Como "pureza" é um outro nome para o vazio (śūnyatā), Vasubandhu efetivamente identifica Amitābha, os bodisatvas e o Sukhāvatī ao próprio vazio que, por sua vez, se revela como os três. No mesmo comentário, Vasubandhu enfatiza que aquele que adora Amitābha deve persistir nas cinco práticas mentais, entre as quais está concentrar a própria mente (*śamatha*) com o sincero desejo de nascer na Terra do Êxtase e observar na meditação o fulgor físico e mental da Terra do Êxtase, de Amitābha e dos bodisatvas que nela habitam (*vipaśyanā*). Assim, para Vasubandhu, a meditação era a prática central do culto a Amitābha.

II. *O SUTRA DE VIMALAKĪRTI*

Nagao Gajin

O *Sutra de Vimalakīrti -Nirdeśa* (Sutra Exposto por Vimalakīrti) é um dos mais antigos sutras da tradição Mahāyāna que seguem o modelo do *Sutra de Prajñapāramitā*; ele data de antes do segundo século da Era Cristã. O original em sânscrito se perdeu. Foram feitas nada menos de sete traduções para o chinês, sendo a de Kumārajīva a mais popular. A tradução tibetana do século IX retém o sabor do original em sânscrito.

O nome Vimalakīrti significa "aquele que tem fama sem nódoas". Vimalakīrti é um cidadão rico de Vaiśāli (atual Besarh). Embora um leigo, sua compreensão dos ensinamentos do Buda é profunda e o Buda o chama de "bodisatva"; a descrição do ideal do bodisatva por trás de seu nome é talvez uma das intenções do sutra. Vimalakīrti não é de forma alguma uma pessoa histórica, embora talvez seu modelo histórico tenha existido.

O sutra tem diversas características únicas. Em primeiro lugar, como indica o título, ele é constituído principalmente pelas discussões eloqüentes desse leigo, enquanto os sermões do Buda Śākyamuni ocupam pouco espaço. Ele merece o título de "sutra" porque os sábios pronunciamentos de Vimalakīrti receberam a aprovação do Buda. Em segundo lugar, a obra emprega habilidosamente uma técnica cheia de dramaticidade. Muitos dos personagens aparecem em cena em diálogo com o protagonista. Sua lúcida eloqüência, com seus paradoxos enigmáticos, humor incisivo e ironia cáustica, esmaga seus interlocutores. Em terceiro lugar, a idéia de śūnyatā (vazio) é exposta, elucidada e aprofundada em grande detalhe. A obra inteira é permeada pela atmosfera do śūnyatā; esse sutra é mais "vazio" que o *Sutra de Prajñāpāramitā.*

Na versão tibetana, o sutra consiste em doze capítulos[11]. O primeiro capítulo, o prólogo do drama, começa com os hinos ao Buda, emitidos por Ratnākara e quinhentos outros jovens. Em resposta a suas perguntas, o Buda ensina o que é a Terra do Buda, a Terra Pura. Para o Buda, todos os seres sencientes, suas atividades mentais, são a Terra do Buda, que ele cultiva, transformando a terra da degeneração na Terra Pura. O sutra declara: "Quando a mente é pura, a terra é pura". Essa é a interpretação ortodoxa da Terra Pura. A idéia de śūnyatā está aqui implícita, pois a degeneração pode ser convertida em pureza somente quando as coisas estão vazias.

Vimalakīrti aparece pela primeira vez no segundo capítulo. Ele está deitado na cama, doente, mas sua doença não é física. É a doença de um bodisatva: "porque os seres sencientes estão todos doentes, eu também

11. Sigo aqui a numeração tibetana.

estou doente". Nessa época, o Buda Śākyamuni estava em visita a seus discípulos num subúrbio de Vaiśāli. Ele quer enviar alguém para saber da saúde de Vimalakīrti e pede aos dez grandes discípulos e quatro bodisatvas que assumam essa tarefa, mas nenhum deles está disposto a fazê-lo, porque todos já haviam passado pela experiência de se ver cruelmente embaraçados por Vimalakīrti a respeito de certas questões. Um a um, eles confessam isso (capítulo 3). Essas confissões revelam a personalidade incisivamente penetrante de Vimalakīrti, que nada mais é que a manifestação de śūnyatā. O bodisatva Mañjuśrī suspira, com admiração: "Vimalakīrti é uma pessoa difícil de se lidar, sutil no raciocínio e eloqüente na fala, mestre do paradoxo e da lógica rigorosa. Não há ninguém que possa enfrentar sua sagacidade e eloqüência".

No entanto, no final, é Mañjuśrī que aceita relutante a tarefa de visitar Vimalakīrti. Atrás segue um grande número de pessoas, que querem observar o diálogo entre os dois sábios. Percebendo isso, Vimalakīrti esvazia seu pequeno quarto e os recebe nele. O diálogo, que ocupa os capítulos de 4 a 9, é cheio de debates incisivamente perspicazes, cujo teor, freqüentemente paradoxal, pode ser ilustrado na saudação de Vimalakīrti a seu visitante: "De certa forma não vindo, você veio; de certa forma não nos encontrando, nós nos encontramos". Mañjuśri responde de modo igualmente enigmático. Após esse diálogo, embora ambos estejam conscientes de que Vimalakīrti está apenas fingindo estar doente, eles discutem o significado de se perguntar sobre doença e sobre sua verdadeira natureza. Eles percorrem temas como a sabedoria e os meios hábeis, o domínio do bodisatva (capítulo 4), o significado do darma, a doutrina suprema da "libertação inconcebível" (capítulo 5), o amor com relação aos seres sencientes, a falta de uma justificação para a vida (uma deusa se junta a eles a essa altura, capítulo 6). No capítulo 7, após explicar o caminho da prática do bodisatva de uma forma inteiramente paradoxal, Vimalakīrti responde uma pergunta sobre a família de um bodisatva: "A perfeição da sabedoria (*prajñāpāramitā*) é sua mãe, a habilidade com os meios (*upāyakauśalya*), seu pai".

O capítulo 8, ponto alto do texto, elucida a doutrina da não-dualidade. Um a um, trinta e um bodisatvas explicam o que significa a não-dualidade do mundo. Por fim, Mañjuśrī, o trigésimo segundo, explica-o com perfeição, dizendo que a não-dualidade está em se excluir todas as palavras, não expressar nada, não designar nada. Quando é a vez de Vimalakīrti, no entanto, em vez de fornecer explicações em palavras e conceitos como esses, ele permanece em completo silêncio. Mañjuśri aplaude esse silêncio total. Essa completa negação de palavras é altamente valorizada na tradição sino-japonesa e existe um ditado: "o silêncio de Vimalakīrti retumbou como trovão". Quando se vivencia a verdade última, ela ultrapassa toda expressão verbal e é representada unicamente pelo silêncio. No entanto, sem algum dispositivo de comunicação, a verdade última jamais poderia se manifestar. O capítulo 9 aborda em profundidade o problema de como expor o Darma. Neste mundo, o Buda Śākyamuni é forçado a empregar "palavras severas", como *inferno* ou *céu*, *bom* ou *mau*, *falso* ou *verdadeiro*, *morte* ou *nascimento*. Os capítulos de encerramento, de 10 a 12, tratam das atividades do Buda em todo o universo, da doutrina relativa a "o exaurível e o não-exaurível" e da inexistência do Tathāgata no domínio do tempo e do espaço.

No final do sutra, como em geral acontece nos sutras da tradição Mahāyāna, o sutra é confiado a Maitreya e Ānanda e seu nome é explicado. São dados três nomes: 1. Exposição por Vimalakīrti, 2. Estabelecimento de Frases em Pares e Invertidas[12], e 3. Capítulo sobre a Libertação Inconcebível. O primeiro deles é o nome comumente usado. O terceiro refere-se ao capítulo 5. É intrigante que o segundo nome só apareça na versão tibetana. Eu interpreto o termo "invertidas" como significando "contraditórias" ou "paradoxais", assim o título significaria "pares de frases paradoxais estão bem estabelecidas por Vimalakīrti", uma descrição apropriada das características desse sutra.

A tônica desse sutra é o termo śūnyatā, que está associado a noções como o inconcebível, o inexprimível, a não-dualidade e a igualdade total. Na tradição sino-japonesa, o quarto de Vimalakīrti é concebido como um pequeno quarto de dez metros quadrados. Quando Vimalakīrti esvazia o quarto, já está sendo sugerida a idéia do vazio. Ao receber o grande número de convidados que seguiram Mañjuśrī ou, depois (capítulo 5), ao receber trinta e duas mil enormes "cadeiras-leão" enviadas do mundo distante do Tathāgata Merupradīparāja, seu pequeno quarto vazio não fica lotado. Todos esses milagres só são possíveis no mundo de śūnyatā. Śūnyatā é o nada radical, no qual todos os seres mundanos são negados, mas esse nada é a verdadeira fundação da existência do que quer que seja. Somente por meio do silêncio de Vimalakīrti (= śūnyatā) é possível sua conversa incisivamente penetrante ou a exposição do Darma (capítulo 9). O śūnyatā é denominado "a base sem base" (capítulo 6), porque, embora em si mesmo vazio, ele é a base de tudo. Somente com a morte do "nada", o ser real de tudo revive e ressuscita. A compreensão de śūnyatā significa a compreensão desse nada e, ao mesmo tempo, a compreensão de tudo. Ele é simultaneamente negação e afirmação.

Assim, a expressão de śūnyatā necessariamente assume a forma de paradoxo: "um bodisatva não é um bodisatva, assim ele é um bodisatva". Frases desse tipo são encontradas freqüentemente nos sutras de *Prajñāpāramitā*. Paradoxos desse mesmo tipo sobre o śūnyatā são: "o nirvana é alcançado sem fragmentar a degeneração (*kleśa*)" (capítulo 3); "segue-se o caminho da pobreza e ainda se possui tesou-

12. Para a discussão desse título, ver a introdução à tradução de E. Lamotte, *L'enseignement de Vimalakīrti*.

ros sem-fim" (capítulo 7); o conselho de Vimalakīrti a Mahākāśyapa: "você pede esmolas para não receber esmolas" (capítulo 3); ou sua resposta à pergunta de Mañjuśrī sobre como um bodisatva pratica o caminho para o Darma do Buda: "quando um bodisatva segue o caminho errado, ele segue o caminho para alcançar a iluminação budista" (capítulo 7).

Nesse sutra, Māra, a figura do Tentador, aparece diversas vezes. Vimalakīrti declara: "todos os Māras e todos os hereges são membros de minha família" (capítulo 4). "Os Māras que fazem todo tipo de maldade nos inúmeros universos dos dez quadrantes são todos bodisatvas que estão vivendo numa liberdade inconcebível" (capítulo 5). Na verdade, parece que o próprio Vimalakīrti é um desses bodisatvas-māra quando ataca duramente e embaraça cruelmente os grandes discípulos e bodisatvas com sua eloqüência incisiva. No entanto, é também verdade que, em nosso mundo do dia-a-dia, muitas vezes o ser mais maldoso finge ser o ser supremo, ou um demônio aparece (para alguns fiéis) como se fosse um deus, como sugere o caso do bodisatva Jagatīmdhara (capítulo 3). Māra, cercado de doze mil filhas celestiais, aproxima-se de Jagatīmdhara disfarçado no deus Indra e oferece essas filhas ao bodisatva como suas servas. Vimalakīrti aparece e revela a identidade verdadeira de Māra; ele toma essas filhas como suas próprias servas e, pregando para elas, converte suas mentes do desejo carnal ao prazer da fé no darma. Quando as filhas têm de retornar ao palácio de Māra, Vimalakīrti dá-lhes a famosa lição chamada "candeia inexaurível". Quando, de uma única candeia, novas candeias se acendem uma após a outra sem cessar, a luz, não importa o quanto fraca ela seja, nunca se extingue, ao contrário, ela intensifica seu brilho sempre e sempre. De modo semelhante, à medida que o Darma é transmitido de uma pessoa para outra, o bem aumenta, nunca diminui. Essa história sugere a imortalidade da virtude. É especialmente interessante observar que a luz do Darma pode ser acesa mesmo no palácio de Māra, onde prevalece a escuridão do mal.

O sutra muitas vezes trata do problema de como ensinar o darma. No capítulo 3, ficamos sabendo como Vimalakīrti criticava os métodos de pregação de Maudgalyāyana e Pūrna. O capítulo 9 descreve como, na terra denominada Fragrância Suprema, o Darma é ensinado apenas com o uso de perfumes e as pessoas são iluminadas pela fragrância, enquanto em nosso mundo, o mundo de *Sahā*, o Buda Śākyamuni é obrigado a empregar "palavras severas", porque aqui os seres sencientes têm o coração tão endurecido que só podem ser domesticados dessa forma. Essa passagem, juntamente com a história do silêncio de Vimalakīrti, é um comentário sugestivo das limitações da linguagem em geral e do problema missionário em particular.

O humor e ironia do sutra também são produtos de śūnyatā. Śāriputra, o mais sábio dos discípulos do Buda, faz o papel do palhaço nesse drama. Ouvindo o diálogo entre Mañjuśrī e Vimalakīrti, ele se sente ansioso com relação a cadeiras (capítulo 5) ou se preocupa com a refeição da assembléia ao meio-dia (capítulo 9), enquanto Vimalakīrti desdenha: "Você veio em busca do verdadeiro Darma ou para buscar cadeiras?". Ele também recebe a provocação de uma deusa que viveu muito tempo na casa de Vimalakīrti (capítulo 6). Esmagado pela sabedoria e eloqüência da deusa, Śāriputra pergunta-lhe: "por que você não transforma seu corpo de mulher?". No entanto, após discutir a condição de mulher, a deusa, por meio de seu poder de conhecimento supremo, transforma Śāriputra à semelhança de uma deusa, e o seu próprio corpo à semelhança de Śāriputra, e diz-lhe: "por que você não transforma seu corpo de mulher?". Mas Śāriputra não pode fazer nada. A provocação da deusa continua: "se você pode transformar esse corpo de mulher, então todas as mulheres devem poder se transformar também. Assim como você é uma mulher agora, também todas as mulheres são mulheres". O que a deusa ataca aqui é o apego de Śāriputra à discriminação entre nirvana e saṃsāra, entre masculino e feminino e assim por diante. No śūnyatā, esse tipo de discriminação desaparece; assim "em todas as coisas não existe nem masculino nem feminino". E, no entanto, a deusa é naturalmente uma mulher, assim como Śāriputra é naturalmente um homem.

O sutra desfrutava de imensa popularidade onde quer que houvesse predomínio da escola Mahāyāna . Em especial na região leste da Ásia, da China ao Japão, ele foi objeto de dedicada atenção por parte de muitos estudiosos nos mosteiros, e muitos intelectuais também estavam familiarizados com ele. Mais de dezesseis comentários chineses estão publicados no Tripiṭaka chinês e, em Tun-huang, foram descobertos ainda outros dez, em sua maior parte na forma de fragmentos. No Japão, foram compostos pelo menos cinco comentários. O diálogo entre Mañjuśrī e Vimalakīrti é um tema comum nos afrescos e esculturas de Tun-huang, Yün-kang e Hōryūji, e existem excelentes estátuas de Vimalakīrti em Kōfukuji, Hokkeji e outros templos no Japão. Existem muitas traduções para as línguas modernas: a de Lamotte é a mais acadêmica e traz anotações detalhadas, a de Thurman, a mais recente, é bastante fácil de ser lida.

III. *O SUTRA DE AVATAṀSAKA*

Luis O. Gómez

Embora no Leste asiático o *Sutra de Avataṁsaka* (em chinês, *Hua-yen ching*; em japonês, *Kegon-kyō*) seja valorizado nas diferentes escolas do budismo devido a sua filosofia sutil e profunda, ele nunca alcançou a popularidade do *Sutra do Lótus* ou do *Sutra do Coração*. Seus ensinamentos e sua imagética são intricados e ele não se constitui como uma única composição literária, mas sim como uma compilação de diversos textos ligados por uma fina linha narrativa. Na China, foram feitas tentativas de sintetizar essa coletânea heterogênea apenas durante um curto, mas frutífero, período, da metade do século VII ao início do século IX. A escola chinesa de interpretação conhecida como Hua-yen Tsung forneceu a base filosófica para os projetos de síntese doutrinária que subseqüentemente se desenvolveriam no Budismo do Leste Asiático. Infelizmente, não foram feitos esforços tão amplos como esse nas outras partes do mundo budista. Assim, a interpretação do significado do texto em seu contexto indiano fica prejudicada pela ausência de uma tradição exegética.

Ao que tudo indica, o sutra foi originalmente composto em sânscrito budista. Infelizmente, apenas dois livros sobrevivem na língua original: o *Sutra de Daśabhūmika* (Sobre os Dez Estágios do Bodisatva) e o *Sutra de Gaṇḍavyūha* (Sobre as Múltiplas Manifestações). Esses textos circulavam na Índia e na China como obras independentes. Não se encontram referências ao *Avataṁsaka* como um corpus, nem ao título *Sutra de Buda-Avataṁsaka*, na bibliografia dos estudiosos e exegetas indianos. Assim temos de nos apoiar em fontes extra-indianas quanto ao título do texto, assim como quanto à maioria das informações sobre sua estrutura e conteúdo. O título traz o duplo significado de "Discurso Descrevendo as Guirlandas (ornamentos) do Buda" e "Discurso Descrevendo as Guirlandas (série interconectada) de Budas". Três versões "completas" de toda a coletânea chegaram até nós; uma delas numa tradução tibetana, e duas em tradução chinesa: o "*Avataṁsaka em Sessenta Rolos*", traduzido por Buddhabhadra e sua equipe, de 418 a 420 d.c., e o "*Avataṁsaka em Oitenta Rolos*", traduzido pela equipe de Śikṣānanda, entre 695 e 699[13].

A obra desenvolve-se gradualmente, quer por acréscimos, por meio da incorporação de textos inteiros numa série contínua, quer por interpolação e expansão gradual da estrutura básica de um *Sutra de Buddha-Avataṁsaka* "primitivo". Se o *Avataṁsaka* não se desenvolveu

13. T 9.395-788, n. 278, e T 10.1, n. 279. Todas as referências aqui são para a versão de Śikṣānanda. Os *sutras de Daśabhūmika* e *Gaṇḍavyūha* correspondem, respectivamente, ao livro 26 e ao livro 39 da tradução de Śikṣānanda (22 e 34 na versão de Buddhabhadra).

a partir de um texto embrionário, mas inclui textos preexistentes ou conjuntos de textos, não faz muito sentido uma pergunta sobre o texto original do sutra. No entanto, se supomos a existência de uma certa estrutura na coletânea e que essa estrutura reflete a "intenção" de camadas mais antigas em sua composição, podemos sugerir uma única linha de desenvolvimento. Parece altamente provável que a compilação final tenha ocorrido na Ásia Central, onde a obra já era conhecida na metade do século IV. Pelo menos a partir dessa data muitos budistas a consideravam como uma única obra, com uma mensagem específica. Aqui vamos adotar este último ponto de vista como hipótese de trabalho.

Paul Demiéville descreveu a coletânea do *Avataṁsaka* como um gênero da literatura budista "caracterizado por uma superabundância de imagens visionárias, que multiplicam tudo ao infinito, por um tipo de monadologia que ensina a interpenetração do todo uno e do múltiplo particularizado, do espírito e da matéria" e pela "noção de um progresso gradual rumo à libertação através de estágios sucessivos e de uma preferência obsessiva por imagens de luz e resplendor"[14]. D. T. Suzuki admirava a obra por sua importância histórica e por seu profundo significado religioso. Ele o chamava de o "ápice da imaginação criadora indiana" e resumia seus ensinamentos como o "equilíbrio entre a unidade e a multiplicidade, ou antes, a fusão do eu com outros"[15]. A grandeza de sua visão é alcançada por uma combinação original e elaboração poética das noções mais antigas de 1. os poderes visionários da meditação, 2. a interdependência causal, 3. a igualdade ou identidade de todas as coisas no vazio, e 4. a liberdade dos que experimentam o vazio. Os budas e bodisatvas têm a capacidade de revelar ou dar forma sensível à realidade do vazio, expondo o universo como ele é visto na iluminação – com todas as coisas igualmente vazias, igualmente dependentes umas das outras. Na estrutura e organização, assim como na doutrina e na imagética empregadas, a obra expressa a complexidade do universo como ele é refletido na unidade da iluminação. Sua estrutura imponente manifesta a pluralidade de caminhos espirituais que conduzem ao despertar dos budas e as infinitas oportunidades e formas abertas aos seres iluminados para a manifestação de uma única iluminação fundamental. É, afirma a metáfora mais comum, como se os estados contemplativos mais altos (samādhi) dos budas e bodisatvas manifestassem um universo na ponta de cada fio de pelo em seus corpos e como se cada um desses universos, por sua vez, refletisse todos os outros mundos. Assim, no Extremo Oriente, a exegese do sutra considera que seu tema principal é o mundo vis-

14. L. Renou, J. Filliozat et al., *L'Inde classique: Manuel des études indiennes*, 2:434.

15. D. T. Suzuki, *Zen Buddhism and Its Influence on Japanese Culture*, pp. 113, 226. Em seus *Essays: Third Series*, ele emprega o termo "interpenetração" para essa doutrina central.

to da perspectiva da iluminação perfeita, a partir do Plano do Darma (*dharmadhātu*). Desse modo, a tradição reconhece que o *Avataṁsaka* é um texto visionário (Demiéville), assim como um sumário do significado mais profundo do pensamento budista (Suzuki).

A coletânea tem como eixo a figura do Buda Vairocana, cujo nome ("Sol", ou "Luz Solar") transmite a idéia de um ser desperto que é fonte de luz e vida para todo o universo. Esse Buda, portanto, representa a presença subjacente da iluminação e sua manifestação em todas as coisas. No tempo e no espaço míticos, Vairocana aparece como o Buda de um universo chamado o Universo do Lótus[16]. As conexões entre esse universo e o mundo convencional no qual nos movemos são estabelecidas por vários meios: a identidade é reconhecida explicitamente; o Universo do Lótus é declarado como o campo no qual antigos budas praticavam o Caminho; o Universo do Lótus aparece no mesmo lugar em que o Buda se senta; o Universo do Lótus contém todos os sistemas de mundo; os três tempos, passado, presente e futuro, são ditos manifestar-se simultaneamente no samādhi de Vairocana.

O vínculo estreito entre as experiências de Vairocana, Śākyamuni e os outros bodisatvas é estabelecido no início do sutra, onde é apresentado o cenário mítico e doutrinal do resto da obra:

> Numa certa época, o Buda visitava o país de Magadha, no local em que ele praticava a disciplina da floresta e no qual tinha alcançado o despertar. Ele acabava de alcançar o Despertar Perfeito. O lugar em que se sentava era de diamante sólido (vajra), repousando sobre um círculo de esplêndidas pedras preciosas, sobre um lótus formado por muitas pedras preciosas. Seus ornamentos eram as jóias puras de Maṇi; um mar formado por todas as cores possíveis apareciam em todas as direções, a perder de vista. Estandartes bordados com as jóias de Maṇi emitiam luzes sem cessar, produzindo sons maravilhosos [...]. Apareceu uma floresta de árvores-jóia, com galhos e folhas reluzentes. Em virtude dos extraordinários poderes psíquicos do Tathāgata, a Árvore da Iluminação emitia vozes maravilhosas, explicando a natureza de todas as coisas [...].
>
> Provindo dos Campos do Buda, em suas dez direções, apareciam bodisatvas, em número tão grande quanto todas as partículas de poeira no sistema do mundo [...].
>
> Todos esses bodisatvas distante haviam acumulado no passado as raízes do bem, em companhia de Vairocana, o Tathāgata. Com ele, haviam praticado a vida de um bodisatva. Em resultado disso, eles podiam agora perceber os três mundos de todos os samādhis (T 10.1b-5b).

Da mesma forma que nessa passagem, em todo o *Avataṁsaka*, o Buda Śākyamuni é a figura central. No entanto, o Buda Vairocana está constantemente no fundo da cena, quer como a fonte do poder e virtude de todos os budas e bodisatvas quer como o Buda primitivo do tempo mítico. Do mesmo modo, embora nunca fale, Śākyamuni é sempre

16. Mais precisamente, "O Sistema de Mundo que Existe no Interior de um Lótus". Vairocana, como o alter-ego espiritual de Śākyamuni, governa o Campo do Buda, no qual um oceano de água perfumada repousa sobre um círculo de vento. Desse oceano se eleva o lótus que forma o assento para Vairocana. Ele é o receptáculo para tantos sistemas de mundo quantas partículas de poeira existem em todo o universo.

visto como a fonte das combinações de manifestações cósmicas que aparecem em todo o texto. Seus porta-vozes são os bodisatvas que participam ou tomam parte das aparições criadas por seus samādhis. Pelo poder de sua concentração material, ele transforma o mundo do dia-a-dia no mundo de visões espirituais. Os bodisatvas empregam poderes análogos para manifestar seu estado de liberdade (libertação inconcebível, *acintya-vimokṣa*) e sua capacidade de infatigável ação altruísta (*samantabhadra-caryā*) de acordo com seus votos:

> O bodisatva Samantabhadra adentrou o oceano de virtudes do Tathāgata, ao penetrar num oceano de meios hábeis – portais para libertações inconcebíveis. Um desses portais para a libertação [...] estabelecia o oceano de todos os votos dos estágios do bodisatva. Um outro era a manifestação de corpos incontáveis, em número tão grande quanto todas as partículas atômicas no plano do darma. Um outro portal explicava o número inconcebível dos diferentes nomes de todos os Campos do Buda. Um outro portal era a manifestação da gama completa de todos os poderes assombrosos dos bodisatvas em cada partícula de poeira. Um portal era a manifestação, num instante de pensamento, do surgimento e cessar de todos os acontecimentos ocorrendo em todas as eras cósmicas do passado, presente e futuro (T 10.21c6-18).

Assim, os bodisatvas, como seres no caminho para a iluminação e como seres iluminados, manifestam a gama completa do caminho num único instante e em cada átomo do universo. Pois sua libertação é uma forma de conhecimento: "ter uma mente que vê todos os seres como iguais, não dar origem a nenhuma discriminação e adentrar o domínio da verdade – essa é a tarefa que deve ser realizada" (T 10.64b4-5). Esse conhecimento da "unicidade" é, ao mesmo tempo, a sabedoria do bodisatva como um ser ético, que se expressa nas metáforas dos poderes psíquicos: "dar origem a uma mente dotada de grande compaixão, a fim de resgatar e proteger todos os seres vivos. Renunciar para sempre o renascer divino e humano [...]. Erguer o universo ilimitado, beber de uma só vez a água dos oceanos, com o conhecimento e poderes extraordinários da realização psíquica" (T 10.64a21-22 e 64b6-7). O voto do bodisatva sumariza as motivações para o caminho do bodisatva, o ponto de partida e a meta da "conduta perfeita" (*samantabhadra-caryā*):

> [O bodisatva] reflete e, então, pronuncia seu voto: "eu me tornarei a luz do mundo, possuindo as virtudes do Buda – os dez poderes, sua onisciência. Todos os seres sencientes queimam nas chamas da cobiça, ódio e confusão. Eu resgatarei todos eles, extinguindo o sofrimento dos maus destinos" (T 10.259b11-14).

O sutra não apenas descreve um mundo que está além das limitações dos fatos e das leis naturais; ele também desafia nossas noções de unidade, argumentação e finalidade. Ele sequer pretende descrever acontecimentos históricos. Seus compiladores não estavam interessados numa narrativa coesa, envolvendo seres humanos individuais. Mesmo o público mítico está constantemente mudando, como se para minar nossas noções de ordem e conexão causal. Ao que parece não foram feitas tentativas de eliminar vestígios dos estágios anteriores da composição, nos quais os livros se encontravam isolados, como obras independentes. No entanto, existe uma ordem subjacente, e o cenário e audiência servem para indicar algumas das intenções dos autores e compiladores. Na versão em oitenta rolos, há trinta e nove "discursos" dirigidos a oito audiências diferentes, ou "assembléias", em sete ambientes diferentes[17]. Três desses ambientes estão no mundo humano: a primeira assembléia ocorre ao redor da árvore da iluminação em Bodh Gaya, a segunda e a sétima, no Pavilhão da Luz que a Tudo Permeia, próximo à Árvore do Despertar, e a última se inicia no Jetavana e depois se prolonga numa peregrinação pelo sul da Índia. Os outros ambientes são domínios celestes: a terceira assembléia se realiza no monte Sumeru, a quarta, no palácio de Yama, a quinta, no Céu de Tuṣitā, a sexta, no céu mais alto do mundo dos desejos. Os locais gradualmente vão se elevando mais e mais alto, mas retornam ao mundo humano no final. O sétimo ambiente nos traz de volta ao ponto de partida do sutra – a iluminação de Śākyamuni. Então, um oitavo ambiente situa essa experiência no contexto prático da existência de um bodisatva, uma vez que a última seção é a da peregrinação de um leigo, Sudhana, que representa o leitor ou ouvinte humano.

É difícil ir além desse quadro geral e tentar estabelecer vínculos mais estreitos entre os vários livros. No entanto, seguindo a tradição chinesa, pode-se sugerir aproximações com relação a um tema unificador para cada um dos oito conjuntos: 1. o Buda no momento da iluminação forma uma unidade com Vairocana (livros 1-5); 2. as Quatro Nobres Verdades formam a base para a prática e libertação do bodisatva (livros 6-12); 3. o progresso do bodisatva, de sua aspiração inicial até o ponto mais alto do caminho do bodisatva: dez vihāras (livros 13-18); 4. os dez tipos de conduta (*caryā*) dos bodisatvas (livros 19-22); 5. as dez dedicações dos méritos (livros 23-25); 6. os dez estágios dos bodisatvas (livros 26-37); 7. um sumário dos temas que constituem o núcleo da coletânea (os temas 3 a 5 desta lista; livro 38); 8. a existência de um bodisatva e a libertação inconcebível (livro 39). Assim, a coletânea pode ser vista como um mapa completo da prática budista.

O último livro, o *Sutra de Gaṇḍavyūha*, pode ser considerado como o mais emblemático de toda a coletânea[18]. Nesse sutra bastante conhecido, um leigo chamado Sudhana encontra o bodisatva Mañjuśrī

17. Pressupomos aqui que a coletânea tem um plano geral. Essa pressuposição é possível para finalidades exegéticas, embora sua base histórica seja questionável. Cada livro pode facilmente ser lido como uma obra independente e as conexões entre os livros não são de forma alguma transparentes.

18. Suzuki o considerava o mais importante de todos e dedicou à discussão de seus conteúdos uma boa parte de seus *Essays: Third Series*.

e pede-lhe instruções sobre a conduta de um bodisatva. Após oferecer a Sudhana uma resposta a suas perguntas, Mañjuśrī o envia em busca de um amigo espiritual, que lhe dará mais explicações sobre a conduta e os votos de um bodisatva. Sudhana então viaja por todo o sul da Índia e da província central de Magadha e também visita algumas esferas místicas. Um a um, cada um dos cinqüenta e dois mestres remete Sudhana a um outro amigo espiritual. O quinquagésimo primeiro encontro é com o bodisatva Maitreya, cuja morada em forma de torre é um símbolo do universo dos iluminados: o lar do bodisatva é o universo ou, antes, um universo no qual estão refletidos todos os universos possíveis. Após absorver essa visão da iluminação no mundo, Sudhana retorna a Mañjuśrī, que o envia a seu quinquagésimo terceiro mestre, cujo próprio nome, Samantabhadra, sugere a conduta perfeita do bodisatva. Ele ensina Sudhana sobre a capacidade do bodisatva de manifestar todos os budas do universo e de se reunir com eles.

Em termos de conteúdo doutrinal, o *Sutra de Gaṇḍavyūha* não difere do resto do *Avataṁsaka*, mas seu rico simbolismo põe em destaque elementos que nem sempre são completamente inequívocos nos outros livros da coletânea. Por exemplo, o protagonista não é Vairocana, nem nenhum dos cinqüenta e três mestres visitados por Sudhana, mas o próprio peregrino solitário, alguém que está no início do Caminho. Ele representa o leitor que está em busca de uma concepção do Caminho que situe as atividades do bodisatva neste mundo. Embora seja filho de um rico comerciante, ele, no entanto, é um leigo e, entre seus mestres – todos implicitamente reconhecidos como bodisatvas altamente evoluídos –, estão leigos, mulheres leigas, brâmanes e espíritos noturnos femininos. Isso situa as visões da grandeza espiritual apresentadas no *Avataṁ saka* em seu contexto próprio: um contexto de imanência mais que de transcendência. As mulheres que estão entre os mestres de Sudhana não têm de se tornar homens; as pessoas leigas não têm de se tornar ascetas para poder ser mestres iluminados e bodisatvas que operam milagres, com pleno acesso à visão cósmica do *Avataṁsaka*.

A presença da iluminação *no mundo* e a determinação do bodisatva em descobrir e revelá-la são expressas por uma outra metáfora em outra passagem do *Avataṁsaka*:

> Não existe um único ser senciente que não seja dotado do conhecimento do Tathāgata. No entanto, como os seres sencientes estão apegados a concepções errôneas e ilusórias, eles não conseguem compreender isso. Somente quando abandonam suas conceitualizações enganosas é que a onisciência – o conhecimento natural, o conhecimento sem distorções – aparece diante de seus olhos. Filho do Buda, é como se houvesse um enorme rolo para inscrição de um sutra, do tamanho de três mil sistemas de mundo, e nele estivessem registradas exaustivamente, sem exceção, todas as coisas neste sistema de mundo [...]. No entanto, embora ele fosse do mesmo tamanho do sistema do mundo, ele estaria todo contido numa partícula de poeira. E estaria contido em cada partícula de poeira como estaria contido nesta partícula de poeira, igualmente em tudo.
>
> Agora, suponha que, a qualquer momento, uma certa pessoa dotada de sabedoria clara e penetrante [...] visse que esse rolo para inscrição do sutra estava dentro de cada partícula

de poeira – ainda assim, isso não beneficiaria em nada os seres sencientes. Imediatamente iria lhe ocorrer o pensamento: "por que não [...] romper uma partícula de poeira e deixar fora este sutra, para que ele possa beneficiar todos os seres sencientes?" [...].

Filho do Buda, também assim é o conhecimento do Tathāgata, ele é imensurável e não é distorcido por nada e pode ajudar todos os seres de todas as formas. Ele está presente no corpo de cada ser senciente, e, no entanto, esses seres estão presos à ilusão, apegados a suas conceitualizações enganosas, ignorantes, não-despertos, de modo que seu conhecimento não serve a nenhum propósito. Então, um Tathāgata [...] examina exaustivamente todos os seres no domínio cósmico e diz:

"Não é surpreendente, realmente surpreendente? Por que todos esses seres vivos, embora dotados do conhecimento de um Tathāgata, encontram-se mesmo assim sob a ilusão, confusos, desconcertados, ignorantes e cegos? Eu os conduzirei por meio do Nobre Caminho, que eles possam abandonar para sempre seus pensamentos e apegos ilusórios. Eles poderão encontrar o vasto e magnífico conhecimento do Tathāgata em seus próprios corpos. Eles serão iguais ao Buda (T 10.72c5-29)".

A doutrina dos extraordinários poderes psíquicos do Buda não eclipsa a mensagem ética e religiosa do sutra: a metáfora do Buda como mágico na verdade revela a natureza da libertação e reafirma seu poder.

A Espiritualidade Mahāyāna no Avataṁsaka

O *Avataṁsaka* se desenvolveu a partir do solo comum da espiritualidade budista. Enraizado nas idéias tradicionais relativas às experiências enstáticas (samādhi) dos budas, ele compartilhava das antigas crenças de que entre os frutos do cultivo espiritual estão tanto a libertação do sofrimento quanto o poder psíquico paranormal. Boa parte do *Avataṁsaka* pode ser interpretada como um desenvolvimento dessas concepções primitivas. No entanto, como um texto da tradição Mahāyāna, o *Avataṁsaka* apresenta uma espiritualidade pluridimensional, que abrange o mundo interior das visões espirituais, o caminho do autocultivo, o caminho da graça salvadora e os aspectos éticos do poder espiritual. Assim, sua espiritualidade não é exclusivamente visionária, mas gira em torno principalmente do poder transformador do despertar. Os budas e bodisatvas, transfigurados pelo autocultivo, aparecem num arcabouço corpóreo que é tanto a manifestação do vazio quanto uma reflexão cuidadosa sobre o universo. Um Buda,

Ao compreender que a natureza das coisas
É incorpórea, serena e não-dual,
Exibe um corpo de forma,
Adornado com as marcas da pureza,
Permeando todo o mundo[19].

19. Suzuki (org.), *Gaṇḍavyūha*, p. 240; cf. também p. 504: "Os processo e as fórmulas mágicas são incorpóreos e não-manifestos, no entanto, ao estimular a mente, eles podem tornar visíveis diversas formas de aparições mágicas. Da mesma forma, o surgimento do pensamento do despertar perfeito, embora incorpóreo e não-manifesto,

Relatos que descrevem o "corpo" ou a personalidade de um Buda definem, ao mesmo tempo, as duas dimensões da santidade: o santo em si (o objeto de veneração) e a pessoa santificada (a meta do cultivo espiritual). O caminho do bodisatva inclui tanto a devoção aos budas e bodisatvas cósmicos, em suas muitas manifestações divinas, quanto o crescimento ético e espiritual que conduz à realização do estado de um Buda. A esfera da maravilhas míticas está em correlação com a do crescimento pessoal.

Os planos do progresso espiritual são descritos em mais de uma seção do *Avataṁsaka*. Por exemplo, o *Sutra das Dez Moradas* (livro 15) e o *Daśabhūmika* (livro 26) descrevem os estágios pelos quais o aspirante a bodisatva deve passar, a fim de alcançar a plena iluminação budista. Os mapas do caminho Mahāyāna sempre incluem o estágio inicial dos votos, que define a meta do caminho: o cultivo espiritual em benefício dos seres sencientes. Essa é uma chave para a compreensão do *Avataṁsaka*, que oferece o contexto para sua reafirmação dos valores tradicionais por meio da imagética dos poderes supranaturais. A expansão pela escola Mahāyāna do ideal do crescimento espiritual individual, de modo a abranger a libertação do universo, aparece claramente no *Sutra das Dez Ações* [do bodisatva] (livro 21). Algumas das dez perfeições (pāramitā) aqui discutidas correspondem a modelos anteriores. *Sīla*, por exemplo, é descrito em termos ascetas tradicionais, embora o voto para salvar todos os seres sencientes seja aqui o motivo principal da moralidade da abstinência; o autocultivo tem por motivação ajudar os outros a alcançar as metas do caminho espiritual (T 10.103b15-21; 103c12-16).

Mas não é suficiente praticar a virtude nessa escala heróica e universal; a própria virtude deve ser transcendida, até que o bodisatva se liberte de todas as idéias de virtude: "eles não vêem a si próprios, nem o objeto que eles dão, nem o receptor da dádiva. Eles não vêem o campo dos méritos, nem vêem a ação, nem seus resultados, ou seus frutos, grandes ou pequenos" (T 10.103a27-29). Esse desapego é parte da compreensão do vazio, e é o vazio que torna possíveis as aparições mágicas do cultivo espiritual e da ação libertadora. "Enquanto não estiverem apegados ao eu, eles não darão origem aos pensamentos do 'para mim' e 'meu' e, na ponta de cada fio de cabelo individual, eles passarão eras cósmicas futuras cultivando as práticas dos "bodisatvas" (T 10.106b6-8; 10-12). A mesma experiência que liberta do mundo liberta o bodisatva de concepções da espiritualidade e da transcendência. A meta de diana e prajñā é o desapego com relação ao corpo, mas é também o desapego com relação à "doutrina (darma),

pode tornar manifesto todo o Plano do Darma, acompanhado pela exibição de todos os ornamentos e virtudes [da iluminação budista], meramente pelo poder resultante da estimulação da mente".

pensamentos, votos, samādhis, calma ou introvisão [...] ensinando e treinando [...] entrando no Plano do Darma" (T 10.106a9-11). Embora as perfeições libertem os bodisatvas da confusão e da dispersão do mundo, elas também os capacita a libertar-se da espiritualidade, a fim de praticar seus votos no mundo:

> Dessa forma, os bodisatvas compreendem a profundidade de todas as coisas, a serenidade de todos os mundos. Eles compreendem que [...] as qualidades dos seres iluminados não são diferentes das qualidades do mundo, que as qualidades do mundo não são diferentes das qualidades dos seres iluminados (T 10.105b13-16).

É com essa disposição de ânimo que os bodisatvas realizam seus votos – a unicidade de prajñā se torna a imparcialidade da ação altruísta:

> Embora possam entender que todos os seres sencientes são irreais, eles não abandonam o mundo dos seres sencientes. Eles são como capitães de navios que não permanecem numa praia ou outra, nem também permanecem no mar, mas transportam os seres sencientes de uma praia para outra, fazendo sem descanso suas viagens de ida e volta (T 10.106c11 ss.).

Eles permanecem no mundo não apenas porque existem ainda seres a ser salvos, mas também porque percebem que um domínio espiritual transcendente e seguro é uma armadilha. Assim, eles permanecem "sem alcançar sua meta espiritual, sem não alcançá-la, sem compreender, sem não compreender [...]. Eles não são seres deste mundo, mas eles não são seres do domínio do Buda. Eles não são nem pessoas comuns, nem pessoas que alcançaram os frutos mais altos do Caminho" (T 10.107a3-6).

Esse paradoxo assinala a importância da liberdade com relação ao domínio espiritual não menos que com relação ao domínio das paixões. O termo que descreve o valor funcional desse paradoxo é *upāya*, meios hábeis, a sétima das dez perfeições. A potencial serenidade do desapego com relação ao mundo, em benefício da libertação, é atenuado pelo complemento da compaixão: o desapego com relação à libertação, em benefício do mundo. Isso é chamado de aplicação hábil do princípio do desapego. O termo *upāya* é na verdade definido como "a prática do não-apego" (T 10.105c19 ss.). Embora em certos contextos *upāya* possa ser compreendido como uma tentativa de atenuar as regras de treinamento da espiritualidade budista[20], o termo na verdade se refere ao desapego com relação a imagens de pureza e de hierarquia e realização espirituais: "num instante de pensamento, eles vêem inúmeros budas, no entanto, sua mente não se apega a nenhum desses budas [...]. Eles vêem a luz e o esplendor dos budas, eles ou-

20. Por exemplo, em T 10.103b21-22.

vem a pregação do Darma por esses budas, mas eles não se apegam a nada disso" (T 10.105c26-29). Essa libertação com relação ao santo é uma afirmação do profano, um retorno ao mundo:

> Quando vêem mundos impuros, eles não sentem aversão. Por quê? Porque esses bodisatvas, tendo examinado todas as qualidades dos seres despertos, sabem que as qualidades dos seres despertos não são nem degeneradas nem puras, nem sombrias nem brilhantes, nem diferentes nem idênticas, nem reais nem falsas, nem calmas nem agitadas [...] (T 10.106a6-9).

Essa habilidade especial permite ao bodisatva usar os ideais da vida espiritual sem transformá-las em fins em si mesmos: "embora eles usem palavras, suas mentes não se apegam a palavras [...]. Embora eles dominem a técnica dos samādhis e possam neles entrar e neles permanecer, sua mente não se apega aos samādhis" (T 10.106a12-14). Isso não é um modo de evitar os ideais, mas uma clarificação deles, pois as duas esferas, a do vazio e a da forma, a do espiritual e a do mundano, em última análise coincidem. Os bodisatvas "examinam o Plano do Darma e o Plano dos Seres Sencientes, e vêem que ambos são sem-limites, vazios, sem existência, sem marcas, sem substância, sem localização, sem sustentação, sem atividade" (T 10.103a25-27). Sobre a base do conceito central da doutrina Mahāyāna, o conceito de *upāya*, estão fundados os ideais da libertação e do altruísmo, simbolizados pelo corpo puro do Buda (uno e tudo abrangendo, e no entanto múltiplo e presente em toda parte numa diversidade de formas) e pelo poder mágico que permite aos budas e aos bodisatvas manifestar seus corpos em conformidade com as aspirações dos seres vivos.

***

O *Sutra de Avataṁsaka* poderia ser considerado como um compêndio enciclopédico do budismo da escola Mahāyāna; no entanto, ele é mais que um panorama geral ou um texto representativo. No estilo de seus livros (que devem ser descritos como um gênero à parte na literatura budista) e em suas visões idealizadas (as mais ousadas em todo o mundo visionário do budismo), o *Avataṁsaka* expressa uma concepção da espiritualidade que deve ser considerada como uma das criações supremas do budismo indiano. Paradoxalmente, a imagética intricada do *Avataṁsaka* atrai nossa atenção da mesma forma que atraía a dos leitores chineses – distanciando-se das abstrações da filosofia budista e aproximando-se da imediatez da iluminação. Ela conduz o leitor do mundo caprichoso do sobrenatural, para um mundo no qual o miraculoso é apenas um outro nome para a liberdade do vazio. Ela transforma os valores negadores do mundo do monasticismo budista no desapego com relação ao vazio literal. Ela faz com que, na imagem de um Buda inatingível, seja percebido um Buda cuja concentração mais profunda se estende a todos os seres, manifestando os votos de compaixão do *bodisatva*. O *Avataṁsaka* deu para a prática do budismo da escola Mahāyāna novos símbolos, que podem ter contribuído para o desenvolvimento do budismo leigo. O *sutra* também fez uma importante contribuição ao desenvolvimento do budismo como uma religião universal: primeiro, no local provável de sua compilação, na fronteira noroeste da Índia, depois, como uma ponte entre o misticismo da Índia e a filosofia da China.

IV. O *SUTRA DO LÓTUS* E A ESSÊNCIA DA TRADIÇÃO MAHĀYĀNA

Michael Pye

A fase criativa inicial do budismo de tradição Mahāyāna, em geral identificada no primeiro século a.C., caracteriza-se pelo acréscimo sutil de ajustes devocionais, meditacionais e intelectuais ao budismo tradicional. O padrão desses ajustes, presente nas porções mais antigas dos sutras da *Perfeição da Sabedoria* e do *Lótus*, pode ser considerado como um comentário minucioso ao budismo na época existente. No entanto, esse padrão desenvolveu sua dinâmica própria tão rapidamente que os próprios sutras receberam uma ampliação impressionante e muitos outros foram compilados, nesse mesmo espírito. Além disso, as relações entre as práticas e as idéias-chave eram tais que temas a princípio apenas sucintamente anunciados passaram claramente para o primeiro plano nos desenvolvimentos subseqüentes da doutrina Mahāyāna. Entre esses temas importantes estão a doutrina da "consciência-unicamente", a afirmação de que todos os seres possuem a natureza búdica, a doutrina dos três corpos (trikāya) relativa à natureza do Buda, ou antes dos budas em sua multiplicidade, a prática de evocar e invocar o nome do Buda ou de um bodisatva, e a abertura radical de um caminho leigo no budismo. O desenvolvimento dessas idéias foi acompanhado por uma magnífica elaboração da perspectiva cosmológica e mitológica e de um contínuo enriquecimento da devoção popular. Como isso tudo foi possível? Qual a experiência religiosa propulsora por trás disso? Qual a perspectiva espiritual fundamental que tornou possível a combinação de uma gama tão ampla de idéias e práticas?

A Reelaboração da Doutrina Mahāyāna e a Noção de Meios Hábeis

A essência da tradição Mahāyāna não se encontra numa doutrina particular, mas numa atitude ou orientação espiritual que torna possível ver sob nova luz todos os elementos da tradição budista. O aparecimento dramaticamente transcendente do Buda no *Sutra do Lótus*, por exemplo, muitas vezes já comentado, por si só, não faz dele um texto Mahāyāna. A seu próprio modo, o *Mahāvastu* da escola Mahāsāṅghika estabelece uma concepção semelhante do Buda, que, numa famosa passagem, é descrito como supramundano (*lokottara*)[21]. De acordo com essa doutrina, o Buda aparece na forma humana somente para estar em harmonia com as exigências do mundo. Em seu ser verdadeiro, ele está acima e além do mundo, é ilimitado no tempo

21. Cf. J. J. Jones (trad.), *The Mahāvastu*.

e no espaço. Essa concepção pode ser considerada como um dos ingredientes que tornaram possível a espiritualidade Mahāyāna e, no entanto, por si só, ela não oferece a essência dessa espiritualidade. Ela é uma projeção cosmológica do princípio da iluminação budista, que dá ao Buda um estatuto superior ao de um mero ser humano exemplar, uma afirmação mitológica da crença em que a iluminação alcançada pelo Buda histórico está em harmonia com a própria substância do universo. Essa tendência pode ser observada mesmo no budismo dos textos em páli e, iconograficamente, nas imagens gigantescas que mostram o Buda como um "super-homem", ou "grande ser" (*mahāpuruṣa*).

No *Sutra do Lótus*, vemo-nos diante de um Buda transfigurado, que prega no Pico do Abutre, que é capaz de iluminar com a luz entre os olhos uma imensidão de outros mundos, enchendo de assombro sobrenatural os que se reúnem para ouvi-lo. Mas de que forma a doutrina de um tal Buda vai além dos ensinamentos do *Mahāvastu*? Os leitores ocidentais às vezes se prendem às imagens fantásticas do texto e não conseguem ver nele nenhum novo conteúdo. A busca de novos temas doutrinais os leva ao capítulo 16, onde eles se deparam com a idéia de um Buda cuja vida tem extensão ilimitada, um Buda cuja natureza transcende os oitenta anos da vida histórica de Śākyamuni:

> Em todos os mundos, deuses, homens e asuras, todos dizem que o atual Buda Śākyamuni deixou o palácio do clã dos Śakya e num lugar não distante da cidade de Gayā, sentado sobre a Plataforma do Caminho, alcançou *anuttarasamyaksambodhi* [suprema iluminação perfeita]. E, no entanto, oh homens bons, desde que efetivamente alcancei a iluminação budista, passaram-se incalculáveis e ilimitadas centenas de milhares de miríades de milhões de nayutas de kalpas[22].

Mas a verdadeira originalidade da budologia do *Sutra do Lótus* está na sutil dialética reflexiva entre o Buda de vida ilimitada e o Buda da tradição mais antiga. Isto é, o leitor é requisitado a interpretar a vida manifesta do Buda, de oitenta anos, e a subseqüente entrada no nirvana de uma nova forma, como meios (*upāya*) habilmente empregados para dar confiança na possibilidade de se alcançar o nirvana:

> Aquele que Assim se Tornou Um [*Tathāgata*], vendo o desejo dos seres por um Darma menor, vendo suas poucas qualidades e sua grave degeneração, prega a essas pessoas dizendo: "em minha juventude deixei minha casa e alcancei o *anuttarasamyaksaṃbodhi*". No entanto, passou-se um tempo assim tão longo desde que efetivamente alcancei a iluminação budista. É somente por recorrer a um meio apropriado, a fim de ensinar e converter os seres vivos para que eles possam encetar o Caminho do Buda, que falo palavras como essas[23].

22. L. Hurvitz (trad.), *Scripture of the Lotus Blossom*..., p. 237.
23. Idem, pp. 238-239.

É preciso demonstrar aos seres vivos presos à sucessão cármica do nascimento e morte (saṃsāra) que é possível alcançar o nirvana. Ao mesmo tempo, continuar a pensar na duração da vida de oitenta anos e na progressão de um estado de saṃsāra para outro estado, denominado nirvana, seria permanecer preso ao domínio do próprio pensamento discriminador do qual se está buscado escapar. A visão de um Buda cuja vida tem duração ilimitada tem em vista impedir esse insidioso perigo espiritual.

Tendo isso em mente, todo o teor do *Sutra do Lótus* torna-se claro. Repetidas vezes, ele reafirma que o Buda ensinou por meio de uma grande variedade de meios, a fim de atrair e guiar os seres vivos. A natureza e a condição cármica dos seres vivos são muito diversas, mas todos eles precisam de um mesmo Darma numa forma apropriada. Assim, eles se assemelham à imensidade de gramas, ervas e árvores, que precisam todas da mesma água da chuva vinda de uma mesma fonte (capítulo 5). Na alegoria da casa em chamas, o princípio é apresentado na forma de uma história (capítulo 3). Nessa passagem, lemos, com numerosos detalhes, como o rico chefe de família atrai os filhos para fora através dos labirintos de uma enorme casa que eles não percebem estar em chamas. A casa representa o mundo tríplice, assolado pelo nascimento, a velhice, as doenças e a ansiedade constante. Como as crianças estão absortas com seus brinquedos, o pai lhes oferece carros para brincar, lá fora. Esses carros serão puxados de formas variadas, por cabras, cervos e bois. Uma vez lá fora e em segurança, as crianças perguntam por seus carros e cada qual recebe um carro idêntico, magnificamente ornamentado com pedras preciosas e puxado por um boi branco. Os carros puxados por cabras são interpretados como representando o público que se inicia nos ensinamentos do Buda (śrāvakas); os puxados por gamos representam os que, em harmonia com os ensinamentos do Buda, buscam o conhecimento que se autoconfirma e a quietude (pratyekabuddhas); os puxados por bois representam os discípulos que seguem plenamente o caminho do Buda até que eles próprios possam trazer libertação para os outros (bodisatvas). Desses três "veículos", o terceiro é o Mahāyāna, na medida em que se distingue dos outros. No entanto, a relação polêmica entre eles se resolve com o aparecimento do carro superior, puxado por um boi branco, que é o que se pode denominar Mahāyāna abrangente. Assim, o novo veículo, concebido como o caminho do bodisatva, não deve atrair espiritualmente mais que as concepções anteriores do budismo. No centro da doutrina Mahāyāna encontra-se uma tentativa de relativização de suas próprias formas de expressão.

A conexão com o pensamento do "vazio" está implícita em todo o *Sutra do Lótus* e às vezes é claramente manifesta. Assim, um homem cego que recebeu novamente sua visão é um modelo da pessoa que está livre da cadeia cármica de renascimentos, mas ainda deve prosseguir, a fim de "alcançar todos os darmas". Isso significa que "ele vê o mundo da esfera tripla em suas dez direções como vazia, uma ilusão forjada, uma criação fictícia, um sonho, uma miragem, um eco. Ele vê todos os darmas como não-originados, não-suprimidos, não-contidos, não-incontidos, não-escuros, não-luminosos"[24]. Assim ele está liberto da polaridade entre o nascimento cármico e a extinção cármica. Nesse aspecto, o *Sutra do Lótus* se equipara aos sutras da *Perfeição da Sabedoria* e dos *Ensinamentos de Vimalakīrti*. A "sabedoria" assim concebida é um dos temas fundamentais percorrendo toda a espiritualidade Mahāyāna e é a mais alta das seis "perfeições" que devem ser cultivadas por um aspirante a bodisatva. O significado dessa "sabedoria" é, no entanto, muito preciso. Não se trata de uma sabedoria moralizante nem de uma genérica sabedoria da vida. Ao contrário, essa sabedoria significa uma *visão* da natureza verdadeira dos elementos ou fatores da experiência (darmas), a percepção de que esses fatores são "vazios" de significado metafísico substancial ou, na expressão do *Sutra do Coração*, que eles são vazios de "ser próprio"[25].

Muitas das metáforas regularmente empregadas para transmitir esse significado – sonho, miragem, eco, ilusão forjada – aparecem em sutras que nem sempre estão estreitamente relacionados entre si. É de especial interesse o fato de que todo esse modo de pensar, ou ver, seja característico não apenas dos sutras da *Perfeição da Sabedoria* mas também do *Sutra de Lankāvatāra*[26]. Essa obra também apresenta uma forte tendência a considerar as formas dos ensinamentos como construções provisórias, a ser usadas e depois abandonadas. Ao mesmo tempo, o *Sutra de Lankāvatāra* tem um sabor todo próprio. Ele enfatiza a necessidade de se voltar para o próprio interior (*parāvṛtti*) para que seja possível controlar as atividades ordinárias da mente. Normalmente nós percebemos o mundo como que a partir de um ponto privilegiado, o ponto privilegiado e isolado de nossos próprios eus subjetivos. O mundo exterior é objetificado, selecionado e avaliado pela atividade de nossa mente, sempre errante e em movimento. Isso leva a todo tipo de apegos e ilusões. Para superar isso, é necessária uma reorientação radical, um retorno ao ponto de partida da atividade consciente. Por meio disso, o pretenso eu desaparece e em seu lugar se percebe uma magnífica "consciência-receptáculo" (*ālaya-vijñāna*), que envolve todo o universo que até então se considerava como existente, por assim dizer, objetivamente. Não existe eu, nem mundo, nem discriminação – somente uma consciência que tudo abrange. Essa abordagem recebeu um enorme desenvolvimento complementar na escola Iogacara e teve grande influência sobre o budismo tanto tântrico quanto Zen.

24. Idem, pp. 114-115.
25. Cf. E. Conze, *Buddhist Wisdom Books*.
26. Cf. D. T. Suzuki (trad.), *The Lankāvatāra Sutra*.

Esses temas relacionados entre si no pensamento Mahāyāna primitivo, têm todos eles duas importantes características em comum. Em primeiro lugar, todos eles são meditações que expandem temas que já eram amplamente discutidos no budismo: o vazio, a consciência, a análise dos fatores da experiência. Em segundo lugar, e ao mesmo tempo, todos eles buscam abalar noções fixas, mas não em benefício da mera polêmica filosófica, e sim a fim de alcançar um estado espiritual livre do apego a certos aspectos particulares. "Um bodisatva não deve se apegar nem a um Darma nem a um não-darma"[27], como afirma o *Sutra do Diamante*. Mas, a escola Mahāyāna tem uma teoria da relatividade não apenas dos fatores da experiência, mas também da relatividade das formas do próprio ensinamento budista. Além disso, afirmava-se que essa compreensão da própria natureza da mensagem budista era fiel ao original. Isso explica por que, no *Sutra do Lótus*, existe uma longa repetição da velha história da decisão do Buda de ensinar, em vez de permanecer em silêncio. A história, numa versão modificada (capítulos 2 e 7), enfatiza o caráter provisório dos ensinamentos e, assim, permite aos que progridem no caminho da visão que se libertem do apego a um ou outro aspecto determinado.

A Iluminação Budista Universal

Um tema implícito, mas não muito desenvolvido nos primeiros sutras da tradição Mahāyāna é o ensinamento da presença da iluminação budista em todos os seres. Esse tema se tornou particularmente popular na China, próximo ao início do século V d.C., com a publicação de traduções de uma forma Mahāyāna do *Sutra de Mahāparinirvana*[28]. Essa obra é uma meditação que divaga livremente sobre a história do nirvana final do Buda. Não se deve confundi-la com o paralelo em sânscrito, do período pré-Mahāyāna, do bastante conhecido sutra em páli sobre o último estágio da vida do Buda[29]. O texto Mahāyāna tem muito em comum com o *Sutra do Lótus*, ao qual ele se refere explicitamente. Em primeiro lugar, ele também retoma o tema da duração ilimitada da vida do Tathāgata, que surge naturalmente da reflexão sobre sua suposta entrada no nirvana. Sua importância subjetiva está em que ele não se vincula à idéia de que o Buda viveu oitenta anos. Ao contrário, somos convidados a reverenciar um Buda que, na verdade, está sempre presente. Vinculada a isso, e também em comum com o *Sutra do Lótus*, está a ênfase nos meios hábeis e a idéia de que as formas particulares dos ensinamentos destinam-se a adaptá-los às necessidades dos ouvin-

27. E. Conze, *Buddhist Wisdom Books*, p. 34.

28. Cf. Ming-Wood Liu, "The Doctrine of the Buddha-Nature in the Mahāyāna *Mahāparinirvana Sutra*", *Journal of the International Association of Buddhist Studies 5/2* (1982), pp. 63-94.

29. T. W. e C. A. F. Rhys Davids, *Dialogues of the Buddha...*, II, pp. 71-191.

tes. Não é de admirar que um sistema posterior, o sistema da escola de T'ien-t'ai, classifique tanto o sutra do *Lótus* quanto o do *Nirvana* como o ponto mais alto dos ensinamentos do Buda.

É à luz disso que deve ser entendida a idéia de iluminação budista – ou, mais precisamente, de natureza búdica de todos os seres vivos. Mais uma vez nos encontramos diante de um modo de falar que é paradoxal. Um número incontável de seres vivos é visto percorrendo seu caminho rumo a uma meta na qual, em sua verdadeira natureza, eles já se encontram. Assim como o *Sutra do Lótus* afirma que todos os darmas possuem desde o início a qualidade do nirvana, também aqui se declara que todos os seres vivos possuem a natureza do Buda. Não se deve imaginar essa "natureza búdica" como alguma realidade metafísica que agora se percebe. Ela é na verdade simplesmente um sinônimo da natureza de um Tathāgata, isto é, a qualidade de ser "assim sobrevindo", ou um sinônimo de "libertação" ou nirvana. A natureza búdica, assim como o espaço, não é um elemento condicionado ou composto, nem um aspecto da existência. Assim, pode-se dizer que ela se apresenta "com características e sem características; nem com características nem sem características"[30]. Quanto a isso tudo, não há nada de inusitado. O que, afinal, poderá ser a natureza do Buda, se não o ter "ido absolutamente além"[31] (*Sutra do Coração*)? O paradoxo surge na atribuição dessa natureza búdica a seres vivos que, com toda certeza, são existências compostas com uma grande variedade de características. A chave para se compreender o paradoxo está em vê-lo, não em termos estáticos, mas sim em termos dinâmicos. A "natureza búdica" é uma designação que ajuda-nos a nos afastar das características. Embora os seres vivos tenham características, eles podem deixar de estar ligados a elas. Isso ocorre quando vemos as coisas de uma outra forma, neste caso, quando vemos os seres vivos como tendo a "natureza do Buda".

A diferença entre os seres vivos como os consideramos normalmente e os seres vivos como os consideremos em termos de sua natureza búdica é uma diferença qualitativa. Por essa razão, o *Sutra do Nirvana* foi uma fonte de inspiração para os que, como Tao-Sheng (fl. 397-432) e outros depois dele, viam-se fascinados pela idéia de iluminação *súbita*. Se não há distância a cobrir, como pode a jornada ser longa e gradual? No entanto, há também claras indicações no próprio sutra de que a natureza do Buda era considerada como uma qualidade latente que podia tornar-se manifesta pela prática constante da via religiosa. Dessa forma, "assim como os seres sencientes não podem ver as raízes da grama e a água subterrânea porque elas estão ocultas no solo, o mesmo é verdade da natureza búdica, que

30. Ming-Wood Liu, "Doctrine of the Buddha-Nature...", ed. cit., 69 (T 12.526a), adaptação.

31. E. Conze, *Buddhist Wisdom Books*, p. 101: *pārasamgate*.

os seres sencientes não podem perceber porque não praticam os caminhos religiosos"[32].

Num estilo mais enigmático, o tema também é esboçado no *Sutra de Laṅkāvatāra*, no qual a base fundamental de todo ser verdadeiro é descrita como o "ventre do Tathāgata" (*Tathāgata-garbha*). Ele é o mesmo que a sede da consciência, ou "consciência-receptáculo" (*ālaya-vijñāna*), que, num determinado aspecto, dá origem a uma visão diferenciada do mundo, que separa uma área da realidade supostamente objetiva de um princípio ou eu que deseja e interroga, mas que, num outro aspecto, nada mais é que uma reflexão integrada desses fenômenos aparentemente diversos. A visão diferenciada tem como base a ilusão. Quando nos afastamos dessa diferenciação ilusória e retornamos à unidade da consciência-receptáculo, então o Tathāgata, ou a qualidade "assim suprimida" de todas as coisas, se tornará manifesto. Essa qualidade não é o alcançar de algo novo e isolado. Ao contrário, ela é a qualidade original de todas as coisas, presente desde o início na própria matriz da consciência.

Os Três Corpos do Buda

A explicação sobre os três corpos (trikāya) do Buda é uma construção doutrinária que tem exercido grande atração sobre a imaginação ocidental. Essa doutrina não se encontra nos primeiros sutras da tradição Mahāyāna, mas se origina um pouco mais tarde, com o objetivo de correlacionar diferentes percepções do Buda com a experiência efetiva. Ela deve ser vista como uma tentativa, em meio a diversas outras, de dar expressão à idéia de que a natureza búdica é percebida presente em toda parte. Mesmo no budismo pré-Mahāyāna, o número de budas nos mundos precedentes e em mundos espacialmente diferentes havia aumentado dramaticamente, como se pode ver claramente nos textos do *Mahāvastu*. Assim, havia um problema geral acerca da relação entre as várias manifestações da iluminação budista e, cada vez mais, a solução desse problema foi sendo formulada em termos da doutrina dos três corpos.

Um excelente exemplo de uma das primeiras concepções do Buda na tradição Mahāyāna encontra-se no capítulo 11 do *Sutra do Lótus*, no qual o Buda "extinto" Prabhūtaratna (Muitas Jóias) aparece no céu para comprovar, de uma perspectiva cósmica, os ensinamentos daquele que era o Buda atual, Śākyamuni. Mas como pode reaparecer um Buda que há muito chegou ao nirvana final? O primeiro sinal de sua presença é o aparecimento de um magnífico stūpa miraculosamente suspenso no céu. Esse stūpa contém, numa forma condensada, o "ser próprio" (*ātmabhāva*) do Tathāgata Prabhūtaratna. Assim ele aparece, no momento da proclamação do *Sutra do Lótus*, como

32. Liu, "Doctrine of the Buddha-Nature...", p. 72.

o resultado de um voto feito por ele em eras anteriores, antes de sua chegada ao nirvana final:

> Essas são as entradas sobrenaturais do Buda, tal a força de seu voto que, nos mundos de todas as dez direções, onde quer que alguém pregue o livro sagrado da Flor do Darma, seu stūpa adornado com pedras preciosas sempre se avoluma diante dessa pessoa, todo seu corpo no stūpa aclamando com as palavras: "Excelente! Excelente!"[33].

Śākyamuni é apresentado erguendo-se para chegar ao stūpa celestial, cuja frente ele então abre. Dentro, vemos a figura de um Buda ascético, descrito no texto como "imagem do Tathāgata" (*tathāgatavigraha*). Essa "imagem" é uma projeção do princípio indestrutível da natureza do Buda, que assim pode se tornar visível em milhares de mundos. Para completar a visão, Śākyamuni adentra o stūpa e senta-se ao lado de Prabhūtaratna, com isso indicando que todos os budas se equivalem entre si. Toda a cena dramatiza a idéia de que podemos confiar em todo Buda que apareça numa determinada época e lugar para conduzir os seres vivos até a iluminação. O tema dos dois budas sentados lado a lado foi bastante popular na iconografia da Ásia central e do noroeste da China[34].

O aparecimento e atividade das grandes figuras de salvadores no budismo de tradição Mahāyāna – Amitābha, Avalokiteśvara, Bhaiṣajyarāja, (Buda da Medicina), Samantabhadra e outros – baseia-se em seu poder de atuar de uma forma que transcende o tempo e até mesmo o nirvana. Os votos de um grande bodisatva de salvar todos os seres vivos operam indefinidamente, enquanto houver seres vivos que precisam de ajuda. Assim a distinção entre um bodisatva e um Buda perde todo significado prático para o devoto. Teoricamente Avalokiteśvara é um bodisatva que assume muitas formas diferentes para ajudar os outros no caminho do Buda (*Sutra do Lótus*, cap. 24)[35], enquanto o bodisatva Dharmācara já se tornou o Buda Amitābha, que reside em seu campo do Buda (*buddhakṣetra*) e acolhe os que se confiam a seus votos. Essa relação é retomada no *Sutra de Laṅkāvatāra*, no qual podemos ler: "os outros [...] são os que terminaram praticando as ações de um bodisatva; eles são formas do Buda de Transformação. Com os meios hábeis que têm origem em seus votos originais e fundamentais, eles se manifestam em meio a multidões, para adornar as congregações de budas"[36].

Com a noção de "Buda de transformação" no *Sutra de Laṅkāvatāra*, chegamos a um dos principais precursores da doutrina dos três corpos.

33. L. Hurvitz (trad.), *Scripture of the Lotus-Blossom...*, p. 184.
34. Cf. J. Leroy Davidson, *The Lotus Sutra in Chinese Art*.
35. O capítulo 25 da versão chinesa do Kumārajīva, o chamado *Kannongyō* (*Sutra Kannon*) em japonês.
36. D. T. Suzuki (trad.), *The Laṅkāvatāra Sutra*, ed. cit., p. 104.

Esse sutra fala do *buda-nirmāṇa*, que transmite os ensinamentos elementares da meditação e moralidade. Esse Buda aparece em meio às contingências corriqueiras da vida cotidiana, como fez por exemplo, o Buda Śākyamuni. Seus ensinamentos são necessariamente emitidos em termos das diferenciações que os seres vivos normalmente fazem ao lidar com seu ambiente. A tarefa de conduzir os seres vivos para além dessa visão das coisas cabe ao *buda-niṣyanda*, uma projeção gloriosa da natureza última do Buda, que inspira o devoto a ter consciência do "vazio" dos fenômenos corriqueiros e a transcender a distinção entre ser e não-ser. O terceiro, mas ontologicamente anterior, é o *buda-dharmatā*, a natureza búdica em seu autêntico modo próprio, não ornamentada com características destinadas a atender as necessidades dos que precisam ser salvos e guiados. Esses três aspectos da natureza búdica podem ser interpretados como correspondentes à seqüência Hīnayāna, Mahāyāna, e como realizados no Mahāyāna. A distinção mais antiga entre *rūpakāya* e dharmakāya, isto é, o corpo de forma terrestre e o corpo do Darma (que toma o lugar do Buda histórico após sua morte), se completa aqui com um terceiro foco, que reflete a espiritualidade Mahāyāna típica.

A formulação do trikāya foi particularmente preferida pela tradição Iogacara e assumiu forma erudita e sistemática no capítulo 9 do *Mahāyāna Sutralamkara*[37]. É nele que encontramos a terminologia mais freqüentemente citada, embora relativamente tardia: *svabhāvikakāya* (corpo de ser próprio), sambhogakāya (corpo de êxtase, de felicidade), nirmāṇakāya (corpo de transformação). Uma explicação análoga aparece em *O Despertar da Fé no Mahāyāna* que, com quase toda certeza, foi composto na China no século VI d. C.[38]. A atribuição que tradicionalmente se faz dessa obra a Aśvaghoṣa induziu à suposição comum, mas equivocada, de que a doutrina dos três corpos já era adotada no período inicial de formação do budismo de tradição Mahāyāna. No entanto, que sua influência era generalizada pode-se observar no fato de que o *Sutra de Suvarṇaprabhāsottama* contém todo um capítulo sobre o tema (que também não se encontra na versão em sânscrito)[39]. Nessa explicação, fica suficientemente clara a relação dialética entre, de um lado, os corpos com características e, de outro, o dharmakāya sem características.

Outros sutras que celebram uma visão estreitamente vinculada a essa dos muitos budas emanando de uma realidade são o *Sutra de Avataṁsaka* e o *Sutra de Śūraṃgamasamādhi*. Neste último sutra, lemos sobre os muitos tathāgatas que são não-nascidos, não-compostos, não-diferenciados, fundamentalmente iguais e também iguais a

37. Cf. S. Lévi, *Mahāyāna-Sutralaṃkara*, em especial o capítulo 9.
38. Cf. Yoshito S. Hakeda (trad.), *The Awakening of Faith*.
39. Cf. J. Nobel (trad.), *Suvarṇaprabhāsottama-Sutra*...

todos os darmas em sua vacuidade. Mas como o Tathāgata que assim "entrou na igualdade de todos os darmas" continua a "manifestar seu magnífico corpo material aos seres vivos?". A resposta é que isso se deve à continuidade do poder do samādhi que ele anteriormente praticava[40]. Na versão chinesa do Kumārajīva, afirma-se que os tathāgatas são, em sua igualdade, "verdadeiramente reais", mas Lamotte assinala que, embora na versão tibetana eles sejam descritos como igualmente "não-reais", quase não importa qual dos termos é empregado[41]. Para resumir, a realidade de um Tathāgata está em sua qualidade imutável de não ser atraído pelas características de uma existência ilusória e em mudança. No longo *Sutra de Avataṁsaka*, nós lemos a respeito de um número imensurável de budas em todas as terras do Buda das dez direções (oito quadrantes, zênite e nadir). Todos esses budas se manifestam em "corpos" num número igual ao das partículas de poeira encontradas em todos os mundos. Mas é a vocação de um bodisatva – após ter-se empenhado em compreender os ensinamentos de todos esses budas – compreender também que os budas são "não-reais". Seu verdadeiro caráter é assinalado pelo prajñā do cultivo[42].

Práticas Devocionais

A imaginação indiana não sentia dificuldade em apresentar um grande número de budas com nomes ligados às idéias de luz e tesouro, como por exemplo o Buda do Brilho da Flor (*Sutra do Lótus*, capítulo 3) ou o Buda das Muitas Jóias (capítulo 11). Nem os tradutores chineses deixaram de empregar recursos de seu notável sistema de escrita, para oferecer traduções literais e expressivas. Assim os próprios nomes dos inúmeros budas podiam ser usados como foco de convergência para uma forma devocional de meditação que conseguia superar a distância lingüística entre a Índia e a China. A prática é conhecida em sânscrito como *buddhānusmṛti* e em chinês como *nien-fo*. Esses termos referem-se à evocação de um Buda específico pelo nome. O nome é em geral pronunciado, mas sua expressão física não é indispensável. No início da fórmula, inclusive do nome, encontra-se a palavra *namah* (em chinês, *na-mo*; em japonês, *namu*), que significa "saudações a". Ela se encerra com o termo "Buda" ou "bodisatva". São exemplos elementares: "Saudações ao Buda Śākyamuni" e "Saudações ao bodisatva Avalokiteśvara". Neste último caso, pressupõe-se que invocar o nome do bodisatva ajudará em momentos de perigo.

40. É. Lamotte (trad.), *La concentration de la Marche Héroïque: Śūraṃgamasamādhisutra*, pp. 130-131.
41. Idem, p. 129, nota.
42. Cf. Doi Torakazu (trad.), *Das Kegon Sutra*, aqui, em especial, 1:246.

16. Pico do Abutre, local de oração do *Sutra Lótus*. A pedra em forma de abutre de onde vem o nome da montanha.

17. Panorama do Pico do Abutre.

Se, novamente, o homem que está para ser assassinado invoca o nome do bodisatva Ele Que Observa os Sons do Mundo [Avalokiteśvara], então as facas e varas ostentadas pelo outro irão se partir em pedaços e o homem conseguirá se libertar[43].

Acredita-se que esse valor prático tenha contribuído para a popularidade do *Sutra de Avalokiteśvara* (corriqueiro tanto na forma independente quanto como parte do *Sutra do Lótus*) nas rotas das caravanas da Ásia central.

A mais famosa de todas as práticas invocatórias no budismo de tradição Mahāyāna é sem dúvida a de evocar o nome do Buda Amitābha. Na verdade, o equivalente japonês do termo *nien-fo* é *nenbutsu*, que serve, em seu uso normal, para invocação unicamente desse Buda: Amitābha é o Buda da Luz Imensurável, ou o Buda da Vida Imensurável (Amitāyus), cujos votos são apresentados no *Sutra de Sukhāvatīvyūha*[44]. O ponto essencial enfatizado pelos devotos chineses e japoneses que pertencem a essa tradição é o de que os que invocam seu nome por meio da fórmula *Namo-Amito-Fo* (chinês) ou *Namu Amida Butsu* (japonês) com a mente cheia de fé sincera irá renascer na Terra Pura, no quadrante oeste, que não apenas é agradável em si mesma, mas também é um lugar onde certamente se alcançará o nirvana final[45].

Como essa prática era disseminada nos primórdios da escola Mahāyāna pode ser ilustrado pelo *Sutra dos Nomes do Buda* (T 14.114, nr. 440, *Fo ming ching*), que contém centenas dessas fórmulas destinadas a muitos desses diferentes budas. A prática também foi transposta para a devoção centrada em sutras, como se observa na concentração dirigida para o título do *Sutra do Lótus* na fórmula chinesa *Namo miao fa lien hua ching*, mais tarde amplamente comum no Japão como *Namu myōhō rengekyō*. A função de todos esses dispositivos meditacionais está em fornecer um símbolo claro e facilmente pronunciável para o que é considerado como o ponto fundamental de toda a tradição. Embora os séculos posteriores tenham presenciado a rivalidade entre as várias alternativas, o espírito dos sutras da primitiva tradição Mahāyāna exige que elas sejam vistas como essencialmente equivalentes entre si. Numa obra do adepto chinês do budismo da Terra Pura, Shan Tao (613-681), intitulado *Kuan nien fa men*, a evocação do nome do Buda Amitābha está intimamente vinculada à visualização (*kuan*) do mesmo Buda, como um exercício independente. Isso não é de surpreender, uma vez que o terceiro dos sutras,

43. L. Hurvitz (trad.), *Scripture of the Lotus Blossom...*, p. 312.

44. Ainda não existe uma tradução crítica satisfatória dessa obra, mas podemos nos referir a *The Shinshū Seiten: The Holy Scripture of Shinshū*, compilada e publicada por The Honpa Hongwanji Mission of Hawaii, Honolulu, 1955.

45. As melhores introduções à espiritualidade dessa tradição, do ponto de vista do Jōdo Shinshū, são as várias obras na série de traduções de Ryūkoku (Quioto, 1961 ss.) e os textos de Alfred Bloom como, por exemplo, *Shinran's Gospel of Pure Grace*.

fundamental para a tradição budista da Terra Pura, é intitulado *Kuan wu liang shou ching*, isto é, "Sutra da Visualização do Buda da Vida Imensurável"[46]. Embora o nome em sânscrito tenha sido reconstituído por alguns como *Sutra de Amitāyūr-dhyāna*, não chegaram até nós textos com esse nome nem com esse mesmo conteúdo. Nem também diana necessariamente envolve o sentido específico de ver que é transmitido pelo caractere chinês *kuan*. De fato, esse sutra é nada menos que uma orientação meditacional sobre como ver ou visualizar o Buda Amitāyus (identificado com Amitābha). Ele pertence a uma classe de sutras que provavelmente foram desenvolvidos próximo ao final do século IV d.C., entre os quais estavam, entre outros, um sutra que falava da visualização do bodisatva Samantabhadra (T 9.389, nr. 277), em geral associado ao *Sutra do Lótus*, e um outro sutra sobre a visualização de Bhaiṣajyarāja e Bhaiṣajyasamudgata (T 20.660, nr. 1161), ambos associados à cura. Essas meditações se baseiam na capacidade geral da maioria das pessoas de banir impressões óticas e depois evocá-las novamente. Isso se aprende, por exemplo, ao se observar o sol que se põe repousando como um tambor no horizonte oeste e depois fechar-se os olhos, evocando a imagem, o que em pouco tempo se consegue fazer sempre que se deseja. Em estágios mais adiantados, a imagem a ser evocada é primeiramente descrita por meio de iconografia e descrição verbal. Para a visualização de um Buda, a pessoa é auxiliada pelo fato de sua própria mente possuir, de forma latente, as trinta e duas características por meio das quais o Buda é identificado. Assim, de um lado, o Buda visualizado é uma projeção da própria mente da pessoa que medita e, de outro, ele nada mais é que uma forma do corpo do Darma que é idêntica em todas as suas ocorrências e, assim, pode reaparecer sempre que as circunstâncias forem favoráveis.

A veneração dos próprios sutras era amplamente disseminada no período inicial da tradição Mahāyāna. Ela surgiu em resultado da prática de se colocar sutras nos stūpas, nos quais anteriormente se preferia colocar as relíquias dos budas. Sem dúvida, essa substituição era incentivada pela escassez de relíquias, mas também demonstrava claramente a substituição do Buda por seu darma, ou na verdade a identidade dos dois (cf. *Sutra do Lótus*, capítulo 10). A veneração do sutra é uma marca da natureza de bodisatva:

> Se existe um homem que receba e mantenha, leia e recite, explique ou copie por escrito um único gāthā do Livro Sagrado da Flor do Fino Darma, ou que olhe com veneração para um rolo em que está inscrito esse texto como se fosse o próprio Buda, ou que faça a ele diversas oferendas em perfumes florais, colares, incenso em pó, cremes perfumados, queima de incenso, dosséis e estandartes de seda, roupas ou música, ou mesmo que recolha folhas de palmeiras em adoração reverente a ele [...] saiba-se que

46. A transliteração japonesa é: *Kanmuryōjukyō*; para esse texto, cf. *The Shinshū Seiten* (nota 43, acima).

esse homem ou qualquer outro como ele já terá feito a oferenda a dez miríades de budas dos tempos antigos e recebido uma grande promessa na presença desses budas [...] Essa pessoa deve ser vista como glorificada por todos os mundos, espargida com as oferendas próprias àquele que Assim se Tornou Um [...] Essa pessoa é emissária daquele que Assim se Tornou Um, enviada por aquele que Assim se Tornou Um, estando a serviço daquele que Assim se Tornou Um[47].

Essas práticas de veneração dos sutras continuam a ser exercidas até hoje e constituem a dimensão mais importante da espiritualidade budista na tradição Mahāyāna, inclusive no contexto do budismo leigo. Uma das raízes da proliferação de seitas em meio ao budismo Mahāyāna está no fato de que a maioria de seus sutras contém uma passagem em que ele se declara como o sutra supremo e soberano, que merece ser venerado acima de tudo.

Todas essas práticas acima descritas podem ser consideradas como parte de uma ampliação geral do budismo religioso que ligava o fiel mais simples ao praticante mais adiantado. O veículo essencial dessa gama de experiências coordenadas de uma nova forma era o ideal do bodisatva[48]. O budismo primitivo considerava o abandono da vida doméstica como um pré-requisito para o verdadeiro progresso na busca do nirvana e deixava aos que permaneciam em seus lares a possibilidade de observar uma moralidade elementar e sustentar e venerar os monges. O Mahāyāna, ao contrário, convidava a todos a trilhar imediatamente a ampla escalada do progresso espiritual, com seus muitos estágios e paradas para repouso. Assim, o ato religioso mais humilde, a mais leve inclinação da cabeça, a oferenda de uma única flor em meio a pensamentos que divagam, coloca a pessoa num caminho incomparável, que conduz à salvação de miríades de outros seres e, em última análise, ao nirvana final (*Sutra do Lótus*, capítulo 2). A primeira das seis perfeições a ser cultivada por um bodisatva pode ser considerada uma outra ilustração disso. O termo sânscrito para ela é *dāna* e significa "dádiva", "doação", ou o efeito da qualidade da generosidade. Essa perfeição pode ter início com o simples ato de colocar um pouco de arroz na tigela de um monge, mas pode chegar ao sacrifício de partes do corpo ou da própria vida ao bem-estar dos outros. O exemplo mais famoso dela é a história do príncipe que cortou o próprio pescoço para que sua carne pudesse ser devorada por uma tigresa e sua ninhada (*Sutra da Luz Dourada*, capítulo 18)[49]. O sutra declara que o príncipe era ninguém mais que o próprio Buda numa existência anterior, isto é, quando ele se encontrava num estágio avançado como bodisatva.

47. L. Hurvitz (trad.), *Scripture of the Lotus Blossom...*, pp. 174-175.

48. Para a tradução de uma obra em sânscrito mais recente a respeito desse tema o *Bodhicaryāvatāra* de Śāntideva, cf. Marion L. Matics, *Entering the Path of Enlightenment*.

49. Cf. R. E. Emmerick (trad.), *The Sutra of Golden Light*. Ele aparece como o capítulo 26 da versão chinesa traduzida por Nobel (nota 39, acima).

A exemplificação da atitude do bodisatva na vida de personagens leigos em posições superiores é na verdade um tema comum nos sutras. Nesse aspecto, é especialmente digno de nota o *Sutra de Śrīmālā*, que celebra não apenas a virtude de uma rainha, mas também sua compreensão de ensinamentos da doutrina Mahāyāna[50]. Entre eles estão temas como a doutrina do único veículo (*ekayāna*) transcendendo a diferença temporária entre o Hīnayāna e o caminho do bodisatva, e o ensinamento da natureza búdica de todos os seres. Este último, que em princípio adota uma posição não diferente da expressa no *Sutra do Nirvana*, é apresentado em termos do Ventre do Tathāgata (tathāgatagarbha), no qual todos os seres podem ser igualmente descobertos. A suposição de que todo ser é de forma latente – isto é, já mais que potencialmente – um Tathāgata, aliada à projeção de uma personagem leiga do sexo feminino como alguém que compreende isso, sugere uma subversão da distinção tradicional entre o monge e o devoto leigo. A nova espiritualidade é exposta de um modo extremamente elaborado no *Sutra de Vimalakīrti*, que expõe os princípios gêmeos da existência de um bodisatva: a sabedoria e a compaixão. Mañjuśrī, o interlocutor de Vimalakīrti no diálogo, é considerado como a encarnação da sexta perfeição, a sabedoria, o *prajñāpāramitā*, enquanto a compaixão é encenada na história da doença de Vimalakīrti, por meio da qual ele compartilha da doença de todos os seres vivos. Embora alguém que não se afastou da vida doméstica, Vimalakīrti não se vê limitado pelas coisas que estão associadas a ela: para demonstrar o vazio das coisas, ele pode esvaziar a casa de seus conteúdos, por meio de magia. A posição que Vimalakīrti alcança é a da identificação dos opostos, aplicada em particular à atitude dos monges e à atitude dos leigos. O fato de que a frase chinesa *tsai chia ch'u chia*, "levar uma vida doméstica é abandonar a vida doméstica", tenha sido incorporada aos dicionários não especializados é uma indicação de como essa idéia é bem acolhida na China. Seu significado pode ser percebido com a explicação por meio da qual R. H. Mathew fornece sua tradução: "adorar o Buda silenciosamente no coração é tão bom quanto deixar o lar para se tornar um sacerdote"[51], embora isso não reflita a dimensão de paradoxo na atitude de Vimalakīrti.

A Herança Mahāyāna

Embora existam enormes discrepâncias entre os diferentes sutras da tradição Mahāyāna, isso se deve em especial à elaboração independente dos temas específicos. Esse fato por sua vez levou a

50. Cf. A. e H. Wayman, *The Lion's Roar of Queen Śrīmālā*.
51. R. H. Mathews, *Chinese-English Dictionary*, p. 975.

um delineamento das escolas e, a longo prazo, ao crescimento do que são na verdade denominações, e mesmo seitas, que atualmente conhecem muito pouco os textos preferidos pelas demais. Apesar da tendência resultante a serem únicos em alguns aspectos, não existem realmente contradições importantes entre os sutras da tradição Mahāyāna em si próprios. Eles apresentam uma variedade de sensibilidade e práticas religiosas concebidas de forma extremamente generosa tanto para monges quanto para devotos leigos. Não é de admirar que a distinção entre ambos viesse a ficar ainda mais embaçada com a aceitação do sacerdócio de pessoas casadas na maioria das escolas do budismo japonês.

A chave dessa coerência na diversidade pode ser vislumbrada sobretudo em quatro dos cinco conceitos que servem de guia. Em primeiro lugar, ela pode ser encontrada no novo universalismo, que se enraíza em última análise na equivalência de todos os darmas e, assim, de todos os seres vivos, em seu vazio, em sua qualidade essencialmente nirvânica, ou em sua natureza búdica. Essa qualidade fundamental das coisas pode ser percebida na prática de prajñā. Mas, igualmente, os bodisatvas conhecem toda a miríade de fatores da experiência, superiores e inferiores, em suas características diferenciadoras. Assim é essencial desenvolver a habilidade de lidar com todos esses fatores de tal forma que o Darma seja expresso, mas os seres vivos, em especial os que adentraram o caminho do bodisatva, não fiquem presos rigidamente neles. Isso se consegue com a prática de *upāyakauśalya*[52]. Para o bodisatva com menos experiência, esse é essencialmente um processo de aprendizado. Para o bodisatva mais experiente, isso se torna uma questão de intervenção compassiva para assistir os outros (karuṇa). Por que um bodisatva iria querer adiar o nirvana final e retornar para atos de compaixão? A resposta a essa questão, nunca feita nos círculos budistas, é simplesmente que seria incoerente com a percepção da natureza búdica de todas as coisas o bodisatva conceber o alcançar o nirvana como um processo individual e diferenciado. Aqui se encontra a combinação secreta entre a visão irreversível e o empreendimento de salvação que caracteriza a espiritualidade dos sutras da tradição Mahāyāna.

Esses temas subjazem às formas específicas que o budismo Mahāyāna adotou em todo o Leste asiático e, mesmo assim, eles não são dependentes de qualquer ensinamento de alguma seita ou crença. As concepções essenciais e o tipo de experiência que eles inspiram são acessíveis tanto no interior dos contextos religiosos tradicionais quanto fora deles e, cada vez mais, tanto dentro quanto fora das formas de cultura asiáticas. Onde as pessoas de hoje são individualis-

52. Cf. Michael Pye, *Skilful Means*, e, do mesmo autor, "Other-Power and Skilful Means in Shin Buddhism", em *The Pure Land*, 1, (dezembro 1984), pp. 70-78.

tas, anárquicas e se encontram desenraizadas, o budismo Mahāyāna as convida à interdependência, à compaixão e à auto-reflexão. Onde o preconceito e a categorização rígida predominam, o budismo Mahāyāna conduz à flexibilidade e à libertação. Esses dois aspectos complementam-se reciprocamente, pois ambos se fundam na percepção unificadora do vazio. Nesse nível, o budismo Mahāyāna se revela como uma reafirmação autêntica do budismo primitivo e de forma alguma deixa de estar em sintonia com a tradição Teravada. Quando se pratica a consciência do vazio, as limitações dos pontos de vista fixos e discriminatórios cedem lugar à libertação. Ao mesmo tempo, perde força o apego que surge com a ilusão do eu.

BIBLIOGRAFIA

I. O Prajñāpāramitā e o Surgimento da Tradição Mahāyāna

Fontes

CONZE, Edward. *The Short Prajñāpāramitā Texts*. Totowa, NJ, Rowman & Littlefield, 1974.

_____. *The Perfection of Wisdom in Eight Thousand Lines*. Bolinas, CA, Four Seasons Foundation, 1975.

_____. *The Large Sutra on Perfect Wisdom*. Berkeley, University of California Press, 1975.

_____. *Buddhist Wisdom Books*. Londres, Allen & Unwin, 1975.

COWELL, E. B.; MÜLLER, Max, & TAKAKUSU, J., *Buddhist Mahāyāna Texts*. Déli, Motilal Banarsidass, 1965.

KAJIYAMA, Y. "On the Meanings of the Words 'Bodhisattva' and 'Mahāsattva' in Prajñāpāramitā Literature", In HERCUS, L. A. et al. (orgs.). *Indological and Buddhist Studies*. Canberra, Faculty of Asian Studies – The Australian National University, 1982.

LAMOTTE, Étienne. *Le traité de la grande vertu de sagesse*. Louvain, Bureaux du Muséon, 1944-80.

VAN BUITNEN, J. A. B. (trad.). *The Mahābhārata*, Livros 2-3. Chicago, University of Chicago Press, 1975, pp. 593-597.

_____. *Cakkavatti-sīhanāda-suttanta, Dīgha Nikāya*, nº. 26; *Sukhāvatīvyūha*, Seção sobre os Cinco Pecados, in T 12, nº 362, 361, 360; *Fu-fa-tsang-yin-yüan-ch'uan*, T 50.315-17.

Estudos

CONZE, Edward. *The Prajñāpāramitā Literature*. 's-Gravenhage, Mouton, 1960. Reimpressão: Tóquio, Reiyūkai, 1978.

_____. *Thirty Years of Buddhist Studies*. Colúmbia, University of South Carolina Press, 1968.

DAYAL, Har. *The Bodhisattva Doctrine in Buddhist Sanskrit Literature*. Déli, Motilal Banarsidass, 1975.

DUTT, Nalinaksha. *Aspects of Mahāyāna Buddhism and its Relation to Hīnayāna*. Londres, Luzac, 1930. Reimpresso como: *Mahāyāna Bu-*

ddhism. Calcutá, Firma K. L. Mukhopadhyaya, 1973.

HIRAKAWA, Akira *Shoki daijō no kenkyū* (Estudos sobre o Budismo Mahāyāna Primitivo). Tóquio, Shunjūsha, 1968, pp. 617-643.

_____. "The Rise of Mahāyāna Buddhism and its Relationship to the Worship of Stūpas". In *Memoirs of the Tōyō Bunko Research Department*, 22 (1963), pp. 57-106.

KAWAMURA, Leslie S. (org.). *The Bodhisattva Doctrine in Buddhism*. Waterloo, Ont., Wilfrid Laurier University Press, 1981.

KIMURA, R. *A Historical Study of the Terms Hīnayāna and Mahāyāna*. Calcutá, Calcutta University, 1927.

LAMOTTE, Étienne. "Sur la formation du Mahāyāna". In *Asiatica: Festschrift Friedrich Weller*, pp. 377-396. Leipzig, Harrassowitz, 1954.

LANCASTER, Lewis (org.). "Prajñāpāramitā and Related Systems: Studies" In *Honor of Edward Conze*. Berkeley, University of California Press, 1977.

SHIZUTANI, M. *Shoki daijō Bukkyō no seiritsu katei* (O Processo de Formação do Budismo Mahāyāna Primitivo). Kyoto, Hyakkaen, 1974, p. 238 e ss.

II. O Sutra de Vilamakirti

LAMOTTE, Étienne (trad.). *L'enseignement de Vimalakīrti*. Louvain, Publications universitaires, 1962. Tradução para o inglês por Sara Boin. *The Teaching of Vimalakīrti*. Londres, Pali Text Society, 1976.

LU, K'uan Yü (Charles Luk). *The Vimalakīrti Nirdeśa Sutra*. Berkeley – Londres, Shambhala, 1972.

THURMAN, Robert A. F. *The Holy Teaching of Vimalakīrti: A Mahāyāna Scripture*. University Park, PA – Londres, Pennsylvania State University Press, 1976.

III. O Sutra de Avataṁsaka

Fontes

DOI, Torakazu (trad.). *Das Kegon Sutra*. Tóquio, Doitsubun Kegon-kyō Kankōkai, 1978-83. Uma tradução da versão de Buddhabhadra.

THE GREAT *Means Expansive Buddha Flower Ornament Sutra*. Institute for the Translation of Buddhist Texts. City of the Ten Thousand Buddhas, Talmage, CA, Dharma Realm Buddhist University, 1979-84. Uma tradução da versão de Śikṣānanda. Os volumes não apareceram em seqüência e até agora foi traduzida menos da metade dos capítulos.

HONDA, Megumi. "Annotated Translation of the *Daśabhūmika-sutra*". In Denis Sinor (org.). *Studies in South, East, and Central Asia: Presented as a Memorial Volume to the Late Prof. Raghu Vira*. Śatapitaka Series, Indo-Asian Literatures 74. Nova Déli, International Academy of Indian Culture, 1968, pp. 115-276.

Estudos

CHANG, Garma C. C. *The Buddhist Teaching of Totality. The Philosophy of Hwa Yen Buddhism*. University Park, PA – Londres, Pennsylvania State University Press, 1971.

CLEARY, Thomas. *The Flower Ornament Scripture. A Translation of the Avataṁsaka Sutra*. Boulder – Londres, Shambhala, 1984.

EHMAN, Mark Allen. *The Gaṇḍavyūha-sutra: Search for Enlightenment*. Tese de Ph.D., University of Wisconsin, Madison, 1977.

FONTEIN, Jan. *The Pilgrimage of Sudhana. A Study of Gaṇḍavyūha Illustrations in China, Japan, and Java*. Haia, Mouton, 1967.

GÓMEZ, Luis O. *Selected Verses from the Gaṇḍavyūha-sutra*. Tese de Ph.D., Yale University, 1967.

_____. "The Bodhisattva as Wonderworker". In LANCASTER, Lewis. & GÓMEZ, Luis O. (orgs.). *Prajñāpāramitā and Related Systems. Studies Series 1 Berkeley Buddhist*. Berkeley, Institute of Buddhist Studies, 1977, pp. 221-261. Contém a tradução de um capítulo do Sutra de Gaṇḍavyūha.

GUENTHER, Herbert V. "Excerpts from the Gaṇḍavyūha Sutra". In *Tibetan Buddhism in Western Perspective*. Emeryville, CA, Dharma Publishing, 1977, pp. 3-35.

IDUMI, Hōkei. "The Hymn on the Life and Vows of Samantabhadra". *Eastern Buddhist* 5/2-3 (1929-31), pp. 226-247.

PAUL, Diana Y. *Women in Buddhism: Images of the Feminine in Mahāyāna Tradition*. Berkeley, Asian Humanities Press, 1979.

RENOU, Louis, FILLIOZAT, Jean et al. *L'Inde classique: Manuel des études indiennes*. Hanói, École Française d'Extême-Orient, Paris, Imprimerie Nationale, 1953, 2:434.

ROBINSON, Richard. Chinese Buddhist Verse. Londres, John Murray, 1954, pp. 49-60.

SUZUKI, Daisetz Teitaro. Essays in Zen Buddhism: Third Series. Nova York, S. Weiser, 1973.

_____. *Zen Buddhism and Its Influence on Japanese Culture*. Kyoto, Eastern Buddhist Society, 1938, pp. 113, 226.*Bibliografia*

IV. O Sutra do Lótus e a Essência da Tradição Mahāyāna

Fontes

CONZE, E. *Buddhist Wisdom Books*. Londres, Allen & Unwin, 1975.

RHYS DAVIDS, T. W. e RHYS DAVIDS, C. A. F. (trad.). "Dialogues of the Buddha". In: *I Sacred Books of the Buddhists*. Londres, Pali Text Society, 1977.

EMMERICK, R. E. (trad.). "*The Sūtra of Golden Light*". In *Sacred Books of the Buddhists*. Londres, Pali Text Society, 1970.

HAKEDA, Yoshito S. (trad.). *The Awakening of Faith*, Nova York, Columbia University Press, 1967.

HURVITZ, Leon (trad.). *Scripture of the Lotus Blossom of the Fine Dharma (The Lotus Sūtra): Translated from the Chinese of Kumārajīva*. Nova York, Columbia University Press, 1976.

JONES, J. J. (trad.). *The Mahāvastu*. Londres, Pali Text Society, 1973, 3 vols.

LAMOTTE, Étienne (trad.). "La Concentration de la Marche Héroïque: Śūraṃgamasamādhisutra". In *Mélanges chinois et bouddhiques* 13. Bruxelas, Institut Belge des Hautes Études Chinoises, 1965.

LIU, Ming-Wood. "The Doctrine of the Buddha-Nature in the Mahāyāna *Mahāparinirvana Sūtra*", *Journal of the International Association of Buddhist* Studies. 5/2 (1982), pp. 63-94.

MATICS, Marion L. (trad.). *Entering the Path of Enlightenment*. Nova York, Macmillan, 1970.

NOBEL, J. (trad.). *Suvarnaprabhāsottama-Sūtra: Das Goldglanz-sutra: ein Sanskrittext des Mahāyāna-Buddhismus*. Leiden, E. J. Brill, 1958, 2 vols.

SUZUKI, D. T. (trad.). *The Laṅkāvatāra Sutra*. Londres, Routledge & Kegan Paul, 1932.TORAKAZU, Doi (trad.). *Das Kegon Sutra*. Tóquio, Doitsubun Kegon-kyō Kankōkai, 1983, 4 vols.

Estudos

BLOOM, Alfred. *Shinran's Gospel of Pure Grace*. Tucson, AZ, University of Arizona Press, 1965.

DAVIDSON, J. Leroy. The *Lotus Sūtra in Chinese Art*. New Haven, Yale University Press, 1954.

LÉVI, Sylvain. *Mahāyāna-Sutralaṃkāra*. Paris, H. Champion, 1907.

MATHEWS, R. H. *Chinese-English Dictionary*. Revised American Edition. Cambridge, MA, Harvard University Press, 1943.

PYE, Michael. *Skilful Means: A Concept in Mahayana Buddhism*. Londres, Duckworth, 1978.

_____."Other-Power and Skilful Means in Shin Buddhism". In *The Pure Land*. 1 (dezembro 1984).

WAYMAN, A., e H. Wayman. *The Lion's Roar of Queen Śrīmālā: A Buddhist Scripture on the Tathāgatagarbha Theory*. Nova York, Columbia University Press, 1974.

8. As Filosofias da Tradição Mahāyāna

I. A TRADIÇÃO MĀDHYAMIKA

Tachikawa Musashi

Nāgārjuna (cc. 150-250 d.C.), o fundador da escola Mādhyamika, ou Escola do Meio, forneceu a base filosófica do budismo de tradição Mahāyāna na Índia. A escola defendia o caminho do meio entre polaridades como "o mundo existe ou não existe", ou "o mundo é permanente ou impermanente". Sua história na Índia pode ser dividida em três períodos: 1. o período de sua formação, 2. o período de sistematização, 3. o último período, no qual a doutrina Mādhyamika se fundiu com a doutrina Iogacara e no qual a filosofia Mādhyamika funcionou como uma das bases teóricas mais importantes do tantrismo budista.

Embora a filosofia do vazio (śūnyatā) de Nāgārjuna manifestamente tenha sido influenciada pelos textos primitivos do Prajñāpāramitā, ela é original em diversos aspectos importantes. Nāgārjuna adota os princípios da lógica formal e nunca recorre à famosa máxima paradoxal dos sutras de *Prajñāpāramitā*: "a forma é vazia" (*rūpam śūnyatā*). Alguns elementos de sua argumentação parecem colidir com os princípios básicos da lógica, levando certos estudiosos a ver nela rudimentos de um tipo especial de "lógica" que deve ser distinguido da tradição ocidental. Mas essa concepção se deve a um equívoco. Se a filosofia do vazio envolve elementos ilógicos, eles se encontram nos desdobramentos posteriores. Embora sua obra mais importante, o

Mūlamadhyamakakārikā (Estâncias sobre o Caminho do Meio, abreviadas como MMK), seja um texto religioso e, como tal, tenha em vista uma compreensão do vazio na qual cessa a verbalização, Nāgārjuna invariavelmente se empenha em articular a noção de vazio por meio da lógica. Nāgārjuna parece ter vivido em Vaidarbha (atual Benares), no sul da Índia, e supõe-se que tinha o apoio do rei Śātavāhana. O MMK, que consiste em 450 versos em vinte e sete capítulos, parece fragmentário, porque cada capítulo aborda um tópico separado. No entanto, um exame mais detalhado dos argumentos apresentados no MMK demonstra que ele aborda um único tema, empregando um único método.

A Negação da Realidade do Mundo

As ações humanas (*karman*) produzem seus próprios efeitos e provocam o surgimento de outras ações. Essa cadeia de ações liga os seres humanos ao mundo da transmigração. As degenerações mentais (*kleśa*), tais como o desejo, a ignorância e a cólera, atormentam tanto o corpo quanto a mente dos seres humanos e empurram as pessoas que flutuam na superfície do oceano da transmigração para seu fundo. Para alcançar a iluminação, a pessoa deve aniquilar as próprias ações e degenerações mentais. Nāgārjuna diz: "A pessoa alcança a libertação final quando as ações e degenerações mentais estão aniquiladas" (MMK, XVIII, 5a). De acordo com Nāgārjuna, as ações e as degenerações mentais têm origem em construções mentais (*kalpana*). Essas "construções mentais têm origem em *prapañca*" (XVIII, 5b), um termo que aparece dez vezes no MMK e tem os seguintes significados: 1. palavras, 2. o ato de expressão por meio de palavras, 3. o significado ou imagem representada por palavras, e 4. os objetos das palavras[1]. *Prapañca* é então coincidente com o mundo inteiro e aniquilá-lo é negar o mundo inteiro. A palavra *prapañca*, que originalmente significava "multiplicidade" ou "expansão", aqui denota a dicotomia que está necessariamente envolvida na formulação de um enunciado ou sentença, uma vez que uma sentença em sânscrito pode ser considerada como constituída de dois elementos: uma frase nominal e uma frase verbal. Isso é válido pelo menos para os enunciados que Nāgārjuna aborda no MMK. Ele vê a dicotomia entre a frase nominal e a frase verbal como a manifestação lingüística concreta de *prapañca*.

Prapañca é aniquilado no vazio (*śūnyatā*; MMK, XVIII, 5c). O vazio, que nada mais é que a verdade última (*paramārtha*), encontra-se à espera da prática religiosa dos seres humanos. A verdade última

1. Cf. Lambert Schmithausen, *Der Nirvana-Abschnitt in der Viniśkayasaṃgraha der Iogacarabhūmih*, pp. 137-142.

não é independente dessas práticas. Embora *prapañca* inevitavelmente apareça na atividade verbal, ele é um obstáculo à iluminação e, enquanto não for aniquilado, não é possível compreender a verdade última. Os argumentos dados no MMK destinam-se a conduzir as pessoas ao estado em que *prapañca* se encontra extinto e, assim, servem para mapear a prática religiosa que conduz à verdade última. Esse método de negação do mundano para a compreensão do transmundano pode ser posto em contraste com o da escola Vaiśeṣika, para a qual a existência do sofrimento (*duḥkha*) na alma (*ātman*) deve ser negada, enquanto a existência dos átomos não pode ser negada; para eles, a libertação final (*mokṣa*) é a ausência de dor na alma. No pensamento Abidarma, o que deve ser aniquilado são as degenerações mentais em cada indivíduo, enquanto os darmas que constituem o mundo não podem ser negados. Nāgārjuna, ao contrário, afirma que não apenas as ações e as degenerações mentais mas também as causas materiais do mundo devem ser aniquiladas. O vazio é o estado de sabedoria no qual todos os elementos do mundo normal, as degenerações mentais, as ações e as causas materiais se encontram negados, para que o transmundano, o nirvana, possa aparecer. Como então a pessoa pode se libertar de *prapañca*? O método de Nāgārjuna consiste em demonstrar que *prapañca* é não-existente por meio de um modo especial de análise de nossas atividades verbais.

A teoria de que as coisas vêm à existência em dependência com relação a outras coisas e não possuem os fundamentos de sua existência em si mesmas – a teoria da origem interdependente de todas as coisas (*pratītyasamutpāda*) é uma teoria fundamental para o budismo. Nāgārjuna vê a origem interdependente como um tipo de relação. Para que uma relação seja possível, são necessários pelo menos dois fatores. Nāgārjuna freqüentemente postula um par de entidades que estão inseparavelmente conectadas e exprime essas entidades e a relação entre elas num enunciado que pode ser considerado uma expressão da origem interdependente.

> Dependente da ação surge o ator.
> Dependente do ator surge a ação (MMK, VIII, 12).

Esse par de versos focaliza duas entidades – o ator (*kartṛ*) e a ação (*karman*) – e delineia a relação entre ambas. Esse é o primeiro estágio de todos os argumentos no MMK. No MMK I, Nāgārjuna aborda uma entidade (*bhāva*) e a ação de seu surgimento (*utpāda*); no MMK II, ele aborda "o que deve ser atravessado" (*gantavya*) e a ação de atravessar (*gamana*), ou o agente da ação de atravessar (*gantṛ*) e a ação de atravessar; no MMK III, ele aborda "o que deve ser visto" (*draṣṭavya*) e a ação de ver (*darśana*), ou o agente da ação de ver (*draṣṭṛ*) e a ação de ver. Não é necessário enumerar aqui todos os pares desse tipo de aparecer, presentes no MMK. Qualquer par de entidades pode servir como os dois fatores que abrangem a relação de origem interdependente, na medida em que eles e a relação entre eles são expressos ou mencionados num enunciado ou sentença[2].

Esses enunciados, expressando a origem interdependente, têm características em comum, que dão indicações sobre a estrutura dos argumentos de Nāgārjuna. Se tomamos a sentença: "O espaço não é uma existência e o espaço não é uma não-existência" (Candrakīrti, *Prasannapadā*, v, 7), observamos as seguintes características lógicas: 1. "Existência" e "não-existência" são reciprocamente complementares. A união entre existência e não-existência constitui o universo inteiro. 2. O enunciado "o espaço é existência" é constituído pelo substantivo "espaço" e a frase verbal "é existência". Um fator é denotado pelo substantivo, o outro pela frase verbal. Sua relação é expressa pela conexão sintática entre os dois. 3. Os dois enunciados são falsos[3].

O verso a seguir ilustra a mesma estrutura: "É impossível que exista um surgimento do que existe, do que não existe e do que existe e não existe" (MMK, VII, 20). O conteúdo do verso pode ser expresso pela conjunção dos seguintes três enunciados:

Não existe um surgimento do que existe.
Não existe um surgimento do que não existe.
Não existe um surgimento do que existe e não existe.

Os termos "surgimento" e "o que existe" estão vinculados como uma propriedade e seu possuidor. Assim como no caso anterior, podemos especificar as três características dessa fórmula: 1. A união do que existe com o que não existe em todo o universo. O conceito "o que existe e não existe" parece precisar de algumas explicações. Falando em termos lógicos, não pode existir uma tal coisa. Comentadores como Buddhapālita e Candrakīrti sabiam que a afirmação de que algo existe e ao mesmo tempo não existe é uma mera contradição[4]. Mas é possível considerar "o que existe e não existe" como se referindo à união do conjunto de "o que existe" com o conjunto de "o que não existe", isto é o universo inteiro. De qualquer forma, o terceiro enunciado não tem um papel importante; o argumento essencial é desenvolvido nos dois primeiros. 2. O enunciado "não existe um surgimento do que existe" pode ser decomposto na frase nominal "surgimento" e na frase verbal

2. Cf. M. Tachikawa, "Pratītyasamutpāda in the Dedication of the *Mūlamadhyamakakārikā*", em *Brahmavidya Dr. K. Kunjuni Raja Felicitation Volume, The Adyar Library Bulletin*, 44-45 (1981), pp. 639-653.

3. Cf. M. Tachikawa, "A Logical Analysis of the MMK", M. Nagatomi et al. (orgs.), *Sanskrit and Indian Studies: Essays in Honour of Daniel H. H. Ingalls*, p. 165.

4. Idem, p. 181, nota 6.

"existe o não existente". A referência a um dos fatores é feita pela frase nominal, a referência ao outro, pela frase verbal. Sua relação é expressa pela conexão sintática das duas frases. Os dois outros enunciados têm a mesma estrutura. 3. Todos os três enunciados na fórmula são falsos.

Podemos descobrir uma estrutura análoga em enunciados como os que se seguem:

> Os erros dos que já erraram não vêm à existência.
> Nem os erros dos que ainda não erraram vêm à existência.
> E os erros dos que estão presentemente em erro não vêm à existência (*MMK*, XXII, 17-18ab).

As duas entidades que Nāgārjuna aborda nesses versos são o erro e alguém que já errou (ou alguém que ainda não errou, ou alguém que está presentemente em erro). Aqui, os enunciados "os que já erraram" e "os que ainda não erraram" formam conjuntos complementares. Pode-se considerar "os que estão presentemente em erro" como o conjunto complementar à união desses dois conjuntos e esse conjunto é, em última análise, o conjunto vazio. Nāgārjuna distingue os termos do erro nos três modos do tempo: passado, futuro e presente. O tempo é representado como um contínuo, que pode ser dividido em duas partes num ponto dado. Uma ou duas partes divididas pelo ponto representam os que erraram, a outra parte representa os que ainda não erraram, e o ponto representa os que estão presentemente em erro. Os enunciados presentes na fórmula são todos falsos. Os mesmos princípios de análise também poderiam ser aplicados a este último exemplo:

> É impossível que uma causa tenha um efeito semelhante.
> É impossível que uma causa tenha um efeito não-semelhante (*MMK* IV 6).

Aqui, os termos "semelhante" e "não-semelhante" modificam a palavra "efeito". 1. O efeito semelhante e o não-semelhante estão numa relação de complementaridade. A união dos efeitos semelhantes com os não-semelhantes constitui a totalidade de todos os efeitos no universo. 2. O enunciado "é impossível que uma causa tenha um efeito semelhante" é constituído pela frase nominal "um efeito semelhante" e pela frase verbal "é impossível que uma causa tenha". A referência a um dos fatores é feita pela frase nominal, a referência ao outro é formulada por meio da frase verbal. Sua relação é expressa pela conexão sintática entre as duas frases. O outro enunciado tem a mesma estrutura.

Assim, cada um desses exemplos revela uma mesma estrutura subjacente: 1. Duas entidades são distribuídas numa relação de complementaridade, quer diretamente quer, como no último exemplo, indiretamente, por meio de modificadores. 2. Em cada um dos versos, a relação entre os dois fatores é expressa pela conexão sintática entre os dois elementos necessários de um enunciado: a frase nominal e a frase verbal. 3. Os enunciados que envolvem o conteúdo de cada verso são todos falsos. Assim, no caso do último exemplo, "uma causa não pode ter um efeito semelhante; uma causa não pode ter um efeito não-semelhante", o primeiro passo para a refutação consiste na distribuição complementar, de acordo com a qual, se o enunciado "uma causa tem seu efeito" é verdadeiro, então ocorrem dois e somente dois casos: 1. uma causa tem um efeito semelhante, e 2. uma causa tem um efeito não-semelhante. A seguir, Nāgārjuna refuta ambos. É importante observar que o enunciado "uma causa não pode ter um efeito semelhante" não implica em que uma causa possa ter um efeito não-semelhante. Nāgārjuna distingue entre a negação dos termos e a negação das proposições, e jamais confunde as duas. No fato de todos os enunciados encontrados em nossos exemplos ser falsos ou negados, nós podemos perceber *prapañca* sendo aniquilado. Ele mostra que o enunciado "uma causa possui seu efeito", por exemplo, tem *prapañca* como base, não importa que ele seja ampla e freqüentemente afirmado e aceito como absolutamente verdadeiro pelas pessoas comuns na vida cotidiana. Enquanto *prapañca* permanecer atuando, ninguém poderá alcançar a verdade última.

O Vazio e a Origem Dependente

Cada capítulo do MMK revela como provar a invariabilidade dos enunciados que expressam a relação de origem interdependente. Com essa série de negações de *prapañca*, Nāgārjuna visa abordar o vazio no qual todo *prapañca* foi aniquilado. Mas em que tipo de situação o vazio pode ser compreendido? Que espécie de sensação a pessoa tem, quando consegue tocar o vazio? O que é afinal o vazio? Nāgārjuna silencia a respeito dessas questões. Na verdade, em suas principais obras, ele sequer emprega o termo *prajñāpāramitā* (Perfeição da Sabedoria). O autor do MMK sem dúvida acredita que existe um movimento no qual todo *prapañca* se encontra aniquilado e a pessoa está liberta de sua servidão. Mas não se pode dizer que o vazio existe; o vazio não é uma substância permanente. O importante com relação ao vazio é que ele pressupõe esforços contínuos de negação das atividades verbais. Em resposta à objeção "se tudo é vazio (*śūnya*), então as quatro nobres verdades são também não-existentes", Nāgārjuna diz: "você não conhece a finalidade do vazio nem o significado do vazio". A finalidade do vazio exige que neguemos *prapañca*, enquanto seu significado consiste no mundo mundano captado de uma nova forma, após aplicarmos a ele o princípio do vazio. À finalidade e significado do vazio correspondem os vetores que vão do mundano ao transmundano e do transmundano novamente ao mundano. Assim, o vazio não é um pólo isolado da relação dinâmica e recíproca entre o mundano e o transmundano.

A passagem *MMK*, XXIV, 18, assinala um aspecto importante do pensamento de Nāgārjuna:

> O que tem origem interdependente, chamamos de vazio.
> Ele é a representação por palavras e é o caminho do meio.

A origem interdependente é algo positivo, na medida em que as coisas vêm à existência de acordo com esse princípio. Mas, como vimos, a finalidade de Nāgārjuna é negar a existência dos fatores presentes na relação de origem interdependente. O verso que o *MMK* reserva à dedicatória identifica a origem em comum à última verdade (*paramārtha*). A "representação por palavras" é o mundo visto quando, após alcançar a capacidade de verdade última, ou o vazio, a pessoa retorna ao mundo fenomênico. A origem interdependente é aqui identificada ao mundo mundano, assim, visado de um outro modo. Dessa forma, a origem interdependente caracteriza todos os três modos de existência: o mundano, que não sofre o processo de negação de *prapañca*; o transmundano, ou verdade última; e o mundo mundano visado de um outro modo, que chegou ao nascimento com a aniquilação de *prapañca*. A passagem de *MMK*, XXIV, 18, identifica três modos diferentes de existência, mas isso não significa uma abolição da diferença entre o mundano e o transmundano. Ao contrário, o verso enfatiza essa diferença, ao mesmo tempo em que indica como o transmundano se manifesta no mundano, ou, em termos mais religiosos, como o sagrado se manifesta no profano.

Vimos que o mundo é ressuscitado como representação verbal. O *MMK* contém diferentes versos e, em cada um deles, um par de entidades e a relação entre elas são mencionadas num enunciado afirmativo:

> Dependente da ação surge o ator. Dependente do ator surge a ação (*MMK*, VIII 12).

Nesse verso, 1. não existe nem é pressuposta uma relação de complementaridade, e 2. os dois enunciados são verdadeiros. Aqui, Nāgārjuna não nega a relação entre os dois fatores, ao contrário, ele tenta estabelecer a relação de dependência mútua entre eles – um aspecto importante da origem interdependente. Assim, nesse verso não é necessária uma distribuição complementar. Desse modo, Nāgārjuna mostra o caminho que se inicia no mundo mundano, conduz à verdade última e retorna ao mundano, agora transformado pelo poder da verdade última.

Dessa forma, Nāgārjuna distingue entre o mundo mundano e a verdade última em termos da "direção" da prática religiosa. A visão geral do budismo é a de que se deve fugir do mundo da transmigração e alcançar a iluminação pelo caminho da prática religiosa. O pensamento de Nāgārjuna não é uma exceção a essa tendência geral. No entanto, a "distância" entre o mundo da transmigração e a iluminação difere de acordo com o pensador ou a escola. Para os pensadores da tradição Abidarma, a distância entre os dois pólos religiosos é tão grande que se supõe que a pessoa deve passar por um número imenso de estágios da prática para poder alcançar a iluminação. Para Nāgārjuna, ao contrário, os dois pólos não estão tão distantes quanto na filosofia Abidarma. A passagem de *MMK* XXV, 19, mostra claramente a relação entre a transmigração e o nirvana (beatitude final) de acordo com Nāgārjuna:

> A transmigração não é diferente do nirvana.
> O nirvana não é diferente da transmigração.

O importante aqui é que Nāgārjuna não identifica diretamente os dois pólos opostos: ele emprega a expressão negativa "não é diferente da" para indicar a relação entre eles. Lembremo-nos de que ele jamais enuncia o famoso paradoxo "a matéria é o vazio e o vazio é a matéria". Assim Nāgārjuna expressa a relação idêntica entre os dois pólos religiosos por intermédio da negação.

Nós nos deparamos agora com um aspecto sutil, mas fundamental: Nāgārjuna não admite diferença alguma entre o mundo mundano e a verdade última, ao mesmo tempo em que distingue claramente entre os dois pólos. Quando nega todo tipo de atividade verbal (*prapañca*), ele diferencia rigorosamente *prapañca* da verdade última. Por outro lado, a identidade entre os dois pólos religiosos nunca é indicada diretamente, mas apenas sugerida por Nāgārjuna. A passagem de *MMK* XXIV, 18, pode parecer estar identificando a origem interdependente com o vazio. No entanto, também aqui Nāgārjuna é prudente com referência à relação entre os dois. Em outros termos, ele não está meramente identificando os dois pólos. Como vimos, ele está expressando o vetor da prática religiosa orientada do mundo mundano para a verdade última. Com a famosa expressão "o que tem origem interdependente, chamamos de vazio", ele está se referindo ao processo da prática religiosa orientado do profano para o sagrado. Ele nunca afirma "o que é vazio tem origem interdependente", o que seria uma referência à prática numa direção inversa. Ao contrário, Nāgārjuna diz: "ele (vazio) é a representação por palavras e é o caminho do meio". Também aqui ele não menciona a mera identidade entre o mundano (o profano) e o transmundano (o sagrado). Ao sugerir que a verdade última se manifesta no mundo mundano, ele está se referindo ao processo na medida em que orientado do sagrado para o profano.

No caminho que conduz do profano ao sagrado, deve-se seguir por gradações, passo a passo. Pois Nāgārjuna concentra seu principal esforço no objetivo de provar a não existência de todo *prapañca* e, como vimos, o caminho que suas negações delineiam é um caminho longo e difícil, embora sempre eminentemente lógico. O mundo mundano é então gradualmente conduzido até a verdade transmundana, mas depois "retorna", num só momento, ao primeiro. Isto é, o "tempo" do vetor orientado do profano para o sagrado é um tempo sucessivo. O "tempo" do vetor orientado do sagrado para o profano é simultâneo. Se uma pessoa pretende alcançar a compreensão do vazio, ela deve saber que existe um longo caminho a trilhar. Mas, ao mesmo tempo, ela sabe que o mundo da transmigração não é diferente do nirvana ou da verdade última. O conhecimento de que essa meta se encontra muito próxima estimula a pessoa a trilhar a estrada que conduz ao sagrado. Mesmo se lhe dizem que o mundo da transmigração não é diferente do nirvana, ela não deve deixar de cultivar a prática religiosa que, no caso do MMK, assume a forma de um exame da estrutura da linguagem e das palavras. Se Nāgārjuna tivesse identificado a transmigração com o nirvana diretamente, sem recorrer a nenhuma mediação, ele não teria conseguido revelar a importância da prática religiosa. Quando se afirma que a transmigração é completamente idêntica ao nirvana, a pessoa pode facilmente ser tentada a interromper a operação de negação da existência de *prapañca*. Essa tendência pode ser efetivamente observada em algumas escolas budistas que se desenvolveram posteriormente.

O Desenvolvimento da Tradição Mādhyamika

Āryadeva (*cc.* 170-270), que, segundo se afirma, teria sido um discípulo direto de Nāgārjuna, viveu no sul da Índia. De acordo com a lenda, ele atacava seus adversários de forma tão veemente que teria sido morto por eles. Uma vez que sua obra, Catuḥśataka, chegou até nós apenas na forma de fragmentos do original em sânscrito e numa tradução parcial para o chinês, além de uma tradução tibetana obscura, seus conteúdos não são muito bem conhecidos, embora o comentário que Candrakīrti faz dele tenha sido preservado na versão tibetana. Seu *Śataśāstra*, que chegou até nós na tradução para o chinês, tem sido objeto de freqüente estudo na China e no Japão. Embora seu pensamento difira do de Nāgārjuna em alguns pontos, Āryadeva em geral segue o mestre muito de perto. Afirma-se que Rāhulabhadra teria sido um discípulo de Āryadeva. Conhecemos pouco sobre sua vida. Na tradição do gênero panegírico de Nāgārjuna, ele compôs dois hinos, o *Prajñāpāramitāstotra*, e o *Saddharmapuṇḍarīkastava*. Dois antigos comentários, compostos no período inicial da escola Mādhyamika, chegaram até nós: o comentário de *Akutobhayā* e o de Piṅgala. O primeiro deles, existente apenas na tradição tibetana, era atribuído no Tibete ao próprio Nāgārjuna. O último, preservado apenas na tradução de Kumārajīva para o chinês, era usado como um dos textos mais básicos da filosofia Mādhyamika na China e no Japão. Os argumentos apresentados nesses dois comentários são muitas vezes semelhantes.

O período médio da escola Mādhyamika foi marcado por conflitos entre a escola Prāsaṅgika, fundada por Buddhapālita (470-540) e a escola Svātantrika, fundada por Bhāvaviveka (m. 570). A escola Prāsaṅgika deriva seu nome do fato de que Buddhapālita e seus seguidores empregavam o método prāsaṅga (*redução ao absurdo*) para assinalar as contradições e erros inevitáveis – mas também indesejáveis – nas proposições que os outros tentavam provar, no entanto sem jamais apresentar uma proposição que afirmasse seu ponto de vista. Esse método era atacado por Bhāvaviveka, que tentava provar o vazio por meio de inferências autônomas (*svatantra*), isto é, por meio de silogismos. Enquanto os membros da escola Prāsaṅgika afirmam que a verdade última não pode ser alcançada por meio de palavras, que são a forma de expressão da verdade convencional, a escola Svātantrika afirma que os dois pólos religiosos podem ser ligados por meio de palavras.

De acordo com a tradição tibetana, Buddhapālita teria vivido no sul da Índia, num período contemporâneo ou anterior a Dignāga, que estabeleceu o sistema de lógica budista. Buddhapālita escreveu um comentário sobre o MMK, denominado *Mūlamadhyamakavṛtti*, que tem argumentos em comum com o comentário de *Akutobhayā* e com o de Piṅgala, e não faz nenhuma referência ao sistema de lógica de Dignāga. Transformou os dilemas ou tetralemas do MMK em dois ou quatro silogismos do tipo *prāsaṅga*. Seu crítico Bhāvaviveka escreveu o *Prajñāpradīpa*, um comentário sobre o MMK; o *Madhyamakahṛdayakārīkā*, uma crítica às outras escolas; e um comentário a essa obra, o *Tarkajvālā*. Sob forte influência do sistema de lógica de Dignāga, ele acreditava ser apropriado empregar esse sistema para provar a verdade dos enunciados de Nāgārjuna, expressando a relação de origem interdependente, que freqüentemente se chocam com o senso comum. Por exemplo, a fim de provar o enunciado "aquele que atravessa (ou avança) não atravessa (ou avança)", ele desenvolveu o seguinte silogismo:

> (Tese) na verdade, em última análise, aquele que atravessa não atravessa. Razão: porque ele está conectado com uma ação. Exemplo: da mesma forma que acontece com aquele que está parado.

Bhāvaviveka sustentava que, de acordo com o sistema de Dignāga, a razão por que esse silogismo estava correto era que ele atendia às condições necessárias do raciocínio correto. O silogismo, no entanto, tem um defeito, ou truque, que mais tarde seria detectado por pensadores da escola Mādhyamika. Sua inferência é desenvolvida em dois níveis diferentes: o do senso comum e o da verdade última. No nível da verdade última, nada é existente. Segue-se necessariamente que o que se aplica no nível do senso comum não se aplica ao nível da verdade última. A intenção de provar o vazio por meio de silogismos provém da convicção de que as palavras são capazes de indicar a verdade última. Assim, Bhāvaviveka sustentava que os dois pólos religiosos da verdade mundana e da verdade última podem ser ligados pela linguagem.

O comentário de Candrakīrti sobre o MMK, o *Prasannapadā*, dava sustentação a Buddhapālita, ao criticar Bhāvaviveka, além de consolidar a escola Prāsaṅgika. Embora conhecesse a lógica de Dignāga, Candrakīrti não a empregava para explicar o vazio. Ele mantinha distância da lógica sistematizada, tendo visto os erros aos quais ela conduzira Bhāvaviveka. Em vez de desenvolver silogismos, ele tentou assinalar as contradições implícitas nos argumentos dos adversários. O *Prasannapadā* é a exposição mais completa da doutrina Mādhyamika, não apenas esclarecendo a lógica dos enunciados elípticos de Nāgārjuna, mas também salientando claramente a finalidade espiritual da dialética. O próximo grande, e provavelmente o último, representante da escola Prāsaṅgika foi Śāntideva (*cc*. 800), autor do *Śikṣāsamuccaya* e do *Bodhicaryāvatāra* (*Introdução à Prática do Despertar*). O *Śikṣāsamuccaya* ensina a prática do bodisatva que conduz ao alcance da iluminação budista. O *Bodhicaryāvatāra* descreve as vantagens do pensamento do Despertar. Após descrever as atividades preliminares, como a oferenda de homenagens, ele incentiva os alunos a executar as seis perfeições do bodisatva. Também Candrakīrti, achando ser a lógica incapaz de alcançar a verdade última, recuara para a prática, e tanto ele quanto Śāntideva chegam mesmo a apresentar alguns ensinamentos místicos. De acordo com a tradição tibetana, Śāntideva seria um ardente adepto da doutrina tântrica e a escola Mādhyamika teria começado a se vincular estreitamente ao tantrismo, próximo ao final do período médio da escola.

Śāntarakṣita

No período tardio, a diferença entre a escola Prāsaṅgika e a escola Svātantrika tornou-se menos importante. A doutrina Svātantrika, que se desenvolveu mais que a doutrina Prāsaṅgika, fundiu-se com o pensamento Iogacara na escola Iogacara-Mādhyamika, que se subdividiu em duas escolas: Sākāravijñānavāda e Nirākāravijñānavāda. Foi Śāntarakṣita, um estudioso do mosteiro de Nālandā, que realizou a síntese da doutrina Mādhyamika com a Iogacara; ele também teve um papel importante na introdução do budismo Mahāyāna indiano no Tibete. Em 771, tendo ido ao Tibete pela segunda vez, ele venceu Bonpas num debate religioso. Com a ajuda de Padmasaṁbhava, um seguidor do tantrismo budista da Índia convidado a visitar o Tibete em 773, Śāntarakṣita fundou um centro budista no Tibete, o mosteiro de Bsam yan (787), e morreu pouco tempo depois. No momento de sua morte, ele pediu que seu discípulo Kamalaśīla fosse convidado a vir da Índia, caso o budismo tibetano entrasse em crise. Ao que parece, ele previu que a tradição Mahāyāna indiana, então recentemente introduzida, logo seria forçada a se confrontar com a tradição Mahāyāna chinesa, que já mostrava diversos sinais de rápido crescimento no Tibete.

As principais obras de Śāntarakṣita são o *Tattvasaṃgraha* e o *Madhyamakālaṃkāra*. O *Tattvasaṃgraha* discute diversos tópicos filosóficos e critica os pontos de vista de outras escolas budistas e também os das escolas hindus. Assim, o primeiro capítulo examina o sistema Sāṁkhya; o segundo discute a teoria de que Deus é a origem do mundo; o terceiro, a teoria que atribui a criação tanto a Deus quanto à matéria primordial (*prakṛti*). Em sua parte média, a obra trata da percepção dos sentidos (capítulo 17), da inferência (capítulo 18) e de outras formas e meios válidos de cognição (capítulo 19). No entanto, para uma apresentação sistemática da filosofia de Śāntarakṣita, devemos recorrer ao *Madhyamakālaṃkāra*[5]. No início dessa obra, o autor se revela como um filósofo da tradição Mādhyamika, ao declarar que toda e qualquer entidade (darma) tem nem uma natureza simples nem uma natureza composta. Os noventa e sete versos da obra podem ser divididos em três partes: uma prova da verdade do silogismo do autor, por meio de raciocínio (vv. 1-62), uma prova por meio dos textos sagrados (vv. 63-90) e a conclusão (vv. 91-97). Śāntarakṣita seguia o exemplo de Bhāvaviveka, tentando apresentar seu tema principal na forma de um silogismo; como Bhāvaviveka, ele considerava as palavras como capazes de denotar a verdade última, embora não diretamente. Ele também foi fortemente influenciado por Dharmakīrti, que consolidou o sistema de lógica budista estabelecido por Dignāga e ele próprio pertencia à escola Sākāravijñānavāda. Bhāvaviveka, em seu *Madhyamakahṛdaya*, havia enumerado diversas doutrinas das escolas contemporâneas, sem classificá-las por graus. Śāntarakṣita, no entanto, colocou a doutrina Mādhyamika no topo, considerando as outras filosofias budistas como passos na direção dela. Ele afirmava que, enquanto os membros da escola Vaibhāṣika e da escola Sautrāntika admitiam a existência real da cognição e da matéria, os yogācārins consideravam apenas a cognição como real; os membros da escola Mādhyamika, por outro lado, não admitiam sequer a existência da cognição.

O *Madhyamakālaṃkāra* se inicia com o seguinte silogismo:

> (Tese) Em verdade, em última análise, as entidades postuladas como reais por nossas (isto é, budistas) e outras (isto é, não-budistas) escolas não possuem nenhuma natureza intrínseca (*svabhāva*),
> (Razão) porque elas não possuem nem natureza simples nem natureza composta,
> (Exemplo) como um reflexo (v. 1)[6].

5. G. Jha (trad.), *The Tattvasaṃgraha of Śāntarakṣita with the Commentary of Kamalaśīla*, VII.

6. M. Ichigo (ed.), *Madhyamakālaṃkāra of Śantarakṣita*, CXXXV, 22.

Os argumentos lógicos da demonstração desse silogismo, em sua primeira parte, consistem em respostas à objeção de que a marca (*hetu*: razão) mencionada no silogismo é não-estabelecida (*asiddha*). As objeções vêm de filósofos das escolas Vaibhāṣika, Sautrāntika e Iogacara. Śāntarakṣita comenta o silogismo da seguinte forma:

> Se existe uma natureza intrínseca, ela tem de ser ou simples ou composta. "Simples" e "plural" são reciprocamente excludentes (isto é, complementares entre si). Assim, nega-se a existência do terceiro grupo (ou conjunto). Os elementos constituintes (skandha), causas primeiras (*pradhāna*) e semelhantes, que são postulados como reais por nossa ou por outras (escolas), não existem na realidade e não possuem uma natureza intrínseca.

Aqui Śāntarakṣita distribui todas as entidades que aparecem num domínio de investigação numa relação complementar. Da mesma forma que em Nāgārjuna, a distribuição complementar é um mecanismo básico de seus argumentos. Em termos lógicos, uma entidade tem de ser ou simples ou composta; se for demonstrado que ela não cai sob nenhum dos dois casos, então se segue que ela absolutamente não existe no mundo. Não se pode falar sobre a natureza simples ou composta de uma coisa não-existente. O tema de Śāntarakṣita, em última análise, é a demonstração de que absolutamente nenhuma entidade existe no mundo. Ele nega a existência dos átomos, com base na afirmação de que nenhum átomo pode possuir natureza intrínseca. Embora em geral considerado como uma entidade simples, um átomo não pode ser simples, pois deve ter diversas dimensões para poder se relacionar com outros átomos ao redor (vv. 11-13). Assim, tendo negado a existência da matéria (*rūpa*), ele passa à negação da existência da cognição (vv. 16-60), opondo as concepções das escolas Sākāravijñānavāda e Nirākāravijñānavāda. Apesar dessa crítica, a filosofia Iogacara foi para Śāntarakṣita tão importante quanto a filosofia Mādhyamika e, sem dúvida, ele pode ser considerado um filósofo da tradição Iogacara. Próximo ao final do *Madhyamakālamkāra* (v. 93), ele compara a teoria Iogacara e a Mādhyamika com as duas rédeas de uma carruagem.

De acordo com a escola Sākāravijñānavāda, o objeto da cognição é "o que é captado" e a cognição é "o que capta". O objeto da cognição é capaz de dar a imagem de si próprio à cognição e a cognição contém em si a imagem de seu objeto. Śāntarakṣita nega que a cognição, que é indivisível, pode possuir diferentes elementos, fornecendo o seguinte argumento contra essa teoria:

> (Tese) A imagem (dada pelo objeto à cognição) não pode ser composta,
> (Razão) porque (a imagem do objeto) não é diferente da cognição, que é simples,
> (Exemplo) como a essência da cognição[7].

7. Idem, 82.

Afirmar que a imagem do objeto não é diferente da cognição do objeto não implica em dizer que a imagem seja idêntica à cognição. A imagem e a cognição são idênticas somente quando se pressupõe que existe uma imagem da cognição no mundo, mas Śāntarakṣita não faz essa pressuposição. Seguindo a tradição Mādhyamika, ele sustenta que não existe em absoluto uma imagem no mundo. Se não existe uma imagem no mundo, a proposição "a imagem não é diferente da cognição" e a proposição "a imagem é idêntica à cognição" podem ser verdadeiras ao mesmo tempo. Os sākāravijñānavādins afirmam que a simplicidade da cognição não é incompatível com a pluralidade de seus objetos, porque diversas cognições do tipo "é amarelo" e "é vermelho" aparecem num mesmo momento. Śāntarakṣita refuta isso, fazendo referência à teoria de Dharmakīrti de que cognições heterogêneas causadas por espécies diferentes de órgãos, como os olhos e os ouvidos, podem ocorrer num mesmo momento, enquanto cognições heterogêneas causadas por uma mesma espécie de órgão não podem ocorrer num mesmo momento. De acordo com Śāntarakṣita, uma cognição não pode possuir imagens múltiplas, que podem ser consideradas como partes da cognição, pois se uma cognição possui partes, então as partes devem ser divididas até se alcançar o tamanho de um átomo, que não pode ser dividido em partes menores; assim a existência da cognição deve ser negada da mesma forma que se nega a existência do átomo.

No início da segunda parte do *Madhyamakālaṃkāra*, o autor afirma que todas as entidades se caracterizam pela verdade convencional (em oposição à verdade última) (v. 63). Ele define a verdade convencional da seguinte forma:

> Deve-se compreender que a (verdade) convencional é em essência (1) o que é agradável e aceitável somente enquanto não é investigado criticamente, (2) o que se caracteriza pelo surgimento e pela degeneração e (3) tudo que tem uma causa eficiente (v. 64)[8].

Ele afirma então que não existe nada que possa ser estabelecido por uma verdade última (v. 69) e que a verdade última está além de toda espécie de atividade verbal (v. 70).

Kamalaśīla

Como Śāntarakṣita previa, a tradição Mahāyāna indiana introduzida no Tibete entrou em conflito com a tradição chinesa, próximo ao final do século VIII. Kamalaśīla (*cc.* 740-797), o discípulo indiano de Śāntarakṣita, foi convidado pelo rei tibetano a levar adiante o trabalho de seu mestre. Ele venceu o adepto do Mahāyāna chinês Ho-shang num debate sobre questões religiosas como, por exemplo, o processo de alcance da iluminação e, daí por diante, a

8. Idem, CXLII, 202.

escola Mahāyāna indiana de Śāntarakṣita e Kamaśīla tornou-se a escola budista dominante no Tibete. Mais tarde os tibetanos chamariam a escola liderada por Ho-shang de "simultaneístas" e a escola Śāntarakṣita e Kamaśīla de "gradualistas". Ho-shang ensinava que as práticas religiosas, como a observação de preceitos, a paciência, a meditação e o estudo das doutrinas filosóficas, não são essenciais para se chegar à iluminação, que pode ser alcançada por meio da aniquilação de toda atividade mental. Para ele, o vazio era a mera ausência de atividades mentais, como perceber, sentir e pensar. Śāntarakṣita e seus seguidores, ao contrário, afirmavam que, para se alcançar a iluminação, é preciso passar por uma série de estágios de treinamento religioso, inclusive o estudo das filosofias budistas, bem como praticar as seis perfeições do bodisatva e os dez estágios de Budhisattva.

Kamalaśīla escreveu extensos comentários às duas principais obras de Śāntarakṣita, bem como duas obras importantes: o *Madhyamakāloka* e o *Bhāvanākrama*. O *Madhyamakāloka* expõe a teoria do vazio de acordo com o sistema Iogacara-Mādhyamika, que mantém a doutrina da não-produção na verdade última e da produção no nível da verdade convencional. O arcabouço geral de seu pensamento nessa obra é semelhante ao do *Madhyamakālamkāra*. O *Bhāvanākrama* expõe a posição "gradualista" de Kamalaśīla, ao elucidar os processos da prática religiosa.

II. IOGACARA

John P. Keenan

A escola Iogacara, uma escola de filosofia budista fundada pelos irmãos Asaṅga e Vasubandhu no século V, caracteriza-se por uma compreensão crítica e reflexiva da mente, tanto desperta quanto sob a ilusão. Ela tenta explicitar a estrutura da consciência e esboçar o avanço dinâmico rumo à conversão e ao despertar. Asaṅga e Vasubandhu, assim como o semilendário Maitreya, que, segundo relatos, teria sido o mentor de Asaṅga e ao qual são atribuídos diversos textos, foram profundamente influenciados pelos textos do *Prajñāpāramitā* e por seu ensinamento central de que todas as coisas são vazias. Eles também se envolveram com o pensamento Mādhyamika: Asaṅga e Sthiramati (século VI) escreveram comentários sobre as *Estâncias sobre o Caminho do Meio*, de Nāgārjuna. As noções de vazio e de origem interdependente assim como o tema das duas verdades são centrais no pensamento e na meditação Iogacara.

Mas os pensadores da tradição Iogacara não apenas comentaram o pensamento Mādhyamika. Eles tentaram fundar a introvisão do vazio numa concepção crítica da mente, articulada num discurso teórico sofisticado. Nāgārjuna havia rejeitado toda teoria e toda visão (*dṛṣṭi*), como sendo ilusórias, e as havia negado por meio da dialética do vazio. A meta de Asaṅga era revitalizar a teoria como a compreensão de origem interdependente, por meio do repensar do significado do vazio. A filosofia Iogacara é então uma reafirmação parcial da validade das análises e exposições abhidhármicas. Ela não mais pressupõe o realismo ingênuo do Abidarma da tradição Hīnayāna, mas tenta tornar explícita a estrutura subjacente e o funcionamento dinâmico da consciência, tal como se observa no título de seu texto fundacional, *O Livro Sagrado da Explicação do Significado Subjacente* (*Saṃdhinirmocanasutra*).

A virada Iogacara rumo à interioridade consciente, que se deu mais de um milênio antes de Kant, foi desencadeada por uma problemática especificamente religiosa e evoluiu no âmbito dela. A prática Mādhyamika de refutação lógica, por meio da introvisão do vazio, pôs em questão toda pretensão à verdade – mesmo as verdades mais centrais para a doutrina budista, como as Quatro Nobres Verdades –, qualificando-a como uma "concepção" ilusória. Nāgārjuna e Āryadeva praticavam a vigilância constante contra a consolidação de toda e qualquer concepção como verdadeira, insistindo em que a verdade do significado último vai além de toda formulação lógica ou verbal. Ele recomendava a total desconstrução de toda teoria previamente dada, de toda crença abhidhármica numa essência fixa (*svabhāva*) das coisas. Sua meta era revitalizar a experiência da compreensão do despertar por meio da negação e eliminação do apego à verdade verbalizada. Essa ênfase no vazio e na negação estava em constante tensão com o valor afirmativo da origem interdependente. A teoria Mādhyamika rejeitava explicitamente o niilismo (*nāstivāda*) e declarava nem afirmar o ser nem o nada. No entanto, a idéia de que tudo era vazio era uma fonte de desencorajamento e embaraços para os praticantes, como relata *A Análise da Linhagem Incrustada com Jóias*, um texto que reúne temas do Tathāgatagarbha[9]. Num mundo de negação e de ausência de essências, não parece haver refúgio nem caminho seguro para a cessação. Nenhum discurso doutrinal pode manter sua validade nem os textos sagrados podem apresentar palavras do despertar.

A tensão criada por esses problemas levou alguns à afirmação de uma realidade última, para além do âmbito do vazio. Os textos da linhagem do Thatāgatagarbha afirmam a realidade última e não-vazia (*aśūnya*) do corpo do darma, da semente ou ventre (*garbha*) do despertar, presente originalmente em todos os seres sencientes. Uma versão especificamente budista do monismo indiano desenvolveu-se, negando a noção Mādhyamika de vazio, também desenvolvida no *Prajñāpāramitā*, ao restringir sua aplicabilidade a estados degenerados – e excluir sua aplicação à semente originalmente pura da natureza búdica[10]. Embora os textos de Maitreya – anteriores a Asaṅga e de tradição Iogacara – tenham, ao que parece, sofrido grande influência dessas idéias do Tathāgatagarbha[11], os pensadores clássicos da escola Iogacara, Asaṅga e Vasubandhu, não seguiram essa opção monista. Eles basearam seu pensamento nos ensinamentos do *Prajñāpāramitā* e aceitaram sua noção de vazio.

Mas o problema permanecia. Como seria possível enunciar doutrinas sem cair em concepções ilusórias? Os ensinamentos do Buda não permaneciam válidos? Se se afirma que todas as coisas são vazias, como é possível validar a concepção básica do vazio? Os seguidores da escola Mādhyamika afirmavam que não estavam afirmando nada e assim não tinham necessidade de validar nada. Isso era suficiente, argumentava Āryadeva, para revelar os erros lógicos das asserções de outros, sem oferecer sua própria "visão". No entanto, a doutrina Mādhyamika podia funcionar como método de desconstrução, por se basear na introvisão do vazio e no silêncio do significado último. O vazio é então identificado com a origem interdependente; o significado é mantido em tensão constante com as convenções mundanas e

9. T. Jikidō, *A Study of the Ratnagotravibhāga (Uttaratantra), Being a Treatise on The Tathāgatagarbha Theory of Mahāyāna Buddhism*, pp. 305-306.

10. É dessa forma que Takasaki descreve o pensamento do Tathāgatagarbha em seu artigo "Hosshin no ichigenron: Nyoraizō shisō no hō kannen", em *Hirakawa Akira hakase kanreki kinen ronshū: Bukkyō ni okeru hō no kenkyū.*

11. John P. Keenan, "Original Purity and the Focus of Early Iogacara", em *Journal of the International Association of Buddhist Studies* 5/1 (1982), pp. 7-18.

em confronto com elas. Essas concepções precisavam ser fundamentadas de modo mais convincente. Ao buscar traçar um caminho entre a percepção do niilismo e a afirmação monista de uma realidade não vazia e última, Asaṅga foi levado a voltar sua atenção para a gênese e a estrutura interna tanto da ilusão quanto do despertar, a fundamentar a introvisão do vazio na estrutura da compreensão de origem interdependente, e a esboçar um caminho para a compreensão da "conversão do suporte", isto é, da consciência, da ilusão para o despertar. A espiritualidade Iogacara é então uma espiritualidade crítica, reflexiva. Ao mesmo tempo em que afirma a validade convencional da introvisão e da formulação doutrinal, de origem interdependente, ela mantém a centralidade do vazio, em última análise, relevante.

A Estrutura da Consciência

A análise Iogacara da estrutura da consciência se concentra em dois temas: (1) a consciência-receptáculo (*ālaya-vijñāna*) em sua interação constante com a consciência ativa (*pravṛtti-vijñāna*) do pensamento (manas) e da percepção e (2) os três padrões (*trilakṣaṅa*) ou naturezas (*trisvabhāva*) de seu funcionamento.

A consciência-receptáculo caracteriza os primeiros esforços dos pensadores Iogacara no domínio da interioridade. Nāgārjuna havia criticado todas as tentativas de explicação verbal como ilusão forjada (*prapañca*), cuja origem estava no apego às essências. *A Explicação do Significado Subjacente* emite seus ensinamentos sobre a consciência-receptáculo como uma compreensão crítica da gênese interna dessa ilusão. Em todo e qualquer ser senciente, a consciência-receptáculo é um armazém de sementes cármicas que, tendo se acumulado desde o passado distante, formam as propensões habituais de acordo com as quais cada ser discrimina e forja nomes e imagens verbalmente[12]. Por trás do processo ativamente consciente de pensar, as impressões das sementes latentes depositadas na consciência-receptáculo, de repente e subconscientemente, programam nossas mentes para construir imagens e idéias que se acreditam corresponder às essências reais que existem em separado da mente. A consciência-receptáculo é a subestrutura fundacional de todas as operações mentais, que, não sendo mediada por palavras ou imagens, permanece desconhecida nessas operações. Ela é a encarregada da unidade das diferentes atividades da mente[13], pois a consciência efetiva do pensamento e da percepção surge em virtude de sua programação-semente básica.

12. E. Lamotte (trad.), *Saṃdhinirmocanasutra: L'explication des mystères*, p. 184, T. 16, 692b.

13. J. P. Keenan, "A Study of the Buddhabhūmyupadeśa", pp. 187-192.

Assim, as percepções e pensamentos diferentes de um santo e de um criminoso remontam a essas propensões habituais preconscientes, implantadas em suas mentes por meio de suas diferentes experiências e ações. O raciocínio autojustificador de um ladrão, de que ele meramente responde sensatamente a um mundo injusto, resulta das sementes latentes da avidez, cólera e ilusão, da mesma forma que as práticas compassivas de um bodisatva resultam do implante de boas sementes. Mas a interação entre a consciência-receptáculo latente e a consciência efetiva e manifesta do pensamento e da percepção não é um processo em sentido único, pois as ações cármicas dos seres sencientes implantam novas sementes e removem da consciência-receptáculo as sementes antigas. Um ladrão pode se tornar um bodisatva, embora possa ser necessário um longo tempo para que boas sementes sejam implantadas e cultivadas. A relação entre a consciência-receptáculo e a consciência ativa é então uma relação de interdependência, como a relação entre dois juncos apoiando-se um no outro. A estrutura da mente é sinérgica, pois sua unidade funcional se apoia na interdependência entre a consciência-receptáculo, com todas as suas sementes latentes, e a consciência ativa, com todos os atos e pensamentos conscientes do ciclo da vida-e-morte.

Uma outra característica da estrutura interdependente da mente é a dependência mútua entre a introvisão (*darśana*) e a imagem (*nimitta*), por ocasião do conhecimento. Todas as operações ativas do pensamento e da percepção aparecem por introvisão da imagem. Sem a imagem, quer visual quer auditiva, nenhuma introvisão pode ocorrer. Sem a introvisão, a imagem permanece não-pensada. Todo conhecimento consciente assume a forma de um conhecedor subjetivo (*grāhaka*) que apreende um conhecido objetivo (*grāhya*), porque surge por meio da introvisão de imagens. Uma vez que a interdependência é a estrutura básica da mente, o padrão básico da consciência é o padrão dependente-de-outro (*paratantra-lakṣaṇa*). Esse padrão dependente-de-outro tem tanto um aspecto degenerado quanto um aspecto puro, uma vez que ele é a estrutura básica da mente, responsável tanto pela ilusão quanto pelo despertar. No entanto, na experiência efetiva, o padrão dependente-de-outro gravita na direção da ilusão, devido às sementes latentes presentes na consciência-receptáculo. Assim, surge o segundo padrão básico da consciência, descrito em *A Análise do Meio e dos Extremos* como "concepção mental irreal" (*abhūta-parikalpa*), na qual o significado padrão se expande na dualidade do sujeito que se contrapõe ao objeto – como se o significado fosse uma propriedade das coisas corretamente compreendidas. O padrão dependente-de-outro é o ato de imaginar o que é irreal, vivenciado inicialmente apenas no contexto do padrão imaginário e ilusório.

O padrão imaginário (*parikalpita-lakṣaṇa*) é o captar errôneo de imagens ou introvisões, como se por si próprias elas retratassem ou capturassem independentemente as "unidades de significado" reais (darmas). Ele é o estado do viver num mundo imaginário, devido à não compreensão da relação dependente-de-outro entre a imagem e a introvisão. Quando as próprias imagens são consideradas como representando realidades objetivas, elas excluem toda possibilidade de introvisão. Assim, a pessoa se apega à realidade imaginária da fama, do lucro etc. (ou Deus, Buda etc.) com a tenacidade de uma fé fundamentalista, fechada a todo questionamento. Quando se acredita que as introvisões capturam a realidade e a verdade, elas se tornam concepções afirmadas no esquecimento de sua base na imagem; uma base condicionada e dependente de uma imensidade de diferentes fatores lingüísticos e culturais. Além do mais, o padrão imaginário funciona ignorando as sementes latentes que condicionam e programam as propensões habituais de nossa imaginação e pensamento. Ele toma erroneamente a estrutura da imagem-introvisão do conhecimento dependente-de-outro pela estrutura básica da realidade. Assim, o padrão imaginário se equipara aos sonhos, miragens e truques de magia – que, todos, implicam na presença de uma imagem manifestamente fechada em si mesma, que é tomada erroneamente como imagem da realidade. Inversamente, as proposições e teorias se tornam "imaginárias" quando se afastam de sua dependência com relação à base na imagem lingüística e pretendem detectar as essências verdadeiras das coisas.

O terceiro padrão básico da consciência, o padrão aperfeiçoado (*parinispannalakṣaṅa*), é a introvisão da natureza ilusória das realidades imaginárias e o resgate do padrão básico da mente, que é ser dependente-de-outro. Ele substitui o realismo ingênuo do padrão imaginário por uma consciência crítica da estrutura interdependente da mente. O tema da construção-consciente-apenas (*vijñapti-mātra*) sumariza essa compreensão crítica.

O refrão Iogacara de que todas as coisas são uma construção-consciente-apenas freqüentemente foi interpretado como implicando uma negação idealista da realidade objetiva do mundo exterior, em favor da realidade interna da consciência. Na verdade, não é difícil mencionar passagens textuais que efetivamente negam a realidade "objetiva" e reduzem todas as coisas a construções conscientes ou idéias (*vijñapti*)[14]. No entanto, Asaṅga e Vasubandhu negam não apenas a realidade objetiva, mas também a realidade de um conhecedor subjetivo: a relação de dualidade entre sujeito e objeto exterior é declarada como inteiramente ilusória e inexistente. A teoria da construção-consciente-apenas compreende a gênese do pensamento imaginário em termos, não da realidade dada das coisas, mas sim do aparecimento da imagem e da introvisão às quais aderem as impres-

14. Cf., em especial, Vasubandhu, *Wei Shih Erh Shih Lun...*, tradução de C. H. Hamilton.

sões-semente da consciência-receptáculo, como se constituíssem o objeto real que se contrapõe ao sujeito real. Ela rejeita as imagens-cópia da realidade em favor de uma consciência crítica das relações dependentes-de-outro que condicionam todo pensamento humano.

Esse afastamento do padrão imaginário em direção ao padrão aperfeiçoado, que tem como eixo o padrão dependente-de-outro, é a conversão do suporte (*āśraya-parāvṛtti*), no qual se alcança a introvisão do vazio e do não-ser do que é imaginário, assim como a introvisão do ser originado de forma interdependente do que surge por origem interdependente. O comentador do século VI, Sthiramati, oferece uma análise da conversão em três momentos, abrangendo uma conversão da mente (*citta-āśraya-parivṛtt*), uma conversão do caminho (*mārga-āśraya-parivṛtti*) e uma conversão das propensões (*dauṣṭhulya-āśraya-parivṛtti*). A conversão da mente é o afastamento do padrão imaginário na direção do padrão aperfeiçoado, no qual se atinge a introvisão do vazio e do ser da consciência de origem interdependente bem como de todos os significados que ela gera. Nāgārjuna ensinava que o vazio é uma designação (*prajñapti*) que se refere ao ser desprovido de essência da origem interdependente. Asaṅga ensina que ele é uma idéia, uma construção consciente (*vijñapti*) baseada na estrutura da mente dependente-de-outro. Em virtude dessa conversão, o próprio caminho construído em seus estágios seriais é vazio e visto como não representando um avanço rígido ou fixo. O caminho mundano (*laukika-mārga*), que vai daqui para ali, é convertido num caminho transcendente (*lokottaramārga*) da prática não-contínua do bodisatva. Ele é o resgate da prática de origem interdependente envolvida em atos de compaixão. A conversão das propensões é a erradicação das sementes degeneradas na consciência-receptáculo; a libertação para a prática, sem bloqueios, do bodisatva requer essa desprogramação total das sementes cármicas.

A Dinâmica Espiritual

A explicação acima sobre a estrutura da mente está a serviço do dinamismo espiritual da conversão, cujo movimento vai da introvisão do vazio para a reafirmação do ser no contexto do vazio. *A Análise do Meio e dos Extremos* ensina que o caminho do meio consiste num movimento através do ser ilusório até a introvisão do não-ser do vazio, prosseguindo depois até a compreensão do ser do vazio[15]. A concepção mental não-real e dependente-de-outro que caracteriza a mente não-

15. Cf. N. Gadjin, "'What Remains' in Śūnyatā", em M. Kiyota (org.), *Mahāyāna Buddhist Meditation: Theory and Practice*, pp. 66-82, "From Mādhyamika to Iogacara", em *Journal of the International Association of Buddhist Studies,* 2 (1979), pp. 35-42.

desperta aparece na dicotomia entre sujeito e objeto, que apresenta o ser para a mente como essências reais. Seu ser imaginário como um objeto essencial contraposto ao sujeito essencialista é declarado não-existente. Mas, enquanto os textos do *Prajñāpāramitā* e a filosofia Mādhyamika se detêm diante da introvisão do vazio, exercendo então uma vigilância constante para impedir o reaparecimento de concepções essencialistas, o autor Iogacara prossegue, para reafirmar que, no interior da concepção mental não-real e dependente-de-outro do pensamento cotidiano, o vazio existe, isto é, o padrão dependente-de-outro, que subjaz à gênese ilusória de concepções, não é ele próprio não-existente. O ser, reduzido ao essencialismo, é apreendido novamente no contexto do vazio: "Assim, todas as coisas são ditas ser nem vazias nem não-vazias, por causa do ser, não-ser, e ser – e esse é o caminho do meio" (*Madhyāntavibhāga* 1.2). O tema dos três padrões permite a Asaṅga e Vasubandhu negar o ser imaginário por meio da introvisão do vazio da realidade objetiva da dicotomia sujeito-objeto e reafirmar o ser de origem interdependente por meio da conversão para um padrão plenamente aperfeiçoado. Os pensadores da escola Iogacara tinham então condições de discursar sobre o "ser admirável" do vazio e podiam restabelecer a teoria Abidarma à luz da doutrina do vazio. Assim eles não apenas herdaram o tema de Nāgārjuna das duas verdades, mas também puderam dar ênfase à validade convencional da verdade convencional de uma forma que não era possível para a filosofia Mādhyamika. Ela é válida em termos de sua base na linguagem que surge da origem interdependente, vista como uma construção-do-entendimento-apenas.

Em seu *Sumário do Grande Veículo*, Asaṅga ensina que o corpo-do-darma, o conteúdo inefável da conversão, se caracteriza pela não-dualidade entre existência e não-existência, uma vez que todas as coisas são não-existentes – isto é, vazias – enquanto seu caráter de ser vazio existe[16]. O comentador Asvabhāva chega a dizer que o corpo do Darma tem o "vazio como sua essência"[17]. Aqui, o vazio, a negação da essência, é descrito como a essência do despertar, sugerindo o ser desprovido de essência da origem vazia, interdependente. Hsüan Tsang, em sua tradução bastante interpretativa dessa passagem, define o aspecto ontológico em termos desses três padrões, explicando que o padrão imaginário não existe, mas que o padrão "revelado pelo vazio existe"[18]. Asaṅga também afirma que os budas "se caracterizam pela não-existência da existência"[19]. Assim, enquanto não existem budas,

16. *La Somme du Grand Véhicule d'Asanga (Mahāyāna saṃgraha)*, p. 271, trad. de É. Lamotte. *The Realm of Awakening: Chapter Ten of Asanga's Mahāyāna saṃgraha*, tradução de P. L. Swanson, com introdução, p. 64, no prelo.

17. *Realm of Awakening*, trad. de Swanson, p. 64.

18. Idem, p. 65; T. 31, 436c.28-29.

19. *La Somme...*, trad. de E. Lamotte, ed. cit., p. 308; *Realm of Awakening*, trad. de Swanson, p. 168.

eles não existem. Mais uma vez, Asvabhāva explica que não existem budas porque o padrão imaginário da consciência dependente-de-outro não é não-existente, mas que eles não simplesmente não existem, porque o padrão perfeito efetivamente existe. Assim a não-existência da existência refere-se ao estágio último do despertar alcançado pelo vazio (T 31.443c15).

A espiritualidade Iogacara alcança, então, uma compreensão crítica do ser no contexto do vazio por meio de uma interiorização da noção do *Prajñāpāramitā* de vazio, como a negação do padrão imaginário e ilusório que gera a crença na realidade essencial do eu e das coisas. Onde os textos do Tathāgatagarbha limitam quantitativamente o âmbito do vazio, para afirmar uma realidade última não-vazia, Asaṅga limita seu âmbito qualitativamente, para negar toda compreensão na esfera do padrão imaginário. Libertado do espectro do niilismo, ele pode compreender toda doutrina e toda prática do caminho como "apenas" doutrina e "apenas" prática do caminho. A doutrina e a prática válidas permanecem sempre mundanas e convencionais e, sendo de origem interdependente, não podem jamais pretender uma validade absoluta, pois o significado último permanece transcendente a toda formulação condicionada.

Asaṅga sumariza sua compreensão da doutrina Mahāyāna em três pontos: (1) a origem interdependente, que ele identifica à estrutura da consciência-receptáculo funcionando em sinergia com a consciência ativa; (2) os estados de origem interdependente, que ele identifica aos três padrões nos quais funciona a consciência de origem interdependente; e (3) uma explicação do que foi declarado nos textos, que ele identifica às interpretações convencionalmente válidas dos significados e intenções de seus ensinamentos[20].

Os Três Corpos do Despertar

O foco crítico do pensamento Iogacara chega até sua compreensão da sabedoria e dos três corpos do despertar (*buddha-trikāya*). A tendência a adotar temas do Tathāgatagarbha, que encontramos em meio aos pensadores da tradição Iogacara anteriores a Asaṅga, surge novamente em suas interpretações da sabedoria e dos corpos do Buda. *O Ornamento dos Escritos do Grande Veículo* apresenta todos os três corpos do Buda da essência (*svabhāvika-kāya*), do deleite (*saṃbhogika-kāya*) e da transformação (*nirmāṇakāya*) como provenientes do domínio último do darma, o que sugere uma realidade última, única, não-vazia e abrangendo tudo como a essência subjacente a todos os estados do despertar e a todos os corpos do Buda[21]. Na presença de

20. *La Somme...,* trad. de E. Lamotte, ed. cit., pp. 132-134.

21. *Mahāyāna -Sutralaṁkāra: Exposé de la doctrine du Grand Véhicule*, trad. de Sylvain Lévi, Paris, H. Champion, 1907, p. 45; J. P. Keenan, "Study...", pp. 167-176.

uma tal realidade essencial, a sabedoria consiste no afastar das impurezas não-essenciais que bloqueiam a introvisão. Assim, tanto os padrões imaginários quanto o padrão dependente-de-outro desaparecem com o alcance do padrão da perfeição plena.

Mas uma interpretação como essa não ficava sem desafios. Sthimarati relata que "alguns explicam o corpo do Darma como o domínio bem purificado do Darma inteiramente afastado de toda degeneração que possa surgir", enquanto "outros explicam o corpo do Darma como a sabedoria suprema, que atua como um modo não-obstruído e desapegado com relação a tudo que pode ser conhecido"[22]. A primeira opinião é a encontrada em textos como o *Ornamento das Escrituras*, enquanto a segunda é a do próprio Asaṅga, que, no último capítulo, "Sobre a Sabedoria", de seu *Sumário do Grande Veículo*, explica "a supremacia da sabedoria como os três corpos do Buda". Em todo esse capítulo, ele parece preocupado em evitar que as pessoas abandonem a prática, afirmando que elas são "originalmente" despertadas. No último parágrafo do capítulo, ele rejeita a proposição de que não é necessário nenhum esforço para se alcançar o despertar, "uma vez que o corpo do Darma dos budas é sem-começo, não distinto (dos seres sencientes) e infinito".

Para Asaṅga e Vasubandhu, o corpo fundamental do darma, assim como os outros dois corpos que se fundam numa emanação do corpo do darma, não é uma realidade além do âmbito do vazio, como em alguns dos textos do Thatāgatagarbha. Ao contrário, ele é a existência do vazio, realizada pela conversão como o conteúdo da sabedoria da perfeição plena, isto é, o vazio de todo ser imaginário, de toda noção de um absoluto essencialista. O corpo do Darma é a sabedoria alcançada pela conversão de se entrar em contato com o domínio último do sem-imagem e do vazio inefável. O corpo-de-deleite, que é a emanação que provém da sabedoria do corpo do Darma vivenciada ao se meditar sobre os bodisatvas, é também trazido para o âmbito do vazio. Durante a época de Asaṅga e Vasubandhu, floresceram muitos cultos Mahāyāna de devoção a vários budas e suas terras puras. Asaṅga compreendia esses budas e terras puras em termos de sua compreensão crítica da mente de sabedoria. Eles são, afirma ele, "nada mais que construções conscientes que fluem da sabedoria" (*jñāna-nṣyanda-vijñapti-mātra*)[23]. Como tais, assim como seu fundamento, o corpo do darma, todos os budas dos cultos devocionais Mahāyāna são, eles próprios, vazios de ser imaginário e não podem ser vinculados a concepções religiosas imaginadas. O corpo de transformação, tanto em textos da tradição Iogacara quanto em textos anteriores, é

22. Y. Susumu (org.), *Sthiramati: Madhyāntavibhāgaṭīkā, Exposition Systématique du Iogacaravijñaptivāda*, Tóquio, 1966, p. 191; tradução para o inglês de Swanson em *Realm of Awakening*, p. 11.

23. *Triśatikāyāh Prajñāpāramitāyāh*, em G. Tucci, (org.), *Minor Buddhist Texts*, p. 63.

uma criação do corpo do Darma inefável e invisível, que é produzida magicamente. Ele é perceptível aos seres sencientes comuns. O Buda histórico era visto como o exemplo supremo dessa transformação. Todo o "ser" e curso de vida de Śākyamuni eram então explicados como ficções habilidosamente criadas, destinadas a conduzir os seres sencientes rumo ao despertar. Assim, todos os três corpos refletem a compreensão de Asaṅga da estrutura da sabedoria, ao compreender o vazio finalmente dotado de significado e ao incorporar essa compreensão às manifestações convencionalmente habilidosas e de origem interdependente por meio dos corpos de deleite, para os bodisatvas (isto é, praticantes), e dos corpos de transformação, para os seres sencientes comuns.

III. LÓGICA BUDISTA: A BUSCA DA CERTEZA

Ernst Steinkellner

Quando os sistemas clássicos das várias tradições filosóficas da Índia estavam elaborados, problemas de ordem mais crítica começaram a moldar uma nova cultura de investigação filosófica. O desejo de aperfeiçoar os sistemas de pensamento deu origem à investigação das fontes e pressupostos que davam ao pensamento as bases de sua legitimação. Na metade do primeiro milênio d.C., uma epistemologia, ou "teoria do (o meio do) conhecimento válido (*pramāṇavāda*)", surgiu em meio às escolas filosóficas budistas e não-budistas que tinham razões para se interessar por essa questão. Os pensadores budistas desempenharam um papel importante nessa investigação durante a segunda metade do milênio. Dignāga (*cc.* 480-540) é considerado o fundador da epistemologia budista. Sua última obra, *Sumário da (a Teoria da) Cognição Válida* (*Pramāṇasamuccaya*), acompanhada por um comentário, baseia-se em várias tradições mais antigas, budistas e não-budistas. Mas, ao combinar seu material extremamente heterogêneo, ele criou um novo arcabouço para a investigação e compreensão, que conduziu ao nascimento de uma escola de pensamento que produziu, na fase final do budismo indiano, alguns de seus filósofos de maior destaque. Em seis capítulos, a obra trata da cognição válida em geral, sua definição, objetos e tipos, da percepção, inferência, prova, do significado das palavras e das respostas inúteis.

Recorrendo a concepções mais antigas sobre a arte do debate e seus aspectos formais, sobre o sistema e gramática da ciência, sobre a necessidade da autoridade na mediação dos valores e metas (*pramāna*), e sobre o significado da linguagem na compreensão da realidade, Dignāga defendia que o Buda deve ser compreendido como um meio de cognição válida (*pramāṇabhūta*) e uma autoridade para todos os que se empenham em alcançar uma existência plena de significado. Seria Dharmakīrti (*cc.* 600-660) que desenvolveria essa idéia para que ela pudesse oferecer uma verdadeira fundamentação filosófica para o budismo. O significado da epistemologia e da lógica, no âmbito do budismo como uma tradição da prática religiosa, é explicado por Dharmakīrti em seu *Pramāṇavārttika*, cujo segundo capítulo é um comentário sobre o verso concedendo bênçãos, do *Pramāṇasamuccaya*, um verso que, com isso, se tornou a máxima espiritual de toda a escola. A atividade humana dotada de significado pressupõe a cognição válida; uma cognição coerente com os resultados que se espera sejam, no final, produzidos pelos fatores da realidade que se tornaram objetos da cognição. A atividade budista é orientada para a meta final da emancipação revelada pelo Buda. Essa meta não pode ser descoberta pela percepção e pela inferência, os meios normais da cognição. Ela jamais está imediatamente presente, pois se estivesse, não seria a meta final. Ela deve, portanto, ser indicada por uma autoridade cuja experiência altamente desenvolvida a coloca na posse do conhecimento dela. O Buda pode ser aceito como essa autoridade, se for possível provar que ele está na posse dessa percepção única e que ele é aquele que revela em sua conduta que não busca enganar[24].

O *Pramāṇavārttika* é um texto em versos constituído por quatro capítulos (sobre a inferência, a cognição válida em geral, a percepção e a prova) e concebido como um comentário sobre o *Pramāṇasammucaya* de Dignāga[25]. Boa parte da obra posterior da escola foi dedicada à exegese do *Pramāṇavārttika*. O subcomentário de Śākyamati (*cc.* 660-720) era a fonte exegética de maior autoridade e o comentário de Prajñākaragupta (*cc.* século x) sobre os dez últimos capítulos é uma obra extremamente original, que se concentra em especial na interpretação do pensamento religioso de Dharmakīrti. A segunda principal obra de Dharmakīrti, o *Pramāṇaviniścaya*, é um tratado independente em três capítulos (a percepção e cognição válida, a inferência e a prova) e, como apresentação amadurecida de sua epistemologia, uma obra-prima sem-igual[26]. Dharmakīrti praticamente superou a autoridade de Dignāga, que daí por diante seria compreendido de acordo com a interpretação de seu sucessor.

Após a metade do século VIII, a exegese de Dharmakīrti, a princípio principalmente filológica, foi aos poucos sendo enriquecida por uma interpretação filosófica mais sistemática (Karnakagomin, Dharmottara, Prajñākaragupta) e pela contribuição de ensaios concisos como os de Arcata, Śubhagupta e Dharmottara sobre temas como a teoria do significado, a pervasão lógica, a cognição válida e a momentaneidade. A principal tarefa desses ensaios era a explicação de teses budistas centrais – como a de que a natureza do ser era a momentaneidade – por meio de provas elaboradas em todas as suas implicações de acordo com os padrões da elaborada lógica disponível na época[27]. Evidentemente essa aplicação de sua arte dava cumprimento a uma responsabilidade importante da escola para a comunidade budista. Esse gênero literário predominou no último período da escola na Índia, durante o qual, no século XI, Jñānaśrīmitra, seu último escritor brilhante e filósofo original, escreveu seus magníficos ensaios sobre

24. T. Vetter, *Erkenntnisprobleme bei Dharmakīrti*, pp. 27-28, 31 e ss.

25. O segundo capítulo está em parte traduzido em T. Vetter, *Der Buddha und seine Lehre in Dharmakīrtis Pramāṇavarttika*.

26. O primeiro capítulo é traduzido em T. Vetter, *Dharmakīrtis Pramāṇaviniścayah, 1. Kapitel Pratyakṣam*; o segundo, em E. Steinkellner, *Dharmakīrtis Pramāṇaviniścayah, Zweites Capitel Svārthānumānam*, II. Para uma tradução do *Nyāyabindu*, um pequeno resumo dessa obra, ver F. T. Stcherbatsky, *Buddhist Logic*, II.

27. M. Katsumi, *La réfutation bouddhique de la permanence des choses (Sthirasiddhidūsana) et la preuve de la momentanéité des choses (Ksanabhangasiddhi)*.

os principais teoremas e provas da escola. As acaloradas discussões e polêmicas com as escolas bramânicas – em especial as escolas de nyāya, vaiśesika e mīmāṁsā, já uma grande preocupação de Dignāga – tiveram continuidade com seus sucessores, culminando com a polêmica quase pessoal conduzida pela escola Naiyāyika Udayana contra Jñānaśrīmitra e seu discípulo Ratnakīrti. Após o início do século XI, a vida produtiva da tradição indiana parece ter-se reduzido, até desaparecer. Desse período, conhecem-se apenas sumários, manuais e pesquisas doxográficas.

Somente dois textos do período inicial foram traduzidos para o chinês, e nenhum dos famosos tratados de Dharmakīrti; a escola também jamais contribuiu com qualquer realização teórica ou religiosa na China. As obras e o espírito erudito da escola foram recebidos com entusiasmo no Tibete, já durante o primeiro período de recepção do budismo (após o final do século VIII). Uma tradição, original, longa e produtiva, desenvolveu-se no Tibete, após a segunda disseminação do budismo no país no século XI[28], e floresce até hoje no âmbito da cultura tibetana tradicional. A transmissão escrita da escola indiana foi estudada e explicada com grande seriedade no decorrer dos séculos e suas questões foram desenvolvidas, a princípio, como um ramo secular do conhecimento, em especial pela escola Sa-skya-pa, e após o século XIV, como parte do treinamento religioso pela escola dGe-lugs-pa, que resgatou seu estatuto espiritual original.

Se existe uma idéia que expressa a originalidade e o caráter único da escola e explica seu êxito e influência notáveis, até mesmo em círculos não-budistas, essa idéia é a de que a certeza cognitiva pode ser atingida pelo conhecimento conceitual. A escola apresentava o pensamento discursivo como o meio da vida intelectual, relevante não como um fim em si mesmo, mas como o avanço rumo a uma meta que o transcende e confere a ele seu significado. A teoria nominalista da escola abordava a lacuna entre a realidade não-conceitual, móvel e imediata e as construções não-reais e inevitavelmente estáticas do pensamento conceitual e oferecia uma ligação prática entre elas. Sua lógica fornecia à teoria suas provas e fundamentos lógicos, seus critérios e modelos e sua conexão necessária com o que ela deve demonstrar. A lógica se tornou a principal preocupação da escola, porque a certeza e o controle no domínio dos conceitos exigia uma teoria cuidadosa do procedimento dedutivo.

Um rápido exame da obra da escola sobre a relação entre o *probans* e o *probandum* revela os motivos e objetivos gerais da escola. Embora o período anterior a Dignāga não seja muito bem conhecido, devido ao caráter fragmentário dos textos que chegaram até nós, ao

28. Leonard W. J. Van der Kuijp, *Contributions to the Development of Tibetan Buddhist Epistemology*.

que parece, foram desenvolvidos durante esse período dois teoremas lógicos que tiveram uma influência duradoura sobre todas as tradições posteriores. Um pensador da escola Sāṁkhya desenvolveu o teorema sobre a existência de uma conexão necessária e invariável entre o *probans* e o *probandum*. Liberta dos limites da ontologia Sāṁkhya, essa noção de um nexo lógico formal pôde servir para a conceitualização do próprio fato da concomitância entre o *probans* e o *probandum* (por exemplo, a fumaça e o fogo), bem como da não-universalidade da concomitância. O segundo teorema tenta justificar formalmente o fenômeno da conexão lógica e abordá-la como a estrutura central da prova e inferência silogísticas. Ele estabelece que o *probans* deve atender a três critérios: estar presente no objeto da prova, estar presente em casos positivos e semelhantes e estar ausente em casos negativos e não-semelhantes. Esse teorema foi desenvolvido em círculos que representavam as tradições dialéticas budista e nyāya.

Até a época de Vasubandhu, mestre de Dignāga, essas idéias não tinham sido desenvolvidas numa teoria lógica coerente, e não são incomuns erros grosseiros de raciocínio nos argumentos desse período. Vasubandhu, por exemplo, está familiarizado com os dois teoremas acima, mas parece não se decidir quanto a seu valor lógico e ainda considera apropriada uma inferência da ausência de um *probandum* a partir da ausência do *probans*. Dignāga esclareceu consideravelmente a função central das inferências e provas e foi o primeiro a considerá-las como idênticas em termos lógicos. Aprimorou o teorema do triplo critério do *probans*, ao definir claramente o alcance dos casos semelhantes e não-semelhantes, e ao determinar, com isso, a relação possível nesses casos entre o *probans* e o *probandum*. O resultado desse exame é a famosa "roda das razões lógicas" (*hetucakra*), que mapeia todas as variações da ocorrência do *probans* em casos semelhantes e não-semelhantes, e pode demonstrar por que um certo *probans* está correto e outro está incorreto, tornando, assim, possível formular inferências e provas que atendam as condições de certeza. O *probans* está correto se está presente em todos os casos em que o *probandum* está presente, ou em parte presente, e se está ausente em todos os casos em que o *probandum* está ausente. Assim o teorema da conexão lógica é reformulado como um teorema de pervasão universal: a necessidade das relações lógicas se baseia na universalidade da penetração que deve ser derivada da observação das ocorrências e não-ocorrências do *probans*.

Īśvarasena fez a objeção de que a noção de Dignāga de pervasão não garantia a certeza. Dignāga havia mapeado casos de concomitância na ausência de *probans* e *probandum*; estas forneciam a concomitância positiva com alta probabilidade, mas não necessidade. A necessidade absoluta da concomitância pode, de fato, ser alcançada somente se todos os casos de concomitância na ausência puderem ser efetivamente observados; e na ausência de onisciência uma tal totalidade da observação é impossível. Īśvarasena tentou dar conta desse problema no âmbito da teoria da pervasão. Sugeriu uma terceira espécie de cognição válida, a "não-percepção", como um meio confiável para a cognição da ausência do *probans* em casos não-semelhantes. No entanto, o acréscimo de um outro critério para o *probans* não conseguiu eliminar a insegurança provocada pela impossibilidade de se observar todos os casos positivos e negativos. Mesmo assim, ele foi o primeiro a notar os problemas presentes na lógica de Dignāga e suas propostas serviram como preparo para sua solução por Dharmakīrti. Essa solução, apoiada na idéia de que há uma base para a conexão lógica na realidade, bem como no teorema das três espécies correspondentes de razões lógicas, fez convergir, na formação de um sistema de lógica coerente, as três diferentes tradições teóricas anteriores relativas ao núcleo das funções lógicas.

A relação lógica, de acordo com Dharmakīrti, se funda numa relação na realidade. Ela é necessária, e a cognição inferencial é dotada de certeza, se a relação fundamental tiver sido estabelecida. Essa relação fundamental na realidade é uma conexão por meio da essência (*svabhāva*), que aparece de duas formas: como relação causal e como identidade real. Duas espécies de razão lógica correspondem às únicas relações possíveis na realidade: uma propriedade essencial pode servir de prova para uma outra propriedade essencial, e um efeito pode servir de prova para uma causa. A terceira espécie de evidência, a não-percepção de um perceptível, usada como prova de sua ausência, baseia-se na mesma relação que a da primeira espécie. A idéia central dessa lógica é a de que a inferência de um conceito a partir de outro é possível somente se as realidades às quais esses conceitos se referem forem idênticas a seu *svabhāva*. Esse teorema das três espécies de provas não substitui o teorema de Dignāga, mas serve como explicação de boa parte dele. A batalha pela certeza foi vencida por Dharmakīrti, ao criar os métodos corolários que devem ser aplicados para se estabelecer cada uma das relações reais. Esses dispositivos metodológicos são pré-inferenciais, têm caráter misto indutivo-dedutivo e são suficientemente elaborados para garantir a validade universal da base real das operações lógicas. É somente em seus últimos trabalhos que encontramos esses dois métodos prescritos com a clareza desejada. A relação causal é estabelecida por um procedimento indutivo formalizado com certos estágios de percepção e não-percepção e é protegida contra os perigos da indução incompleta por um argumento extrapolador. A relação de identidade real é estabelecida por meio de uma cognição válida, que demonstra que a prova não ocorre nos casos em que ocorre o oposto da propriedade a ser demonstrada.

BIBLIOGRAFIA

I. A Tradição Mādhyamika

Fontes

ICHIGO, M. (org.). *Madhyamakālaṃkāra of Śāntarakṣita*. Quioto, Buneidō, 1985.

JHA, G. (trad.). *The Tattvasaṃgraha of Śāntarakṣīta*. Gaekward's Oriental Series 80, 83. Baroda, Oriental Institute, 1937-1939.

POUSSIN, L. de La Vallée (org.). *Mūlamadhyamakakārikā de Nāgārjuna avec la Prasannapadā Commentaire de Candrakīrti*. São Petersburgo, 1903-13. Reimpressão: Bibliotheca Buddhica 4. Osnabruck, Biblio Verlag, 1970.

SCHMITHAUSEN, Lambert. "Der Nirvana-Abschnitt in der Viniśkayasaṃgraha der Iogacarabhūmiḥ". In *Österreichische Akademie der Wissenschaften, Philosophisch-Historische Masse Sitzungsberichte 264; Veroffentlichungen der Kommission für Sprachen und Kulturen Süd- und Ostasiens 8*, Viena, Hermann Böhlaus, 1969.

TACHIKAWA, M. "Pratītyasamutpāda in the dedication of the *mūlamadhyamakakārikā*". In *Brahmavidya Dr. K. Kunjuni Raja Felicitation Volume. The Adyar Library Bulletin*, 44-45 (1981).

TACHIKAWA, M. "A Logical Analysis of the MMK". In Nagatomi, M. et al. (orgs.) *Sanskrit and Indian Studies: Essays in Honour of Daniel H. H. Ingalls*. Studies of Classical India 2, Dordrecht – Londres, Reidel, 1980.

TUCCI, G. (org.). *Minor Buddhist Texts, II: First Bhāvanākrama of Kamalaśīla, Sanskrit and Tibetan Texts with Introduction and English Summary*. In *Serie Orientale Roma IX*, 2. Roma, 1985.

_____. *Minor Buddhist Texts, III: Third Bhāvanākrama*. In *Serie Orientale Roma XLIII*. Roma, 1971.

Estudos

KAJIYAMA, Yuichi. "Chūgan shisō no rekishi to bunken" (História e Bibliografia do Pensamento Mādhyamika). In *Kōza daijō Bukkyō* (Série de Palestras: Budismo Mahāyāna). Tóquio, Shunjūsha, 1982. Em japonês.

_____. *Kū no ronri* (Lógica do Vazio). Tóquio, Kadokawa Shoten, 1969.

KALUPAHANA, David J. *Nāgārjuna: The Philosophy of the Middle Way*. Nova York, State University of New York Press, 1986.

LINDTNER, C. *Nagarjuniana: Studies in the Writings and Philosophy of Nāgārjuna*. Copenhagen, Akademisk Forlag, 1982.

MAY, Jacques. *Candrakirti: Prasannapadā Madyamakavrtti*. Paris, A. Maisonneuve, 1959.

MURTI, T. R. V. *The Central Philosophy of Buddhism*. Londres, Allen & Unwin, 1955. Reimpressão em brochura: Londres, Unwin Paperbacks, 1980.

ROBINSON, Richard H. *Early Madhyamika in India and China*. Madison, University of Wisconsin Press, 1967.

RUEGG, David Seyfort. *The Literature of the Madhyamika School of Philosophy in India*. Wiesbaden, Harrassowitz, 1981.

SPRUNG, Mervyn. *Lucid Exposition of the Middle Way*. Boulder, Prajñā Press, 1979.

_____. (org.). *The Problem of Two Truths in Buddhism and Vedānta*. Boston, D. Reidel, 1973.

STCHERBATSKY, T. *The Conception of Buddhist Nirvana*. Leningrado, Publishing Office of the Academy of Science of the U.S.S.R., 1927. Reimpressão: Déli, Motilal Banarsidass, 1977.

STRENG, Frederick. *Emptiness: A Study in Religious Meaning*. Nova York, Abingdon Press, 1967.

II. Iogacara

Fontes

HAMILTON, Clarence H. (trad.). *Wei Shih Er Shih Lun, or, The Treatise in Twenty Stanzas on Representation-Only*. New Haven, American Oriental Society, 1938.

LAMOTTE, Etienne (trad.). *Saṃdhinirmocanasutra: L' Explication des Mystères*. Paris, Maisonneuve, 1935.

_____ (trad.). *La Somme du Grand Véhicule d'Asaṅga: Mahāyāna saṃgraha*. Louvain, Bureaux du Muséon, 1938-39.

LÉVI, Sylvain (trad.). *Asaṅga: Mahāyāna-sutralaṁkāra: Exposé de la doctrine du Grand Véhicule*. Paris, H. Champion, 1907-11.

_____ (trad.). *Mahāyāna -Sutralaṁkāra: Exposé de la doctrine du Grand Véhicule*. Paris, H. Champion, 1907.

_____. *Un système de philosophie bouddhique: Matériaux pour l'étude du système Vijñaptimātra*. Paris, H. Champion, 1932.

SUZUKI, D. T. (trad.). *The Laṅkāvatāra Sutra*. Londres, Routledge, 1932.

WILLIS, Janice Dean (trad.). *On Knowing Reality. The Tattvārtha Chapter of Asaṅga's Bodhisattvabhūmi.* Nova York, Columbia University Press, 1979.

Estudos

DASGUPTA, Surendath. *Indian Idealism*. Cambridge, Cambridge University Press, 1962.

HAMILTON, Clarence H. "Buddhist Idealism in Wei Shih Er Lun". In *Essays in Philosophy of Seventeen Doctors of Philosophy of the University of Chicago*, 99-115. Chicago, University of Chicago Press, 1929.

JIKIDŌ, Takasaki. *A Study of the Ratnagotravibhāga (Uttaratantra), Being a Treatise on The Tathāgatagarbha Theory of Mahāyāna Buddhism*. Roma, 1966.

_____. *Hirakawa Akira hakase kanreki kinen ronshū: Bukkyō ni okeru hō no kenkyū*. Tóquio, Shunjūsha, 1975-76.

KEENAN, John P. "Original Purity and the Focus of Early Iogacara". *Journal of the International Association for Buddhist Studies* 5/1 (1982), 7-18.

_____. "A Study of the Buddhabhūmyupadeśa: The Doctrinal Development of the Notion of Wisdom in Iogacara Thought". Tese de doutorado, University of Wisconsin, Madison, 1980.

MATILAL, Bimal Krishna. "A Critique of Buddhist Idealism". In L. Cousins et al. (org.). *Buddhist Studies in Honour of I. B. Horner*, pp. 139-69. Dordrecht: Reidel, 1974.

MAY, Jacques. "La philosophie bouddhique idéaliste". *Asiatische Studien/ Études asiatiques* 25 (1971), pp. 265-323.

NAGAO, Gadjin. *Chūkan to yuishiki*. Tóquio, Iwanami, 1978.

_____. "From Mādhyamika to Iogacara: An Analysis of MMK XXIV.18 and MV I.1-2". *Journal of the International Association of Buddhist Studies* 2/1 (1979), pp. 35-42.

_____. "On the Theory of Buddha-Body". *Eastern Buddhist* n.s. 1 (1973), pp. 25-53.

_____. "What 'Remains' in Śūnyata: A Iogacara Interpretation of Emptiness". In Minoru Kiyota (org.). *Mahāyāna Buddhist Meditation*, pp. 68-82. Honolulu, University of Hawaii Press, 1978.

SUZUKI, D. T. *Studies in the Lankāvatāra Sutra*. Londres, Routledge, 1930. *Triśatikāyāh Prajñāpāramitāyāh*, em Giuseppe Tucci (org.), *Minor Buddhist Texts*, I Roma, Istituto italiano per il medio ed estremo oriente, 1958.

TUCCI, Giuseppe. *On Some Aspects of the Doctrines of Maitreya and Asaṅgha*. Calcutá, University of Calcutta, 1930.

III. Lógica Budista: A Busca da Certeza

Fontes

FRAUWALLNER, Erich. "Beiträge zur Apohalehre". I: Dharmakīrti. Übersetzung". In *Wiener Zeitschrift für die Kunde des Morgenlandes* 39 (1932), pp. 247-85; 40 (1933), pp. 51-94; 42 (1935), pp. 93-102.

KATSUMI, Minaki. *La réfutation bouddhique de la permanence des choses (Sthirasiddhidūsana) et la preuve de la momentanéité des choses (Ksanabhangasiddhi)*. Paris, 1976.

MASAAKI, Hattori. *Dignāga on Perception*. Cambridge, MA, Harvard University Press, 1968.

YUICHI, Kajiyama. *An Introduction to Buddhist Philosophy*. Kyoto, Kyoto University, 1966.

STCHERBATSKY, F. T. *Buddhist Logic*. Leningrado, 1932, 1930. Reimpressão: Nova York, Dover, 1962.

STEINKELLNER, Ernst. *Dharmakīrti's Hetubinduh. Teil II. Übersetzung und Anmerkungen*. Viena, Österreichische Akademie der Wissenschaften Phil.-hist. Klasse, 1967.

_____. *Dharmakīrtis Pramāṇaviniścayah, Zweites Capitel Svārthānumānam*. Viena, Österreichische Akademie der Wissenschaften Phil.-hist. Klasse, 1979.

Estudos

FRAUWALLNER, Erich. "Dignāga, sein Werk and seine Entwicklung". In *Wiener Zeitschrift für die Kunde Süd- und Ostasiens* 3 (1959), pp. 83-164.

_____. "Die Erkenntnislehre des Klassischen Sāṁkhya-Systems". *Wiener Zeitschrift für die Kunde Süd- und Ostasiens* 2 (1958), pp. 84-139.

_____. "Landmarks in the History of Indian Logic". *Wiener Zeitschrif für die Kunde Süd- und Ostasiens* 5 (1961), pp. 125-48.

HAYES, Richard P. "Dignāga's Views on Reasoning". *Journal of Indian Philosophy* 8 (1980), pp. 219-77.

MOOKERJEE, Satkari. *The Buddhist Philosophy of Universal Flux*. Calcutá,

University of Calcutta, 1935.
STEINKELLNER, Ernst. "Bemerkungen zu Īśvarasenas Lehre vom Grund". *Wiener Zeitschrift für die Kunde Südasiens* 10 (1966), pp. 73-85.
_____. "Wirklichkeit und Begriff bei Dharmakīrti". *Wiener Zeitschrift für die Kunde Sudasiens* 15 (1971), pp. 179-211.
TACHIKAWA, Musashi. "A Sixth-Century Manual of Indian Logic". *Journal of Indian Philosophy* 19 (1971), pp. 111-45.
TUCCI, Giuseppe. *The Nyāyamukha of Dignāga: The Oldest Buddhist* Text *on Logic After Chinese and Tibetan Materials*. Heidelberg, Materialien zur Kunde des Buddhismus, 1930. Essa primeira interpretação está agora sendo superada por Katsura Shōryū, "Inmyō shōrimonron kenkyu" (Estudos sobre o *Nyāyamukha*). *Hiroshima Daigaku Bungakubu kiyō* 37 (1977), pp. 106 ss.; 38 (1978), pp. 110 ss.; 39 (1979), pp. 63 ss.; 41 (1981), pp. 62 ss.; 42 (1982), pp. 82 ss.
VAN DER KUIJP, Leonard W. J. *Contributions to the Development of Tibetan Buddhist Epistemology*. Stuttgart, Franz Steiner, 1983.
VETTER, Tilmann. *Erkenntnisprobleme bei Dharmakīrti*. Vienna, Österreichische Akademie der Wissenschaften Phil.-hist. Klasse, 1964.
_____. *Dharmakīrtis Pramāṇaviniścayah, 1. Kapitel Pratyakṣam*. Viena, Österreichische Akademie der Wissenschaften Phil.-hist. Klasse, 1966
_____. *Der Buddha und seine Lehre in Dharmakīrtis Pramāṇavarttika*. Viena, 1984.

9. O Veículo do Diamante

Alex Wayman

O budismo tântrico não remonta à época do budismo primitivo. O Buda não deu instruções em "selos" (mudrā; gestos, em geral manuais), fórmulas rituais (dhāraṇī, também chamadas mantras), ou mandala (o conteúdo mental do samādhi tântrico)[1]. No entanto, textos canônicos primitivos como o *Saṃyutta-Nikāya* registram que o Buda teria dado instruções tanto aos deuses quanto aos seres humanos, em geral em formas diferentes, empregando versos com os deuses e a prosa com os seres humanos. A possibilidade de entrar em contato com os deuses, seguindo o procedimento apropriado, era considerada como inquestionável; a pessoa também podia ser tentada por figuras como o *devaputra* (filho-do-deus) Māra; na teoria médica, certas doenças eram atribuídas à possessão por um espírito. Versões posteriores de alguns dos textos da tradição Mahāyāna, o *Sutra de Laṅkāvatāra*, por exemplo, têm um capítulo relativo ao dhāraṇī, mas isso não necessariamente assinala o início da bibliografia tântrica, pois trata-se provavelmente de uma concessão à popularidade crescente de cultos tântricos secretos já existentes, acomodando os aspectos que estivessem em menor tensão com o texto Mahāyāna. Datar o surgimento do tantrismo no budismo indiano no final do primeiro milênio d.C. é ignorar o fato de que, no período em que o budismo estava em declínio, suas relações com o hinduísmo não eram do tipo que favorecesse o empréstimo de teorias e práticas. A adoção pelos budistas do antigo

1. Ver P. C. Bagchi, *Studies in the Tantras, I*, p. 34 e ss.

rito de Homa, juntamente com teorias da fala mágica, só pode ter ocorrido num período anterior, o da dinastia Gupta, dando origem a tratados mais tarde denominados tantras: de fato, observamos pela primeira vez o aparecimento de uns poucos desses tratados por volta do século IV.

Os livros ocidentais sobre a religião indiana muito freqüentemente associam o tantra budista com condutas obscenas. Isso resulta da interpretação literal de certas passagens em obras como o *Tantra de Guhyasamāja*. Quando se tenta interpretar toda a obra dessa forma literal, verifica-se que é impossível fazê-lo. Essas obras são relatos sobre rituais, pois o tantra budista é primordialmente uma *prática*, apesar de empregar doutrinas da escola Mahāyāna. Esses textos empregam palavras com significados especiais e arbitrários e deliberadamente introduzem obscuridades, para que não se saiba por meio dos próprios textos o que está sendo feito. Alguns estudiosos ocidentais acreditam que o conhecimento da língua (esses textos foram quase todos compostos em sânscrito) é suficiente para a leitura e compreensão, mas a tradição tântrica contradiz isso, atribuindo ao guru o papel de explicar o procedimento. O guru é reverenciado como se fosse o Buda – suas virtudes são ampliadas, suas faltas, minimizadas. É ele que dá "permissão" para a invocação da divindade, uma permissão que se considera provir da própria divindade. É ele que leva o discípulo à iniciação, apresentando-o à divindade e ao clan (isto é, o mandala), após ter-se identificado ritualmente com a divindade. Os discípulos devem ter fé nas Três Jóias e devem ter despertado a Mente da Iluminação (*bodhicitta*). Durante a iniciação, eles devem repetir após o preceptor as fórmulas apropriadas, inclusive os votos e preces, em geral três vezes. Eles devem ser relativamente hábeis em copiar movimentos rituais como os mudrās. Após a iniciação, eles estão qualificados para receber, mais uma vez do guru, os ensinamentos desse ciclo da divindade em particular. Entre seus votos está o de não divulgar os segredos tântricos aos não-iniciados[2].

A reivindicação tântrica de superioridade com relação ao budismo Mahāyāna dirige-se aos adeptos do budismo que, na Índia pelo menos, acreditavam no renascimento e no carma e que esperavam que, praticando as seis perfeições da doação, moralidade, compaixão, esforço, meditação e introvisão, iriam, após um grande número de vidas (três eternidades), alcançar a iluminação. O tantrismo afirma que pode acelerar o processo, talvez permitindo o alcance da iluminação em uma vida. O budismo não-tântrico se concentrava no cultivo da mente: o iogue se sentava com as pernas cruzadas (assim dominando o corpo), em silêncio (assim dominando a fala), e buscava chegar à concentração da mente num único ponto (samādhi). A doutrina tân-

2. Alex Wayman, *The Buddhist Tantras*, pp. 66-67.

trica diz que, aqui, a ligação com o divino ocorre somente por meio do samādhi, enquanto, no processo tântrico, a pessoa compartilha dos três mistérios do Buda: seu corpo pelo mudrā, sua fala pelos encantamentos ou mantras, e sua mente pelo samādhi na divindade ou no mandala. A teoria da aceleração do processo rumo à iluminação apoia-se sobre essas três ligações da natureza humana com o divino.

Quando se evoca uma divindade, deve-se primeiro ascender até o vazio (śūnyatā), por meio da meditação, concentrando-se no objeto apropriado da meditação e levando-o para o interior do vazio. A partir do vazio, também chamado de dharmadhātu (domínio da natureza), ou não-apercepção do objeto externo, gera-se a divindade, primeiro como uma sílaba, depois como um emblema, como *vajra* (diamante) ou *padma* (lótus) e, por fim, na forma antropomórfica, com membros corpóreos[3]. Pode-se alcançar o estado de divindade, pronunciando-se o mantra muitas vezes (às vezes são prescritas cem mil recitações), o êxito sendo indicado pelo fato de parecer que o mantra pronuncia a si mesmo (divindade como sílaba) e então tudo de uma vez (a divindade como guirlanda de letras). O mantra usado para indicar que o executante está ligado a uma divindade é SAMAYAS TVAM ("você é o símbolo [da divindade]", ou "você é a ligação [com a divindade]"). Nos tantras budistas, a palavra mantra pode ser empregada para referência a todas as espécies de fórmulas rituais ou fala mágica. O encantamento para se invocar uma divindade masculina também pode ser denominado mantra (*vidyā* é o encanto para invocar uma divindade feminina). O mantra para uma divindade inclemente é HŪṂ PHAT; para uma divindade benevolente, é SVĀHĀ. O célebre mestre indiano Atīśa, que foi para o Tibete em 1042, ensinava mantras para invocar as seguintes "divindades": Buda Gautama, o bodisatva Avalokiteśvara (o famoso OṂ MANI PADME HŪṂ), a deusa Tārā e a inclemente divindade masculina, o sombrio Acala[4]. As duas últimas são divindades tutelares, seguidas e servidas quotidianamente por discípulos que são uma parte inseparável da divindade e que buscam com elas frutos de proteção específicos.

AS QUATRO CLASSES DE TANTRA

A coletânea tibetana divide-se em textos revelados traduzidos (Kanjur) e tratados exegéticos traduzidos (Tanjur). Em ambos os casos, as obras sobre o tantra budista se distribuem em quatro grupos, os tantras da classe kriyā, os da classe caryā, os da classe ioga e os da classe anuttarayoga. Os tantras revelados não são atribuídos a autores

3. B. Bhattacharyya, *The Indian Buddhist Iconography*, p. 22.

4. A. Wayman, "The Significance of Mantras, from the Veda down to Buddhist Tantric Practice", em *Indologica Taurinensia* 3-4 (1975-76), pp. 488-489.

humanos; eles são discursos emitidos pelas divindades, quer o Buda, chamado Bhagavat (o Senhor), quer substitutos do Buda, como Vajradhara (portador-do-Vajra). A explicação ortodoxa é a de que: os tantras da classe kriyā foram revelados em benefício dos candidatos que apreciam os rituais exteriores mais que a interioridade do samādhi; os tantras da classe caryā são para os que apreciam igualmente os rituais exteriores e a interioridade do samādhi; os tantras da classe ioga são para os que apreciam predominantemente a interioridade do samādhi; e os tantras da classe anuttarayoga são para os que apreciam exclusivamente a interioridade do samādhi. Esse esquema é demasiado rígido, e os próprios sábios tibetanos debatiam quanto à inclusão de determinados textos em determinadas categorias. Mas está claro que os discípulos eram considerados como incluídos num desses quatro grupos, embora dificilmente eles teriam se limitado aos textos que supostamente lhes eram destinados.

Não contentes com essa diferenciação em termos de candidatos, os classificadores do cânone também encontravam diferenças na representação das divindades, argumentando, com base em certas passagens, que as divindades dos tantras da classe kriyā estavam sorrindo, que as divindades masculinas e femininas nos tantras da classe caryā estavam-se olhando reciprocamente, que as dos tantras da classe ioga estavam-se dando as mãos e que as dos tantras da classe anuttarayoga estavam unidas (união sexual). Assim as quatro classes de tantras representam os estágios do envolvimento amoroso entre as divindades. O objetivo desse esquema, mais uma vez bastante arbitrário, é destacar os tantras da classe anuttarayoga como mostrando as divindades masculinas e femininas em união. Uma vez que essa é a classe dos tantras que se afirmam ser destinados aos candidatos que apreciam a interioridade do samādhi exclusivamente, há quem sustente que as descrições da união sexual nos *tankas* (estandartes nos templos) denominadas *yab-yum* (pai-mãe) referem-se a uma união que ocorre no interior dos executantes[5]. As representações também correspondem às três espécies de êxtase não-discursivo, o êxtase baseado no som (a risada nos tantras da classe kriyā), a experiência mística de "ouvir o Senhor", a baseada na visão (o olhar-se reciprocamente nos tantras da classe caryā), a experiência mística de "ver o Senhor" e a experiência baseada no toque (nos dois últimos tantras), sugerindo a experiência mística de ser tocado pelo Senhor (como se ele colocasse sua mão sobre a cabeça da pessoa em êxtase)[6].

O tantrismo do Extremo Oriente não adotou essa classificação dos tantras. O principal tantra da classe caryā é o *Tantra de Vairocanābhisaṃbodhi*, conhecido no budismo sino-japonês como

5. Wayman, *The Buddhist Tantras*, ed. cit., p. 33.
6. Idem, p. 53.

Sutra de Mahāvairocana (em japonês, *Dainichi-kyō*). O principal tantra da classe ioga é o *Tattvasaṃgraha* (em japonês, *Kongōchō-kyō*, ou Sutra do Pico do Diamante). Ambos os textos têm sido muito estudados no esoterismo japonês, em linhagens provenientes da China nos séculos VIII e IX; seus respectivos mandalas são a fonte dos mandalas do "ventre" (*garbha*) e do "diamante" (*vajra*), retratados nos estandartes dos templos da seita Shingon. Os tantras da classe anuttarayoga não eram muito apreciados na China, aparentemente devido a seu simbolismo sexual.

Descrevemos em seguida uma prática característica de cada um dos quatro tantras. A prática dos tantras da classe kriyā de geração do eu na divindade tem seis passos[7]. 1. Usando a dialética Mādhyamika, nega-se os conceitos de unidade e multiplicidade. Então se realiza o vazio da própria mente. Esses dois procedimentos estabelecem a "realidade do eu". Na compreensão de que a divindade a ser contemplada e essa "realidade do eu" são inseparáveis, alcança-se o primeiro estágio da divindade, o da "divindade da realidade". 2. Realiza-se o vazio, no qual os sons do dhāraṇī, imaginados como a própria divindade a ser contemplada, são o único objeto de meditação para a mente, a Divindade do Som. 3. Imagina-se a própria mente como o disco da lua no céu, sustentando letras da cor de ouro líqüido, imaginadas como a divindade a ser contemplada, a Divindade da Letra. 4. Imagina-se que dessas letras saem raios de luz que são aspectos do corpo da divindade. Esses raios purificam os seres sencientes de pecados e dos sofrimentos e agradam os budas. Os raios se recolhem no disco da lua e, assim, se recolhem no coração da pessoa, onde a mente-lua e as letras se transformam no corpo perfeito da Divindade-Forma. 5. Toca-se com um mudrā o topo da cabeça, o espaço entre as sobrancelhas, os olhos, os ombros, o pescoço, o coração e o umbigo, ao mesmo tempo em que se recita fórmulas rituais; esses pontos assim ativados são a Divindade Mudrā. 6. Então, enquanto a divindade ainda está vívida, fortalece-se o ego com uma frase como "Oṃ. Sou inteiramente idêntico à natureza intrínseca do dharmadhātu pela ioga", e esse aspecto vívido da divindade como o único objeto de meditação é o Sinal Divindade.

O segundo capítulo do principal dos tantras da classe caryā, o *Tantra de Vairocanābhisaṃbodhi*, é uma apresentação imponente do mandala do "surgimento do companheiro"[8]. O hierofante induz o discípulo a se lembrar dos tathāgatas e a captar a Mente da Iluminação e promete que o discípulo irá renascer na plena virtude da família do

7. F. D. Lessing e A. Wayman (trad.), *Mkhas grub rje's Fundamentals of the Buddhist Tantras*, em *Introduction to the Buddhist Tantric Systems*, Delhi: Motilal Banarsidass, 1978, pp. 159-163.

8. Edição japonesa de fotos do cânone tibetano, Pequim, v 249.

Buda. Ele imagina que a cabeça do discípulo está envolvida por um círculo brilhante que irradia luz como uma guirlanda resplandecente e que no topo da cabeça do discípulo está a sílaba RA, na cor branca como a lua (cheia) surgindo. Imaginando os budas todos a sua volta, ele induz o discípulo a lançar uma flor e dá o discípulo à família do Buda do lugar em que a flor cai. Ele ajuda o discípulo a passar entre os dois portais do mandala e realiza uma queima de oferendas (*homa*). Após os discípulos darem presentes ao preceptor, ele formula um mandala secundário e desenha bodisatvas sobre as pétalas de lótus. Para a iniciação, ele pega um bastão dourado e, de pé diante do discípulo, pronuncia as seguintes palavras: "Assim como os reis da cura removeram com seus bastões a membrana do olho dos homens, também possam os budas remover a camada de ignorância que o reveste, meu filho". Segurando um espelho, ele acrescenta: "Os darmas são como imagens refletidas, claras e puras, sem turbulências; imensuráveis, inexprimíveis, provenientes de causa (*hetu*) e ação (karma)". Ele dá ao discípulo a roda do Darma e uma fina concha, exortando-o:

> Deste dia em diante, possa você colocar em movimento a roda do Darma para o mundo, preenchendo-a com a suprema concha do darma. Deste dia em diante, você não deve abandonar o Glorioso Darma e a Mente da Iluminação, mesmo que para salvar sua vida. Você não deve invejar, nem prejudicar seres sencientes. Essas promessas são feitas a você pelo Buda. Você deve guardá-las assim como guardaria sua vida.

Nos tantras da classe ioga, encontramos uma classificação bastante arbitrária das esferas de purificação de acordo com seus mudrās[9]. As quatro paixões a ser purificadas – o desejo sensual, o ódio, a ilusão e a avareza – correspondem ao Grande Mudrā, ao Mudrā Simbólico, ao Mudrā do Darma e ao Mudrā do Karma, aos quatro caminhos da ação e aos quatro elementos. Uma outra correlação, denominada "fruto da purificação", coloca em correspondência os quatro mudrās, os quatro corpos do Buda, as quatro sabedorias (jñāna) e as quatro espécies de atividades do bodisatva. A seqüência de mudrās produz o que, no tantra da classe ioga, equivale ao procedimento do tantra da classe kriyā de gerar a si mesmo na divindade, em seis estágios, denominados geração do Ser Simbólico, isto é, a pessoa que está ligada à divindade ou simboliza a divindade. Como esse sistema emprega correspondências quádruplas, os cinco budas são reduzidos a quatro por meio da combinação de Amoghasiddhi com Ratnasaṁbhava; os outros três são Vairocana, Amitābha e Akṣobhya.

Nos tantras da classe anuttarayoga, existem dois estágios, o estágio de geração e o estágio de completamento[10]. O primeiro deles tem

9. F. D. Lessing e A. Wayman, op. cit, pp. 231-249.
10. Idem, pp. 251, 269.

muito em comum com os tantras da classe ioga e é conceitual, lidando com a geração das famílias de budas, que podem ser em número de cinco (tantra-pai) ou seis (tantra-mãe). Geração significa envolvimento com as quatro deusas que personificam a pureza dos elementos, as dez divindades inclementes que repelem e destroem os demônios de diferentes espécies, os grandes bodisatvas e o mandala de numerosas divindades. O estágio de completamento é a dissolução ou desintegração das divindades distintas. Agora os cinco ou seis budas (o sexto é em geral chamado Vajrasattva) se desintegram num Buda primordial. As várias espécies de diversidade são reduzidas a um estado não-dual. Quando se diz que o tantra da classe anuttarayoga destina-se a fazer com que o candidato se deleite na interioridade do samādhi, está-se referindo a essa desintegração do que é exterior na interioridade do próprio executante. Os tantras-pai enfatizam os meios (*upāya*) como a seqüência de práticas que conduzem aos estágios das luzes ou vazios e, por fim, à Clara Luz. Os tantras-mãe enfatizam o sistema de *cakras*, ou centros no corpo, e as experiências de arrebatamento ou êxtase, enfatizando um prajñā não-discursivo.

Rituais com a finalidade de alcançar certos êxitos mundanos (em sânscrito, *siddhi*) foram elaborados na forma de três, e depois quatro ritos de *homa* (queima de oferendas)[11]. As metas originais dos *siddhis* eram afastar o mal aplacando as divindades, propiciar a prosperidade e subjugar os inimigos. A terceira meta era nessa época dividida em duas – a subjugação dos demônios e a derrota dos inimigos. A cada meta corresponde uma oferenda diferente. No bramanismo era necessário conhecer a linhagem do fogo (Agni), para se realizar de modo apropriado a queima de oferendas. Quando foi adotado pelo budismo, o rito de *homa* foi combinado com a ética budista. Assim, o capítulo sobre o *homa* no *Tantra de Vairocanābhisambodhi* afirma: "Uma pessoa que possui grande amor e grande compaixão pertence ao (pode realizar o) *homa* do aplacamento. Alguém que possui alegria solidária pode realizar o *homa* da prosperidade. Com o fogo-da-fúria pode-se praticar magia terrível". O conjunto dos quatro *homas* é uma parte importante do tantrismo do Extremo Oriente, ainda praticado em meio às seitas japonesas Shingon e Tendai. Eles são chamados de exteriores e mundanos, porque o ritual é visível, com o emprego de materiais caros e talvez exigindo um patrocinador; devido aos benefícios que propicia, o ritual é uma ocasião para se presentear a instituição que o realiza. Em contrapartida, o "*homa* interior" é supramundano, uma queima de oferendas no interior do corpo que visa à queima da degeneração, em benefício da libertação e da iluminação.

11. Cânone Tibetano, v 212-14.

O DESENVOLVIMENTO DO BUDISMO TIBETANO

O Veículo do Diamante revelou sua riqueza de forma mais plena no Tibete, onde ele é considerado a forma suprema do budismo, indo além dos dois outros veículos, o Hīnayāna e o Mahāyāna, e integrando-os. As crônicas datam o surgimento do budismo no Tibete no reinado de Tho-tho-ri-ñan-tsen, provavelmente no século IV d.C. De acordo com a lenda, quando o rei tinha dezesseis anos de idade, um cesto contendo textos de natureza budista caiu do céu. Ele então sonhou que, na quinta geração, alguém conseguiria interpretar os textos[12]. Os estudiosos ocidentais em geral datam a introdução do budismo no reinado de Sron-btsan-sgam-po (final do século VI ou início do século VII); os relatos tibetanos o consideram como aquele que realizou o sonho de seus predecessores, ao fazer traduzir, para o tibetano, os textos anteriormente obtidos, além de outros. Isso se tornou possível com Thon-mi Sambhota, que introduziu a escrita no país, criando a bela grafia tibetana, seguindo o modelo da grafia Gupta tardia, da Índia. Na época, o Tibete tinha um vasto reino, com suserania sobre o Nepal, por meio da qual ele tinha contato direto com o norte da Índia, cujas tradições budistas incluíam uma forma primitiva de tantrismo. Do outro lado do Tibete estava a China, onde floresciam tradições baseadas num ou outro texto da tradição Mahāyāna. Durante os séculos VII e VIII, a expansão do reino do Tibete o colocou também em contato com idéias e práticas da Ásia Central, inclusive algumas das idéias gregas[13]. Embora o Tibete tivesse adquirido uma escrita apenas pouco tempo antes, esses contatos o tornaram uma sociedade sofisticada.

A tradução dos complexos textos budistas requeria o patrocínio real. Em cumprimento do primeiro decreto real, desde a época de Thon-mi Sambhota até o reinado de Khri-sron-lde-btsan (755-797) foram traduzidos o *Sutra de Avataṁsaka* e os quatro *Āgamas* (presumivelmente a partir do chinês), bem como algumas das obras do *Prajñāpāramitā*. Esse reinado é marcado pela atividade do famoso Padmasaṁbhava e do pandit indiano Śāntarakṣita. Por volta de 775, quando foi fundado o mosteiro de bSam-yas (Samye), Śāntarakṣita ordenou um grupo selecionado de tibetanos, na primeira linhagem de ordenações do Tibete, pertencente ao Vinaya de Mūlasarvāstivāda. Em sua *History of Buddhism*, Bu-ston relata que vários mestres e tradutores

> criaram uma linguagem literária que continha muitas palavras ininteligíveis aos tibetanos. Além disso, foram feitas diferentes traduções a partir do chinês, das línguas de Li (Khotan) e Sahor (possivelmente o Bengala) etc. Devido a isso, os termos receberam traduções diferentes e o estudo da doutrina se tornou muito difícil[14].

12. *History of Buddhism by Bu-ston*, II, trad. de E. Obermiller, pp. 182-183.

13. Cf. Christopher Beckwith, "The Introduction of Greek Medicine into Tibet in the Seventh and Eighth Centuries", *Journal of the American Oriental Society* 99 (1979), pp. 297-313.

14. *History of Buddhism by Bu-ston*, II, p. 196.

Por volta do final desse reinado, entre 792 e 794, houve um importante debate entre os pandits indianos e o grupo chinês em bSam-yas[15]. O grupo indiano, liderado por Kamalaśīla, foi declarado vencedor, e os mestres adversários, liderados pelo chinês Hva-śan, foram expulsos do Tibete.

Um segundo decreto real sobre as traduções foi emitido pelo rei Khri Ral-pa-can (a. 805; r. 814-838): os textos deveriam daí por diante ser traduzidos a partir do sânscrito, com o auxílio do dicionário budista sânscrito-tibetano denominado *Mahāvyutpatti*, e as equivalências-padrão tinham de ser respeitadas, para que todos pudessem estudar as obras. Ral-pa-can foi morto pelo irmão Glan-dar-ma, que o sucedeu em *ca.* 838. Durante a perseguição ao budismo que se seguiu, que era uma reação da fé nativa denominada Bön-po diante da ameaça representada pelo crescimento da religião indiana, os monges fugiram para as regiões periféricas do Tibete, levando consigo os livros traduzidos. O ano de 841 encerra o Sna dar, ou "primeira difusão" do budismo no Tibete.

Afirma-se que o budismo foi restaurado na região central do Tibete em 978, por seis homens das províncias de dBus e gTsan; esse é o início de Phyi dar, ou a "difusão posterior". O rei Ye'śes-'od convidou, para o Tibete, o pandit Dharmapāla, da região oriental da Índia, que introduziu a segunda linhagem de ordenações de Mūlasarvāstivāda – a linhagem da primeira difusão tendo se tornado suspeita. Ele também empregou o grande tradutor Rin-chen-bzan-po (958-1055), que recebia apoio para colaborar em traduções com Atīśa. O rei emitiu o terceiro decreto sobre as traduções, impondo a eliminação de palavras não-religiosas obsoletas nos textos religiosos. Todas as obras traduzidas anteriormente tiveram de ser revisadas, para se conformar à nova ortografia. Nessa época foram traduzidos muitos novos tipos de obras: os livros da tradição Mādhyamika e um grande número de tratados tântricos, e logo o *corpus* lógico budista também o seria.

Não é possível superestimar a influência de Atīśa, que chegou da Índia em 1042[16]. Além de suas curtas obras do tipo sumário, como a célebre *Luz sobre o Caminho para a Iluminação*, ele levou consigo uma biblioteca de livros para ser traduzidos para o tibetano. A escola de bKa'-gdams-pa descende dele, por intermédio de seu principal discípulo, 'Brom-ston. Atīśa deu destaque aos cultos tibetanos mais característicos: o de Avalokiteśvara, da fórmula em seis sílabas OṂ MANI PADME HŪṂ, e o de Tārā, da fórmula em dez sílabas OṂ TĀRE TUTĀRE TURE SVĀHĀ. Em 1073, 'Khon dKon-mchog-rgyal-po fundou

15. Giuseppe Tucci (org.), *Minor Buddhist Texts*, 2:30. Paul Demiéville incorretamente denomina esse debate como concílio de Lhasa.

16. Cf. Alaka Chattopadhyaya, *Atīśa and Tibet*.

a seita Sa-skya, que levava a linhagem tântrica do *Tantra de Hevajra*. Por volta de 1110, sGam-po-pa se tornou discípulo de Mi-la Ras-pa (1040-1123) e fundou subseqüentemente a seita de bKa'-rgyud-pa, cuja linhagem remonta ao Nāro-pā indiano e ao Mar-pa tibetano e cujos preceitos constituem as "Seis Doutrinas", conhecidas no Ocidente principalmente por meio da obra de W. Y. Evans-Wents, *Tibetan Yoga and Secret Doctrines*. Como o budismo estava se extinguindo no norte da Índia, um certo número de pandits seguiu para o Tibete e trabalhou com tradutores tibetanos, em especial o "pandit da Cachemira" Śākyaśrībhadra, que levou para lá a terceira e última linhagem de ordenações do Vinaya de Mūlasarvāstivāda, em 1204. Por meio de seu discípulo, o pandit da seita Sa-skya conhecido como Sa-pan, ele promoveu o estudo da lógica budista na seita Sa-skya. Foi Sa-pan que escreveu uma célebre obra sobre a lógica budista, uma das mais antigas contribuições para a enorme bibliografia tibetana sobre as ramificações técnicas do budismo.

Os tibetanos logo alcançariam um magnífico êxito político-religioso. Em 1249 os mongóis nomearam Sa-pan vice-rei tibetano, mas ele passava grande parte de seu tempo em Pequim. Assim a forma tibetana do budismo começou a penetrar a corte dos mongóis. Sa-pan foi sucedido por seu sobrinho, 'Phags-pa, que, na idade de dezenove anos, participou da grande conferência religiosa de Kublai Khan, em 1258, e ajudou a obter para os budistas a vitória no debate. Kublai fez de 'Phags-pa seu principal conselheiro religioso e obrigou os mongóis a adotar a forma tibetana do budismo. Tudo isso deve ter feito os tibetanos perceberem a maturidade do estudo e da prática budista em seu país. Eles podiam se orgulhar de suas traduções fiéis de um número imenso de obras em sânscrito, que preservavam o cânone a essa altura perdido na Índia; de seu êxito em assimilar essa bibliografia e produzir seus próprios comentários; de seus lendários iogues; e, então, da conversão dos mongóis a sua forma de budismo. Mas esse orgulho justificado também intensificou a rivalidade entre as seitas tibetanas. A seita bKa'-rgyud-pa já havia se dividido em grupos divergentes com reivindicações irreconciliáveis à linhagem espiritual, o principal dos quais era o de Karma-pa (os Chapéus Pretos, para se distinguir dos Chapéus Vermelhos)[17]. Além dessas seitas que haviam se iniciado com a "difusão posterior" do budismo, havia a seita de Rñin-ma-pa, a seita dos antigos, que se afirmavam os herdeiros de Padmasaṁbhava. O último período dessa era de poder da seita Sa-skya se estendeu durante a vida de Bu-ston Rin-chen-grub (1290-1364), autor de um enorme conjunto de livros e reelaborador do Kanjur e do Tanjur. Sua escola se tornou famosa pelo domínio do *Tantra de Kālacakra*.

17. Cf. H. E. Richardson, "The Karma-Pa Sect: A Historical Note", *Journal of the Royal Asiatic Society*.

Quando a dinastia mongol chinesa de Yüan se enfraqueceu, o grupo tibetano chamado Phag-mo-gru-pa derrubou o regime da seita Sa-skya. Em 1358, um deles, o grupo de Byan-chub rgyal-mtshan, assumiu formalmente o poder. Isso foi apenas um ano após o nascimento de Tson-kha-pa (1357-1419), fundador da escola depois denominada gelugpa. Ele foi ordenado na linhagem de Mūlasarvāstivāda introduzida pelo pandit da Cachemira. Seu grande compêndio do Caminho, o *Lam rim chen mo*, foi escrito para expor o treinamento mental das três ordens de pessoas, para explicar a prática budista de meditação com base na escola de Asaṅga e para estabelecer a filosofia budista de acordo com a versão Prāsaṅgīka-Mādhyamika da escola de Nāgārjuna, trazendo assim a seu apogeu a linhagem de bKa'-gdams-pa, que descendia de Atīśa. Seu grande compêndio sobre o tantrismo, o *Snags rim chen mo*, visa expor o ritual das quatro divisões do tantra e purificá-lo com base nos textos autorizados do Kanjur e do Tanjur. Em 1408, ele foi convidado a visitar a capital chinesa, mas, em seu lugar, enviou seu discípulo Byams-chen chor-rje, que pregava o *Tantra de Kālacakra* na China. Um outro discípulo, Dge-'dun-grub (1391-1475), iria se tornar postumamente o Primeiro Dalai Lama, enquanto o principal discípulo tântrico de Tson-kha-pa, Mkhas-grub-rje (1385-1483), iria se tornar postumamente o Primeiro Panchen Lama.

A teoria da linhagem ininterrupta da consciência é a base dos sistemas do Dalai Lama e do Panchen Lama. Ela não foi uma invenção dos gelugpas[18], mas é prefigurada na teoria indiana dos iogues que alcançariam o poder de controlar seu destino e de renascer em circunstâncias apropriadas. As Seis Doutrinas de Naropa, professadas em especial pela seita bKa'-rgyud-pa, ensinam que um iogue pode aprender a controlar a transferência do princípio de sua consciência. Isso não significa, naturalmente, que as inúmeras "encarnações" (em sânscrito, *nirmita*; em tibetano, *sprul pa*) nas seitas tibetanas eram realmente uma expressão desse fabuloso, se não fantástico, poder da ioga. A crença sem dúvida serve a um propósito político. O método de buscar uma criança que se supõe seria o renascimento imediato do Grande Lama morto pode muito bem resultar num sucessor mais capaz que o método aleatório da linhagem pai-filho. Uma vez que os lamas dos gelugpas fazem os votos de bhikṣu do celibato, havia boas razões para que aceitassem a teoria da "encarnação" como base da sucessão.

O Segundo Dalai Lama, Dge-'dun rgya-mtsho, tinha sua sede de poder no 'Bras-spuns (Drepung), fundado em 1416, assim como seus sucessores. Após sua morte, ele foi sucedido por uma criança, que recebeu o nome de bSod-nams rgya-mtsho (1543-1588). Assim, nessa época, o renascimento imediato do abade de Drepung era uma

18. Como assinalaram David Snellgrove e Hugh Richardson em *a Cultural History of Tibet*, p. 182.

crença inquestionável. Foi o Terceiro Dalai Lama que realmente estabeleceu o poder do sistema, por meio de seu contato com Altan Khan, líder do ramo tumed dos mongóis. Durante seu primeiro encontro em 1578, próximo a Kokonor, eles atribuíram-se títulos reciprocamente. O Khan deu ao lama o nome mongol, que em geral se escreve "Dalai" e significa "oceano", mas esse é precisamente o significado do termo tibetano *rgya mtsho*, que era parte do nome tibetano do Grande Lama. O termo "oceano" significa aqui "oceano de conhecimento". O lama viajou extensamente entre várias tribos mongóis, com notável êxito missionário, e nunca retornou à região central do Tibete. Quando morreu, na idade de quarenta e cinco anos, seu sucessor foi encontrado, não por acaso, num dos bisnetos de Altan Khan. Isso teve como resultado imediato a consolidação das relações com o grupo mongol reinante. No entanto, quando um grande grupo de mongóis, muitos deles armados, escoltou a criança durante todo o trajeto até a região central do Tibete, isso naturalmente deixou desconcertadas e irritadas as seitas rivais dos gelugpas, em especial os karma-pa, da seita bKa'-rgyud-pa. Já fazia 230 anos que a seita Sa-skya-pa, vassala dos mongóis, fora derrotada pelo Phag-mo-gru-pa. A perspectiva de retorno dos mongóis junto aos gelugpas era inquietante. Quando o Quarto Dalai Lama tinha cerca de vinte anos de idade, o rei de gTsang, apoiando os Karma-pa, desfechou um ataque contra os mosteiros gelugpas de Drepung e de Sera e o Dalai Lama foi forçado a fugir. Os gelugpas buscaram ajuda com seus aliados, os mongóis. Os mongóis não intervieram imediatamente e o Dalai Lama acabou morrendo com a idade de vinte e cinco anos.

O Quinto Dalai Lama, conhecido na história tibetana como o Quinto Grande, foi encontrado numa família da seita Rñin-ma-pa, na região central do Tibete. Tratava-se de Nag-dban Blo-bzan rgyamtsho (1617-1682). Mongóis proeminentes, junto com acompanhantes armados, chegaram para prestar homenagens à criança e para escoltá-la a Lhasa, onde se estabeleceria no mosteiro de Drepung. Os mongóis, não tendo então um líder forte, eram constituídos, em grande parte, por bandos de aventureiros, que foram acolhidos por muitos dos gelugpas, que buscavam ficar em vantagem com relação às seitas inimigas. Por fim, o Quinto Dalai Lama aliou-se com Gushri Khan, que derrotou o rei de gTsang, assim destruindo o poder militar dos Karma-pa, e ajudou o lama a expandir seu domínio por todo o Tibete. Era possível defender a ascensão dos gelugpas ao poder sob a justificativa de que sua linhagem de ordenação remontava à ordem de monges do Buda Gautama, o Saṅgha. Os outros grupos eram principalmente do tipo não-celibatário, assim seu tantra era leigo. Os gelugpas, distinguidos por seus adornos de cabeça amarelos, enfatizavam a educação monástica por meio de textos budistas não-tântricos, como forma de preparo preliminar para o tantra. Eles passavam muitos anos estudando esses textos, chamados de Mtshan ñid ("característica", em referência às características do budismo). Para a doutrina do Abidarma, eles estudavam o *Abidarmakośa*, de Vasubandhu; para a do *Prajñāpāramitā*, o *Abhisamayālaṃkāra*: para a doutrina Mādhyamika, o *Mādhyamikāvatāra*, de Candrakīrti; para a do Vinaya, o *Sutra de Vinaya*; para a lógica budista, o *Pramāṇavārttika*, de Dharmakīrti.

Os abades do mosteiro de Tashilunpo, fundado pelo Primeiro Dalai Lama, eram denominados Panchen Lamas. O termo "panchen" é equivalente ao sânscrito *mahāpandita* (grande estudioso), enquanto "lama" equivale ao sânscrito *guru*. O Quinto Dalai Lama teve como tutor o Quarto Panchen Lama, Chos-kyi-rGyal-mtshan (1570-1662) e, em reconhecimento por seus feitos, o Dalai Lama declarou que ele seria o primeiro membro de uma série de encarnações. Assim, com sua morte, uma criança foi identificada como o segundo (ou quinto) Panchen Lama, Blo-bzan ye-śes, e se estabeleceu em Tashilunpo. Uma vez que havia séries de reencarnações tanto para Dalai Lamas quanto para Panchen Lamas, foram estabelecidas encarnações tibetanas anteriores. Afirmava-se que os Dalai lamas pertenciam à série de Avalokiteśvara e que suas encarnações anteriores remontavam ao rei Sron-bstan sgampo. Os Panchen Lamas pertenciam à série de encarnações de Amitāyus e suas encarnações remontavam a Subhūti, um interlocutor freqüente nos textos do *Prajñāpāramitā*[19]. A coletânea de obras dos Dalai Lamas e alguns de seus célebres tutores constitui uma vasta bibliografia. O Sétimo Dalai Lama, provavelmente porque tinha tempo disponível durante seu exílio, escreveu copiosamente e, ao que parece, deu grande apoio ao culto de Guru-yoga, em especial em torno da figura de Tson-kha-pa, visto como inspirado pelos três bodisatvas – Mañjuśrī, Avalokiteśvara e Vajrapāni – um culto que pode ter-se iniciado com o Primeiro Dalai Lama[20]. Ele se equipara ao culto da seita Rñin-ma-pa em torno da figura lendária de Padmasaṁbhava.

A reimpressão japonesa da edição de Pequim do Kanjur e do Tanjur tibetanos, juntamente com as coletâneas das obras de Tson-kha-pa e de Lcan-skya Hutukhtu Nag-dban Blo-bzan chos-ldan (1624-1714), cujo catálogo final foi publicado em 1962, tem facilitado enormemente o acesso dos estudiosos ocidentais aos textos budistas em sua forma tibetana. As melhores composições tibetanas se equiparam em qualidade aos clássicos do budismo indiano. O Tibete não simplesmente absorveu e reproduziu o budismo indiano. As influências chinesas no início e as idéias que penetraram a Ásia Central, nos séculos VII e VIII

19. Cf. Toni Schmid, *Saviours of Mankind: Dalai Lamas and Former Incarnations of Avalokiteśvara*; idem, *Saviours of Mankind II: Panchen Lamas and Former Incarnations of Amitāyus*.

20. Seventh Dalai Lama, Blo-bzan bskal-bzan rgya-mtsho, *Collected Works*, vol. Kha, f. 5b-4 e ss.

e mesmo depois, também foram plenamente integradas às características próprias do budismo tibetano.

BUDISMO TÂNTRICO TIBETANO

Os muitos monges tibetanos que eram seguidores entusiastas do tantra acreditavam que, pela prática de seus rituais e pela concentração de suas mentes, estavam participando do domínio do divino, a Mente, a Fala e o Corpo secretos. É importante não esquecer que o budismo tibetano é muito mais que apenas o tantra. O monge que ouve o tambor *damaru* à meia-noite sabe que está sendo praticado o misterioso rito de Chöd. Mas ele pode se interessar menos por esse aspecto de sua cultura que pelo estudo da lógica budista e pela participação em debates; se efetivamente pratica o tantra, ele pode executar os movimentos, sem que seu coração esteja realmente envolvido nisso. Na reforma de Tson-kha-pa, à qual a seita gelugpa deu continuidade, o budismo Mahāyāna não-tântrico constitui a base exigida para a prática do tantra. Isso não é novo, pois o *Tantra de Vairocanābhisaṃbodhi* dedica seu primeiro capítulo ao budismo de tradição Mahāyāna, antes de dar início a sua descrição do mandala, no segundo capítulo. Os seguidores do Veículo do Diamante acreditam que ele é um "caminho rápido", acelerando o avanço rumo à iluminação, enquanto o Mahāyāna (o Veículo de Pāramitā) é o "caminho lento" dos três éons de renascimentos. Tson-kha-pa, em seu *Mdun legs ma* (preparação auspiciosa), expressa isso da seguinte forma:

> Agora, como guia para a Plena Iluminação Budista, existem o profundo Veículo do Diamante e o Veículo de Pāramitā. É bem conhecido que o caminho do Mantra ultrapassa em muito o caminho de Pāramitā, assim como o sol ultrapassa a lua. Alguns respeitam essas palavras como verdadeiras, mas não tentam descobrir o que é o Veículo do Diamante, embora se façam de sábios. Se com isso eles são os homens sábios, quais são então os mais tolos? É estranho que se abandone esse caminho supremo, tão difícil de se encontrar. Assim, eu mesmo adentrei e pratiquei com muito esforço essa Sabedoria que é o veículo supremo de Jina e até mais raro que um Buda e que é o tesouro das duas realizações esotéricas.

As duas realizações esotéricas são o mundano (aplacar as divindades, a prosperidade, o domínio dos espíritos, a magia) e o supramundano (plena iluminação budista).

No enorme *corpus* de textos e comentários aos tantras budistas traduzidos para o tibetano, o tipo de textos traduzidos na primeira difusão está em contraste com os traduzidos na difusão posterior. Típicos da primeira difusão são dois textos comentados por Buddhaguhya, que foi para o Tibete no século VIII: o *Vajravidārana-nāma-dhāraṇī*, que trata da geração pelo tantra da classe kriyā do eu na divindade, nos seis estágios descritos acima, e o *Tantra de Vairocanābhisaṃbodhi*, para o da classe caryā. O quinto capítulo deste último texto aborda as quatro práticas fundacionais: 1. A fundação subjetiva: a pessoa percorre uma seqüência de imagens, como na prática do tantra da classe kriyā, e termina por imaginar a si mesma como a divindade, neste caso, o Buda Vairocana. 2. A fundação objetiva: a pessoa imagina estar a sua frente um Vairocana, semelhante a si própria, e identifica-se com ele. 3. A identificação com a Mente da Iluminação: a pessoa imagina que a própria mente tem a forma de um disco lunar no coração do Tathāgata à frente. 4. Imersão no som: a pessoa imagina sobre o disco lunar as sílabas da fórmula a ser recitada e recita-a cem mil vezes. Após dominar essa espécie de ioga, em seu ponto máximo, o Sinal Divindade permanece na mente, brilhando como se diante dos olhos e ao lado da mente que se dirige para o exterior. A marca ou resíduo dessa contemplação intensa consiste no brilho do lado interior da mente, onde o corpo da divindade parece ser uma ilusão, um acúmulo de vazio; essa é a ioga sem sinais[21].

Tem-se a impressão de que, no período inicial da tradução para o tibetano, os tradutores tibetanos e os pandits que foram para o Tibete eram os principais mestres, enquanto os próprios textos permaneciam como documentos misteriosos, cravejados com as jóias dos preceitos e trancados num cofre. A difusão posterior foi marcada pelas atividades de tradução numa enorme escala. As linhagens que os refugiados indianos levaram para o Tibete no século XI são desconcertantes por sua complexidade e variedade. O tantra era procurado com entusiasmo, mas os tibetanos também traduziram todos os comentários disponíveis sobre a doutrina Mādhyamika e o *Abidarmakośa*, além de tomos e tomos sobre a lógica budista. Seu estudo diligente dessas obras era acompanhado pela prática dos complexos procedimentos do tantra. Mas, embora a seita Rñin-ma-pa reivindicasse uma linhagem contínua remontando a tantras como o *Guhyagarbha*, e embora os gelugpas elogiassem os textos de Buddhaguhya nos mais altos termos, é duvidoso que qualquer deles tenha tentado cumprir o que era exigido para se ter direito à designação ācārya especificada no *Tantra de Vairocanābhisaṃbodhi*, como explicava Buddhaguhya[22], isto é: imaginar as trinta e duas sílabas em pontos do corpo, enquanto se era iniciado no mandala do Corpo, depois da Fala e depois da Mente. A ligação com essa antiga tradição foi interrompida. Se esforços tão complexos quanto esses eram necessários para se tornar um ācārya, existiriam muito poucos ācāryas em qualquer parte!

Na difusão posterior, foi dada grande ênfase às linhagens, à "permissão" para se invocar a divindade, e à benevolência do guru em comunicar os preceitos aos candidatos. Os textos apresentam relatos

21. Comentário de Buddhaguhya ao *Tantra de Vairocanābhisaṃbodhi*, reimpressão japonesa da edição de Pequim do *Kanjur-Tanjur*, PTT, vol. 77, pp. 195-3-5,6,7.

22. Idem, pp. 207-211.

detalhados sobre os excepcionais atributos do mestre e sobre o que torna um discípulo um recipiente apropriado. Assim, o tratado *Cinqüenta Estâncias em Louvor ao Guru* descreve o mestre da seguinte forma: "Firme, autocontrolado, inteligente [...]"[23]. De acordo com os comentários, ele deve ser versado nos sutras e nos śāstras e isento das transgressões elementares (como aviltar a Palavra do Buda, criticar o guru, revelar segredos tântricos aos não-iniciados). O voto-mantra do guru deve ser integral; caso contrário, sua iniciação é declarada uma fraude. O discípulo, de sua parte, deve buscar o triplo refúgio, gerar a Mente da Iluminação e fazer o voto do bodisatva.

O *Sarvatathāgata-Tattvasaṃgraha* (Sutra do Diamante) foi traduzido no início da difusão posterior, juntamente com um grande número de comentários exegéticos. Ele apresenta as fórmulas mágicas que acompanham as cinco Iluminações Manifestas (*abhisaṃbodhi*) de Sarvārthasiddha, um nome de Gautama, mostrando como ele se tornara plenamente iluminado como Śākyamuni. Mkhas-grub-rje descreve essas cinco iluminações da forma como Gautama as teria vivenciado, bem como o modo como outros candidatos poderiam chegar à mesma experiência[24]. 1. Afirma-se que os budas das dez direções conferiram ao bodisatva a iniciação do diadema e o orientaram para que contemplasse ao significado do mantra "eu realizo a penetração da mente". Dessa forma, ele compreendeu a verdadeira natureza de sua mente (*citta-dharmatā*) e suas dezesseis espécies de śūnyatā. Emergindo desse samādhi, ele viu essa natureza verdadeira de sua mente na forma de um disco lunar em seu próprio coração e, com isso, alcançou a "sabedoria do espelho", que é a natureza do Buda Akṣobhya. A Iluminação Manifesta, nesse caso, é a que resulta da distinção. Os candidatos prestam atenção às vogais do mantra, para que elas se transformem no disco lunar em seus corações. 2. Os budas convidam o bodisatva a contemplar o significado do mantra "OṂ, eu gero a Mente da Iluminação". Emergindo desse samādhi, ele viu a verdadeira natureza de sua mente, vazia, sem degenerações, na forma de um disco lunar em seu próprio coração. Com isso ele alcançou a "sabedoria da igualdade", que é a natureza de Ratnasaṁbhava. Essa Iluminação Manifesta resulta da geração da Mente da Suprema Iluminação. Os candidatos associam as consoantes com a natureza verdadeira de suas mentes. 3. Todos os budas convidam o bodisatva a contemplar o mantra "Levante-se, O *vajra*!". Com isso ele alcançou a sabedoria distinta, que é a natureza de Amitābha. 4. Eles o convidam a contemplar o mantra "Eu consisto em diamante". Dessa forma, todos os elementos (*dhātu*) do *Vajra*-corpo, do *Vajra*-fala, e do *Vajra*-mente de todos os tathāgatas das dez direções penetraram o *vajra* branco e

23. *Mkhas grub rje's Fundamentals of the Buddhist Tantras*, pp. 272-273.
24. Idem, pp. 29-35.

de cinco pontas de seu próprio coração e ele observou diretamente que esse *vajra* (em seu coração) era composto dos mais finos átomos dos *vajras* de todos os tathāgatas. Com isso ele alcançou a "sabedoria do cumprimento do dever", que é a natureza de Amoghasiddhi. 5. Eles o convidam a contemplar o mantra "OṂ. Como todo o Assim-se-foi, assim sou eu". Dessa forma, devido à transformação do *vajra* e da lua em seu próprio coração, ele apareceu como Mahāvairocana, o saṃbhogakāya adornado com as trinta e duas características e as oitenta marcas menores, e assim era um Buda Completo Manifesto. Com isso, ele alcançou a Sabedoria de Dharmadhātu, que é a natureza de Vairocana. Quanto aos candidatos às três últimas das Iluminações Manifestas, seu procedimento é praticamente o mesmo que o do bodisatva. No entanto, em nenhum estágio se apresenta a possibilidade de eles compartilharem de suas realizações.

Os textos rituais descrevem as treze visões de um iogue[25]. Eles descrevem um lugar apropriado – por exemplo, o saguão de um templo, a cela de um monge, ou uma sala numa casa, consagrada para essa finalidade. Um altar ou uma mesa devem estar guarnecidos com símbolos do Corpo (um ícone, de preferência em metal), da Fala (um livro sagrado do budismo) e da Mente (um stūpa) da divindade. Oferendas especiais são colocadas diante do altar e o iogue recita fórmulas rituais por sobre elas; é essencial sua concentração mental nelas. O iogue se senta, adotando uma postura conhecida como a pose de Mahāvairocana: os pés ficam entrelaçados em "diamante"; as mãos ficam num gesto de samādhi (as palmas abertas com os dedos de uma das mãos sobre os da outra, os dois polegares tocando-se num vértice); a coluna vertebral, ereta; o diafragma, relaxado; a cabeça, inclinada como um gancho; a língua, tocando o palato; os olhos, focalizados num ponto a meio metro do corpo. O iogue se refugia primeiro em seu guru, depois nas Três Jóias. Ele faz o voto de se tornar Buda em benefício de todos os seres sencientes, e enquanto recita essas palavras, tem as seguintes visões: 1. Seu pai está de pé a sua direita, sua mãe, a sua esquerda e os seres sencientes dos diferentes destinos estão dispostos a seu redor; o iogue imagina que cada um desses seres, no decorrer de nascimentos incontáveis, foi, numa época ou outra, sua mãe ou seu pai; e então se determina a salvá-los (esse é um exercício para promover a compaixão). 2. Ele imagina a divindade que ele serve, sentada num trono elevado, que consiste de oito leões, transformados a partir dos oito bodisatvas. A divindade no centro se multiplica em muitos gurus transmissores do darma. Ele imagina que esses gurus conferem a iniciação da sabedoria quíntupla, ao despejar água consagrada sobre o topo de sua cabeça; a água é

25. Cf. Ferdinand D. Lessing, "The Thirteen Visions of a Yogācarya", *Ethnos*, 1950, pp. 108-130.

visualizada saindo por seus poros, levando consigo todo o material pecaminoso. 3. O iogue visualiza a divindade como ele próprio e se torna-um com a divindade; essa é uma apreensão interior, em contraste com a orientação para o exterior das visões precedentes (mundana, no caso da primeira, supramundana, no caso da segunda). À direita, o símbolo do darma; à esquerda, o símbolo do Saṅgha; atrás, os protetores do darma, todos brilhando com fulgor. 4. Sobre um trono-leão, ele vê o fundador do budismo, Śākyamuni, com o corpo dourado, a mão direita tocando o solo, a esquerda fazendo o gesto do samādhi e segurando a tigela para esmolas, cheia de ambrosia. Uma luz intensa emana do coração do Buda e o iogue o reconhece como o mestre primordial. Uma outra luz emana da cabeça do Buda, tornando visível um trono acima dele, sobre o qual está Vajradhara, o Buda primordial, brilhando na cor azul-escuro, envolvido em luz transparente, usando um diadema cravejado de pedras preciosas e circundado pelos oitenta e quatro grandes mestres (*mahāsiddha*) de eras passadas. 5. Ele vê uma outra luz emanando do coração do Buda. Ela torna visível, à direita, o futuro Buda Maitreya, tendo a sua volta Asaṅgha, Vasubandhu e outros da linhagem da escola Iogacara, que ele inspirou. 6. Uma outra luz, provindo do coração do Buda, revela, a sua esquerda, o bodisatva Mañjuśrī, contornado por círculos de auxiliares espirituais e pela linhagem de gurus da escola de Nāgārjuna. 7. Raios emanando do coração de Śākyamuni iluminam a área ao redor e, aqui, o iogue vê seus próprios mestres imediatos, em especial os que o iniciaram nos mistérios. Abaixo deles estão as divindades das cinco ou seis famílias de budas, os bodisatvas, os pratyekabuddhas, os śrāvakas, os *dakinīs* (divindades dos mistérios), os *dharmapālas* (protetores da fé) e, por fim, os livros sagrados que eles revelam, todos emitindo raios de luz. O iogue renova e fortalece em si a Mente da Iluminação, vendo-a sob vinte e duas imagens: terra, ouro, lua, fogo, tesouro, jóia, oceano, diamante, montanha, cura-tudo, grande amigo, pedra preciosa da concessão de desejos, sol, voz de Gandharva, rei, armazém de pedras preciosas, grande estrada, veículo, fonte, som agradável, grande rio, nuvem. 8. O iogue pronuncia frases expressando os quatro imensuráveis (amor, compaixão, alegria solidária, imparcialidade), na forma: “Possam todos os seres [...]”, e imagina que a forma do mestre supremo assentado num trono o penetra pelo topo da cabeça e desce até seu coração. 9. Ele visualiza um *vajra* em pé, em seu coração, sobre o disco lunar que constitui a Mente da Iluminação. Ele pronuncia a fórmula de encantamento sagrada: “OṂ! Todos os darmas são intrinsecamente puros; eu sou intrinsecamente puro”. Assim, ele compreende seu ser-um com o puro Dharmadhātu. 10. O iogue inicia sua morte e ressurreição místicas. Quando as partes sólidas do corpo começam a penetrar na água, o iogue tem o primeiro sinal, uma miragem. Quando as partes líquidas secam no fogo, ele tem o segundo sinal, de fumaça.

Quando a capacidade de comer, beber e digerir cessam, enquanto o fogo passa ao vento, ele tem o terceiro sinal, vaga-lumes. Quando os ventos da vida saem de seus centros corporais normais, enquanto o vento penetra no princípio de *vijñāna* (compreensão), ele tem o quarto sinal, de uma chama volátil no coração. Então, o princípio de *vijñāna* deixa o corpo e passa para a Clara Luz, ou o puro e vazio Dharmadhātu. Faz-se referência a isso como o abandono do corpo das obras e obtenção de um corpo de diamante. Depois, o corpo, assim purificado na Clara Luz, retorna pelo processo inverso, recriando os elementos. 11. O iogue pronuncia as quatro sílabas místicas, JAH HŪṂ BAṂ HOH, acompanhadas de quatro passos para se alcançar o aspecto gnóstico (*jñānarūpa*) do Senhor, e compreende: "O deus penetra em mim e eu penetro no deus". Assim, essa forma do Senhor que penetra através do topo da cabeça é o próprio iogue. 12. Ele visualiza a sílaba germinal em seu coração, emitindo raios de luz que iluminam todo o domínio da forma e o domínio dos desejos (entre os três domínios, o terceiro sendo o "domínio do sem forma"). Esses raios de luz se recolhem então na sílaba germinal. Ele então invoca as divindades apropriadas, para conferir a iniciação a seus discípulos.

Todos os aspectos da busca da iluminação pelo iogue até aqui descritos reaparecem no caso de diversas divindades, em outros contextos. O vasto panteão de divindades, entre as quais estão as divindades nativas e as herdadas do budismo indiano, são uma característica marcante da tradição. Entre as divindades indianas invocadas na linhagem Atīśa estão as quatro divindades do bKa'-gdams-pa: Munendra, isto é, o Buda Gautama, o único mestre, denominado o Buda do Assento de Diamante (com o bodisatva Maitreya e Avalokiteśvara como companheiros); Avalokiteśvara das seis sílabas; Khadiravanī Tārā, que dispersa os obstáculos externos e realiza os *siddhis* mundanos; o Acala Azul, que dissipa os obstáculos internos e gera sabedoria. Entre as divindades nativas mais populares estão Lhano, a implacável deusa que cavalga uma mula, e várias outras divindades montadas em cavalos ou renas, cada qual com sua própria lenda. A figura central do grupo de divindades dos Cinco Corpos é Pe-har, enormemente adorado pelos tibetanos, que está obrigado por voto solene à proteção do grande mosteiro de Samye e que se afirma teria sido trazido de Magadha por Padmasaṁbhava. Durante o reinado do Quinto Dalai Lama, ele foi para o mosteiro de Nechung, próximo a Drepung, e lá um monge foi possuído por ele; esse monge foi designado como oráculo oficial pelo Dalai Lama[26].

26. Sobre essas divindades, cf. Réne de Nebesky-Wojkowitz, *Oracles and Demons of Tibet*.

O BUDISMO TIBETANO NO PRESENTE

Um período de setecentos anos de definição e intensa busca religiosa chegaria ao fim com o Quinto Dalai Lama. O Tibete entrou então numa difícil era política[27]. Quando o Quinto Dalai Lama morreu em 1682, o regente Sangs-rgyas rgya-mtsho (autor de obras sobre medicina, astrologia e história da seita gelugpa) manteve sua morte em segredo por meio de vários subterfúgios, enquanto criava secretamente a criança escolhida como o Sexto Dalai Lama Tsan-dbyans rgya-mtsho. Quando a fraude foi descoberta, o Sexto Dalai Lama tomou posse em 1695. Então, em 1697, um descendente de Gu-shri Khan chamado lHa-bzang tornou-se "rei" dos mongóis Qoshot e aspirava obter o controle político sobre o Tibete. O Sexto Dalai Lama deixou as coisas mais difíceis, com sua reputação de libertino. Por fim lHa-bzang matou Sangs-rgyas rgya-mtsho e conspirou com o imperador manchu a deposição do Dalai Lama (que morreu em 1706). lHa-bzang dominou o Tibete de 1705 a 1717, quando foi morto pelos mongóis Dzungar. O jovem Sétimo Dalai Lama permaneceu sob proteção manchu no mosteiro de Kumbum, em Kokonor, e foi finalmente escoltado até Lhasa por um exército de soldados mongóis e chineses, quando os tibetanos por fim conseguiram vencer os mongóis Dzungar[28]. A morte de K'ang-shi, em 1722, pôs fim à interferência chinesa e um leigo tibetano, chamado Pho-lha, governou com eficácia durante vinte anos, no decorrer dos quais o Sétimo Dalai Lama foi ocasionalmente exilado; ele só conseguiria exercer o poder temporal no final de sua vida (morreu em 1757, com a idade de cinqüenta anos).

Os imperadores manchus tentaram jogar o Panchen Lama contra o Dalai Lama. Os Panchen Lamas tinham aumentado seu prestígio após o sétimo e oitavo Lamas, pois todos os quatro seguintes morreram jovens e o governo estava quase sempre nas mãos de seus regentes. O Décimo Terceiro Dalai Lama (n. 1876) assumiu o poder em 1895. Governou quase ininterruptamente desde então até sua morte em 1933, sendo seu principal empenho o de manter o país livre, em especial dos chineses, buscando ao mesmo tempo introduzir algumas reformas sociais. Ele conhecia o perigo que representava o comunismo, que já havia destruído mosteiros na Mongólia Exterior. Suas medidas de cobrança de impostos sobre as propriedades de Tashilunpo fizeram com que o Panchen Lama fosse para Pequim, onde permaneceu em semi-exílio até a morte do Dalai Lama. O Panchen Lama foi então convidado a retornar ao Tibete, mas seu retorno foi impedido por vários problemas; ele morreu em 1937. A fase mais recente da história tibetana teve início com a descoberta do Décimo Quarto Dalai Lama, Nag-dban Blo-bzan bsTan-'dsin rgya-mtsho, nascido em

27. Cf. Luciano Petech, *China and Tibet in the Early 18th Century*.
28. Cf. Tsepon W. D. Shakabpa, *Tibet: A Political History*, pp. 138-139.

1935, e os acontecimentos extremamente trágicos para o Tibete, com a invasão chinesa comunista, em outubro de 1949. Após a notável fuga do Dalai Lama e seu grupo em 1959, o governo indiano concedeu-lhe asilo[29].

Os escritos do regente Sangs-rgyas rgya-mtsho são típicos das obras enciclopédicas e coletâneas em múltiplos volumes do período posterior ao Quinto Dalai Lama, no qual as novas composições tenderam a ser ritualistas, mais que filosóficas. Entendia-se que os fundadores da seita e seus seguidores imediatos tinham abordado as questões básicas de forma definitiva. Parecia supérfluo todo e qualquer novo esforço no sentido de decifrar o significado do *Tantra de Guhyasamāja*. Em vez disso, eram compostos sumários da doutrina, manuais de rituais e subcomentários aos comentários existentes. Enquanto, no período anterior, as obras sobre o budismo visavam explicar seus ensinamentos, agora a meta era a simplificação, obtida com a omissão de passagens problemáticas e detalhes incômodos. Os grandes escritores das seitas Sa-skya-pa e gelugpa tiveram de examinar as obras canônicas do Kanjur e do Tanjur, determinando algumas obras como destinadas a ser lidas, enquanto as restantes normalmente não seriam lidas por ninguém. À medida que nos aproximamos do período recente, a quantidade de obras tibetanas nativas, em cada seita, alcançam proporções tais que poucos poderiam ler o grande volume das principais obras de sua própria seita, sem mencionar as das seitas rivais! Algumas das compilações mais recentes têm valor considerável, por exemplo, a coleção *sādhana* em catorze volumes, denominada *Sgrub thabs kun btus*. Essas obras são agora acessíveis aos estudiosos ocidentais, nelas interessados, numa reimpressão realizada no norte da Índia por refugiados tibetanos de diferentes seitas, inclusive seguidores da religião Bön-po.

Como exemplo da ioga ritual desse último período, pode-se mencionar o *guru-yoga* (que pode ser designado pelo termo sânscrito *upacāra-krama*, "os passos da veneração")[30]. A obra se divide numa seção preliminar, uma seção principal, ou corpo, e uma conclusão. A seção preliminar é constituída pelas três fases: busca do refúgio, despertar da Mente da Iluminação, e aspiração em termos dos quatro imensuráveis. O corpo principal é constituído por sete seções, inclusive o convite do conclave de divindades e as oferendas. Na conclusão, pede-se vários *siddhis* e apresenta-se uma prece final. A cerimônia

29. O Dalai Lama descreveu de forma comovente o sofrimento de seu povo e sua fuga do Tibete em *My Land and My People*, Londres, Weidenfeld and Nicolson, 1962.

30. Cito aqui materiais revisados do livro de anotações de F. D. Lessing, *Guru-yoga*, no qual ele se refere a A. von Staël-Holstein, "On a Tibetan Text Translated into Sanskrit under Ch'ien Lung and into Chinese under Tao Kuang", reimpresso a partir do *Bull. of the Nat. Libr. of Peiping*, Peiping, 1932.

é dirigida a Tson-kha-pa. A fórmula do refúgio: "Eu me refugio nos gurus e nas divindades presas a promessas. Eu me refugio nos budas e bodisatvas. Eu me refugio nas Mães e *Dakinīs*. Eu me refugio nos protetores da religião". O despertar a Mente da Iluminação significa a busca da iluminação para si e o colocar dos outros no caminho da iluminação. Para os quatro imensuráveis, faz-se a oração: "Possam todos os seres estar em harmonia! Possam eles se libertar do sofrimento! Possam eles alcançar a realização (religiosa)! Possam eles permanecer na equanimidade!". Na parte principal, o convite, imagina-se Maitreya no paraíso de Tuṣitā; também se imagina Tson-kha-pa nesse mesmo paraíso, convidando-o junto com seus filhos, Rgyal-tshab-rje e Mkhas-grub-rje, para o espaço à frente, e louvando-o como rei do Darma com corpo resplandecente. As oferendas, consideradas como apreciadas pela mente, são coisas como flores, alimentos, incenso, lanternas, perfumes, que se deve transformar mentalmente num campo de méritos. Então se confessa os próprios pecados; rejubila-se em solidariedade pelos que evitam as condições extremas, como nascer quando não existe um Buda; pede-se aos veneráveis imaginados no espaço à frente que derramem a chuva do darma, para fazer germinar as sementes da virtude; e, por fim, dedica-se todo seu mérito acumulado, seja ele qual for, ao serviço do Darma e dos seres sencientes. Entre as dádivas pelas quais se ora na conclusão, estão o preceito e seu significado triplo, o significado exterior (exotérico), o interior (esotérico) e o secreto (místico): "Você (Tson-kha-pa) é todos os três, o compassivo Avalokiteśvara, o soberano-da-introvisão Mañjuśrī, e o portador-do-diamante Vajrapāni". Também se pede pela extensão da vida, pelos méritos e pelo conhecimento (eliminar as degenerações e dissipar a ignorância). Então se pede ao guru (no caso, Tson-kha-pa) que resida em seu coração e que conceda a realização do Corpo, da Fala e da Mente. Por fim, uma dedicatória geral: "Possamos nós em cada renascimento desfrutar a glória do Darma sem nos separarmos de nosso verdadeiro guru. Após ter realizado os estágios e os méritos do caminho, possamos rapidamente colher os frutos de Vajradhara". A composição desse rito do guru-yoga é atribuída a Sangs-rgyas rgya-mtsho.

Quando os lamas migraram para países europeus e para outros países, a excelente recepção que eles muitas vezes encontraram havia sido preparada pela publicação de obras como as edições de W. Y. Evans-Wentz das traduções feitas pelo Lāma Kazi Dawa-Samdup (*The Tibetan Book of the Dead*, 1927; *Tibet's Great Yogī Milarepa*, 1928). A biografia e os poemas do místico tibetano Milarepa (1040-1123) têm sido perenemente os preferidos no Tibete. Ele foi o sucessor do tradutor Marpa na seita Kagyut e levou para o Tibete a linhagem de Naropa, o mestre indiano. Milarepa é o modelo da pessoa que medita de forma subterrânea, que ouve dos *dakinīs*, os aos espíritos "que andam pelo céu", "segredos sussurrados ouvidos". Sua relação com o guru Marpa é um exemplo da bondade do guru. Em sua juventude Milarepa praticara a magia negra, provocando violentas tempestades de granizo por meio de magia e tendo de se penitenciar depois por isso. Quando fugiram da opressão que havia se abatido sobre seu país, os lamas tibetanos eram muitas vezes subestimados pelos ocidentais que os viam como compatriotas de Milarepa. O estabelecimento por esses Lamas imigrantes de "centros" no Ocidente, mesmo os localizados em edifícios do tipo mosteiro, foi um acontecimento extraordinário. O povo tibetano naturalmente perdeu muito, mas o budismo tibetano não teve o mesmo destino. Enquanto, no próprio Tibete, inúmeros mosteiros eram saqueados e destruídos, o budismo tibetano se expandia amplamente e revelava sua vitalidade, auxiliado em muito pela orientação e inspiração que o Dalai Lama oferecia aos tibetanos refugiados.

Não precisamos discutir aqui bibliografia da fé Bön, pois ela dá continuidade e depende em grande parte da bibliografia budista. Os membros da fé Bön, tanto os do período primitivo quanto os de períodos posteriores, praticavam sacrifícios sanguinários, que os budistas tentaram eliminar[31]. Tem-se sugerido que o rito de Chöd, no qual os participantes praticam a automutilação (e acreditam na restauração mágica dos membros) é um remanescente dos rituais da fé Bön[32]. Provavelmente os vários costumes tibetanos relativos ao mundo dos espíritos, como as teias para capturar demônios, são outros remanescentes, bem como os "encantamentos" que empregam desenhos de animais e sugerem magia por simpatia. No entanto, o mero fato de que uma prática religiosa tibetana não remonta ao budismo não prova que ela é uma fé Bön, uma vez que o Tibete recebeu outras influências vindas da Ásia Central. Um aspecto raramente observado fica bastante evidente no *Sgrub thabs kun btus*, no qual inúmeras passagens enfatizam a convicção de que o mundo consiste em veneno, por exemplo, a seguinte fórmula:

> OṂ. Louvor ao Senhor. Possa eu, chamado tal-e-tal, uma pessoa degenerada na passagem do tempo, destruindo toda a turbidez do veneno – tornar-me possuído pelas três virtudes. Essa terra é o pai do veneno. Essa terra é a mãe do veneno. Com essas corretas palavras de verdade, possam os três venenos penetrar na terra.

A mesma fórmula é empregada para os outros elementos, substituindo a palavra *terra* por *água*, *fogo* e *ar*. Essa concepção de que a humanidade está envenenada e de que ela se cura ao fazer retornar o veneno aos quatro elementos dos quais ele provém não tem origem no budismo. Sua enorme influência é uma prova de que a antiga fé Bön e o budismo se mesclaram bastante. Os membros da seita gelugpa foram os principais adversários das práticas da fé Bön, enquanto os da seita Rñin-ma-pa são os que mais a ela se assemelham.

31. R. A. Stein, *Tibetan Civilization*, p. 235.
32. Thubten Jigme Norbu e Colin M. Turnbull, *Tibet*, pp. 127-130.

Quando o mosteiro de Tashilunpo foi construído, em 1447, pelo Primeiro Dalai Lama, foi erguida uma grande estátua de Maitreya; nessa ocasião, ele compôs o seguinte hino, que pode encerrar com muita propriedade nossa investigação:

Agora que uma magnífica estátua de Maitreya foi erigida, possam esses seres encarnados que se encontram em condições semelhantes adentrar a glória da prática do Darma do Grande Veículo, aos pés do venerável Senhor Maitreya.

A qualquer momento em que Maitreya, como um poderoso sol, se eleve sobre o pico da Montanha do Assento de Diamante, fazendo florescer o lótus de minha inteligência, possa eu refrescar o feliz anfitrião.

A qualquer momento, possa o Buda Maitreya, muito satisfeito, colocar sua mão direita sobre minha cabeça e profetizar a suprema e incomparável iluminação. Então possa eu rapidamente alcançar a iluminação budista, em benefício de todos os seres vivos.

Também, por muitas que possam ser as práticas magnificentes de todos os budas das três eras e seus filhos espirituais (os bodisatvas) em todas as suas vidas ilustres, possa eu, reunindo-as todas, pregá-las corretamente!

Valendo-me do apoio precioso da análise do tecido dos textos sagrados com suas linhas coloridas de boas explicações, possa eu instalar nas dez direções a bandeira da vitória dos Ensinamentos marcados com a preciosa guia das Três Instruções.

Possam todas as pessoas portadoras dos textos sagrados disseminar e expandir os Ensinamentos que são a fonte de benefícios e alegrias! Possam os Ensinamentos do Buda, a fonte da felicidade para todos os seres encarnados, se disseminar para sempre.

Possa a força da contemplação contínua do amor (*maitrī*), nos três caminhos, trazer a bênção do Buda Maitreya, que derrota os māras com os soldados do amor e protege todos os seres com o poder do amor[33].

BIBLIOGRAFIA

Fontes

BECKWITH, Christopher. "The Introduction of Greek Medicine into Tibet in the Seventh and Eighth Centuries", *Journal of the American Oriental Society* 99 (1979).

BHATTACHARYYA, Benoytosh. *The Indian Buddhist Iconography*. Calcutá, Firma KLM, 1958.

DALAI LAMA. *My Land and My People*. Londres, Weidenfeld and Nicolson, 1962.

EVANS-WENTZ, Walter Yeeling. *Tibetan Yoga and Secret Doctrines*. Londres, Oxford University Press, 1958.

______. *Tibet's Great Yogi, Milarepa*. Londres, Oxford University Press, 1962.

______ (org). *The Tibetan Book of the Great Liberation*. Londres, Oxford University Press, 1954.

FREEMANTLE, Francesca e Chogyam Trung-pa (trad.). *The Tibetan Book of the Dead*. Berkeley, CA, Shambhala, 1975.

GUENTHER, Herbert V. *The Life and Teachings of Naropa*. Oxford, Clarendon Press, 1963.

33. Dados transmitidos oralmente por Geshe Rabten, primavera de 1970, Dharamsala, H.P. Índia, na ocasião em que tornou o texto disponível à minha tradução.

_____. *The Royal Song of Saraha*. Seattle, University of Washington Press, 1969.

_____ . *sGam-po-pa: The Jewel Ornament of Liberation*. Berkeley, CA, Shambhala, 1971.

_____. *Tibetan Buddhism Without Mystification*. Leiden, E. J. Brill, 1966.

HOPKINS, Jeffrey, *et al*. *The Buddhism of Tibet*. Londres, Allen & Unwin, 1984.

LESSING, F. D. e WAYMAN, Alex. (trad.). *Mkhas grub rje's Fundamentals of the Buddhist Tantras*. Haia, Mouton, 1968.

NEBESKY-WOJKOWITZ, Réne de. *Oracles and Demons of Tibet*, Londres. Oxford University Press, 1956.

OBERMILLER, E. (trad.). *History of Buddhism by Bu-ston*. Heidelberg, Harrassowitz, 1931-32. Reimpressão: Tóquio, Suzuki Research Foundation, 1964.

PETECH, Luciano. *China and Tibet in the Early 18th Century*. Leiden, E. J. Brill, 1950.

RICHARDSON, H. E. "The Karma-Pa Sect: A Historical Note", *Journal of the Royal Asiatic Society*, outubro de 1958.

SCHMID, Toni. *Saviours of Mankind: Dalai Lamas and Former Incarnations of Avalokiteśvara*. Estocolmo, Statens Etnografiska Museum, 1961.

_____. *Saviours of Mankind II: Panchen Lamas and Former Incarnations of Amitāyus*. Estocolmo, Statens Etnografiska Museum, 1964.

SEVENTH Dalai Lama, "Blo-bzan bskal-bzan rgya-mtsho", *Collected Works*, Edição de Pequim, vol. Kha.

SNELLGROVE, David L. (trad.). *The Hevajra Tantra*. Londres – Nova York, Oxford University Press, 1959.

TUCCI, Giuseppe (org.). *Minor Buddhist Texts*. Roma, Istituto italiano per il medio ed estremo oriente, 1958.

WAYMAN, Alex. *Calming the Mind and Discerning the Real*. Nova York, Columbia University Press, 1978.

Estudos

BAGCHI, Prabodh Chandra. *Studies in the Tantras, I*. Calcutá, University of Calcutta, 1939.

BELL, Charles. *The Religion of Tibet*. Oxford, Clarendon, 1968.

BEYER, Stephen. *The Cult of Tārā*. Berkeley, University of California Press, 1973.

BHARATI, Agehananda. *The Tantric Tradition*. Londres, Rider, 1965.

BHATTACHARYYA, Benoytosh. *An Introduction to Buddhist Esoterism*. Oxford University Press, 1932. Reimpressão: Varanasi, Chowkambha Sanskrit Series Office, 1964.

BLOFELD, John. *The Tantric Mysticism of Tibet*. Nova York, E. P. Dutton, 1970.

BROMAGE, Bernard. *Tibetan Yoga*. Nova York, Samuel Weiser, 1952.

CHATTOPADHYAYA, Alaka. *Atīśa and Tibet*. Calcutá, Indian Studies: Past & Present, 1967; reimpressão: Déli, Motilal Banarsidass, 1981.

DEMIÉVILLE, Paul. *Le concile de Lhasa*. Paris, Presses Universitaires de France, 1952.

GUNTHER, Herbert V. *The Tantric View of Life*. Berkeley, CA, Shambhala, 1972.

HOFFMAN, Helmut. *The Religions of Tibet*. Nova York, Macmillan, 1961.
NORBU, Thubten Jigme & TURNBULL, Colin M. *Tibet*. Nova York, Simon & Schuster, 1968, pp. 127-130.
SHAKABPA, Tsepon W. D. *Tibet: A Political History*. New Haven, Yale University Press, 1967.
SNELLGROVE, David & RICHARDSON. Hugh,. *A Cultural History of Tibet*. Londres, Weidenfeld & Nicholson, 1968.
STEIN, Rolf Alfred. *Tibetan Civilization*. Stanford, CA, Stanford University Press, 1972.
STUDIES *of Esoteric Buddhism and Tantrism*. Kōya-san, Kōya-san University, 1965.
TUCCI, Giuseppe. *The Religions of Tibet*. Londres, Routledge & Kegan Paul, 1980.
_____ . *The Theory and Practice of the Mandala*. Londres, Rider, 1961.
_____ . *Tibetan Painted Scrolls*. Roma. Libreria dello stato, 1949.
WAYMAN, Alex. The *Buddhist Tantras*. Nova York, Samuel Weiser, 1973.
_____ . "Female Energy and Symbolism in the Buddhist Tantras". *History of Religions* 2 (1962), pp. 73-111.
WILLIS, Janice Dean. *The Diamond Light*. Nova York, Simon & Schuster, 1972.

10. A Devoção da Terra Pura

Roger J. Corless

Achando que certamente iríamos morrer, nos amontoamos sob as árvores, no chão úmido e escuro do desfiladeiro. Estávamos todos preparados para morrer. Sentamo-nos lá, em silêncio, sem respirar, encolhidos, olhando para a escuridão com os olhos arregalados. Então um de nossos homens deve ter entrado em pânico, pois, de um canto, uma voz murmurou: "*Namu Amida Butsu*"[1].

A invocação de *Namu Amida Butsu* ("Salve! Buda Amita!"), conhecida como nenbutsu (em chinês, *nien-fo*), "relembrar (recordar; invocar) o Buda", é talvez a única frase budista conhecida em todo o Leste asiático. Citamos a fórmula em sua pronúncia no Japão: no chinês mandarim ela se pronuncia *Nan-mo O-mi-t'o Fo,* e tem versões em outros dialetos chineses, em coreano e vietnamês. Qualquer que seja a pronúncia empregada, ela é um pedido de ajuda repetidamente ouvido dos lábios de homens ou mulheres budistas no Leste asiático, como na história acima, dos soldados japoneses em perigo. Aparentemente ela é uma expressão não-problemática e não-filosófica: é uma fórmula à qual se recorre quando se entra "em pânico" e, como tal, muitas vezes os estudiosos do Ocidente não a consideram merecedora de um estudo sério. Mas, poderíamos perguntar, se algo é tão popular, não seria porque muitas vezes se revelou eficaz? E, se assim, de onde vem sua eficácia? Esse é o tema deste artigo.

A forma de budismo à qual a invocação está vinculada é em geral conhecida como Budismo da Terra Pura. "Terra Pura" é uma tradução

1. M. Takeyama, *Harp of Burma*, p. 15.

direta, mesmo que não muito apropriada, do chinês *ching-t'u* e se refere a uma terra, região (*chieh*), ou país (*kuo*) a oeste, a muitos milhões de terras do Buda, na verdade tão longe que fica além de todos os domínios, além de saṃsāra, intocada pelas paixões que impulsionam nosso mundo do sofrimento, sendo assim chamada de "pura". Exteriormente, a Terra Pura se assemelha a um paraíso suntuoso (e assim, do ponto de vista budista, corrompido pela degeneração) ou reino divino (*deva-loka*), mas interiormente, em sua essência, é sem-origem e da natureza do vazio, de modo que é *purificante*, tanto quanto pura em si mesma. A Terra Pura é conduzida por um Buda chamado Amita, um nome sânscrito que, ao ser transliterado, se torna *O-mi-t'o*, em chinês mandarim, e *Amida*, em japonês. Amita, afirma-se, decidiu que todos os que recitassem seu nome – enquanto vivendo como humanos – iriam, após sua morte, renascer nessa Terra. Assim, se alguém diz "Salve! Buda Amita!", o poder de Amita vem imediatamente em seu socorro, tanto no momento quanto no futuro. A prática é simples, mas seu efeito é profundo.

Para poder examinar essa profundidade, vamos observar primeiro as características gerais da espiritualidade da Terra Pura no contexto de outras religiões e depois investigar suas raízes nos sutras budistas. Em seguida, vamos passar um bom tempo examinando a vida e os ensinamentos de uma importante figura, o mestre do Darma T'an-luan, que, no século v a.C., foi, sob diversos aspectos, o arquiteto da tradição; após isso, deverão estar evidentes as razões da eficácia de uma prática tão simples quanto a invocação de uma frase de seis sílabas. Por fim, vamos discutir resumidamente, sem pretender de forma alguma oferecer um quadro histórico amplo, um pouco do desenvolvimento da espiritualidade da Terra Pura na China e em outras partes do Extremo Oriente.

A ESPIRITUALIDADE DA TERRA PURA

O núcleo da espiritualidade da Terra Pura é sua abordagem específica dos temas – encontrados sob uma ou outra forma em diferentes religiões e em outras tradições budistas – da luz e da fé.

Um Misticismo da Luz

A luz é freqüentemente encontrada como símbolo espiritual, como na famosa prece hindu:

> Do irreal, conduza-me ao real, da escuridão, conduza-me à luz, da morte, conduza-me à imortalidade (*Bṛhad-āraṇyaka Upaniṣad* 1.3.28).

Ela é seguida pela explicação sobre "Da escuridão, conduza-me à luz"; a escuridão é, na verdade, a morte, enquanto a luz é a imortalidade[2]. O mesmo *Upaniṣad* (v.14.3) refere-se ao famoso mantra de *Gāyatrī* do Rig Veda, que diz: "Nós meditamos sobre a magnífica glória do sol radiante; possa ele inspirar nossa inteligência"[3].

No budismo da Terra Pura, a luz não é apenas importante: ela é central. A Terra Pura é plena de luz; ela é, de certa forma, feita de luz, e uma das denominações de Amita é Amitābha, "Aquele da Luz Imensurável". Na meditação, a luz da Terra Pura é vislumbrada brilhando à distância, além do local em que o Sol vai repousar. A imagem (como muitos estudiosos observaram, nem sempre com aprovação) é, na aparência, totalmente cristã. Na verdade, os versos que se seguem, de autoria do poeta cristão Henry Vaughan (1621/2-1695 d.C.), poderiam ter sido escritos por um budista devoto da Terra Pura, e eles dão o tom de nossa discussão de uma forma elegante.

> Eles todos se foram para o mundo da luz!
> E somente eu permaneço sentado aqui;
> A própria lembrança deles é clara e brilhante,
> E meus tristes pensamentos ela torna claros.
>
> Ela brilha e resplandece em meu peito enevoado
> Como estrelas sobre certos túmulos escuros,
> Ou os fracos raios de luz nos quais este morro fica envolvido,
> Após o Sol se ir.
>
> Vejo-os andando num Ar de glória,
> Sua luz esmaga meus dias:
> Meus dias, no melhor dos casos, monótonos e áridos.
> Mero bruxulear e definhar[4].

Os efeitos transformadores da luz da Terra Pura são semelhantes aos da luz do Deus cristão que São João da Cruz descreve como "uma chama que consome e é indolor [...] consumadora e restauradora"[5]. É uma luz "como a do Sol contra uma janela, [que] a faz brilhar, e todas as manchas e sujeiras antes visíveis desaparecem [...]"[6]. A transformação pela, ou em, luz é aparentemente registrada num outro texto do *Upaniṣad* (*Taittirīya Up.* III. 10). Após alcançar o Supremo (de acordo com o sistema do *Upaniṣad*), o iogue canta:

> HA VU HA VU HA VU!
> Sou Alimento Sou Alimento Sou Alimento;
> Sou o que Come Sou o que Come Sou o que Come;

2. S. Radhakrishnan (org., introdução, texto, trad. e notas), *The Principal Upaniṣads*, Londres, pp. 162-163.

3. Idem, p. 299.

4. Helen Gardner (seleção e org.), *The Metaphysical Poets*, pp. 273-74 (transcrição segundo as convenções da época).

5. Kieran Kavanaugh, O.C.D., e Otilio Rodriguez, O.C.D. (trads.), *The Collected Works of St. John of the Cross*, p. 562.

6. Idem, p. 515.

Sou o Comer Sou o Comer Sou o Comer;
Sou o Primogênito do Poder-do-Mundo;
Sou anterior aos deuses;
Eu habito o Olho do Sem-Morte;
Aquele que me dá é na verdade eu;
Sou o Alimento, o que Come-o-Alimento eu como;
Venci o mundo e sua geração;
Eu queimo como o Sol!
Quem conhece isso, conhece a Verdade[7]

Essa é uma experiência de não-dualidade, ou unidade, tão intensa que sua expressão é em parte um disparate do êxtase (o primeiro verso é constituído por meros ruídos e o verso oito é literalmente algo como "quem quer que me dê, ele verdadeiramente na verdade eu, sim") que se encerra com a declaração misticamente curta (no penúltimo verso) "luz de ouro!" (*suvarṇa jyotiḥ*), que lembra o apelo de Pascal, "Fogo!", em seu *Mémorial*. Ao comentar esse trecho, Śaṅkara diz que "ouro" significa o Sol e Rāmānuja explica que o iogue "torna-se um corpo belo e intensamente brilhante"[8]. Ao que parece, ele se torna um sol.

Um exemplo dramático, e mais próximo de nosso tempo, de transformação pela luz e em luz está no relato de uma conversa entre o místico da Igreja Ortodoxa russa São Serafim de Sarov (1759-1833) e seu discípulo leigo Nicholas Motovilov. São Serafim inicia o diálogo, falando sobre o Espírito Santo como um "sopro cheio de luz" que desce sobre os cristãos, sobre como o rosto de Moisés se iluminou, ao descer o Monte Sinai (Êxodo 34:30-35), e sobre a transfiguração de Jesus, na qual "seu rosto brilhou como o sol e suas roupas ficaram brancas como luz" (Mateus 17:2). Quando Nicholas pergunta se uma tal transformação é realmente possível para alguém como ele próprio, São Serafim garante-lhe que eles dois já estão em chamas com o Espírito e pergunta-lhe por que ele não olha para ele.

> Não posso olhar para você, Pai, pois a luz que brilha de seus olhos e rosto é mais forte que o Sol e estou ofuscado!

A isso São Serafim responde:

> Não tenha medo, amigo de Deus, você mesmo está brilhando como eu: você também está agora na plenitude da graça do Espírito Santo, caso contrário, você não poderia me ver dessa forma [...] Assim, meu amigo, por que não olha para mim? Vamos, olhe, não tenha medo, pois o Senhor está conosco!

Nicholas dá então sua descrição da aparência de São Serafim:

> Então olhei para o Staretz (isto é, o mestre) e fui tomado pelo pânico. Imagine, na órbita do Sol, no brilho mais ofuscante de seu fulgor do meio-dia, o rosto de um homem

7. Tradução minha do sânscrito, de acordo com *The Principal Upaniṣads*, p. 562.
8. *The Principal Upaniṣads*, p. 562; tradução minha.

que fala com você. Você vê seus lábios se movendo, a expressão de seus olhos, você ouve sua voz, sente seus braços em torno de seus ombros e, no entanto, você não vê nem seus braços nem seu corpo, nem seu rosto, você perde todo o senso de si, você só pode ver a luz cegante que emana em toda parte, incandescendo a camada de neve que cobre a clareira e inflamando os flocos que caem sobre nós dois como pó branco[9].

A mística da luz da espiritualidade da Terra Pura é pelo menos tão vigorosa quanto – se não mais que – esses exemplos do hinduísmo e do cristianismo e algumas vezes se perguntou se ela não teria penetrado no budismo provindo de fora. Quando essa pergunta é respondida na afirmava, o Irã, em especial seu sistema nativo do zoroastrismo, é muitas vezes mencionado como a fonte do simbolismo do Sol e da luz dos sutras (que serão examinados mais adiante neste artigo) nos quais se baseia a espiritualidade da Terra Pura. Por exemplo, é dessa forma que Ahura Mazda, ou Ormuz ("Senhor da Sabedoria"), o Ser Supremo é descrito no zoroastrismo:

É então revelado na Religião do Bem que Ormuz estava no alto em onisciência e bondade. Por um tempo ilimitado Ele esteve sempre na luz. Essa luz é o espaço e o lugar de Ormuz. Alguns o chamam de Luz Infinita[10].

Uma vez que Amitābha é, como vimos, um outro nome do Buda Amita, que significa "Aquele de Luz Imensurável", e uma vez que (como veremos mais adiante) essa luz é interpretada como simbolizando sua sabedoria, de modo que seu nome também significa "Aquele de Sabedoria Imensurável", pode parecer que as figuras de Amita e Ormuz teriam se originado numa certa dependência recíproca, ou mesmo que seriam uma mesma entidade. Essa era a visão da heresia zoroastriana denominada maniqueísmo, o sistema (que exerceu enorme influência sobre Santo Agostinho de Hipona) desenvolvido pelo profeta Mani (216-277 d.C.), que afirmava que o zoroastrismo, o budismo e o cristianismo eram apenas três aspectos de uma única religião[11]. No entanto faltam provas conclusivas da influência do zoroastrismo sobre o budismo[12] e, na ausência delas, a tese não parece inquestionável. Todas as principais características do budismo da Terra Pura podem ser derivadas dos sutras e śāstras budistas. O fato de esses textos às vezes conterem ensinamentos análogos (embora, evidentemente, não os mesmos) aos de outras religiões não é necessariamente comprovação de sua influência. Do ponto de vista budista, pode-se considerar que as semelhanças mostram que, nos ca-

9. Valentine Zander, *St. Seraphim of Sarov*, trad. da irmã Gabriel Anne, de *Seraphim von Sarow* , pp. 88-91.

10. Extraído de Mary Boyce (org. e trad.), "Greater Bundahishn", cap. 1. *Textual Sources for the Study of Zoroastrianism*, p. 45 (seleção 2.3.1).

11. Mary Boyce, *Zoroastrians: Their Religious Beliefs and Practices* (edição corrigida), pp. 111-112.

12. Mary Boyce menciona a prova, mas apenas de passagem em *Zoroastrians...*; cf. "Buddhism", no índice.

sos em que as religiões não-budistas concordam com o budismo, elas compreenderam corretamente a natureza da realidade tal como ela é verdadeiramente.

A Espiritualidade da Confiança

A confiança num poder superior a si mesmo é um tema tão comum nos sistemas que chamamos de religiões que às vezes tem sido considerado como condição *sine qua non* para a identificação de um sistema como religião e não, por exemplo, uma filosofia. Uma vez que o budismo muitas vezes parece ambíguo a esse respeito, ele terminou sendo designado em inglês como uma "filosofia-religião"[13]. Mas o budismo da Terra Pura não é ambíguo. Ele fala explicitamente, e com freqüência, do Buda Amita como o "Outro Poder" (um termo mais conhecido no Ocidente em sua forma japonesa, *tariki*). Isso levou alguns estudiosos a afirmar que o budismo da Terra Pura não é, ou não é plenamente, budista, o que levantou a questão (já mencionada) de uma possível influência do zoroastrismo, ou talvez do cristianismo, com a conseqüente acusação de que o budismo da Terra Pura seria uma corrupção do "verdadeiro" budismo[14].

Essa afirmação pode, a princípio, ser abordada da mesma maneira que a de uma possível influência iraniana sobre a mística da luz no budismo da Terra Pura. Essa tese não é *a priori* necessária, uma vez que as fontes da espiritualidade da confiança, assim como as do simbolismo da luz, podem ser encontradas sem necessidade de se ir além dos limites da tradição Mahāyāna indiana. Além disso, não existe comprovação conclusiva em apoio a ela. As provas que aparentemente existiam se revelaram em grande parte equivocadas. O erro mais embaraçoso foi o do padre jesuíta Nicolas Trigault que, ao ouvir a invocação a Amitābha como *Tolomé*, acreditou ter descoberto uma seita cristã corrompida fundada pelo infatigável missionário São Bartolomeu (denominado em francês *Bartholomé*)[15].

Mas, mais importante, a questão é saber se o Buda Amita é ou não, em última análise, tido como um Ser Supremo, ou Deus. O tom geral da devoção da Terra Pura é sem dúvida muito semelhante ao da devoção nos sistemas teístas. Neles, o devoto renuncia a todas as suas posses ao ser venerado, e recebe apenas Deus (que, para o devoto, é Tudo), como nesta prece clássica de Santo Inácio de Loiola ao Deus cristão:

13. Cf. por exemplo, a capa de Christmas Humphreys, *Buddhism*. Essa misteriosa expressão manteve-se pelo menos até a segunda edição (1955) e provavelmente estava na capa da edição original, à qual não tivemos acesso.

14. Essa acusação ainda é suficientemente vigorosa para merecer uma abordagem (e ser respondida, embora de modo não conclusivo, pela negativa) numa obra recente de Paul Williams, *Mahāyāna Buddhism...*, pp. 275-276.

15. Henri de Lubac, *Aspects du Bouddhisme*, 2:331.

18. *Tríptico Dobradiço, um Mandala do Oitavo Bodisatva*, século IX. Escultura – Ásia Central. Sândalo com restos de pintura em vermelho e verde, 31 x 35,5 cm.

Tome, Senhor, toda minha independência.
Governe minha memória, minha razão e minha vontade.
Minhas posses são sua dádiva:
Eu as retorno ao senhor,
Eu as confio a seu comando.
Peço apenas seu amor e sua graça,
e será esse o meu tesouro[16].

Num espírito semelhante, o deus hindu Krishna diz:

Concentre sua atenção em mim, deixe sua razão habitar em mim; então, sem qualquer dúvida, você habitará em mim[17].

E, na voz de um místico sufi, Alá diz:

Meu servo não cessa de se aproximar de Mim pelas obras de devoção, até que eu o ame e, quando o amo, sou o olho por meio do qual ele vê e o ouvido por meio do qual ele ouve. E quando ele se aproxima um palmo, eu me aproximo um côvado, e quando ele vem andando, eu venho correndo[18].

As conseqüências psicológicas dessa renúncia do devoto a seu próprio poder é a paz que vem de se saber que se é mantido em segurança por um Poder que não irá falhar. O jesuíta Jean-Pierre de Caussade diz que esse modo de auto-abandono, como ele o denomina, é o caminho mais fácil, que conduz mais rápida e mais seguramente a uma paz profunda e inabalável; ele é também uma garantia segura da preservação da paz nas profundezas de nossa alma através das tormentas mais furiosas[19].

No entanto, embora o *tom* da devoção do budismo da Terra Pura possa ser teísta, de tal forma que um budista devoto da Terra Pura poderia se ver em grande sintonia com as citações acima, seu *conteúdo* é manifestamente budista. O Buda Amita nem se assemelha nem não se assemelha a um Ser supremo ou Deus nos seguintes[20] aspectos: 1. ele é único em seu próprio domínio (a Terra Pura), mas não é único no universo como um todo, sendo apenas um dos muitos budas, cada qual único em seu próprio domínio (a Terra do Buda) e cada qual tendo suas propriedades características; 2. ele é o criador de seu domínio, a fonte de todo bem nesse domínio, e o paternal protetor

16. Tradução minha, a partir do latim.

17. *Bhagavadgītā* 12:8; tradução minha.

18. Abū Naṣr as-Sarrāj, *Kitāb al-luma' fi't-taṣawwuf* 59, citação de Annemarie Schimmel, *Mystical Dimensions of Islam*, p. 133.

19. Algar Thorold (trad.), Livro 1, Carta 1, em *The Spiritual Letters of Father P. J. de Caussade, s.j. on the Practice of Self-Abandonment to Divine Providence*, p. 1.

20. A lista que se segue é uma adaptação de meu artigo "Monotheistic Elements in Early Pure Land Buddhism", em *Religion: Journal of Religion and Religions* 6:2 (outono de 1976), pp. 176-89, com o objetivo de oferecer apoio ao argumento que sustenta as conclusões aqui apresentadas.

e defensor (ou salvador) de seus habitantes, mas ele não cria, mantém ou destrói o universo como um todo, nem é o suporte ontológico (um "Fundamento de Ser") para o universo como um todo; 3. ele é onisciente e a tudo vê dentro e fora de seu domínio, interessando-se em especial em ter conhecimento da atividade humana, de modo que pode eliminar a ignorância – mas ele não julga nem pune; 4. ele está fora "deste mundo": é visto como vivendo num paraíso no céu e é um "Outro Poder" – isto é, um outro poder que não a mente degenerada e atravessada por paixões do praticante – mas ele não se encontra acima do devoto que o venera como um "Poder Superior" ontologicamente; 5. sua vida é imensuravelmente longa, mas não é infinita, uma vez que houve uma época em que não havia um Buda. Os itens 4 e 5 precisam de mais detalhamento.

Amita é chamado de "Outro Poder" (em chinês, *t'o-li*; em japonês, *tariki*), literalmente "aquele poder", normalmente traduzido por "outro poder", porque é o antônimo de *tzŭ-li*, o "próprio poder". A experiência do praticante da devoção da Terra Pura, assim como a do devoto teísta, é a de que o próprio poder do devoto é insuficiente para conduzir à libertação e, assim, é necessário confiar no poder de um outro. Em algumas formas de devoção da Terra Pura, o devoto se rende completamente a Amita, mas, em todas as formas, o praticante transfere a Amita a responsabilidade final por sua libertação. Essa atitude é denominada *hsin*, um caractere em geral traduzido por "fé", mas (uma vez que fé é uma palavra ambígua, que muitas vezes sugere irracionalidade) é melhor traduzi-lo por "confiança". O praticante, tendo ouvido a respeito da promessa de Amita, *confia* em que Amita será fiel a sua promessa[21].

O poder de Amita é percebido como *outro* que não a mente degenerada e limitada do praticante (pois, se não fosse assim, ele não poderia libertar a mente degenerada e limitada), mas não como *ontologicamente outro* ou "superior" a essa mente, como Deus é percebido por um devoto teísta. A mente do praticante da devoção da Terra Pura e a mente de Amita revelam-se, por fim, não-duais, da mesma forma que (de acordo com os ensinamentos gerais da tradição Mahāyāna) o samsāra e o nirvana.

Amita é, às vezes, conhecido como Amitāyus, "Aquele de Vida Imensurável". É importante não traduzir "imensurável" (em chinês, *wu-liang*) por "eterno" (como se o termo em chinês fosse *yung*). Os

21. Deve-se observar atentamente que, embora boa parte da devoção da Terra Pura possa lembrar o bhakti hindu, esse termo não parece estar por trás da palavra chinesa *hsin*, que mais provavelmente tem origem no termo sânscrito *śraddhā*. Enquanto a energia devocional do bhakti muitas vezes tem conotações sexuais, o termo *śraddhā* está mais ligado à confiança afetiva num superior, como o mestre ou os pais. Esse é um problema complexo e, que eu saiba, não tem sido abordado. Ele sem dúvida merece maior estudo.

budas nem sempre foram budas: eles começaram como seres comuns e, após um período de tempo muito longo (muitos ciclos de vida), evoluíram até se tornarem budas. Assim, para um Buda, ao contrário de Deus, "houve um tempo em que ele não existia" (parafraseando uma expressão que foi o núcleo de um antigo debate cristológico). No caso de Amita, sua trajetória anterior ao Buda como o bodisatva Dharmākara é uma parte importante de sua história. Tendo se tornado um Buda num momento definido do passado (há dez kalpas, de acordo tanto com o *Sukhāvatīvyūha Maior* quanto com o *Menor*), Amita tem agora uma vida de duração imensurável, isto é, que não pode ser calculada por nossas mentes limitadas e degeneradas.

Na exposição acima, esboçamos com umas poucas e amplas pinceladas o quadro da devoção da Terra Pura. Passamos agora a discutir com maior detalhe os sutras nos quais ela se baseia.

OS SUTRAS DA TERRA PURA

Os Três Principais Sutras

Dos muitos sutras da tradição Mahāyāna que pelo menos mencionam a (ou *uma*) Terra Pura, três recebem destaque especial no budismo da Terra Pura, pois são inteiramente dedicados à Terra Pura de Amita. Dois desses sutras, que se encontram em sânscrito e têm um mesmo título, *Sukhāvatīvyūha*, são em geral designados como o "maior" e o "menor", devido à grande diferença de tamanho entre os dois. O terceiro sutra é encontrado apenas em chinês e é conhecido pelo curto título de *Kuan ching*. Ele também é designado pelo título restaurado em sânscrito, *Sutra de Amitāyūr-dhyāna*, mas essa reconstituição é apenas hipotética. Esses sutras serão resumidos na seqüência[22].

O Sukhāvatīvyūha Maior

Esse sutra é encontrado em sânscrito e pode ter sido composto no noroeste do subcontinente indiano por volta de 100 d.C. Ele também é encontrado em tibetano e há notícias de que foram feitas doze traduções para o chinês, das quais apenas cinco chegaram até nós, sendo a de Saṁghavarman (252 d.C.) a mais comumente lida.

O sutra é emitido na voz do Buda Sākyamuni, no monte Gṛdhrakūta, diante de uma grande assembléia. Ānanda é o primeiro a falar e relata ao Buda que pode ver seu rosto brilhando como ouro. Śākyamuni pergunta-lhe se é ele próprio que vê assim ou se está apenas relatando algo que os deuses (devas) lhe contaram. Ānanda responde que ele próprio

22. Para uma tradução de todos os três sutras, os dois primeiros a partir do sânscrito e o terceiro a partir do chinês, cf. "Buddhist Mahāyāna Texts", *Sacred Books of the East 49/2*.

vê assim e Śākyamuni o congratula. Esse diálogo pode descrever um fenômeno semelhante ao relatado acima entre São Serafim e Nicholas Motovilov e pode estar indicando que tanto o Buda quanto Ānanda tinham-se transformado numa luz semelhante à de um deva, como preparativo aos ensinamentos que se seguirão.

A principal finalidade do sutra é narrar como a Terra Pura e o Buda Amita vieram à existência. Śākyamuni explica que, muito tempo antes, houve no mundo um Buda chamado Lokeśvararāja, que tinha um discípulo chamado Dharmākara. Dharmākara queria tomar a Resolução do Bodisatva sob Lokeśvararāja, e desejava fazê-lo de uma forma especial. Sabia que todos os bodisatvas obtêm, em resultado de sua prática de bodisatva, um reino conhecido como Terra do Buda (*buddhakṣetra*)[23] e desejava que esse reino fosse o melhor (ou mais puro) de todos eles. Assim, pediu a Lokeśvararāja que descrevesse em detalhe as melhores terras do Buda que então existiam. O relato durou 107 anos para se completar, após o quê, Dharmākara recolheu-se durante cinco kalpas, a fim de aperfeiçoar uma visualização que combinasse o melhor do melhor do que ele havia ouvido.

Ao retornar de seu recolhimento, Dharmākara finalmente tomou a Resolução do Bodisatva, mantendo clara em sua consciência a pura Terra do Buda que ele havia visualizado. Sua Resolução se dividia em quarenta e oito partes[24] (muitas vezes mencionadas como os Quarenta e Oito Votos), todas elas na forma geral "Se, quando eu me tornar um Buda, minha Terra do Buda não tiver a qualidade 'x', então que eu não me torne um Buda". De acordo com a lei do carma, isso significava que, se Dharmākara de fato se tornasse um Buda então ele inevitavelmente teria uma terra com a qualidade "x". E, diz Śākyamuni, foi exatamente isso que aconteceu. O bodisatva Dharmākara é agora (e ele o tem sido por um enorme tempo) o Buda Amitābha numa Terra do Buda denominada Sukhāvatī. Sukhāvatī significa "possuindo *sukhā*" e é o antônimo de *duḥkha*; isto é o oposto de tudo que caracteriza saṃsāra como saṃsāra. Assim, Sukhāvatī é a melhor, mais excelente e mais pura de todas as Terras do Buda. Em resumo, ela é "a" Terra Pura.

Com relação à prática da devoção da Terra Pura, a qualidade "x" mais importante da Resolução do Bodisatva em quarenta e oito partes emitida por Dharmākara é a da devoção ao Buda Amita, em especial pela visualização da Terra Pura e, mais especialmente ainda, pelo recitar de seu Nome. Essa é a origem da popularidade da invocação *Nan-mo O-mi-t'o Fo*, "Salve! Buda Amita!". Devido ao poder da resolução de Dharmākara, o recitar desse nome garante o renascimento em Sukhāvatī.

23. Cf. Fujita Kōtatsu, "Pure and Impure Lands", em Mircea Eliade (org.). *The Encyclopedia of Religion*, vol. 12.

24. Existem apenas quarenta e seis partes no texto em sânscrito, que apresenta, em especial nesse ponto, variações importantes com relação à versão em chinês. Deve-se levar isso em conta quando se lê a tradução para o inglês (cf. nota 22, acima).

O Sukhāvatīvyūha Menor

A data e origem desse sutra provavelmente estão próximas da do *Sukhāvatīvyūha Maior*, exceto que sua composição pode ser um pouco anterior. Existe também uma versão em tibetano e foram feitas três traduções para o chinês, das quais uma delas não chegou até nós. A tradução de Kumārajīva (402 d.C.) é a mais comumente lida[25].

O sutra é consideravelmente mais curto que o precedente, sendo sobretudo uma descrição de Sukhāvatī. Ele se inicia de um modo um tanto abrupto, com Śākyamuni (desta vez no jardim do príncipe Jeta, em Śrāvastī) anunciando, sem que lhe peçam, que Sukhāvatī existe e que Amitābha lá está, pregando o Darma nesse exato momento. Esse procedimento extremamente incomum (em geral o Buda, ou qualquer mestre budista, espera que se solicite um tema antes de começar a falar sobre ele) é explicado afirmando-se que os ensinamentos de Sukhāvatī são tão extraordinários que mesmo os grandes discípulos não tinham sabedoria suficiente para perguntar sobre eles[26].

Tem-se afirmado existir uma diferença doutrinária entre este e o sutra maior. Enquanto o sutra maior promete o renascimento em Sukhāvatī com o apoio de práticas bastante padronizadas e baseadas no mérito (mas com forte apoio da visualização e invocação de Amitābha), o sutra menor considera a invocação do Nome como suficiente. No entanto, talvez a diferença se deva apenas à natureza condensada do sutra menor. O sutra maior ensina que é possível renascer em Sukhāvatī por meio de grande mérito, por meio de pequeno mérito, ou por meio de invocação, em resultado do quê, a pessoa mantém uma consciência maior ou menor durante o processo de renascimento, este último grupo indo para lá num sonho. O sutra menor, então, pode ser visto como mencionando apenas este último grupo, e as três espécies de renascimento podem ser consideradas como se desenvolvendo no último dos três sutras, que examinamos a seguir.

O Kuan ching

Esse sutra só é encontrado em chinês. Há notícias de que foram feitas duas traduções, mas apenas uma delas chegou até nós. Essa é a versão de Kalayaśas (424 d.C.). A hipótese mais aceita hoje em dia é a de que o sutra foi composto na Ásia central e reelaborada na China. Seu título, *Kuan Wu-liang-shou Fo ching*, significa "O Sutra da Visualização do

25. Além da tradução mencionada antes na nota 22, acima, cf. também Takahatake Takamichi, *The Sutra of the Buddha Amitābha* AMIDA-KYŌ (versões para o inglês e o francês num mesmo volume) e Hua, Mestre do Tripiṭaka, A *General Explanation of The Buddha Speaks of Amitābha Sutra*.

26. Hua, Mestre do Tripiṭaka, *A General Explanation of The Buddha Speaks of Amitābha Sutra*, pp. 108, 111.

Buda da Vida Imensurável". O título restaurado em sânscrito, *Sutra de Amitāyūr-dhyāna*, muito provavelmente é incorreto, e seu uso está sendo abandonado em favor da abreviação do título chinês, *Kuan ching*. O termo *kuan* às vezes é traduzido por "contemplação", mas, como aqui ele se refere explicitamente a *ver*, é melhor traduzi-lo por "visualização".

O núcleo do sutra é, sem dúvida, a visualização. O Buda Śākyamuni interrompe uma sessão de ensinamentos no monte Gṛdhrakūṭa, para voar em pleno ar e aparecer diante de uma certa rainha Vaidehī, que foi injustamente lançada à prisão, e transmitir-lhe treze visualizações da terra de Sukhāvatī e seus habitantes. O sutra narra, com muitos detalhes dramáticos, a história de um filho mau, que usurpa o trono e aprisiona seu devoto pai, e da esposa virtuosa que tenta ajudar o marido e é ela própria feita prisioneira, devido a seus esforços; ele é empregado pelos comentadores como símbolo da condição de todos os seres sencientes, capturados na prisão de saṃsāra.

Após transmitir as treze visualizações, o Buda Śākyamuni fala dos nove graus do renascimento até se alcançar Sukhāvatī, divididos em três classes principais: a dos que são experientes na meditação, a dos que não podem meditar muito bem, mas são firmes em sua prática ética, e a dos que não conseguem ir além de invocar o nome de Amitābha. Estes últimos, no grau mais baixo da classe mais baixa, são os que podem ter cometido grandes maldades, mas, em seu leito de morte, voltam suas mentes a Amitābha e o invocam dez vezes, assim assegurando seu renascimento em Sukhāvatī.

A Unidade dos Três Principais Sutras

Quaisquer que sejam as diferenças que os estudiosos encontrem entre os três sutras, eles são considerados complementares pelos praticantes da devoção da Terra Pura. A imagem (literalmente, pois ela aparece freqüentemente na arte budista da Terra Pura[27]) que surge então é algo como se segue:

> Muito além do sol se pondo, além de todos os tormentos de saṃsāra, existe um reino luminosamente puro e magnificamente belo chamado Sukhāvatī, a Terra da Felicidade Imaculada. Ele é regido por um Buda plenamente sábio e plenamente compassivo, cuja vida e sabedoria são imensuráveis e que é, dessa forma, chamado tanto de Amitāyus quanto de Amitābha, ou, na forma abreviada, apenas Amita ("Imensurável"). Ele se senta num trono mais elevado que muitas montanhas cósmicas e, embora ele próprio esteja vestido com as roupas simples de um monge, seu trono está ricamente adornado com tecidos e incrustado com pedras preciosas. De ambos os lados, estão seus principais bodisatvas, o extremamente compassivo Avalokiteśvara e o muito poderoso Mahāsthāmaprāpta, e a sua frente está um lago com botões de lótus continuamente

27. Cf. Okazaki Jōji, *Pure Land Buddhist Painting*. Embora essa obra se limite a exemplos japoneses, muitos deles se inspiram em peças chinesas, ou até mesmo são cópias diretas delas.

se abrindo, para revelar os que acabam de renascer em Sukhāvatī. A toda sua volta estão palácios incrustados com pedras preciosas, árvores cobertas de pedras preciosas e lagos com água perfumada e luzindo como pedras preciosas, o ar tomado por música divina e incenso celestial. Todos os habitantes, após sair completamente de seus botões de lótus, são grandes bodisatvas, a apenas uma vida da plena libertação, e têm belos corpos etéreos, como se estivessem "andando sobre um Ar de glória". A terra é plana e regular, sem fronteiras ou obstáculos, tão ilimitada quanto o espaço. Se alguém desejar renascer nesse lugar maravilhoso, ele não precisa deixar o lar e se tornar um monge ou monja, nem meditar até altas horas da noite, basta apenas, enquanto realiza as tarefas diárias, concentrar a mente tanto quanto possível em Amitābha e Sukhāvatī, e dizer *Nan-mo O-mi-t'o Fo!* pelo menos dez vezes. Então, devido aos efeitos maravilhosamente poderosos de sua Resolução de Bodisatva, o Buda Amita irá garantir que ele renasça nesse reino, e ele poderá passar sem demora a sua iluminação e logo depois retornar a saṃsāra para ajudar outros seres, até que saṃsāra esteja vazio.

Outros Sutras

Uma série de outros sutras mencionam Sukhāvatī ou descrevem outras terras puras. Os sutras podem ser interpretados como fazendo uma distinção entre as terras puras que existem em outras partes e as terras puras que são esta mesma realidade atual vista, ou transformada, da forma apropriada, mas essa distinção tende a desaparecer na prática da devoção da Terra Pura[28].

Um bom exemplo deste último caso encontra-se no *Vimalakīrtinirdeśa* 1[29]. Do princípio de que "[um] campo do Buda é puro [...] até onde a mente do bodisatva é pura", segue-se que esse domínio dos humanos, visto com a mente pura, é uma Terra Pura, e um dos interlocutores diz "vejo uma esplêndida extensão do campo do Buda do Senhor Śākyamuni com o mesmo esplendor, por exemplo, dos adobes das mais altas divindades"; isto é, ele vê a colheita humana como a Terra Pura de Śākyamuni. Śāriputra, no entanto, objeta que vê essa terra "como se estivesse toda cheia de esterco".

Śākyamuni responde que as impurezas que Śāriputra vê surgem em decorrência de sua mente impura e, tocando o solo com o dedo do pé, o Buda faz com que a terra se "transforme numa massa enorme de pedras preciosas [...] até se assemelhar ao universo do Tathāgata Ratnavyūha". O Buda pergunta a Śāriputra se ele vê a transformação. Quando Śāriputra responde que sim, o Buda Śākyamuni lhe diz que o reino humano é sempre assim e que os "seres vivos nascidos no mesmo campo do Buda vêm o esplendor das virtudes dos campos dos budas de acordo com seu próprio grau de pureza"[30].

Um sutra que, de certa forma, preenche a lacuna entre as terras puras distantes e as imanentes é o *Pan-chou san-mei ching* (O Sutra

28. Cf. abaixo, "Prática Dual ou Isolada".

29. Esse sutra já foi discutido neste volume, no capítulo 7, seção II, por Nagao Gadjin.

30. Robert A. F. Thurman (trad.), *The Holy Teaching of Vimalakīrti*, pp. 18-19.

da Meditação que Faz os Budas Aparecer e Habitar em sua própria Presença)[31]. Esse sutra foi traduzido pela primeira vez para o chinês por Lokakṣema, no ano de 179 d.C., e de certa forma pode ser considerado como o registro de nascimento da devoção da Terra Pura na China. Ele recomenda a concentração da mente em Sukhāvatī, dia e noite por uma semana, após o quê, Sukhāvatī irá aparecer diante de seus olhos.

O sutra afirma explicitamente que a Terra Pura aparecerá aqui e agora e que não será preciso morrer e lá renascer. Esse método, afirma ele, é eficaz para todo Buda e para toda Terra do Buda que se desejar ver. Dizendo isso de uma forma direta, ele afirma que "se deseja ver os atuais budas das dez direções, você deve dirigir seu pensamento exclusivamente para onde eles habitam e evitar outros pensamentos. Então você poderá vê-los". É "como se a pessoa se levantasse à noite e observasse inúmeras estrelas"[32]. A razão por que a meditação funciona é simples. Nós normalmente "consideramos as coisas mundanas como existentes e nunca compreendemos o vazio"; isto é, como expressa o *Vimalakīrti-nirdeśa*, nosso mundo é impuro porque nossas mentes são impuras. Mas, quando nos concentramos na realidade da forma que ela realmente é (vazio, ou uma Terra Pura), então, desde que nossa prática seja forte o suficiente, começamos a ver a realidade tal como ela verdadeiramente é.

O truque, no entanto, está nesse pré-requisito. A meditação que resulta em ver os budas e suas terras puras aqui e agora é árdua e acessível apenas aos que se dedicam à vida monástica, uma vez que exige uma rígida adesão ao Vinaya, bem como longos períodos de meditação intensa. Mas há esperanças para os leigos.

> O Buda [Śākyamuni disse], "bodisatvas nesta terra podem ver o Buda Amita, visualizando-o ao concentrar a mente exclusivamente nele. Agora, perguntemos que método de prática eles devem empregar para nascer nessa Terra. O Buda Amita responde, 'Os que desejam nascer devem invocar meu nome incessantemente; então eles alcançarão o nascimento [lá]'"[33].

Assim, aparentemente, o *Pan-chow san-mei ching* ensina a invocação do Nome de Amita como uma prática alternativa para os que não podem se tornar monges ou monjas. E se a invocação não resulta numa visão durante esta vida, ela no entanto deve levar ao renascimento na Terra Pura após a morte, e isso, afinal de contas, é tão eficaz quanto a libertação final. Muitos dos praticantes, ao que parece, chegaram à conclusão de que, tudo somado, isso era suficiente, e a importância de ser um monge, ou ter um monge como mestre (que é

31. *Pratyutpanna-buddha-sammukhāvasthita-samādhi-sutra*. Para uma tradução, cf. Inagaki Hisao, "Tan-Chou-San-Mei-Ching", em *Indian Philosophy and Buddhism: Essays in Honour of Professor Kōtatsu Fujita on His Sixtieth Birthday*, pp. 49-88.

32. Ibidem, pp. 60, 64, 65.

33. Ibidem, pp. 60-61 (ligeiramente adaptado; itálicos acrescentados).

o que o sutra enfatiza), terminou sendo reduzida na prática posterior da devoção da Terra Pura.

Dois outros sutras que trazem passagens curtas, porém relevantes para a devoção da Terra Pura, são o *Sutra do Lótus* (já discutido anteriormente neste volume), que tem um capítulo sobre Avalokiteśvara, e o *Sutra de Laṅkāvatāra*, que prenuncia a vinda de Nāgārjuna e prediz que ele renascerá em Sukhāvatī.

O *Sutra do Lótus* 24 (versão em sânscrito) e 25 (versão em chinês) louva a magnífica assistência dada aos seres sencientes, em toda espécie de aflição, pelo bodisatva Avalokiteśvara que, nos sutras da Terra Pura, é um dos principais auxiliares de Amitābha. No *Sutra do Lótus*, ele aparece como uma entidade independente, mas os devotos de Amita não deram muita importância a essa diferença.

No *Sutra de Laṅkāvatāra*, Sagākatham 136-166, perguntam ao Buda quem irá ensinar o Mahāyāna após a morte do Buda. Ele responde:

> Em Vedalī, na parte sul, [nascerá] um bhikshu extremamente notável e eminente; seu nome é Nāgāhvaya, ele é o destruidor das concepções unilaterais baseadas no ser e não-ser. Ele irá proclamar meu Veículo, o insuperável Mahāyāna, ao mundo; alcançando o estágio da alegria, ele irá para a Terra do Êxtase[34].

Essa declaração um tanto aforística é interpretada tanto como uma referência a Nāgārjuna, o destruidor de concepções dualistas por meio de seu sistema Mādhyamika, quanto como o anúncio de que, após alcançar o primeiro *bhūmi* de bodisatva, ele morreria no domínio humano, para renascer em Sukhāvatī. Do ponto de vista crítico-histórico, essa passagem não tem muita credibilidade, mas ela é respeitada na tradição da Terra Pura, uma vez que um texto atribuído a Nāgārjuna, o *Daśabhūmikavibhāṣā-śāstra* (Tratado Explicando os Dez *Bhūmis*) é citado como uma espécie de texto temático no início do *Comentário sobre o Discurso da Terra Pura*, de T'an-luan, cujo importante sistema iremos abordar agora.

A VISÃO DA TERRA PURA

T'an-luan

O mestre do Darma Shih T'an-luan nasceu na região próxima à montanha sagrada de Wu-t'ai, entre 476 e 489 d.C. Ao que parece, ele era de origem camponesa e, embora chegasse a obter patrocínio imperial, jamais perdeu sua sensibilidade para o homem comum. Essa combinação de grande erudição e apelo às massas é freqüentemente encontrada entre os mestres do budismo da Terra Pura.

34. D. T. Suzuki (trad.), *The Laṅkāvatāra Sutra*, pp. 239-240.

Tendo entrado para um mosteiro budista com cerca de catorze anos, Shih T'an-luan se lançou com tal zelo ao estudo dos sutras que sua saúde ficou abalada e ele partiu numa peregrinação em busca da cura. Sendo curado após ter uma visão das Portas do Céu abrindo-se entre as nuvens, continuou suas viagens, em busca da imortalidade. Diz-se que ele encontrou um famoso mestre taoísta, do qual teria recebido um livro, ou livros, sobre a imortalidade. Então, com cerca de quarenta anos de idade, começou sua viagem de retorno ao norte. Em seu caminho, ele encontrou o mestre budista Bodhiruci, que lhe deu um outro livro, ou livros[35], sobre "O Maior dos Imortais" (*Ta Hsien*, aparentemente um nome de Amitāyus), que o impressionou a tal ponto que, assim relata a história, ele queimou seus livros taoístas e passou a se dedicar à prática do budismo da Terra Pura. Ele então retornou ao lar e, conquistando a admiração do imperador por seus conhecimentos médicos, recebeu um mosteiro situado cerca de oitenta quilômetros a sudoeste do atual Taiyuan, província de Shanxi, onde morreu entre 524 e 554 d.C., voltado para oeste e cercado por discípulos que recitavam o nome de Amita[36].

A importância de T'an-luan provém de um texto que ele escreveu enquanto estava em seu mosteiro, na província de Shanxi. Denominado *Wu-liang-shou ching yu-p'o-t'i-shê yüan shêng chi chu* (Notas sobre o Hino [gāthā] da Resolução de Nascer [no Sukhāvatī] e a Explicação [*upadeśa*] dos Sutras da Vida Imensurável [*Amitāyus*]) e, em geral, designado como o *Lun chu*, o texto unifica os ensinamentos dos três sutras da Terra Pura e oferece uma sofisticada explicação, com base em muitas referências eruditas a outros sutras e diversos śāstras, de como a simples prática da visualização e invocação de Amita pode ser tão eficaz na libertação[37]. O *Lun chu* estabelece a base doutrinária para os desenvolvimentos posteriores da devoção da Terra Pura[38].

35. A identidade, e mesmo o número, de livros budistas e/ou taoístas é objeto de conjecturas. O texto da biografia é extremamente ambíguo.

36. Esse relato é sumarizado a partir da biografia budista oficial (T 50.470a13-c15). Cf. também Ching-fen Hsiao, "The Life and Teachings of T'an-luan" (tese de Ph.D., Princeton Theological Seminary, 1967), disponível em University Microfilms International, Ann Arbor, Michigan.

37. T 40.826-844. Neste artigo, todas as traduções desse texto foram elaboradas por mim.

38. Essa base, no entanto, está, em grande parte, implícita. Por razões desconhecidas, são raras as referências explícitas ao *Lan chu* até ele ser longa e entusiasmadamente citado por Shinran, no Japão do século XII (ver abaixo). Minha opinião é a de que a rápida fama de T'an-luan como médico (taoísta) pode ter obscurecido suas contribuições ao budismo, mais originais, mas menos extraordinárias como fonte de informações. Cf. Roger J. Corless, "T'an-luan: Taoist Sage and Buddhist Bodisatva", em David W. Chappell (org.), *Buddhist and Taoist Practice in Medieval Chinese Society*, pp. 36-45. Para uma discussão mais detalhada sobre a importância de T'an-luan, cf. Roger J. Corless, "T'an-luan: The First Systematiser of Pure Land Buddhism", em

19. *Altar com Amitābha e Auxiliares*, China, Dinastia Sui, datado de 593 d.C. Bronze, 76 cm. de altura.

Em termos de sua forma, o *Lun chu* é desajeitado. Ele se concentra na explicação do hino (gāthā) ao renascimento em Sukhāvatī, atribuído a Vasubandhu e encontrado numa tradução chinesa um tanto obscura com o nome de Bodhiruci. O hino é seguido pela tradução de "Bodhiruci" do autocomentário (a "explicação", ou *upadeśa*) de "Vasubandhu" sobre o hino[39]. T'an-luan oferece um subcomentário (chu, "notas", significa um *commentaire au pied de la lettre*), acrescenta uma introdução, uma conclusão e uma seção intermediária de perguntas e respostas, iniciando o texto com a citação do *Daśabhūmikavibhāṣā-śāstra*, mencionado acima. Uma vez que o autocomentário repete (na forma de autocomentários) o texto do hino e o subcomentário de T'an-luan repete (na forma de subcomentários) as repetições, o texto não é destinado a uma leitura rápida. Sua forma é, para dizer de forma gentil, propícia a uma reflexão permanente. É desnecessária uma análise completa do texto[40] (o leitor ficará feliz em saber) para os propósitos deste artigo, que privilegiará dois aspectos que guiarão mais tarde a devoção da Terra Pura: o outro poder e a purificação.

CARACTERÍSTICAS DA VISÃO DE T'AN LUAN

O Outro Poder

O exercício fundamental e extremamente necessário do outro poder pelo Buda Amita vincula-se à constituição da própria Terra Pura, sem a qual tudo mais seria inútil. Enquanto era o bodisatva Dharmākara, ele compreendeu a primeira nobre verdade: que não há como escapar ao sofrimento (*duḥkha*) na esfera de saṃsāra, que o próprio saṃsāra se caracteriza pelo sofrimento total e completo.

> Tudo que vemos é assim: obtemos coisas pelas quais não nos empenhamos e vivemos do que não guardamos (T 40.840a10-11).

Em conseqüência, Dharmākara resolveu que Sukhāvatī seria exatamente o oposto de saṃsāra em todos os aspectos, isto é, em vez de *duḥkha* presente em toda parte haveria *sukhā* em toda parte.

> Que, em minha Terra, quem quer que peça algo receba tanto dele quanto desejar (T 40.831b9-10).

J. Foard e M. Solomon (orgs.), *The Pure Land Tradition: History and Development*, Berkeley Buddhist Studies Series 3; no prelo.

39. A autenticidade do hino e sua explicação, nenhum dos quais encontrado hoje em sânscrito, bem como a atribuição da tradução a Bodhiruci, são questões que estão sob debate em meio aos estudiosos.

40. Cf. Roger J. Corless, "T'an-luan's Commentary on the Pure Land Discourse: An Annotated Translation and Soteriological Analysis of the *Wang-shêng-lun chu* (T 1819)" (tese de Ph.D., University of Wisconsin, Madison, 1973), disponível em University Microfilms, Ann Arbor, Michigan.

T'an-luan descreve então todas as delícias de Sukhāvatī, em detalhe e com grande satisfação, explicando como cada um é um *sukhā* específico, contrabalançando um *duḥkha* específico. E tudo isso ocorre, repete ele vezes e vezes, devido ao inconcebivelmente (*pu-k'o ssŭ-i*) grande poder do Buda Amita.

Onde Amita conseguiu todo esse poder? De suas ações anteriores como bodisatva Dharmākara. Mas, muitos bodisatvas agiram com seriedade e não alcançaram tanto poder quanto o Buda Amita. Por que isso? Por causa, diz-nos T'an-luan, do poder do Buda Amita.

> O atual poder divino e magnificente (*tsŭ-tsai shên-li*) do tathāgata Amitābha depende das quarenta e oito Resoluções Iniciais (*pên*) do Bodisatva Dharmākara. A completude do poder [de Amitābha] depende das Resoluções [de Dharmākara], e a perfeição das Resoluções [de Dharmākara] depende do poder [de Amitābha]. As Resoluções não foram vãs e o poder não é vazio. O poder e as Resoluções estão em harmonia, em última análise, elas não diferem entre si (T 40.840a13-15).

O leitor ocidental tenderá a ver esse argumento como pouco convincente, e o acusará de circularidade. O que precisa ser examinado, no entanto, não é a natureza do argumento, mas a natureza da causalidade. As teorias ocidentais da causalidade tendem a ser lineares com relação tanto ao espaço quanto ao tempo, tomando como modelo do universo algo semelhante ao jogo de bilhar, enquanto as teorias chinesas devem mais ao jogo de xadrez (que, deve-se notar, foi inventado pelos chineses) e não se sentem incomodadas com a circularidade e a interdependência[41].

Se o mundo é como um jogo de bilhar, então um evento anterior A pode causar um evento subseqüente B num tempo linear e unidirecional, mas um evento subseqüente B não pode ter qualquer efeito sobre o evento anterior A. Com base nesse modelo, faz sentido dizer que Deus cria o mundo, e é um contra-senso dizer que o mundo cria Deus.

Se, no entanto, o mundo se assemelha a um jogo de xadrez, então o movimento da peça A é controlado pelas peças B, C etc. e, por sua vez, controla o movimento subseqüente das peças B, C etc. Na verdade, é difícil saber qual das peças chamar A e qual chamar B, e assim por diante. Com base nesse modelo, faz sentido tanto dizer que Deus (céu) cria o mundo (terra) quanto dizer que o mundo cria Deus. Ou (o que resulta no mesmo) que yin e yang influenciam-se reciprocamente. Quando a reciprocidade de yin e yang e essa cosmologia de padrões nascida na China são aliadas à cosmologia budista da origem interdependente (*pratītya-samutpāda*) de todos os fenômenos na Rede de Indra[42], a afirmação de T'an-luan de que o poder de Amita

41. A analogia com o xadrez foi sugerida por Paul K. K. Tong, em "A Cross-Cultural Study of *I-Ching*", *Journal of Chinese Philosophy* 3:1 (dezembro de 1975), pp. 73-84.

42. Cf. a discussão do *Avataṁsaka Sutra*, acima, capítulo 7, seção III, por Luis O. Gómez.

e as Resoluções de Dharmākara se originam juntos se apresenta como lógica e a objeção de circularidade do modelo ocidental aparece como uma ilusão perversa de uma mente ignorante.

Após os ensinamentos sobre o poder de Amita encontra-se a distinção entre o caminho fácil e o caminho difícil para a libertação. Isso é afirmado na citação do *Daśabhūmikavibhāṣā-śāstra*, que abre o *Lun chu* e constitui, de certa forma, seu tema. O Caminho da Prática Difícil (*nan-hsing tao*), que mais tarde os budistas devotos da Terra Pura viriam a chamar de Caminho Sagrado ou Caminho dos Sábios (*arhats*), é a tradicional prática tríplice da meditação, conduta e estudo, envolvendo disciplina ascética e incentivando o celibato. Ele é, por exemplo, o caminho enfaticamente recomendado no *Pan-chou san-mei ching*. O caminho da Prática Fácil (*i-hsing tao*) é o caminho de confiar-se ao poder de Amita. Esse é o caminho que, com certa relutância, o *Pan-chou san-mei ching* admite como eficaz para o renascimento em Sukhāvatī. T'an-luan cita Nāgārjuna para corroborar sua afirmação de que o primeiro caminho é como andar com dificuldade sobre a terra e o segundo é como navegar suavemente sobre a água. A diferença, então, está entre seguir avante pelas próprias forças e ser transportado por uma força que não a sua própria. Ele pressupõe que se alguém oferecer carona a uma pessoa, ela certamente a aceitará.

Purificação

A Terra Pura tendo sido estabelecida, o outro poder de Amita pode ser realizado por meio dos efeitos purificadores de sua Terra e seu Nome.

A chave para a compreensão da natureza purificadora de Sukhāvatī se encontra não em uma resolução específica de Dharmākara, mas em toda sua atitude na ocasião em que tomou as quarenta e oito Resoluções.

> No início [de sua prática de bodisatva], o bodisatva Dharmākara, em presença do Buda Lokeśvararāja, despertou para o Sereno Conhecimento da Não-Origem e estabeleceu nessa ocasião o que é conhecido como "Sagrada Essência da Semente". Nessa essência, ele tomou as quarenta e oito Grandes Resoluções e, por meio da prática delas, deu origem a essa Terra chamada Sukhāvatī. Essa [Terra] foi conquistada com essa [essência] como causa e, da mesma forma que podemos dizer que a causa está no efeito, podemos falar então de sua essência (T 40.826c1-4).

A "Sagrada Essência da Semente" (*shêng-chung-hsing*) é o "nascimento no clã" (*gotrabhū*) de Os Sagrados (*ārya-pudgala*), aqueles que não vão nunca mais recuar de sua iluminação final. A perfeição chamada de Sereno Conhecimento da Não-Origem (*anutpattika-dharma-kṣānti*) é alcançada no oitavo *bhūmi* do bodisatva[43]. Com ela, a pessoa compreende que todos os fenômenos são essencialmente não-

43. H. Dayal, *The Bodhisattva Doctrine in Buddhist Sanskrit Literature*, p. 290.

originados (*anutpāda*) ou vazios de existência inerente. Dharmākara, diz T'an-luan, tendo alcançado esse nível e compreendido a não-origem essencial, fez com que Sukhāvatī aparecesse. Isso significa que o efeito (Sukhāvatī) deve ter a essência da não-origem, que foi sua causa, e que Sukhāvatī está, na verdade, absolutamente fora de saṃsāra (ou mente dualista).

O modelo de causalidade aqui usado é semelhante ao que ele emprega ao explicar a inter-relação entre as Resoluções de Dharmākara e o poder de Amitābha, com uma pequena diferença. A inter-relação entre a essência da Mente de Dharmākara que tomou a Resolução e a essência do Sukhāvatī de Amitābha é a existente entre a semente e o fruto. Uma maçã é doce porque proveio de uma macieira que nasceu da semente de uma maçã, e não de um limoeiro que nasceu da semente de um limão. Da mesma forma, Sukhāvatī é "o domínio da não-origem" (*wu-shêng chieh*, T 40.839b6), tendo provindo de uma mente da não-origem, sendo "o produto da não-produção" (*wu-shêng-chih-shêng*, T 40.838c20-21). Segue-se assim que os que renascem em Sukhāvatī recebem sua essência; isto é, eles são "não-nascidos" lá. Três dos símiles que T'an-luan oferece para explicar isso são: rio e mar; fogo e gelo; uma pedra dos desejos.

Assim como os rios, quando fluem para o mar, não o temperam, mas são temperados por ele, também aquele que nasce em Sukhāvatī não o degenera, mas é purificado por ele[44]. E novamente, assim como o fogo e o gelo se aniquilam reciprocamente quando misturados, também aquele que deseja nascer em Sukhāvatī descobrirá, ao nascer lá, que o "fogo" das idéias dualistas, como o desejo de nascer em Sukhāvatī, irá se dispersar pelo "gelo" de Sukhāvatī, que ele próprio – T'an-luan parece sugerir – irá desaparecer: isto é, sua existência inerente como um "paraíso" será vista como falsa.

A analogia da pedra dos desejos (*cintāmaṇi*) é mais importante, porque conduz à explicação do poder transformador do Nome de Amita.

De acordo com o *Sutra da Perfeição da Sabedoria em Oito Mil Versos*[45], uma pedra dos desejos lançada em água turva irá clareá-la e, se a jóia estiver envolvida em tecido colorido, a água assumirá a cor do tecido. É assim, diz T'an-luan, que os adornos de pedras preciosas de Sukhāvatī limpam a mente daquele que medita:

> Essa pura Terra do Buda tem a jóia sem-igual do tathāgata Amitābha envolvida no "tecido" da perfeição dos méritos de inúmeros adornos, e ela é lançada à "água" da

44. T 40.828c5-6. A imagem lembra Santo Agostinho de Hipona, que escreve que Deus lhe teria dito "Sou o Verdadeiro Alimento (*cibus grandium*). Cresça e me coma. Não me transformarei em você, como acontece com o alimento comum (*sicut cibum carnis tuae*), você se transformará em mim" *(Confissões*, 7.10; tradução minha).

45. *Aṣṭasāhasrikāprajñāpāramitā-sutra*, edição Vaidya, p. 49, versos 25-30. Devo essa referência ao Prof. Kajiyama Yuichi.

mente daquele que vai nascer. Como poderá isso não converter a falsa concepção do "nascimento" na sabedoria do "não-nascimento"? (T 40.839a29-b3).

Agora, a verdadeira pedra preciosa de Sukhāvatī é o próprio Nome de Amitābha (T 40.839a27), que é um "nome verdadeiro": ele não só *significa* "Luz Imensurável"; ele é a expressão da *essência* da luz imensurável, e essa luz em si mesma é a manifestação exterior de uma essência ainda mais interior da sabedoria imensurável (T 40.835b13-18).

Quando esse brilho impregna os objetos, ele penetra do exterior para o interior; quando esse brilho impregna a mente, ele põe fim à ignorância (T 40.837a19-20).

Existem, diz T'an-luan, duas espécies de nomes: os que são meros títulos convencionais ("nomes que são diferentes das coisas", *ming i fa*) e os que realizam aquilo que eles significam ("nomes que são o mesmo que as coisas", *ming chi fa*). Os encantamentos taoístas, os mantras e dhāraṇīs budistas e, mais importante, os nomes dos budas e bodisatvas, são nomes que realizam aquilo que eles significam (T 40.835c5-8).

Assim, o ato de dizer *Nan-mo 0-mi-t'o Fo* não é apenas uma petição de princípio ou, pior, um ruído inútil, mas sim a produção de uma luz imensurável e, assim, de sabedoria imensurável, na mente do praticante. Ele é, de fato (para T'an-luan, embora nem sempre para outros mestres da devoção da Terra Pura), um mantra[46].

O DESENVOLVIMENTO DA VISÃO DA TERRA PURA

Nosso propósito não é, como indicado, apresentar a história da tradição da Terra Pura na China e no restante do Extremo Oriente. No entanto, para que nossa abordagem de T'an-luan não fique inteiramente no vazio, vamos examinar dois desenvolvimentos de relevância para a espiritualidade: a Parábola do Caminho Branco e a questão de se é ou não a prática da devoção da Terra Pura excludente.

A Parábola do Caminho Branco

Uma obra atribuída a T'an-luan, o *Sukhāvatī Sucintamente Explicado* (*Lüeh-lun an-lo ching-t'u i*)[47], contém uma curta parábola, na qual um homem, cruzando um estreito caminho entre dois rios, recebe uma ilustração da espiritualidade da Terra Pura. Isso é citado

46. Existem muitos paralelos entre o tantra e a espiritualidade da Terra Pura de T'an-luan. Cf. Roger J. Corless, "Pure Land and Pure Perspective: A Tantric Hermeneutic of Sukhāvatī", *The Pure Land* n.s. 6 (1989).

47. T 47.1-4. Tradução de Leo Pruden, "A Short Essay on the Pure Land by Dharma Master T'an-luan", em *Eastern Buddhist* n.s. 8:1 (maio de 1975), pp. 74-95. A maioria dos estudiosos do budismo japoneses não aceita o texto como autenticamente de T'an-luan.

por Tao-ch'o (562-645 d.C.), em *Passages on Sukhāvatī* (*An-lo chi*)[48], e elaborado por Shan-tao (613-681 d.C.), em seu comentário sobre o *Kuan ching* (*Kuan ching shu*)[49], que parece ter tido um sonho inspirado na parábola e no simbolismo do *I Ching*.

Na forma mais desenvolvida, elaborada por Shan-tao, um homem, numa longa jornada rumo a oeste, descobre de repente, no meio de uma área deserta, que a única rota por onde ele pode seguir avante é passando por um caminho branco e estreito entre um rio de fogo ao sul e um rio de água ao norte[50]. Perseguido por rufiões assassinos, ele corre para o caminho, mas recua, ao ver as águas turbulentas e as chamas em fúria. Ao perceber que poderá morrer, para onde quer que vá, ele decide tentar cruzar. Nesse momento, ouve uma voz vindo de trás (leste) e da frente (oeste), encorajando-o e, apesar dos gritos dos rufiões de que o caminho é muito perigoso, segue avante e alcança a outra margem em segurança. Shan-tao explica então a parábola, da seguinte forma:

> A margem leste é uma analogia para este mundo [...]. A margem oeste é um símbolo da preciosa terra do supremo êxtase. Os rufiões [...] são uma analogia para os seis órgãos dos sentidos, as seis consciências, as seis degenerações, os seis skandhas e os quatro elementos. A área deserta é o andar com más companhias e não se reunir com os que são verdadeiramente bons e sábios. Os dois rios de fogo e água são uma analogia para o apego, que é como a água, e a aversão, que é como o fogo. O caminho branco [...] é análogo à aspiração ao renascimento na Terra Pura, que surge em meio às paixões do apego e da aversão [...]. O homem que segue o caminho rumo oeste se compara à pessoa que dirige todas as suas ações e práticas para [a Terra Pura a] Oeste. O ouvir das vozes que vêm da margem leste e o encorajam e exortam a seguir o caminho direto para o oeste é como o Buda Śākyamuni, que já não pode mais ser visto pelos homens, mas cujos ensinamentos ainda podem ser investigados e, assim, são como "vozes" [...]. Alguém chamando da margem oeste é uma analogia para a Resolução de Amitābha[51].

Alcançar a margem oeste, natural, é o renascer em Sukhāvatī.

Essa parábola é muito popular na tradição da Terra Pura, pois toda sua espiritualidade está nela condensada.

Prática Dual e Prática Individual

Alguns budistas devotos da Terra Pura sustentaram que, uma vez que Amitābha foi o Buda mais poderoso, Sukhāvatī era a melhor Terra Pura e que a prática da devoção da Terra Pura era tão fácil que não

48. T 47.4-22 (em esp. versos a27-614). A tradução inglesa, extraída de *Sources of Chinese Tradition*, foi compilada por W. Theodore de Bary et al., 1:345.

49. T 37.272c15-273b8. Tradução para o inglês extraída de W. Theodore de Bary (org.), *The Buddhist Tradition in India, China and Japan*, pp. 204-207.

50. Não parece ser um acaso que, na organização do Céu Posterior, ou Rei Wên, dos oito trigramas do *I Ching*, o fogo (*li*) esteja ao sul e a água (*K'an*) esteja ao norte.

51. W. T. De Bary (org.), *The Buddhist Tradition...*, pp. 206-207 (tradução adaptada).

eram necessárias outras práticas. Os adversários dessa tese, em sua maioria pertencentes à tradição Ch'an, contra-argumentaram dizendo que, ao fazer uma distinção assim nítida entre esta vida e a próxima, a devoção da Terra Pura era dualista e não deveria ser praticada de forma alguma. O debate foi longo e complexo[52], mas suas principais conclusões são claras: a China, a Coréia e o Vietnã decidiram combinar a devoção a Amita com a meditação Ch'an (conhecida na Coréia como Sŏn e no Vietnã como Thiên), enquanto o Japão dividiu a devoção da Terra Pura e o Zen em tradições separadas. Em todos os casos, desenvolveu-se uma tendência a suprimir a distinção entre terras puras distantes e imanentes (cf. acima, "Outros Sutras") e afirmar, possivelmente em reação às críticas proveniente da tradição Ch'an, que "A Terra Pura nada mais é que nosso coração puro".

As recomendações de T'an-luan para a prática da devoção da Terra Pura são conservadoras e tradicionais. Elas diferem apenas pelo fato de concentrar-se em torno de Amitābha e Sukhāvatī e ser prefaciadas pela afirmação de T'an-luan de que o ciclo do mundo está num momento de declínio, com o resultado de que a libertação pelo próprio poder do praticante é agora um "caminho difícil". Seguindo a estrutura do hino atribuído a Vasubandhu, ele divide a prática em cinco "portais da lembrança" (*nien-mên*): 1. prostrar-se diante de Amitābha; 2. recitar seu Nome; 3. tomar a resolução (*pranidhāna*) de nascer em Sukhāvatī; 4. concentrar a mente na visualização detalhada de Sukhāvatī; 5. disseminar os benefícios de Sukhāvatī (a) enquanto ainda vivendo em saṃsāra, por meio da distribuição dos méritos obtidos com a própria prática, (b) após renascer em Sukhāvatī, retornar a samsāra como bodisatva.

Deve-se observar que T'an-luan considera o outro poder de Amita e o poder do próprio praticante como sustentando-se reciprocamente. Não tem eficácia, diz ele, recitar o nome de Amita enquanto a mente divaga: deve-se recitar seu nome com a mente confiante, sincera, concentrada e persistente (T 40.835b24-c2). Pouco depois de T'an-luan, Tao-ch'o estreitou o foco da prática da devoção da Terra Pura, de duas formas. Em primeiro lugar, ele ensinava que o declínio do ciclo do mundo, com sua conseqüência, a desintegração do budismo (*mo-fa shih*, "o tempo do fim do darma"), tornava não apenas difícil o caminho do "próprio poder", mas na verdade impossível. Esse ponto de vista, que se manteve como uma característica proeminente (e controversa) da devoção da Terra Pura, dava apoio à posição de que a única devoção que deveria ser praticada era exclusivamente a de Amitābha. Em segundo lugar, ele se concentrava no segundo "portal da lembrança" de T'an-luan,

52. Uma vez que, de acordo com a escola Mahāyāna (em especial, a tradição Iogacara), o exterior (distante) e o interior (imanente) são interdependentes, a controvérsia, afinal, não parece ter muito força.

considerando-o o mais importante. Atribui-se a ele a introdução do rosário entre as práticas da devoção da Terra Pura, com a ajuda do qual tanto leigos quanto monges registravam o número de *nien fo*[53].

No Japão, essa ênfase na invocação e exclusivismo de Amitābha foi levada a cabo por Hōnen e Shinran. Hōnen (1133-1212 d.C.) considerava o nenbutsu não apenas a prática suprema, mas a única prática. Ele se apoia numa passagem de Shan-tao, que recomenda "dizer o Nome de Amita com fervor, quer andando, parado, sentado ou deitado, e em toda ocasião"[54], e faz dela uma recomendação absoluta:

> O método de salvação que propus não é nem uma espécie de meditação, como a que é praticada por muitos doutos na China e no Japão, nem uma repetição do nome do Buda pelos que estudaram e compreenderam seu significado profundo. Ele nada mais é que a repetição do "*Namu Amida Butsu*", sem qualquer dúvida na mente quanto a Sua misericórdia, com o quê, a pessoa pode nascer na Terra do Êxtase Perfeito. A mera repetição com uma fé inabalável inclui em si todos os detalhes práticos [...]. Assim deve[-se] praticar fervorosamente a repetição do nome de Amida, e unicamente esse nome[55].

O discípulo de Hōnen, Shinran (1173-1262), foi mais além. Ele praticou o nenbutsu por muitos anos, como monge no monte Hiei, porém, não se sentindo mais próximo da iluminação do que quando iniciou, abandonou não apenas outras práticas que não o nenbutsu, mas o próprio nenbutsu como prática. Quando a mente impura tenta purificar-se, ensinava ele, estamos destinados ao fracasso.

> Embora nos precipitemos à ação, nos precipitemos à realização de práticas como se estivéssemos expulsando fogo de nossas cabeças, todas as nossas ações devem ser denominadas como bons atos envenenados e irresolutos, atos vazios, transitórios e falsos [...]. Por mais que se possa aspirar alcançar o nascimento na Terra da Luz Imensurável por meio desses bons atos, envenenados, transitórios e vazios, isso é absolutamente impossível[56].

Daí por diante, Shinran passou a ensinar o Outro Poder Absoluto (*tariki*), no qual o próprio poder do praticante é sobrepujado e negado pelo outro poder de Amida. Ele transformou, poderíamos dizer,

53. O uso do rosário não é uma prática exclusiva ao budismo da Terra Pura, ou mesmo ao budismo como um todo, mas tem características especiais nessa tradição. Cf. Roger J. Corless, "The Garland of Love: A History of Religions Hermeneutic of Nembutsu Theory and Practice", em A. K. Narain e L. Zwilling (orgs.), *Studies in Pāli and Buddhism: A Memorial Volume in Honor of Bhikkhu Jagdish Kashyap*, pp. 53-74. Cf. pp. 55-56, para uma discussão das indicações ambíguas sobre se T'an-luan teria defendido ou não o uso do rosário.

54. Adaptação do Comentário de Shan-tao ao *Kuan ching*, conforme a citação em Ueda Yoshifumi (org.), *Notes on Once-calling and Many-calling: A Translation of Shinran's Ichinen-tanen mon'i*, p. 5.

55. Extraído de Hōnen, "One-Page Testament" em De Bary (org.), *The Buddhist Tradition*, p. 331.

56. Extraído de *Kyōgyōshinshō*, da forma como citado em Ueda (org.), *Notes on Once-calling...*, p. 11.

20. Ilustração da Parábola do Caminho Branco entre o fogo e as águas turbulentas.

uma espiritualidade da *confiança* numa espiritualidade da *rendição*, na qual, embora se continuasse a realizar atos de meditação, estudo e de conduta apropriada, isso era feito por reconhecimento e gratidão por se *ter sido* libertado pelo poder de Amita, mais que como uma "prática" por meio da qual se *mereceria* a libertação[57]. Ele escreveu então uma brilhante e erudita defesa de sua posição (em geral conhecida por seu título abreviado de *Kyōgyōshinshō*[58]), citando copiosa e habilmente (alguns diriam demoniacamente[59]) os sutras e śāstras, dando lugar de destaque a T'an-luan.

A concepção de Shinran resultou na fundação de uma nova tradição, o Jōdo Shinshū, a "Linhagem da Terra Pura", muitas vezes designada meramente como budismo Shin, que se tornou a tradição japonesa dominante[60]. Esse predomínio invadiu a budologia, e o leitor deve ficar atento para o fato de que muitos trabalhos – de estudiosos tanto japoneses quanto não-japoneses – que relatam um "desenvolvimento" da prática da devoção da Terra Pura a partir de T'an-luan, passando por Tao-ch'o e Shan-tao, até a "consumação" do Outro Poder por Shinran, são escritos da perspectiva da ortodoxia Shin. Essa perspectiva merece ser estudada por seu valor intrínseco, como uma tradição autônoma e importante, porém não deve ser considerada como um ponto de vista aceito pelas outras tradições.

Na China, a recitação na devoção da Terra Pura é contrabalançada pela meditação Ch'an, em geral com base na explicação de Yen-shou (904-975 d.C.) de que as duas se reforçam reciprocamente, como "um tigre de chifres" (isto é, o tigre-dragão, um animal que combina o yin e o yang). A combinação está literalmente incorporada à arquitetura dos mosteiros, que freqüentemente têm um saguão destinado à prática da meditação Ch'an e um saguão destinado à recitação do nome do Buda, para a prática da devoção da Terra Pura[61]. A recitação mui-

57. A prática de Shinran é às vezes denominada prática "da fé unicamente"; sendo sua concepção explicitamente comparada à de Martin Luther na tradição cristã. No entanto, em vez de contrastar "obras" e "fé", sugiro como mais proveitoso, e mais de acordo com a perspectiva budista, comparar "obra" (no singular) e "diversão". Cf. Roger J. Corless, "The Playfulness of TARIKI", em *The Pure Land* n.s. 3 (dezembro de 1987) pp. 34-52.

58. Ueda Yoshifumi (org.), *The True Teaching, Practice and Realization of the Pure Land Way. A Translation of Shinran's Kyōgyōshinshō*. Cf. também as seleções de textos em Ueda Yoshifumi e Dennis Hirota, *Shinran. An Introduction to His Thought*.

59. Em vez de acusar Shinran de burla, sustento que ele foi um visionário, cuja experiência permitiu-lhe ver nos textos algo jamais visto antes e, assim, produzir no budismo uma mudança de paradigma. Cf. Roger Corless, "Shinran's Proofs of True Buddhism", em Donald S. Lopez, Jr. (org.) *Buddhist Hermeneutics*, pp. 273-289.

60. Esse é presumivelmente o budismo dos soldados em perigo mencionados na história citada no início deste artigo.

61. Holmes Welch, *The Practice of Chinese Buddhism 1900-1950*, capítulos 2 e 3.

tas vezes é realizada enquanto se anda num padrão "serpentino", de acordo com o canto em cinco tons desenvolvido por Fa-chao (séculos VII-VIII d.C.).

O mestre coreano Chinul (1158-1210 d.C.) explica o equilíbrio entre a devoção da Terra Pura e o Sŏn, da seguinte forma:

Avaliei resumidamente a causa do desenvolvimento da fé e compreensão relativas à transmissão do Sŏn, bem como os ganhos e perdas que acompanham o nascimento e a morte e a passagem deste mundo mundano para a terra pura [...] porque quero que aqueles de vocês que entrarem nesta comunidade e desejarem cultivar a mente tenham consciência das raízes e ramos da prática, que deixem de discutir e distinguir entre o provisório e o real. Então vocês não desperdiçarão esforços [...][62].

No Vietnã, as práticas do Thiên e da devoção da Terra Pura são consideradas como métodos diferentes, apropriadas para pessoas diferentes, como na seguinte passagem extraída de Tao-Đu'ò'ng (século XII d.C.), que introduziu a união entre o Ch'an e o ching-t'u, originado com a dinastia Sung na China.

Embora vocês possam praticar o budismo de muitas formas, há, em resumo, três principais métodos: a meditação, a visualização e a recitação do nome do Buda. O método da meditação não tem uma forma determinada a seguir e, por isso, é uma prática difícil. Se não tiverem um mestre iluminado ou de mente capacitada, vocês poderão se ver barrados a meio caminho em seu progresso, ou permanecer no erro durante toda sua vida. A visualização é um método muito sutil; sem um bom mestre ou sabedoria prajñā, é difícil alcançar a iluminação completa. A recitação do nome do Buda (em vietnamês: Niêm-Phật) é um método rápido e fácil. Em todas as épocas no passado, tanto os inteligentes quanto os obtusos, tanto os homens quanto as mulheres, conseguiram praticar o Niêm-Phật. Ninguém comete erros com esse método [...]. Pondo as preocupações de lado, você pode então seguir adiante com o coração resoluto[63]

Esse é um excelente sumário da devoção da Terra Pura. Simples e direta, mas sem dúvida fundada nos sutras e śāstras, trata-se de uma prática apropriada para todos, monges ou leigos, jovens ou velhos, homens ou mulheres, inteligentes ou obtusos. Esse é seu atrativo incessante.

62. Robert E. Buswell, Jr., *The Korean Approach to Zen: The Collected Works of Chinul*, p. 124.

63. Thich Thien-An, *Buddhism and Zen in Vietnam*, organização, notas e desenvolvimento de Carol Smith, p. 89. Modifiquei "contemplação" para "visualização".

BIBLIOGRAFIA

Fontes

BOYCE, Mary (org. e trad.). "Greater Bundaḥishn". cap. 1. In: *Textual Sources for the Study of Zoroastrianism*. Manchester, Manchester University Press, 1984.

_____. *Zoroastrians: Their Religious Beliefs and Practices* (edição corrigida). Londres/Nova York, Routledge & Kegan Paul, 1987.

BUSWELL, Robert E. Jr. *The Korean Approach to Zen: The Collected Works of Chinul*. Honolulu, University of Hawaii Press, 1983.

GARDNER, Helen (seleção e org.). *The Metaphysical Poets*. Penguin Books, 1957, pp. 273-274 (transcrição segundo as convenções da época).

HUMPHREYS, Christmas. *Buddhism*. Baltimore, Penguin Books, 3ª ed., 1962 e subseqüentemente.

KAVANAUGH, Kieran O.C.D. & RODRIGUEZ, Otilio O.C.D. (trads.). *The Collected Works of St. John of the Cross*. Washington, DC, Institute of Carmelite Studies Publications, 1979.

KŌTATSU, Fujita. "Pure and Impure Lands". In: Mircea Eliade (org.), *The Encyclopedia of Religion*. Nova York, Macmillan, 1987, vol. 12.

RADHAKRISHNAN, S. (org., introdução, texto, trad. e notas). *The Principal Upaniṣads*. Londres, Allen & Unwin, 1953.

SCHIMMEL, Annemarie. *Mystical Dimensions of Islam*. Chapel Hill, NC, University of North Carolina Press, 1975.

SOURCES of Chinese Tradition, compilada por W. Theodore de Bary et al., Nova York, Columbia University Press, 1960, 1:345.

SUZUKI, Daisetz Teitaro (trad.). *The Laṅkāvatāra Sutra*. Londres, Routledge & Kegan Paul, 1932.

THURMAN, Robert A. F. (trad.). *The Holy Teaching of Vimalakīrti*. University Park, PA/Londres, Pennsylvania State University Press, 1976.

TAKEYAMA, Michio. *Harp of Burma*. HIBBETT, Howard (trad.), Rutland, VT/Tóquio, Charles E. Tuttle, 1966.

TANAKA, Kenneth K. *The Dawn of Chinese Pure Land Buddhist Doctrine. Ching-ying Hui-Yüan's Commentary on the Visualization Sutra*. Albany, State University of New York Press, 1990.

THIEN-An, Thich. *Buddhism and Zen in Vietnam*. Organização, notas e desenvolvimento de Carol Castro. Rutland, VT/Tóquio, Charles E. Tuttle, 1975.

THOROLD, Algar (trad.), Livro 1, Carta 1. In: *The Spiritual Letters of Father P. J. de Caussade, S. J. on the Practice of Self-Abandonment to Divine Providence*. Londres, Burns & Oates, 1934.

YOSHIFUMI, Ueda (org.). *Notes on Once-calling and Many-calling: A Translation of Shinran's Ichinen-tanen mon'i*. Kyoto, Hongwanji International Center, 1980.

YOSHIFUMI, Ueda (org.). *The True Teaching, Practice and Realization of the Pure Land Way: A Translation of Shinran's Kyōgyōshinshō*, 4 vols. Kyoto, Hongwanji International Center, 1983-87.

ZANDER, Valentine. *St. Seraphim of Sarov*. Crestwood, NY, St. Vladimir's Seminary Press, 1975. Trad. da irmã Gabriel Anne, S.S.C., de *Seraphim von Sarow*.

Estudos

CHAPPELL, David W. (org.). *Buddhist and Taoist Practice in Medieval Chinese Society*. Honolulu, University of Hawaii Press, 1987.

CORLESS, Roger J. "T'an-luan's Commentary on the Pure Land Discourse: An Annotated Translation and Soteriological Analysis of the *Wang-shêng-lun chu* (T 1819)" (tese de Ph.D., University of Wisconsin, Madison, 1973), disponível em University Microfilms, Ann Arbor, Michigan.

CORLESS, Roger J. *The Vision of Buddhism.* Nova York, Paragon House, 1989.

DAYAL, Har. *The Bodhisattva Doctrine in Buddhist Sanskrit Literature*. Londres, Routledge & Kegan Paul, 1932. Reimpressão: Déli, Motilal Banarsidass, 1970.

DE BARY, W. Theodore (org.). *The Buddhist Tradition in India, China and Japan*. Nova York, Modern Library, 1969.

DE LUBAC, Henri, S. J. *Aspects du Bouddhisme*, t. 2, Amida. Paris, Editions du Seuil, 1955.

FOARD, James & SOLOMON, Michael (orgs.). *The Pure Land Tradition: History and Development*. Berkeley Buddhist Studies Series 3; no prelo.

HUA, Tripiṭaka Master. *A General Explanation of The Buddha Speaks of Amitābha Sutra*. São Francisco: Buddhist Text Translation Society, 1974.

HISAO, Inagaki, "Pan-Chou-San-Mei-Ching". In *Indian Philosophy and Buddhism: Essays in Honour of Professor Kōtatsu Fujita on His Sixtieth Birthday*. Quioto, Heirakuji Shoten, 1989.

HSIAO, Ching-fen. "The Life and Teachings of T'an-luan". (Tese de Ph.D., Princeton Theological Seminary, 1967), disponível em University Microfilms International, Ann Arbor, Michigan.

JŌJI, Okazaki. *Pure Land Buddhist Painting*. Tradução e adaptação Elisabeth ten Grotinhuis. Tóquio, Kodansha International, 1977.

GROTENHUIS, Elizabeth ten (trad. e adaptação).

KŌTATSU, Fujita. "Pure and Impure Lands". In ELIADE, Mircea (org.), *The Encyclopedia of Religion*, vol. 12. Nova York, Macmillan, 1987.

LOPEZ JR, Donald S. (org.). *Buddhist Hermeneutics*. Honolulu, University of Hawaii Press, 1988.

NARAIN, A. K. & ZWILLING L. (orgs.). *Studies in Pāli and Buddhism: A Memorial Volume in Honor of Bhikkhu Jagdish Kashyap*. Déli, B. R. Publishing, 1979.

TAKAMICHI, Takahatake. *The Sutra of the Buddha Amitābha AMIDA-KYŌ*. Montreal, Centre Monchanin, 1979.

TONG, Paul K. K. em "A Cross-Cultural Study of *I-Ching*", *Journal of Chinese Philosophy* 3:1 (dezembro de 1975).

YOSHIFUMI, Ueda & HIROTA, Dennis. *Shinran: An Introduction to His Thought*. Quioto, Hongwanji International Center, 1989.

WELCH, Holmes. *The Practice of Chinese Buddhism 1900-1950*. Cambridge, MA, Harvard University Press, 1967.

WILLIAMS, Paul. *Mahāyāna Buddhism: The Doctrinal Foundations*. Londres/ Nova York, Routledge, 1989.

Parte III:
China

11. As Três Jóias na China

Whalen Lai

AS SEMENTES DA TRADIÇÃO

Embora a cultura chinesa valorizasse o caminho da moderação, ela no entanto passou por um extravagante vôo do espírito durante seu período budista medieval, que foi do século III ao XII. Esse período de entusiasmo é motivo de embaraço para os estudiosos chineses, dele distanciados pela renovação neo-confuciana da dinastia Sung, e eles tendem a vê-lo como um flagelo provocado pelo indianismo, que felizmente teria cessado quando o budismo foi "naturalizado" chinês com o surgimento da tradição Ch'an. Mas uma tal sedução do espírito não pode ser explicada simplesmente como a ascendência de uma cultura sobre outra (assim como seu desaparecimento não pode ser explicado pela supressão dessa ascendência). A China não foi indianizada; ela foi convertida à verdade do darma. Nem também o budismo chinês pode ser visto como uma mera adaptação do Darma ao gosto local; ao contrário, ele representa o desdobramento dinâmico do darma, que pôde se manifestar tanto na cultura chinesa quanto na indiana, e ao qual nenhuma das duas poderia reivindicar o monopólio. Se os peregrinos chineses o buscaram na Índia, os indianos também foram para Ch'ang-an prestar-lhe suas homenagens. Assim, vou narrar a história da tradição Mahāyāna chinesa como um desdobramento da visão espiritual contida nas Três Jóias: o Buda, o Darma e o Saṅgha.

Rumores sobre um Imortal Estrangeiro

O calendário budista chinês situa o nascimento do Buda em 1132 a.C., quando o céu enviou sinais auspiciosos, como registram as antigas crônicas chinesas. Três séculos mais tarde, o rei Aśoka espalhou relíquias do Buda por todo o mundo e os que foram enviados a China marcaram os locais onde os templos deveriam ser construídos. Essas lendas são relatadas por Tsung Ping (375-443) em seu *Ming-fo-lun* (Elucidando a Fé; T 52.9b-16a); na realidade, Śākyamuni viveu por volta de 566-486 a.C. e o budismo não se disseminaria na Ásia Central antes do século I a.C. É impossível ter havido missionários provenientes da Índia durante o reinado do Primeiro Imperador da dinastia Ch'in (r. 246-210, contemporâneo de Aśoka, r. 273-232), e mesmo as histórias sobre enviados chineses, que teriam encontrado a tradição na Ásia Central no século II a.C., não são dignas de crédito. Wei Shou, autor de um capítulo sobre o budismo nos *Wei-shu* (Registros Wei), compilado em alguma data após 520 (T 52.101a)[1], relata uma lenda popular sobre a epifania do budismo, já encontrada no *Hou-Han shu* (História do Último Han), de Fan Yeh (398-445). Num sonho, o imperador Ming da dinastia Han (r. 58-75) viu um homem dourado, que se parecia com um imortal taoísta, entrar no palácio, voando. Ao ficar sabendo, por seus conselheiros, que se tratava de um sábio indiano, o imperador mandou enviados para o oeste e eles trouxeram consigo (como ficamos sabendo por outras fontes) o primeiro texto sagrado, o *Sutra em Quarenta e Dois Capítulos* (T 17.722a-724a), num cavalo branco, bem como uma imagem do Buda. Eles foram guardados como relíquias no Templo do Cavalo Branco, em Loyang. De acordo com alguns relatos, eles também trouxeram consigo dois monges estrangeiros. Essa chegada simultânea das Três Jóias é uma história elaborada num período posterior. Pois o sutra em questão, que relata a vida e os ensinamentos do Buda, toma como base os *Āgamas* chineses, que ainda não estavam em circulação. O verdadeiro significado dessa lenda está em mostrar o budismo chegando disfarçado em taoísmo, o ouro simbolizando tanto a imortalidade taoísta quanto a iluminação budista. A levitação é um símbolo de ambos para a liberdade com relação ao mundo material e o vôo do homem dourado, entrando no palácio, sem dúvida reflete o cultivo budista do patrocínio imperial, que teria continuidade nos séculos seguintes.

A adoração na corte do Buda como um deus é, no entanto, um fato registrado no mesmo *Hou-Han shu*. Um meio-irmão do imperador Ming, o príncipe Ying (m. 71 d.C.) e outros *upāsakā* (leigos) já veneravam o Buda (*fou-t'u*) em Ch'u (Kiangsi e Shan-tung, no leste), ao lado de Lao-tzu e do Imperador Amarelo – um costume mantido pelo imperador Hsüan (r. 147-167). Os budistas não gostam de relembrar esse episódio, porque o príncipe Ying provavelmente ofereceu

1. L. Hurvitz (trad.), *Wei Shou: Treatise on Buddhism and Taoism*.

vinho ao Buda. A bebida dos deuses e imortais era proibida no budismo. Um século mais tarde (*ca.* 193 d.C.), na mesma área, Chia Yung, um oficial de transportes, ainda colocava, ao longo da estrada, vinho e alimentos para as cinco mil pessoas que iam visitar a imagem do Buda que ele fez instalar num saguão. Essa percepção do Buda como um imortal estrangeiro era natural. A diferença entre essas duas tradições não seria esclarecida enquanto a China não aprendesse, com os sutras, mais sobre a fé estrangeira. As primeiras traduções só seriam feitas com An Shih-kao (*ca.* 150 d.C.) e mesmo então a tradição diana era apresentada sob um disfarce taoísta.

Os Primeiros Contatos entre o Budismo e o Taoísmo

Os taoístas do período Han tinham uma tradição de "conhecimento interior", que buscava "cultivar a vida, refinar o espírito". Dos sutras traduzidos para o chinês por An Shih-kao, o mais popular era o *An-pan shou-i ching* (*Ānāpāna-sutra*; T 15.163a-173a), que mesclava essa tradição da meditação com a atenção à respiração da prática Hīnayāna (*ānāpāna anusmṛti*). Como An o descrevia, para os taoístas, essa diana parecia ser apenas uma variante de sua prática de nutrir o éter (yang ch'i), o impulso vital dos seres humanos, das coisas vivas e do próprio universo. No budismo, a respiração não tem esse significado cósmico. O éter é apenas um dos quatro grandes elementos, e não a substância de toda a realidade. A atenção à respiração tinha a finalidade de inculcar a percepção das três marcas, do sofrimento, da impermanência e do não-eu. Ao focalizar a atenção e contar a respiração inalada e exalada, a pessoa alcança a concentração num único ponto. À medida que os sentidos vão sendo gradualmente acalmados (*chih, samatha*), a pessoa medita sobre certas fórmulas para a introvisão (*küan, vipaśyanā*), destinadas a inverter o processo da ignorância e permitir a percepção correta da impermanência do eu e do mundo. No taoísmo, o mesmo exercício tinha uma outra meta: pela diminuição dos desejos, "acalmar a mente e tornar dócil a respiração (espírito)"; pelo cultivo da não-ação, retornar à origem e alcançar a imortalidade. Nas observações acrescentadas ao *An-pan shou-i ching*, na tradução de An, os budistas chineses interpretaram a palavra *ānāpāna* como *ch'ing-ch'ing wu-wei*, pureza, quietude e ausência de ação (T 15.164a). Num dos primeiros comentários chineses a um sutra – um comentário de Wu (T 33.9b-24c) à tradução de An do *Yin-chih-ju ching* (Sutra dos Cinco Agregados, das Seis Faculdades e dos Doze Elementos; T 15.173b-180c) – admite-se que "na meditação *ānāpāna*, pode-se ver, numa respiração, a atuação dos cinco skandhas da forma, sensação, percepção, vontade e consciência" (T 33.17a). Mas, numa outra passagem do comentário, o autor fala do Éter Único e do retorno à origem (T 33.10ab). O pluralismo budista e o monismo taoísta se misturavam.

Assim o taoísmo ajudou a introduzir o budismo, mas, nesse processo, deixou um legado de pressupostos que afetariam até mesmo os grandes mestres do período T'ang. Por exemplo, os taoístas aplicavam o esquema yin-yang para a análise e avaliação da mente e suas funções. A mente (*hsin*), sendo o elemento passivo, sempre se revela como boa; no entanto, a mentalização ativa – chamada *i* (intenção, idéia incipiente), *nien* (pensamento atual ou momentâneo), ou *shih* (conhecimento subseqüente do objeto, consciência) – é sempre julgada como indesejável, pois ela é voltada para o exterior e é ilusória. Esse esquema simples está por trás do ensinamento do budismo do período Han de que, para se preservar a pureza da mente, é preciso atentar bem às intenções características da mentalização ativa. Assim a expressão "atentar às intenções" (*shou-i*) aparecia no próprio título chinês do *An pan shou-i ching* (Sutra dos Exercícios Respiratórios e da Atenção às Intenções; o original chamava-se Sutra da Atenção à Respiração).

Uma fusão entre as idéias budistas da mente e as noções taoístas de espírito também resultou numa teoria híbrida das três bases da consciência. No *A-han ch'eng-hsing ching* (Sutra da Nobre Vocação do Arhant; T 2.833b-884b), encontramos a morte e a transmigração explicadas em termos da tríade de *shih*, *hsin*, *i*: "No interior do corpo humano, há três matérias. Quando o corpo morre, a consciência se vai, a mente se vai, a intenção se vai. Estas três estão sempre em busca umas das outras [ocasionando o sofrimento e o renascimento]" (T 2.883b). O significado desse texto é o de que a alma é distinta do corpo e que, quando o corpo morre, há uma desintegração da consciência: primeiro, os cinco sentidos (*shih*) se desintegram; então até mesmo o sexto, a mente (*hsin*), se vai; mas a intenção, isto é, o sutil impulso cármico (*i*, o saṃskāra ou *cetanā*), continua até a próxima vida; após ocupar um embrião, ela também se desintegra. Uma vez que há forma, há novos órgãos dos sentidos e, assim, a consciência, a mente e a intenção (todo o processo mental) se iniciarão novamente.

Controvérsia e Apologética

An Shih-kao tornara o Darma budista conhecido na China do período Han, sem dissipar a percepção popular do Buda como um imortal. Uma vez que os chineses estavam proibidos por lei de "deixar o lar", o saṅgha ainda não representava uma ameaça para o Estado e a família. A falta de conhecimento da irmandade se revela no uso confuso que os textos desse período fazem dos termos que designam o monge, o noviço e o leigo. No final do período Han, as obrigações específicas ao "homem do Caminho" budista eram mais bem conhecidas. Os trajes do monge, a dieta, o celibato e – algo estranho aos "homens do Caminho" nativos – sua ignóbil mendicância começaram a atrair comentários. Em meio ao conflito entre as duas tradições que assim surgiam, o autor do texto taoísta *T'ai-p'ing ching* (Clássico da Grande Paz) encontrava muito a criticar nessa fé bárbara.

Os confucianos também ergueram a voz, levando Mou-tzu, um leigo budista, a responder-lhes na obra denominada *Mou-tzu* (T 52.1a-7a). Para o sinocêntrico crítico confuciano, que acreditava que tudo que tinha algum valor devia se encontrar nos clássicos e que perguntava por que lá não se encontrava nada relativo ao Buda, Mou-tzu tinha duas respostas simples. Primeiro, havia mais coisas no céu e na terra do que se sonhava na filosofia confuciana. Não se pode simplesmente "reexaminar o velho" e esperar "aprender o novo" (T 52.2bc). Segundo, Mou-tzu confiava no darma, porque ele era verdadeiro. Aqui encontramos uma declaração de fé, *hsin*, uma palavra que tradicionalmente denota a virtude da confiança entre amigos, mas que nessa época assumiu um novo e central significado na vida humana[2]. Em resposta à acusação de que os monges eram antifiliais, abandonando a família, praticando o celibato em prejuízo da linha ancestral e imolando com a tonsura o corpo que pertencia a seus pais, Mou-tzu citava casos de sábios antigos que haviam recorrido a expedientes antifiliais como esses e argumentava que, por exemplo, para salvar um pai se afogando, um filho pode virá-lo inapropriadamente de cabeça para baixo (T 52.2c). Esses eram argumentos fracos, pois não deixavam claro como deixar o lar podia se comparar a salvar um pai se afogando, nem como o chamado de um monge podia ser classificado como um expediente.

A convicção básica que Mou-tzu compartilhava com todos os budistas do período Han vincula-se ao tema da imortalidade da alma. Como Wei Shou expressaria mais tarde:

> O núcleo dos textos [budistas] é o seguinte: as variedades de seres vivos, todas elas vêm à existência por causa de suas próprias ações. Há o presente, o passado e o futuro, e a alma consciente, que vive através de todas as três eras, nunca perece. Quer se faça o bem, quer se faça o mal, sempre se está seguro de receber a própria retribuição (T 52.101b).

Para os budistas, a teodicéia cármica era tão auto-evidente quanto podia não o ser para os não-budistas. As teodicéias envolvem questões de significado e os significados, como nos lembra Max Weber, nunca podem ser diretamente derivados dos fatos. Uma ficção ética, o carma é tão difícil de se provar quanto é evidente seu impacto moral. Ele infunde o normativo no real, colocando toda ação humana concebível sob um padrão de justiça universal e perfeita. Mou-tzu

2. Cf. *Ming-fo-lun*, T 52.11c-12a2.

não tentou demonstrar o carma, felizmente, porque os que o tentaram foram inevitavelmente envolvidos num debate confuso sobre a alma (*shen*). Os budistas efetivamente endossavam a idéia de uma consciência que sobrevivia à morte, mas, com base na doutrina de anātman (não-alma), eles sempre se referiam a ela como "não sujeita à destruição" (*pu-mieh*), nunca como "permanente" (*ch'eng-chu*). O *vijñāna* que sobrevivia à morte se desintegraria assim que o embrião fosse concebido. Trata-se de uma doutrina canônica, e não de uma degeneração do taoísmo.

A doutrina do carma era controversa, devido à nova concepção de justiça nela implícita. Os confucianos confiavam na bondade do universo; se, de um lado, podiam tolerar um certo grau de injustiça na vida, de outro, eles esperavam ser compensados pela própria sociedade no futuro. Os budistas, ao contrário, viam a boa terra como um doloroso saṃsāra, insistiam numa lei férrea do carma e na culpa individual e, vendo a justiça como uma óbvia impossibilidade neste mundo, colocavam sua esperança em vidas futuras. Os religiosos taoístas combinavam elementos de ambas as atitudes. Eles acreditavam que os pecados dos pais eram vingados nos filhos, um carma familiar designado como "levar adiante o fardo (ancestral)". A julgar apenas pelas palavras ou mesmo pelas práticas desses três grupos, às vezes não é fácil ver onde se encontra a diferença. A descrição de Wei Shou do método budista de "refinar o espírito" parece indistinguível do programa taoísta:

> Assim, acumulam-se obras superiores, purificando-se da própria sordidez, passando-se por inúmeras formas e refinando-se o espírito, até se alcançar o não-nascimento e atingir a Iluminação Budista Final. Os estágios mentais percorridos nesse processo são muitos e variados. Em todos os casos, parte-se do superficial e segue-se até o profundo, faz-se uso do imperceptível e alcança-se o preeminente. O essencial está em acumular a humildade, purgar os desejos, praticar a serenidade e alcançar a iluminação que tudo invade (T 52.101b).

No entanto, as diferenças eram bem reais. Os confucianos buscavam apenas a imortalidade social, os taoístas buscavam a imortalidade por meio de uma comunhão da alma com o Tao da natureza, enquanto os budistas buscavam a total libertação espiritual com relação a este mundo decaído[3].

Os curiosos ou os críticos muitas vezes perguntaram aos budistas por que o Buda não era visível. O sentido dessa pergunta é: "Se o Buda é onipresente, por que ele não pode se fazer visível para me iluminar?" (T 50.70a-72a). Isso nos revela a perplexidade provocada por uma nova concepção da onipotência divina, que era desconhecida

3. Essa divergência persistiria até mesmo no final do século VI, quando o adepto da escola Mahāyāna, Ching-tsang, fez a surpreendente acusação de que o taoísmo seria mais extraterreno que o budismo. A nitidez do contraste somente desapareceria no Ch'an do século IX.

nas religiões chinesas clássicas[4]. Não havia um resposta simples, mas a mesma pergunta não podia ser feita com relação a Lao-tzu. Um dos apologetas traçou um paralelo curioso: o Buda fazia o que Confúcio fazia; ele "apenas transmitia e não criava" – e com isso ele queria dizer que ele não forçava sua presença às pessoas. No final, assim como a presença de Cristo para os cristãos, a aceitação da presença do Buda tinha que permanecer uma questão de fé.

Assim, o budismo introduzia uma noção mais elevada do divino e um cosmos espiritual que desafiava os limites racionais da China clássica. A China não era mais o Reino Médio. Seu monte Kun-lun foi substituído pelo monte Sumeru; seus Nove Continentes quadrangulares, por círculos de terra e massas de água; seu céu, acima, e as Fontes Amarelas, abaixo, por camadas de céus dos devas, acima, e câmaras dos infernos, abaixo. Naturalmente, os três domínios budistas, do desejo, da forma e do sem forma eram mundos da ordem do espiritual; pelo menos os domínios superiores exigiam a perfeição das quatro dianas (transes) antes de se poder vê-los. A escola Mahāyāna tinha um universo ainda mais amplo, proporcional às extravagâncias de sua espiritualidade, e também isso foi aos poucos sendo absorvido na China. A não-centralização da China estimulava a peregrinação a locais situados além das fronteiras chinesas, dando origem a uma ampla literatura de viagens, inclusive os relatos de viagens ao Céu de Tuṣita, acima, e aos infernos de Avīci, abaixo, bem como a galáxias exteriores e interiores. Nesse período, os viajantes viam – e os leitores ávidos imaginavam – coisas que faziam parecer limitada toda a imaginação clássica.

O interesse do taoísmo do período Han pela meditação era seletivo; Mou-tzu, o apologeta da tradição nascente, mostrava ter dela uma compreensão limitada. Enquanto prevalecesse a ordem confuciana da dinastia Han, não podia haver esperança de que um novo Deus e um novo cosmos sobrepujasse a concepção de mundo sobre a qual essa ordem se sustentava. Mesmo após a queda da ortodoxia confuciana do período Han, em 220 d.C., o budismo ainda teria de se confrontar com o experimento neo-taoísta do período Wei-Chin (220-420). Os neotaoístas percebiam as limitações do ensino confuciano de nomes (*ming-chiao*) do período Han. Ho Yen (m. 249) e Wang Pi (226-249) argumentavam que os confucianos conheciam o Tao ainda melhor que Lao-tzu e que a verdadeira busca na vida era a procura por uma

4. O taoísmo religioso concebia seu sábio como alguém em unidade com Tao, e chegava mesmo a ver Lao-tzu (T'ai-shan Lao-chun) como a manifestação do éter primordial, sempre em dispersão e em condensação, que podia assumir diversas aparências terrestres; cf. o comentário de Hsiang-erh a *Lao-tzu* e ao *Lao-tzu pien-hua ching* (Escrito sobre as Transformações de Lao-tzu). Essa não era a visão aceita em meio aos filósofos e também diferia da mais extravagante idealização que a tradição Mahāyāna fazia do Buda.

maior liberdade da espontaneidade (*tzu-jan*, naturalidade). Assim foi que o monge Chih Tun (314-366) encontrou um grupo de homens no templo do Cavalo Branco, que discutiam o capítulo *Hsiao-yao* (Liberdade Errante), do *Chuang-tzu*, e eram da opinião de que a liberdade era simplesmente seguir a própria natureza dada, *hsing*. Chih Tun perguntou: "Se assim, os reis maldosos [os últimos reis de Hsia e Shangl] que seguiram sua natureza, ao matar, não estariam também entre os homens do Caminho?". Eles não conseguiram dar-lhe uma resposta. Chih Tun compôs então seu comentário ao *Chuang-tzu*, após o quê, desapareceu nas montanhas, para nunca mais ser visto de novo. Essa história revela a pobreza da filosofia neotaoísta e mostra por que o monge budista exerceria um tão grande fascínio sobre a nova era.

Um Novo Homem para uma Nova Era

Os cavalheiros provavelmente seguiam a leitura que Kuo Hsiang fazia do *Chuang-tzu*. Na parábola da rocha e a cigarra encontrada no *Chuang-tzu*, o vôo da rocha representa a liberdade daquele que permanece no Tao e o salto da cigarra representa o mundo limitado da pessoa comum. Mas Kuo Hsiang (m. 312), ao mesmo tempo em que reconhecia a liberdade maior da rocha, também defendia a afirmação da cigarra de uma liberdade em menor grau. Em consonância com sua natureza, que é saltar curtas distâncias e não tentar nada mais que isso, também a cigarra participa do vasto e abrangente caminho da própria natureza. A liberdade se torna aqui um "reconhecimento da necessidade" (Espinosa). Por ignorar esses opostos últimos, Kuo Hsiang foi denominado o místico supremo, um antigo existencialista, um puro fatalista, bem como um apologeta do *status quo* que conseguiu se elevar de sua condição de *han-men* (famílias pobres) até a elite do círculo neotaoísta de *hou-men* (famílias ricas). Mas Kuo Hsiang evitava a armadilha na qual caíam os homens do templo do Cavalo Branco. O problema está em seu uso da palavra *hsing* (natureza), muitas vezes substituível pela palavra *ch'ing* (emoção), como era costume no período Han. Os sentimentos estavam incluídos na natureza. Se assim, uma vez que os maus impulsos são emoções e, dessa forma, fazem parte da natureza, seguir esses impulsos não deve ser considerado como liberdade? Os neotaoístas estavam mal-equipados para rejeitar essa conseqüência, não apenas devido a essa ambigüidade lingüística, mas também porque o neo-taoísmo tinha perdido sua força ética original. Na época de Juan Chi, que considerava o "grande homem" como acima da moralidade comum, ele fizera do romantismo desenfreado um culto. Os neotaoístas eram famosos por sua indulgência com relação aos impulsos, nos quais eles viam a essência de sua liberdade recém-encontrada[5]. Embriagar-se, ou ficar nu como faria um nudista, era liberdade. Chorar desesperadamente em funerais e durante dias depois era considerado excelente, embora esse "pranteamento pela morte" fosse considerado contrário à moderação do "pranteamento pela vida" que era prescrito pelos ritos. Visitar amigos nas horas mais impróprias e ir embora diante da porta, porque tinha-se mudado de idéia, eram atos vistos como prova de espontaneidade. Esses epicuristas da falta de disciplina não conseguiam, ou não queriam, distinguir entre o puro abandono e a liberdade cultivada e, assim, não podiam responder a pergunta estóica de Chih Tun: é-se livre quando se é governado pelos impulsos? Os neoconfucianos de um período posterior poderiam facilmente ter respondido essa pergunta, pois a essa altura eles distinguiam a bondade de *hsing* dos impulsos egoístas de *ch'ing*, seguindo o exemplo do monge budista que aperfeiçoou a arte ioga do autocontrole racional.

Esse senso de liberdade transcendental, ao que suspeitamos, era ventilado no comentário de Chih Tun ao *Chuang-tzu*. Ele empregava a palavra *li* (princípio) num novo sentido transcendental e falava da liberdade daquele que, "embora em intercâmbio com as coisas no mundo das coisas, de alguma forma nunca se torna ele próprio uma coisa entre coisas". Os neo-taoístas eram homens do mundo (*ming-shih*, homens de renome), ainda possuídos pelas coisas por eles possuídas, enquanto o monge renunciava ao mundo e às posses. Os neotaoístas podiam aparecer como personagens atraentes nas histórias que se contavam sobre eles, mas esses homens de salão eram elitistas, enquanto os monges não. Desiludidos com a política, eles ostentavam desafiar convenções, mas se apegavam a suas riquezas e renome social. Os monges, ao contrário, eram conhecidos como os "pobres homens do Caminho" (*pin-tao*) e sua irmandade aceitava homens de todas as classes, inclusive "joões-ninguém" da sociedade, como Seng-chao, que ascendeu unicamente pelo talento. Ao contrário dos fúteis neotaoístas, que pintavam suas sobrancelhas, os monges faziam da simplicidade uma arte. Os neotaoístas poderiam discursar sobre *tzu-jan* (naturalidade), mas esses "românticos de plantão" raramente deixavam as festas urbanas regadas a vinho em suas propriedades privadas, para sentir o cheiro da grama ou o gosto da chuva. Eram os monges que habitavam em meio aos rios e montanhas, e seu êxito em tornar habitáveis terras marginais era algo invejado: "Das famosas montanhas sob o Céu, os monges possuíam a maior parte delas". A riqueza dos neotaoístas passou por um declínio no final do século III e seu estilo de vida confortável teria fim com o saque dos bárbaros às capitais chinesas em 311 e

5. Esse culto ao puro abandono foi registrado no *Shih-shuo hsin-yu*, traduzido por Richard B. Mather como *A New Account of Tales of the World*.

316. Demasiado refinados para poder escapar a cavalo, eles foram massacrados nas ruas. Um deles, acenando um espanador num gesto teatral, fez um pedido elegante: uma vez que ele nunca tinha se imiscuído em sujas questões políticas, sua vida deveria ser poupada. Isso não evitou que os bárbaros o decapitassem. Os críticos confucianos viam seu destino a ilustração da fraqueza mortal presente no neotaoísmo. No estado de anarquia que se seguiu, o ascetismo era uma lei em si mesma, uma verdadeira fortaleza, enquanto o mundo desmoronava ao redor, pois somente ele tinha virtudes ainda não desenvolvidas nas tradições nativas: compaixão, espírito de serviço altruísta e a brandura do pacificador. Essas virtudes faziam dele uma fonte de bênçãos para todos que entravam em contato com ele.

Com a perda da região norte para os bárbaros, a corte Chin deslocou-se para o sul. Até então o saṅgha havia sido relativamente pequeno, mas o prestígio a ele conferido pelo interesse neotaoísta e a conversão de personalidades eminentes, como Chih Tun, aumentaram sua popularidade e fizeram com que pela primeira vez houvesse uma predominância de chineses entre seus membros. A questão de se os monges deviam ou não lealdade ao trono tornou-se candente em 340, quando o saṅgha se defrontou com uma acusação de lealdade inapropriada. Isso foi rapidamente abafado por pessoas poderosas na corte que apoiavam a fé, mas voltaria à tona em 403, quando o usurpador Huan Hsüan insistiu em que os monges prestassem homenagem ao trono. Com o apoio de ricas famílias devotas que tradicionalmente se opunham ao controle centralizado, o saṅgha encontrou seu defensor no reverenciado Hui-yüan (344-416). Sua defesa tinha a mesma autonomia espiritual que a de Chih Tun. Referindo-se ao monge como um *fang-ai chih-shih*, um homem que vive além do quadrado (*fang*, forma) da terra, Hui-yüan colocou-o além das leis da sociedade comum (como o *sannyāsin* da Índia). O monge adquiria essa posição em virtude do *shen* (vitalidade) que ele aperfeiçoara. Até essa época, pensava-se na alma como tendo uma certa forma indistinta, como um fantasma. Mas uma avaliação mais metafísica do *shen* havia sido proposta numa tese intitulada *Shen wu hsing lun* (Sobre a Alma não Ter uma Forma). Com base nisso, Hui-yüan via o monge como alguém que retornara a um estado de pura vitalidade, isto é, a um estado no qual o yin e o yang ainda se encontravam indiferenciados. Ele citava o *I ching* (Livro das Mudanças) em apoio a essa descrição do espírito como dinâmico e, mesmo assim, passivo, como tanto yin quanto yang, uma bivalência que as coisas materiais não têm. Uma vez que esse espírito precede os existentes, ele não está confinado a limites mortais. O homem santo como o eixo do estado, sustentando sua felicidade, não está livre do dever de se curvar aos governantes do mundo. Esse argumento deriva-se em parte da concepção tradicional do período Han da condição cósmica do sábio, mas, manifestando-se dois séculos após Mou-tzu, Hui-yüan falava com a autoridade e convicção de um homem de vocação. Mais que suas palavras, seu estilo de vida eremita estava em nítido contraste com a vida dos neotaoístas, divididos entre os deveres da corte e a fuga para a natureza. A conversão de Hui-yüan foi ocasionada por um discurso sobre o vazio emitido por Tao-an (312-385). Ele fez raspar sua cabeça e declarou inflexivelmente que o confucianismo, o taoísmo e os nove ensinamentos eram mero lixo em comparação com o tesouro que ele havia descoberto. Retirou-se para o monte Lu e se tornou um exemplo do "homem vivendo além do mundo", penetrou na visão da devoção da Terra Pura, seu diálogo com o mundo foi limitado por sua resolução de nunca cruzar o riacho do Tigre, que separava seu retiro nirvânico do "mundo poluído". Viveu e morreu como um monge, observando os preceitos até o fim, recusando-se a tomar medicamentos macerados em álcool. Nele, o chamado budista havia encontrado um ponto de apoio inabalável, o ponto de partida para o crescimento do saṅgha a partir do ano 400.

O Século do Homem Santo: Norte da China, 311-439

A divisão do reino em norte e sul, após o saque de Loyang e Ch'ang-an em 311 e 316, afetou também o budismo, de modo que, desse ponto em diante, é necessário acompanhar separadamente o curso de seu desenvolvimento nas duas áreas. No sul, o interesse neotaoísta nas idéias budistas se manteve mesmo quando monges como Hui-yüan se afastaram do envolvimento com questões mundanas. No norte, que não dispunha de lazer para a especulação, os monges budistas se tornaram sacerdocratas ativamente envolvidos na política. A revolta dos bárbaros nômades fora seguida pela dos dezesseis reinos tribais, criando condições de guerra para todo um século, um século durante o qual o "homem santo" adquiriu uma proeminência social comparável à de figuras semelhantes no final da Antigüidade do Ocidente romano. Feitos inacreditáveis foram atribuídos a essas figuras carismáticas. Essas lendas merecem estudo, devido à luz que lançam sobre a era que as produziu. Homens santos como esses são encontrados somente nesse século, e apenas no norte. Eles formam junto com o déspota e o povo uma tríade singular na estrutura institucional dessa cultura. Mais tarde eles seriam substituídos pelo saṅgha, dando origem à divisão em três classes: soldados, clero e homens do campo, da mesma forma que na Europa feudal. O homem santo era uma encarnação institucional viva do sagrado. Ele diferia dos homens santos de outros períodos e de outras tradições em um aspecto: seu poder raramente ia além da duração de sua vida. Na verdade, o século que conferia uma tão grande glória ao homem santo também podia recompensá-lo com a morte e a desonra, como veremos.

A personagem paradigmática nesse gênero foi Fo-t'u-teng (T 50.383b-387a). Teng chegou à China por volta de 310, logo no início da revolta dos bárbaros, e presenciou os massacres na capital. Para ajudar as vítimas, ele decidiu nesse momento "civilizar o bárbaro (Shih Lo, fundador da futura dinastia Chao, que duraria de 328 a 352) com atos de magia". Em busca dessa meta, ele primeiro se associou a um general que servia Shih Lo, logo se revelando um profeta da guerra tão infalível que Shih Lo terminou por chamá-lo a sua presença. Em seu encontro, Teng deixou assombrado o sanguinário guerreiro e o converteu à fé, ao tirar de uma vasilha com água um magnífico lótus verde-azulado, por meio de magia (T 50.383c). Mais tarde, como o Grande Reverendo a serviço do estado, Teng conseguiria "dividir pela metade o massacre" que os shihs poderiam ter cometido. Esse resumo de uma vida fantástica indica três características salientes dos homens santos: sua compaixão, seu papel como profetas da guerra e seus miraculosos poderes, usados para bons fins. A maioria dos estudos se concentra no episódio de "Teng enfeitiçando os bárbaros com magia", tratando Shih Lo como se ele fosse tapeado por um mero truque de prestidigitação. Mas se o "lótus da vasilha" era um milagre, ele não era um milagre comum, mas trazia consigo um significado simbólico: o lótus verde-azulado (*ch'ing*) é o lótus puro (*ch'ing*) e a vasilha claramente representa a tigela de esmolas do monge. A mensagem búdica é claramente a de que o Darma que transcende o mundo, assim como o lótus que se eleva acima do lodo, tem, desde a morte do Buda, sido confiado ao monge, ao qual até mesmo os governantes têm de se curvar. Shih Lo não se deixou ofuscar pela mágica; ele recorreu à lei superior, num clássico confronto entre o poder e a autoridade.

Até esse momento não se trata de uma legitimação religiosa do poder. Os bárbaros ainda estavam envolvidos na conquista, mais que no exercício do poder. Assim, a principal função dos homens santos era a de ser profetas da guerra, sendo célebre nesse papel a infalibilidade de Teng, Tao-an, Seng-lang, Kumārajīva, e Dharmakṣema. Isso está num contraste paradoxal com os ensinamentos da não-violência (*ahiṃsā*) que esses monges eram obrigados a seguir. Os preceitos de não-violência proíbem os monges até mesmo de se aproximar de uma área de combate, e não há motivos para se acreditar que esses pilares da comunidade budista violassem essas regras. Como eles podiam justificar seu papel como "conselheiros militares"? A resposta pode ser encontrada nos sutras de tradição Mahāyāna que evocavam o poder dos Quatro Reis Celestiais, para proteção dos devotos. Esses sutras provavelmente refletiam o clima político no noroeste da Índia, não muito diferente do que era enfrentado pelas tribos nômades na China. Como na antiga Israel, o destino da nação estava agora associado à fé, e o inevitável resultado era que o Buda, assim como Yahweh, estava associado com a guerra. Pode-se duvidar, no entanto, se Teng realmente alardeava seus poderes proféticos a Shih Lo. Um monge podia ser um confessor e foi provavelmente isso que o general, um leigo budista que depois acolheria os preceitos ensinados por Teng, buscou e encontrou nele (pode-se considerá-lo como buscando Teng tanto que Teng o buscava). Era como capelão, então, que Teng pedia ao Buda a proteção de seus combatentes no campo de batalha. No entanto, uma vez que todas as vitórias eram atribuídas a sua proteção, enquanto as derrotas, como sempre acontece nas religiões superiores, eram atribuídas às falhas humanas, Teng recebia retrospectivamente os créditos por predições infalíveis.

O homem santo não era santo por ter poder de realizar milagres; ele exibia esses poderes porque era um homem santo, como se pode ver no itinerário dos discípulos de Teng, Tao-an e Seng-lang. Um homem culto que jamais pretendeu ser dotado de poderes especiais, Tao-an (T 50.351c-354a) foi, no entanto, descrito como um conselheiro militar de Fu Chien, o governante da antiga dinastia Ch'in (351-394), que quase conquistou a região sul em 383, mas encontrou uma derrota fragorosa em Fei-sui. Seng-lang viveu em retiro, em T'ai-shan, e recusou todas as ofertas de cargos (T 52.354b). No entanto, chegavam até ele pedidos de todos os homens de ambição, agradecendo por lhes prestar sua "divina ajuda" e "predições proféticas", apesar de ele repetidamente negá-las (T 52.322abc). Sua santidade era suficiente para torná-lo um fazedor de reis.

O poder do homem santo era simbólico; ele tinha acesso aos símbolos de poder e podia legitimar governos e conferir aos monarcas a autoridade que eles buscavam. Usando o símbolo das Duas Rodas da lei religiosa e do poder mundano, Teng profetizava os destinos da guerra com o emprego de um sino de "rodas duplas". A única vez em que profetizou ao som de um sino de "roda única" foi quando Shih Hu assassinou o herdeiro ao trono, para abrir o próprio caminho rumo ao poder; nessa ocasião somente um sino tocou, porque o outro fora silenciado pelo ato sanguinário (T 52.384b). Shih Hu provocaria Teng em diversas ocasiões. Por exemplo, ele lhe perguntava qual a primeira regra do budismo – sabendo muito bem (ele foi educado num mosteiro) que a resposta era "Não matar" – para ver como Teng poderia justificar a carreira sanguinária de seu monarca. Esses confrontos, no entanto, muitas vezes traziam à tona o que havia de melhor no santo (T 52.385ab). Assim como na antiga Israel, o verdadeiro profeta revelava seu valor quando a profecia falhava. Numa das batalhas, as preces de Teng ao Buda não foram atendidas. Hu, cercado de inimigos dos três lados, declarou, furioso, que o Buda era impotente, e estava para executar Teng, por enganá-lo. Teng não empregou a magia, mas simplesmente recorreu ao bom senso: "Por que blasfemar contra o Buda por algo tão trivial quanto um pequeno revés na guerra?". Ele então relatou a Shih Hu que, numa vida anterior, sessenta arahants haviam prometido a Shih Hu e, depois, a um comerciante que apoiava o saṅgha que, por sua devoção, ele conquistaria o trono da China. Para castigar Shih Hu por seu acesso de fúria, Teng acrescentou uma ameaça, lembrando-o de como o comerciante teve de passar primeiro por um renascimento intermediário como galo (na Índia, associava-se as lutas de galos de briga com vidas violentas). Shih Hu percebeu nesse momento que havia ido longe demais e pediu perdão a Teng (T 52.385a). Essa era a função ética da teodicéia cármica aplicada à política. Não era pelo poder, que pode apenas fomentar a anarquia, mas sim pela retidão numa vida anterior, que se conquistava o trono.

Embora os símbolos budistas de poder pudessem ter um efeito limitador sobre alguns homens de poder, em geral eles se deixavam impressionar muito mais por outros homens de poder. Em tempos de guerra, o santo raramente era pura docilidade; também ele tinha um poder que se manifestava, como mostrou o iogue Hui-shih num confronto com o bárbaro Ho-lin Po-po. Po-po e seu bando haviam acabado de invadir a capital. Irritado pelo fato de que os cidadãos haviam deixado um inimigo escapar escondido entre os monges, o exército massacrava tanto monges quanto leigos. Hui-shih recusou-se a fugir diante da espada. O que aconteceu em seguida tornou-se uma das lendas da época que mais seriam relatadas. Um soldado enfiou sua espada no corpo de Hui-shih, mas ela foi retirada deixando-o intocado. Esse acontecimento foi relatado a Po-po, que foi até Hui-shih e o atingiu com sua lâmina cravejada de gemas; esta também mal deixou uma marca no corpo de Hui-shih. Aterrorizado, Po-po pediu perdão e o massacre teve fim (T 52.392bc). Neste caso, o santo, que havia conquistado "a vida e a morte", literalmente não podia sofrer a morte. Nessa lenda, mais uma vez, o fato e a ficção se reúnem. A forma da indiferença e imunidade de Hui-shih a injúrias provavelmente tem origem num relato *avadāna* sobre o Buda praticando o *kṣānti-pāramitā* (perfeição da tolerância) numa vida anterior. O Buda não emite um grito de dor e não mostra ira contra seu agressor; ou, miraculosamente, sua cabeça cortada renasce sobre seus ombros. Hui-shih podia imitar isso porque seu Mestre de Pés Brancos era um Buda vivo que andava de pés nus, seguindo as pegadas de Śākyamuni. Pés cândidos como lírios, que não podiam ser contaminados por este mundo poluído, eram uma das marcas sobrenaturais de todos os Iluminados. No confronto com Po-po, Hui-shih atuou como um pacificador temporário entre duas forças hostis. Seu milagre foi o milagre da reconciliação entre a força bárbara invencível e a vontade chinesa inabalável. Po-po teve de compelir o povo chinês à obediência; ele não podia se mostrar fraco, mas também não podia massacrar todos os seus súditos chineses. Hui-shih se colocou no centro desse impasse e intercedeu pelos chineses. O monarca bárbaro Po-po prometeu clemência em troca da promessa de Hui-shih de proteção divina e obediência por parte do povo. Os chineses prometeram encerrar as hostilidades em troca da intercessão divina do homem santo e da proteção para seu rebanho.

A lenda da imunidade de Hui-shih, que tem origem em meio aos chineses agradecidos, tem uma estrutura análoga à de um conjunto de lendas de monges que expulsam criminosos que perseguiam aldeões ou viajantes inocentes, ou de ascetas vivendo nas montanhas, que espantavam os tigres que caçavam gente. O triunfo budista do correto (visão correta etc.) sobre o poder (a espada) era confirmado pelos feitos, o mito ioga, do asceta. Num certo sentido, todos os monges participavam desse poder. An Shih-kao, o tradutor, não era um grande iogue. No entanto, um dia, confrontado por um jovem ladrão que ameaçava tirar-lhe a vida, ele simplesmente contou-lhe que, se ele o fizesse, era porque seu carma era morrer e o do jovem era ser o instrumento de sua morte. Nenhuma espada penetrou o corpo de An, mas o ladrão fugiu, assombrado com seu desprendimento (T 50.323b). A espada não podia intimidar um monge que por tanto tempo renunciara à própria vida. O autocontrole asceta permitia ao renunciante encontrar em si próprio sua lei, enquanto o resto do mundo mergulhava em caos. O monge era, nas palavras do imperador T'ai-tsu, da dinastia Wei, o "modelo do Caminho", uma presença viva da liberdade nirvânica diante do sofrimento que mesmo os homens selvagens não podiam deixar de admirar (Édito de 386; T 52.101c).

O poder espiritual do homem santo tinha funções políticas muito concretas nesse período. Elas eram consideradas tão essenciais ao Estado que guerras chegavam a ser travadas para se conseguir a libertação desses homens de paz. Já vimos como Shih Lo pediu a seu general que chamasse Teng a sua presença. Quando Teng morreu, Tao-an passou a ser cobiçado. Fu Chien saqueou Hsiang-yang em 379, para obter acesso a Tao-an, que ele jamais deixaria partir (T 50.352c). Quando a fama de Kumārajīva alcançou a China, Fu Chien despachou um exército sob seu general Lu Kuang, para "garantir sua libertação" de Kucha, sua terra natal. Lu Kuang então decidiu manter Kumārajīva consigo. Mais tarde, Yao Hsing, da última dinastia Ch'in (384-417; r. 393-410), libertou-o novamente de supostos ultrajes nas mãos de Lu, em Liang-chou, mas tão logo foi levado a Ch'ang-an, em 401, e o mesmo ultraje – concubinagem forçada – foi praticado contra ele (T 50.331b-332c). De todos os homens santos no norte da China, somente Seng-lang conseguiu escapar a esses ultrajes, ao se recusar a deixar seu vale junto à montanha. O homem santo era cobiçado porque era capaz de oferecer símbolos de poder e conforto para os soldados e porque intercedia por todos diante do Buda, após a morte (na crença popular, quando os pecados de uma pessoa estavam sendo pesados após a morte, seu preceptor intercedia por ela diante do Buda). Além disso, o homem santo em geral trazia consigo os discípulos que o cercavam, atraía ainda outros e exigia lealdade dos que dele recebiam seus preceitos e cujo nome do Darma às vezes representava esse vínculo duradouro. Esse grupo de seguidores dava ao homem santo uma estatura política que podia conferir a seu patrono uma posição proeminente em meio a seus compatriotas e torná-lo objeto da inveja de seus inimigos. No que freqüentemente era uma confederação de tribos budistas sob o darma, o budismo era a ideologia para-tribal, o padrão do intercâmbio diplomático, muitas vezes assumindo a forma de promessas de fraternidade. Os monges serviam tão freqüentemente como mensageiros ou como vias de comunicação política entre as nações que o *Sutra da Rede do Brama* (T 24.997a-1010a), seguindo preceitos tradicionais, buscou bani-los dessa atividade. O homem santo era um mediador eficaz não apenas entre as tribos bárbaras, mas também entre elas e os chineses. Um pacto triplo era selado na pessoa do homem santo, cada uma das partes envolvidas fazendo formalmente a ele as promessas que seriam comunicadas aos outros. Ele preenchia a lacuna deixada pela destruição dos canais burocráticos tradicionais de mediação, do período confuciano, entre o governante e os governados, em resultado da barbarização do norte da China.

No norte da China, como monges, os homens santos eram tão neutros politicamente quanto Hui-yüan. Não admitindo nenhuma distinção entre bárbaros e chineses, eles podiam servir ao bem comum, ensinando tanto a compaixão (*karuṇā*) aos poderosos quanto a tolerância (*kṣānti*) aos desprovidos de poder. Os potentados e os pobres podiam identificar-se com o homem santo porque ele encarnava as virtudes que caracterizavam ambos. Assim, passou a ser comum o homem santo receber funções hierocráticas (Grande Reverendo, Tesouro Nacional, Preceptor da Nação) dos bárbaros que ele "convertia", ao mesmo tempo em que a fé era adotada por um número enorme de famílias em meio aos chineses que ele "salvava". Ele era um vínculo entre o povo e o Buda no nível espiritual e, ao mesmo tempo, o vínculo indispensável entre os membros do corpo político, sem o qual esse corpo político não podia se manter. Mas a fraqueza dessa instituição estava em que, como a autoridade do homem santo estava na garantia pessoal que ele oferecia a ambos os lados, essa influência raramente se mantinha após sua morte. Além disso, a profecia da guerra durava apenas enquanto duravam as guerras e a posição de mediador do homem santo somente tinha força enquanto a tensão racial era intensa. Após cerca de cem anos, quando os casamentos entre chineses e bárbaros – algo inicialmente inaceitável para ambos – se tornaram uma prática comum e após se restabelecerem os canais tradicionais do período Han de comunicação entre governante e governados, a posição do homem santo perdeu uma de suas principais funções.

Atraído, assim como seus predecessores, pelo culto taoísta de Huang-Lao (o amálgama entre o Imperador Amarelo e Lao-tzu), o imperador T'ai-wu, da dinastia Wei (r. 424-451), foi persuadido pelo ministro confuciano Ts'ui Hao a aceitar uma revelação de Lao-tzu, recebida pelo mestre taoísta do sul da China, K'ou Ch'ien-chih, de que o Verdadeiro Governante da Grande Paz proclamado no *T'ai-p'ing ching* taoísta estava vindo do norte, na pessoa do próprio imperador T'ai-wu. Está muito pouco claro para nós o motivo que teria levado Ts'ui Hao a dissipar o ceticismo inicial do imperador. Embora tivesse vínculos religiosos com o taoísmo, ele, ao que parece, era antes de tudo um arquiconfuciano, que buscava proteger e ampliar a influência chinesa na corte e que seguia um programa bastante saudosista de restauração dos ideais do período Chou e de eliminação da influência bárbara do budismo. Tendo Ts'ui como conselheiro militar e K'ou, como seu novo profeta de guerra, T'ai-wu planejou tomar Liang-chou, a fim de completar a unificação do norte da China. O profeta de guerra de seu inimigo, o carismático Dharmakṣema (m. 433), perdeu a vida no conflito que se seguiu. Um outro homem santo famoso, Hsüan-kao, teve uma morte precoce num conflito entre as forças pró-budistas e as forças pró-confucianas, após a conquista de Liang-chou e a evacuação de sua população para a capital do reino Wei. A era do homem santo chegava ao fim. Com a transformação dos conquistadores em governantes, o confronto entre o matador impiedoso e o santo altruísta se tornava obsoleto e o papel desses hierocratas incomuns revertia ao de líderes do saṅgha.

A Fundação da Jóia do Saṅgha

"Seguir o darma, e não a pessoa" é uma máxima básica do budismo. As pessoas se refugiavam no homem santo e expressavam sua gratidão para com ele por meio de lendas, mas o homem santo nunca buscava a própria glória, e sim a das Três Jóias. Fo-t'u-teng aproveitava todas as oportunidades para ensinar o Darma a Tao-an e a outros, erigir stūpas do Buda e fundar irmandades do saṅgha. Ele via sua magia apenas como um instrumento útil, que jamais poderia tomar o lugar da sabedoria (prajñā) ou da caridade (*dāna*). O eclipsar do homem santo não se deveu apenas às mudanças políticas acima descritas. Ele foi também resultado de seu recuo voluntário em favor do saṅgha. Até esse momento houvera no norte da China monges e discípulos, mas não um verdadeiro saṅgha. Teng é corretamente considerado o pai do saṅgha do norte, embora tivesse pouco material com o qual construí-lo e poucos discípulos que soubessem o que era exigido da verdadeira irmandade. A consciência dos preceitos teve início com seu aluno Tao-an que, no final de sua vida, compreendeu que eles eram "as fundações da fé". Mas ele não teve acesso ao Vinaya (código monástico) e teve de trabalhar com algumas inovações que ele próprio criou (T 50.353b). Somente na geração de seu aluno Hui-yüan é que podemos observar algo próximo de uma plena compreensão do que implicavam os preceitos. Quanto ao saṅgha no sul da China, atribui-se a Chih Tun os créditos pelo estabelecimento da primeira "plataforma de preceitos", mas isso não passa de lenda. Ele foi um cavalheiro que se retirara para a vida privada, independentemente rico, que de certa feita cortou as asas de garças, para que elas se mantivessem próximo a seu retiro. Da mesma forma, a "mansão monástica" de Ho Ch'ung era a propriedade privada de um cavalheiro convenientemente convertido a uma vida monástica que, sem dúvida, merecia a acusação de mundaneidade que era lançada contra locais desse tipo.

Embora a mudança não se fizesse da noite para o dia, pode-se considerar o século v como o verdadeiro início do saṅgha. Pela primeira vez, a plena vocação – na verdade, a vocação Mahāyāna – podia ser implantada, principalmente em resultado da clarificação feita por Kumārajīva das noções de prajñā (sabedoria) e karuṇa (compaixão) e de sua introdução de algumas formas de meditação Mahāyāna (outros renomados mestres da meditação viriam logo a seguir). Além disso, estava agora disponível o Tripiṭaka completo, que incluía, em especial, o Vinaya, de modo que finalmente os monges podiam receber treinamento completo no *śīla*, no samādhi e no prajñā. Kumārajīva tinha consigo o Vinaya da tradição Sarvāstivāda, mas Fa-hsien resgatou, em 414, o código da escola Mahāsāṅghika, que recebeu preferência. Embora essas cerca de duzentas e cinqüenta regras nunca tenham sido implantadas por completo na China[6], a existência da tradição fazia do código um ponto de referência. Apesar dos recuos freqüentes, até mesmo o sul adotou o Vinaya, sob a influência de Buddhabhadra, que ensinou os monges chineses a usar as túnicas indianas, deixando um ombro nu, a sentar-se no chão duro e a comer apenas uma refeição por dia antes do meio-dia (T 52.77b-79b). Até mesmo Tao-sheng, que ridicularizava a última regra (dizendo que o sol, sendo o zênite do céu, não podia passar do ponto médio) (T 50.366c), tinha consciência da proibição, e foi com base no Vinaya que se justificou sua expulsão da comunidade (por ousar contradizer a letra dos textos sagrados com sua doutrina da natureza do Buda). No entanto, diferentes comunidades budistas tinham diferentes estilos e, mesmo quando adotavam o mesmo conjunto de regras, havia diferentes graus em sua implantação.

Para se compreender como o saṅgha se desenvolveu nesse período, é preciso considerar o caráter de cada uma das comunidades mais importantes, como elas interagiam entre si e qual o grupo dominante em cada época dada. Ao contrário da muito mais unificada cultura budista dos períodos Sui e T'ang, a do início do século v teve diversos centros importantes: Ch'ang-an e Yeh, Lu-shan e Chien-k'ang, Liang-

6. Os monges chineses eram essencialmente iniciantes (śramaṇa), e somente um estrangeiro podia se tornar um bhikṣu completo. O líder do saṅgha era chamado ou "Líder dos Śramaṇas" ou "Líder dos Homens do Caminho".

chou e Tun-huang. K'uai-ch'i, no extremo sul, Shan-tung, no leste, e Szechwan tiveram menos importância em termos políticos.

O Centro e o Sul

Essas duas regiões estavam próximas e, como na época viajavam livremente através das fronteiras, os monges mantinham uma comunicação estreita, apesar das divisões políticas. Na primeira década do século V, a comunidade em Ch'ang-an, sob Kumārajīva, era a maior delas e, sob Hui-kuan, até três mil monges lá se encontravam (T 50.332c). Muitos deles trabalhavam no projeto de tradução, que trazia a marca da vigorosa personalidade de seu mestre Kucha. Antes de se converter à doutrina Mahāyāna do vazio, Kumārajīva foi um seguidor do Abidarma de tradição Hīnayāna, e a natureza predominantemente filosófica de seus interesses se reflete em sua decisão de traduzir textos como os sutras de *Vimalakīrti* e do *Lótus*, bem como o *corpus* do *Prajñāpāramitā*, que incluía o *Ta-chih-tu-lun*, um volumoso comentário sobre o *Sutra de Mahāprajñāpāramitā*. Ele também traduziu algumas obras que tratavam da meditação, mas a influência delas não foi tão ampla nem tão penetrante e seu legado aos monges da dinastia do sul, que mais tarde herdariam a tradição Ch'ang-an, tinha um viés gnóstico.

Uma nuvem negra paira sobre a posição de Kumārajīva como monge. Sua figura viril conquistou o título de Preceptor da Nação, mas ele não era nem podia ser o verdadeiro líder do saṅgha. Vivia numa "cabana de palha" (um eufemismo) isolada, com suas concubinas, uma circunstância que a tradição puritanamente atribui a uma imposição de seu patrono Yao Hsing para garantir-se descendentes carismáticos; de uma forma que levanta suspeitas, essa história não encontra nenhum paralelo em outros relatos sobre as relações entre governantes e homens santos. Num confronto com o disciplinador Buddhabhadra, Kumārajīva se viu obrigado a confessar ser o "lótus da lama" (T 50.332c). Assim, é compreensível a relativa não-adesão a preceitos na comunidade de Ch'ang-an. No entanto, o dilema de Kumārajīva confirma o paradoxo Mahāyāna de que a "forma (*rūpa*: cor, sexo) é o vazio (*śūnyatā*) e o vazio é a forma". Essa sólida lembrança do pecado pode explicar até mesmo um outro aspecto mais pessoal de sua fé: ele traduziu o *Sutra de Amitāyus*, da tradição da Terra Pura, e ensinou Hui-yüan a meditar concentrando-se em Amitābha.

Kumārajīva levou consigo, para Ch'ang-an, seu grupo de adeptos de Liang-chou e sua fama atraiu outros para a comunidade (inclusive o iogue Hui-shih). Devido ao apoio de Yao Hsing, "nove entre dez famílias" adotaram o budismo e a comunidade de Ch'ang-an cresceu tanto e era tão bem provida com doações que, pela primeira vez, foram estabelecidas as três funções básicas de abade, prior e encarregado dos registros, como relata o *Seng-shih-lüeh* (Uma Curta História do Saṅgha) (T 54.242c). O abade estava encarregado da comunidade; o prior lidava com terras e propriedades; e os dois monges que mantinham os registros deviam garantir a justa distribuição dos bens. Assim o saṅgha se tornou uma comunidade auto-administrada, com funções provavelmente baseadas em eleições, e não em nomeações. Apesar desse início auspicioso, a comunidade não sobreviveu à derrota de Yao Hsing e a destruição de Ch'ang-an. Os monges se dispersaram, indo principalmente para o norte e para o sul.

No sul, a comunidade mais notável foi a de Hui-yüan, em Lu-shan, próximo à capital. Na última década do século IV, sob Saṅghadeva (T 50.328c-329a), ela fora um bastião do pensamento Abidarma, mas, por meio do contato com Ch'ang-an, foi redirecionada para a tradição Mahāyāna. Lu-shan é famosa como o local do primeiro "Lótus", ou congregação da Terra Pura. O grupo, no entanto, se dedicava à visualização da Terra Pura por meio da meditação, e não à fé nos votos de Amitābha. Tratava-se de um grupo de elite que, como mais tarde acusaria Chia-tsai, "não beneficiava ninguém" (isto é, não atingia o povo comum; T 47.83b). Entre seus membros não havia nem homens do campo nem mulheres. Como santuário, Lu-shan desfrutava de proteção da busca por soldados e era o lar de cavalheiros que se retiravam da vida pública. Embora tivesse conseguido resistir à pressão para se curvar ao poder, a comunidade, no entanto, se desintegrou pouco depois de seu homem santo, Hui-yüan, morrer em 416. O centro do budismo no sul deslocou-se então para a capital, Chien-k'ang. Em 420, a dinastia Chin caiu e houve uma sucessão de quatro dinastias no sul, todas fundadas por guerreiros que, sem exceção, patrocinavam a fé. O budismo foi então marcado pelo poder e riqueza da capital, na qual os monges viviam em relativo conforto como figuras públicas populares conhecidas por sua competência na exegese filosófica. Havia muito poucos monges que meditavam ou seguiam os preceitos. O templos enriquecidos com doações tinham servos e os monges mais idosos tinham pagens. Numa ocasião, os monges pediram um tratamento ainda melhor, embora sua dieta já incluísse carne e vinho. O imperador Wu, da dinastia Liang, lembrou-lhes, com grande ênfase mas em vão, de que o sutra por eles preferido, o *Sutra do Nirvana*, proibia que comessem carne (T 52.294b-303c).

Para seu crédito, o saṅgha do sul continuou a resistir aos pedidos imperiais de que os monges se curvassem ao trono – no entanto, menos em razão do desapego pregado por Hui-yüan, do que como meio de reafirmar o poder que os monges haviam adquirido. Seu envolvimento político era tal que alguns monges (e monjas) recebiam solicitações dos que desejavam uma audiência na corte. Essa situação tem semelhança apenas parcial com o papel do homem santo no norte, pois esses monges e monjas não trabalhavam para o bem do povo, mas eram os ricamente recompensados servos de interesses especiais. Essa influência dos monges na corte devia-se a vários fatores. Em primeiro lugar, aos militares, que se tornavam governantes, eles ofereciam legitimidade budista (cármica) para o poder que eles começavam a exercer. Em segundo lugar, com freqüência havia uma simbiose sutil entre o militarismo e a devoção mística, uma vez que os soldados em batalha, onde se suspendiam os padrões normais de certo e errado, encontravam consolo nos monges que aspiravam a um estado que, de alguma forma, estava além do bem e do mal. O místico que via como carma toda ação, tanto boa quanto má, podia, por seu lado, aceitar o soldado pelo que ele era. O monge era obrigado a odiar a matança, mas era igualmente obrigado a não odiar o matador (nem também qualquer outra pessoa); o soldado tinha experiência da impermanência em primeira mão e tendia a aceitar seu fado de modo fatalista como devido ao carma, que não podia ser mudado nesta vida, mas que o poderia numa vida futura, talvez pelo ato supremo de sabedoria ou dom da graça que pode, de um só golpe, aniquilar todo carma (essa psicodinâmica também está por trás da aliança que se faria mais tarde entre o Ch'an e a arte militar do *kung-fu*, do Zen com o Bushido, e da vida do samurai com a devoção da Terra Pura). Assim, em vez de um núcleo estável de "moralidade da classe média", os dois extremos da ação e contemplação se complementam reciprocamente, para manter represada a anomia social da qual eles são sintomas. De modo análogo, o fascínio da monja de casta estava em conformidade com a infame dissipação da corte do sul, e conversões súbitas de um a outro extremo não eram desconhecidas. Nesse período de extremos, a China teve Aśokas como o imperador Wu, da dinastia Liang, no sul, e Calígulas como o imperador Wu, da dinastia Chi, no norte.

Essas novas tendências logo se disseminariam da capital para a mais estável região rural. A antiga "mansão monástica" continuou a existir, permanecendo relativamente constante o número de templos e monges nas dinastias do sul, exceto por um súbito aumento no número de monges sob o imperador Wu, cujo patrocínio deu estímulo a um saṅgha "branco e preto" (impuro). Em contrapartida, ocorreram flutuações drásticas nesses números no norte turbulento, onde os experimentos de formação de irmandades sob o Darma encontrava um estado em permanente situação de guerra. A estabilidade do budismo no sul sugere que ele jamais representou um grande desafio à ordem tradicional e que, embora pregasse o contrário, ele conseguiu apenas pacificar as consciências culpadas e reforçar o *status quo*.

O Norte e o Noroeste

O saṅgha do norte foi fundado por Fo-t'u-teng, ao qual se atribui a conversão de dez mil famílias nas adjacências de Yeh. Teng atuava sob o pressuposto de um término em conjunto da Roda do Darma e da Roda do Poder. Tao-an jamais se curvou aos governantes, mas também não fugiu ao desafio da política, confessando abertamente que "sem o esteio dos governantes, as questões do Darma não podiam ser decididas". Apesar de algumas acusações de corrupção – por exemplo, a acusação de que o povo estava evitando seus deveres mundanos, como o pagamento de tributos, ao se juntar ao saṅgha – essa comunidade parece ter sido bastante pura e escrupulosa. Eram essas atitudes que se manifestavam, quando o vitorioso imperador T'ai-tsu, da dinastia Wei, e seus soldados, passando por áreas em que esses dois mestres haviam ensinado, foram saudados por monges que se enfileiravam junto à estrada. Após pacificar o território, T'ai-tsu decidiu que a fé merecia apoio e que os monges eram dignos de receber ajuda, como exemplos dos traços divinos que eram merecedores de confiança. Ele nomeou Fa-kuo, um líder do saṅgha proveniente da Ásia central, dando, assim, um líder estrangeiro ao śramaṇa chinês. Fa-kuo, que não era carismático, foi escolhido por "seu conhecimento e pureza de conduta" (T 52.102a). Numa cena de confronto clássica, não houve milagre: Fa-kuo simplesmente se curvou diante de T'ai-tsu, reconhecendo-o como um rei tathāgata. Isso tem sido repetidamente citado como prova de que o budismo do norte era uma religião do estado, mas essa é uma simplificação de uma relação entre duas instituições, Estado e saṅgha, que passavam por um processo de consolidação. É verdade, e uma verdade não incidental, que Fa-kuo não era um homem santo como Teng. Ele não era o eixo de um pacto entre governante e povo; ele representava somente os monges, não o povo. Nem os monges podiam ser vistos como representando o povo; de fato, os monges estavam alojados em "residências oficiais", que T'ai-tsu mandara restaurar. Eles foram enviados pelo imperador seguinte, T'ai-tsung, provavelmente como emissários oficiais, para pacificar a região rural (T 52.102a)[7]. Fa-kuo foi escolhido por seu conhecimento dos preceitos e os preceitos deixavam claro que os monges não deviam se curvar aos governantes. No entanto, Fa-kuo argumentava que se curvava somente diante do Buda, mas que o rei, na medida em que apoiava o darma, era semelhante ao Buda, por sua virtude. Essa ambigüidade era intencional; sua submissão tinha um sentido oculto. Fa-kuo preservava sua autoridade divina, à qual, em questões do espírito, o imperador se submetia. De fato, nesse mesmo episódio, o imperador, por sua vez, dobrou-se a ele, embora de forma menos

7. A esse respeito, pode-se citar as lúcidas observações de um defensor do budismo do período Chou no norte: "Os ensinamentos de Śākyamuni incentivam a se manter a pureza e serenidade, a se voltar para a docilidade e harmonia. Assim, eles podem pôr um fim aos ressentimentos. Pois eles revelam a causa e o efeito cármicos, a felicidade e infelicidade são consideradas como merecidas e, sobre essa base, os ricos e os pobres podem se apoiar e viver em paz".

21. *Bloco Capsular de um Monumento Budista*, ca. 525 d.C. Escultura – Chinesa. Dinastia Wei do Norte (386-534 d.C.) Arenito polido. 70,5 x 63,5 cm.

pública: ele visitou Fa-kuo em seu eremitério, cuja entrada era tão baixa que ele teve de se curvar para poder entrar (para preservar sua dignidade real, mais tarde a entrada seria ampliada, para poder acomodar o carro real [T 52.102a]). Nessa história, o Estado e o saṅgha chegam a uma acomodação mútua como duas instituições permanentes. Se Fa-kuo se dobrou, ele também conquistou. Apesar da limitação que o Estado impunha à quota de monges para uma dada população, o saṅgha a ultrapassou, sob o patrocínio da dinastia Wei.

Houve uma outra comunidade budista que na época ainda não estava sob o domínio da dinastia Wei, na obscura região fronteira de Liang-chou, a noroeste, e ela foi uma ameaça à ordem estabelecida maior que a do saṅgha do sul. Liang-chou foi a primeira de quatro colônias militares que ligavam a China à Ásia central, através de Tun-huang (a mais remota das quatro). Um baluarte do budismo desde o início do século III, Liang-chou convivia com um tráfego intenso entre Ch'ang-an e a região oeste. Dharmarakṣa, o bodisatva de Tun-huang (final do século III, T 50.326c-327a), viajava livremente entre ambas. O catálogo de sutras de Tao-an registrava todo um conjunto de textos sagrados que haviam sido traduzidos nesse centro. A instabilidade política e nas planícies centrais após 311, no entanto, havia interrompido esse tráfego. Agora uma relativamente pacífica região isolada, Liang-chou teria um século para desenvolver sua própria forma de budismo. No início do século IV, Meng-hsun dominava a área, com o apoio do hierocrata local, Dharmakṣema (T 50.335c-337b), um profeta da guerra e realizador de milagres somente superado por Fo-t'u-teng. Menos famoso que Kumārajīva, Dharmakṣema traduziu um conjunto de obras muito mais representativo. Os textos de Vaipulya por ele traduzidos tinham atrativos para toda a comunidade budista: havia as histórias do Jākata (nascimento) do Buda para jovens e velhos, o *Sutra da Luz Dourada* para os governantes, os *avadāna* (mitos das origens), que explicavam o panteão da tradição Mahāyāna, dhāraṇī mágicos, para todas as ocasiões, o *Sutra de Upāsaka-śīla* (Sutra dos Preceitos Leigos) e o *Sutra de Bodhisattva-śīla* (Sutra dos Preceitos do Bodisatva), para a criação de comunidades leigas e monásticas com base em preceitos da escola Mahāyāna, e textos mais próximos da linha filosófica de Kumārajīva, como o *Karuṇā-puṇḍarīka* (Lótus da Compaixão), que celebra o *ekayāna* (um veículo), e o *Sutra de Mahāparinirvana*, que ensina a iluminação budista universal. Nenhuma outra comunidade tinha a sua disposição uma gama tão abrangente de textos sagrados. Dharmakṣema incentivou essa abrangência, criando a primeira comunidade a seguir os preceitos da escola Mahāyāna na China, colocando tanto generais quanto pessoas comuns sob um código tão liberal em suas regras quanto exigente em seus princípios (T 50.326c-327a). Ao que parece, os monges de Liang-chou continuaram com suas peregrinações; eles perambulavam muito mais que os monges do sul e nunca residiam em templos de sua propriedade. Eles conviviam bem com os leigos, que os hospedavam durante suas viagens; em sua atividade como guias para as pessoas, eles tinham poucas inibições em compilar ensinamentos e sutras ou em usar o Darma de uma forma utilitária. Eram diligentes propagadores dos preceitos e, com eles, teve origem a tradição confessional e litúrgica. Eles popularizaram o budismo. Também eram conhecidos como os que mantinham viva a tradição ascética. Preservaram o antigo ideal de habitação na floresta, mas substituíram as florestas por grutas.

Essa comunidade budista extremamente dinâmica estava isolada a noroeste e teve pouco impacto sobre o resto da China até a conquista dessa área sob a dinastia Wei, em 439, o que assinala um divisor de águas na história do saṅgha do norte. No reinado do imperador T'ai-wu (424-451), os Três Ensinamentos se dirigiram rumo a um confronto, e uma aliança utilitária entre o confucianismo e o taoísmo terminaria por levar à primeira perseguição contra os budistas. O imperador inicialmente apoiou o darma, apoiou os monges e compareceu à festa de aniversário do Buda. Liang-chou era a última resistência que ele precisava colocar sob seu domínio. Ele deu o primeiro passo para garantir a submissão, ao pedir a Meng-hsun que lhe enviasse seu santo, Dharmakṣema. Meng-hsun encontrou uma desculpa para deixar Dharmakṣema livre. T'ai-wu, furioso por sua vontade ter sido desafiada, ordenou a Meng-hsun que enviasse soldados para buscar Dharmakṣema e o matassem. Meng-hsun, lamentando a impermanência do poder mundano, queixou-se: “Dharmakṣema foi meu mestre dos preceitos (com o qual se tinha uma dívida eterna) e seria apropriado que eu devesse morrer com ele” (T 50.326c). T'ai-wu reforçou seu exército com os monges fisicamente aptos que ele havia destituído de suas funções e, em 439, marchou contra Liang-chou. Nesse cerco a cidade fortificada, deu-se o primeiro caso registrado de monges tomando parte numa batalha: três mil deles ajudaram a defender a cidade. Que os discípulos de Dharmakṣema pudessem ignorar a regra do *ahiṃsā*, para vingar sua morte e impedir um mesmo destino para si próprios, é algo compreensível. No entanto, ao pegar em armas dessa forma, eles podiam na verdade estar seguindo um preceito. O sutra que justificava isso era nada menos que o *Sutra do Nirvana*, traduzido por Dharmakṣema. Esse texto era lido de forma totalmente diferente no norte e no sul. A escola do nirvana no sul concentrava-se quase que exclusivamente no ensinamento do sutra sobre a universalidade da natureza do Buda, enquanto a leitura do norte salientava a predição escatológica de ameaças iminentes ao saṅgha e o desaparecimento do Darma “dentro de sessenta anos”. Ela também não esquecia os antigos ensinamentos do sutra que negavam a natureza do Buda ao *icchantika* (o amaldiçoado), legitimavam o pegar em armas em defesa do Darma e ensinavam que matar um *icchantika* podia não ser um pecado. Assim, o episódio dos monges armados não era uma aberração; ele era, na verdade, uma demonstração dramática do ativismo do budismo de Liang-chou. No entanto, a defesa do Darma pelas armas fracassou.

Após a queda da cidade, a população foi escravizada e transportada para P'ing-ch'eng, a capital do reino Wei. Mas logo a comunidade de Liang-chou conquistava novos adeptos em seu novo ambiente. O príncipe da dinastia Wei e a nobreza adotaram a prática de Liang-chou de hospedar os monges em suas residências, para grande irritação do primeiro-ministro arquiconfuciano, Ts'ui Hao. Em 444, foi emitido o decreto de proibição de uma tal acolhida aos monges. Então, em 445, a descoberta de armas num templo em Ch'ang-an deu a Ts'ui Hao ensejo para invocar outras acusações e promover uma perseguição ao budismo (T 50.102b). O príncipe e o monge que ele mantinha em sua casa, Hsüan-kao, tentaram interceder. Hsüan-kao colocou em cena o Confessionário da Luz Dourada, para superar a cisão entre o rei e o príncipe, pai e filho, invocando o poder (aparições em sonhos) dos ancestrais (pró-budistas). Ts'ui frustrou essa iniciativa promissora com uma acusação de feitiçaria e fez com que Hsüan-kao fosse estrangulado (T49.354ab). Após o budismo ser oficialmente proibido em 446, os monges de Liang-chou, que se recusaram a abandonar a fé, ocultaram-se em meio aos leigos simpatizantes, pacientemente aguardando uma oportunidade. Em 452, T'ai-wu morreu e a proibição foi suspensa. Seguiu-se um próspero ressurgimento do budismo, que reconquistou mais terreno do que havia perdido, por meio de um ousado programa de expansão da aceitação de novos membros no saṅgha, que literalmente retraçou o mapa religioso da China.

A Criação de um Mahāsaṅgha Liberal

A criação da "grande irmandade" (*mahāsaṅgha*) deu origem ao número lendário de três milhões de "monges" (*seng*), antes que sua magnitude começasse a atrair uma nova perseguição, em 574 d.C. O título *mahāsaṅgha* é apropriado, pois, assim como na Índia a tolerante escola Mahāsaṅghika precedeu a escola Mahāyāna, essa tolerante comunidade precedeu o surgimento da tradição Mahāyāna chinesa no norte. Três milhões é um número impossível, pois mesmo no apogeu do budismo, durante a dinastia T'ang, o número de monges chegava a apenas setecentos mil. Manifestamente nem todos esses três milhões eram monges no sentido estrito. Noventa por cento deles eram camponeses que se consideravam "monges" (*seng-chia*) porque integravam organicamente um *mahāsaṅgha* preceptor, criado pela revitalização budista, ou então oficialmente faziam parte dele.

O êxito dessa instituição corrige a percepção equivocada de Weber do budismo como uma religião mística voltada para o sobrenatural e destinada a um punhado de "virtuoses espirituais" ou "profetas exemplares" que emulariam, com a supressão do eu, a impessoalidade do nirvana. O budismo oferece instruções claras sobre como conduzir-se no mundo real de acordo com a vontade do Iluminado: os preceitos e os nobres caminhos da escola Hīnayāna, as perfeições do bodisatva requeridas na tradição Mahāyāna. Tanto para a pessoa de vida doméstica quanto para os monges, a primeira regra é *dāna*, a doação ou caridade em vista da fraternidade humana. A fórmula da sabedoria que a acompanha – que não haja doador, dádiva nem receptor – sugere o "amor acósmico" de Weber, no entanto, na prática, ela não difere do desapego que acompanha a caridade cristã, no qual a mão direita não sabe o que faz a esquerda. A teoria budista da fraternidade humana baseia-se na interdependência de todos os seres, isto é, na afirmação de que devemos ter estado, por uma infinidade de renascimentos, conectados como filhos e filhas, irmãos e irmãs, esposos e parentes a todos os seres sencientes. Daí a obrigação de retribuir toda a bondade que, em algum momento, se recebeu de todos. Por outro lado, não se retribui o mal; é o carma que cuida do "olho por olho". Essa mensagem de caridade rompia com a insistência confuciana na prioridade do parentesco. As organizações de clãs estabelecidas pelos confucianos para o cuidado das viúvas e dos órfãos e as hospedarias grátis dos religiosos taoístas foram superadas pela instituição budista do campo de méritos cooperativo, que tornava possível o cumprimento do mandamento da caridade universal. Mais tarde, a ideologia do mérito pareceria, para alguns, um caminho inferior, mas ela era eficaz em lembrar às pessoas que era melhor dar que receber, transferir méritos a outros que reivindicá-los para si próprio, dar anonimamente ou a estranhos que dar publicamente ou para os que se conhece.

Por volta de 470, em resposta aos sofrimentos de uma outra população escravizada, a população de Shan-Tung, na região oeste, que encontrava dificuldade em se adaptar como escravos num Estado imperial, T'an-yao, um monge de Liang-chou e líder do saṅgha, criou uma solução caridosa que teria amplas conseqüências. Tendo morrido o administrador, T'an-yao pediu que a propriedade fosse colocada sob a administração dos monges. O devoto imperador Kao-tzu aprovou o pedido, sabendo do grande mérito que pode alcançar um governante que liberta o povo para o saṅgha dessa forma. Esse foi o início do campo de méritos da compaixão, conhecido como a família do saṅgha. Nesse sistema, uma família de camponeses podia acumular méritos ao doar uma certa quantidade de cereais ao saṅgha; os membros da família do saṅgha eram considerados como parte da família dos monges (*seng-chia*); eles podiam receber uma parte dos cereais doados ao saṅgha, para ajudá-los em épocas de necessidade, e também podiam compartilhar de privilégios monásticos, como a isenção de impostos e do trabalho em regime de corvéia. Em troca da doação, o camponês podia receber os preceitos leigos que então eram popularizados num sutra apócrifo composto para essa finalidade, o *T'i wei Po-li ching* (*Sutra de Trapusa Bhallika*), que alinha os cinco preceitos com as cinco virtudes confucianas, os cinco elementos e outros conjuntos de cinco nas correlações cosmológicas que predominavam durante a dinastia Han. No interior do *seng-chia*, seus membros adotivos tratavam-se por irmãos e irmãs. Eles até mesmo imitavam as confissões quinzenais dos monges. Essa propriedade para caridade se expandiu rapidamente, à medida que os camponeses foram doando seus campos ao saṅgha, para obtenção tanto de benefícios espirituais quanto de proteção material. O que começou como um trabalho administrativo terminou na criação de um saṅgha dono de propriedades, que terminaria sendo conhecido como dono de um terço das terras. Esse não era o estilo original de Liang-chou, e seu efeito secularizador iria se tornar manifesto quando a comunidade se defrontasse com as primeiras acusações de corrupção, vinda dos próprios monges.

O Desenvolvimento do Darma

Enquanto o norte bárbaro desenvolvia a instituição do saṅgha, o culto no sul da China assentava os fundamentos para a assimilação do darma. Duas preocupações importantes ocupariam os pensadores budistas do sul até o final da dinastia Liang (552): o significado do *vazio* e a promessa da *natureza do Buda*. A filosofia do vazio chegava até eles por meio dos sutras de Prajñāpāramitā, cujo tema recorrente é: "A forma é vazia, o vazio é a forma; saṃsāra é nirvana, nirvana é saṃsāra". Os chineses interpretavam essa fórmula como implicando a transcendência do mundo pela *via negativa*, seguida, como era apropriado ao bodisatva da tradição Mahāyāna, por um retorno do domínio nirvânico ao domínio de saṃsāra, por meio da percepção de sua não-dualidade. A doutrina da natureza do Buda provém do *Sutra do Nirvana* e inspirou nos chineses a esperança de encontrar essa chama divina na humanidade, bem como as causas e condições de uma possível fruição dessa "semente da iluminação suprema". Esses dois temas inspiravam a ontologia objetiva e a psicologia subjetiva desses pensadores gnósticos do sul. Ao introduzi-los aqui, nossa intenção não é tanto focalizar as noções indianas originais, mas antes, chamar a atenção para os aspectos únicos da compreensão exegética chinesa.

O Vazio Budista e o Vazio Taoísta

O encontro do neotaoísmo com o budismo no século IV deu origem à prática do *ko-i*, ou exegese da equivalência de conceitos do budismo. Embora os budistas chineses no período Han já comparassem as idéias nativas com as estrangeiras, interpretando os elementos básicos de skandha, *āyatana*, *dhātu* com os conceitos nativos de éter (*ch'i*) e alma (*shen*), o *ko-i* denota a equivalência do śūnyatā dos sutras do vazio, introduzido desde a época de Chih Ch'an, ao Vazio ou Nada (*wu*) descoberto pelo neotaoísta Wang Pi.

Wang Pi, numa reação à fixação confuciana neste mundo do ser, buscou por trás da aparência dos fatos um princípio transcendental (*li*), um significado último (*i*) por trás de todas as formas (*hsiang*) e palavras (*yen*). Esse significado é o não-ser ou vazio, a origem, solo e substância de todas as coisas. Não sabemos se Wang Pi foi influenciado pelos sutras do vazio, aos quais ele não faz qualquer menção. Mas sabemos que os neotaoístas posteriores, sendo menos centrados na China, eram receptivos à sabedoria da Índia e estavam abertos ao irracional (um deles reuniu relatos sobre encontros com espíritos na coletânea *Shou shen chi* [em Busca do Demoníaco]). Durante a dinastia Chin do leste, quando esses homens foram se afastando cada vez mais da política e da crítica política (*ch'ing-i*) e passaram a tolerar a pura discussão (*ch'ing-t'an*), o vazio se tornou um dos temas de especulação prediletos. Seis teses sobre o vazio – chamá-las de "escolas" seria excessivo – tiveram origem nesse período. Muitas vezes consideradas como opiniões individuais, elas na verdade constituem séries de tentativas de apropriação da concepção Mahāyāna do vazio. Seu desdobramento dialético passou pelas diversas fases típicas da tese, antítese e síntese.

1. A primeira tese básica identificava o vazio (o vazio de natureza própria, *svabhāva-śūnyatā*) com o Não-ser Original (*Pen-wu*, uma palavra empregada na tradução dos termos *tathatā* e *śūnyatā*). Essa concepção foi desenvolvida por Fa-shen (286-374). A afirmação de Lao-tzu de que "o ser vem do não-ser" (cap. 40) havia inspirado Wang Pi a declarar o não-ser como o fundamento de todo ser. Seguindo essa inspiração, Fa-shen interpretou, talvez equivocadamente, a máxima "a forma é vazia" como significando que todas as coisas nascem de um "buraco oco", ou não-ser, o "espaço vazio" que precedeu o surgimento dos quatro grandes elementos:

> Chu Fa-shen diz que o significado supremo da verdade de todos os darmas é ser originalmente não-existente, vazio e sem-forma; o surgimento da miríade de fenômenos é chamado verdade do mundo. Assim, o Buda respondeu ao brâmane: "Os Quatro Elementos surgem do vazio" (T 65.93b.5-7)[8].

Essa concepção confunde o vazio com o vácuo e a causalidade budista com a cosmogonia taoísta. O vazio não é uma potência nebulosa a partir da qual todas as coisas teriam se originado. Mas, como a maioria dos chineses considerava a prática espiritual como uma redução da atividade (*wei*; carma) até que a não-atividade (*wu-*

8. Relato do japonês Anchō (763-814).

wei; nirvana) fosse alcançada, poucos perceberam a falácia. Tao-an desenvolveu essa concepção da seguinte forma:

> Quando apareceu no mundo, o tathāgata propagou seus ensinamentos por meio do Não-ser Original. Assim, toda a vasta coletânea de sutras esclarece o Não-ser Original dos cinco agregados [...]. O Não-ser existiu originalmente, antes deste mundo de transformações, e o vazio veio no início de todas as formas. As pessoas ficaram mergulhadas no último estado do Ser. Se a mente é confiada ao Não-ser Original, então seus vários pensamentos chegam a um fim (T 65.92c.16-20).

2. Foi necessário que um monge observador, Chih Min-tu, proveniente do sul num certo momento entre 325 e 342, expusesse o viés niilista da tese de *Pen-wu*. Versado no corpus do *Prajñāpāramitā*, ele observou que os sutras jamais diziam que não havia forma (*rūpa*, matéria). A forma, por mais vazia que seja, continua a existir como forma. Argumentava que, uma vez que os objetos dos sentidos manifestamente existem, eles parecem não existir somente enquanto a mente da consciência do sujeito está vazia:

> A mente é negada com relação a uma miríade de fenômenos, mas a miríade de fenômenos não é não-existente. O significado dessa interpretação é o de que, ao ensinar que todos os darmas são vazios, os sutras estão dizendo que os darmas devem ser considerados física e mentalmente como inúteis e que não devemos nos apegar a eles [...]. Isso não significa que os fenômenos externos sejam vazios, nem que os objetos fenomênicos sejam vazios (T 42.29a.25$_2$8)[9].

Esse *Hsin-wu*, ou Mente como antítese do Vazio, desfechou um tal golpe contra a tese simplista de *Pen-wu* que deu origem a uma série de contra-ataques por parte dos pensadores do sul, que, quando não puderam vencer por meio de argumentos, passaram a difamar Min-tu. A maioria dos estudiosos considera essa tese do *Hsin-wu* como inspirada na idéia de Chuang-tzu de "não-mente". Mas, enquanto Chuang-tzu entendia como "não-mente" a ausência de pensamento deliberado, Min-tu, ao que parece, interpretava o termo como significando a ausência da alma. Ele podia invocar os sutras, nos quais não apenas a consciência fora declarada vazia. Era por esse motivo que ele era tão hostilizado por outros budistas. Ele captou o significado de anātman (não-alma) quando eles ainda sustentavam a crença de que devia existir uma alma que transmigra. Mesmo Tao-an, que modificou a tese de Fa-shen em resposta à crítica de Min-tu ("o vazio não é um buraco oco; as coisas enquanto tais são o ser-tal [*tathatā*, natural, *tzu-jan*]"), não conseguiu abandonar a teoria de uma consciência transmigradora.

3. Dois defensores da teoria da indestrutibilidade da alma agora se erguiam. Eles aceitavam a concepção de Min-tu, mas buscavam

9. Relato de Chi-tsang.

subsumi-la à verdade mundana (no contexto da teoria da dupla verdade), de modo a salvaguardar a existência da alma como a verdade suprema. Num certo momento após 362, o monge Yü Fa-k'ai (306?-365) – embora concordando com Min-tu em que a realidade do mundo era de fato uma função da consciência e que uma mente vazia na verdade não poderia ver formas – afirmaria que, para além dessa consciência inferior da relação sujeito-objeto, estava a Mente transcendental:

Este mundo triplo é a habitação para uma longa noite. A consciência mental é o sujeito de um grande sonho. Se despertarmos para o vazio fundamental desse mundo triplo, a consciência ilusória terá se exaurido (T 65.94c.22).

A assembléia de existentes que é percebida agora consiste toda ela em percepções num sonho. Quando se desperta do grande sonho depois de o amanhecer iluminar essa longa noite, as ilusões desaparecem, a consciência ilusória se extingue e o mundo triplo é visto como vazio. Nesse momento, não há nenhum lugar no qual alguma coisa surja, e mesmo assim nenhum lugar que não tenha surgimento (T 42.946.4-7).

Libertada do sonho no qual existe uma dicotomia entre sujeito e objeto, essa Mente se torna *shen* (alma, viva) e se une ao vazio.

sonho irreal	percebido por	consciência ilusória
vazio verdadeiro	unida com	a alma iluminada

Essa é a teoria de *Han-shih* (a mente incorpora a consciência como sua função no mundo) ou *Shih-han* (o mundo de objetos, a realidade do mundo, é submetido à função da consciência ilusória).

4. Tao-i também aceitava a dependência da realidade com relação à consciência. Num certo momento após 365, ele propôs a tese de que a mente é como um mago que pode criar objetos ilusórios. No entanto, insistia em que, para além dessa ilusão da vida e morte que constitui a verdade do mundo, está o "eu real" (alma) que não pode ser não-verdadeiro:

Todos os darmas são o mesmo que ilusões mágicas. Porque são o mesmo que ilusões mágicas, eles são chamados de verdade do mundo. A mente e o espírito são reais e não vazios; essa é a verdade suprema. Se o espírito é vazio, então para quem são dados os ensinamentos, e quem cultiva o Caminho da ignorância à sabedoria? Assim, está claro que o espírito não é vazio (T 65.95a.4-7).

ilusões da mente	a verdade mundana
verdadeiro espírito do sábio	a suprema verdade

Essa tese de *Huan-hua* (Realidade é Ilusão) ia além da tese de *Pen-wu*. Este último via o ser como evoluindo a partir do não-ser. Aqui, ser (realidade) é não-ser (ilusão).

5. Uma outra tese que pretendia mostrar como a forma pode ser real e vazia ao mesmo tempo era emitida por Yü Fa-lan (m. 335). Essa tese de Yuan-hui, ou tese da Confluência de Condições, sustentava que, quando se reduz os fenômenos a seus elementos componentes, pode-se mostrar que eles são irreais. Embora evitasse a *reductio ad nihilum*, essa tese não ia muito além do argumento de Nāgasena da transitoriedade do carro no *Milindapañhā*. Ela entendia que o todo é irreal, mas ainda aceitava a realidade dos componentes. Essa foi a tentativa de assimilar o vazio da escola Mahāyāna que mais se aproximou da tradição Hīnayāna. Os registros que chegaram até nós não indicam se a questão do *shen* estava nela envolvida.

6. Embora tanto Tao-i quanto Yü Fa-k'ai já tentassem combinar a tese de *Pen-wu* com a antítese de *Hsin-wu*, a síntese mais ousada surgiria com Chih Tun, que desenvolveu uma inversão dialética tripla. Em primeiro lugar, ele reduziu a realidade ao vazio, provavelmente pelo método de *Yuan-hui*. Então, reafirmou a realidade, concordando com Min-tu que formas permaneciam não menos formas.

A forma é vazia	A forma é forma
não-ser	ser

ser e não-ser pertencem à mente
acima da mente está a alma

Por fim, ele seguiu essas posições opostas até a discriminação inata à mente. Pelo esvaziamento dessa mente, o ser e o não-ser podem ser dominados e acorda-se para a alma eterna. Essa teoria de *Chi-se* (Permanecendo com a Forma) vinculava-se a uma interpretação do capítulo sobre a Liberdade Errante no *Chuang-tsu*, de acordo com a qual o sábio permanece fisicamente no mundo da forma (daí, *chi-se*), enquanto, em espírito, ele vaga livremente pelos mistérios, sendo assim "uma coisa em relação a coisas, sem jamais se tornar uma coisa entre coisas"; isto é, o sábio "está no mundo mas não é do mundo".

Quaisquer que fossem as deficiências dessas seis teses, elas emulavam o convite do bodisatva a transcender saṃsāra e ainda permanecer fiel à terra; a intuir o vazio em meio à forma. Ainda assim, essas personagens do século IV não contavam com o conhecimento da tradução de Kumārajīva dos śāstras de Nāgārjuna e Āryadeva, que pertenciam à escola Mādhyamika. Todos eles eram guiados por algum tipo de tendenciosidade e não conseguiram compreender o Caminho do Meio, embora conseguissem melhores resultados que os que mostravam uma obsessão com o ātman ao discutir a tese de Min-tu. Kumārajīva corrigiu ambos os equívocos e apoiou a crítica que Seng-chao fazia deles na obra deste último denominada *Pu-chen k'ung lun* (Vazio do Irreal). O primeiro expositor da doutrina Mādhyamika na China, Seng-chao, assumiu as teses anteriores. Ele o fez por meio da demolição de três teses representativas. Primeiro, abandonou a tese de *Pen-wu*, devido a seu niilismo ontológico: "Ele cometeu o erro de valorizar o não-ser às custas do ser", perdendo assim o Meio. A seguir, passou a minar a tese de *Hsin-wu*, abandonando-a devido a seu reducionismo psicológico. "Ela não conseguiu provar o vazio da forma em si e por si própria", recorrendo, em vez disso, ao que era na verdade uma teoria Hīnayāna do *dhātu* que estabelecia que um objeto é real somente quando a visão e a consciência estão intactas. Por fim, dedicou-se à elaboração da tese de *Chi-se*, uma medíocre solução esquizofrênica, de acordo com a qual o corpo permanecia junto com outros corpos enquanto o espírito desencarnado perambulava no vazio. Acusou Chih Tun de empreender uma destruição causal da realidade e de esvaziar a forma apenas em relação a outras formas. "A forma enquanto forma é vazia; não precisa ser esvaziada com relação a outras formas existentes".

Seng-chao detectou a falácia presente em todas as seis teses, que podemos apresentar da seguinte forma: todas elas pressupunham a existência de duas categorias separadas de realidade, ser ou forma, de um lado, e não-ser ou vazio, de outro. Somente após isso foi possível buscar a coincidência dos opostos. Assim, a escola de *Pen-wu* começava e terminava com o vazio. Para evitar a armadilha da redução niilista, Min-tu caiu numa outra, a da independência da forma. O dualismo era até mesmo mais óbvio na divisão dos dois níveis da verdade de Tao-i tanto quanto na de Yü Fa-k'ai. Mesmo Chih Tun não conseguiu escapar a essa dificuldade. Após conseguir com êxito esvaziar a forma, ele voltou a afirmar que o ser da forma era "diferente do vazio". Mesmo em sua defesa da liberdade do sábio, isso o levava a decompô-lo em corpo e alma, uma metade, com as coisas e a outra, acima das coisas. Seng-chao mostrou que a máxima "a forma é vazia" não exaure duas entidades em uma. Para começar (e para terminar), existe apenas uma única realidade. A irrealidade intrínseca da forma é o que se designa com o termo "vazio"; a auto-suficiência dos conceitos é apresentada como auto-negação. Esse é o objeto de seu ensaio sobre "O Vazio do Irreal", refletido em seu título.

O Desvio Satyasiddhi

Seria de se esperar que Seng-chao empreendesse uma aplicação rigorosa da dialética Mādhyamika, de forma a dar um fim aos erros de seus compatriotas. Isso, no entanto, não aconteceria. De fato, ele próprio não era o primeiro na linhagem da última escola de San-lun (Mādhyamika, Três Tratados). Durante o século e meio seguinte, houve um recuo para uma versão atenuada da filosofia do vazio, conhecida como satyasiddhi, ou ch'eng-shih, assim denominada devido a uma tese de Harivarman (hoje não mais encontrada em sânscrito), traduzida por Kumārajīva no último período de sua produção. Valorizado inicialmente por sua crítica ao Abidarma de tradição Hīnayāna, o *Ch'eng-shih-lun* (T 32.239-373), ainda preso a alguns desses mesmos pressupostos, levou os pensadores do sul a certos equívocos.

No entanto, jamais um desvio da mente é tomado sem que haja razões para isso. Por que razão esses pensadores do sul equiparavam Harivarman a Nāgārjuna? Que virtudes eles encontravam em seu próprio sistema e para as quais podemos estar cegos devido à crítica de Nāgārjuna? O clima intelectual do século V era mais complexo do que em geral se supõe. Em primeiro lugar, não havia uma continuidade entre o interesse do século IV no prajñā e o estudo guiado por Nāgārjuna no século V. Entre os dois estava o então recente legado do Abidarma, ao qual até mesmo Tao-an, o principal estudioso do prajñā na tradição *Pen-wu*, tendeu em seus últimos anos. Se a chegada de Kumārajīva sofreu demora devido a isso, a de Saṅghadeva, não. Saṅghadeva introduziu o Abidarma na China e também o ensinou em Lu-shan, na última década do século IV. Kumārajīva atacou com paixão esse legado em seu *Ta-chih-tu-lun*, mas mentes menos dotadas, inclusive o próprio Seng-chao, não conseguiram descartá-lo. Tanto o norte quanto o sul sentiram o impacto do Abidarma; o sul não se dando conta do erro até a chegada dos novos mestres da escola de San-lun, vindos do norte no século VI.

Em segundo lugar, novas complicações surgiram com a chegada do *Sutra do Nirvana*, um texto desconhecido de Kumārajīva e para o qual ele não havia preparado seus discípulos (a tradição, naturalmente, considerou seu *Sutra do Lótus* como uma antecipação da doutrina desse sutra, chegando mesmo a atribuir a Kumārajīva a compreensão da natureza do Buda). A nova doutrina de uma natureza do Buda (*gotra*) era explicitamente criticada no *Mādhyamika-kārikā* de Nāgārjuna. Harivarman naturalmente não tinha alternativa, mas o fato é que a escola de satyasiddhi postulava a Verdade Única (superior às Duas Verdades) como a verdade real, *satya*, que, por coincidência, era também chamada no *Sutra do Nirvana* de a Verdade Real e Única, isto é, a natureza do Buda *qua mahātman*. Mas o que Harivarman considerava como sua Verdade Real e Única é simplesmente a terceira das Quatro Nobres Verdades: *nirodha* (nirvana) era considerado real porque é libertador; as outras três (o sofrimento, sua causa e o caminho) eram consideradas provisórias, porque todas elas surgem sob saṃsāra. Essa confusão custou caro, pois ela faria a teoria epistemológica da dupla verdade retroceder ao dualismo ontológico das Quatro Nobres Verdades.

Em terceiro lugar, Seng-chao não estava completamente livre dos pressupostos taoístas e, dessa forma, não podia evitar que mais tarde se fizesse uma leitura equivocada de sua obra. Em seu *Wu pu-ch'ien-i* (As Coisas Não se Movem), ele podia até mesmo ter ensinado aos mestres da filosofia ch'eng-shih não tanto a dialética crítica, mas, antes, a liberdade de expressão. Ao buscar demonstrar a falácia do pressuposto, na época comum, da realidade do movimento, Seng-chao recaiu momentaneamente na divisão Sarvāstivāda entre passado, presente e futuro como três momentos discretos do tempo, definidos de uma tal forma que as coisas num momento do tempo não podiam logicamente passar para um outro. Sua meta última, no entanto, não era demonstrar que as coisas não se movem, mas que o que as pessoas consideram como movimento, o estudioso não considera como tal e que, além disso, as coisas podem estar ao mesmo tempo se movendo e não se movendo. Isso podia ser interpretado como uma visão trilinear da verdade, na qual o movimento é a concepção do senso comum, a imutabilidade, a do sábio e a identificação de ambos, a verdade suprema.

Esse interesse em encontrar a unidade necessária das duas verdades numa terceira (e final) verdade não estava presente no *Mādhyamika-kārikā*. De qualquer forma, ele parece ter inspirado o ciclo de especulações sobre a forma e o vazio que veio em seguida, baseado na pressuposição equivocada de que com o Caminho do Meio estaria sendo visado algum tipo de unidade entre o ser e o não-ser numa verdade superior. A versão mais simples disso pode ser apresentada da seguinte forma:

Verdade Suprema	Verdadeira, mas vazia
———————————	Paradoxos se encontram no Meio
Verdade do Mundo	Real, mas falsa

Manifestamente, há alguma sofisticação envolvida nessa equação. A nova especulação sobre as Duas Verdades multiplicava as complexidades. Na prática, ela pretendia explicar como uma coisa pode ser real num nível e, no entanto, irreal num outro, e como as duas se fundem num Único Real. Um dos primeiros comentadores das tentativas feitas até então foi o pensador leigo Chou Yung. Em seu *San-tsung-lun* (Sobre as Três Escolas), ele tipificou as principais opções como três:

Esvaziar o provisoriamente real	Niilismo
Não esvaziar a realidade provisória	Realismo
Ver o provisoriamente real como vazio	Meio

Uma boa explicação do significado dessas três posições é a analogia oferecida no século v por Seng-ch'üan, uma das personagens fundadoras da escola de San-lun que se estabelecia em Monte She.

Niilismo:	noz vazia mastigada por um roedor sem conteúdo, apenas uma casca envolvendo
Realismo:	um melão flutuando para dentro e para fora da água agora você o vê, agora você não o vê
Meio:	(sem metáforas: total união de opostos) o provisório como o vazio

As duas primeiras posições são enganadoras em sua explicação de como as coisas podem ser reais e ao mesmo tempo falsas. A primeira esvazia a substância e retém a aparência da realidade, assim dividindo as duas verdades espacialmente, o interior versus o exterior. A segunda supera isso, mas apenas pela substituição de uma distinção temporal por meio da qual a mesma realidade está *in toto* aí e não aí, dependendo das circunstâncias. Somente a última posição percebe como a forma é diretamente vazia e o vazio é diretamente forma. Como sempre, a última opção nunca é completamente explicada.

Nem sempre fica claro em qual das opções recai a escolha do próprio Chou Yung. Às vezes se atribui a ele ter mantido a terceira posição (o que é natural); às vezes atribui-se a ele a segunda (numa avaliação retrospectiva); às vezes ele é situado num certo ponto arquimediano, abrangendo todas as três (uma posição que ele merece; cf. abaixo). Os novos mestres da escola de San-lun em She-shan terminariam por desmantelar a escola de satyasiddhi, ao expor alguns de seus equívocos básicos. Vou mencionar apenas um deles. Se as primeiras seis teses do vazio interpretavam o vazio de forma incorreta, então os mestres da filosofia ch'eng-shih basicamente interpretavam o Caminho do Meio de forma incorreta, tomando-o num sentido positivo, de modo análogo ao conceito confuciano Meio ou à Harmonia taoísta, como necessariamente unindo as duas verdades, como o yin e o yang, em algum Absoluto supremo. A ortodoxa escola de San-lun compreendia isso muito bem: o vazio não é uma entidade e o Caminho do Meio não faz afirmações; o vazio é o meio, o nem/nem que funciona como meio para que se possa ser livre de todas as pressuposições ônticas. Ela sabia que todas as palavras eram um jogo, que todas as teses eram meros dedos apontando para a lua.

Os mestres da filosofia ch'eng-shih talvez não compreendessem o vazio verdadeiro, mas eles sem dúvida estavam libertos da servidão da razão, a ponto de ser capazes de transcender as categorias taoístas de ser e não-ser, e estavam, a seu modo, também libertos do mundano. Podemos ilustrar essa sofisticação budista por meio do debate entre Chou Yung e Chang Jung: o taoísta Chang Jung argumentava que Lao-tzu também conhecia a identidade entre o ser e o não-ser. Chou Yung observou que Lao-tzu apenas sabia que o "ser provém do não-ser", mas não que o "ser é não-ser". Chang Jung, assim como outros taoístas na época, aprendera a interpretar o "duplo mistério", no capítulo 1 do *Lao-tzu*, no estilo do *śūnyatā-śūnyatā* (dupla negação: esvaziando o vazio) da escola Mādhyamika.

Esses dois [ser e não-ser] aparecem ao mesmo tempo
Mas de alguma forma recebem nomes diferentes
Esse é o mistério.
O mistério dos mistérios [*chung-hsüan*, duplo mistério]
É a chave de todos os mistérios.

Ele citava essa passagem para mostrar que Lao-tzu conhecia a mesma identidade da forma que o Buda. Convicto da unidade dos Três Ensinamentos, Chang Jung morreu com os sutras do vazio, de um lado, e o *Tao-te ching* e os *Analectos*, do outro. Mas, nessa ocasião, Chou Jung insinuou que sua própria posição transcendia a das três escolas. Sua posição era não ter uma posição, mas consistia puramente na exposição dos limites das outras posições. Nisso ele antecipava o ideal do Prāsangīka da escola de San-lun e podia, sem dúvida, ser considerado como seu predecessor, mais que como meramente quem propôs a melhor das três opções da filosofia ch'eng-shih.

A Escola do Nirvana

Pouco depois de Kumārajīva, os estudos do nirvana – estudos do *Sutra do Nirvana* – eclipsaram até mesmo o interesse na filosofia do vazio *per se*. Uma vez que a purista escola de San-lun rejeitava uma natureza do Buda positiva, os estudiosos do nirvana terminaram por se alinhar à filosofia ch'eng-shih. Nas dinastias do sul, os pensadores budistas dedicaram muito tempo à especulação sobre esse *mahātman* e sua localização na pessoa humana. O fundador da tradição do nirvana foi Tao-sheng, que descobriu a doutrina da "natureza universal do Buda" mesmo antes de o texto completo ter chegado a Chien-k'ang, em 430; em resultado disso, ele foi temporariamente expulso da comunidade budista (inicialmente o *Sutra do Nirvana* excluía da iluminação os *icchantikas*; somente numa seção posterior, essa avaliação seria alterada). No final, a doutrina se tornou tão central para a tradição Mahāyāna chinesa que a escola de Fa-hsiang, ou Iogacara, que restabeleceu a ousada categoria de *icchantika*, passou desde então a ser sumariamente classificada como de tradição Hīnayāna! O desenvolvimento do pensamento de Tao-sheng revela a agitação e confusão intelectual da época e se divide em quatro fases. Primeiro, ele foi iniciado por um defensor da teoria do vazio, lançando suas raízes no neotaoísmo. Então, estudou o Abidarma em Lu-shan sob a orientação de Sanghadeva, que declarou ser a doutrina Mahāyāna uma obra do demônio. Foi nessa época, aparentemente seguindo a leitura de Hui-yüan do *Abidarma-hṛdaya* traduzido por Sanghadeva, que ele chegou a sua primeira e mais simples teoria da iluminação súbita. Esse texto declarara que, após todas as degenerações terem sido substituídas pela pureza, a supressão final desses carmas puros que ainda nos prendem a saṃsāra ocorreria "num único momento" e "sem gradações". Tao-sheng parafraseou essas afirmações de modo a formar a dupla teoria de que o "bem [último] não produz [mais] retribuições [cármicas]" e de que a "iluminação tem [então] que ser totalmente repentina". Uma vez que outros na época também admitiam uma necessária descontinuidade entre saṃsāra e nirvana, eles não viam motivos para contestar essa manifestação de antigas verdades em epigramas criativamente novos.

No entanto, isso sofreria uma mudança em sua terceira fase. Notícias da chegada de Kumārajīva levaram Tao-sheng a Ch'ang-an, para estudar com o mestre Kucha. Kumārajīva já havia admitido que o *Sutra do Lótus* trazia um "ensinamento esotérico do tathāgata" – sua doutrina de *ekayāna* havia resgatado o arahant como um Buda. Tao-sheng agora debatia a diferença entre os Três Veículos (*triyāna*: śrāvaka, pratyekabuddha e bodisatva). Indo além de Kumārajīva, que ainda aceitava três graus de realizações no âmbito do esquema em dez estágios (*daśa-bhūmi*) para o trio iluminado, Tao-sheng argumentou, sem fazer concessões que, se o Princípio (de *ekayāna*) é Um, então a iluminação no Um tem de acontecer de uma só vez. Essa controversa afirmação o afastou dos defensores da teoria dos Três Veículos. Yao Hsing e seu irmão Yao Sung juntaram-se à controvérsia e Seng-chao, representando a tradição do *Prajñāpāramitā*, que aceitava a distinção *triyāna*, foi convocado para defender o gradualismo. Ele o fez em seu ensaio denominado "O Nirvana é Sem-nome". Somente após o texto completo chegar a Chien-k'ang é que sua posição foi corroborada e seria somente mais tarde ainda, num prefácio ao texto sulista do *Sutra do Nirvana*, que ele acrescentaria "reconhecer a inata natureza do Buda de uma pessoa" em seu argumento anterior da iluminação súbita. Mais tarde, a tradição Ch'an defenderia uma fórmula análoga – e na verdade mais radical – e reivindicaria Tao-sheng como um dos seus.

Ao fundir as tradições do vazio, da doutrina de *ekayāna* e da natureza do Buda, a doutrina da iluminação súbita de Tao-sheng estava, sob muitos aspectos, à frente de seu tempo. Ele não teve nenhum sucessor verdadeiro, exceto talvez Fa-yao. A maioria dos estudiosos do nirvana defendia o gradualismo. Eles adotaram a filosofia satyasiddhi e adaptaram a distinção *triyāna*. Em sua análise da natureza do Buda, eles tendiam a uma abordagem ôntica (onde ela se encontra?) e a uma prática causalista (quais são os quatro modos causais que existem?). Esses equívocos seriam corrigidos mais tarde pelos mestres da escola de San-lun, após eles adaptarem a doutrina Mādhyamika de modo a admitir a tese de uma natureza do Buda não vazia (*aśūnya-tathāgatagarbha*), e pela retomada da doutrina de *ekayāna* pela escola de T'ien-t'ai (lótus), que absorveu sob si o estudo do nirvana.

O Imperador Wu da Dinastia Liang e a Síntese das Escolas

O estudo do nirvana e da filosofia satyasiddhi floresceu durante a dinastia Liang, sob o imperador Wu que, assim como seus predecessores, subiu ao trono por meio de derramamento de sangue, mas que era um grande patrono da fé. Wu, um dos mais cultos dos fundadores de dinastias, foi educado com os clássicos e nutrido com o taoísmo religioso antes de mudar suas convicções, após o quê, renunciou ao taoísmo e governou como um discípulo bodisatva do Buda, moldando a si próprio e seu reino de acordo com os ensinamentos do *Sutra de Aśoka*. Ele erigiu stūpas, libertou criminosos, suspendeu a pena de morte e até mesmo prestou votos como servo de um templo, de modo que a corte teve que resgatá-lo mais de uma vez. Ele era devoto o suficiente para se afastar do governo ativo, terminando por perder seu reino para homens mais mundanos.

Foi durante seu reinado que Fan Chen voltou a questionar a convicção budista de uma alma imortal. Na melhor de suas críticas, cuja dialética socrática faz lembrar o *Milindapañhā*, Fan Chen comparava o *shen* ao fio da lâmina de uma faca, o corpo sendo a faca. Na verdade, o *shen* é a vida do corpo, mas por mais aguda que seja sua inteligência, quem já ouviu falar que ela sobrevive ao corpo? Seria possível falar igualmente da função de uma lâmina que sobreviveria à destruição da substância que é a faca. A tese era tão forte que o imperador Wu convocou a corte para respondê-la. No final, o próprio imperador Wu defendeu o darma, num tratado no qual ele identificava a alma "indestrutível" à natureza "permanente" do Buda; essa parece ter sido a primeira vez que essas duas características foram confundidas. O imperador estava seguindo os estudos sobre o nirvana e a filosofia satyasiddhi da época. Como o *Sutra do Nirvana* havia limitado a natureza do Buda aos seres sencientes ("telhas e pedras não têm a natureza do Buda"; elas não sofrem nem têm um uso para a libertação do sofrimento), a maioria dos estudiosos do nirvana, em conseqüência, a situavam na mente e no coração. Assim, o monge Pao-liang, um protegido do imperador, identificou a mente transcendental do tathāgatagarbha (Buda embriônico) à natureza do Buda. Uma vez que o tathāgatagarbha no homem é, paradoxalmente, imaculado e no entanto maculado, plenamente iluminado, embora temporariamente aprisionado no corpo, Pao-liang também considerava a mente como o local da Unidade das Duas Verdades. Aqui na mente, saṃsāra e nirvana se encontrariam. Refletindo de modo muito semelhante, o imperador Wu identificou a consciência que transmigra à natureza do Buda, uma proposta arriscada, uma vez que esse *mahātman* Mahāyāna deveria ser mais que um skandha Hīnayāna. No entanto, ele dividiu *hsin-shen* (mente-espírito) em duas partes – a mente, que é transcendental, e o espírito ou consciência, que transmigra – e, mais significativamente, voltou contra o próprio Fan Chen seu paradigma materialista da função-substância. Em vez de ver a mente como uma função do corpo, ele via a mente transcendental como uma substância e a consciência que transmigra como uma função. Admitindo que essa consciência ilusória se desintegra com os fenômenos transitórios, ele afirmava que, para além dela, está a imutável natureza do Buda, destinada à iluminação:

Mente como natureza do Buda	Substância invariável	Unidade com o Princípio
Consciência Mundana	Função variável	Morre com os fenômenos

Essa é uma variante da tese de Han-shih que examinamos acima.

Esse debate sobre a imortalidade da alma foi o último e o mais importante da série. Durante a dinastia T'ang, a maioria dos budistas chineses aceitavam a teodicéia cármica e o julgamento da alma; a maioria dos budistas instruídos também reconhecia que a questão real nunca era a do corpo *versus* alma, mas antes, da forma (*rūpa*) e consciência (*citta*). O imperador, ao fazer da mente iluminada a substância por trás da consciência ilusória, pode ter dado início a um desenvolvimento de grande importância histórica, na medida em que o mesmo modo de pensar se encontra no *Despertar da Fé no Mahāyāna* (provavelmente uma composição chinesa do século VI), que viria a influenciar todas as escolas de budismo no Extremo Oriente.

A ASCENDÊNCIA DA JÓIA DO BUDA

Imagens do Buda

A regra "Siga o darma, não a pessoa", que fora ensinada por Śākyamuni, não podia ser aplicada ao próprio Buda, que, como aquele que descobriu o Darma e fundou o saṅgha, era venerado por todos. Na tradição Hīnayāna, ele era considerado extinto e o mundo era agora visto sem um Buda; no entanto, a presença de sua proteção jamais era posta em questão. Era essa presença que inspirava o *Sutra do Lótus* a declarar sua extinção como uma ilusão e a proclamar o Buda como imortal e capaz de se manifestar a qualquer momento, até mesmo para a pessoa comum, desprovida de visão espiritual. Essa afirmação foi vitalizada pela representação artística. O budismo era originalmente anicônico; a compreensão iluminada de *anātman* e nirvana desafiava a representação antropomórfica. O Buda era representado apenas por símbolos como o stūpa, suas pegadas, ou a roda do sol. Imagens do Buda apareceram pela primeira vez em Mathura e em Gandhāra, este último um local exposto a influências gregas. Nessas imagens ele era representado como uma personalidade receptiva e cheia de vitalidade, dando origem a um novo tipo de contemplação de imagens. Se, de um lado, a tradição Mahāyāna glorificava o Buda em seus ensinamentos e praticava a meditação sobre o Buda, de outro, a arte budista ajudava sua ascensão, permanecendo uma parte indispensável desse processo. Ela ajudou a elevar o Buda acima do Darma e do saṅgha, tornando-o a cabeça e fazendo destes dois, os membros, como expressa o *Sutra do Nirvana*.

Embora o budismo se disseminasse até a Ásia Central no primeiro século a.C., somente na segunda metade do primeiro século d.C. é que as imagens o seguiriam, alcançando a China mais tarde. O príncipe Ying, da dinastia Han (m. 71), tinha no máximo somente uma pintura; Chia Yung (*cc.* 120) possuía uma estátua – surpreendentemente grande, considerando-se a data. No período da dinastia Chin, as imagens do Buda permaneciam raras. Os poucos artistas que tinham conhecimento suficiente para produzi-las eram principalmente da Ásia Central. Os nomes de alguns dos pintores chineses do Buda foram preservados, mas o fato de seus nomes serem conhecidos indica como eram raras essas imagens. No início do século V, Hui-yüan possuía uma pequena imagem incrustada com pedras preciosas, uma raridade. Para uma imagem em maior dimensão, a comunidade de Lu-shan, ao que parece, tinha de se contentar com uma sombra do Buda que aparecia numa encosta. De qualquer forma, os monges do sul provavelmente sentiam pouca necessidade de estátuas, absortos que estavam no dharmakāya sem forma. Eles tendiam a fazer da forma do Buda, o *rūpakāya*, um mero expediente. Tao-sheng, um adepto do vazio mais que da forma, chegou mesmo a dizer que o Buda – referindo-se à própria Iluminação – não tinha realmente *rūpakāya*, ou pelo menos não um que fosse relevante. Ele também via nas Terras Puras meras ficções, criações da mente.

No norte, ao contrário, a ênfase de Dharmakṣema na tradição litúrgica havia preparado os budistas a dar valor à forma do Buda como transcendência encarnada, como aquilo que a teoria de trikāya (Três Corpos) mais tarde reconheceria como o Corpo de Êxtase etéreo dotado de poder, ou saṃbhogakāya. Os Jākatas que ele traduziu também faziam os homens lembrar-se do Buda humano; estes se tornariam um tema importante na arte de grutas que se desenvolveria mais tarde. Liang-chou também tinha acesso mais fácil à arte da Ásia central e provavelmente herdou, de forma mais integral, a tradição da meditação icônica da Terra Pura. O fluxo de imagens do Buda foi bloqueado após 311, e somente após a área ser conquistada e a rota entre a China e a Índia ser reaberta, em 439, é que surgiria uma maré de "sutras e imagens no norte", como lembrava Wei Shou. Os monges de Liang-chou, que foram para P'ing-ch'eng, levaram consigo seus artistas, de modo que, em 444, quando foi anunciado o edito que bania os "monges em residências privadas", também foram feitos prisioneiros os "artesãos mantidos privadamente". Em 446, três mil artesãos foram levados de Ch'ang-an para P'ing-ch'eng. Os nômades tinham aparentemente se contentado em viver em tendas, mas agora esses artesãos da madeira e do gesso iriam construir novos palácios para eles. Durante a revitalização budista em 452, esses artistas devem ter cooperado com os artesãos da Ásia central na glorificação do Buda, pois quando, por volta de 460, teve início o projeto de Yungkang, o tamanho monumental e a coerência do estilo na construção eram indicativos de que se tratava de equipes de trabalho (na época, em sua maioria chineses) sob o comando de artesãos supervisores (em sua maior parte provenientes da Ásia central). Por volta de 480, já era visível uma mudança no estilo sob a influência chinesa. Mais tarde, quando a capital do reino Wei mudou para Loyang (494), os novos projetos da gruta de Lung-men revelavam um estilo ainda mais chinês nas figuras e em suas características. É manifesto que a capacidade de produção de imagens não era mais o monopólio de alguns poucos esotéricos.

Que muitos grupos privados tinham imagens antes de 444 pode ser visto no *Sutra de Brahma Net* compilado pelos chineses, que proibia a venda indevida de estátuas (uma referência à perseguição que esse tipo de venda provocava). Isso se aplicava em especial a Loyang, onde, na segunda década do século VI, réplicas baratas de imagens do Buda eram produzidas em massa para venda fácil, para irritação do autor do *Hsiang-fa chueh-i ching* (Sutra para Resolver as Dúvidas na Era do Darma da Semelhança), que lamentava o comércio desses "produtos condenáveis desprovidos de todo o conjunto de marcas [...] e os deploráveis bustos de meio corpo". Os monges que outrora tinham o controle da produção das imagens sagradas compreensivelmente se irritavam com esse comércio em deuses de papel. O que eles e os puristas conservadores que escreveram esse sutra ignoravam é que essas réplicas baratas tornavam possível pela primeira vez a devoção privada popular ao Buda. A arte tinha, se não criado, pelo menos acentuado uma devoção dominada por leigos e centrada no Buda. Esse desenvolvimento minou a ordem monástica e sua devoção mais antiga, mais sóbria e centrada nos mais velhos.

A Arquitetura e o Surgimento das Comunidades dos Templos

Também a arquitetura ajudou no surgimento dessa nova devoção centrada no Buda. A adoração exigia a ambientação apropriada nos templos do Buda, os *saṅghārāma*. A devoção centrada no templo floresceu em Loyang, no norte, e Chien-k'ang, no sul, no início do século VI. A diferença entre os mosteiros e os templos está em que os templos celebram a jóia do Buda, enquanto os mosteiros organizam o refúgio no saṅgha. Os templos do Buda se originaram historicamente com os stūpas, que abrigavam as cinzas do Buda, que representam o Buda após sua morte. Os mosteiros tiveram início com o vihāra abrigando o saṅgha e as células de claustro, que remontavam a simples cabanas usadas durante o recuo das monções. Originalmente, essas duas instituições eram separadas; supunha-se que o Buda teria confiado o stūpa aos leigos e o Darma aos monges (na verdade, há registros de que o Buda teria pedido que suas cinzas fossem espalhadas sem comemorações). Os leigos podiam adorar as relíquias, com o objetivo de alcançar um melhor renascimento, enquanto aos monges se dizia que deviam ser uma luz em si mesmos, que deviam buscar o nirvana seguindo o darma, não a pessoa. Nāgasena o Ancião, ainda desaprovava abertamente os cultos no stūpa. Aceitável para os leigos, essa idolatria jamais poderia conduzir ao nirvana. A escola de Mahāsāṅghika considerava meritório esse tipo de adoração, e mesmo os sutras de *Prajñāpāramitā*, que salientavam a doutrina do dharmakāya, desaprovavam a adoração do stūpa. Era a ala Buddhayāna da escola Mahāyāna, a doutrina de *ekayāna* do *Sutra do Lótus*, que promovia esse culto. Assim, as duas linhas de desenvolvimento originalmente corriam paralelas. Mas, quando os stūpas se desenvolveram e se tornaram pagodes e o vihāra se tornou mosteiro, encontramos as duas se apoiando reciprocamente numa mesma localidade. Que o Buda e o saṅgha pudessem ser encontrados num mesmo complexo, como acontece hoje em todos os países budistas, foi um desenvolvimento posterior, que violava o princípio da separação das jóias, que proíbe o intercâmbio entre suas propriedades separadas. Quando o budismo penetrou na China, durante a dinastia Han, esse princípio se abrandara ou era judiciosamente contornado. Na China, desde o início, o stūpa e o claustro se uniam.

Os projetos arquitetônicos budistas não podiam ser bem conhecidos na época, e o número de monges era pequeno. Tendo como modelo um saguão ancestral com o Buda como o ancestral, o saguão no qual Chia Yung instalou sua imagem do Buda era grande o suficiente para acomodar três mil visitantes e pode, dessa forma, ser chamado de templo, embora essas estruturas iniciais não devam ser identificadas com o complexo do templo plenamente desenvolvido. O mais antigo exemplo de templo de estrutura clássica, inspirado no período Sui mais antigo, pode ser visto em Nara, no Japão. O templo clássico tem um amplo átrio público no primeiro plano, onde se situam o pagode e o saguão do Buda, o claustro monástico ficando ao fundo.

	claustro dos monges	retiro nirvânico
Saguão do Buda	átrio público	nirvana = saṃsāra
Pagode		
	mercado do templo	envolvimento samsárico

Cada parte tem sua própria história e significado simbólico. O claustro dos monges preserva a antiga estrutura do vihāra; domínio dos monges nirvânicos, a área fica fora dos limites para os leigos (ou turistas). O átrio estende-se até o pátio para o qual davam as células do claustro. Os monges se reuniam para sua confissão quinzenal, à qual os leigos que observavam as oito abstinências nesse dia tinham permissão de comparecer. Foi nesse átrio que se introduziu o stūpa. As imagens chegariam mais tarde e seriam alojadas separadamente, no que é hoje designado como saguão do Buda (durante a dinastia T'ang, as imagens tomariam o lugar das relíquias e o saguão do Buda, o do pagode). Ao contrário do claustro, o átrio é destinado à devoção do Buda e nele os leigos são bem-vindos e, em geral, atendidos por monges-sacerdotes. Preso entre o retiro nirvânico dos claustros e a prisão samsárica do mercado do templo, do lado de fora do portão principal, o átrio simboliza o Buda nirvânico vivendo em meio aos homens de saṃsāra. É aí que "saṃsāra é nirvana; nirvana é saṃsāra".

O templo, já na Índia, criava sua própria forma de devoção, diferente da do mosteiro. O vasto átrio tornava possível uma maior participação dos leigos; a imagem estimulava a devoção; o tamanho do Buda (cinqüenta metros de altura) apequenava qualquer monge, por mais santo que fosse. Os leigos podiam se aproximar diretamente do Buda, evitando a mediação pelos monges, e podiam até mesmo reivindicar acesso ao darma, antes monopolizado pelo saṅgha e que o Vinaya proibia "ser ensinado aos não qualificados". Esse desenvolvimento afetou enormemente o saṅgha e criou divisões em suas fileiras: deveria ele rejeitar ou incorporar, ignorar ou ajudar esse desenvolvimento extracanônico e extramonástico da devoção centrada no Buda e encabeçada pelos leigos?

As Três Jóias e os Padrões da Conversão

No padrão das conversões chinesas ao budismo, pode-se detectar a centralidade sucessiva do darma, do saṅgha e do Buda nas vidas dos convertidos. Isso foi revelado indiretamente por uma análise que Miyakawa Hisayuki fez de biografias de monges eminentes. Ao que parece, os primeiros convertidos ao budismo, durante o período Wei-Chin, foram influenciados sobretudo pelas idéias, ou o darma.

22. *Estela Budista*, *ca*. 535-45 d.C. Escultura – Chinesa. Dinastia Wei do Oeste (535-557 d.C.). Pedra calcária cinza-escura. 249 x 80,5 x 33,2 cm.

Eles tendiam a ser homens de boa origem familiar, que eram atraídos pela filosofia do vazio, e isso numa idade relativamente madura. Hui-yüan, que se afastou do mundo ao ouvir um discurso de Tao-an e que considerava o confucianismo e o taoísmo inferiores ao Darma do Buda, foi um convertido clássico desse tipo. Chih Tun aparentemente não manteve o voto de pobreza: tinha dinheiro suficiente mantido sob guarda privada (o que é permitido), para considerar a compra da encosta de um morro para sua retirada final da panorâmica K'uai-chi (o que é um tanto extravagante). Esses dados refletem a origem acima da média de muitos desses primeiros convertidos. Isso não significa que o budismo fosse um brinquedo intelectual dos ricos e famosos. Muitos dos convertidos dos quais não temos registros deviam provir de ambientes mais pobres. Ainda assim, a tendência elitista dos relatos salienta o fato de que, antes do século v, as regras mais exigentes do Vinaya não eram ainda conhecidas e que o saṅgha ainda não se tornara suficientemente capacitado para recrutar à vontade. O ideal de que "as quatro castas (na Índia) deviam fluir como quatro rios até um único corpo" na irmandade dos monges, ainda não podia se realizar, devido a limitações materiais.

Uma mudança ocorreria no século v. Houve um salto no número de monges; caiu a idade média com que eles entravam para a ordem; e aumentou o número de casos de monges provenientes de famílias que não eram importantes o suficiente para ser mencionadas em suas biografias. Seng-chao era um copista pobre; Fa-hsien entrou para o mosteiro com a idade de três anos. O saṅgha se tornava cada vez mais auto-suficiente e podia recrutar monges provenientes de uma base social mais ampla e de todos os grupos de idade. Agora o catalisador da conversão não era o amor pelas idéias abstratas, mas antes as tragédias pessoais que traziam uma consciência do sofrimento humano e da transitoriedade da vida. Assim, Seng-tu, um jovem respeitável da dinastia Chin do leste e noivo de uma jovem chamada Yang, despertou para o fato da impermanência com a morte súbita de sua mãe já viuva e dos pais da jovem Yang; renunciou então ao mundo, deixando sua noiva cuidar dos funerais. Ela então pediria seu retorno numa série de poemas, que davam voz a sentimentos confucianos e taoístas:

> O grande Caminho é sem fim,
> O céu e a terra durarão...
> Embora o homem nascido neste mundo
> Passe por ele como uma sombra fugaz,
> Ainda assim a fama e a glória podem florescer
> Se apenas nos preparamos diariamente para elas,
> Enquanto a música deleita os ouvidos
> E as finas vestes adornam o corpo.
> Assim por que você deveria raspar a cabeça,
> Negar o ser com sua fuga niilista? (T 50.351a)

Sen-tu escreveu-lhe uma resposta budista:

> Nem o destino nem o acaso chegam a um fim.
> Mesmo as rochas se esfacelarão um dia.
> Assim rio acima (vindo do mundo poluído) eu peregrino,
> Deixando todas as glórias mundanas para trás.
> Com a cabeça erguida, eu canto uma melodia simples,
> Meu corpo bem aquecido com uma roupa de algodão.
> Agradável esse mundo podia ser,
> Mas o que então do próximo?
> Bem e mal são devidos a meu carma,
> Eu perderia a mim mesmo em benefício dos outros (T 50.351b).

A jovem Yang terminou por se juntar a ele, tornando-se ela própria uma monja. Embora o Darma desempenhasse um papel na conversão, não foi o enigmático vazio, mas sim o sofrimento, a impermanência, o carma e o renascimento que levaram Seng-tu a deixar o mundo. Esses sentimentos refletem o deslocamento social da época, que impelia as pessoas a buscar refúgio no saṅgha. Isso fica mais claro no caso da jovem Yang. Ela só exprimiu seu apelo quando percebeu que ela própria, uma órfã com a morte dos pais e uma viúva pela deserção dele, não tinha "nada em que se apoiar". O mosteiro como refúgio lhe garantia tanto a vida quanto a subsistência. Esse serviço o saṅgha garantiria no decorrer de todas as seis dinastias.

Podemos detectar um novo padrão de conversão já no século VI em Loyang e Chien-k'ang (embora ele seja mais saliente durante o período T'ang): a conversão passa a se centrar no Buda, no contexto de um templo, a média na idade dos convertidos cai ainda mais durante a dinastia T'ang, e o que estimula a conversão é muitas vezes a atração exercida pela arte budista. Agora a ocasião da conversão não é nem o estímulo intelectual nem a ansiedade dolorosa, mas, por assim dizer, um senso do sublime. Assim, relata-se que um menino de três anos de idade foi levado ao templo pela mãe e se apegou de tal forma à beleza da imagem do Buda que se recusava a sair. A mãe confiou-o então aos cuidados do templo e ele se tornou um monge ao atingir a idade apropriada. No caso de um convertido tão jovem dificilmente se poderia esperar a deliberação intelectual de um Hui-yüan ou a renúncia de um Seng-tu. O desejo da criança de ficar no templo foi propiciado por uma cultura convertida ao budismo e pela vida familiar receptiva ao chamado. Se a mãe devota já não tinha prometido a criança ao templo como parte de um voto budista, ela estava totalmente disposta a aceder a seu desejo. Muitos casos como esse ocorrem no período T'ang, quando os futuros monges muitas vezes eram recrutados em meio à população do próprio templo. A antiga tensão entre a devoção filial e o abandono do mundo havia se dissipado. Os pais queriam que um de seus filhos fosse monge e reconheciam a "maior filialidade" do renunciante. Isso raramente significava renunciar ao nome e à fama.

O prestígio, o poder e a riqueza devidos ao sacerdócio faziam dele uma via-padrão para se alcançar mobilidade ascendente por meio do talento. A atração do chamado levou a um aumento, a partir do século VI, no número de monges proeminentes de boa origem familiar. O rápido desenvolvimento da arte e da arquitetura nos templos do Buda na China do século V marcou a linha divisória da espiritualidade budista, uma espiritualidade que apontava para a tendência de crescente secularização durante o período T'ang.

A Família do Saṅgha em Perigo

Que o Buda fosse mais venerado que o saṅgha não era de surpreender. Isso estava na tradição quase desde o início. Mesmo hoje, nos países de tradição Teravada, o stūpa sempre atrai a maioria das doações, apesar da máxima, tantas vezes repetida pelos monges, de que o saṅgha é o campo insuperável dos méritos! É uma convicção generalizada que a doação ao Buda, a mais pura de todas as almas, gera mais méritos que a doação ao saṅgha, assim como é mais meritório doar ao saṅgha puro que ao povo comum. Assim o saṅgha encontrava dificuldade em objetar à veneração do Buda, até o momento em que houve razões para alarme, como aconteceu em certa época na Índia e depois também na China. No século VI, no norte, os templos urbanos do Buda drenavam os recursos dos mosteiros do saṅgha localizados na região rural. Em alguns casos, o cereal destinado ao saṅgha era usado para a construção de templos, contrariando o propósito original de T'an-yao de criar um campo de méritos sob o saṅgha, com a finalidade específica de ajudar os pobres e necessitados. Por lei, os bens do saṅgha eram mantidos sob uma guarda coletiva para todos os membros, para ajudá-los nas necessidades e, durante a vida de T'an-yao, o cereal destinado ao saṅgha era usado exclusivamente por seus membros ou para eles. Ele tinha o cuidado de não colocar os camponeses ou os cereais sob a família do Buda, que ele também fundou. A família do Buda era constituída por escravos libertos e criminosos perdoados, que atendiam o Buda, varrendo e lavando a área do stūpa (ainda hoje um ato que é padrão do culto para os devotos do stūpa). Pela lei canônica, baseada na doutrina da separação das Três Jóias, a propriedade de qualquer uma das jóias não poderia ser livremente apropriada por uma das outras. Se o camponês e o cereal que ele produzia fossem colocados sob a Jóia do Buda, todo o programa de ajuda beneficente teria sido obstruído. O cereal teria de apodrecer no local do stūpa (T 50.351b).

No período de paz e prosperidade em Loyang (494-520), cresceram a economia e as necessidades urbanas. Houve uma queda correspondente nas grandes propriedades rurais. Os templos urbanos prosperaram, e tanto os recursos públicos quanto os privados, tanto o ouro quanto a prata, eram prodigamente cedidos ao Buda. A extravagância indica que parte do cereal destinado ao saṅgha deve ter sido gasto com esse propósito. Os que criticavam essa tendência defendiam o "campo dos méritos da compaixão do saṅgha" e lamentavam que o cereal fosse assim saqueado por autoridades seculares e do clero, pois, ao erigir mais um pagode no "campo de méritos da reverência ao Buda", esses homens impiedosos negligenciavam os necessitados. Essa era a ênfase do *Hsiang-fa chueh-i ching*, conhecido principalmente como o texto sagrado que conclama à "ajuda aos órfãos e viúvas". Ironicamente, o êxito do programa da família do saṅgha favorecera esses excessos, pois foi a nova riqueza adquirida pelo saṅgha, uma riqueza que Liang-chou jamais conhecera antes, que corrompeu o programa. Algumas das autoridades do clero responsáveis pelo cereal se tornaram muito ricas; outras receberam cargos políticos; algumas vezes o cargo era concedido a quem fizesse a oferta mais alta. T'an-yao, ao popularizar a imagem do Buda (embora não o templo urbano: ele ainda amava as grutas suburbanas), inadvertidamente tornou possível o supremacia do Buda sobre o saṅgha e, em conseqüência, do templo sobre o mosteiro, e da cidade sobre o campo.

Mas a crítica à maré de seres humanos satisfeitos em se curvar diante dos pagodes e dos saguões do Buda não deve nos fazer ignorar os aspectos positivos dessa devoção urbana. A própria tradição Mahāyāna era um produto de "cidades seculares", como Vaiśālī. Dessa forma, os poderosos patronos leigos de Loyang (bodisatvas dedicados à vida doméstica) apreciavam o ensino de tradição Mahāyāna desenvolvido no sul. Eles se identificavam com a figura de Vimalakīrti, durante muito tempo um dos prediletos no sul, que agora deixava sua marca também no norte.

Os Templos Urbanos e a Gênese da Devoção Leiga Mahāyāna

A supremacia do templo urbano pode ter se dado às custas do mosteiro rural, mas isso ocorreu em benefício da população leiga. A devoção ao Buda libertou os leigos da tutelagem monástica. A cidade podia ser impiedosa, mas ela também era o solo fértil do absolutamente generoso bodisatva de vida doméstica, cuja caridade e sabedoria o colocavam em pé de igualdade com o monge bodisatva. O átrio de um templo podia não ser tão puro quanto o retiro nos claustros; havia sempre alguma compra e venda em andamento, em geral de mercadorias religiosas pelos próprios religiosos. No entanto, era aí que saṃsāra concretamente se encontrava com nirvana: o Buda não permanente encontrava sua morada no eterno meio-caminho entre o claustro e a praça do mercado. Um testemunho indireto – e um tanto na linha do boato – dessa devoção no templo é encontrado num clássico literário do período, o *Lo-yang ch'ieh-lan chi* (Registro dos

Templos de Loyang; T 51.999a-1022b), de Yang Hsüan-chih, que descreve com uma vivacidade sem par a nova devoção da cidade, centrada no Buda e comandada pelos leigos. A maioria dos templos que ele menciona pertencia à elite, mas os estudiosos exageram ao concluir disso que a devoção de Loyang era elitista. Mais importante é o fato de que apenas dois templos foram construídos por monges; a maioria foi construída por patronos leigos, os mais suntuosos, evidentemente, pela aristocracia; mas todos estavam abertos até mesmo ao mais pobre dos mendigos. Isso está em contraste com os dias de Fo-t'u-teng e Tao-an, quando os stūpas e claustros eram construídos basicamente sob a orientação deles e poucos desses "mosteiros" eram de domínio público como atrações turísticas.

No entanto, os *saṅghārāma* de Loyang eram basicamente templos, e não mosteiros. Nem todos eles tinham claustros para monges. Muitas das capelas privadas apenas os contratavam para executar serviços em ocasiões especiais. Outros ainda eram simplesmente residências transformadas em claustros de méritos, para os que haviam partido. Muitos outros (não registrados) eram simplesmente relicários que não recebiam os serviços de religiosos. Mesmo quando estavam envolvidos como patronos ou assistentes, os monges em geral não eram renunciantes ou contemplativos, mas antes, mestres do darma, que discursavam e pregavam, orientando a devoção do Buda e atuando no levantamento de fundos para a comunidade. Muitos dos templos eram projetos comunitários, com doações provenientes de diferentes protegidos ou corporações, para o fornecimento de uma lamparina de pedra, um pavilhão ou um relicário. Chamar esses *ssu* de "mosteiros" ou chamar a devoção aí realizada de atípica ou elitista é fazer uma leitura incorreta do fenômeno da devoção urbana. Na medida em que o patrocínio era principalmente leigo, a devoção era sobretudo voltada para o Buda. Em conseqüência, as lendas sobre os templos falavam dos poderes, e não dos homens santos, das relíquias do Buda etc. As relíquias apareciam misteriosamente em todos os templos, para assinalar sua origem supra-humana (T 51.1000a). Os pagodes perdidos nos fulgores mundanos empreenderiam um vôo transmundano, para mostrar que o Corpo do Buda jamais poderia morrer (T 51.1002b). Imagens que andavam e falavam, mexiam a cabeça ou suavam (T 51.1007c) exerciam uma peculiar atração, não parecendo apenas gesso e pedra, mas a encarnação viva e edificante do próprio Buda. Uma vez que a Loyang devota também era a Loyang secular, o sagrado e o mundano se fundiam. Os *avadāna* do templo falavam tanto do sagrado quanto do puramente terreno. Um número excessivo deles estava interessado em temas materialistas e nos rumores sobre as fortunas, tanto políticas quanto econômicas, feitas e perdidas na cidade, da noite para o dia (T 51.1010c). Num dos relatos, o Buda era descrito como um policial que protegia a propriedade do templo (isto é, a estátua dourada do próprio Buda) de ladrões, sem dúvida atraídos pela extravagância dessa ostentação. Essa falta de discernimento era parte da natureza da devoção leiga urbana, que era mais fervorosa que racional. Sem orientação, ela podia cair, e muitas vezes caía, em excessos. Em vez do sóbrio discernimento dos monges a respeito de saṃsāra e nirvana, os cidadãos de Loyang eram enredados em rumores sobre céus e infernos. Um famoso "fantasma vivo" elevou o preço dos caixões de cipreste, devido à história de como as pessoas poderiam ser recrutadas a ser soldados no inferno (T 52.1013a). Um outro relato sobre os requisitos para a admissão ao paraíso levou a cidade a comprar uma nova garantia, ao patrocinar monges contemplativos e cantores de sutras (T 52.1005bc). Esse tipo de devoção emotiva podia, se canalizada e conduzida, levar a grandes inovações. As reformas muitas vezes foram o resultado de uma combinação ideal entre o fervor popular e a reflexão culta. A religião do coração podia também inspirar a cidade impiedosa a uma ação generosa, e mesmo a teologias embebidas numa grande compaixão. Loyang era a mãe adotiva da visão universalista da gloriosa dinastia T'ang, desafiando a devoção aldeã mais provinciana de uma era mais sombria.

Por outro lado, tempos imoderados davam origem a reações imoderadas. A cidade viu-se enredada numa crise, tanto política quanto religiosa, no ano de 520. Quando, nesse ano, o majestoso pagode de Yung-ning se incendiou, os cidadãos choraram e os próprios monges se atiraram às chamas (T 52.1002b). Depois disso, não houve mais nem "um dia de paz". A capital foi saqueada, sua elite massacrada e ela foi finalmente abandonada em 535, quando o império Wei se desintegrou em meio a uma guerra civil. Quando Yang visitou a cidade, antes de escrever suas memórias, ela estava em ruínas. Era desolador o fato de que, enquanto outrora o homem santo predizia a ascensão de impérios, as lendas sobre os templos de Loyang após 520 só podiam profetizar a queda de reinos. Nem as relíquias, pagodes e imagens puderam salvar o próprio templo de seu destino. A concentração da riqueza e do poder na capital havia trazido o desastre. As relações inadequadas entre os ricos e os pobres, entre a cidade e o campo, haviam fomentado o descontentamento, criando um cisma sem precedentes no interior do saṅgha. A tensão entre a nova devoção urbana ao Buda – voltada para o cultivo do mérito privado – e as comunidades preceptoras no campo – comprometidas com a prosperidade do saṅgha – levou a um confronto entre os sumos sacerdotes que serviam ao Estado em Loyang e os membros do baixo clero que trabalhavam em meio ao povo nas fazendas. Não muito tempo antes, os monges andarilhos, divulgando os textos sagrados, eram considerados a norma, e a residência no templo era considerada apego a um lugar. Agora, no último período Wei, isso mudava. As sublevações de camponeses eram lideradas por esses monges itinerantes do baixo clero, considerados pela elite como impostores e agitadores. Em 520 relata-se que um bando de criminosos considerava uma morte como uma distinção no *bodhisattva-bhūmi*, e a primeira revolta de Maitreya ocorreria logo após, no período Sui.

Quando finalmente Loyang caiu, a dinastia Wei se dividiu em duas, e veio por terra a ilusão de que Loyang era "um reino do Buda na terra" (Bodhidharma, nos *Registros* de Yang). Dessa súbita desilusão, se ergueu o novo budismo da escola Mahāyāna chinesa.

O FIM DE UMA ERA

Rumores sombrios, como os que sempre surgiam ao fim de uma dinastia, circulavam desde que o templo de Yung-ning, um monumento da Paz Eterna esperada durante a regência da viúva imperatriz Hu, desapareceu nas chamas, em 520. Um desses rumores, que segundo se dizia teria alarmado o outrora devoto imperador Wu, da dinastia Chou, e feito com que ele se voltasse contra a fé em 574, dizia respeito ao "homem de capuz preto" que lhe tomaria o reino. Embora isso talvez não se referisse apenas aos monges de capuz preto, esse relato sugere o renascimento do conflito entre os Três Ensinamentos e o lado sombrio da aliança entre a política e a devoção no norte, desde sua fundação.

A política budista – "budismo de Estado" é uma designação enganadora – assumiu diferentes formas; algumas tênues e apenas nominais, outras ousadas e absolutas, dependendo menos da teoria que de sua implementação. Quando o imperador T'ai-tsu, da dinastia Wei, reivindicou ser o Buda e o rei, ele ainda se dobrava a Fa-kuo em questões do espírito. Da mesma forma, o imperador Shih-tsu (T'ai-wu) a princípio ainda celebrava o aniversário do Buda, derramando, de cima do portão, uma chuva de flores sobre sua estátua em desfile. Esse equilíbrio suave entre as Rodas do Darma (poder secular e lei do Buda) fora o ideal de Fo-t'u-teng. As transações mágicas, arriscadas mas eficazes, entre Teng e os reis guerreiros, deram lugar aos menos carismáticos métodos de confronto de Fa-kuo. À medida que o saṅgha foi se burocratizando, os monges que recebiam doações reais foram se tornando cada vez menos capazes de opor resistência às pressões do Estado – a menos que tivessem o apoio das famílias de magnatas, como acontecia com os monges do sul. O equilíbrio das Duas Rodas cada vez mais pendia para o lado do governante.

Em contraste com o ideal budocrático de Teng, cujo horizonte dualista estava próximo da doutrina Hīnayāna, alguns sutras posteriores a Aśoka concediam mais poder ao governante e apresentavam o Buda como confiando o Darma diretamente ao governante, conferindo-lhe o dever atribuído a Aśoka de "purificar o saṅgha", caso as circunstâncias o exigissem. Após a morte do imperador Shih-tsu e o fim da perseguição de 446-452, o novo governante tornou-se o primeiro a assumir esse papel, atuando como mestre de preceitos e readmitindo no saṅgha os monges que haviam se dispersado. Embora o sul não tivesse reis tathāgatas, há indicações de uma tendência análoga. Assim, o imperador Wu, da dinastia Liang, um "imperador e discípulo bodisatva", propunha a si próprio como líder do saṅgha, a fim de formar uma aliança mais estreita entre a duas rodas do poder e da autoridade. Não obstante essa proposta fosse recusada pelos monges, isso não significava que eles necessariamente fossem menos mundanos. Ao contrário de Hui-yüan, esses monges da corte exerciam o poder e se imiscuíam na política, muitas vezes de uma forma arrogante; eles também buscavam novas formas de ligar o poder ao direito.

O norte assumiu um novo e ousado empreendimento político-religioso, com base no fato de que o Buda tinha o mesmo conjunto de marcas sobrenaturais que os cakravatins (reis cósmicos) e de que os reis budistas sempre tinham buscado fervorosamente por essas marcas, para verificar seu destino como conquistadores do mundo. Em apoio a uma concepção monista do reino do tathāgata, em Yün-kang, cinco budas do passado foram alinhados a cinco imperadores do passado e verificou-se que imagens do Buda que haviam sido selecionadas exibiam uma marca corporal do governante no poder. Esse monismo radical gerou novas tensões. Se os cinco budas (do passado) se alinhavam com os cinco imperadores do passado, então o governante no poder não deveria ser identificado a Śākyamuni, o sexto, e não deveria seu futuro sucessor ser considerado como Maitreya, o Futuro Buda? Noções como essas estariam por trás da revolta camponesa de Maitreya, que viria a ocorrer mais tarde, no período Sui. Os camponeses não estavam politizando a religião; eles meramente aprendiam com seus mestres. Mais uma vez, o Darma monista, controlando tanto a esfera secular quanto a sagrada, podia ser absolutista a ponto de afastar a conciliação com outras ideologias, abrindo assim o caminho para outros conflitos e perseguições.

Essa política-religião provinha de Liang-chou e, em última análise, de Dharmakṣema. Uma vez que os budistas de Liang-chou pegariam em armas e arriscariam suas vidas para defender o darma, esse programa não pode ter sido uma simples acomodação passiva ao domínio imperial. Um fragmento encontrado em Tun-huang, e pertencente a essa tradição de Liang-chou, mostra que os monges jamais se curvavam a um governante sem exigir o mesmo em retribuição. O texto cita enfaticamente o *Sutra de Aśoka*, para salientar que mesmo os reis jamais deveriam mentir sobre a homenagem que prestavam privadamente ao śramaṇa: quando se pediu a um neófito que não revelasse a homenagem prestada pelo rei, ele respondeu, saltando para dentro de uma garrafa por meio de magia e pedindo ao rei que negasse essa façanha espiritual. Esse texto pode ter sido parte do código eclesiástico aprovado pelo imperador e emitido em 493, no qual se concedia plena autonomia ao saṅgha. Assim, não se pode afirmar que foi o servilismo com relação ao Estado que provocou a nova perseguição aos budistas em 574. O próprio poder e independência do *mahāsaṅgha*, implantado pelos monges de Liang-chou após uma primeira perseguição, e o apoio em massa da família do saṅgha, foram o que os predispôs contra o rei tathāgata, que buscava recuperar o controle da religião.

O Conflito Final entre os Três Ensinamentos

No entanto, a ameaça ao saṅgha não provinha dos reis tathāgata, cujo título obrigava-os a defender o darma, mas dos ideólogos taoístas e confucianos. A burocracia confuciana tinha crescido em tamanho e poder, à medida que os próprios bárbaros cada vez mais adotavam os costumes chineses, como indicava a transferência da capital, das estepes para Loyang. Numa inovação histórica, o imperador Wu, da dinastia Chou (r. 561-577), convocou e presidiu o debate entre os Três Ensinamentos, a fim de julgar seus méritos respectivos. Os Três Ensinamentos estavam bem representados (a essa altura, o taoísmo tinha um considerável cânone próprio) e o governante não atuou nem como adversário nem como defensor de qualquer das tradições, mas como juiz final. Budistas e taoístas trocaram entre si as acusações de costume, sem perceber que a forma como o debate fora estabelecido não favorecia a nenhum dos dois. Os confucianos seriam inevitavelmente os vencedores, pois era sua tradição que concedia ao governante o direito de arbitrar entre as religiões. O imperador Chou, que constituíra seu governo de acordo com o modelo clássico da dinastia Chou, terminou por dar seu apoio ao confucianismo e baniu o budismo e o taoísmo em 574. Era irônico, embora compreensível, que um governante bárbaro do norte, que passava a adotar costumes chineses, se convertesse ao humanismo confuciano, para se tornar mais chinês que os próprios chineses, ao insistir num purismo clássico, quando os governantes confucianos do sul, em geral, já haviam garantido ao budismo o mesmo nicho de liberdade tradicionalmente concedido ao taoísmo. O sul agora se tornava o refúgio dos monges budistas que fugiam da perseguição no norte.

Em 576, o exército vitorioso, subordinado à dinastia Chou, levava até Ch'i a perseguição ao budismo. Deu-se então um confronto entre o imperador e o monge Ching-yin Hui-yüan (523-593). Hui-yüan resistiu ao imperador, reconheceu a presença de abusos no saṅgha (que deveriam ser corrigidos), mas defendeu a sagrada Jóia do Saṅgha (que não deveria ser destruída). Vendo que o imperador não se deixava afetar, Hui-yüan invocou sua autoridade e ameaçou-o com o inferno sem fundo de Avīci, caso ele persistisse (T 50.490c). Mas não ocorreu nenhum milagre para corroborar a autoridade de Hui-yüan. O imperador ficou vermelho de raiva, mas, recompondo-se, respondeu que, para o bem do povo, ele prosseguiria com seus planos e enfrentaria ele próprio o diabo. Esse não era o discurso de um bárbaro. Era o próprio Confúcio em sua indiferença humanista com relação a "questões além desta vida". O sábio Hui-yüan foi silenciado. Mesmo os iogues se veriam impotentes diante dessa sabedoria mundana. Como demonstração de sua imparcialidade, o imperador deixou Hui-yüan e outros fugirem para o sul.

Freqüentemente se afirma que isso levou à fusão entre as práticas do norte (meditação Ch'an e devoção da Terra Pura) com a teoria do sul (natureza do Buda e vazio), o que teria produzido a síntese da tradição Mahāyāna chinesa. Isso é o que se observa à distância, mas da forma como a situação era percebida pelos budistas na época, a traumática perseguição assinalava um passo irreversível rumo à degeneração do Darma budista. Enquanto no hinduísmo o Darma passa por ciclos de nascimento e declínio, no budismo, na medida em que o Darma como ensinamento tem um início no tempo, seu declínio é linear e pode ocorrer num período histórico específico. A especulação sobre quanto tempo a Verdadeira Lei iria durar remontava ao budismo primitivo, assim como a fé numa restauração sob Maitreya, o Futuro Buda. Essas noções já estavam presentes na China, no século IV, quando os textos escatológicos eram produzidos tanto por budistas quanto por taoístas. No início do século V, Kumārajīva e seu grupo admitiam um cronograma do declínio. O senso de urgência, no entanto, era maior em meio aos seguidores de Dharmakṣema, em grande parte porque eles eram receptivos a essa dimensão do *Sutra do Nirvana.* Mas, embora os budistas chineses soubessem que a idade do Verdadeiro Darma havia passado, não havia no norte uma preocupação em meio à população quanto a uma extinção imanente do Darma até a segunda metade do século VI, época em que um esquema completo das Três Eras do Darma (o Darma Verdadeiro, o Darma da Semelhança, o Desaparecimento do Darma) tinha se tornado amplamente aceito. Mesmo então, a última dessas eras teria permanecido num futuro remoto, não fosse por um debate entre os budistas e os taoístas no ano de 520, que ajudou a deslocar a data da última era para um momento muito mais próximo.

Os taoístas afirmavam que Lao-tzu devia ter vivido antes do Buda e havia ido para a Índia, instruir o Buda, e que o budismo não passava de uma versão corrompida do taoísmo. No debate do ano de 520 em Loyang, os budistas insistiam na anterioridade temporal do Buda e combatiam a teoria taoísta com a afirmação de que Lao-tzu (e até mesmo Confúcio) era apenas uma manifestação do Buda (ou certos bodisatvas). Uma vez que então, já durante um certo tempo, os confucianos condenavam a condescendência do budismo em abreviar a duração das dinastias, era duplamente do interesse dos budistas fazer recuar a data do nascimento do Buda, de preferência para a era áurea da China, o período Chou. O monge T'an-mo-tsui situou o nascimento do Buda num momento muito anterior a Lao-tzu, no primeiro período Chou: o Buda teria nascido em 1132 a.C., vivido até oitenta anos e entrado no nirvana em 1052 a.C.; essa se tornou a data oficial nos calendários budistas da China, Coréia e Japão. Infelizmente, essa mudança da data anterior, mais modesta, de 607 a.C. para o *parinirvāṇa* do Buda trazia o declínio do Darma para um momento mais próximo no tempo. Um dos cronogramas escatológicos avaliara que o Verdadeiro Darma duraria mil anos e o Darma da Semelhança, mais quinhentos anos. Esse esquema se tornou amplamente disseminado após 566. De súbito, parecia que a era do Darma Degenerado despontara em 552, quinhentos anos após *parinirvāṇa*, de acordo com a nova datação. Os desastres ocorridos pouco tempo antes o confirmavam, e o norte sucumbiu à histeria generalizada; quando a perseguição teve início, isso parecia um destino inevitável.

A tradição Mahāyāna chinesa pode ser interpretada existencialmente como a resposta criativa à crise. Para alguns, a queda de Loyang significava que o reino do Buda em última análise não era erigido sobre a terra. Para outros, a morte do imperador Wu, da dinastia Liang, mostrava que religião e política não deveriam se misturar. As respostas iniciais das duas capitais à crise, no entanto, não foram lúcidas. No sul, dois bizarros mistagogos seduziram a capital: Chih-k'ung, cujo discurso consolador fazia o povo gritar ansiosamente a cada observação por ele emitida; mestre Fu (497-569), que se afirmava mestre de todos os sete budas e que levou alguns de seus seguidores a se imolar em lugar dele, presumivelmente como meio de afastar o destino ameaçador. Ambos seriam mais tarde reivindicados pela escola Ch'an. A reação imediata no norte foi apenas um pouco mais sensata. Os cidadãos de Loyang haviam procurado por atalhos para a salvação. Agora, durante a perseguição, ascetas extremistas abandonavam seus corpos "em defesa do Darma", numa emulação do Bodisatva Rei Médico do *Sutra do Lótus*, que se transformou numa tocha humana, para iluminar o universo. Esse era o *dāna* final, o dar a si mesmo, para salvar a própria Verdade. Embora dificilmente compatível com o Caminho do Meio do Buda, esse método podia ser defendido em circunstâncias extremas e não era um método impossível, dada a capacidade do *tapas* ioga, um poderoso *citta-karma*, de afastar destinos cármicos. Mas nem o fervor frenético dos leigos abalou os mistagogos nem os extremismo dos ascetas pôde oferecer uma resposta duradoura à crise. O novo budismo que se elevou como uma fênix das cinzas da perseguição tinha uma origem diferente.

Vozes Proféticas: Entre a Cidade e a Floresta

A escola Mahāyāna chinesa tem sua origem no norte, mas não nasceu em Loyang. Mais que sua origem inicial, falar dela como proveniente da síntese entre as práticas do norte e a teoria do sul, em resultado da migração dos monges do norte para o sul durante as perseguições de 574-576 é a melhor descrição de seu desenvolvimento dinâmico. Antes dessa infusão da teoria do sul nas práticas do norte, a voga do "ensino sulista" já havia sido introduzida pelo imperador Kao-tsu (r. 471-499), na era de Loyang. Se lemos os textos expositivos produzidos pelos mestres do norte em Loyang ou em Yeh, fica difícil ver como se podia afirmar que o norte era pobre em termos de teoria ou por que ele necessitava de uma maior infusão proveniente do sul. A migração dos monges do norte apenas acentuou uma síntese que já se iniciara; a fusão ulterior ajudou na disseminação da tradição Mahāyāna chinesa no sul, mas não foi sua causa. Nem se pode dizer que as escolas chinesas de tradição Mahāyāna nasceram do ensino em Loyang. Todas elas tinham uma atitude crítica com relação à devoção exterior no templo, às boas obras em busca de recompensas terrenas e do conhecimento não enraizado na prática. No entanto, elas podiam ser tudo, menos incultas. Elas se caracterizavam por uma inteligência urbana, em vez de um paroquianismo rural, embora reagindo à limitação tanto da cidade quanto do campo, tanto da aldeia quanto da floresta, tanto dos *saṅghārāma* quanto dos *āraṇyaka*. Como muitas vezes aconteceu na história budista, o impulso criativo vinha tanto de ambas quanto de nenhuma delas, isto é, do que está a meio caminho entre o afastamento e o envolvimento.

Essa tensão remonta ao Buda, ao budismo primitivo, à polaridade Teravada entre os monges que habitavam a aldeia e os que habitavam a floresta, ao contraste Mahāyāna entre o Vimalakīrti urbano e o Subhūti andarilho. O que havia de novo nessa reforma monástica do século VI que se tornaria a tradição Mahāyāna chinesa era a nova revitalização urbana, que era seguida por uma desintegração tão súbita. As escolas chinesas de tradição Mahāyāna surgiam perto de Loyang o suficiente para captar a efervescência das novas idéias, mas não perto o suficiente para ser levadas por sua secularidade ou pela histeria que se seguiu a sua queda. A nova tradição Iogacara da escola Daśabhūmika, ou de Ti-lun, em Loyang, produziu diversos mestres, mas não se desenvolveu de modo a se tornar uma das escolas chinesas de tradição Mahāyāna: ela era excessivamente acadêmica e intelectualizada. Mesmo assim, essa escola influenciou a vida dos mestres da escola de T'ien-t'ai e mais tarde inspiraria a escola de Hua-yen. Também T'an-luan, adepto da devoção da Terra Pura, não pertencia aos círculos de Loyang, mas possuía o comentário de Vasubandhu ao *Sutra da Terra Pura* e seu templo era perto o suficiente da capital para atrair a atenção imperial. Ainda mais típico era Bodhidharma, que visitou as duas capitais, mas optou por retirar-se para o monte Sung, nas cercanias de Loyang, onde conquistou um grupo pequeno, mas notável, de seguidores.

A Seita dos Três Períodos

Antes de abordar essas novas escolas, devemos examinar uma escola – ou, antes, seita – que era absolutamente diferente delas e que as repudiava da mesma forma que era repudiada por elas. Ela surgiu no período Sui, mas deve ser abordada aqui, pois era a única seita ainda solidamente enraizada na tradição da devoção de Liang-chou. Um traço comum das escolas chinesas de tradição Mahāyāna está em sua atitude crítica com relação à devoção de doações das seis dinastias. Como dizia Bodhidharma, "[Tal produção de mérito não é] nenhum mérito". Em vez do caminho das boas obras, elas abraçaram a fé, a sabedoria especulativa e a mística. Contra uma fé na história e no Buda histórico, elas manifestaram um acentuado ceticismo com relação à história, pois se voltavam quer para um Śākyamuni transcendental, quer para o Vairocana cósmico, para a Terra Pura e para uma natureza do Buda atemporal e interior. A seita dos Três Períodos, embora endossando esses "caminhos superiores", nunca abandonou a esperança, mais antiga e mais pragmática, neste mundo, nem a confiança nas "boas obras" simples e materialistas. O fundador da seita dos Três Períodos foi Hsin-hsing, um monge da meditação como Bodhidharma. Ele tomou pleno conhecimento da chegada do Darma Degenerado, como o faria um mestre da Terra Pura. Ele tinha grande sensibilidade para os preceitos; mesmo sua renúncia ao *bhikṣu-vinaya* foi apenas para poder retornar à vida mais difícil de servidão apropriada a um neófito. Mas, em vez de escolher um Buda e um caminho exclusivo para a libertação, Hsin-hsing decidiu adorar todos os budas e adotar uma prática universal. Seus seguidores reverenciavam todos os seres, inclusive cães e gatos, como budas companheiros, num mundo dotado de uma infinita natureza do Buda, iluminado pela visão de mundo da escola de Hua-yen. Monges de outras escolas eram incentivados a juntar os saguões dos Três Períodos, que se encontravam separados na organização de seus mosteiros. A instituição mais famosa dessa escola foi seu campo de méritos da compaixão: em vez do depósito de cereais do saṅgha, ligado à terra e ao vínculo com a grande propriedade, ela mantinha seu depósito em centros cosmopolitanos sustentados pelas doações voluntárias de todos, chegando até mesmo a adaptá-lo para se acomodar à visão Mahāyāna. A escola incentivava a doação perpétua ao Tesouro Inexaurível situado nas grandes cidades, do qual os necessitados e os pobres podiam emprestar, numa celebração ao reino inexaurível do Ventre do Lótus.

A tensão entre o Buda e o saṅgha, o templo e o mosteiro, a cidade e o campo, que descrevemos como um desenvolvimento natural, não parecia algo inevitável para Hsin-hsing, que esperava evitar esses conflitos pelo espírito de universalismo, um espírito que não era apenas expresso em palavras, mas implementado institucionalmente. Para impedir o excesso de doações ao Buda, Hsin-hsing estimulava a doação "universal", isto é, doações sem destinatário ou uso especificados, para que os líderes da seita pudessem distribuir os fundos igualmente às Três Jóias: um terço para a reconstrução de stūpas, um terço para a difusão do Darma e um terço para ajuda aos necessitados. Caso necessário, os recursos podiam ser redirecionados para atender as necessidades consideradas mais urgentes. Enquanto as escolas chinesas de tradição Mahāyāna voltavam-se para a interioridade e produziam fés mais pessoais, essa seita *dānavāda*, envolvida com "obras exteriores", jamais esquecia a prioridade da comunidade deste mundo. Não havia nada de errado com os benefícios deste mundo, se eles fossem compartilhados igualitariamente; haveria algo de muito errado com a libertação espiritual, se ela fosse uma mera fuga do real. Do Tesouro Inexaurível, saíam empréstimos à população, gerando o interesse em manter sua inesgotabilidade. Por suas próprias regras generosas, ele não podia cobrar dos que não conseguiam pagar seus empréstimos, assim, a única ameaça que ele podia fazer aos que não pagassem era a inevitável justiça cármica. A seita dos Três Períodos era uma seita "universal". Mas sua pretensão de inclusividade, no final, terminaria por afastar as escolas chinesas de tradição Mahāyāna. Essas escolas não foram em sua ajuda, quando ela foi banida pelo governo, que passara a temer sua popularidade, sua riqueza e o poder que vinha com isso. Assim desaparecia um dos experimentos mais ousados na história do budismo chinês.

A Restauração das Três Jóias no Período Sui

A supressão do budismo, em 574-577, foi uma bênção disfarçada, na medida em que, da busca espiritual que ela tornou necessária, nasceu a tradição Mahāyāna chinesa, que floresceu nas escolas de T'ien-T'ai, Hua-yen, Terra Pura e Ch'an. A perseguição externa podia ser um sinal da era do Darma Degenerado, mas a causa do declínio do Darma sempre foi atribuída sobretudo ao pecado do saṅgha, seu guardião. Mesmo o sóbrio Ching-yin Hui-yüan, que acreditava que o *paramārtha-dharma* jamais poderia degenerar, admitiu para o imperador Wu que o saṅgha teria de se purificar. A mesma autocrítica era aplicada à concepção equivocada, mas predominante, sobre as outras duas jóias. O Buda tinha de ser mais que templos e imagens; o Darma tinha de ser mais que realizar boas ações, na expectativa de recompensas na terra. A busca espiritual conduziu a uma reforma fundamental na vida monástica, a uma internalização do Buda, agora liberta das armadilhas externas e, sobretudo, a uma investigação diligente do darma, no decorrer da qual cada escola interpretaria sua mensagem para cada hora histórica específica. Mesmo enquanto essa busca interior se processava, as Três Jóias estavam sendo restauradas pela nova dinastia Sui, fundada em 581, que governava uma China reunificada, após a conquista da dinastia Ch'an do sul, em 589.

Embora os dois primeiros imperadores da dinastia Sui, Yang-chien Wen-ti e Yang-ti, fossem inspirados em tempos de paz pelo Mandamento Confuciano e até mesmo pela imortalidade taoísta, seu patrocínio do mestre Chih-i nos revela que seu coração estava com o budismo. A restauração afetou a todas as Três Jóias. Em primeiro lugar, Wen-ti (r. 581-604) emulou Aśoka, ao dividir por magia "as relíquias do Buda e encerrá-las em stūpas por todo o mundo", instalando stūpas idênticos nos templos do governo, todos ao mesmo tempo. Esse foi um projeto muito mais ousado que tudo que foi empreendido durante a dinastia Wei ou sob o imperador Wu, da dinastia Liang. Ele serviu para santificar o governo de uma forma comparável ao grande rito ao céu em T'ai-shan, o que também foi tentado pelos governantes da dinastia Sui. Foram instituídos ritos litúrgicos regulares em homenagem ao Darma e ao imperador, durante os quais eram entoados os sutras da *Luz Dourada* e do *Jen Wang* (rei virtuoso), para comemorar o Buda e a casa imperial. Enquanto isso, monges eminentes eram convidados para ensinar e residir na capital, uma prática que fez de Ch'ang-an um grande centro do ensino budista. A fusão entre o budismo do norte e o do sul sob os auspícios da dinastia Sui superaram os intercâmbios do período Liang. A concentração de talentos em Ch'ang-an, a interação entre correntes de pensamento adversárias e as várias formas de patrocínio imperial ofereceram as condições que tornariam possível o surgimento das grandes escolas chinesas de tradição Mahāyāna.

Durante todo o período Sui-T'ang, as escolas regionais, as que não eram atraídas para a capital, foram eclipsadas pelas de Ch'ang-an. O patrocínio imperial significava que a sucessão de escolas em grande parte se devia a mudanças no clima político. Esse padrão mudaria após a revolta de An Lu-shan ter destruído Ch'ang-an, em 755. Então, os monges nos centros regionais passaram a ter proeminência, em especial no sul, que então começava a se revelar como o centro econômico mais próspero. O enfraquecimento da autoridade central e a ascensão dos líderes militares regionais que apoiavam as escolas regionais beneficiou, em especial, a escola Ch'an (Zen) do sul, cujo período áureo se situa nesse interlúdio político.

Parte da ideologia da restauração Sui era a teoria de que o destino do budismo coincidia com o do Estado. Para salientar essa relação, um argumento pseudo-Mahāyāna convidava os monges a renunciar a renúncia, isto é, a assumir cargos seculares, em trajes seculares, servindo a saṃsāra como se fosse nirvana, como deveriam fazer os verdadeiros bodisatvas. Uma proposta análoga fora feita ao imperador Wu, da dinastia Chou, por um conselheiro e outrora monge, Wei Yüan-sung, que argumentava que, uma vez que saṃsāra é nirvana e o governante Chou era tanto um tathāgata quanto um governante, o saṅgha deveria ser desfeito como uma instituição separada e seus anciãos deveriam servir como funcionários encarregados da ética. Felizmente, a perseguição mostrara muito bem o perigo dessa equação e nenhum monge de maior proeminência aceitou a oferta então ou depois, durante o período T'ang.

T'ien-t'ai

Nada revela a devoção dos governantes da dinastia Sui de forma mais clara que o apoio entusiasmado de Yang-ti (r. 605-616) ao mestre Chih-i (538-597), da escola de T'ien-t'ai, que ele convidou para ensinar em seu palácio e que terminaria por se tornar o sábio da casa, servindo como mestre de preceitos do bodisatva e como confessor pessoal. Embora realizasse ritos oficiais, Chih-i nunca teve de ajustar sua filosofia T'ien-t'ai para servir aos interesses do Estado. A raiz da filosofia T'ien-t'ai era inteiramente espiritual. Ela se baseava no ideal de *ekayāna* (Um Veículo) do *Sutra do Lótus* e da filosofia de Nāgārjuna. O encontro do segundo patriarca da escola, Nan-yüeh Hui-ssu (515-577), com seu discípulo Chih-i estabeleceu um paradigma para todas as outras escolas chinesas de tradição Mahāyāna. Conta-se que, quando se encontraram no monte Ta-su, os dois se recordaram de ter ouvido, numa vida anterior, a exposição do Buda da *Verdadeira Lei do Lótus*, no Pico do Abutre. Esse relato *avadāna* da escola de T'ien-t'ai sobre as precondições cármicas inspira-se na forma do mito narrado no primeiro capítulo do próprio *Sutra do Lótus*, no qual se justifica a autoridade desse sutra. Nessa passagem do sutra, o bodisatva Mañjuśrī (Mahāyāna) conta ao esquecido Maitreya (Hīnayāna) que essa nova "lei verdadeira" não é uma inovação demoníaca, mas o mais antigo dos darmas ensinado por um antigo Buda (anterior até mesmo a Dipaṃkara), e que os dois a ouviram numa vida anterior, embora Maitreya tivesse se esquecido dela. Era dessa forma que a escola de T'ien-t'ai reivindicava para si uma autoridade inquestionável, baseada na transmissão direta do Buda. Mostrando que Chih-i havia aprendido o *hsüan-i* ("significado oculto") do *Lótus* diretamente com o próprio Buda, a escola desqualificava todas as autoridades exotéricas, como por exemplo Fa-yun (467-529), e até mesmo Kumārajīva, o tradutor do texto. A validade da reivindicação está no fato de que a filosofia T'ien-t'ai era uma descoberta histórica de proporções sem precedentes, tanto em sua compreensão do conceito de *ekayāna* quanto em sua transformação da teoria de Nāgārjuna das Duas Verdades (que a escola também afirmava ter recebido por transmissão direta) no inspirado complexo da Tripla Verdade se entrecruzando.

A escola de T'ien-t'ai, no período Sui, não foi tão popular quanto a seita dos Três Períodos. Os discursos de Chih-i, anotados por Kuan-ting, não poderiam alcançar uma audiência mais ampla. No entanto, por mais especulativa e monástica que fosse a filosofia de T'ien-t'ai, ela conseguiu renovar as três jóias e os três cestos. Como *sutra-dharma*, ela escolheu o *Sutra do Lótus* como Um Veículo inclusivo; ela reverenciou o eterno Śākyamuni como seu Buda central; a partir do *śīla-vinaya*, de inspiração bodisatva, ela criou sua própria linhagem de ordenações; o primeiro *tsung* chinês nativo. Ela introduziu como ponto alto do samādhi a visão dos "três mil mundos vistos telescopicamente num único instante do pensamento". Ela é a mais abrangente das escolas chinesas de tradição Mahāyāna e pode ser vista como mãe adotiva das outras, que desenvolveriam uma percepção de sua linhagem de forma muito semelhante.

Força e Fraqueza do Novo Budismo

As escolas chinesas de tradição Mahāyāna do período Sui e T'ang distinguiram-se por suas realizações intelectuais, com as quais o confucianismo e o taoísmo da época não podiam sequer começar a rivalizar e às quais todo o desenvolvimento posterior do budismo na China, Coréia e Japão buscariam se remeter. No entanto, essa forma suprema de Darma do Buda teve de se contentar em ser apenas um ensinamento em meio a três. Não era mais o budismo que oferecia os principais símbolos do poder. Nos debates entre os Três Ensinamentos diante do imperador Wu, da dinastia Chou, o imperador era um não-participante que se pretendia o árbitro. A política do Estado sobre a religião durante o período T'ang teve uma dimensão deliberativa análoga. Embora o policiamento da fé somente fosse aperfeiçoado na dinastia Ming, o novo governo buscava salvaguardas racionais contra o abuso religioso. Embora o saṅgha ainda retivesse muitos de seus privilégios, a independência política de que ele desfrutava nas dinastias do sul foi sutil, mas definidamente reduzida. Na dinastia Wei do norte, o saṅgha do norte costumava administrar-se virtualmente sozinho. A burocracia religiosa era separada da burocracia civil e julgava todos os seus casos, exceto assassinatos. Ela tinha direitos legais aos cereais do saṅgha e o sistema de concessão de terras favorecia a grande propriedade rural. Essas concessões aos monges e camponeses ainda existiam durante a dinastia T'ang, e alguns dos templos prosperaram nessa época, mas sob o novo sistema de cobranças de tributos, desaparecia o cereal do saṅgha que ia para a burocracia do saṅgha. Mais tarde, durante a dinastia Sung, a cobrança de tributos virtualmente destruiria a antiga base econômica do saṅgha, uma base doméstica e sustentada na grande propriedade. Ao mesmo tempo, os monges que estavam sendo julgados nos tribunais civis e mosteiros locais passavam a responder perante autoridades locais. A peregrinação já estava reduzida em 493, quando os monges precisavam de permissão escrita da abadia, para poder deixar uma área; quando Ennin viajou pela China, a permissão teve de ser dada por funcionários seculares.

Em toda instituição religiosa, o recrutamento de adeptos deve ser um direito sagrado. No último período da dinastia Wei, os cargos religiosos seriam postos à venda. Após a dinastia Sui, dar início aos registros governamentais, ao limite imposto ao número de certificados de ordenação, levou ao mais calamitoso abuso da religião pelo Estado. À medida que a venda de certificados se tornava uma fonte de rendas para o Estado, a vida monástica sofria com essa comercialização e o saṅgha perdia virtualmente o controle sobre seus membros. O saṅgha se encolheu numericamente, em parte porque seus novos líderes conscienciosamente retornaram a uma vida monástica mais pura, reduzindo o *mahāsaṅgha* que T'an-yao havia criado. Apesar da repetida afirmação da escola Mahāyāna de um estatuto igual para monges e bodisatvas, o budismo do período T'ang reintroduziu uma divisão prática entre ambos.

O ideal de uma fraternidade budista também sofreu durante o período T'ang. As guerras e conflitos do período de desunião muitas vezes haviam reunido diferentes grupos em busca de defesa contra inimigos comuns. A grande propriedade havia incentivado relacionamentos não-familiares do tipo patrão-cliente, enquanto as aldeias e as famílias monásticas do saṅgha, adotadas numa família monástica, eram os experimentos de fraternidade universal que a organização política perdedora do período tornava possíveis. Com a paz e ordem duradouras do período T'ang, as estruturas mais especificamente chinesas da família e do Estado imperial tomaram o lugar das *comunidades* formadas por essas fraternidades não-grupais. Os monges do período T'ang referiam-se a si próprios como súditos e reconheciam publicamente o dever superior de se curvar diante dos pais, ao compor os sutras açucaradamente sentimentais que celebravam os *jen-ching* (sentimentos humanos), em vez do desapego nirvânico. A ruptura da antiga amizade entre patrão e cliente, entre a família monástica e as famílias camponesas produziu o pior dos males. Enquanto a economia monetária reduzia a auto-suficiência das grandes propriedades, os membros das famílias do saṅgha tornavam-se servos hereditários ou fazendeiros arrendatários, servindo a um senhor no templo que não era mais benevolente que sua contrapartida secular.

O Florescimento do Darma no Período T'ang

O Darma foi o orgulho do budismo do período T'ang. Desde a fundação da dinastia (618) até a revolta de An Lu-shan (755), uma sucessão de grandes mentes e as escolas pelas quais eles lutaram estabeleceram os fundamentos filosóficos do futuro budismo de tradição Mahāyāna. Essas escolas – T'ien-t'ai, Hua-yen, Terra Pura e Ch'an – também podem ser vistas como trazendo formas diferentes de maturidade da devoção, que remontavam às origens indianas. Já não é fácil perceber uma unidade da tradição Mahāyāna na Índia, menos fácil ainda é discernir a estrutura teleológica da tradição Mahāyāna chinesa. No entanto, o surgimento dessas quatro escolas não foi um acontecimento fortuito; ao contrário, ele estava em sintonia com os quatro pólos ideais na budologia Mahāyāna. Os budas podiam ser tanto *laukika* (mundanos) quanto *lokottara* (transmundanos), voltados tanto para prajñā (sabedoria) quanto para karuṇa (compaixão). Esses dois conjuntos de variáveis nos oferecem as quatro combinações ideais das qualidades do Buda: a. didática histórica, b. sabedoria supramundana, c. salvífica transcendental e d. exemplo de vida, representadas por a. Śākyamuni, b. Vairocana, c. Amitābha e d. o Patriarca – as figuras centrais, respectivamente, das escolas a. T'ien-t'ai, b. Hua-yen, c. Terra Pura, e d. Ch'an.

	sabedoria	compaixão
transmundanas	VAIROCANA	AMITĀBHA
	Hua-yen (b) (c)	Terra Pura
históricas	ŚĀKYAMUNI (a) (d)	PATRIARCA
	T'ien-t'ai	Ch'an
	escolas da teoria	escolas da prática

O budismo primitivo conhecia apenas a. o Buda "didático-histórico". A idealização do Buda teve início no âmbito da escola Mahāsān ghika, o que assinalou a passagem do histórico para o trans-histórico, de a. para b. Foi com a escola Mahāyāna que c. surgiu; a compaixão recebeu o mesmo estatuto que a sabedoria numa miríade de novos budas e bodisatvas salvíficos. Uma completa re-humanização do Buda d. ocorreu unicamente na China. Num estudo das imagens identificáveis e datáveis do Buda nas grutas de Yün-kang, Tsukamoto Zenryū revela o deslocamento do objeto da devoção durante as seis dinastias até o período T'ang. As personagens populares no início desse período foram Śākyamuni e Maitreya, "budas didático-históricos"; as personagens populares no período T'ang foram Amitābha e Avalokiteśvara, "tipos compassivo-transmundanos". Ao mesmo tempo também se desenvolvia o culto ao Vairocana da "sabedoria transmundana". As imagens de Vairocana, que surgiram inicialmente no final do século VI, eram poucas, uma vez que só podiam ser feitas apropriadamente pela caracterização de suas dimensões cósmicas; mas, em geral, apenas reis em sua ambição imperial se voltavam para Vairocana e podiam dar-se ao luxo de esculturas em tamanho assim monumental. Este supremo Buda da sabedoria dharmakāya em geral está demasiado distante em suas alturas transcendentais e é, para a maioria dos mortais, demasiado frio em sua sabedoria sem dimensões, exceto quando tantricizado num ícone mágico popular. O último estágio desse deslocamento nos ideais do Buda se manifesta em retratos do Buda em sua forma re-humanizada, em especial os retratos da escola Ch'an do Buda como patriarca e do patriarca como Buda, que podem ser vistos como responsáveis pelo eclipsamento da gruta artificial e da arte monumental. Suas proporções humanas e a ênfase no imaterial exigiam meios mais pessoais como rolos de papel pintados e um ambiente mais pessoal como um nicho num templo ou sala.

O movimento de a. para d. pode ser correlacionado com o circuito dos corpos do Buda:

(b) Vairocana Buda Dharmakāya	(c) Amitābha Buda Saṃbogakāya
(a) Śākyamuni Buda Nirmāṇakāya	(d) Patriarca Ch'an Trikāya da Mente

O *Sutra do Lótus* não tinha conhecimento do trikāya e mesmo o termo *dharmakāya* aparece apenas no capítulo sobre Devadetta. Nessa obra, Śākyamuni era na verdade um nirmāṇakāya, um dharmakāya e um saṃbogakāya reunidos num só. No episódio dramático do stūpa transmundano que de repente surge da terra, Chih-i reconhecia que a manifestação da terra era Śākyamuni; o Darma eterno era o Saddharma do Lótus; e a manifestação transmundana era o Buda Prabhūtaratna (Tesouro Abundante) no stūpa. Não havia necessidade de hipóstases separadas de um Buda Vairocana dharmakāya e de um Buda Amitābha saṃbhogakāya. Na budologia da escola de T'ien-t'ai, Śākyamuni subsumia ambas as funções, mesmo em sua humanidade. Assim, a escola de T'ien-t'ai era a escola mais ampla a. que continha as sementes de b., c. e d. Ela incluía os ensinamentos dos caminhos da mística, devoção e sabedoria das escolas de Hua-yen, Terra Pura e Ch'an: de Hua-yen, pelos últimos textos de Chih-i, da Terra Pura, pela devoção da Terra Pura, do Ch'an, por seu tratado sobre a meditação. Seu vínculo mais claro era com a tradição Ch'an: Tao-hsin, mais tarde aclamado como o quarto patriarca da escola Ch'an, foi instruído por um discípulo de Chih-i, antes de sua ruptura, para fundar seus próprios ensinamentos da Montanha do Leste. Percebe-se a afinidade com a tradição da Terra Pura no caso de Tao-ch'o, que compartilhava do interesse da escola de T'ien-t'ai no *Sutra do Nirvana*, mas se apoiava em T'an-luan em busca da segurança do caminho da Terra Pura como o único caminho da libertação na última era. A escola de T'ien-t'ai distinguia entre as Terras Puras autênticas e as Terras Puras que eram apenas meios. As primeiras são os reinos dos budas saṃbhogakāyas e são acessíveis apenas aos bodisatvas que alcançam vislumbrá-las pela purificação da mente. As últimas, que admitem o povo comum e não dotado de capacidade contemplativa, pertencem aos budas nirmāṇakāya, que as empregam apenas como um meio. A Terra Pura de Amitābha pertencia a esta última categoria. A escola da Terra Pura terminaria por modificar a avaliação da tradição T'ien-t'ai sobre a terra de Amitābha. A doutrina de *ekayāna* da escola de T'ien-t'ai, conhecida por sua síntese entre a teoria e a prática, sempre teve lugar em seu sistema para esses dois caminhos da prática.

As Escolas Teóricas no Primeiro Período T'ang

A escola de T'ien-t'ai, que tanto apoio recebera no período Sui, não desfrutaria de nenhum patrocínio específico a partir dos dois primeiros governantes da dinastia T'ang. De fato, os membros da casa de T'ang viam-se como os verdadeiros herdeiros de Lao-tzu, colocando oficialmente o taoísmo acima do budismo. Isso ainda não representava uma ameaça real, pois o taoísmo imperial era uma preocupação do palácio que não servia aos interesses do povo; seus sacerdotes e sua rede de templos não chegavam até a região rural e havia muito menos monges taoístas que monges budistas. Nem o taoísmo nem o confucianismo podiam competir com o budismo pelo coração e a alma do povo. Os monges tinham adquirido um quase monopólio da parte soteriológica de todos os ritos funerais chineses, numa época em que a teoria, do período Han, das duas almas (yin-yang) que voltavam a se fundir com a natureza (uma que ia para o céu, outra que ia para a terra e ficava perambulando próximo à sepultura) não era mais satisfatória, tendo sido acrescentada uma terceira alma, que ia para o inferno ou para a Terra Pura.

23. Bodisatva, China, Período Wei do Leste, ca. 530 d.C. De Pai-ma-ssu (Mosteiro do Cavalo Branco), próximo a Lo-Yang (Província Honan). Pedra calcária. 196,5 cm. de altura.22. Monólito Budista, ca. 535-45 d. C. China Ocidental, Dinastia Wei (535-557 d. C.). Pedra Clcária verde escura. 24,89 x 8,07 x 3,30 cm.23. Bodisatva, China Oriental, Período Wei, ca. 530 Pai-ma-ssu (Monastério Cavalo Branco) próximo a Lo-Yang (Província de Honan). Feita de pedra calcária verde. 196,5 cm de altura

A relação entre o budismo e o Estado mudou um pouco quando, em seu retorno da Índia, o peregrino Hsüan-tsang (600-664) foi recebido com grandes honras na capital. O imperador T'ai-tsung apoiou o interesse de Hsüan-tsang por traduções e retraduções dos textos sagrados; um meio de disseminar os ensinamentos da escola de Wei-shih (Vijñaptimātratā, ou Consciência Unicamente), o nome do idealismo Iogacara que ele aprendera na Universidade de Nālandā. A princípio o imperador ficou interessado apenas no conhecimento do peregrino das fronteiras. A admiração que ele mais tarde expressaria com relação às complexidades do darma, permanecia no máximo como uma curiosidade de pessoas cultas. A escola de Wei-shih era muito técnica. Ela não oferecia legitimidade ao governo. Nem a filosofia Wei-shih durou muito. Ao rejeitar a doutrina da natureza do Buda universal, ela instigava o patriarca da escola de Hua-yen, Fa-tsang, à defesa da tradição do tathāgatagarbha. De acordo com a lenda, Fa-tsang teria fundado sua própria escola, em resultado de uma discordância com Hsüan-tsang a respeito do *Despertar da Fé*, um texto atribuído a Aśvaghoṣa, mas muito provavelmente um sumário chinês das doutrinas básicas da tradição Iogacara, elaborado por volta da metade do século VI. Sua peculiar teoria da mente não se harmonizava muito bem com a doutrina Iogacara, mas era reveladora da tradição do tathāgatagarbha. Talvez se trate do mesmo texto que separou o patriarca da escola Ch'an, Tao-hsin, de seu mestre T'ien-t'ai. Agora ele introduzia uma barreira entre a escola de Hua-yen e a de Wei-shih, na medida em que Fa-tsang defendia "a escola antiga contra a nova". A escola antiga incluía os representantes mais antigos da tradição Iogacara da escola de Ti-lun (Daśabhūmika), com suas raízes na Loyang do século VI e na escola de She-lun (Saṃgraha), que se inspirava nas traduções de Paramārtha das obras de Asaṅga e Vasubandhu. As duas escolas haviam encontrado seu lar em Ch'ang-an, durante o período Sui. No início do século VII, crescia o interesse na análise da mente e da consciência pelas duas escolas, mas as discrepâncias entre ambas haviam se tornado manifestas. Inspirando-se no verso "os três reinos são da mente unicamente", no *Daśabhūmika* (agora no *Sutra de Avataṁsaka*), Fa-tsang demoliu a posição inferior da Consciência-Unicamente. Recorrendo ao conceito de Mente do Ser-tal, expresso no *Despertar da Fé*, ele reivindicava para a escola de Hua-yen um conhecimento imediato da essência do Darma (*fa-hsing*, *dharmatā*, ser-tal) e acusava a escola de Wei-shi de conhecer apenas as aparências superficiais, ou características do Darma (*fa-hsiang*, *dharma-lakṣaṇā*). Fa-tsang fez uma fusão entre a dialética da tradição Mādhyamika, o causacionismo Iogacara e o realismo do tathāgatagarbha (natureza do Buda). A escola de T'ien-t'ai, que derivou sua filosofia principalmente da escola Mādhyamika e compartilhava de uma antiga suspeita contra a doutrina Iogacara, de origem mais recente, perdeu sua posição de liderança intelectual para a nova escola de Hua-yen.

Quando a imperatriz Wu usurpou o trono e fundou a dinastia Chou, o budismo alcançou um ponto alto de prosperidade. Devido a uma tendência patriarcalista no confucianismo e mesmo no taoísmo, imperatrizes e viúvas, como as mães e avós devotas de famílias comuns, haviam tradicionalmente sido grandes patrocinadoras da mais igualitária fé budista. As imperatrizes que não podiam construir seus próprios monumentos podiam construir, e construíam, templos. Seguindo os passos da senhora Feng, em P'ing-ch'eng, e da senhora Hu, de Loyang, ao assumir o poder a imperatriz Wu foi além delas. O budismo oferecia a ela uma legitimidade difícil de se obter com as tradições nativas. O poder sob Maitreya havia sido reivindicado por governantes da dinastia Wei, mas a revolta camponesa de Maitreya, durante o período Sui, havia reduzido o entusiasmo pela monarquia, e Amitābha, politicamente mais inofensivo, havia substituído Maitreya em popularidade. Hsüan-tsang havia pouco antes revitalizado o interesse acadêmico pelo culto a Maitreya e agora a imperatriz Wu governava como encarnação feminina desse futuro Buda, num reinado que havia sido predito pelo *Sutra de Ta-yün* (Grande Nuvem), de origem obscura. A escola de Hua-yen foi também arrastada, um tanto a contragosto, para a celebração desse governo divino. Fa-tsang tornou-se o protegido da imperatriz.

A escola de Hua-yen celebra a totalidade, o mistério contido na expressão "um é tudo, tudo é um". Ela percebe o mundo como um *dharmadhātu* infinito e dinâmico, no qual a matriz dos elementos, de um segundo para o outro, gera a si mesma a partir de si mesma, num universo sem fissuras e em total interdependência. O Vairocana do Sol, um raro Buda dharmakāya, que é retratado com um halo flamejante no qual cada língua de chama abriga uma réplica em miniatura do mesmo Vairocana, e assim por diante *ad infinitum*, é a encarnação mitopoética dessa visão do mundo. Planejava-se uma rede de templos nas províncias, partindo da capital, cada um deles alojando uma réplica em miniatura do gigantesco Buda Vairocana. Uma canópia sagrada – a Rede de Indra na qual cada gema refletia o todo – cobria o reino da imperatriz; uma demonstração viva do mundo perfeito, no qual parte e todo, *noumena* (*li*, princípio) e *phenomena* (*shih*, fato), se interpenetram e onde todos os elementos (*darma*, *dhātu*) são transubstanciados por magia na própria Matriz do Real (*dharmadhātu*). O academicismo budista chegou a seu apogeu com Fa-tsang e, por um momento, parecia que a própria eternidade havia sido capturada.

O fato de essa perfeição não durar faz parte talvez da natureza das coisas, mas ele também indica a fragilidade do reinado da imperatriz Wu e do idealismo de Fa-tsang. Também a filosofia da escola T'ien-t'ai havia sido chamada de uma reflexão otimista da China unificada, mas, ao contrário da escola de Hua-yen, ela nunca se esqueceu da perseguição de 574. A escola de Hua-yen nasceu da paz e acreditava sinceramente que o pecado e a ignorância eram, em última análise, ilusões. Enquanto a meditação da escola T'ien-t'ai se inicia com a mente ilusória, as especulações da escola de Hua-yen conhecem apenas a mente pura. A escola de T'ien-t'ai era tão realista que chegava a postular uma natureza má para o Buda Śākyamuni; a escola de Hua-yen era tão idealista que conhecia apenas Vairocana como perfeição atemporal. (A escola de T'ien-t'ai não dizia que o Buda é mau, mas que, embora tivesse alcançado a "pureza por meio do cultivo", mesmo assim ele deliberadamente retivera seu "mal essencial [original]". Essa humanidade retida era o que permitia ao Buda mover-se livremente em meio a saṃsāra, a fim de cumprir sua missão de bodisatva (no final, o mal, seu oposto e sua negação mútua são absolvidos e transcendidos na doutrina Mādhyamika da escola de T'ien-t'ai, mas, mesmo então, nunca são negados ou eliminados). O triunfo da escola de Hua-yen foi o triunfo da razão especulativa. Quando ela fracassou, o antiintelectualismo baseado na fé (Terra Pura) e na mística (Ch'an) se instalou.

As Escolas da Prática do Final do Período T'ang

A queda da imperatriz Wu foi logo seguida pela revolta de An Lu-shan em 755 e, após a recuperação de uma "prosperidade média", pela grande perseguição aos budistas, em 845. Dentre as escolas chinesas de tradição Mahāyāna que sobreviveram, a escola Ch'an e da Terra Pura dominavam absolutas. As idéias filosóficas dessas duas escolas têm um significado menos central que as personalidades em torno das quais elas se desenvolveram. A escola de *Nien-fo* (japonês, *Nembutsu*) se disseminou porque Tao-ch'o popularizou o rosário e um método de "contagem de contas". A transmissão da doutrina da Terra Pura pela escola de *Nien-fo* precedeu a teoria de Shan-tao que concedia uma recompensa extremamente alta aos mortais comuns. Embora Shan-tao fosse um brilhante pensador, ele era lembrado como um pregador arrebatado que mostrava rolos de papel retratando a Terra Pura, de um lado, e os infernos, do outro. O culto tinha patronos nobres, mas a tradição da Terra Pura nunca se vinculou ao governo. Sua base social era mais ampla que a muito divulgada, mas provavelmente pouco estudada, escola de Hua-yen. O caso da escola Ch'an é mais complexo. Essa escola prática se envolveu em debates, buscou o patrocínio imperial e se tornou altamente organizada. Uma escola de meditação baseada em sabedoria esotérica não podia, no entanto, ser popular. A popularização da escola Ch'an teve início com Tao-hsin. Desde então, o espírito da tradição seria insistir numa prática e código de conduta estritamente pessoais, tentando ao mesmo tempo alcançar todos os que não podiam seguir esse código, recorrendo a fóruns públicos conhecidos como darma, ou plataformas de preceitos, nos quais doutrinas introdutórias, que incluíam a fórmula prajñā e os métodos de meditação, eram transmitidas a todos. A grande projeção das escolas práticas mudou o tom da devoção budista. As escolas teóricas haviam estudado o Darma universal, o que se evidenciava sobretudo em sua classificação das doutrinas conhecidas como *p'an-chiao*. Em vez disso, a prática das escolas se concentrava na figura do Buda, quer situado no interior de si própria (Ch'an) quer além de si (Terra Pura). Em oposição à imersão do indivíduo no *dharmadhātu* sem máculas, apregoada pela doutrina de Hua-yen, a tradição da Terra Pura lembrava o povo das imperfeições do presente e a da escola Ch'an despertava-o para a realidade do aqui e agora. Juntas, as duas escolas libertavam o indivíduo com relação ao todo. Essa espiritualidade coincidia com o surgimento do regionalismo e da cultura popular na segunda metade do período T'ang.

O retorno do poder à casa de Li, os fundadores originais da dinastia, sob o imperador Hsüan-tsung, trouxe consigo um renovado apoio ao taoísmo e acelerou a adaptação do budismo às práticas chinesas. A última fase criativa do budismo indiano, o Tantrayāna, ou esoterismo, contribuiu com essa nova mescla entre magia nativa e estrangeira. No século IX, enquanto An Lu-shan destruía centros budistas no norte, as tradições do sul, influenciadas pelo taoísmo, se expandiam, em especial a escola de Hung-chou, uma ramificação da tradição Ch'an originada com Ma-tsu Tao-i. As obras chinesas compiladas, como o *Yüan-chüeh-ching* (Sutra da Iluminação Perfeita), popular em meio à escola Ch'an do último período, adaptavam a terminologia em sânscrito ao gosto nativo, assim impondo no budismo uma marca chinesa mais acentuada. O *Pao-tsang-lun* (Sutra do Armazém do Tesouro), atribuído a Seng-chao, desavergonhadamente parafraseava *Lao-tzu* nos termos da tradição Mādhyamika e adaptava a doutrina Iogacara para comportar a cosmogonia chinesa. Esse processo de adaptação se reflete na arte, na crescente popularidade de Kṣitigarbha (Ti-tsang, Ventre da Terra), que transporta as pessoas num barco, para fora do inferno, enquanto Avalokiteśvara (Kuan-yin) as transporta depois até o paraíso. Uma figura modesta, Ti-tsang era, sem dúvida, em parte, o antigo T'u-ti (Senhor da Terra) ressuscitado. De modo análogo, começamos a observar a feminização de Kuan-yin, a fusão da Terra Pura com a terra dos imortais da Rainha-Mãe do Oeste, e a transposição das montanhas sagradas da Índia para as da China; os bodisatvas agora teriam sua residência permanente na China.

O vigor da tradição budista tem de ser avaliado sempre em confronto com o destino dos dois outros ensinamentos. Dos três, o confucianismo foi o que melhor aprendeu a lição de 755. A ruptura da ordem pela guerra civil produziu, em meio aos intelectuais, um chamado de retorno a questões da prática e, no período que se seguiu, foi semeada a semente do neo-confucianismo (a defesa de Han Yu da forma clássica e sua crítica ao budismo datam desse período). Nem os budistas nem os taoístas mostraram esse tipo de percepção da necessidade de uma reforma a partir do interior. Sua hostilidade mútua levara à acusação taoísta de que os budistas haviam contaminado um elixir da imortalidade que fora prometido, e estava sendo preparado, para um esperançoso imperador. Seguiu-se uma proibição do budismo; a destruição das Três Jóias foi novamente decretada em 845. Essa perseguição foi o resultado de forças mais amplas, como o retorno da tensão entre o Estado e o saṅgha e a hostilidade entre a dinastia T'ang e seus vizinhos na Ásia central. A instituição budista foi destruída, quando o Estado dizimou os membros do saṅgha e confiscou grande parte de suas propriedades. Ao contrário da perseguição anterior, não houve como escapar para um abrigo no sul, nem uma restauração como a da dinastia Sui, nem o apoio popular para um ressurgimento e nem, mais trágico de tudo, um renascimento da tradição. Talvez a restauração do período Sui tivesse sido demasiado bem sucedida. Talvez a prosperidade do budismo no período T'ang tivesse apagado da memória o apocalipse de 574. Um falso senso de segurança, como o oferecido pela doutrina de Hua-yen, deixou o povo pouco preparado para o holocausto de 845, que estava em contradição com seus cronogramas escatológicos e que revelava brechas na realidade com as quais sua filosofia totalizadora não podia lidar. Isso não significa que o budismo tenha feito apenas declinar desde então. Ao contrário, novas formas de devoção e organização surgiram com o tempo, em especial os movimentos de tradição Ch'an e da Terra Pura, refletindo uma nova aspiração bodisatva a restabelecer o mundo como a arena da ação transformadora.

BIBLIOGRAFIA

Fontes

HURVITZ, Leon & LINK, Arthur E. (trads.). "Three Prajñāpāramitā Treatises of Tao-an". In *Mélanges sinologiques offerts à Monsieur Paul Demiéville*, pp. 403-470. Paris, Presses Universitaires de France, 1974.

HURVITZ, Leon (trad.). *Wei Shou: Treatise on Buddhism and Taoism*. Kyoto, Kyoto University, 1956.

LIEBENTHAL, Walter. *Chao-lun: The Treatises of Seng Chao*. Hong Kong, Hong Kong University Press, 1968.

LINK, Arthur E. "Biography of Shih Tao-an". In *T'oung Pao* 46 (1958), Brill Academic Publishers, pp. 1-48.

MATHER, Richard B. (trad.). *Shih-shuo hsin-yü: A New Account of Tales of the World*. Minneapolis, University of Minnesota Press, 1976.

ROBINSON, Richard H. *Early Mādhyamika in India and China*. Madison, University of Wisconsin Press, 1967.

Estudos

CH'EN, Kenneth Kuan-sheng. "Anti-Buddhist Propaganda during the Nan-ch'ao". In *Harvard Journal of Asiatic Studies* 15 (1952), Harvard, pp. 166-192.

______. *Buddhism in China: A Historical Survey*. Princeton, NJ, Princeton University Press, 1964.

______. *The Chinese Transformation of Buddhism*. Princeton, NJ, Princeton University Press, 1973.

______. "The Economic Background of the Hui-ch'ang Suppression of Buddhism". In *Harvard Journal of Asiatic Studies* 19 (1956), Harvard, pp. 67-105.

______. "Neo-Taoism and the Prajñā School during the Wei and Chin Dynasties". In *Chinese Culture* 1 (1957), pp. 33-46.

______. "On Some Factors Responsible for the Anti-Buddhist Persecution under the Pei-Ch'ao". In *Harvard Journal of Asiatic Studies* 17 (1954), Harvard, pp. 261-273.

______. "The Role of Buddhist Monasteries in T'ang China". In *History of Religions* 15 (1975-76), pp. 209-230.

DEMIÉVILLE, Paul. "Le bouddhisme chinois". In *Encyclopédie de la Pléiade 29: Histoire des religions* I, pp. 1249-1319. Paris, Gallimard, 1970.

HURVITZ, Leon. "Chih Tun's Notions of *Prajñā*". In *Journal of the American Oriental Society* 88 (1968), pp. 243-261.

______. "The First Systematization of Buddhist Thought in China". In *Journal of Chinese Philosophy* 2 (1975), pp. 361-388.

______. "'Render unto Caesar' in Early Chinese Buddhism". In *Sino-Indian Studies* 5 (1957), pp. 96-114.

LAI, Whalen. "The Awakening of Faith in Mahāyāna: A Study of the Unfolding of Sinitic Motifs". Tese de Ph.D., Universidade de Harvard, 1975.

______. "Before the Prajñā Schools: The Earliest Chinese Commentary on the *Aṣṭasāhasrikā*". In *Journal of the International Association of Buddhist Studies* 6:1 (1983), pp. 91-108.

______. "Chou Yung vs. Chang Jung (on *Śūnyatā*): The *Pen-mo Yu-wu* Controversy in Fifth-Century China". In *Journal of the International Association of Buddhist Studies* 1:2 (1979), pp. 23-44.

______. "Chinese Buddhist Causation Theories: An Analysis of the Sinitic Mahāyāna Understanding of *Pratitya-samutpāda*". In *Philosophy East and West* 27 (1977), pp. 241-264.

______. "The Early Prajñā Schools, Especially 'Hsin-Wu', Reconsidered". In *Philosophy East and West* 33 (1983), pp. 61-77.

______. "Further Developments of the Two Truths Theory in China". In *Philosophy East and West* 30 (1980), pp. 139-161.

______. "*Hu-Jan Nien-Ch'i* (Suddenly a Thought Rose): Chinese Understanding of Mind and Consciousness". In *Journal of the International Association of Buddhist Studies* 3:2 (1980), pp. 42-59.

______. "The Meaning of 'Mind-Only' (*Wei-hsin*): An Analysis of a Sinitic Mahāyāna Phenomenon". In *Philosophy East and West* 27 (1977), pp. 65-83.

______. "Nonduality of the Two Truths in Sinitic Mādhyamika: Origin of the 'Third Truth'". In *Journal of the International Association of Buddhist Studies* 2:2 (1979), pp. 45-65.

______. "Sinitic Speculations on Buddha-Nature: The Nirvāṇa School". In *Philosophy East and West* 32 (1982), pp. 135-149.

______. "Sinitic Understanding of the Two Truths Theory in the Liang Dynasty". In *Philosophy East and West* 28 (1978), pp. 339-351.

LIEBENTHAL, Walter. "A Biography of Chu Tao-sheng". In *Monumenta Nipponica* 11 (1955-56), pp. 284-316.

______. "Chinese Buddhism during the 4th and 5th Centuries". In *Monumenta Nipponica* 11 (1955-56), pp. 44-83.

______. "The World Conception of Chu Tao-sheng". In *Monumenta Nipponica* 12 (1956-57), pp. 65-103, 241-268.

LINK, Arthur E. "The Taoist Antecedents of Tao-an's Prajñā Ontology". In *History of Religions* 9 (1969-70), pp. 181-215.

LIU, Ming-Wood. "The Doctrine of the Buddha-Nature in the Mahāyāna *Mahāparinirvāna—sutra*". In *Journal of the International Association of Buddhist Studies* 5:2 (1982), pp. 63-94.

MASPERO, Henri. "Communautés et moines bouddhistes chinois au 2e et 3e siècles". In *Bulletin de l'École Française d'Extrême-Orient* 10 (1910), pp. 222-232.

______. "Les origines de la communauté bouddhiste de Lo-yang". In *Journal Asiatique* 225 (1934), pp. 87-107.

______. "Le songe et l'ambassade de l'Empereur Ming: Étude critique des sources". In *Bulletin de l'École Française d'Extrême-Orient* 10 (1910), pp. 95-130.

MATHER, Richard B. "Chinese Letters and Scholarship in the Third and Fourth Centuries". In *Journal of the American Oriental Society* 84 (1964), pp. 348-391.

______. "The Controversy over Conformity and Naturalness during the Six Dynasties". In *History of Religions* 9 (1969-70), pp. 160-180.

______. "Vimalakīrti and Gentry Buddhism". In *History of Religions* 8 (1968-69), pp. 60-73.

PRIESTLEY, C. D. C. "Emptiness in the *Satyasiddhi*". In *Journal of Indian Philosophy* 1 (1970), pp. 30-39.

TSUKAMOTO Zenryū. *A History of Early Chinese Buddhism*. Trad. de Leon Hurvitz. Tóquio, Kodansha, 1985.

WRIGHT, Arthur F. *Buddhism in Chinese History*. Nova York, Atheneum, 1965.

______. "The Formation of Sui Ideology (581-604)". In: FAIRBANK, John King. (org.). *Chinese Thought and Institutions*, pp. 71-104. Chicago, University of Chicago Press, 1957.

______. "Fo-t'u-teng: A Biography". In *Harvard Journal of Asiatic Studies* 11 (1948), pp. 321-370.

______. "Fu I and the Rejection of Buddhism". In *Journal of the History of Ideas* 12 (1951), pp. 31-47.

WRIGHT, Dale S. "On the Concept of Mind in the *Treatise on the Awakening of Faith*". In *Journal of Buddhist Philosophy* 2 (1984), pp. 37-47.

ZÜRCHER, Erik. *The Buddhist Conquest of China*. Leiden, E. J. Brill, 1959, 1972.

12. As Escolas Filosóficas

I. SAN-LUN, T'IEN-T'AI E HUA-YEN

Taitetsu Unno

A espiritualidade desenvolvida nas escolas de San-lun, T'ien-t'ai e Hua-yen nos séculos VI e VII herdou as realizações mais altas da tradição Mahāyāna indiana, que passava por uma transformação gradual desde o século I d.C., ao encontrar a tradição chinesa, que se caracterizava por uma visão do mundo orgânica, uma orientação para este mundo e uma harmonia tanto cósmica quanto social. A característica em comum dessas escolas estava em voltar-se para o singular fenomênico, para o "aqui e agora". Esse singular, no entanto, não é a coisa objetificada e captada na forma dicotômica convencional do pensamento que distingue sujeito e objeto; ao contrário, ele é o que é compreendido na visão não-dicotômica de prajñā: o darma-como-ele-é[1] ou, como preferiam os budistas chineses de um período posterior, *shih* (coisa, acontecimento, entidade). Sigo aqui a definição clássica do Darma no budismo, tal como enunciada no *Ratnagotravibhāga*: Darma como ensinamento,

1. Para o estudo do Darma do ponto de vista de diversas escolas budistas, cf. Hirakawa Festschrift Committee, (org.), *Bukkyō ni okeru hō no kenkyū* (*Um Estudo do Darma no Budismo*), Tóquio, Shunjūsha, 1975. Tenho uma dívida especial com os artigos sobre a escola San-lun de Hirai Shun'ei e Yasumoto Tōru, neste volume. Para um bom sumário sobre as interpretações ocidentais, cf. J. R. Carter, *Dhamma: Western Academic and Sinhalese Buddhist Interpretations*.

deśanā-dharma, e Darma como a própria compreensão, *adhigama-dharma*, o que inclui tanto o que compreende (prajñā) quanto o que é compreendido (o darma-como-ele-é)[2].

Essa unidade entre o objeto compreendido e o sujeito que compreende, o darma-como-ele-é, não como unicidade mística, mas como superação de todas as formas de conceitualização, é sinônimo da verdadeira sabedoria e verdadeira compaixão, a fonte da espiritualidade e a base dos sistemas doutrinais do budismo chinês. Vamos considerar três grandes defensores dessa postura, cada qual com seu legado específico, agenda prática e limitações históricas: Chi-tsang (549-623), da escola San-lun, Chih-i (538-597), da escola T'ien-t'ai, e de Fa-tsang (643-712), da escola Hua-yen.

SAN-LUN

A linhagem de San-lun tem início com Kumārajīva, que chegou a China, vindo da Ásia Central, em 401 d.C. Suas traduções de textos budistas, em especial os escritos em torno do *Prajñāpāramitā*, constituíram um grande estímulo ao estudo do budismo de tradição Mahāyāna nesse período inicial, e seus notáveis discípulos realizaram uma grande mudança no curso do budismo chinês. Entre eles estava Seng-chao (374-414), famoso como o "primeiro na compreensão do vazio (śūnyatā)", que expressou uma de suas concepções básicas nos seguintes termos:

> "Miraculoso, na verdade, oh Um Venerado pelo Mundo! Sem afastar-se da realidade-limite (*bhūta-koṭi*), você assegura posições para todos os darmas". Não que as posições asseguradas existam em separado da verdadeira realidade; as posições asseguradas são elas próprias a verdadeira realidade. Se assim, o caminho está longe? Idêntica às coisas (*shih*) é a verdadeira realidade. O sábio está longe? Quando isso se realiza, existe o sagrado (T 45.153a3-6)[3].

As "posições asseguradas" referem-se às manifestações dos singulares concretos, cada uma das quais assegura seu lugar no mundo fenomênico diante da visão de prajñā. Como tal, cada uma sendo um produto da origem interdependente, é simultaneamente real e não-real, ser e não-ser. Não existe a assim chamada verdade, nem realidade, nem absoluto fora desses singulares fenomênicos. A máxima "idêntica às coisas é a verdadeira realidade" tornou-se a base da autêntica vida budista.

Essa afirmação do fenomênico era parte essencial do confucianismo, cuja orientação básica não era no sentido da transcendência, mas

2. Cf. T. Jikido, *A Study of the Ratnagotravibhāga*, p. 182.

3. Cf. Tsukamoto Zenryū, *Jōron kenkyū* (Estudos sobre o *Chao-lun*), Quioto, p. 22; e Richard Robinson, *Early Mādhyamika in India and China*, pp. 123-155. Outra fonte de informações é Ueda Yoshifumi, "Thinking in Buddhist Philosophy", em *Philosophical Studies of Japan* 5 (1964), pp. 69-94.

sim no sentido da compreensão do "secular como sagrado"[4]. Embora enfatizasse *jen* e *li*, manifestando a humanidade na ação ritual, e não o darma-como-ele-é no sentido budista, sua preocupação primordial, no entanto, era com este mundo. Isso é ainda mais verdade no caso do taoísmo (a formação original do próprio Seng-chao), em especial no caso de Chuang-tzu, para o qual o Tao devia ser encontrado até mesmo nas expressões mais inferiores de vida[5]. Embora a filosofia taoísta se enraizasse no metafísico, como em sua ênfase no Um, acreditava-se que o *Tao* permeava o mundo fenomênico. Mas essa ênfase nos singulares fenomênicos já era inerente ao budismo indiano, no qual a verdade não era uma proposição, mas a realidade-como-ela-é: o ser-isso (*tattva*), o ser-tal (*tathatā*) e a coisidade (*dharmatā*), "termos da mais simples fórmula do objeto"[6]. Aqui é crucial o conteúdo da percepção cognitiva; o ser-isso, o ser-tal, ou a coisidade, todos sinônimos do darma-como-ele-é, não devem ser confundidos com as coisas objetivas, captadas pela mente dicotômica. Cada termo denota o que é real, mas vazio (*śūnya*), compreendido pelo conhecimento não-dicotômico de prajñā, e constitui o conteúdo de *tathatā*, *bhūta-koṭi*, *animitta*, *paramārtha dharmadhātu*[7]. Como escreveu Seng-chao:

> Dentro está o brilho do espelho solitário; fora, a realidade da miríade de darmas. Embora a miríade de darmas seja real, ela não pode ser vista se estiver faltando a luz de prajñā. A correspondência entre dentro e fora torna possível essa iluminação. Essa é a razão por que o Sagrado Um não pode tornar o mesmo (a miríade de darmas); cada um deles é uma função dinâmica. Embora o interior intua, ele não tem conhecimento; embora o exterior seja real, ele não tem marcas (T 45.154c6-9)[8].

Essa formulação clássica da visão de prajñā, metaforicamente explicitada na expressão "o brilho do espelho solitário", que revela todas as coisas – inclusive o eu – como elas são, contém uma contradição, como se verifica na sentença final: "embora o interior intua, ele não tem conhecimento". Isto é, prajñā vê claramente e, no entanto, não vê. Uma contradição análoga encontra-se na expressão "realidade da miríade de darmas", que constitui o mundo fenomênico, pois "embora o exterior seja real, ele não tem marcas". Não ter marcas é sinônimo de vazio, referindo-se à ausência das características identificáveis e permanentes

4. Herbert Fingarette, *Confucius: The Secular as Sacred*. Embora em parte discordando de Fingarette, concordo com seus principais argumentos.

5. Cf., por exemplo, *The Complete Works of Chuang Tzu*, Burton Watson (trad.), pp. 240-242.

6. N. Hajime, *Ways of Thinking of Eastern Peoples*, Honolulu, pp. 240-242. Cf. também K. Kumatarō e N. Hajime, *Kegon shisō* (*Pensamento Hua-yen*), pp. 97-127, para uma análise dos conceitos de darma, *tattvasya*, *lakṣaṇa* etc., encontrados nas traduções de Kumārajīva.

7. Cf. E. Conze (trad.), *Madhyāntavibhāgaṭīkā*, em *Buddhist Texts through the Ages*, pp. 170-172: "The Synonyms of Emptiness".

8. Cf. Robinson, *Early Mādhyamika*, p. 220.

(*lakṣaṇa*) do Darma individual, que, no entanto, como o produto da origem interdependente, é real. Em resumo, o Darma é e, no entanto, não é. Na compreensão não-dicotômica, essas contradições no interior tanto do sujeito (o brilho de prajñā) quanto do objeto (miríade de darmas) não podem ser suprimidas por uma mera solução lógica ou racional. Elas só podem ser resolvidas por uma rigorosa prática religiosa, que envolve uma transformação radical do núcleo do próprio ser, de tal forma que tudo que, no plano dicotômico, era compreendido como real é agora visto como ilusório e a verdadeira realidade é compreendida como a dupla exposição do real e irreal, do ser e não-ser.

Uma tentativa de estabelecer esse tópico sutil na filosofia da linguagem contemporânea é a de Nishitani Keiji. Em sua fecunda obra *Religion and Nothingness* (*A Religião e o Nada*), ele fala de um "em-si-mesmo" (*jittai*), para além da dicotomia sujeito-objeto, que manifesta o vazio e que o autor distingue radicalmente tanto do conceito de substância (*jittai*) quanto do de sujeito (*shutai*)[9]. A substância aristotélica e o sujeito kantiano têm como horizonte o campo da consciência dicotômica que não pode escapar ao "paradoxo da representação", no qual uma coisa é extraída ao modo elementar do ser e transformada num objeto re-presentado para o sujeito[10]. Uma coisa assim representada é concebida conceitual e abstratamente de uma perspectiva centrada em si mesma, do interior de seu próprio centro. Quando se rompe com esse modo de conhecimento baseado na distinção sujeito-objeto, experimenta-se a conversão para o campo do vazio, no qual ocorre a "beatificação" – todos os existentes emergem em sua singularidade individual, cada qual irradiando sua própria luz particular.

Uma tal percepção da realidade como-ela-é está por trás do conceito de verdade dupla de Nāgārjuna, tal como interpretado por Piṅgala. De acordo com essa tradição de comentários traduzidos por Kumārajīva, a estrutura da verdade concebida no *Tratado do Meio* de Nāgārjuna, capítulo 24, era dupla (e não uma relação entre *duas* verdades). Os versos 8, 9 e 10 desse capítulo exprimem-se da seguinte forma:

> Apoiando-se na verdade dupla
> Todos os budas ensinam o darma;
> Isto é, a verdade do mundo
> E a verdade do objeto supremo (*paramārtha*).
>
> Os que não conhecem a distinção
> Da verdade dupla
> Não conhecem o *tattva* profundo
> Que se aprende nos ensinamentos do Buda.

9. N. Keiji, *Religion and Nothingness*, pp. 119-140, e os artigos a respeito em T. Unno (org.), *The Religious Philosophy of Nishitani Keiji. Encounter with Emptiness*

10. Ibidem, pp. 108-109.

Sem se apoiar em expressões verbais
Não se pode ensinar o objeto supremo;
Sem se alcançar o objeto supremo (pela prática)
Não se pode alcançar o nirvana *(Chung-lun, T* 30.32c16-33a7)[11].

De acordo com Piṅgala, a verdade do mundo sugere duas coisas: primeiro, que a "realidade" é vista de uma forma invertida (*viparīta*), considerada como verdadeira pelos não iluminados, mas claramente falsa do ponto de vista da verdade suprema; e, segundo, que a verdade suprema é expressa em palavras e conceitos da verdade do mundo nos ensinamentos (*deśanā*) dos iluminados, que vêem a realidade-como-ela-é – o que é sugerido nos versos acima pelos termos darma, *paramārtha* e *tattva*, que são todos sinônimos. A identidade desses três termos, que muitas vezes escapa às traduções da verdade dupla nas línguas ocidentais[12], é fundamental para uma compreensão exata desse conceito.

Podemos esquematizar essa interpretação da verdade dupla da seguinte forma:

A Verdade do mundo
B Verdade suprema ─┐
├─ Verdade dupla
A' Verdade do mundo ─┘

No nível A (verdade do mundo), a única realidade é a que é mal apreendida e captada equivocadamente como "real" pela pessoa não iluminada; ela é simplesmente uma concepção arbitrária, uma ilusão, sem qualquer fundamento na vida real. No nível B (verdade suprema), a realidade não é nada além do vazio, um vazio que nada mais é que o real. Mas o nível B é inseparável do nível A' (verdade do mundo), o da verdade afirmada pelo iluminado. Os singulares fenomênicos, que são captados no modo dicotômico de conhecer e que constituem a verdade do mundo no nível A, passam por uma negação no nível B, para serem, por fim, afirmados como vazios, mas reais – o darma-como-ele-é – pela visão de prajñā. As palavras e conceitos do nível A, consideradas como "jogo conceitual" (*prapañca*) pelos iluminados, surgem agora na forma de um ensinamento (*deśanā*) que usa palavras

11. Para uma abordagem completa da verdade dupla, é preciso considerar também as interpretações de Bhāvaviveka (século v) e de Candrakīrti (século vii), mas para a compreensão da escola San-lun, as concepções de Piṅgala serão suficientes. Para um curto sumário das três interpretações, cf. John S. Ishihara, "Rethinking the Doctrine of *Satya-dvaya*", em *Journal of the Chikushi Jogakuen College* 1 (1989) pp. 63-86. Para as concepções de Candrakīrti, cf. M. Sprung (trad.), *Lucid Expositions of the Middle Way*, Boulder, Prajna Press, 1979, pp. 230-232.

12. Cf., por exemplo, M. Sprung (org.), *The Problem of Two Truths in Buddhism and Vedanta*, pp. 27, 87.

e conceitos para revelar o que é verdadeiro e real. Assim, a verdade do mundo, nível A', se torna uma expressão necessária e essencial da verdade suprema, nível B, e as duas juntas constituem a estrutura básica da verdade dupla. Quando o ensinamento da verdade dupla é plenamente compreendido, culminando no despertar para a realidade que é múltipla e diversificada, descortina-se a vida dinâmica e criativa denominada "caminhar no meio" (*madhyamā-pratipad*).

Após séculos de distorções e equívocos, a filosofia do vazio encontrou sua expressão clara e autêntica na escola San-lun de Chi-tsang, que herdou a concepção da verdade dupla da forma como discutimos acima[13]. Chi-tsang, cuja meta era "destruir as concepções errôneas e manifestar as verdadeiras", dedicou seus esforços à aniquilação das concepções "invertidas" do ser e do não-ser, obstinadamente defendidas por diversos pensadores na Índia e na China, tanto budistas quanto não-budistas. Essa destruição das concepções "invertidas" significava, ao mesmo tempo, a revelação da natureza verdadeira da realidade (*tattvasya lakṣaṇa*) e a afirmação do Caminho do Meio como o princípio da iluminação a se manifestar na vida cotidiana. O impulso básico do Caminho do Meio, que começa com o Nobre Caminho Óctuplo e culmina com a verdade dupla, estava em que ele é tanto um processo rumo à meta suprema da iluminação quanto a expressão máxima dessa meta no mundo cotidiano.

A fim de realizar sua missão, Chi-tsang desenvolveu a dialética dos quatro níveis da verdade dupla. No primeiro nível, encontra-se a verdade do mundo, que afirma o ser da forma, como o fazem os adeptos do Abidarma, enquanto a verdade suprema afirma o não-ser. No segundo nível, está a verdade do mundo, que sustenta tanto o ser quanto o não-ser, como o fazem os estudiosos da escola Ch'eng-shih (defensores da doutrina *satyasiddhi*), enquanto a verdade suprema não é nem dualidade nem não-dualidade. No terceiro nível, está a verdade do mundo que fala da dualidade e não-dualidade, como ensinam alguns na tradição Mahāyāna, enquanto a verdade suprema não é nem dualidade nem não-dualidade. No quarto nível, a verdade do mundo contém todos os níveis precedentes, que nada mais são que os ensinamentos que se apoiam em palavras, enquanto a verdade suprema é alcançada quando não há nada para se compreender (*Ta-ch'eng hsüan-lun*, T 45.15c5-10). Essa negação completa e absoluta de todas as formas de conceitualidade, no entanto, não é a meta da escola San-lun, pois sua finalidade última é a compreensão de *tattva*, *paramārtha*, ou *dharmatā*. Isso está de acordo com a meta final da dialética negativa de Nāgārjuna no *Tratado do Meio*, no qual se diz que o sábio percebe a verdadeira realidade (*tattva-darśana*, cap. 26, v. 10).

13. Para uma discussão em termos gerais, cf. Aaron Koseki, *Chi-tsang's Ta-ch'eng hsüan-lun: The Two Truths and the Buddha-Nature*.

De acordo com Chi-tsang, essa realidade verdadeira nada mais é que o darma-como-ele-é, sendo visto no modo de compreensão não-dicotômico. Ainda retendo vestígios do vocabulário técnico do budismo indiano, ele escreve: "A forma (*rūpa*) do nome transitório não é nem ser nem não-ser. É impossível compreender isso por meio do tetralema. Essa forma nada mais é que a realidade verdadeira [...]. Assim, o nome transitório é claramente a realidade verdadeira" (T 42.126c). O nome transitório é a designação do que é ilusório, mas real, o produto da origem interdependente, criando o mundo das distinções. Uma vez que a realidade é múltipla, a distinção, no final, é mais importante que a não-distinção. Chi-tsang estabelece isso, ao escrever:

> Agora, com relação à distinção e não-distinção, existe não-distinção onde a distinção claramente existe. Dessa forma, o nome transitório, sem ser destruído, é ele próprio a verdadeira realidade. Embora a não-distinção exista, a distinção é claramente evidente. Assim, a afirmação: "Sem se afastar do limite da realidade (*bhūta-koṭi*), você assegura posições para todos os darmas". Uma visão assim penetrante só é possível para os seres iluminados (T 33.488c).

Chi-tsang desenvolve uma implacável dialética negativa, ao prosseguir em sua agenda, destruição-como-manifestação, como fica evidente em suas investigações sobre o significado do "meio". Por exemplo, ele esclarece o uso desse termo-chave por meio de quatro esquemas interpretativos (*San-lun hsüan-i*, T 45.14a20-14b15). Em primeiro lugar, o significado semântico de "meio". As palavras indicam relações para a comunicação de pensamentos, mas perdem seu significado do ponto de vista da realidade última. Aqui o termo "meio" é um indicador da natureza verdadeira da realidade que transcende a palavras e conceitos. Em segundo lugar, o significado último de "meio". Isto é, o termo sugere um último que é "não-meio" e que nega toda forma de conceitualização ou reificação. De fato, afirma-se que a natureza verdadeira da realidade não é o meio nem o não-meio. Isso não quer dizer que o meio como negação de extremos seja considerado de forma casual, mas que o meio como uma asserção ou uma posição é rejeitado como insustentável. Em terceiro lugar, o significado interdependente do "meio". O meio e os extremos são mutuamente dependentes, iluminando-se reciprocamente. Dizendo isso de uma forma diferente, ensina-se sobre os extremos, para despertar as pessoas para o meio, e o meio ensina a consciência dos extremos. Por fim, há o significado indeterminado do meio: todo singular fenomênico no mundo da vida cotidiana, manifestando a natureza verdadeira da realidade, pode ser o meio. Isso põe em destaque a afirmação anterior de Chi-tsang: "O nome transitório, sem ele próprio ser destruído, nada mais é que a realidade verdadeira".

Essa ênfase no singular fenomênico como manifestando a natureza verdadeira da realidade é também confirmada pelos vários usos do termo "meio", encontrados em *O Significado Profundo dos Três Tratados*, de Chi-tsang (T 45.14b17-14c15). Quando empregado com um referente singular, o meio denota o próprio caminho para a iluminação, como na afirmação da escola Hua-yen: "Todos os seres que buscam a liberdade da emancipação sem-obstruções transcendem saṃsāra por meio desse caminho único". Esse caminho único conduz à compreensão de *dharmatā*, *tattva*, ou *paramārtha*. Quando se mencionam duas espécies de meio, isso inclui o meio da verdade do mundo e o meio da verdade suprema, ambos operando conjuntamente para manifestar o meio verdadeiro. O meio verdadeiro denota cada realidade do mundo fenomênico que manifesta o darma-como-ele-é, tal como visto pelos iluminados. Quando se enumeram as três espécies de meio, estão incluídos os dois anteriores, além do terceiro: o meio nem da verdade do mundo nem da verdade suprema. Refere-se a isso como o meio que é não-meio, a negação de todas as concepções arbitrárias e a afirmação da realidade-como-ela-é.

Chi-tsang oferece ainda um outro esquema para orientar o praticante para a compreensão da destruição-como-manifestação. Ele fala do meio *comparativo*, que nega os extremos do eternalismo e da aniquilação, do ser e do não-ser. Isso é denominado o medicamento que cura todas as concepções extremas. Em seguida, vem o meio *supressor*. A doença das posições extremas é curada, ou suprimida, pelo medicamento do princípio do meio, mas não existe uma posição especial denominada meio, que possa ser afirmada. Se as pessoas se apegam a qualquer um dos extremos ou ao meio, isso é considerado uma doença muito séria. Em terceiro lugar, vem o meio *absoluto*, que surge da negação da consciência dicotômica, que é unilateral, incompleta e imperfeita. Dessa negação radical de todo pensamento do tipo *prapañca*, surge o meio *criativo*. Isto é, quando se compreende o meio absoluto, surge espontaneamente a realidade pura do fenômeno individual, que manifesta seu ser-tal e irradia sua própria luz sem-igual. O meio criativo reafirma tanto o ser quanto o não-ser, erradicando a confusão da mente ilusória (*vikalpa*), perdida nas perplexidades das negações. Assim, ensina-se o não-ser aos que se apegam à "verdade", e o ser aos que se apegam ao "não-ser". O meio criativo é o caminho da vida cotidiana, a arena da atividade salvífica do bodisatva, que é sem limite e sem fim.

Enquanto a verdade dupla de Nāgārjuna, na tradição de Kumārajīva, Piṅgala e Seng-chao, tinha a finalidade de revelar a natureza verdadeira da realidade, Chi-tsang tem sido criticado por se envolver excessivamente com o uso negativo da verdade dupla como um instrumento para simplesmente destruir concepções errôneas, sem revelar a realidade-como-ela-é[14]. Embora essa seja uma crítica típica, que às vezes leva à popularidade escolas como a de T'ien-t'ai, sua agenda historicamente era clarificar a experiência central do caminho budista, o *adhigama-dharma*, que emerge automaticamente na negação completa. Em última análise: "Na verdade suprema há dois aspectos. Em primeiro lugar, a natureza verdadeira da realidade; assim, ela é denominada verdade. Em segundo lugar, a visão penetrante do sábio, na qual há a compreensão verdadeira" (*Chung-kuan lun-shu*, T 42.150c22-24). Essa unicidade não-dicotômica entre o sujeito que compreende e o objeto compreendido é a base da sabedoria verdadeira e da compaixão verdadeira, assim como a fonte da espiritualidade da escola San-lun, mas o caminho da escola San-lun estava ainda em processo de incorporação à tradição chinesa e à espera de uma articulação mais harmônica com a tradição nativa.

T'IEN-T'AI

A escola San-lun herdou a tradição apofática dos sutras de *Prajñāpāramitā* e de *Vimalakīrti*, enquanto a escola T'ien-t'ai desenvolveu a tradição catafática dos sutras do *Lótus* e de *Mahāparinirvana*. Essa é uma das razões da enorme atração exercida por esta última escola e do declínio gradual da primeira nos séculos que se seguiram. No entanto, embora mais tarde a escola T'ien-t'ai venha a sofrer forte influência do pensamento do Tathāgatagarbha e da escola Hua-yen, a formulação de Chih-i é fundamentalmente uma outra manifestação da filosofia Mādhyamika. Chih-i (538-597) remontava sua linhagem – passando por Hui-su – até Hui-wen, uma figura budista lendária à qual se atribuía feitos miraculosos e poderes sobrenaturais[15]. Assim, ao contrário de escolas budistas anteriores, inclusive a de San-lun, que consideravam como seus fundadores tradutores, como Kumārajīva, Chih-i identifica-se com mestres de renome, que eram aclamados por sua prática religiosa[16]. Seu principal interesse era a compreensão da natureza verdadeira da realidade (*tattvasya lakṣaṇa*) por meio da prá-

14. Cf., por exemplo, N. Gadjin, *The Foundational Standpoint of Mādhyamika Philosophy*, pp. 29-30.

15. Para a biografia de Chih-i e a doutrina-padrão da escola T'ien-t'ai, cf. L. Hurvitz, *Chih-i (538-597). An Introduction to the Life and Ideas of a Chinese Buddhist Monk, Mélanges chinois et bouddhique*.

16. Pela primeira vez explicado por Yūki Reimon no artigo "Zuitō-jidai no chūgoku-teki shinbukkyō kōki no rekishi-teki jijō" (Considerações históricas sobre o surgimento do novo budismo adaptado às tradições chinesas das dinastias Sui-T'ang), em *Nihon bukkyō gakkai nenpō* 19 (1954), pp. 79-96, que foi desdobrado numa série de artigos sobre Shan-Tao, T'an-ch'ien, em diversos periódicos, e em estudos sobre as escolas de Hua-yen, T'ien-t'ai e Fa-hsiang. Cf. também S. Weinstein, "Imperial Patronage in the Formation of the Tang", em Arthur F. Wright e D. Twichet (orgs.), *Perspectives on the Tang*, pp. 265-274.

tica religiosa e sua formulação num sistema doutrinal completo, de caráter eminentemente chinês.

Com esse propósito, Chih-i se inspirou no *Tratado sobre o Meio* (24:18), de Nāgārjuna[17]: "O que tem origem interdependente é, ensinamos, vazio. Esse é um nome transitório e esse é, na verdade, o Caminho do Meio".

Ele interpretou esse verso à luz de um texto apócrifo do budismo chinês, o *P'u-sa Ying-lo-pen-yeh ching* (T 33.714b5-10), que enuncia uma progressão em três momentos do despertar: 1. por meio da visão penetrante da forma transitória, compreende-se o vazio; 2. por meio da visão penetrante do vazio, compreende-se a forma transitória; e 3. por meio da visão da unidade de ambos, compreende-se o Caminho do Meio. Uma vez que os singulares fenomênicos existem em resultado de um sem-número de causas e condições, não existem realidades permanentes e fixas. Se as causas e condições se dissipam, uma dada realidade também sofre mudanças. Isso é o vazio. No entanto, porque todas as realidades são vazias de substância ou características permanentes é que existem os singulares fenomênicos. Esses singulares têm formas e designações transitórias; eles são reais, mas não permanentes. Assim, o vazio e a forma transitória são interdependentes ou, mais precisamente, são aspectos um do outro reciprocamente. Dessa forma, quando os dois são vistos simultaneamente, isso é o Meio. Embora esses três aspectos sejam inseparáveis, podemos dizer que cada um dos três – vazio, forma transitória e Meio – contém os outros dois. Isso é conhecido como a "harmonia perfeita da verdade tripla". Não se trata de três verdades, mas de uma única verdade compreendida de uma forma tripla. No *Mo-ho chih-kuan*, Chih-i afirma:

> Um vazio é todo o vazio; não existem formas transitórias nem meios que não sejam vazio. Tudo é visão do vazio. Uma forma é todas as formas; não existem vazios nem meios que não sejam forma. Tudo isso é visão da forma transitória. Um meio é todos os meios; não existem vazios nem formas que não sejam meio. Tudo é visão do meio (T 46.55b15-18).

Pode-se descrever com cuidado a verdade tripla em termos do sujeito, como "a visão tripla numa mente", e em termos do objeto, como "a verdade tripla em um domínio". A união perfeita entre sujeito e objeto é o despertar, ou iluminação, descrito como "os três mil mundos num instante de pensamento", a compreensão de todos os singulares fenomênicos (darma) contidos num único instante do pensamento, baseada no princípio do um-é-tudo e tudo-é-um da origem interdependente. Em termos simples, ela é a compreensão do darma-

17. Para uma discussão cuidadosa sobre a evolução da Verdade Tripla, cf. P. Swanson, *Foundations of T'ien-t'ai Philosophy: The Flowering of the Two Truths Theory in Chinese Buddhism*.

como-ele-é no modo não-dicotômico de conhecimento. A dicotomia entre sujeito e objeto, a cisão entre a "visão tripla numa mente" e a "verdade tripla num domínio", é causada pelas paixões cegas (*kleśa*) que engolfam os não-iluminados. Essa é a razão por que *kleśa* se torna a preocupação primordial da elaborada análise de Chih-i dos fenômenos e o objeto da prática da meditação.

A verdade tripla do vazio, da forma transitória e do Meio impregna todos os aspectos da vida. Quando a verdade tripla ainda está latente e oculta nos seres sencientes, ela é chamada de natureza tripla do Buda. Quando aparece como um ensinamento no mundo da ilusão, ela é denominada caminho triplo. Manifesta como despertar ou visão, ela se torna a sabedoria tripla. O que obstrui a compreensão da verdade tripla é a paixão tripla. Quando a verdade tripla se torna manifesta como o Buda, temos o corpo triplo do Buda. Dessa forma, toda a estrutura da filosofia da escola T'ien-t'ai se baseia na verdade tripla. Não há espaço para examinar todos esses aspectos, mas podemos examinar o conteúdo da sabedoria tripla.

Chih-i herda a estrutura básica do despertar encontrada em Seng-chao, quando ele afirma:

> O domínio (conhecido) constante é despojado de características (*lakṣaṇa*) e o objeto (conhecedor) constante não tem um objeto. Por meio de prajñā sem um objeto, o domínio sem características se torna seu foco. O domínio sem características se harmoniza com o prajñā sem um objeto. Prajñā e o domínio existem na escuridão da unicidade e, no entanto, eles são chamados de domínio e prajñā. Assim, ele se denomina não-atividade (T 46.9c2-5).

Aqui encontramos a mesma relação existente entre o sujeito que conhece (que é despojado de um objeto) e o objeto conhecido (que é despojado de toda característica conhecível) que vimos em Seng-chao, mas com uma diferença significava. No pensamento de Seng-chao, existe a possibilidade da unicidade de sujeito e objeto recair na *unio mystica*, enquanto, para Chih-i, a distinção entre sujeito e objeto é enfatizada quando ele esclarece a "escuridão da unicidade" como constituída por domínio (objeto) e prajñā (sujeito). Com base nisso, ele fala da sabedoria tripla, que contém simultaneamente 1. a sabedoria que distingue os singulares fenomênicos, 2. a sabedoria que vê sua igualdade ou identidade, e 3. a sabedoria que vê simultaneamente a igualdade universal e as múltiplas distinções. A primeira afirma as formas fenomênicas, a segunda, o vazio e a terceira, o Meio.

Se buscamos a relação entre a verdade tripla (objeto) e a visão tripla (sujeito) no âmbito do sistema de pensamento da escola T'ien-t'ai, a primeira é denominada "natureza essencial" da realidade e a última, "natureza cultivada" da realidade. Isto é, a verdade tripla é fundamental para todos os fenômenos no mundo, enquanto a visão tripla deve ser cultivada, desenvolvida e plenamente dominada. Mas não se trata de duas realidades separadas, pois a realização da natureza cultivada (visão tripla) nada mais é que a natureza essencial (verdade tripla) compreendendo plenamente a si própria. Sua relação se assemelha à relação entre uma lâmpada (natureza essencial) e a luz que ela emite (natureza cultivada), a última sendo necessária para a iluminação da primeira. Enquanto, do ponto de vista da natureza essencial da realidade, não há nada para se abandonar e nada para se compreender, do ponto de vista da natureza cultivada, somos conscientes da distinção entre ilusão e iluminação (e em última análise de sua não-dualidade). A doutrina da escola T'ien-t'ai toma como objeto de contemplação os pensamentos ilusórios que naturalmente ocupam o primeiro plano na consciência do ser humano. Essa meditação sobre a ilusão conduz à visão da não-dualidade entre ilusão e iluminação. As duas são fundamentalmente idênticas, sendo nada além de vazio, enquanto a iluminação é simplesmente a liberdade com relação à ignorância profundamente enraizada que nos impede de compreender esse fato básico.

Os objetos de contemplação da escola T'ien-t'ai se resumem nos dez domínios (*Mo-ho chih-kuan*, T 46.49a28-49c4, 99a16-118b2):

1. O domínio fenomênico, o domínio dos cinco agregados, doze campos e dezoito mundos, que constituem a vida como nós a vivenciamos.
2. O domínio das paixões cegas, que não é percebido e permanece latente no interior da psiquê, mas que se torna manifesto à medida que se aprofunda a contemplação.
3. O domínio da doença, gerado pela disciplina física indevidamente rigorosa.
4. O domínio da lei cármica, no qual incontáveis vidas anteriores ocasionam nossa condição atual.
5. O domínio dos demônios, que aparecem na contemplação profunda e que perturbam o praticante.
6. O domínio da meditação, que pode ser um grande obstáculo para a visão, se a pessoa se apega a ela.
7. O domínio das concepções dogmáticas sobre a meditação, em especial a de que se está livre de todas as concepções.
8. O domínio da arrogância e do orgulho.
9. O domínio dos dois veículos, enraizado no vazio negativo.
10. O domínio do bodisatva, que aponta para o apego às atividades do bodisatva, que deve ser superado pela contemplação e visão.

Cada um desses domínios, inclusive os da ilusão, nada mais é que o domínio da verdade, *dharmadhātu* (*Mo-ho chih-kuan*, T 46.49c20-21). Essa ênfase nos domínios ou estados de ilusão é considerada uma característica exclusiva do budismo da escola T'ien-t'ai. Um texto da escola, de um período posterior, afirma:

> O caráter único, "possuir" (*chü*), manifesta a essência dessa escola. O fato de que a natureza essencial da realidade contém o bem é bastante conhecido em meio a outros mestres, mas que ela possua a condição do mal não é algo ensinado por ninguém mais. Dessa forma, o mérito desta escola é a afirmação da natureza-posse (*hsing-chü*) e de que o mérito é da natureza do mal (*hsing-o*) (*T'ien-t'ai-chuan fo-hsin-yin-chi*, T 46.934a12-14).

A maior parte das escolas budistas afirmam que a natureza fundamental do homem é pura e boa, mas recoberta por degenerações; daí, a prática da meditação ser orientada para a visão da natureza imaculada da realidade. Na escola T'ien-t'ai, no entanto, dá-se ênfase à natureza má do homem, pois a ilusão é a experiência comum a todos e a contemplação do mal – e não a do bem – é acessível a todos. Essa universalidade do mal significa que mesmo o Buda possui a natureza do mal. Em contrapartida, mesmo o *icchantika*, que se afirma estar privado da natureza do Buda, possui a natureza do bem. Isso é exemplificado na metáfora do bambu contendo a natureza ou o potencial do fogo. Embora o bambu tenha o potencial de queimar, a menos que haja fogo, ele nunca irá queimar. Mas, na presença da condição fogo, a combustão se torna uma realidade; se houver fogo, o bambu queimará. Da mesma forma, o mal contém a natureza do bem. Quando as condições amadurecem, o bem aparece e supera o mal. Da mesma forma, a natureza do mal se encontra no bem, uma vez que o mal é essencial para a ação máxima do bem.

> Na visão da escola Mahāyāna, quando se vê a mente má, não é a mente má. Além disso, o mal é, ao mesmo tempo, o bem. E ela não é nem boa nem má. Quando se vê a mente boa, não é a mente boa. Além disso, o bem é, ao mesmo tempo, o mal. E ela não é nem má nem boa. A visão de uma mente conduz à mente tripla (*Fa-hua hsüan-i*, T 33.778c26-29).

Em termos da verdade tripla, a visão das mentes boa e má conduz ao vazio; a visão da simultaneidade do bem e do mal, à forma transitória; e a visão do nem bem nem mal, ao meio.

O mal vai contra o bem, mas quando se compreende que ele – também – é o vazio, então se é libertado da servidão e se compreende a liberdade. Essa é a consciência de que o mal é o produto de várias causas e condições e não tem realidade permanente e duradoura. A sabedoria de se compreender isso não apenas dissolve o mal cármico, mas também se torna o próprio conteúdo da "grande permanência e grande êxtase" que é dharmakāya. Ao falar da dissolução do mal, Chih-i está dizendo que o mal "cultivado", manifesto no mundo da origem interdependente, é destruído e que o mal "essencial", no entanto, nunca desaparece. O mal essencial é um aspecto fundamental da natureza verdadeira da realidade, o que significa que ele é necessariamente um aspecto da iluminação budista. O Buda não possui mal cultivado e, dessa forma, é livre de mal, mas ele retém o mal essencial, de modo que pode se identificar por completo com os seres maus que se debatem no oceano de saṃsāra e trabalhar com eficiência por sua salvação. Assim, se afirma que o Buda "usa o mal durante todo o dia, mas jamais é corrompido pelo mal. Como ele não é corrompido pelo mal, ele não cria o mal".

Essa penetração do mal no bem e do bem no mal é formulada como a teoria da escola T'ien-t'ai da "contenção mútua dos dez domínios" (T 46.52c10-11; T 33.693c6-7). Com base na concepção budista fundamental de que saṃsāra consiste no vagar através dos seis domínios da existência infernal, fantasmas famintos, animais, demônios em luta, seres humanos e seres celestiais, ela acrescenta os quatro domínios iluminados – os que ouvem, os budas solitários, os bodisatvas e os budas. A contenção mútua significa que cada domínio contém os outros nove domínios; por exemplo, o domínio da existência infernal contém o domínio dos budas e o domínio dos budas contém o domínio da existência infernal. Mais precisamente, isso significa que a natureza da iluminação budista se encontra em seres do inferno e que a natureza da existência infernal está contida na iluminação budista. Esses "domínios" são os vários estados aos quais os seres estão sujeitos, dependendo de seu passado cármico e de sua visão da natureza verdadeira da realidade. Assim, os seres nos seis primeiros domínios vêem a realidade como ser; os que ouvem e os budas solitários vêem a realidade como vazio; os bodisatvas vêem a realidade na forma transitória; os budas vêm a realidade como meio.

Além de criar uma doutrina ampla e sistemática que incorporava as principais idéias do budismo chinês desenvolvidas até sua época, Chih-i estabeleceu as formas básicas da prática religiosa que teriam um impacto decisivo nos desenvolvimentos subseqüentes do budismo no Leste asiático. Historicamente, a escola T'ien-t'ai viria a ter uma importante influência sobre a prática da escola Hua-yen, iria se tornar a base da evolução da escola Ch'an e, no Japão, estaria na origem das escolas de Kamakura, voltadas para a prática. A inspiração básica da prática religiosa foi expressa por Chih-i da seguinte forma:

> Embora a prática religiosa envolva o movimento para frente, não existe progressão sem prajñā. A orientação da prática pela visão de prajñā não seria autêntica, se não fosse baseada na realidade verdadeira. Os olhos da sabedoria verdadeira, junto com os pés da prática verdadeira, conduzem a pessoa ao domínio da calma e serenidade. Assim, a compreensão é a base da prática, e a prática completa prajñā (*Fa-hua hsüan-i*, T 33.715b17-18).

A prática defendida pela escola T'ien-t'ai pode ser subsumida sob os quatro tipos de samādhi, que se concentram em torno dos dez domínios da contemplação acima mencionados.

O samādhi sempre-sentado, que envolve noventa dias de meditação contínua diante da imagem do Buda Amitābha, tempo durante o qual a mente se concentra na natureza verdadeira da realidade, no mundo fenomênico discriminado como o domínio da paz e na não-dualidade de saṃsāra e nirvana, do eu e o Buda, da paixão cega e a iluminação. Compreende-se que, na experiência do vazio, o que vê e o que é visto são inseparáveis e que o ser-tal jamais pode ser captado pela mente dicotômica convencional. Esse samādhi foi reformulado por Chih-i, com base em diferentes práticas encontradas em vários textos sagrados.

O samādhi sempre-andando, que prescreve perambulação em torno da imagem de Amitābha colocada no centro do saguão de treinamento. O período de treinamento é estabelecido em noventa dias, durante os quais a pessoa recita constantemente o nome de Amitābha, ou então mantém a imagem de Amitābha na consciência, até alcançar a compreensão da não-dualidade entre o eu e Buda.

A combinação do samādhi sentado e andando, precedida da purificação dos pecados, que é inteiramente diferente dos dois primeiros. Pode ser praticada durante sete dias, seguindo-se a prescrição do *Sutra de Vaipulya*, ou durante vinte e dois dias, seguindo-se o *Sutra do Lótus*, acompanhado de elaborados rituais de adoração, banhos, purificação por incenso, arrependimento, entoação de dhāraṇī e de sutras, perambulação em círculos e prática da meditação. A repetição desses rituais num saguão santificado tem o objetivo de propiciar o cultivo da visão do vazio, da forma transitória e do Meio.

O samādhi que não envolve nem o andar nem o sentar. Isto é, onde quer que o pensamento seja despertado, esse pensamento se torna o objeto da contemplação, quer se esteja andando, sentado, de pé ou deitado. A vida cotidiana é a arena dessa prática, na qual se observa seqüencialmente: a mente anterior ao pensamento, o surgimento do pensamento, a atividade do pensamento e o fim do pensamento. O objeto da contemplação pode ser tanto bons quanto maus pensamentos. Observa-se os bons pensamentos como contendo o mal, e os maus pensamentos, como contendo o bem. É importante praticar o samādhi sobre o mal, de modo a que não se seja escravizado pelo mal; de fato, o mal jamais é erradicado, mas sim retido como um objeto de samādhi, pois o mal não é uma obstrução à iluminação e a iluminação não impede o mal. Esse samādhi revela que toda divisão estática e permanente entre o bem e o mal é produto de uma perspectiva humana centrada em si mesma. Na meditação, penetra-se o mal, para se ver a natureza verdadeira da realidade. Uma vez que a natureza original do mal, revelada, é a realidade verdadeira, quando o mal aparece, a natureza verdadeira da realidade também aparece. Isso é importante em especial para os de caráter moral baixo, que não têm interesse em cultivar o bem; o único modo de ensinar-lhes o samādhi é fazê-los se concentrar no mal e ver sua natureza verdadeira.

Em termos religiosos, esses quatro tipos de samādhi têm uma finalidade dupla: o arrependimento baseado no "fato" real, expresso nos rituais de purificação e adoração do Buda, e o arrependimento baseado no "princípio" fundamental, por meio da visão da natureza verdadeira da realidade. Este último destrói a ignorância que está na raiz do mal cármico, enquanto o primeiro elimina as ações más e suas conseqüências.

Em resumo, Chih-i afirma a natureza verdadeira da realidade, que se manifesta na existência fenomênica. Viver com essa visão em meio a um mundo de sofrimento, compartilhando a sabedoria e a compaixão, era o ideal do bodisatva, um ideal fundado no real:

> Ao se relacionar com o *dharmadhātu* e se contemplar o *dharmadhātu*, não há outra forma única ou característica única além do Caminho do Meio. Isso também vale para os domínios do eu individual, da iluminação budista e da vida senciente. Os cinco agregados e os seis campos dos sentidos são todos do tipo ser-tal; não há sofrimento a se abandonar. A ignorância e as degenerações nada mais são que iluminação; não há causa de sofrimento a se isolar. As concepções extremas e errôneas são todas o Meio e corretas; não há caminho a se cultivar. Saṃsāra é nirvana; não há extinção de paixões cegas a se compreender. Como não há sofrimento e sua causa, não existe algo como o mundo mundano. Como não há caminho e extinção, não existe algo como o mundo supramundano. Tudo é uma natureza verdadeira da realidade; além da natureza verdadeira da realidade, não existem darmas separados (*Mo-ho chih-kuan*, T 46.1c23-29).

Essa afirmação imponente era sustentada por uma vida dedicada a uma prática religiosa rigorosa e implacável, cuja meta última era a santificação deste mundo de saṃsāra como a Terra Pura e a afirmação de toda realidade individual como um valor supremo. A sabedoria verdadeira e a compaixão verdadeira deviam, dessa forma, se realizar no aqui e agora.

HUA-YEN

Enquanto tanto a escola San-lun quanto a de T'ien-t'ai enraizaram firmemente seus ensinamentos e práticas na transmissão da doutrina Mādhyamika na China, a escola Hua-yen era herdeira de uma linhagem diferente, embora também ela se inspirasse na filosofia do vazio. A diferença fundamental entre as duas escolas rivais, a de T'ien-t'ai e de Hua-yen, provinha dos textos sagrados que cada uma adotava como sua fonte, o *Sutra do Lótus* e o *Sutra de Avataṁsaka*. Enquanto o *Sutra do Lótus* é um grande épico da atividade do bodisatva em meio a saṃsāra, impregnado com toda espécie imaginável de técnicas de libertação para salvar todos os seres, o *Sutra de Avataṁsaka* é a revelação do estado pleno de iluminação budista que constitui o universo da iluminação. Enquanto todos os outros sutras de tradição Mahāyāna são sermões do Buda, emitidos após sua saída de um profundo estado de samādhi, o *Sutra de Avataṁsaka* é constituído por uma série de exposições de diversos bodisatvas, descrevendo o estado profundo de samādhi.

As duas escolas também diferiam em termos de doutrina, devido ao lugar de destaque dado à doutrina do Tathāgatagarbha na formação do budismo da escola Hua-yen, em especial no caso do terceiro patriarca e sistematizador, Fa-tsang (643-712)[18]. Enquanto na Índia, essa tradição nunca se tornara um movimento independente comparável em influência às tradições Mādhyamika e Iogacara, na China, ela teve um impacto sem paralelos e alguns de seus textos mais importantes, como o *Despertar da fé no Mahāyāna*, assumiram o estatuto de textos sagrados. Fa-tsang emprega dois tipos de classificação de doutrinas (*p'an-chiao*) para dar destaque ao significado dessa tradição. Uma delas é a classificação dos Quatro Credos – Hīnayāna, Mādhyamika, Iogacara e Tathāgatagarbha (T 44.243b.23-28); a outra é a dos Cinco Ensinamentos – Hīnayāna, Mahāyāna elementar (tanto Mādhyamika quanto Iogacara), Mahāyāna avançado (Tathāgatagarbha), ensinamento abrupto e ensinamento perfeito de Hua-yen[19]. Em ambas as classificações, a doutrina do Tathāgatagarbha é colocada no ápice do budismo tradicional, e na segunda delas, ela é também considerada como a base da doutrina da escola Hua-yen.

Uma das principais razões dessa ênfase estava em fazer frente à poderosa influência do grande tradutor e estudioso, Hsüan-tsang (600-664) e suas idéias Iogacara-vijñaptimātrata, que acabavam de ser introduzidas, integrando-as ao sistema de Hua-yen por meio da doutrina do Tathāgatagarbha. Isso resultou na ênfase da escola Hua-yen no mundo dos singulares fenomênicos, embora nos próprios termos dela. Isto é, a escola Hua-yen vê todas as coisas do ponto de vista do estado pleno de iluminação budista; este mundo, *lokadhātu*, e o mundo da iluminação, *dharmadhātu*, não são dois mundos separados no interior do samādhi cósmico do Buda Vairocana. A única diferença entre os dois mundos está no apego ignorante dos seres ao eu, equivocadamente percebido como permanente, às palavras e conceitos, erroneamente tomados por absolutos, e às formas externas, equivocadamente concebidas como substanciais. Enquanto a escola T'ien-t'ai não hesita em dar destaque aos pensamentos ilusórios, a de Hua-yen opta por ver o mundo enquanto translucidamente iluminado pelo Buda Vairocana. Ambas as escolas concordam, no entanto, em que a

18. Fa-tsang herda muitas das idéias originais expostas pela primeira vez pelo segundo patriarca, Chih-yen. Cf. R. Gimello, *Chih-yen and the Foundations of Hua-yen Buddhism*. Peter Gregory apresenta uma excelente exposição da centralidade da doutrina do Tathāgatagarbha na escola Hua-yen, em "Chinese Buddhist Hermeneutics: The Case of Hua-yen", em *Journal of the American Academy of Religion*, pp. 231-249.

19. A interpretação de Fa-tsang dos Cinco Ensinamentos encontra-se em seu *Hua-yen i-ch'eng chiao-i fen-ch'i chang*, comumente conhecido como o *Hua-yen wu-chiao-chang*, contido em T 45. Para uma tradução para o inglês, cf. F. Cook, *Fa-tsang's Treatise on the Five Doctrines: An Annotated Translation*. Estou atualmente preparando minha própria tradução para publicação.

ilusão e a iluminação se interpenetram mutuamente e por completo. "O real envolve as ramificações da ilusão, e a ilusão penetra a fonte primária do real. A natureza essencial e os aspectos fenomênicos se harmonizam mutuamente, sem obstáculos e sem impedimentos" (*Fen-ch'i-chang*, T 45.499a.19-20).

A análise que a escola Hua-yen faz do Darma (um termo que o primeiro patriarca, Tu-shun, substitui pelo termo chinês *shih*) constitui a base do universo de interpretações e interrelacionamento de todas as realidades fenomênicas. Num pequeno texto, um comentário sobre o *Sutra do Coração*, Fa-tsang faz uma análise em três níveis do significado de seus versos iniciais, "a forma nada mais é que o vazio, e o vazio nada mais é que a forma" (T 33.553a25-553b.24)[20].

1. Onde existe a forma, sua negação, o vazio, não pode existir. Mas onde existe o vazio, a forma não pode existir. "Se ambos existissem ao mesmo tempo, ambos se anulariam". Assim, nesse nível, a forma e o vazio, o ser e o não-ser, são opostos contraditórios, cada qual afirmando sua própria realidade em oposição ao outro.

2. No entanto, se o vazio é vazio verdadeiro (śūnyatā), ele não impede a existência da forma; e se a forma é realmente forma (*rūpa*), ela não impede a manifestação do vazio. Se o vazio obstrui a forma, ele leva ao erro do niilismo, e se a forma obstrui o vazio, ela cai no erro do eternalismo. Ambos são inaceitáveis e devem ser rejeitados. Aqui vemos uma relação entre a forma e o vazio que desafia a lógica convencional. Ela manifestamente não é uma relação de dependência mútua ou relatividade, mas que espécie de relação ela é? A seção seguinte do comentário fornece a resposta.

3. A totalidade do vazio, de fato, nada mais é que a própria forma, e a totalidade da forma nada mais é que o próprio vazio. A relação é tal que, quando uma delas é afirmada, a outra é negada, e vice-versa. A negação e afirmação mútuas são analisadas mais detalhadamente como se segue. O vazio é idêntico à forma, pois (1) o vazio é eliminado e a forma estabelecida onde a forma é revelada e o vazio é ocultado; (2) a forma é submergida e o vazio é manifestado onde a forma é exaurida enquanto o vazio é manifestado; (3) tanto o vazio quanto a forma são submersos, pois o darma-como-ele-é não pode ser unilateral. Termos como "eliminado", "ocultado", "submergida" e "exaurida" conotam negação, sugerindo a afirmação do outro; termos como "estabelecida", "revelada", "manifestado" e "assegurado" indicam afirmação, sugerindo a negação do outro. Aqui, afirmação e negação se concentram num único darma. Assim, cada Darma mani-

20. Para uma tradução para o inglês, cf. Francis Cook, "Fa-tsang's Brief Commentary on the *Prajñāpāramitā-hṛdaya-sutra*", em Minoru Kiyota (org.). *Mahāyāna Buddhist Meditation*. pp. 183-206.

festa tanto o ser quanto o não-ser, tanto o não-ser quanto o ser. Essa é uma contradição básica contida na própria origem interdependente: a forma fenomênica é o produto da "origem em comum", que afirma o ser; e o vazio é sua negação, sugerida pelo termo "dependente". Assim, o Darma como produto da origem interdependente é o ser e, no entanto, o não-ser; o não-ser e, no entanto, o ser. "O vazio verdadeiro nada mais é que o ser miraculoso".

Na escola Hua-yen essa concepção do darma, como o produto da origem interdependente, é desenvolvida dinamicamente em termos da inter-relação de multiplicidades de darmas. Isso se contrapõe ao *Sutra do Coração*, no qual a negação e afirmação ocorrem num único darma, e não entre um sem-número de darmas. No conceito central da "inter-relação não-obstruída dos singulares fenomênicos com outros singulares fenomênicos" (*shih-shih wu-ai*), o termo fundamental é "não-obstruída", que afirma a negação e afirmação mútuas que ocorrem em meio a um sem-número de entidades fenomênicas (*shih*). O significado disso pode ser mostrado pela análise de dois conceitos básicos do pensamento de Fa-tsang: a identificação mútua (*hsiang-chi*) e a penetração mútua (*hsiang ju*).

A identificação mútua se concentra em torno da dimensão espacial da origem interdependente, na medida em que esclarece a relação entre ser e não-ser, que opera da seguinte forma:

> Em primeiro lugar, quando o eu é o ser, o outro é necessariamente o vazio; dessa forma, o outro se identifica com o eu, pois o eu é dinâmico, já que o outro não tem ser-próprio. Em segundo lugar, quando o eu é o vazio, o outro é necessariamente o ser; dessa forma, o eu se identifica com o outro, pois o outro é dinâmico, já que o eu não tem ser-próprio. Uma vez que eles não podem ser ambos nem ser ao mesmo tempo, nem não-ser ao mesmo tempo, não existe nada que não se identifique mutuamente. Se não fosse assim, a origem interdependente não se constituiria e a falácia do ser próprio iria persistir (*Fen-ch'i-chang*, T 45.503b.10-16).

Aqui fica claro que a identificação mútua não é uma simples união, fusão ou identificação de singulares fenomênicos nos quais suas respectivas identidades se perdem. Ela é basicamente uma relação entre opostos contraditórios, na qual a afirmação de um implica a negação do outro. Embora aqui expressa em termos do eu e do outro, ela se aplica a uma profusão de eus e outros.

Em contraste com a identificação mútua, a penetração mútua explica a dimensão temporal da origem interdependente. Ela se funda no aspecto funcional de cada singular fenomênico em relação a todos os outros singulares, de uma forma tal que ele pode ou não possuir força e capacidade de afetar o outro na relação, dependendo de onde se focaliza essa força. A descrição de Fa-tsang da penetração mútua é a seguinte:

Quando o eu tem a capacidade completa de afetar um outro, diz-se que ele envolve esse outro. Uma vez que o outro está completamente despojado dessa força, ele pode penetrar o eu. Mas, quando o outro tem a força e o eu está despojado de força (é o oposto que vale). Uma vez que isso não depende da própria substância, essa não é uma identificação mútua. As forças funcionais se interpenetram; dessa forma, existe penetração mútua. Uma vez que o eu e o outro não podem ambos ter força, nem ambos não ter força, não existe nada que não seja penetração mútua. Uma vez que sem força (penetrar) com força e com força (penetrar) sem força são não-duais, todos os darmas são sempre mutuamente penetrantes (*Fen-ch'i-chang*, T 45.503b.17-22).

A penetração mútua é, mais uma vez, a relação de opostos contraditórios, cada qual individual e separado, de forma que, quando o eu possui a força ou capacidade ativa de afetar um outro, o outro é negado; e quando a força dinâmica do outro é afirmada, o eu é negado. Na verdade, eles são vistos como ocorrendo simultaneamente, de modo que nenhum único Darma continua a dominar.

Tanto a identificação mútua quanto a penetração mútua são aspectos de um Darma singular que ocorre em interação com outros e não atuam nem separada nem interdependentemente. Mas, quando está ocorrendo a identificação mútua, a penetração mútua fica oculta, e quando é a última que ocorre, é a primeira que se oculta. Ambas são aspectos dinâmicos de singulares fenomênicos que se interconectam com todos os outros singulares no universo de origem interdependente. Empregando esses dois conceitos, Fa-tsang desenvolve uma análise detalhada do universo de origem interdependente da escola Hua-yen, cujos fundamentos são os seguintes: 1. cada darma, ou *shih*, é único e diferente; 2. mas cada qual penetra todos os outros e contribui para com seu caráter único; 3. esses dois fatos coexistem harmoniosamente; 4. a identificação mútua ocorre entre corpos separados; 5. da mesma forma, a penetração mútua ocorre entre corpos separados; 6. tanto a substância quanto a função penetram em tudo; 7. a identificação mútua ocorre no interior de um corpo individual; 8. da mesma forma, a penetração mútua ocorre no interior de um corpo individual; 9. ambas penetram tudo sem nenhuma obstrução; e 10. existe uma harmonia completa entre os corpos separados e individuais. O que é indicado como "corpos separados" assinala a origem interdependente *entre* um sem número de entidades, enquanto o "corpo individual" assinala a origem interdependente *no interior de* uma dada entidade, ambos sendo aspectos da mesma realidade vista de uma perspectiva diferente (*Hua-yen-ching t'an-hsüan-chi*, T 35.124a.17-125a.11).

A multiplicidade de inter-relações entre incontáveis darmas que simultaneamente se negam e afirmam reciprocamente é expressa de forma sucinta na concepção quádrupla do mundo da escola Hua-yen, tal como formulada por Ch'eng-kuan, mas já implícita no pensamento de seu fundador, Tu-shun. A concepção quádrupla abrange 1. o mundo dos singulares fenomênicos, expresso de forma ingênua, 2. o mundo do princípio último, 3. o mundo da inter-relação não-obstruída entre o princípio último e os singulares fenomênicos, e 4. o mundo das inter-relações não-obstruídas entre singulares fenomênicos. Nesse sistema, o termo fundamental é, mais uma vez, "não-obstruído", que mencionamos anteriormente. Não-obstruído significa, sobretudo, que manifestamente existem distinções entre a multiplicidade de singulares fenomênicos, *shih-shih*, todos eles únicos e separados entre si. Essa afirmação dos darmas múltiplos não é, no entanto, uma espécie de realismo ingênuo, pois eles se interrelacionam de uma forma tal que ao mesmo tempo ocorrem a negação e afirmação simultâneas. Em segundo lugar, a não-obstrução ocorre quando A é negado e não-A é afirmado, mas simultaneamente A é afirmado e não-A é negado. Isto é, a inter-relação "não-obstruída" entre A e não-A é idêntica à existente entre a forma e o vazio, a diferença sendo que neste último caso ela ocorre no interior de um único darma, enquanto no primeiro caso, ela ocorre entre dois ou mais darmas.

Assim, a inter-relação não-obstruída entre singulares fenomênicos não sugere de forma alguma uma fusão entre darmas individuais nos quais as distinções estariam obliteradas, nem estabelece uma unicidade na qual as partes existiriam apenas para servir ao todo. Ao contrário, ela descreve um universo da iluminação no qual toda e cada realidade fenomênica é o centro de um círculo sem circunferência. Essa é a formulação da escola Hua-yen para a origem interdependente, mas aqui a afirmação de cada realidade individual deve-se à origem "em comum" e sua negação é sugerida por sua natureza "dependente". O termo "não-obstruída" amplia essa afirmação e negação mútuas a um número incontável de darmas no universo, de forma tal que, quando um deles é afirmado, todos os outros são negados, e quando todos os outros são negados, um é afirmado. E isso ocorre simultânea e dinamicamente, sem início e sem fim. "Cada realidade individual, além de ser si mesma, reflete em si algo do universal e, ao mesmo tempo, é ela mesma, devido aos outros indivíduos"[21]. São inerentes a essa relação a negação e afirmação mútuas, que não deve ser compreendida no sentido simplista de uma relatividade na qual nenhuma negação ocorre. Isto é, é um completo equívoco pensar que para a escola Hua-yen a interdependência significaria que A é simplesmente dependente de B, B de C, C de D, *ad infinitum*, mesmo que de forma recíproca.

Fa-tsang tenta elucidar essa interdependência por meio do ensinamento dos seis aspectos, cada qual contendo os demais (*Fen-ch'i-chang*, T 45.503b.10-16). O aspecto *total*, por exemplo, pode se encontrar na "casa" que está diante de nós. O aspecto *distintivo* refere-se a cada componente que constitui a casa – as vigas, pilares,

21. D. T. Suzuki, *Essays in Zen Buddhism, Third Series*, p. 87.

paredes, teto etc. – e que se distingue da "casa". O aspecto *idêntico* é a finalidade comum sob a qual os componentes distintos operam em conjunto em vista de realizar a casa. O aspecto *separado* lembra-nos, mais uma vez, de que cada componente é único e diferente, em especial quando comparados entre si. O aspecto *integrador* denota a convergência das causas e condições na origem interdependente que torna possível a casa. O aspecto *desintegrador* torna possível a divergência ou dispersão de causas e condições que torna possível a cada componente reter sua individualidade. É evidente que, para a escola Hua-yen, a verdade não é uma unicidade mística, mas uma pluralidade de singulares fenomênicos em interação dinâmica.

Essa inter-relação dinâmica também se expressa numa outra metáfora-chave: a coexistência do senhor e do escravo. O "senhor" afirma um singular concreto num mundo de multiplicidades, com o que todos os outros são negados e subsumidos como "servos". Mas, ao mesmo tempo, os papéis são reversíveis: o "senhor" agora se submete aos outros e se torna um "servo" e o antigo "servo" agora reina supremo como "senhor" sobre todos os outros. Uma vez que nada é fixo no universo fluido da impermanência, cada ser, coisa ou objeto pode se tornar senhor ou servo. Somente nessa afirmação absoluta e negação absoluta é que podemos afirmar que cada ser é o centro de um círculo sem circunferência. Simbolicamente isso se expressa na lenda do menino Buda, que deu sete passos ao nascer, simbolizando a transcendência dos seis domínios de saṃsāra, e proclamou ao mundo: "Céus acima, céus abaixo, somente eu sou O Venerado no Mundo".

A inter-relação entre senhor e servo é apresentada numa formulação contemporânea por Nishitani, ao escrever:

> Que uma coisa *seja* – sua autonomia absoluta – é algo que se realiza somente em uníssono com uma subordinação *de* todas as coisas. Ela se realiza somente no campo de śūnyatā, onde se esvazia o ser de todas as outras coisas, ao mesmo tempo em que permanece até o fim o ser que ela é. Além disso, isso significa que a autonomia dessa coisa só se constitui por uma subordinação a todas as outras coisas. Sua autonomia somente se realiza de um ponto de vista a partir do qual ela torna todas as coisas o que elas são e, ao fazê-lo, esvazia-se de seu ser próprio[22].

O ser verdadeiramente autônomo realiza a si próprio como simultaneamente independente e interdependente, absolutamente absoluto e absolutamente relativo. Somente numa tal realização completa, baseada na origem interdependente, é que as possibilidades mais plenas da verdadeira igualdade e da verdadeira liberdade podem se realizar.

O mundo de interpenetração e interconectividade da escola Hua-yen não é simplesmente uma visão espiritual, mas se enraíza na natureza da realidade-como-ela-é, o produto da origem interdependente,

22. N. Keiji, *Religion and Nothingness*, p. 148.

que é ser e, ao mesmo tempo, não-ser; não-ser e, ao mesmo tempo, ser. Essa contradição não pode ser compreendida ou resolvida por meio apenas da racionalidade; ela pode ser compreendida unicamente pela prática religiosa. Daí a ênfase na compreensão experiencial: "É o domínio que não pode ser compreendido por meio de palavras, que não pode ser atingido pela razão; ele é chamado o domínio da experiência última"[23]. Esse domínio, deve-se salientar novamente, não é o de uma experiência mística que engolfa tanto o sujeito quanto o objeto, mas uma experiência em que o sujeito e o objeto são um só e, no entanto, dois, e dois e, no entanto, um só.

Alcançar a visão de prajñā é necessário, a fim de se compreender plenamente o universo de interdependência da escola Hua-yen; e esse universo (objeto) se manifesta simultaneamente com a compreensão e prajñā (sujeito). O budismo não é meramente uma questão de transformação subjetiva epistemológica ou psicológica, que apenas ensina um novo modo de ver um mundo que permanece imutável. Uma vez que a transformação radical ou mudança (*parāvṛtti*) na experiência da iluminação envolve tanto o sujeito quanto o objeto, tanto o eu quanto o mundo passam por uma transformação. Fa-tsang tenta explicar esse problema no seguinte diálogo:

> Pergunta: se (a realidade-como-ela-é) é dependente de prajñā, ela originalmente não existia. Como você pode dizer que ela sempre foi assim? Resposta: se prajñā for eliminado, não se pode falar de origem interdependente. Somente com relação a prajñā é que podemos falar que ela originalmente existia. Por que? Se prajñā não se realizou, não há nada a se dizer. Se se realizou, não há nem início nem fim. Assim, prajñā e Darma ambos existiam originalmente.
>
> Pergunta: ela depende de prajñā, ou da natureza do darma? Resposta: ela depende de prajñā e da natureza do darma. Ambos coexistem juntos (*Fen-ch'i-chang*, T 45.504b.1-6).

A conclusão afirma que nem prajñā nem Darma têm prioridade; eles se realizam simultaneamente. A compreensão inclui ambos os sentidos desse termo, *recognição* e *realização* desse novo mundo, e se alcança nos dez estágios de conhecimento, sumarizados por Fa-tsang (*T'an-hsüan-chi*, T 35.347a.2-b.27). Os dez estágios mostram uma transição de uma compreensão epistemológica para o que se poderia denominar compreensão ontológica. Os três primeiros interpretam a consciência como sujeito que se contrapõe a um objeto, como consciência que projeta o mundo exterior e como base irredutível de todas as atividades mentais. Os quatro seguintes vinculam a consciência ao *ālaya-vijñāna*, ao Tathāgatagarbha, ao princípio absoluto por trás dos singulares fenomênicos e à interação entre esse princípio e os fenômenos. Os três estágios finais suprimem todos os traços de uma

23. Tu-shun, citado em *Chu-Hua-yen fa-chieh-kuan-men*, T 45.686c.25-28.

consciência individual e toda referência ao princípio absoluto, revelando este mundo-como-ele-é (*dharmadhātu*) aos olhos dos iluminados, como um domínio dinâmico entrelaçado com a identificação e a penetração mútuas. Esse mundo é sua própria mágica.

O universo de interconectividade e inter-relações da escola Hua-yen, simbolizado pela rede mítica de Indra, é inexaurível em sua profundidade. Também são inexauríveis as manifestações de sabedoria verdadeira e compaixão verdadeira, que trazem toda existência, animada e inanimada, à vida real e verdadeira. Tendo retornado a seu próprio solo original, cada ser irradia sua luz única e própria, para iluminar o universo e servir a todos os outros. Aqui se encontra o universo vivo da iluminação, no qual o eu se torna verdadeiramente o eu, ao se estender até todos os outros seres como ele próprio. Nas palavras de Nishitani:

> Na relação circuncessional, pode-se abrir um campo no qual os pontos de vista contraditórios – em que o outro é visto como *telos*, e em que o eu é visto como *telos*; em que o eu serve aos outros e torna a si próprio um nada, e em que o eu permanece para sempre o próprio eu – são ambos radicalizados em virtude de sua totalidade ser uma[24].

O grande épico da compaixão verdadeira, o *Sutra de Avataṁsaka*, recebe sua formulação mais sistemática nas mãos de Fa-tsang. É uma visão que reflete o samādhi do selo-do-Oceano, no qual toda realidade é afirmada exatamente como ela é. Mas essa visão precisa ser concretizada por meio dos esforços das pessoas, do passado, presente e futuro, para que a libertação e a liberdade universais possam se realizar. Um esforço cósmico como esse, conhecido como o samādhi da Flor de Guirlanda, o adorno do universo devido às atividades salvíficas de incontáveis budas e bodisatvas, antecipava o surgimento da tradição ch'an e do budismo da Terra Pura.

24. N. Keiji, *Religion and Nothingness*, p. 284.

II. A ESCOLA IOGACARA NA CHINA

John P. Keenan

Quando os primeiros textos da tradição Iogacara foram traduzidos para o chinês, pouco após o início do século I, o pensamento neo-taoísta, como o de Wang Pi (226-249) e Kuo Hsiang (m. 312), tinha se tornado a tendência predominante em meio à camada culta chinesa. Assim, quando os estudiosos-monges budistas empregaram seu método de "correspondência de conceitos" (*ko-i*), os conceitos chineses envolvidos eram versões neo-taoístas dos conceitos de Chuang-tzu e Lao-tzu. Esse processo de correspondência de conceitos não era, no entanto, um simples alinhamento de noções doutrinais budistas com paralelos neo-taoístas. O budismo indiano não era um conjunto monolítico de idéias definidas sobre as quais todos estariam de acordo. Ele representava um longo e às vezes tortuoso processo de desenvolvimento doutrinário, avançando em diferentes direções e baseado em diferentes textos. Esses textos foram introduzidos na China de modo fortuito, apresentando aos chineses uma gama assombrosa de fontes na forma de comentários e textos sagrados. Eles tiveram de ser reorganizados na China, dando origem aos sistemas de classificação doutrinal de *p'an-chiao* e levando ao estabelecimento de escolas chinesas específicas de pensamento budista.

Além disso, as idéias não podiam ser simplesmente postas em correspondência, pois as preocupações e os contextos de significação do questionamento filosófico chinês não eram as mesmas do pensamento indiano. As discussões filosóficas, como tudo mais, têm origem interdependente. Os interesses variam e o discurso relevante é condicionado por contextos de significação consensuais. Isso pode ser observado em um dos primeiros textos da apologética budista na China, o *Tratado para o Alívio de Dúvidas*, de Mou-tzu[25]. Mou-tzu não emprega os procedimentos de raciocínio e análise indianos, mas sim a demonstração de que as doutrinas e práticas budistas estão em harmonia com os clássicos e seus ensinamentos, apoiando-se num grande número de exemplos da história chinesa para elucidar cada um dos temas budistas. Embora tal argumentação fosse, como se pode supor, convincente para os estudiosos e intelectuais chineses, eles deviam parecer sem sentido para os pensadores indianos.

Além disso, o teor geral do pensamento neo-taoísta era fortemente ontológico. "O Ensino Misterioso" (*hsüan-hsüeh*), baseado em antigas descrições cosmológicas do taoísmo, apresentava seus conhecimentos por meio da construção de visões que se entrelaçavam no *Tao* inefável como a base de tudo que é. Um análogo indiano próximo

25. P. Pelliot, "Meou-Tseu ou les doutes leves", *T'oung Pao* 19 (1920), pp. 255-433.

dessa orientação ontológica podia se encontrar na doutrina Abidarma: não nas teses que enunciavam suas posições, mas em sua tendência ontológica de desenvolvimento de concepções de um mundo que a tudo envolvia, um fato que explica a tradução relativamente precoce de textos como o *Tesouro do Abidarma*, de Vasubandhu. Mas, mais atraente para os chineses eram os ensinamentos do Tathāgatagarbha, cuja afirmação mística da realidade não-vazia do ventre (*garbha*), ou semente última, lembra a insistência neo-taoísta na inefabilidade do *Tao*.

O núcleo dos textos de tradição Mahāyāna, no entanto, se baseava na visão do *Prajñāpāramitā* do falseamento de *todas* concepções do mundo e na rejeição de *toda* essência não-vazia em toda parte. O uso da doutrina Mādhyamika de Nāgārjuna de uma dialética da negação, rigorosamente desenvolvida para sustentar uma visão imediata e não construída do vazio de todos os seres de origem interdependente, se situava num contexto que negava significado a todas as concepções. O voltar-se da escola Iogacara para a interioridade consciente e para o exame da estrutura e funcionamento da consciência se desenvolvia num contexto de consciência crítica, no qual o significado tinha de se fundar em operações conscientes como a origem vazia e interdependente. Esses contextos de significação não encontravam paralelos já formulados no pensamento chinês. Com o tempo e com um estudo mais detalhado, os equívocos manifestos de interpretação da doutrina budista foram facilmente corrigidos. Mas mudanças mais sutis no modo como se compreendiam temas doutrinários centrais e no modo como eram construídos os significados doutrinais seriam mais difíceis de se reconhecer e provavelmente impossíveis de se corrigir fora do contexto indiano.

Um excelente exemplo da transmutação resultante estava na assimilação da noção indiana de vazio, śūnyatā, ao tema neo-taoísta do não-ser, ou nada, *wu*. Para Wang Pi, o não-ser era compreendido como a base e fonte unitária e integradora de todos os seres fenomênicos. Assim, as primeiras interpretações chinesas do vazio representadas em "As Seis Casas", muitas vezes tomavam como padrão, para sua interpretação do vazio, essa noção neo-taoísta de *wu*, apesar do fato de, no pensamento indiano, o vazio ser a negação tanto do ser quanto do não-ser[26].

AS ESCOLAS DE TI-LUN E DE SHE-LUN

O pensamento de tradição Iogacara de Asangha, Vasubandhu e comentadores posteriores passou por uma transmutação contextual análoga. Na ausência do ponto crítico de convergência da tradição Iogacara indiana, seu pensamento teve de ser assimilado às questões de caráter mais ontológico dos pensadores chineses; por isso os pri-

26. N. Gadjin, "Kū", em *Chūkan to yuishiki*, p. 300.

meiros textos indianos traduzidos tendiam a ser os que mesclavam temas da escola Iogacara com os ensinamentos do Tathāgatagarbha de uma realidade pura por trás de todas as aparências fenomênicas. Um dos primeiros textos da escola Iogacara a ser introduzido na China foi o *Sutra de Laṅkāvatāra* (O Texto Sagrado sobre a Entrada em Laṅka), traduzido por Guṇabhadra em 443; um texto sem muita unidade que, em diferentes seções, tanto identifica a consciência receptáculo com o *tathāgata-garbha* quanto a aborda sem qualquer referência a ele[27].

O debate entre Bodhiruci e Ratnamati, na escola Ti-lun, no início do século VI, que se baseava na *Exposição dos Dez Estágios* (*Shih-ti ching-lun*), de Vasubandhu, reflete uma tensão análoga. Ao traduzir a *Exposição dos Dez Estágios*, da qual a escola deriva seu nome (*...-ti...-lun*), esses dois homens divergiram quanto à interpretação apropriada da consciência receptáculo, se ela era, em última análise, real e pura ou se era completamente degenerada e devia ser eliminada com a compreensão da mente absolutamente pura. O fato de que nenhum dos dois questionasse a realidade da mente absolutamente pura parece refletir não apenas o ensinamento do Tathāgatagarbha do *Sutra de Laṅkāvatāra*, mas também a afirmação neo-taoísta da realidade do *Tao* original.

Essa escola Ti-lun logo seria eclipsada pelos esforços prodigiosos de Paramārtha (499-569), um monge e estudioso indiano que chegara a Nankai (Cantão) em 546. Duas de suas traduções, o *Sumário do Grande Veículo* (*She Ta-ch'eng lun*), de Asaṅgha, e o *Comentário* de Vasubandhu sobre a mesma obra constituíram a base para o estabelecimento da escola She-lun, de tradição Iogacara. Paramārtha aceitava a realidade da mente pura do *tathāgata-garbha* por trás de todas as degenerações fenomênicas. Essa era a fonte de inspiração para suas bastante freqüentes inserções e acréscimos aos textos de Asaṅgha e Vasubandhu. Na verdade, ele conclui sua tradução do *Comentário* de Vasubandhu, citando os versos finais de *A Análise da Linhagem Adornada com as Jóias*, o principal tratado na linhagem do Tathāgatagarbha, como se quisesse sugerir que a doutrina Iogacara conduz à afirmação da realidade não-vazia do *garbha*[28]. Em suas obras mais exegéticas, *A Evolução da Consciência* (*Chuan-shih lun*), *As Três Não-Naturezas* (*San Wu-hsing lun*) e *O Aparecimento da Consciência* (*Hsien-shi lun*)[29], ele identifica uma nona consciência pura (*amala-vijñāna*) do ser-tal como uma reali-

27. Para sua identificação, cf. D. T. Suzuki (trad.), *The Laṅkāvatāra Sutra*, p. 190; também Takasaki Jikidō, *Nyoraizō shisō no keisei*, pp. 327-328. K. Shunkyō, em seu *Bukkyō ni okeru shinishikisetsu no kenkyū*, p. 625, assinala passagens sobre a consciência-receptáculo em que essa identificação não é feita.

28. T 31.270a-b. A tradução para o inglês encontra-se em *The Realm of Awakening: Chapter Ten of Asaṅga's Mahāyānasaṃgraha*, pp. 259-261 (no prelo).

29. Estudadas por D. Y. Paul em seu trabalho *Philosophy of Mind in Sixth-Century China*. Ela também oferece uma tradução do texto do *Chuan-shih lun*. Esse trabalho,

dade separada e não-vazia, distinta da erradicação da consciência receptáculo ativa, e compreendida somente com essa erradicação. Isso não apenas retoma a posição de Ratnamati da escola Ti-lun, mas também lembra as fontes indianas anteriores a Asaṅgha, em especial o *Ornamento dos Textos Sagrados do Grande Veículo*, de Maitreya[30]. Paramārtha parece se situar na linhagem dos textos de Maitreya que sintetizam uma interpretação crítica da consciência degenerada com a afirmação acrítica da originalidade da mente pura. Assim como o *Ornamento dos Textos Sagrados do Grande Veículo*, de Maitreya, abordava o padrão da dependência de um outro apenas como a "base do erro" dos padrões imaginados[31], também Paramārtha aborda o padrão da dependência de um outro como o lado subjetivo da consciência dualista, que depende de projeções das essências imaginadas, feitas pela língua ao designar os objetos visados. Assim, para Paramārtha, não apenas o padrão imaginado é eliminado com a compreensão do despertar, mas também o próprio padrão de dependência de um outro, pois também ele é completamente erradicado, já que é apenas um dos pólos do dualismo ilusório. Isso difere radicalmente da apresentação de Asaṅgha da consciência dependente de um outro como incorporando tanto um aspecto impuro e imaginado quanto um aspecto perfeito e purificado na conversão do suporte[32]. Paramārtha apresenta ainda uma outra formulação da estrutura da consciência, bastante diferente da de todos os seus predecessores indianos. Ele descreve três níveis: 1. a consciência receptáculo (*ālaya*) como o reservatório das impressões em germe, 2. a consciência apropriadora (*ādāna*, que para Asaṅgha é sinônimo de receptáculo) como um nível distinto de consciência, que se apega às ilusões projetadas em virtude das impressões em germe e as torna suas, e 3. a consciência dos seis sentidos como as ilusões perceptivas devidas a essa apropriação[33]. A compreensão da Consciência Pura é então a supressão de todas as oito consciências. Em vez da conversão do suporte, Paramārtha emprega o termo "consciência pura", para enfatizar a descontinuidade desse desper-

o mais completo estudo sobre Paramārtha numa língua ocidental, estabelece o padrão para pesquisas futuras.

30. John P. Keenan, "Original Purity and the Focus of Early Iogacara", em *Journal of the International Association of Buddhist Studies* 5:1 (1982), pp. 7-18.

31. Sylvain Levi (trad.), *Mahāyāna-sutralaṃkāra, Exposé de la Doctrine du Grand Véhicule*, p. 158. Observe-se também que o *Saṃdhinirmocanasutra* também fala de "destruição" da consciência receptáculo, mas sem o acompanhamento de uma noção de Mente Pura, ou *garbha*. Cf. Étienne Lamotte (trad.), *Saṃdhinirmocanasutra. L'Explication des* Mystères, p. 197.

32. É. Lamotte (trad.), *La somme du Grand Véhicule d'Asaṅgha: Mahāyānasaṃgraha*, Louvain, pp. 125-126, 268.

33. D. Y. Paul, *Philosophy of Mind*, pp. 97-99.

tar com relação a todas as consciências anteriores[34]. Alcança-se a consciência *amala* do ser-tal como um nível distinto, o nível nove, um nível que sozinho é real e verdadeiro. Essa consciência pura "é permanente e não degenerada"[35], termos freqüentemente usados na descrição do *tathāgata-garbha*.

Asaṅgha explica a conversão do suporte como um giro e purificação do padrão da consciência de dependência de um outro, mas Paramārtha afirma que uma tal consciência é eliminada por completo, para ser substituída pela percepção de uma consciência pura separada, agora não bloqueada pela degeneração. A pessoa, diz ele, primeiro "afasta os objetos dos sentidos, a fim de esvaziar a mente" e, depois, quando "tanto o objeto dos sentidos quanto a consciência estão dissolvidos, isso se identifica com a natureza verdadeira (*tattva* ou *tathatā*). A natureza verdadeira se identifica à Consciência Pura (*amala-vijñāna*)"[36]. Pode-se observar a mesma tendência em suas traduções do *Tratado sobre a Natureza do Buda*, de Vasubandhu, um texto que poderia ser de autoria do próprio Paramārtha[37], e em sua tradução de *O Despertar da Fé Mahāyāna*, uma síntese de temas da tradição Iogacara sob a tese dominante da mente pura e única do *garbha*, que desfrutou de imensa popularidade na China[38]. A intenção básica de Paramārtha era então restringir a interpretação crítica da consciência degenerada, de acordo com a tradição Iogacara de Asaṅgha, e enfatizar a realidade ontológica da mente pura, o *garbha*, ou a natureza verdadeira como não vazia. Ao fazê-lo, ele não apenas resgatava o pensamento anterior a Asaṅgha, que fazia parte de um conjunto de doutrinas originadas com Maitreya, mas também conseguia apresentar o budismo de tradição Iogacara em termos facilmente acessíveis ao pensamento ontológico chinês.

A ESCOLA FA HSIANG

A presença de uma série de textos da escola Iogacara, com suas diferentes interpretações, fez com que Hsüan Tsang (596-664) se sentisse confuso. Viajando até a Índia para resolver suas dúvidas, ele chegou a Nālandā em 634, onde mergulhou no estudo da linhagem

34. Como vimos, ao comparar o *Chüeh-ting-t'sang lun* de Paramārtha com o *Yuga lun*, ambos traduções do *Yogācārabhūmi*. Cf. Katsumata, *Bukkyō ni okeru shinishikisetsu no kenkyū*, pp. 699 ss.

35. *Chüeh-ting-ts'ang lun* T 30.1020b. Texto traduzido em D. Y. Paul, *Philosophy of Mind*, p. 143.

36. T 31 62c.13-14. Texto traduzido em D. Y. Paul, *Philosophy of Mind*, p. 99. Cf. também *Chüeh-ting-ts'ang lun*, T 30.1020b.

37. Takasaki Jikidō, "Shintai-yaku Shōdaijōron seshin shaku ni okeru nyoraizōsetsu: Hōshōron to no kanren", em *Yūki Kyōju ju-su kinen: Bukkyō shisōshi ronshū*, Tóquio, Daizō Shuppan, 1964, pp. 241-242.

38. *The Awakening of Faith*. Tradução com introdução de Hakeda Yoshito.

Dharmapāla do pensamento Iogacara. Por meio de Hsüan Tsang e de seu discípulo Ch'i (646-682), o pensamento de Dharmapāla (530-561) havia se tornado a base de toda a tradição Iogacara posterior no Leste asiático, sob o nome de Escola Fa Hsiang, um nome derivado de seu texto básico, *Explicação do Significado Subjacente*, em sua abordagem dos padrões (*hsiang*) dos estados mentais (*fa*), isto é, os três padrões da consciência. No entanto, o papel de Dharmapāla, na Índia, parece ter sido mais circunscrito, pois seus textos são encontrados apenas em quatro traduções chinesas; a principal delas, *O Significado Completo da Construção da Consciência Unicamente* (*Ch'eng Wei-shih lun*), tornou-se o manual de toda a tradição Iogacara no Leste asiático[39]. Influenciado pelo dialético e epistemólogo Iogacara Dignāga (480-540), Dharmapāla foi o grande defensor da validade convencional da compreensão dependente de um outro, argumentando contra toda tentativa de se submeter ou eliminar a dependência de um outro a uma noção monista do Tathāgatagarbha.

Em sua teoria dos quatro aspectos (*bhāga*) da compreensão, os dois primeiros aspectos são os representados pelos pensadores mais antigos da tradição Iogacara: visão (*darśana*) e imagem (*nimitta*) como a aparência subjetiva e objetiva da compreensão. O terceiro aspecto, a auto-compreensão (*svasaṃvitti*) da visão em imagem – isto é, a percepção consciente de se alcançar a visão da imagem – é uma concepção proveniente de Dignāga. Ele próprio acrescentou um quarto aspecto, a compreensão dessa auto-compreensão (*svasaṃvitti-saṃvitti*, isto é, a consciência crítica de todo o processo. Mas, para Dharmapāla, a visão e a imagem não são ilusórias nelas próprias, mas dependentes de um outro. Ao contrário de Paramārtha, para o qual a dicotomia sujeito-objeto envolve uma dualidade totalmente falsa, a ser eliminada ao se alcançar a consciência pura, para Dharmapāla e Hsüan Tsang, esses dois elementos se tornam imaginários somente quando a pessoa se prende a ambos como denotação ou de um sujeito essencial ou de objetos essenciais. Assim Dharmapāla segue Asaṅgha, ao distinguir entre aspectos purificados e aspectos corrompidos, no âmbito do padrão da consciência dependente de um outro. Ele então pode enfatizar um papel válido para a verdade convencional, expressa em termos e idéias convencionais, e afirmar que a estrutura da consciência perdura até o despertar e a sabedoria[40].

Atribui-se a ele ter defendido a possibilidade de a consciência degenerada tornar-se desperta e purificada, ao afirmar que a consciência

39. Tradução para o francês de Louis de la Vallée Poussin, *Vijñaptimātratāsiddhi: La Siddhi de Hiuan-Tsang*; tradução para o inglês de Wei Tat, *Ch'eng Wei-shih Lun: Doctrine of Mere Consciousness*.

40. John P. Keenan, *A Study of the Buddhabhūmyupadeśa: The Doctrinal Development of the Notion of Wisdom in YogācāraThought*, pp. 310-318.

receptáculo continha não apenas os germes impuros da ilusão, mas também germes puros que, por meio do cultivo do caminho, amadureceriam até se alcançar o despertar. Nesse ponto ele se afasta de Asaṅgha, que afirmava que a consciência receptáculo, ela própria completamente incapaz de dar origem ao despertar ou purificação, podia, mesmo assim, ouvir e acompanhar a doutrina, transformar-se gradualmente por meio de suas permeações e do alcançar da conversão, porque essas permeações tinham origem no ouvir a doutrina como emanação proveniente do domínio do mais puro darma[41].

* * *

Os esforços de tradução de Hsüan Tsang, que receberam o patrocínio imperial, logo ultrapassaram e eclipsaram a escola She-lun e, por meio da sistematização de Ch'i e de estudiosos de um período posterior, como o monge coreano Wonch'uk, fizeram da escola Fa Hsiang a versão ortodoxa do pensamento Iogacara em todo o Leste Asiático.

Embora as traduções e interpretações de Hsüan Tsang sejam no todo mais fiéis a Asaṅgha e Vasubandhu, ele parece ter estado menos voltado para as preocupações filosóficas chinesas. A escola Fa Hsiang, embora sem rivais em sua sofisticação doutrinária, tendia a uma ortodoxia rígida e acadêmica, pois o contexto indiano crítico por trás do empreendimento Iogacara tinha se perdido na China. A doutrina Fa Hsiang era difundida na China e no Japão, aparentemente sem que se sentisse qualquer necessidade de novas idéias ou reinterpretações, o que indicava um sistema em declínio. Em contrapartida, as noções de Paramārtha herdadas da escola Iogacara e do Tathāgatagarbha – com seu dinamismo da realidade da Mente Pura por trás das degenerações fenomênicas, que tendia a tudo incluir – embora desaparecessem como uma escola independente na China, se espalharam pelas outras escolas, como a de Hua-yen. Sua noção de Consciência Pura estava em sintonia maior com a prática e o pensamento místicos chineses.

BIBLIOGRAFIA

I. San-lun, T'ien-t'ai e Hua-yen

Fontes

CONZE, Edward (trad.). Madhyāntavibhāgaṭīkā, in *Buddhist Texts through the Ages*. Nova York, Philosophical Library, 1954.

COOK, Francis. *Fa-tsang's Treatise on the Five Doctrines: An Annotated Translation*. Tese de Ph.D., University of Wisconsin, 1970.

41. Idem, pp. 318-319.

HAJIME, Nakamura. *Ways of Thinking of Eastern Peoples*. Honolulu, University Press of Hawaii, 1968.

KUMATARŌ, Kawada & HAJIME, Nakamura. *Kegon shisō* (*Pensamento Hua-yen*). Kyoto, Hōzōkan, 1960.

THE COMPLETE *Works of Chuang Tzu*. Nova York, Columbia University Press, 1968.

Estudos

CARTER, John Ross. *Dhamma: Western Academic and Sinhalese Buddhist Interpretations*. Tóquio, Hokuseido Press, 1978.

FINGARETTE, Herbert. *Confucius: The Secular as Sacred*. Nova York, Harper & Row, 1972.

GADJIN, Nagao. *The Foundational Standpoint of Mādhyamika Philosophy*. Albany, State University of New York Press, 1989.

GIMELLO, Robert. *Chih-yen and the Foundations of Hua-yen Buddhism*. Tese de Ph.D., Columbia University, 1976.

GREGORY, Peter. "Chinese Buddhist Hermeneutics: The Case of Hua-yen", *Journal of the American Academy of Religion* 51 (1983).

HIRAKAWA Festschrift Committee (org.). *Bukkyō ni okeru hō no kenkyū* (*Um Estudo do Dharma no Budismo*), Tóquio, Shunjūsha, 1975.

HURVITZ, Leon. "Chih-i (538-597). An Introduction to the Life and Ideas of a Chinese Buddhist Monk, Mélanges chinois et bouddhique". 12, Bruxelas, Institut Belge des Hautes Études Chinoises, 1960-62.

ISHIHARA, John S. "Rethinking the Doctrine of *Satya-dvaya*", *Journal of the Chikushi Jogakuen College* 1 (1989).

JIKIDO, Takasaki. *A Study of the Ratnagotravibhāga*. Roma, Instituto italiano per il medio ed estremo oriente, 1966.

KEIJI, Nishitani. *Religion and Nothingness*. Trad. de Jan Van Bragt. Berkeley, University of California Press, 1982.

KOSEKI, Aaron. *Chi-tsang's Ta-ch'eng hsüan-lun: The Two Truths and the Buddha-Nature*. Tese de Ph.D., Universidade de Wisconsin, 1977.

REIMON, Yuki. "Zuito-jida: no chugokuteki shinbukkyo koki no rekishi-teki jijo" (Hisorical Consideration on the rise of the new sinified Buddhism of T'ang Dynasties). In Nihon bukkyo gajjai menpo 19, 1954, 79-96.

ROBINSON, Richard. *Early Mādhyamika in India and China*. Madison, University of Wisconsin Press, 1967.

SPRUNG, Mervyn (org.). *The Problem of Two Truths in Buddhism and Vedanta*. Boston, D. Reidel, 1973.

_____. (trad.). *Lucid Expositions of the Middle Way*. Boulder, Prajna Press, 1979.

SUZUKI, D. T. *Essays in Zen Buddhism, Third Series*. Nova York, Samuel Weiser, 1971.

SWANSON, Paul. *Foundations of T'ien-t'ai Philosophy: The Flowering of the Two Truths Theory in Chinese Buddhism*. Berkeley, Asian Humanities Press, 1989.

UNNO, Taitetsu (org.). *The Religious Philosophy of Nishitani Keiji. Encounter with Emptiness*. Berkeley, Asian Humanities Press, 1990.

WEINSTEIN, Stanley. "Imperial Patronage in the Formation of the Tang". In WRIGHT, Arthur F. & TWICHET, Denis (orgs.). *Perspectives on the Tang*. New Haven, Yale University Press, 1973.

YOSHIFUMI, Ueda. "Thinking in Buddhist Philosophy". In *Philosophical Studies of Japan* 5 (1964).

ZENRYŪ, Tsukamoto. *Jōron kenkyū* (*Estudos sobre o Chao-lun*). Quioto, Hōzōkan, 1955.

II. A Escola Iogacara na China

Fontes

CHAN, Wing-tsit. A *Source Book in Chinese Philosophy*. Princeton, NJ, Princeton University Press, 1963.

COOK, Francis. "Fa-tsang's Brief Commentary on the *Prajñāpāramitā-hṛdaya-sutra*", In Minoru Kiyota (org.). *Mahāyāna Buddhist Meditation*. Honolulu, University of Hawaii Press, 1978.

GADJIN, Nagao. "Kū". In *Chūkan to yuishiki*. Tóquio, Wanami Shoten, 1978.

HSĀN TSANG (Hsüan-tsang). *Ch'eng Wei-shih Lun: The Doctrine of Mere-Consciousness*. Traduzido por Wei Tat. Hong Kong, Ch'eng Wei-shih Lun Publication Committee, 1973.

JIKIDŌ, Takasaki. "Shintai-yaku Shōdaijōron seshin shaku ni okeru nyoraizō-setsu: Hōshōron to no kanren". In *Yūki Kyōju ju-su kinen: Bukkyō shisōshi ronshū*. Tóquio, Daizō Shuppan,1964.

_____. *Nyoraizō shisō no keisei*. Tóquio, Shunjūsha, 1974.

LA VALLÉE POUSSIN, Louis de. *Vijñaptimātratāsiddhi: La siddhi de Hiuan-Tsang*. Paris, Geuthner, 1928-29.

LAMOTTE, Étienne (trad.). *Saṃdhinirmocanasutra. L'Explication des* Mystères. Paris, Maisonneuve, 1935.

_____. (trad.). *La somme du Grand Véhicule d'Asangha: Mahāyānasaṃgraha*. Louvain, Institut Orientaliste de Louvain, 1973.

LEVI, Sylvain (trad.). *Mahāyāna-sutralaṃkāra, Exposé de la Doctrine du Grand Véhicule*. Paris, Champion, 1907.

PELLIOT, Paul (trad). "Meou-Tseu ou les doutes levés". In *T'oung Pao* 19 (1920), pp. 255-433.

RUEGG, David Seyfort. *La théorie du Tathāgatagarbha et du Gotra*. Paris, École Française d'Extrême-Orient, 1969.-

SHUNKYŌ, Katsumata. *Bukkyō ni okeru shinishikisetsu no kenkyū*. Tóquio, Sankibō Busshorin, 1974.

SUZUKI, D. T. (trad.). *The Laṅkāvatāra Sutra*. Londres, Routledge, 1932.

YOSHITO, Hakeda (trad.). *The Awakening of Faith*. Nova York, Columbia University Press, 1967.

Estudos

KEENAN, John P. *A Study of the Buddhabhūmyupadeśa: The Doctrinal Development of the Notion of Wisdom in Iogacara Thought*. Tese de Ph.D., University of Wisconsin, Madison, 1980.

_____. "Original Purity and the Focus of Early Iogacara". *Journal of the International Association of Buddhist Studies* 5:1 (1982).

LIEBENTHAL, Walter. "New Light on the Mahāyānasroddatpada-śastra". In *T'oung Pao* 46 (1958), pp. 155-216.

LIU, Ming-Wood. "The Mind-Only Teaching of Ching-ying Hui-yüan: An Early Interpretation of Iogacara Thought in China". In *Philosophy East and West* 35 (1985), pp. 351-76.

_____. "The Iogacara and Mādhyamika Interpretations of the Buddha-Nature Concept in Chinese Buddhism". In *Philosophy East and West* 35 (1985), pp. 171-93.PAUL, Diana Y. *Philosophy of Mind in Sixth-Century China.* Stanford, CA, Stanford University Press, 1984.

PAUL, Diara Y. *Philosofy of Mind in Sixth-Century China.* Stanford, CA, Stanford University Press, 1984.

13. A Espiritualidade do Vazio no Budismo Chinês Primitivo

Paul L. Swanson

A interpretação intelectual e a aplicação prática do conceito budista de vazio passou por muitos estágios no decorrer da introdução e assimilação do budismo na China, inclusive as tentativas de estabelecer "correspondências" (*ko-i*) entre os conceitos budistas e as idéias neo-taoístas, em especial entre o conceito taoísta de "nada" ou "vacuidade" (*wu*) e o conceito budista de vazio (sânscrito, śūnyatā; chinês, *kung*). Esse processo alcançou um ponto alto inicial nas interpretações da escola San-lun, desenvolvidas por Chi-tsang (549-623), tanto no domínio da filosofia quanto no da prática, e na síntese chinesa da escola T'ien-t'ai, desenvolvida por Chih-i (538-597)[1]. A compreensão (e não-compreensão) do vazio no início da história budista chinesa fica mais claramente exemplificada nas tentativas chinesas de interpretar a teoria Mādhyamika das duas verdades – a verdade convencional (*saṃvṛtisatya*), do mundo, ou provisória, e a verdade última (*paramārthasatya*), ou real.

Um legado infeliz da prática *ko-i* de buscar a correspondência dos conceitos budistas com os termos taoístas foi a tendência de discutir o vazio e as duas verdades em termos das noções de *yu* (ser, existência) e

1. Alguns desses temas já foram examinados nos artigos de Lai e Unno. Para evitar repetições, resumi as partes que se sobrepõem, ou tentei abordar as mesmas questões de uma perspectiva diferente ou então acrescentar novas informações. Sugiro ao leitor que leia este artigo tendo no horizonte as contribuições de Lai (capítulo 11) e Unno (capítulo 2, seção I).

wu (não-ser, nada). A verdade provisória era muitas vezes discutida em termos de *yu*, ou existência mundana, e a verdade última, em termos de *wu*, ou vacuidade, isto é, vazio. A ambigüidade desses termos é tal que o conceito de *yu* podia ser interpretado tanto negativamente (do ponto de vista budista), como Ser substancial, quanto positivamente, como existência convencional, de origem interdependente. O conceito de *wu* podia ser interpretado tanto positivamente, como uma negação de Ser substancial, quanto negativamente, como nada niilista. Podemos afirmar o mesmo dos pares de palavras "Being, non-Being" (Ser, não-Ser), ou "existence, nothingness" (existência, nada), na língua inglesa[2]. Essa ambigüidade, assim como as fortes implicações ontológicas e dualistas desses termos, contribuiu para com a confusão relativa a esses conceitos. Neste artigo, discutirei as primeiras interpretações do vazio e das duas verdades no budismo chinês, com ênfase especial na "espiritualidade do vazio" como o Caminho do Meio desenvolvido por Chih-i.

AS INTERPRETAÇÕES DO VAZIO E AS DUAS VERDADES

As traduções definitivas de Kumārajīva dos principais textos da escola Mahāyāna e dos tratados da tradição Mādhyamika, no início do século v, forneceram as bases do avanço para além da identificação entre o vazio e a vacuidade taoísta desenvolvida na busca da "correspondência dos conceitos". O próprio Kumārajīva, em suas cartas a Hui-yüan, respondendo a perguntas sobre a concepção budista da natureza da realidade, negava a legitimidade de se falar nesses termos: "nesse contexto, não é possível falar sequer em termos de 'nem *yu* nem *wu*', menos ainda em termos de *yu* e *wu*" (T 45, nr. 1856, 135c27)[3]. No entanto, a prática teria continuidade. Seng-chao, um dos discípulos mais importantes de Kumārajīva, famoso por sua concepção do vazio, escreveu textos que tiveram grande influência sobre temas como a sabedoria-de-prajñā, o vazio e o nirvana. Em seu texto sobre "o vazio do não-real" (T 45.152a-153a)[4], Seng-chao discute o significado do vazio utilizando como pano-de-fundo as duas verdades. Em primeiro lugar,

2. Nāgārjuna adverte contra essa tendência corriqueira, em sua obra *Versos do Meio* (*Mūlamadhyamakakārika*): "Aqueles que pensam em termos da existência-do-eu, da existência-de-outros e da não-existência, não compreendem a verdade dos ensinamentos do Buda". Mervyn Sprung, *Lucid Exposition of the Middle Way. The Essential Chapters from the Prasannapadā of Candrakīrti*, p.158. Emprego o termo "Ser" com a inicial maiúscula, para indicar a idéia de uma realidade que tem existência substancial, exatamente o que é negado com o conceito de "vazio", em contraposição à idéia, admissível para os budistas, de existência de origem causal e interdependente.

3. Cf. também Richard H. Robinson, *Early Mādhyamika in India and China*, p. 184.

4. Ou, para colocar isso em termos do outro lado do paradoxo, "vazio (não significa que as coisas são o) não real". Cf. Walter Liebenthal, *Chao Lun, The Treatises of Seng-chao*, pp. 54-63, em especial, pp. 61 nota, 222. Cf. também Tsukamoto Zenryū (org.), *Jōron kenkyū*, 1955; Robinson, *Early Mādhyamika*, pp. 140-146; Chan Wing-

ele se refere rapidamente a interpretações anteriores do vazio e as classifica em três escolas ou tendências. A primeira tendência era explicar o vazio como "negação mental" (*hsing-wu*): o vazio se refere ao estado da mente em que ela não forma conceitos nem reflete sobre as coisas, mas também não se refere às coisas como não-existentes. Seng-chao critica essa posição, assinalando que, embora ela seja correta com referência à importância de uma mente calma, ela é incorreta por não perceber o vazio, ou ausência de Ser substancial, das coisas fenomênicas. A segunda tendência era explicar o vazio como "idêntico à forma" (*chi-se*). A forma, ou matéria fenomênica, é vazia, porque não é "forma em si". Seng-chao assinala que isso é correto, na medida em que a forma não existe independentemente, mas depende de outras coisas para sua existência. Ele então critica essa posição, por não ir um passo além, para então assinalar que a "forma não é forma (substancial)", e que o "vazio" em si também não tem existência independente. A terceira tendência era a de explicar o vazio como "não-Ser original" (*pen-wu*). Todas as coisas derivam sua existência de um estado original de nada. Essa concepção era compatível com as idéias taoístas tradicionais do nada primordial, a partir do qual o mundo teria surgido, mas Seng-chao assinala que, quando os textos budistas falam de coisas não existindo, eles estão afirmando que elas não têm existência última e são despidas de Ser substancial. Os textos budistas não negam niilisticamente toda existência nem afirmam a idéia de um nada primordial.

Seng-chao apresenta sua interpretação do vazio por meio de uma discussão das duas verdades. Após afirmar que a língua é inadequada para descrever a realidade e a verdade última, ele empreende uma nobre tentativa de fazer justamente isso. O conteúdo da "verdade real suprema" (*paramārthasatya*) é ilustrado por meio de paráfrases do *Tratado da Grande Perfeição da Sabedoria* (*Ta chih tu lun*; T 25.57-756), "Todos os darmas nem são com marcas nem são sem marcas" (T 25.105a7), e dos *Versos do Meio* de Nāgārjuna (*Mūlamadhyamakakārika*; T 30.1-39), "Todos os darmas nem existem (como Seres substanciais) nem não-existem (como nada)" (T 30.7c16). No entanto, a afirmação da "nem existência nem não-existência" não significa que se nega totalmente a realidade de todos os fenômenos e se suprime todos os sentidos, a fim de se compreender a verdade real. O convencional (*saṃvṛtisatya*) e o real (*paramārthasatya*) são um só. Isso é explicado nos versos que alguns consideram conter a essência dos ensinamentos de Seng-chao[5]: "Que, embora inexistentes, eles existem é o que significa 'não não-existente'" (T 45.152b5-6)[6].

tsit, *A Source Book in Chinese Philosophy*, pp. 350-356; e Fung Yu-lang, *History of Chinese Philosophy*, 2:264-2265.

5. Liebenthal, *Chao Lun*, p. 57, nota, 197.
6. Robinson, *Early Mādhyamika*, p. 224.

Minha tese é a de que essa posição é desnecessariamente obscurecida pelo fato de que os termos chineses *yu* e *wu* são empregados com dois significados diferentes, dependendo de eles estarem sendo afirmados ou negados. Assim, *yu*, no sentido de Ser substancial, e *wu*, no sentido de um nada niilista, são negados, mas *yu*, no sentido de existência convencional de origem interdependente, e *wu*, no sentido de uma ausência de Ser substancial, são afirmados. Dessa forma, afirma-se a "não-existência" no sentido de que, embora os fenômenos tenham existência convencional, eles não têm Ser substantivo. Por outro lado, afirma-se a "não não-existência" no sentido de que, embora os fenômenos não tenham Ser substantivo, eles não são um nada completo. Seng-chao não identifica explicitamente *saṃvṛtisatya* com *yu* e *paramārthasatya* com *wu*, mas às vezes chega perto de fazê-lo. Após citar a famosa afirmação do *Grande Sutra da Sabedoria Perfeita* (*Sutra de Pancavimśatisāhasrikā Prajñāpāramitā*; T 8.217-425) de que não há diferença entre a verdade suprema e a verdade convencional (T 8.378c), Seng-chao explica que a verdade suprema corresponde a um não-Ser (não-*yu*) e a verdade convencional corresponde a um não-existente (não-*wu*), e que "não-Ser" e "não-existente" têm, em última análise, o mesmo significado (T 45.152b17). Considera-se que esse argumento dá mais um passo no sentido de mostrar que um budista não pode aceitar a posição de que as coisas são um nada não-existente, pois essa é a concepção extremista e herética do aniquilacionismo. Nem se pode aceitar a posição de que as coisas têm Ser substancial, pois essa é a noção extremista e herética do eternalismo (T 45.152b23-29). Uma vez que as coisas não são um nada completo, a doutrina do aniquilacionismo está errada. Uma vez que as coisas não têm Ser substancial, a doutrina do eternalismo está errada. Assim, pode-se comentar, pelo menos negativamente, o conteúdo da verdade real como "nem Ser nem nada". Por fim, Seng-chao cita, com aprovação, o *Vimalakīrti-nirdeśa Sutra* (T 14.537-557) em sua afirmação de que os "darmas não são nem Ser nem nada; todos os darmas têm origem por meio de causas e condições" (T 14.537c15). Os fenômenos não têm Ser substancial, porque são meramente um complexo de causas e condições, mas não são nada, porque, como um complexo de causas e condições, eles têm existência convencional.

Podemos atribuir a Seng-chao o mérito de ter assinalado a unidade última das duas verdades e ter elucidado a diferença entre as interpretações chinesas tradicionais da noção de *wu* como nada primordial e a interpretação do conceito de vazio na tradição budista da sabedoria-de-prajñā. Por outro lado, manteve a prática de discutir a questão em termos das noções de *yu* e *wu*. Manifestamente ele não pretendia identificar a noção de verdade convencional à de *yu* e a de verdade suprema à de *wu*, uma vez que definia explicitamente a verdade suprema como estando situada para além dos limites dessa dualidade, no entanto suas discussões ainda são dominadas por essa terminologia ambígua.

AS INTERPRETAÇÕES POSITIVAS DO VAZIO

As contrapartidas da interpretação "negativa" do vazio, em termos do conceito de nada, foram as interpretações "positivas" do vazio refletidas no popular *Sutra de Mahāparinirvana*[7] e no *Ch'eng-shih lun* (*Satyasiddhi Śāstra*)[8]. Não é acidental que muitos dos chamados estudiosos do *Ch'eng-shih lun*, como Seng-min (467-527) e Chih-tsang (458-522), fossem também autoridades no *Mahāparinirvana Sutra*. Esse sutra apresentava o vazio em termos da natureza universal do Buda, a noção de que todos os seres têm o potencial de alcançar a iluminação budista. Todos os seres podem alcançar a iluminação budista, justamente porque o vazio, a ausência de todo Ser substancial e existente-em-si, é a natureza da realidade. Como afirma o famoso capítulo sobre a Nobre Atividade, "a realidade verdadeira é o tathāgata e o tathāgata é a realidade verdadeira; a realidade verdadeira é o vazio e o vazio é a realidade verdadeira; a realidade verdadeira é a natureza do Buda e a natureza do Buda é a realidade verdadeira" (T 12.685b25-27). No entanto, a referência dessa passagem não é uma realidade substancial e existente-em-si. A natureza do Buda, assim como o vazio, "nem surge nem desaparece, nem vem nem vai, não é nem passada, nem presente nem futura, não é nem produzida por causas nem produzida sem uma causa", e assim por diante (T 12.687b8-10). Vazio significa que a iluminação budista é a natureza que permanece "natural", ou a realidade "espontânea", de todos os seres, e que basta apenas despertar para esse fato e então alcançar a própria iluminação inerente.

Um outro modo popular de se interpretar o vazio positivamente era por meio da análise da existência convencional ou provisória (*chia*), tal como descrito no *Ch'eng-shih lun*. A existência convencional, ou "designação convencional" (*prajñāptirupādāya*), é o lado positivo do vazio, na medida em que expressa a ausência de Ser substancial, no sentido positivo de ser a confluência de causas e condições tais como agregados, formas, cores e assim por diante. O capítulo do *Ch'eng-shih lun* sobre "as características da designação convencional" (T 32.327c-328c) apresenta mais de vinte diferentes variações do significado desse termo. Por exemplo, a designação convencional, ou

7. *Mahāparinirvana Sutra*. Trata-se da versão Mahāyāna dos últimos sermões do Buda e sua entrada final no nirvana. Cf. T 12, nr. 374, 365-604, e nr. 375, 605-852.

8. O texto do *Ch'eng-shih lun* (T 32, nr. 1646, 239-373) chegou até nós apenas em sua tradução para o chinês e o título reconstruído "*Satyasiddhi Śāstra*" (*Alcançando o Real*) é especulativo. Existe um estudo e tradução para o inglês a partir de uma reconstrução em sânscrito do texto elaborados por N. Aiyaswami Sastri, *Satyasiddhiśāstra of Harivarman*.

existência, é assim chamada devido à origem dos fenômenos a partir de diferentes darmas. Para sua existência, uma garrafa depende dos diversos fatores da cor, e assim por diante, e não tem realidade em si própria (T 32.328a6-8). Uma carruagem é a designação para uma determinada combinação de rodas, eixos etc., mas o nome "carruagem" e o conceito da carruagem não existem nesse agregado de coisas, nem independentemente dele. As rodas, eixos etc. são as causas e condições da carruagem, mas não existe um Ser substancial a que possamos referir pelo nome "carruagem" (T 32.328a10-14). Além disso, pessoas diferentes percebem a mesma coisa de formas diferentes. Quando vêem um cavalo, algumas pessoas dizem ver o rabo do cavalo, algumas, o corpo do cavalo, algumas, a pele e algumas, o pelo, como na parábola dos homens cegos e o elefante. Ou, ao ouvir uma música, algumas pessoas podem dizer que ouvem o som de uma harpa, algumas, o som de um violino e assim por diante. Em outros termos, não existe uma concordância última entre as experiências das pessoas. Assim, não podemos dizer que vemos as formas reais ou que ouvimos os sons reais; podemos apenas dar-lhes designações convencionais (T 32.328a16-24). A existência convencional depende de fatores relativos. As coisas estão aqui ou ali, são compridas ou curtas, grandes ou pequenas, mestres ou discípulos, pais ou filhos, ricos ou pobres e assim por diante (T 32.328c11-14). Essas diversas explicações sobre a designação convencional, ou existência, foram depois sumarizadas pelos estudiosos do *Ch'eng-shih lun*, que as distribuíram em três categorias. A existência convencional era definida como aquilo que é 1. causalmente originado, 2. contínuo e 3. relativo.

Vamos considerar como representativo dessa tendência um importante estudioso do *Ch'eng-shih lun* e do *Sutra de Mahāparinirvana*, Chih-tsang (458-522), um dos "três grandes mestres do Darma do período da dinastia Liang"[9]. Aqui, mais uma vez, a investigação do significado do vazio passa pela discussão das duas verdades. Chih-tsang ensinava que o Caminho do Meio é a essência das duas verdades. As duas verdades não são realidades separadas, em que uma seria a "base", ou "essência", da outra, nem são simplesmente o mesmo. Nas palavras de Chih-tsang, "As duas verdades são duas e, no entanto, não-duais; as duas verdades são idênticas ao Caminho do Meio. Uma vez que elas são não-duais e, no entanto, duas, o Caminho do Meio é idêntico às duas verdades. Dessa forma, o Caminho do Meio é a essência das duas verdades" (T 45.108a4-6). As duas verdades, como "duas", enfatizam a distinção convencional entre as duas verdades e

9. Para a biografia de Chih-tsang, cf. *More Biographies of Eminent Monks (Hsü kao-seng chuan*; T 50.461c-463c). Os textos de Chih-tsang não chegaram até nós e, para um esboço de sua posição, devemos nos apoiar em Chi-tsang, em seu *Tratado sobre a Doutrina Mahāyāna* (*Ta-ch'eng hsüan lun*; T 45.15-77) e em seu *Sobre o Significado das Duas Verdades* (*Erh-ti i*; T 45.77-115).

a realidade da existência convencional e, no entanto, elas são fundamentalmente parte de uma realidade que é não-dual, o Caminho do Meio. Essa teoria se desdobra na teoria dos três aspectos do Caminho do Meio.

1. O primeiro aspecto é o Caminho do Meio da verdade mundana, ou do mundo (*samvrtisatya*). Essa categoria consiste nas três variações: a. a verdade do mundo não é o nada (*wu*), pois ela contém as causas potenciais da realização do fruto da iluminação budista e do princípio da realidade. Ela não é o Ser substancial (*yu*), pois não existe um fruto substancial para se alcançar. Esse é o Caminho do Meio da causalidade, a primeira das três espécies mencionadas de existência convencional, o que significa que os darmas não são nem Ser nem nada. Ele é o meio no sentido de negar a dualidade, ou os dois extremos, de *yu* e *wu*. b. A verdade do mundo não é eterna, pois os darmas estão em constante perecimento; por outro lado, isso não é nem niilista nem indicativo de uma aniquilação completa, pois não existe continuidade. Esse é o Caminho do Meio da existência convencional como continuidade, o que significa que os darmas nem são eternos nem são aniquilados completamente. Ele é o meio no sentido da rejeição da dualidade, ou dos dois extremos, do eternalismo e do aniquilacionismo. c. A verdade do mundo é o Caminho do Meio da relatividade. Como indicado acima, as coisas são compridas ou curtas, grandes ou pequenas e assim por diante, apenas em relação a outras coisas. Esse é o meio no sentido da recusa da dualidade, ou dois extremos, da unidade e diferenciação.

Essa classificação tripla da existência convencional é uma análise do fenomênico em seus aspectos ontológicos (origem causal), temporal (continuidade) e lógica (relatividade). Nessa concepção, embora o mundo dos fenômenos seja "real", ele tem realidade convencional, dependente, temporária e relativa.

2. O segundo aspecto do Caminho do Meio é o da verdade real (*paramārthasatya*). Trata-se da verdade real como nem existência nem não-existência, uma descrição comum do vazio.

3. O terceiro aspecto do Caminho do Meio é o da harmonia das duas verdades. Trata-se do Caminho do Meio como aquilo que elucida a harmonia das duas verdades como nem meramente a verdade real nem a verdade do mundo. Ele se distingue do Caminho do Meio da verdade real por não ser nem meramente a verdade real nem a verdade do mundo, mas uma harmonia das duas (T 45.108a10-20).

Nessa teoria, Chih-tsang manifestamente incorpora os três aspectos da existência convencional do *Ch'eng-shih lun* com a doutrina do meio e das duas verdades, para oferecer uma explicação da unidade das duas verdades numa realidade que não é adequadamente descrita pela dualidade contrastante da existência e não-existência (ou não-Ser) e do vazio. No entanto, é significativo que a explicação do Caminho do Meio da verdade do mundo seja mais detalhada e mais clara que os outros aspectos, e reflita a tentativa dos estudiosos do *Ch'eng-shih lun* de interpretar a realidade da perspectiva, ou ênfase, dessa existência convencional do mundo.

A CRÍTICA DE CHI-TSANG DO VAZIO

Foi Chi-tsang (549-623) da escola San-lun que criticou essa ênfase na interpretação positiva da realidade convencional e reorientou o interesse para o próprio vazio como o conceito central do budismo Mahāyāna. Seus escritos estão entre os primeiros a registrar e discutir as interpretações e tendências anteriores do budismo chinês. O comentário de Chi-tsang aos *Versos do Meio*, de Nāgārjuna (*Chung-kuan lun-shu*; T 42.1-169), contém um curto esboço de diversas interpretações do vazio e das duas verdades que circulavam em meio à comunidade budista chinesa e oferece-nos alguma informação sobre a interpretação desses conceitos nesse período e antes dele[10]. Essas tendências iniciais se apresentam em três grupos que se sobrepõem: as Três Escolas, as Sete Tendências ou Seis Escolas e o *Tratado sobre as Três Teses* (*San-tsung lun*), escrito por um famoso leigo chamado Chou Yung. As Três Escolas, as quatro primeiras das Sete Tendências e as três primeiras das Seis Escolas correspondem às três tendências discutidas por Seng-chao em seu ensaio sobre o vazio, e não precisamos retomá-las aqui. As três restantes são as seguintes:

1. A Consciência Unicamente. Essa posição é atribuída a Yü Fa-k'ai, que teria ensinado que "este mundo triplo é uma habitação para uma longa noite. A consciência mental é o sujeito de um grande sonho. Quando acordamos para o vazio fundamental deste mundo triplo, a consciência ilusória se exaure" (T 65.94c) e, o conjunto dos existentes, que é agora percebido, não passa de percepções num sonho. Quando acordamos do grande sonho, após o amanhecer iluminar essa longa noite, então as ilusões são subjugadas, a consciência ilusória se extingue e o mundo triplo é percebido como vazio. Nesse momento, não existe lugar no qual algo surja, e no entanto também nenhum lugar em que não haja surgimento (T 42.29b4-7).

Chi-tsang critica esse idealismo simplista, ou negação completa da existência e realidade objetivas, afirmando que "se isso for verdade, então, quando vivenciamos o grande despertar, não percebemos nada da miríade de fenômenos e a verdade do mundo se perde. O que, então, é percebido pelas cinco espécies de olhos do tathāgata?" (T

10. Os curtos comentários de Chi-tsang são desdobrados num subcomentário escrito pelo estudioso japonês Anchō (763-814), denominado *Notas sobre o Comentário aos Versos do Meio* (*Chūron shoki*; T 65.1-247).

42.29b7-8)[11]. Em outras palavras, o que é percebido realmente pelo Buda em sua percepção perfeita não é uma ilusão, mas real.

2. A Ilusão Mágica. Essa posição é atribuída a certo mestre do Darma chamado Yi, ao qual se atribui a seguinte interpretação:

> Todos os darmas são o mesmo que ilusões mágicas. Por ser o mesmo que ilusões mágicas, eles são chamados de "verdade do mundo". A mente e o espírito são reais e não vazios; esse é o (a verdade do) significado supremo. Se o espírito é vazio, então a quem são dados os ensinamentos e quem cultiva o Caminho para se avançar de um estado de ignorância e atingir a Sabedoria? Dessa forma, seria necessário saber que o espírito não é vazio (T 65.95a4-7).

Essa posição é o contrário da "Negação Mente"; ela nega completamente toda existência externa e afirma a realidade contínua e última da mente, ou espírito, o que, de forma suspeita, ressoa a uma alma eterna. Chi-tsang critica essa posição da seguinte forma:

> Um sutra[12] diz que a ação das ilusões mágicas não tem valor retributivo nem bom nem mau. Se todos os darmas são o mesmo que ilusões mágicas, então que diferença existe entre uma pessoa real e uma pessoa ilusória (pois as ações de uma pessoa não teriam efeito cármico e não haveria causa cármica para se renascer no inferno ou na Terra Pura do Buda)? Além disso, os sutras adotam o (a noção de) nada para destruir a (noção de) realidade (substantiva). Quando a (noção de) realidade (substantiva) desaparece, isso afasta o (a noção de) nada (essa posição da "ilusão mágica" não reconhece esse significado dos sutras) (T 42.29b12-13).

Assim Chi-tsang rejeita ambos os extremos: a afirmação unilateral da atividade mental unicamente, que envolve a negação da realidade exterior (os pontos de vista da "ilusão mágica" e da "consciência unicamente") e a negação unilateral da ilusão mental, que envolve a

11. As cinco espécies de olhos, ou de visão, atribuídas ao Buda são: 1. os olhos físicos, ou o que é percebido com os olhos físicos; 2. os olhos divinos, ou a percepção dos seres divinos, que podem perceber o destino futuro dos seres sencientes; 3. o olho da sabedoria, ou a percepção dos três veículos, śrāvakas e pratyekabuddhas, que percebem o vazio de todos os fenômenos; 4. o olho do darma, ou a percepção dos bodisatvas, que percebem todo o Darma em vista de salvar os seres sencientes; e 5. o olho do Buda, ou a percepção do Buda, que inclui todos os acima.

12. A tradução de Kumārajīva do *Grande Sutra da Sabedoria Perfeita* inclui o seguinte: "'Subhuti, o que você quer dizer? As diversas coisas ilusórias produzidas magicamente por um mestre das ilusões, se elas são elefantes, ou cavalos, ou vacas, ou carneiros, ou homens, ou mulheres, o que me diz dessas coisas? Essas ilusões têm causas e condições cármicas que atuam como causas e condições para se cair no inferno ou se nascer no lugar em que não existem nem conceitualizações nem não-conceitualizações, ou não?' 'Não têm, Bhagavan. Essas ilusões mágicas são vazias e não têm realidade verdadeira. Como se pode dizer que elas têm causas e condições cármicas que atuam como condições cármicas para se cair no inferno e se nascer no lugar em que não há nem conceitualizações nem não-conceitualizações?'" (T 8.413b16-22).

afirmação simplista da existência objetiva exterior (o ponto de vista da "negação mental").

3. A Confluência de Condições. Esta última posição é atribuída a Yü Tao-sui, que ensinava que a existência, devido à confluência de condições, se denomina verdade do mundo. A identidade com o não-Ser, devido à dispersão das condições (não existe um Ser substancial, uma vez que as condições não continuam, mas se dispersam e se extinguem); isso se chama a verdade do significado supremo (T 42.29b 13-14). E também, a existência devido à confluência de condições se denomina (verdade) do mundo. O não-Ser devido à análise (dos darmas) é a (verdade) real. É como juntar terra e madeira para se construir uma casa. A casa não tinha uma substância anterior. Ela tinha um nome, mas não realidade. Dessa forma, o Buda disse a Rādha, "Quando as marcas da forma visível se extinguem, não há nada a se perceber" (T 65.95b1-4).

Em outras palavras, os fenômenos consistem na reunião de várias causas e condições e não têm Ser eterno e substantivo. Em si mesma, essa posição não é problemática, exceto pelo fato de ser uma concepção excessivamente simplista e dualista das duas verdades, que identifica *yu* (como a ausência de Ser substancial devido à mera confluência e dispersão de causas e condições) à verdade suprema.

Mais significativo que as tendências acima delineadas são as "três teses" propostas numa obra do leigo chamado Chou Yung. O *Nan Ch'i shu* afirma que "na época, na capital, havia mestres que estabeleceram diversos significados das duas verdades. Existiam três escolas, cada qual defendendo uma idéia diferente. Chou Yung escreveu o *San-tsung lun*, localizando o fio que percorre as três escolas"[13]. Essas três teses são 1. as designações convencionais não são vazias; 2. o vazio das designações convencionais; e 3. a designação convencional é vazia.

As Designações Convencionais Não São Vazias

Chi-tsang descreve essa posição, dizendo que ela ensina que

> quando os sutras falam do "vazio da forma visível", isso se refere a seu vazio e despojamento de uma verdadeira natureza substantiva; dessa forma, ela se denomina vazia. Isso não significa que a realidade visível convencional seja vazia (nada?). Uma vez que a natureza substantiva é um nada vazio, ela é chamada vazia. Essa é a verdade real. O não-vazio da realidade convencional se denomina verdade do mundo (T 42.29b17-19).

13. Cf. Whalen Lai, "Further Developments of the Two Truths Theory in China: the *Ch'eng-shih-lun* Tradition and Chou Yung's *San-tsung-lun*", em *Philosophy East and West* 30 (1980), 139-61; e a seção sobre "O Desvio Satyasiddhi" no artigo de Lai "As Três Jóias na China" (capítulo 11, acima).

Anchō elabora:

Um sutra diz que a realidade da origem condicionada e interdependente é de natureza e forma eternas, quer haja quer não haja um Buda. Como podemos dizer que ela é o nada (*wu*)? Um outro sutra diz que todos os darmas são vazios. Essa ausência de um sujeito (*svabhāva*) em todos os darmas, um vazio interior ou ausência de um sujeito substantivo, se denomina verdade do mundo. Essa ausência de um sujeito substantivo em todos os darmas é ela própria a verdade real (T 65.95c10-14).

Isso é um pouco desconcertante, mas a posição se torna clara com o uso de uma metáfora, a da "noz vazia". Em *O Significado das Duas Verdades*, Chi-tsang explica essa metáfora da seguinte forma:

A teoria das duas verdades da escola da "noz mastigada pelo roedor" diz: o sutra elucidou que todas as formas são vazias. Essa escola afirma que há a ausência de uma natureza permanente da forma, mas não há uma ausência da forma enquanto tal. Essa concepção pode ser comparada a uma noz mastigada (vazia) por roedores. O conteúdo se foi todo, mas a casca permanece intacta. O exterior continua como antes. Por isso se fala de "noz vazia"[14].

Em outros termos, os darmas ou fenômenos não têm Ser substantivo eterno, mas a casca exterior da existência convencional sem dúvida existe. Chi-tsang critica essa interpretação, assinalando que tanto o sujeito auto-subsistente (*svabhāva*), ou natureza-própria, quanto a ausência desse sujeito (*asvabhāva*) são vazios. Em outras palavras, não basta afirmar a ausência de um Ser substancial *em* todos os darmas; a "concha" da realidade convencional também é vazia. Uma compreensão correta das "coisas designadas convencionalmente" reconheceria seu vazio.

O Esvaziamento das Designações Convencionais

Essa posição ensina que "a verdade do mundo é que todos os darmas têm origem por uma confluência de condições e, dessa forma, têm uma essência. Analisar as condições e descobrir que não podemos encontrar um centro se denomina verdade real" (T 42.29b24-25). Essa tese é representada pela metáfora do "melão flutuando". Chi-tsang acrescenta que "o melão submerso é a verdade real; o melão flutuando é a verdade do mundo" (T 42.29b26). Em outros termos, a verdade real é representada pelo melão da realidade que submergiu abaixo da superfície e desapareceu, pois não tem existência plena. A verdade mundana é representada pelo melão da realidade que oscila sobre a superfície e pode ser percebido como existente. O problema com essa posição é que ela tenta ter seu pedaço de melão e também comê-lo. Ela tenta reconhecer como válidos tanto o flutuar quanto o

14. Idem, p. 146.

submergir do melão, tanto a existência quanto a não-existência, tanto a verdade do mundo quanto a verdade real, sem enfrentar a natureza do próprio melão (realidade) e a relação entre os dois estados do melão flutuando ou submergindo. Chi-tsang critica essa posição, assinalando que "dizer que primeiro existem darmas convencionais, mas que depois eles estão vazios, é retornar à posição da 'confluência de condições'. Dessa forma, essa posição tem o defeito do 'nada devido à análise e dispersão (dos darmas)'" (T 42.29b26-86). Em outros termos, a realidade como vazio não é meramente uma questão de se analisar cada fenômeno componente e assinalar a falta de ser substancial em cada darma, uma prática muitas vezes atribuída aos estudiosos do *Ch'eng-shih lun.*

A Designação Convencional é o Vazio

Essa posição faz uma identificação entre os dois aspectos da designação convencional e do vazio e, assim, o significado completo da frase seria o de que o "vazio é a designação convencional e a designação convencional é o vazio". Chi-tsang sumariza essa posição como ensinando que a "designação convencional em si mesma é idêntica ao vazio" (T 42.29b28-29). Chi-tsang afirma que essa era a posição de Chou Yung, mas acrescenta que Chou Yung toma como base para ela o ensaio sobre o vazio de Seng-chao. Ele cita Seng-chao como tendo dito:

> Embora *yu*, ainda assim *wu*. Embora *wu*, ainda assim *yu*. "Embora *yu*, ainda assim *wu*" é uma negação do Ser. "Embora *wu*, ainda assim *yu*" é uma negação do nada. Dessa forma, não se trata de dizer que nenhuma coisa existe, mas que as coisas não são realmente coisas (substanciais). Se as coisas (substanciais) não são realmente coisas (substanciais), de que forma elas são, ainda assim, "coisas"?(T 42.29c1-3).

Afirma-se também que Seng-chao teria dito que "as coisas não são coisas (substanciais) reais; elas são, dessa forma, coisas convencionais. Uma vez que elas são coisas convencionais, elas são então vazias" (T 42.29c4-5). Isso encerra a exposição que Chi-tsang faz da terceira posição. Ele não oferece nenhuma metáfora.

Essa terceira tese funciona então como uma espécie de síntese entre as duas teses. A primeira tese afirma a existência dos fenômenos convencionais, ao negar seu vazio. A segunda tese nega a primeira, ao afirmar o vazio dos fenômenos convencionais. A terceira tese dissolve a tensão entre as duas primeiras, ao afirmar a identidade entre os fenômenos convencionais e o vazio. Esse padrão antecipa a formulação da escola T'ien-t'ai – que seria desenvolvida por Chih-i – dos conceitos de verdade tripla, de existência convencional, de vazio e do Meio. Mas antes de examinar a contribuição de Chih-i, vamos concluir nossa exposição das teses de Chi-tsang.

OS QUATRO NÍVEIS DAS DUAS VERDADES

Os textos de Chi-tsang sobre o vazio são extensos e complexos, mas o conceito é bem ilustrado por sua teoria dos quatro níveis das duas verdades. Em seu *Comentário sobre os Versos do Meio*, ele pergunta primeiramente por que se construiu essa formulação dos quatro níveis das duas verdades (T 42.28b10-11). A resposta é: diferentes pessoas têm diferentes capacidades. Os que são inteligentes e têm uma boa compreensão da via budista podem despertar para o caminho correto, ao ouvir sobre o primeiro nível, e não precisam dos outros níveis. Os que têm uma capacidade média não alcançam o despertar ao ouvir sobre o primeiro nível das duas verdades, mas adentram o caminho, ao ouvir sobre o segundo nível, e assim por diante. Em outras palavras, as duas verdades são um *ensinamento* destinado a conduzir ao caminho correto, e não uma descrição completa do princípio da realidade, que está além de toda verbalização e conceitualização. Assim, os quatro níveis das duas verdades são ensinamentos progressivamente sofisticados sobre a realidade, e não o princípio da realidade em si mesma.

No primeiro nível, o Ser (*yu*) corresponde à verdade do mundo (*saṃvṛtisatya*) e o vazio corresponde à verdade real, ou a verdade de significado supremo (*paramārthasatya*) (cf. diagrama). No *Comentário sobre os Versos do Meio*, isso é ilustrado por meio de uma citação extraída do *Grande Sutra da Sabedoria Perfeita*: "os bodisatvas vivem em meio a duas verdades e pregam o Darma em benefício dos seres sencientes. Eles explicam o vazio em benefício dos que se prendem ao Ser (*yu*) e explicam a existência (*yu*) em benefício dos que se prendem ao vazio" (T 42.28b15-16)[15]. Assim, no primeiro nível, o vazio é apresentado como o ensinamento destinado a conduzir e ensinar os que estão mergulhados num realismo ingênuo, que aceitam a existência substancial dos fenômenos. Por outro lado, *yu*, como existência convencional, é apresentado como um ensinamento para contrabalançar um possível apego equivocado ao vazio. Em *O Significado das Duas Verdades*, o contraste é entre o Ser (*yu*) e o não-Ser (*wu*) e, nas páginas que se seguem, os termos "vazio" e "não-Ser" são empregados como equivalentes.

No segundo nível, a dualidade, do primeiro nível, tanto do Ser quanto do vazio se torna a verdade do mundo, e a negação dessa dua-

15. A tradução de Kumārajīva do *Grande Sutra da Sabedoria Perfeita* diz o seguinte: "Śāriputra, o bodisatva Mahāsattva vive em meio às duas verdades e, em benefício dos seres sencientes, explica os darmas da verdade do mundo e a verdade de significado supremo. Śāriputra, embora as duas verdades não possam ser alcançadas pelos seres sencientes, o bodisatva Mahāsattva pratica a perfeição da sabedoria e emprega o poder dos meios hábeis, a fim de pregar o Darma aos seres sencientes" (T 8.405a15-18).

lidade, “nem Ser nem vazio” é a verdade suprema. Mais uma vez é citado o *Grande Sutra da Sabedoria Perfeita*: “A verdade do mundo se explica como ‘tanto Ser quanto não-Ser’. A verdade do significado supremo é ‘nem Ser nem não–Ser’”[16]. Nesse nível, a afirmação da dualidade entre a existência e o vazio é uma verdade convencional e do mundo, enquanto a negação dessa dualidade é a verdade real e suprema.

Os Quatro Níveis das duas Verdades na Doutrina de Chi-tsang

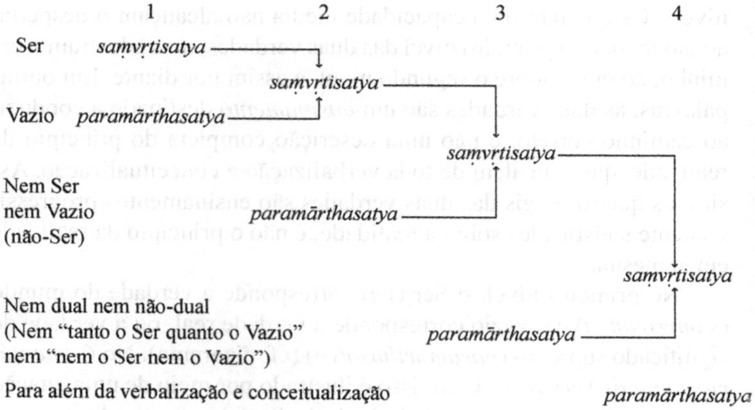

No terceiro nível, a dualidade de todos os níveis acima, tanto a afirmação quanto a negação da dualidade do Ser e do vazio, corresponde à verdade do mundo, enquanto a transcendência de todas as dualidades corresponde à verdade suprema. Aqui é citado o *Sutra de Avataṁsaka*: “Não se apeguem a nenhum dos darmas da não-dualidade, pois não existe nem unidade nem dualidade”[17]. Nesse nível, é ensinada a transcendência de todas as dualidades, até mesmo a própria idéia de dualidade.

No quarto e último nível, mais uma vez, todos os níveis precedentes de expressão verbal, a dualidade do Ser e do vazio, da dualidade e não-dualidade e todos os ensinamentos dos três primeiros níveis são ensinamentos verbais e, assim, estão relegados ao domínio da verdade do mundo. O que está além da verbalização e conceitualização

16. A tradução de Kumārajīva do *Grande Sutra da Sabedoria Perfeita* afirma apenas que “O bodisatva Mahāsattva fala dos seres sencientes tanto como existente quanto como não existente, com base na verdade do mundo e não na (verdade) suprema” (T 8.378b9-10). Ela não menciona “nem Ser nem não-Ser”.

17. O *Sutra de Avataṁsaka* afirma: “De dentro da sabedoria da não-dualidade / o Homem-leão (o Buda) aparece, / Não apegado ao Darma da não-dualidade / Pois ele sabe que o Darma não é nem um nem dois (ou, ‘não existe nem unidade nem dualidade’)”, (T 9.610a21-22).

é a verdade suprema. Uma longa paráfrase do *Sutra de Avataṁsaka* é apresentada em apoio a esse nível final:

Quando compreendemos verdadeira e completamente todos os darmas, vemos que (os darmas têm) nenhuma natureza própria, mas apenas designações convencionalmente dadas. Todos desejam compreender o significado da verdade do mundo. Os bodisatvas despertam a aspiração (à iluminação). Todos os darmas, sem exceção, estão além da descrição verbal; a mente, e sua atividade, é quiescente e se assemelha ao espaço. Todos desejam compreender o significado da verdade real. Assim os bodisatvas despertam a aspiração (à iluminação) (T 42.29b19-22; T 9.447a9-12).

Teoricamente, essa progressiva afirmação e recusa de cada dualidade anterior poderia continuar indefinidamente, mas Chi-tsang a interrompe no quarto nível. Ele estabeleceu o que pretendia; que a verdade suprema não é uma descrição do princípio da realidade e, ao contrário, se refere ao que está além de toda verbalização e conceitualização. Toda descrição verbal ou conceitual necessariamente pertence ao domínio da verdade convencional e do mundo. Nesse sentido, Chi-tsang escapa à armadilha de discutir as duas verdades e o vazio meramente em termos de Ser ou nada, ou alguma combinação disso.

O VAZIO E A VERDADE TRIPLA

Em sua explicação do vazio, Chih-i, o fundador da tradição T'ien-t'ai, também conseguiu ir além da armadilha das oposições Ser/não-Ser, existência/não-existência, ao sistematizar uma "teoria unificada" que integrava ao conceito do Meio o conceito das duas verdades, o de origem condicionada e interdependente, o de vazio, o de existência ou designação convencional, o de natureza do Buda e assim por diante. Para essa explicação, ele recorria ao conceito de verdade tripla. A inspiração central para a formulação desse conceito provinha de um verso dos *Versos do Meio* XXIV, 18, de Nāgārjuna: "Todas as coisas que surgem por origem condicionada e interdependente, eu explico como vazias. Mais uma vez, essa é uma designação convencional. Mais uma vez, ela é o significado do Caminho do Meio" (T 30.33b11)[18]. Chih-i interpretava esse verso em termos das duas verdades como uma verdade tripla. Esses três aspectos

18. Tomo como base para minha tradução, a de Kumārajīva para o chinês, uma vez que ela foi a base da interpretação de Chih-i. Para o texto original em sânscrito, cf. o volume 4 da Bibliotheca Buddhica: Louis de La Valleé Poussin (org.), *Mūlamadhyamakakārikas (Mādhyamikasutras) de Nāgārjuna avec la Prasannapadā Commentaire de Candrakīrti*, p. 491; e J. W. de Jong (org.), *Nāgārjuna Mulamadhyamakakārikāh*, p. 35. Para outras traduções desse verso para o inglês, cf. Sprung, *Lucid Exposition*, p. 238; Frederick J. Streng, *Emptiness: A Study in Religious Meaning*, p. 213; Robinson, Early *Mādhyamika*, p. 40; Nagao Gadjin, "From Mādhyamika to Iogacara: An Analysis of MMK XXIV. and MV I.1-2", *Journal of the International Association of Buddhist Studies* 2:1 (1979), p. 31.

são, primeiro, o vazio ou ausência de Ser substancial, muitas vezes identificado com a verdade suprema; segundo, a existência convencional, ou a existência temporária do mundo como fenômenos de origem interdependente, muitas vezes identificada com a verdade do mundo; e, terceiro, o Meio, uma afirmação simultânea tanto do vazio quanto da existência convencional como aspectos mútuos de uma única realidade integrada.

Para Chih-i, esses aspectos não eram independentes uns dos outros, mas partes integrantes de uma única realidade. Os objetos de nossa experiência têm uma realidade temporária. Nós efetivamente temos a experiência de algo. No entanto, o mundo do qual temos experiência é vazio de substância imutável e eterna, ou Ser. A menos que se caia num niilismo equivocado, deve-se compreender o Caminho do Meio. Deve-se compreender o vazio da realidade fenomênica simultaneamente à realidade temporal desses objetos vazios. O Caminho do Meio, no entanto, não deve ser compreendido como uma Realidade transcendental e eterna; ao contrário, ele se manifesta em e através da realidade fenomênica e temporal, e é idêntico a ela, a qual, por sua vez, é vazia de substância imutável. O círculo é completo em si mesmo, o que Chih-i denomina "uma verdade tripla perfeitamente integrada". Isso é sumarizado em *O Significado Profundo (dos Ensinamentos) do Lótus*, da seguinte forma: "A 'verdade tripla e perfeita" significa que o Darma do Buda está completamente contido não meramente no Caminho do Meio mas também nas (verdades) reais e do mundo. Essa verdade tripla está perfeitamente integrada; uma-em-três e três-em-uma" (T 33.705a5-7).

Uma compreensão correta da verdade tripla revela então que a realidade é "uma verdade", uma unidade perfeitamente integrada. Na análise final, até mesmo isso se reduz a "nenhuma verdade", pois, embora expanda os limites da linguagem, o conceito de uma única realidade é ainda uma conceitualização inadequada para a descrição da realidade nela própria. Por fim deixamos Chih-i, citando uma de suas passagens prediletas do *Sutra do Lótus*: "Parem, Parem! Não há necessidade de se falar. Meu Darma é sutil e difícil de se imaginar"[19]. A realidade, o vazio, não pode ser captada conceitualmente; a verdade está além das palavras.

E, no entanto, Chih-i empregava palavras e conceitos e assinalava enfaticamente a necessidade de fazê-lo. Podemos fazer uma tentativa válida de descrever verbalmente o que é, em última análise, indescritível, desde que estejamos conscientes dessa limitação. No caso de Chih-i isso significa descrever o vazio com respeito a – e em termos de – conceitos relacionados, tais como o conceito de verdade conven-

19. Cf. L. Hurvitz (trad.), *Scripture of the Lotus Blossom of the Fine Dharma*, p. 28.

cional, o de existência de origem interdependente e o de Caminho do Meio. Dessa forma ele evitava o falso dualismo do Ser e do não-Ser, e oferecia uma análise filosófica do vazio sobre a qual se podia basear a própria prática e levar uma vida de espiritualidade budista.

A PRÁTICA DO VAZIO

O leitor de mente não filosófica deve estar intrigado e se perguntando o que as discussões técnicas acima têm a ver com a espiritualidade. Por não haver registros que tenham chegado até nós, fica difícil saber exatamente o que esses conceitos significavam na vida cotidiana da maioria desses budistas chineses e como eles se aplicavam a seu crescimento espiritual. Chih-i, no entanto, deixou-nos textos volumosos com instruções detalhadas sobre a prática budista e as implicações do vazio para a vida espiritual. Para ele, a prática e a doutrina eram como as duas asas de um pássaro, ou as duas rodas de um carro; elas se sustentam mutuamente e não têm sentido quando tomadas sozinhas.

Chih-i já havia estudado o Darma do Buda com muitos mestres, quando se vinculou a Hui-ssu (515-577) no monte Ta-su, em 560 d.C. Segundo sua biografia, ele cantava e meditava sobre o *Sutra do Lótus* e, quando alcançou o capítulo vinte e três, que fala do bodisatva que queima o próprio corpo como um sacrifício ao Buda, ele teria chegado ao "grande despertar" da percepção do vazio. Seu "corpo e mente foram esvaziados e ele entrou, quiescente, em contemplação [...]" (T 50.191c28-29)[20]. Também se afirma que seu mestre Hui-ssu o elogiava, mas assinalava que sua compreensão não passava de um estágio primário da compreensão dos ensinamentos do *Sutra do Lótus*, equivalente à compreensão do vazio de todos os darmas[21]. Essa era sem dúvida uma percepção importante, mas ainda não era a compreensão da natureza integrada do vazio e da existência convencional. De Ta-su, Chih-i foi para a capital, Chin-ling, onde se juntou aos estudiosos budistas mais importantes da época e onde deu as palestras que são hoje conhecidas como as *Instruções sobre a Prática Gradual da Perfeição da Meditação* (*Shih ch'an po-lo-mi ts'u-ti famen*; T 46.475-548). Esse texto oferece instruções detalhadas sobre como meditar e avançar gradualmente no caminho da contemplação. Chih-i deixou a capital e seguiu para o monte T'ien-t'ai em 575, para dar continuidade a suas práticas de meditação. Não se conhecem os detalhes sobre essa estada no monte T'ien-t'ai, mas ele retornou a

20. Cf. L. Hurvitz, *Chih-i (538-597): An Introduction to the Life and Ideas of a Chinese Buddhist Monk*, p. 109.

21. Cf. Ōchō Enichi, *Hokke* shisō *no kenkyū* (Estudos no Pensamento do Lótus), pp. 287-288.

Chin-ling dez anos depois, para proferir as palestras hoje conhecidas como *Comentário ao Sutra do Lótus* (*Fa-hua wen-chü*; T 34.1-150), *O Significado Profundo do Lótus* (*dos Ensinamentos do Lótus*) (*Fa-hua hsüan-i*; T 33.681-814) e *A Grande Cessação e a Contemplação* (*Mo-ho chih-kuan*; T 46.1-140). Essas obras contêm uma síntese da filosofia e prática budistas centradas na verdade tripla e na contemplação tripla.

Falando em termos concretos, Chih-i sumarizava a prática budista sob as categorias das quatro espécies de samādhi e dos dez objetos da contemplação[22]. Vamos abordar com maior detalhe um deles, o "samādhi do nem andar nem sentar", como um exemplo dessas práticas e ilustração do conteúdo da espiritualidade budista.

O quarto dos quatro samādhis de Chih-i, o "samādhi do nem andar nem sentar", não é meramente uma categoria miscelânica, um conjunto de práticas heterogêneas que não se encaixavam nos três primeiros samādhis; ao contrário, trata-se do samādhi mais aplicável dentre todos. Como diz Chih-i, "ele inclui o andar e o sentar, assim como todos os outros modos de comportamento" (T 46.14b27-28)[23]. No *Grande Sutra da Sabedoria Perfeita*, esse samādhi se denomina "samādhi de uma mente (ou consciência) desperta", embora o sutra não aborde a forma como esse samādhi deve ser praticado[24]; Hui-ssu, o mestre de Chih-i, o denominava o "samādhi do seguir a própria mente (ou intenções)". O eixo em torno do qual gira esse samādhi é a concentração em cada pensamento, à medida que surge na mente. Dessa forma, todo e qualquer pensamento, constantemente e em toda e qualquer situação, é objeto imediato da contemplação. O termo "mente desperta" é ainda explicado como ter uma compreensão iluminada das atividades mentais e por meio delas. Como explica Chih-i, "Quando surgem os pensamentos do praticante, ele deve refletir sobre eles e contemplá-los, sem se deixar distrair por sua origem ou seu desaparecimento" (T 46.14c2-3). Chih-i prossegue, descrevendo um ambiente para a prática desse samādhi, com base no *Sutra de Avalokiteśvara Suplicante* (*Ṣaḍakṣaravidyā-mantra*; T 20.34-38), com instruções sobre como adornar a câmara de meditação, como prestar homenagem a diversos budas e outros santos budistas, como ajoelhar-se, queimar incenso, espalhar flores, concentrar-se em seus pensamentos;

22. Para um sumário dos quatro samādhis e os dez objetos da contemplação, cf. capítulo 12, seção I, de autoria de T. Unno.

23. Para uma tradução para o inglês de *A Grande Cessação e a Visão*, cf. Neal Donner, "The Great Calming and Contemplation of Chih-i: Chapter One: The Synopsis".

24. Existe uma obra anterior de Chih-i dedicada inteiramente a esse samādhi, chamada de *Comentário ao Samādhi da Mente Desperta no Grande Sutra da Sabedoria Perfeita* (T 46.621-627), que em sua maior parte é repetida em *A Grande Cessação e a Visão*.

'após terminar as oferendas, assumir a posição do lótus e, com o corpo ereto e a mente controlada, fixar os pensamentos e contar as respirações, com cada pensamento correspondendo a dez respirações. Quando dez pensamentos estiverem concluídos, levantar-se e queimar incenso em benefício dos seres sencientes. Invocar três vezes os três tesouros (do Buda, do Darma e do saṅgha); invocar também Avalokiteśvara e juntar os dez dedos e as palmas das mãos. Recitar então a estrofe de quatro versos [...]' e assim por diante (T 46.14b-15a).

Esse samādhi, no entanto, não está limitado aos monges que seguem a prática detalhada e literal dessa cerimônia específica. Trata-se de uma prática disponível a todos que queiram, em qualquer momento e lugar, cultivar a espiritualidade do vazio na vida cotidiana. A essência dessa prática se encontra na natureza da mente e dos pensamentos específicos. Chih-i ilustra o vazio dos fenômenos e da mente, discutindo as quatro fases de um pensamento: 1. o pré-pensamento, 2. o pensamento iminente, 3. o pensamento propriamente dito e 4. o pensamento concluído. Seguindo o estilo de Nāgārjuna, ele argumenta que não se pode provar logicamente como um pensamento surge de um estado de ausência de pensamento, mas os pensamentos de fato surgem. O pensamento, no entanto, não é uma coisa eterna e substancial, mas se extingue na fase do pensamento concluído. O pensamento não surge nem do nada nem de um Ser substancial. A mente não é o nada, pois permite que pensamentos surjam, mas não tem Ser substancial, pois não tem existência imutável e eterna. Nas palavras de Chih-i:

Mesmo quando o pré-pensamento não surgiu, ele não é pura e simplesmente um nada (*wu*). É como uma pessoa que ainda não executou uma ação e então a executa. Não podemos dizer que não existe uma pessoa porque a ação ainda não foi executada. Se dizemos que não há uma pessoa presente, então quem executa a ação depois? É precisamente porque existe um estado de pré-execução da ação que pode então haver uma execução da ação. O mesmo acontece com a mente: é porque existe um estado de pré-pensamento que pode então haver um estado de pensamento iminente [...]. Embora o pré-pensamento não seja ainda existente, disso não se segue que não haja então pensamentos de forma alguma. Quanto aos pensamentos concluídos, eles podem ser contemplados, embora a fase do pensamento propriamente dito tenha se extinguido. É como não poder dizer que uma pessoa não existe quando ela terminou de fazer algo [...]. O desaparecimento da mente, ou do pensamento concluído, é análogo a isso: não podemos dizer que o que perece é eterno, pois isso é um aniquilacionismo que nega tanto a causa quanto o efeito. Dessa forma, embora o estado de "pensamento concluído" indique que (um pensamento) se extinguiu, ainda é possível contemplá-lo (T 46.15b26-c6).

Assim, tanto a mente quanto seus pensamentos são vazios. Mas não são "meramente vazios". As quatro fases do pensamento devem ser compreendidas em termos dos três conceitos, do vazio, da existência convencional e do Meio.

Embora as quatro fases do pensamento sejam vazias, podemos perceber na esfera do vazio a inclusão de diversas coisas nas quatro fases, até perceber por toda parte o Darma do Buda tão numeroso quanto os grãos de areia do rio Ganges [...]. Isso é chamado de as quatro fases do pensamento da designação convencional. [...] como os darmas surgem por meio de causas e condições, eles não existem substancialmente. Como não existem (substancialmente), eles são portanto vazios. Como não são vazios (nada), eles de fato existem (convencionalmente) [...]. Essa verdade tripla envolve o conhecimento e a visão do Buda, e essa é a compreensão plena das quatro fases do pensamento (T 46.16a23-28).

Com essa compreensão, devemos cultivar a capacidade de contemplar espontaneamente cada pensamento, bom ou mau, à medida que surge na mente e, assim, compreender a natureza verdadeira de nossa existência.

Os pensamentos propriamente ditos são discutidos em termos concretos por Chih-i como pensamentos sobre questões "boas" e "más". As questões "boas" se resumem nas seis virtudes perfeitas (*pāramitā*) da caridade, moralidade, paciência, diligência, meditação e sabedoria. 1. Em todas as nossas atividades, "contemplamos seres sencientes com o olho da grande compaixão". Essa é a perfeição da caridade. 2. Em todas as nossas atividades, "não existem seres aos quais prejudicamos ou causamos males, nem apreendemos (e julgamos) seus aspectos faltosos ou meritórios". Essa é a perfeição da moralidade. 3. Em todas as nossas atividades, "os pensamentos (agitando-se) não surgem na mente, assim não ficamos perturbados nem nos apegamos". Nossos sentidos estão todos quiescentes, sem se alterar. Essa é a perfeição da paciência. 4. Em todas as nossas atividades, não estamos conscientes de ações físicas específicas, como o levantar e o abaixar os pés. Toda atividade e toda compreensão são espontâneas; não ocorrem seqüências em que primeiro obtemos um conceito e então o compreendemos. Compreendemos que os darmas não se originam, permanecem e depois desaparecem numa ordem seqüencial. Essa é a perfeição da diligência. 5. Em todas as nossas atividades, não pensamos nos termos dualistas de "mente e corpo", ou de "saṃsāra e nirvana". Não existe um Darma (fenômeno) no qual permanecemos ou ao qual nos apegamos. Não saboreamos o êxtase do nirvana nem a euforia em saṃsāra. Essa é a perfeição da meditação. 6. Em todas as nossas atividades, compreendemos que os sentidos, os órgãos dos sentidos e assim por diante são vazios e quiescentes, e não somos nem escravos nem livres. Essa é a perfeição da sabedoria (T 46.16b26-c6).

No entanto, é a contemplação do "mal", e não a do "bem", o principal foco da análise de Chih-i. A razão está em que os "maus" pensamentos são o preço habitualmente pago por nossas vidas no mundo e são eles o mais acessível a nossa contemplação. Se surge um desejo na mente, não o ignore, mas pegue-o pelos chifres, por assim dizer. Ou, nas palavras de Chih-i, "contemple-o minuciosamente em suas quatro fases: pré-desejo, desejo iminente, o desejo propriamente dito e o desejo concluído" (T 46.17c29-b3). Com isso, a contemplação do desejo irá mostrar que esse desejo é vazio de substância e que, dessa forma, ele é conquistado. Chih-i compara isso à atividade de pescar: o desejo é como um peixe e nosso pensamento, a linha para pescar. "Se o peixe é forte e a linha é fraca ele em absoluto pode ser pego. Mas se deixamos o anzol com a isca entrar na boca do peixe e permitimos que ele nade, mergulhe e suba à superfície à vontade, em pouco tempo ele pode ser capturado" (T 46.17c24-26). Para concluir, quando contemplamos dessa forma, não existe um perceptor do objeto dos sentidos nem há um sujeito oposto ao mundo objetivo e, no entanto, ambos estão claramente iluminados. (Em sua realidade tripla, pensamentos, desejos e outros fenômenos) assemelham-se às transformações ilusórias (existentes convencionalmente) e vazias e, com relação à natureza da realidade (o meio), não são mutuamente obstrutores (T 46.18a24-26).

De fato, eles são integrados e mutuamente inclusivos.

A CESSAÇÃO TRIPLA E A CONTEMPLAÇÃO

Como podemos ver por essas ilustrações concretas da prática budista e da espiritualidade ideal, há basicamente um padrão triplo por trás de instruções específicas. Chih-i se refere a esse padrão como "contemplação tripla". A verdade tripla se refere à realidade dos domínios objetivos (e subjetivos) em termos do vazio, da existência convencional e do Meio. A contemplação tripla se refere ao padrão geral da prática que permite alcançar a visão da verdadeira natureza da realidade e do êxtase da iluminação. Como escreve Chih-i, em seu comentário ao *Sutra de Vimalakirti-nirdeśa*, "A realidade como as duas verdades e a verdade tripla é o domínio objetivo que é iluminado pela contemplação tripla" (T 38.525a17-18).

A contemplação tripla de fato se refere tanto à cessação tripla (*śamatha*) quanto à visão/contemplação tripla (*vipaśyanā*). Alguns estudiosos do Ocidente comentaram a tensão, e mesmo contradição, entre esses dois aspectos da meditação no budismo indiano[25], mas no budismo de tradição T'ien-t'ai os dois são sempre vistos como harmoniosos e complementares. Quando as águas estão calmas (*śamatha*), pode-se ver o fundo da lagoa (*vipaśyanā*). Chih-i expõe sucintamente esse conceito, em seu desenvolvimento maduro, em *A Grande Cessação e a Visão*, onde ele discute o significado da "cessação e visão" (*chih-kuan*) (T 46.24a-25b).

Chih-i discute primeiramente as três espécies de "cessação hábil", empregando o padrão da verdade tripla: 1. a cessação como a compreensão de que a essência verdadeira é vazia de Ser substancial; 2. a cessação como a compreensão da existência convencional

25. Cf. E. Conze, *Buddhist Meditation*, p. 17, e P. J. Griffiths, *On Being Mindless Buddhist Meditation and the Mind-Body Problem*, pp. 13-14.

apropriada que surge por meio de condições; 3. a cessação como o dar fim a ambos os extremos das categorias conceituais discriminatórias.

1. A "cessação como compreensão do vazio" descreve o estágio do discernimento espiritual no qual avançamos para além do "realismo ingênuo" – a aceitação da realidade objetiva como dotada de Ser substancial – rumo à compreensão do vazio de todas as coisas. Como diz Chih-i:

> Todos os darmas se originam por meio de condições. (As coisas que se originam por meio da) origem condicionada e interdependente são vazias e desprovidas de Ser-próprio [...]. Uma vez que conhecemos a origem condicionada e interdependente, a confluência convencional, a transformação ilusória e a natureza vazia (da realidade), isso se denomina sua essência. As ilusões conceitualizadas têm um fim quando compreendemos o vazio; dessa forma o vazio é (a natureza da) verdadeira (realidade) (T 46.24a3-5).

2. A "cessação como compreensão de condições apropriadas" se refere à compreensão da existência convencional como o vir a ser de todas as coisas por meio de origem condicionada e interdependente, o que Chih-i denomina o "não-vazio do vazio". O vazio de todas as coisas não significa que elas são nada. Sua existência convencional como entidades interdependentes é real. Como diz Chih-i:

> Os dois veículos (aceitam apenas o vazio como) a essência da verdadeira (realidade), assim eles não consideram necessária a "cessação do que é apropriado" (compreensão da existência convencional). Os bodisatvas compreendem a existência convencional e devem colocá-la em prática. Eles sabem que o vazio não é vazio (não um nada), assim isso se denomina "meio apropriado". Distinguimos e escolhemos o remédio de acordo com a doença, assim isso se denomina "de acordo com as condições". A mente está em repouso com relação à verdade do mundo, assim isso se denomina "cessação" (T 46.24a9-11).

3. A "cessação como fim de ambos os extremos das distinções" se refere à contemplação e compreensão da natureza sinônima dos dois "extremos" do vazio compreendido equivocadamente e da existência convencional. Um apego unilateral e discriminador a qualquer dos dois conceitos é equivocado; a realidade é simultaneamente vazia de Ser substancial e é convencionalmente existente. Como diz Chih-i:

> (Pensar que) saṃsāra flui e se move e que o nirvana é a manutenção (constante e inativa) de um estado desperto é uma visão unilateral da prática e da atividade, e não corresponde ao Caminho do Meio. Agora, se sabemos que o mundano é não mundano, então a concepção extrema do mundano é deixada inerte, e se compreendemos a (natureza da existência convencional) não-mundana, então a concepção extrema do vazio é deixada inerte. Isso se denomina "cessação como o fim de ambos os extremos" (T 46.24a13-15).

A contemplação tripla também segue o mesmo padrão triplo. Os três aspectos são:

1) Penetrar o (a visão do) vazio (do ponto de vista) da existência convencional. Isso se denomina contemplação das duas verdades. 2) Penetrar a (visão da) existência convencional do (ponto de vista do) vazio. Isso se denomina contemplação da igualdade. 3) Essas duas contemplações são o caminho dos meios apropriados para se alcançar o acesso ao Caminho do Meio, no qual ambas as verdades se iluminam. Os pensamentos da mente se extinguem e são deixados inertes, e penetramos espontaneamente no mar da sabedoria universal. Isso se denomina contemplação do Caminho do Meio e verdade do significado supremo (T 46.24b5-8).

1. "Penetrar o (a visão do) vazio da existência convencional". Nesse primeiro nível da contemplação, a existência convencional se refere à percepção comum e equivocada dos fenômenos como substancialmente existentes, e "penetrar o vazio" significa negar a existência do Ser substancial independente nesses fenômenos. Assim, como diz Chih-i, "Quando encontramos o vazio, percebemos não apenas o vazio, mas também conhecemos a (verdadeira natureza da) existência convencional" (T 46.24b10-11).

2. "Penetrar a (visão da) existência convencional provinda do vazio". Nesse segundo nível de contemplação, a existência convencional se refere a uma compreensão correta e aceitação positiva dos fenômenos objetivos como tendo origem condicionadamente interdependente. O vazio aqui se refere a um apego equivocado ao conceito de vazio, ou a uma compreensão do vazio como meramente um nada niilista. Como diz Chih-i:

Se compreendemos o ("entramos" no) vazio, (compreendemos que) não existe vazio. Assim devemos reentrar na existência convencional. Devemos saber que essa contemplação é feita em vista de se salvar os seres sencientes e que a realidade verdadeira não é a realidade verdadeira (substancial), mas um meio apropriado que aparece convencionalmente. Dessa forma dizemos "provindo do vazio". Nós diferenciamos o remédio de acordo com a doença, sem fazer distinções conceituais. Dessa forma, isso se denomina "penetrar a existência convencional" (T 46.24c8-11).

Isso é comparável a homens cegos que recuperam a visão. Eles podem então perceber tanto o espaço (isto é, o vazio) quanto as formas e cores, e podem diferenciar entre diferentes espécies de grama e árvores, raízes e hastes, ramos e folhas, remédios e venenos. No primeiro nível percebemos as duas verdades, mas ficamos unilateralmente preocupados com o vazio e não podemos utilizar ou perceber a realidade da existência convencional. Se nossos olhos são abertos com relação à validade da realidade convencional objetiva, percebemos não apenas o vazio, mas também as formas visíveis da existência convencional. Podemos então compreender os minúsculos fenômenos da vida cotidiana, de origem condicionalmente interdependente, e empregar esse conhecimento em benefício de outros.

3. "A contemplação do Caminho do Meio" se refere ao nível supremo da contemplação, no qual simultânea e corretamente perce-

bemos a validade tanto do vazio quanto da existência convencional. Como diz Chih-i:

> Primeiro, contemplar o (e alcançar a visão do) vazio da existência convencional é esvaziar saṃsāra (de Ser substancial). A seguir, contemplar o (e alcançar a visão do) vazio é esvaziar nirvana. Assim, ambos os extremos são negados. Isso se denomina contemplação dos dois (aspectos do) vazio como meio apropriado para se alcançar o encontro do Caminho do Meio [...]. A primeira contemplação emprega o vazio e a última emprega a existência convencional. Esse é um meio apropriado para se reconhecer a realidade de ambos, mas quando se adentra o Caminho do Meio, as duas verdades se iluminam (simultaneamente e como idênticas) (T 46.24c21-26).

As três contemplações acima foram apresentadas como uma progressão gradativa da primeira à última contemplação. Chih-i chama isso de "contemplação progressiva", a prática detalhada e gradual da contemplação que é explicada em obras como as *Instruções sobre a Prática Gradual da Perfeição da Meditação.* A suprema contemplação, no entanto – e a que é discutida em *A Grande Cessação e a Visão* – é o que Chih-i denomina "cessação e visão perfeita e imediata". Nesse caso, os três aspectos do vazio, a existência convencional e o Meio são contemplados de forma simultânea e espontânea e percebidos imediatamente como integrados, não-duais e sinônimos. Como diz Chih-i:

> Quando as verdades são contempladas como objeto da cessação, (compreende-se que) elas consistem em três verdades e, no entanto, uma verdade. Quando a cessação é sustentada por meio da (visão da) verdade, (compreende-se que) ela consiste em três cessações e, no entanto, uma cessação [...]. Dessa forma, é dito, nos *Versos do Meio*, que os "Darmas que têm origem condicionada e interdependente são idênticos ao vazio, idênticos à existência convencional e idênticos ao Meio" (T 46.25b9-18).

O termo e conceito de *chih-kuan* (*śamatha-vipaśyanā*, cessação e contemplação/visão) em si próprio pode ser interpretado por meio desse padrão triplo, de modo a se harmonizar sua tensão ou contradição aparentes. A cessação envolve o "esvaziar" a mente de todos os pensamentos ilusórios, da ignorância, dos distúrbios emocionais e de outros obstáculos a uma compreensão clara. A contemplação envolve a visão das características verdadeiras da realidade e a compreensão dos aspectos multifacetados da existência. Juntas, elas formam uma tensão harmoniosa, na qual a realidade é compreendida de forma correta e a iluminação budista é alcançada. A cessação e a contemplação/ visão são alcançadas simultaneamente e num único instante, assim como podemos ver claramente o fundo de uma lagoa quando a água está calma e clara.

Pois, na análise final de Chih-i, a cessação tripla e a contemplação tripla ocorrem, ou estão presentes, num único instante, ou num único pensamento. Todos os aspectos da realidade estão contidos (pelo menos potencialmente) em todo e cada fenômeno, e um único instante de visão num único momento é suficiente para se compreender a iluminação, e até mesmo a chave para ela. Devemos cultivar um estado de quiescência que espontaneamente inclua a perfeição das virtudes budistas e não nos apegar a nenhum fenômeno vazio e convencional, nem nos deixarmos agitar por ele. Essa é a meta e o estado ideal da espiritualidade budista.

BIBLIOGRAFIA

Fontes

CHAN Wing-tsit. *A Source Book in Chinese Philosophy*. Princeton, Princeton University Press, 1969.

CONZE, Edward (trad.). *The Large Sutra on Perfect Wisdom*. Déli, Motilal Banarsidass, 1979.

HURVITZ, Leon (trad.). *Scripture of the Lotus Blossom of the Fine Dharma*. Nova York, Columbia University Press, 1976.

JONG, J. W. de (org.). *Nāgārjuna Mulamadhyamakakārikāh*. Madras, The Adyar Library and Research Centre, 1977.

KOSEKI, Aaron. *Chi-tsang's Ta-ch'eng Hsüan-lun: The Two Truths and the Buddha-Nature*. Tese de Ph.D., Universidade de Wisconsin, Madison, 1977.

LIEBENTHAL, Walter. *Chao Lun, The Treatises of Seng-chao*. 2ª edição revisada. Hong Kong, Hong Kong University Press, 1968.

POUSSIN, Louis de La Valleé (org.). *Mūlamadhyamakakārikas (Mādhyamika-sutras) de Nāgārjuna avec la Prasannapadā Commentaire de Candrakīrti*. Osnabrück, Biblio Verlag, 1970.

SPRUNG, Mervyn. *Lucid Exposition of the Middle Way: The Essential Chapters from the Prasannapadā of Candrakīrti*. Boulder, Prajñā Press, 1979.

Estudos

CHAPPEL, David W. (org.). *T'ien-t'ai Buddhism: An Outline of the Fourfold Teachings*. Tóquio, Daiichi Shobō, 1983. Distribuído por University of Hawaii Press.

CH'EN, Kenneth. *Buddhism in China: A Historical Perspective*. Princeton, NJ, Princeton University Press, 1964.

CONZE, Edward. *Buddhist Meditation*. Nova York, Harper & Row, 1969.

DONNER, Neal. *The Great Calming and Contemplation of Chih-i*. Tese de Ph.D., University of British Columbia, 1976.

ENICHI,. Ōchō. *Hokke* shisō *no kenkyū* (*Estudos no Pensamento do Lótus*). Kyoto, Heirakuji Shoten, 1981.

FUNG Yu-lang. *History of Chinese Philosophy*. Trad. de Derk Bodde. 2 vols. Princeton, NJ, Princeton University Press, 1973.

GREGORY, Peter N. (org.). "Traditions of Meditation in Chinese Buddhism". *Studies in East Asian Buddhism 4*. Honolulu, University of Hawaii Press, 1986.

GRIFFITHS, Paul J. *On Being Mindless: Buddhist Meditation and the Mind-Body Problem*. La Salle, Open Court Publishing Company, 1986.

HURVITZ, Leon. "Chih-i (538-597): An Introduction to the Life and Ideas of a Chinese Buddhist Monk". *Mélanges chinois et bouddhiques* 12. 1960-62.

KIYOTA Minoru (org.). *Mahāyāna Buddhist Meditation: Theory and Practice*. Honolulu, University Press of Hawaii, 1978.

MAGNIN, Paul. *La vie et l'oeuvre de Huisi (515-577). Les origines de la secte bouddhique chinoise du Tiantai*. Paris, École Française d'Extrême-Orient, 1979.

MURTI, T. R. V. *The Central Philosophy of Buddhism*. Londres, Allen & Unwin, 1955.

RAMANAN, K. Venkata. *Nāgārjuna's Philosophy as Presented in the Mahā-Prajñāpāramitā-Śāstra*. Nova York, Samuel Weiser, 1966.

ROBINSON, Richard H. *Early Mādhyamika in India and China*. Madison, University of Wisconsin Press, 1967.

SASTRI, N. Aiyaswami. *Satyasiddhiśāstra of Harivarman*. Baroda, University of Baroda, 1978.

STRENG, Frederick J. *Emptiness: A Study in Religious Meaning*. Nova York, Abingdon Press, 1967.

SWANSON, Paul L. *Foundations of T'ien-t'ai Philosophy. The Flowering of the Two Truths Theory in Chinese Buddhism*. Berkeley, Asian Humanities Press, 1989.

TSUKAMOTO Zenryū. *A History of Early Chinese Buddhism*. Trad. de Leon Hurvitz. Tóquio – Nova York – São Francisco, Kodansha International, 1985.

_____. (Org.). *Jōron Kenkyū*. Kyoto, Hōzōkan, 1955.

WHALEN, Lai. "Futher Developments of the Two Thruths Teory in China: the *Ch'eng-Shis-lin*. Tradition and Chou Yung's *San-tsung-lun*". In *Philosophy East and West* 30, 1980.

ZÜRCHER, Erich. *The Buddhist Conquest of China*. 2 vols. Leiden, E. J. Brill, 1959.

14. Budismo Tântrico na China

Paul B. Watt

O budismo esotérico, ou tântrico, tem recebido um lugar de menor destaque na história do budismo chinês que as seitas em geral consideradas tradicionais[1]. Caracterizando-se principalmente por suas práticas rituais e de meditação mais que por sua filosofia, ele não conquistou seguidores em meio às camadas mais cultas, como as escolas T'ient'ai e Hua-yen, nem teve uma adesão fiel como a das "escolas da prática", o Ch'an e a Terra Pura. No entanto, o budismo tântrico teve maior influência na China do que em geral se admite. Textos budistas contendo referências a práticas tântricas, bem como monges familiarizados com certas técnicas tântricas, surgiram logo no início da história do budismo chinês e contribuíram em muito para a popularidade do budismo na China. Durante a dinastia T'ang (618-906), tanto os mestres chineses quanto os estrangeiros difundiram essa forma de budismo e, nos séculos VIII e IX, sob o patrocínio imperial, ele se tornou uma das principais seitas do budismo chinês. Desde então, embora tenha-se enfraquecido como movimento independente, elementos da fé e dos rituais tântricos sobrevivem até o século atual, disseminados por todo o budismo chinês. Deve-se também observar que, enquanto os chineses parecem ter acrescentado muito pouco ao budismo tântrico indiano que receberam,

1. O termo "tântrico" deriva-se do sânscrito *tantra*, que se refere aos manuais de rituais e meditação, em geral associados a esse movimento na Índia após o século VIII. Em chinês, as designações *mi*, "esotérico", ou *chen-yen*, "palavra verdadeira", são empregadas para referir-se à seita. A primeira reflete a natureza secreta da transmissão de seus ensinamentos; a última é uma tradução de *dhāraṇī*, ou mantra.

durante a dinastia T'ang a seita tântrica desempenhou um papel central na fundação das tradições esotéricas japonesas de Shingon e Tendai, que se desenvolveram por caminhos próprios e florescem até hoje.

Como o budismo tântrico existiu apenas por um curto período como movimento independente na China, os materiais para seu estudo são relativamente limitados, se não em quantidade, pelo menos em variedade. Além das biografias dos monges, as principais fontes de informações são as traduções de textos tântricos do sânscrito para o chinês, que chegaram até nós. Uma vez que essas traduções podem ser datadas, é possível acompanhar a difusão do budismo tântrico através da China. Estudiosos japoneses estabeleceram uma distinção entre textos tântricos "heterogêneos", de um lado, e textos "puros", ou "sistemáticos", de outro. Em geral, os textos na categoria dos heterogêneos foram compilados na Índia, antes do século VII d.C., e incorporam elementos da prática tântrica que já tinham uma longa história no hinduísmo: os dhāraṇīs, mantras (encantamentos), mudrās (gestos com as mãos) e a adoração de divindades. Embora apresentados como pronunciamentos do Buda histórico, esses textos têm pouca relação com os ensinamentos budistas tradicionais; ao contrário, eles são voltados sobretudo para a obtenção mágica de benefícios e a proteção contra malefícios. Os textos puros, ou sistemáticos, ao contrário, foram produzidos no século VII e seguintes, e representam um estágio no qual as práticas tântricas adotadas do hinduísmo estavam completamente racionalizadas nos termos da doutrina budista de tradição Mahāyāna. Os principais textos desse tipo introduzidos na China são o *Sutra de Mahāvairocana* e os diversos textos agrupados sob o título de *Sutra de Vajraśekhara*, dos quais o *Sutra de Tattvasaṃgraha* é o mais importante.

Nesses textos mais recentes, o protagonista é o Buda Mahāvairocana, uma personificação da natureza verdadeira de tudo que existe. Seu nome pode ser traduzido como "O Grande Luminoso". Esses textos apresentam diversos budas e bodisatvas como manifestações de Mahāvairocana e fornecem diretrizes para sua representação em diagramas sagrados conhecidos como mandalas. Na prática tântrica, esses budas e bodisatvas servem, juntamente com certos outros objetos, como ponto de convergência de um complexo tipo de meditação que visa, sobretudo, ao alcance súbito da iluminação budista. A meditação tem uma estrutura em três partes e envolve o uso de dhāraṇīs e mudrās associados a objetos de concentração específicos. Por meio dessa técnica, conhecida como a prática dos Três Mistérios (*san-mi*), o indivíduo adquire a capacidade de realizar sua natureza búdica verdadeira, ao simbolicamente se identificar com Mahāvairocana (ou alguma de suas manifestações), em corpo, mente e fala[2].

2. Em termos das quatro classes de bibliografia tântrica reconhecidas na Índia e no Tibete, os textos heterogêneos fazem parte da classe Kriyā, o *Sutra de Mahāvairocana*

Os primeiros textos tântricos heterogêneos chegaram a China por volta do século III d.C. Em 230, o monge indiano Chu Lü-yen traduziu o *Mo-teng-ch'ieh ching* (T 21.399-410), um texto que contém diversos dhāraṇīs, fornece instruções para adivinhações de acordo com as estrelas e ensina um ritual que envolve o uso do fogo, o que pode ser um reflexo da influência do ritual hindu *homa*, ou ritual do fogo. No século IV, a introdução das práticas e da bibliografia tântricas heterogêneas foi mantida principalmente pelos missionários da Ásia central, como o monge Dharmarakṣa, mais conhecido por suas traduções do *Sutra do Lótus* e do *Sutra da Sabedoria Perfeita em 25 Mil Versos*, Fo-t'u-teng, no norte da China, e Śrīmitra, no sul, famosos por seus poderes mágicos e por seu conhecimento de dhāraṇīs, e T'an-wu-lan, um tradutor de obras que incluíam dhāraṇīs para a cura de doenças e rituais para provocar chuvas e fazê-las cessar[3]. A entrada desses textos cresceu do século V ao século VII. A ênfase na magia permaneceu, mas há indicações de um destaque cada vez maior da doutrina budista nesses textos e de uma sistematização crescente dos rituais. Assim, o *Ta-chi ching* (T 13.1-408), traduzido por Dharmarakṣema (m. 433), equipara o dhāraṇī à moralidade, à meditação e à sabedoria, como uma prática na qual o bodisatva se destaca. Na segunda metade do século V, T'an-yao, que supervisionou as obras de arte budistas nas grutas de Yün-kang, traduziu extensas passagens do *Ta-chi-i shen-chou ching* (T 21.568-80), que descreve não apenas o preparo de uma área na qual as imagens budistas devem ser dispostas e presenteadas com oferendas (como em certos mandalas), mas também assinala que cada "divindade" tem sua própria função particular.

No século VI, foram introduzidos textos que refletem técnicas e metas avançadas do budismo tântrico. A tradução de Chih-t'ung do *Ch'ien-yen Ch'ien pi-ching* (T 20.83-90) é uma das primeiras a declarar que a meta última da prática tântrica é o alcance rápido da iluminação budista. O *T'o-lo-ni chi ching* (T 18.785-898), traduzido por Atigupta, discute a doutrina Mahāyāna do vazio e indica, em detalhes, como inúmeros budas e bodisatvas devem ser representados e empregados nos rituais e na meditação tântricos. No final desse século, estavam estabelecidas as condições para a introdução do chamado budismo tântrico puro. O mestre tântrico Śubhākarasiṁha (Shan-wu-wei, 637-735) e seu discípulo chinês I-hsing (683-727) difundiram o *Sutra de Mahāvairocana*. Vajrabodhi (Chin-kang-chih, 671-741) e seu discípulo Amoghavajra (Pu-k'ung, 705-774) introduziram textos na linha do *Sutra de Vajraśekhara*. Esses homens foram os

à classe Caryā e o *Sutra de Tattvasaṃgraha* à classe Yoga. As obras na categoria Anuttarayoga, que se distinguem por seu uso do simbolismo sexual, quase não tiveram influência no Leste asiático. Cf. Matsunaga Yūkei, "Indian Esoteric Buddhism as Studied in Japan", em *Studies of Esoteric Buddhism and Tantrism*, pp. 229-242.

3. Cf., por exemplo, o *Chou-ch'in ching* (T 21.491).

responsáveis pela grande popularidade alcançada pelo budismo tântrico na China.

ŚUBHĀKARASIṀHA E I-HSING

De acordo com uma das biografias, Śubhākarasiṁha nasceu no nordeste da Índia e era filho de membros casa real[4]. Ao que parece, ele foi uma criança precoce; ficamos sabendo que ele assumiu o controle do exército do pai aos dez anos e subiu ao trono aos treze. No entanto, houve uma luta pelo poder entre Śubhākarasim'ha e seus irmãos. Embora saísse dela vitorioso, decidiu passar o governo ao mais velho dos irmãos e entrar para o clero budista. Como monge, Śubhākarasiṁha viajou por toda parte, estudando e exibindo diversos poderes mágicos, mas, no final, estabeleceu-se na grande universidade budista de Nālandā, onde recebeu orientação de Dharmagupta na prática dos Três Mistérios. Voltou a viajar novamente, visitando locais de peregrinação e ensinando os descrentes a "buscar o Buda no interior de si mesmos". Dharmagupta determinou então que ele fosse para a China. A caminho, ele ensinou o *Sutra de Mahāvairocana* aos turcos e tibetanos que encontrava.

Quando chegou à florescente capital, Ch'ang-an, em 716, Śubhākarasiṁha já estava com oitenta anos de idade. O imperador Hsüan-tsung (r. 712-756) recebeu o venerável monge em seu palácio e concedeu-lhe o título de "Mestre do País" (*kuo-shih*). Afirma-se que Śubhākarasiṁha teria "feito o imperador adentrar o caminho do Tathāgatha", mas, ao que parece, Hsüan-tsung estava mais impressionado pelos feitos de magia que o monge realizava do que por sua orientação relativa ao alcance da iluminação budista. Mesmo antes da chegada do mestre tântrico, Hsüan-tsung já mostrava grande interesse pela magia taoísta e manteve esse interesse até sua morte. Em Chang-an, Śubhākarasiṁha elaborou, em sua primeira tradução, o *Hsü-kung-tsang ch'iu-wen-ch'ih fa*, um texto contendo um dhāraṇī que prometia desenvolver a capacidade de memória do praticante (T 20.601-3). Em 724, ele acompanhou o imperador a Loyang, onde continuou sua obra. Em 725, deu sua contribuição mais importante para a divulgação do budismo tântrico, ao completar sua tradução do *Sutra de Mahāvairocana* (T 18.1-55)[5]. O texto em sânscrito fora enviado da China trinta anos antes pelo monge chinês Wu-hsing, que morrera em sua viagem de retorno ao país. A primeira parte apresenta a filosofia na qual o sutra se baseia; ela enfatiza que co-

4. Para a tradução e estudo das biografias, do período Sung, de Vajrabodhi e Amoghavajra, bem como de Śubhākarasiṁha cf. Chou Yi-lung, "Tantrism in China", *Harvard Journal of Asiatic Studies* 8 (1944-45), pp. 241-332. Sobre essas e outras figuras importantes da história do budismo tântrico chinês, cf. Matsunaga Yūkei, *Mikkyō no sōjōsha: sono kōdō to shisō*.

5. No Japão, esse texto é conhecido como o *Dainichikyō*.

nhecer a própria mente tal como ela é constitui a iluminação e apresenta uma análise dos diversos níveis do despertar espiritual. As seis partes seguintes apresentam o mandala (conhecido como o mandala do Ventre, ou Matriz) e as práticas tântricas que conduzem o indivíduo à compreensão da mente inata e iluminada. O mandala baseado nesse texto descreve Mahāvairocana sentado num lótus de oito pétalas, cercado dos quatro grandes budas e os bodisatvas que os acompanham, bem como de inúmeros outros bodisatvas e divindades menores, posicionados além do perímetro do lótus.

O discípulo de Śubhākarasiṁha, I-hsing, é uma das personagens mais notáveis da história do budismo chinês. Quando jovem, estudou os clássicos chineses e, mais tarde, seria famoso por seu conhecimento do taoísmo. Ele perdeu os pais aos vinte e um anos e iniciou seu desenvolvimento no budismo como um monge da seita Ch'an, a certa altura recebendo a orientação de P'u-chi, o famoso mestre da escola Ch'an do norte. Quando seus interesses se voltaram para o budismo tântrico, ele não apenas havia estudado a disciplina monástica e os ensinamentos da seita T'ient'ai, mas se distinguira na matemática e na astronomia a tal ponto que, em 721, o imperador Hsüan-tsung recorreu a ele para a reforma do calendário. I-hsing começou seu estudo do budismo tântrico com Vajrabodhi, que chegara a Chang-an em 719. Vajrabodhi o iniciou nas práticas associadas à linha textual do *Sutra de Vajraśekhara*. Em 724, I-hsing juntou-se a Śubhākarasiṁha, em Loyang. Ajudou na tradução do *Sutra de Mahāvairocana* e depois iniciou seu trabalho na obra que lhe garantiria um lugar na história do budismo tântrico: um comentário desse sutra em vinte partes, que ele informava basear-se em exposições proferidas por Śubhākarasiṁha (T 39.579-690)[6]. Não existem comentários que se equiparem aos textos do *Sutra de Vajraśekhara*, o que em grande parte explica a grande popularidade do *Sutra de Mahāvairocana* na tradição tântrica posterior, não apenas na China, mas também no Japão. Pouco depois de concluir esse projeto, esse gênio multifacetado veio a morrer, precedendo, em oito anos, na morte de seu mestre.

VAJRABODHI E AMOGHAVAJRA

Pouco se pode afirmar, com certeza, sobre o local de nascimento de Vajrabodhi ou sobre sua família de origem. Entrou para o clero budista quando criança e estudou em Nālandā. Nos anos seguintes, leu uma extensa bibliografia budista, adquirindo vasto conhecimento tanto das doutrinas Hīnayāna e Mahāyāna quanto da disciplina mo-

6. Para uma tradução parcial desse comentário, cf. Wilhelm Kuno Muller, *Shingon Mysticism: Śubhākarasiṁha and I-hsing's Commentary to the Mahāvairocana Sutra, Chapter One, An Annotated Translation*.

nástica. Com a idade de trinta e um anos, recebeu iniciação na linha Vajraśekhara do budismo tântrico, no sul da Índia. No decorrer de suas viagens pela Índia, Vajrabodhi tomou conhecimento da popularidade do budismo na China e decidiu seguir para lá, como missionário. Com a ajuda de um rei do sul da Índia, ele partiu do Sri Lanka por mar, finalmente chegando a Ch'ang-an, em 719, e a Loyang, em 720. Assim que chegou, começou a erigir *abhiṣeka*, ou plataformas de iniciação, repletas de mandalas, e a divulgar o budismo tântrico. Vajrabodhi logo chamou a atenção do imperador Hsüan-tsung e, assim como Śubhākarasiṁha, foi chamado para demonstrar seus poderes sobre-humanos. Afirma-se que, em certa ocasião, ele teria provocado a precipitação de chuva e, em outra, teria salvo a vida da filha de vinte e um anos do imperador, diagnosticada como tendo uma doença terminal. Durante vinte e um anos, ele atuou na China, introduziu mais de vinte sutras e manuais de rituais, quase todos na linha textual do Vajraśekhara. O mais importante deles foi a tradução da seção inicial do *Sutra de Tattvasaṃgraha* (T 18.223-53). Ao contrário do *Sutra de Mahāvairocana*, essa obra não tem um prólogo filosófico. Desde seu início, ele se dedica à descrição de práticas de mandala e de meditação que se acreditavam conduzir à iluminação. O mandala, conhecido como o Diamante, é constituído por diversas subseções, ou "conjuntos"; em seu principal conjunto, encontram-se cinco budas – Mahāvairocana, Akṣobhya, Ratnasaṁbhava, Amitābha e Amoghasiddhi – simbolizando os cinco tipos de sabedoria que caracterizam a mente iluminada.

Dos diversos discípulos de Vajrabodhi, o mais famoso foi Amoghavajra, que parece ter feito mais em benefício do desenvolvimento do budismo tântrico que qualquer dos discípulos até agora mencionados. Amoghavajra nasceu em 705, muito provavelmente na Ásia central. Seu pai foi um brâmane do norte da Índia; sua mãe era proveniente de Samarcanda. Depois da morte do pai, ele foi educado na terra-natal da mãe até os dez anos de idade, quando foi levado para a China pelo tio da linha materna. Foi em Chang-an, em 719, que conheceu Vajrabodhi e entrou para o clero budista. Sua primeira formação foi em sânscrito e na disciplina monástica e, somente após vários anos, ele se iniciou nas práticas do budismo tântrico, na linha do Vajraśekhara. Amoghavajra serviu seu mestre até a morte deste e, então, em 743, seguiu para a Índia e o Sri Lanka, a fim de coletar materiais tântricos. Enquanto no Sri Lanka, recebeu uma maior formação no budismo tântrico, sob a orientação de um certo Samantabhadra. Retornou a Chang-an em 746, levando consigo mais de quinhentos sutras e comentários. Quando morreu, em 774, tinha traduzido mais de cem desses textos e estabelecido sua reputação como um dos maiores tradutores da história do budismo chinês. Entre seus trabalhos mais influentes está sua tradução da seção de abertura do

Sutra de Tattvasaṃgraha (T 18.207-23)[7], uma versão mais completa que a de Vajrabodhi; mais tarde seria essa versão que serviria de fonte principal para a descrição do Mandala do Diamante. Amoghavajra também se empenhou em divulgar o budismo tântrico por meio do estabelecimento de plataformas de iniciação em templos tanto na capital quanto fora dela, e todos os três imperadores que governaram enquanto ele viveu recorreram a ele para provocar a precipitação de chuvas e para as curas milagrosas que eles aprenderam a esperar dos monges tântricos. Quando o general An Lu-shan se rebelou, em 755, Amoghavajra também foi chamado para a realização de rituais para a proteção do Estado. Por ocasião da morte do monge, T'ai-tsung cancelou todas as atividades da corte por três dias.

Dos muitos discípulos famosos de Amoghavajra, foi o mais jovem, Hui-kuo (746-805), que exerceu maior influência na história do budismo tântrico no leste da Ásia. Dois aspectos de seu trajeto são de particular importância. Em primeiro lugar, ao que parece, Hui-kuo empenhadamente buscou unificar as duas linhagens do budismo tântrico. Ele recebeu de Amoghavajra sua iniciação na linha do Vajraśekhara, e recebeu de Hsuan-ch'ao, um discípulo de Śubhākarasiṁha, o acesso ao *Sutra de Mahāvairocana* e um texto na mesma linha, o *Sutra de Susiddhikara* (T 18.603-33). Embora os antigos mestres do tantra pudessem conhecer ambas as linhagens, eles tendiam a se especializar em apenas uma delas. Ao que parece, Hui-kuo foi o primeiro a sustentar que as duas tinham igual valor. Nas gerações que imediatamente se seguiram, era comum os monges receberem iniciação em ambas. Em segundo lugar, Hui-kuo contribuiu na divulgação do budismo tântrico fora da China. Entre seus discípulos estava o monge japonês Kūkai (774-835), fundador da seita Shingon de budismo esotérico. O fundador da seita japonesa Tendai, Saichō (767-822), também estudou o budismo tântrico durante sua estada na China. No entanto, quase nada se conhece sobre seu mestre, Shun-hsiao, e não se sabe muita coisa a respeito do exato caráter da doutrina que lhe foi transmitida[8]. Foi somente quando os monges Ennin (794-864) e Enchin (814-891) visitaram a China e estudaram com monges da linhagem de Hui-kuo, de um período posterior, que o budismo esotérico foi completamente integrado aos ensinamentos japoneses da escola Tendai .

7. O texto original em sânscrito foi traduzido para o inglês por D. A. Todaro, "*An Annotated Translation of the Tattvasaṃgraha (Part I), with an Explanation of the Role of the Tattvasaṃgraha Lineage in the Teachings of Kūkai*". Tanto a tradução de Amoghavajra quanto a de Vajrabodhi dessa obra são designadas no Japão como *Sutra de Vajraśekhara*, ou *Kongōchōkyō*.

8. Cf. P. S. Groner, *Saichō: The Establishment of the Japanese Tendai School*, pp. 52-61.

A escola tântrica não compartilhou do resgate do budismo no período Sung (960-1279), embora fossem feitas algumas novas traduções, entre as quais uma versão completa do *Tattvasaṃgraha*, por Shih-hu (final do século x) (T 18.341-445). Durante a dinastia Yüan (1280-1368), foi introduzido o budismo tântrico tibetano, mas nem as traduções nem o contato com o Tibete tiveram um efeito revitalizador. No entanto, o budismo tântrico reteve um lugar na tradição, como se pode observar pelo trajeto de duas grandes personagens do budismo durante a dinastia Ming (1368-1644), Chu-hung (1535-1615) e Han-shan (1546-1623)[9]. Refletindo o caráter geral do budismo nesse período, eles ensinavam uma espécie de sincretismo entre as escolas da Terra Pura, Ch'an e escolas ortodoxas; enfatizavam a importância da disciplina monástica e davam atenção especial às necessidades dos leigos budistas. Além disso, tanto Chu-hung quanto Han-shan foram praticantes do budismo tântrico. Eles executavam rituais tântricos para a precipitação de chuvas bem como um ritual conhecido como "a alimentação das bocas em chamas (ou fantasmas famintos)", um ritual popular para o aplacamento de espíritos malignos. Como sugere o caráter desses rituais, nesse período assim como antes, ao que parece eram os benefícios mundanos dos rituais tântricos que exerciam maior atração.

BIBLIOGRAFIA

CHOU Yi-liang, "Tantrism in China". *Harvard Journal of Asiatic Studies* 8. 1944-1945, pp. 241-332.

CHÜN-FANG Yü. *The Renewal of Buddhism in China: Chu-hung and the Late Ming Synthesis*. Nova York, Columbia University Press, 1981.

GRONER, Paul Sheldon. *Saichō: The Establishment of the Japanese Tendai School*. Berkeley, CA, Berkeley Buddhist Studies Series 7, 1984.

KATSUMATA Shunkyō. "Keika Wajōden no kenkyū". In *Kōbō Daishi no shisō to sono genryū*. Tóquio, Sankibō, 1981.

MATSUNAGA Yūkei. *Mikkyō kyōten kaisetsu*. Tóquio, Daitō Shuppansha, 1981.

_____. *Mikkyō no sōjōsha: sono kōdō to shisō*. Tóquio, Hyōronsha, 1973.

_____. "Tantric Buddhism and Shingon Buddhism". In *Eastern Buddhist* 2:2. novembro de 1969, pp. 1-14.

MIYASAKA Yūshō, Umehara Takeshi, Kanaoka Shūyū (orgs.). *Mikkyō no rekishi*. Tóquio, Shunjūnsha, 1977.

MULLER, Wilhelm Kuno. *Shingon Mysticism: Śubhākarasiṁha and I-hsing's Commentary to the Mahāvairocana Sutra, Chapter One, An Annotated Translation*. Tese de Ph.D., Universidade da Califórnia, Ann Arbor, University Microfilms, 1976.

9. Para estudos desses personagens, cf. Chün-fang Yü, *The Renewal of Buddhism in China: Chu-hung and the Late Ming Synthesis*, e Sung-peng Hsu, *A Buddhist Leader in Ming China: The Life and Thought of Han-shan Te-ch'ing, 1546-1623.*

OSABE Kazuo. *Ichigyō Zenji no kenkyū*. Kobe, Kōbe Shōka Daigaku Keizai Kenkyūjo, 1963.

ŌYAMA Kōjun. *Mikkyōshi gaisetsu no kyōri*. Kōyasan, Ōyama Kyōju Hōin Shōshin Kinen Shuppankai, 1961.

SUNG-PENG Hsu. *A Buddhist Leader in Ming China: The Life and Thought of Han-shan Te-ch'ing, 1546-1623*. University Park, PA, Pennsylvania University Press, 1979.

TAGANOO Shōun. *Himitsu Bukkyōshi*. 1933. Reimpressão. Tóquio, Ryūbunkan, 1981.

TODARO, Dale Allen. *An Annotated Translation of the Tattvasaṃgraha (Part I), with an Explanation of the Role of the Tattvasaṃgraha Lineage in the Teachings of Kūkai*. Tese de Ph.D., Universidade de Colúmbia, 1985.

YŪKEI, Matsunaga. "Indian Esoteric Buddhism as Studied in Japan". In *Studies of Esoteric Buddhism and Tantrism*. Kōyasan, Kōyasan University Press, 1965.

Glossário de Termos Técnicos

[sânscrito (s), páli (p), chinês (c), japonês (j)]

abidarma, [*Abidarma* (s)]. Lit., estudo relativo ao darma; tratados acadêmicos que delineiam e classificam os ensinamentos budistas.

ācārya (s). Mestre espiritual.

ālaya-vijñāna (s). Consciência-receptáculo, na qual todas as experiências da vida estão potencialmente contidas de antemão, sendo efetivamente armazenadas após sua ocorrência, assim fornecendo a base da continuidade e da hereditariedade psíquica.

amala-vijñāna (s). Consciência pura, idêntica à natureza verdadeira da realidade.

ānāpāna (s). Meditação da respiração; respiração como ajuda para a meditação.

anātman (s). [*anattā* (p)]. Não-eu, não-ego, ausência de ātman.

anitya (s). [*anicca* (p).]. Impermanência; o estado de fluxo, mutabilidade e transitoriedade que caracterizam todas as coisas.

arhat (s). Aquele que é nobre; aquele que tem valor; aquele que está livre de todas as degenerações.

ārya (s). Seres nobres; pessoas santas.

asaṃskṛta (s). Elementos não produzidos, ou não condicionados.

āśraya-parāvṛtti (s). A "conversão do suporte"; a destruição do solo de nossa existência desregrada.

ātman (s). Ego, o eu permanente.

bhāva (s). Existência, entidade.

bhāvanā (s). Cultivo; o cultivo de técnicas específicas de meditação.

bhikṣu (s). Mendicante, monge.

bhūmi (s). Estágio no caminho para a iluminação budista.
bodhi (s), (p). O despertar; iluminação; o triunfo sobre a ignorância por meio do despertar para a sabedoria perfeita.
bodhicitta (s). A aspiração à iluminação; a decisão de se empenhar pela iluminação; lit., a "mente" da iluminação.
bodisatva [*bodhisattva* (s)]; [*bodhisatta* (p)]. Aquele que empreende o caminho da iluminação; aquele que se empenha em alcançar a sabedoria do Buda; um futuro Buda; um ser compassivo.
brahmavihāra (s), (p). Modos de viver como Brama; os quatro estados divinos (brahmin): amor, compaixão, alegria empática e equanimidade.
buddha-kṣetra (s). Terra do Buda.
caitasika (s). As diversas funções mentais, tais como descritas nos tratados de abidarma.
carma [*karma* (s)]; [*kamma* (p).]. As ações humanas e os resíduos que elas deixam atrás de si como seus efeitos.
chih (c). [*śamatha* (s), *shi* (j)]. Cessação; apaziguamento; quietude; tranqüilidade.
citta (s). Mente; elementos mentais.
darśana (s). Visão, introvisão, "ver como", a ação de ver.
darśana-mārga (s). O caminho para a visão; estágios no processo de cultivo da meditação budista.
deśanā (s). Ensinamento.
dhamma-rāja (p). Rei budista.
dhāraṇī (s). Fórmulas rituais.
darma [*dharma* (s)]; [*dhamma* (p).]. Ensinamento; elemento, o constituinte último da existência; a lei que governa todas as coisas; a essência, ou natureza de uma coisa e, assim, por associação, as coisas em si mesmas; a verdade última tal como ensinada pelo Buda.
dharmadhātu (s). O domínio da verdade; a realidade verdadeira; este mundo-tal-como-ele-é; o domínio do darma, que pode ser tomado tanto como um nome geral para as "coisas" quanto como a realidade espiritual subjacente considerada como o fundamento absoluto de tudo que é.
dharmakāya (s). O corpo do darma; o corpo da verdade; a totalidade dos ensinamentos do Buda; a essência eterna do Buda; o corpo cósmico.
dharmatā (s). A natureza de todas as coisas.
diana (s). [*jhāna* (p); *Ch'an* (c); *zen* (j).]. Contemplação, meditação, vista como um processo de desenvolvimento espiritual que envolve estágios; estados de consciência alterados, produzidos por meio de concentração (samādhi).
dṛṣṭi (s). Concepções falsas.
duḥkha (s). [*dukkha* (p)]. Sofrimento, dor, inquietação, conflito, mal-estar, desvalor; a natureza da existência humana.
duḥkha-dukkhatā (p). A dor de sensações desagradáveis, conhecida por todos.
garbha (s). Ventre, matriz, semente.
gāthā (s). Hino, verso.
gotra (s). Natureza.
homa (s). Cerimônia ritual do fogo; queima de oferendas.
hsin (c). Mente.
icchantika (s). Aquele que é amaldiçoado; o que não tem natureza, ou potencial, de alcançar a iluminação.
iogacara. [*Iogacara* (s)]. A prática da ioga; os que se envolvem na parte da

ioga; uma das principais escolas do budismo de tradição Mahāyāna.

jhāna (p). Introvisão, concentração, meditação.

jñāna (s). Conhecimento, sabedoria.

karuṇā (s), (p). Compaixão.

kleśa (s). Degeneração; ilusão da paixão; paixões cegas.

ko-i (c). Termos de equivalência; uma forma de exegese que consistia em estabelecer a "correspondência" entre termos técnicos budistas e termos chineses nativos.

kṣānti (s). Paciência, clemência.

kuan (c). [*vipaśyanā* (s), *kan* (j)]. Contemplação; introvisão.

lakṣaṇa (s). "Marca"; característica identificável

li (c). Princípio, *noumena*.

mahākaruṇā (s). Grande compaixão; a compaixão de um Buda.

maitri (s). [*mettā* (p)]. Amor, amistosidade.

mandala. [*maṇḍala* (s)]. O conteúdo mental do samādhi tântrico; imagens que ilustram a cosmologia budista e que são empregadas como apoio para a meditação.

mantra (s). Fórmula ritual.

mārga (s). Caminho; via.

moha (s), (p). Ilusão.

mokṣa (s). Libertação; libertação da existência governada pelo carma.

muditā (p). Alegria empática.

mudrā (s). Gestos rituais com as mãos.

nidāna (s), (p). Causas; os doze vínculos, ou ligações, ou causas primárias que constituem a cadeia da origem dependente.

nien fo (c). [*nenbutsu* (j)]. Re-lembrar (rememorar; evocar) o Buda; contemplar o Buda; mais tarde, entoar o nome do Buda.

nirmāṇakāya (s). O corpo da transformação; a encarnação histórica do Buda.

nirodha-samāpatti (s). O alcançar a cessação; a cessação completa da atividade mental.

nirvana. [*nirvana* (s)]; [*nibbāna* (p).]. O estágio final de libertação que se segue à iluminação; o extinguir da chama (das ilusões, ou dos desejos das paixões); a meta final do caminho budista.

p'an-chiao (c). Classificação das doutrinas.

paramārtha-satya (s). Verdade última; significado supremo.

pāramitā (s). Perfeição; virtude, da qual existem tradicionalmente seis ou dez. As seis são: caridade (*dāna*), observação dos preceitos (*śīla*), paciência (*kṣānti*), diligência (*vīrya*), meditação (*diana*) e sabedoria (*prajñā*).

pariṇāma-dukkhatā (p). A dor causada pelo desaparecimento do prazer e da felicidade.

pātimokkha (p). O código de preceitos para monges e monjas, que rege seu estilo de vida.

prajñā (s). [*paññā* (p)]. Conhecimento ou sabedoria da verdade alcançada na iluminação; a compreensão perfeita da totalidade de toda a existência; sabedoria plena; poder libertador da natureza da existência humana.

prajñapti (s). Designação verbal; convenção; designação provisória.

prapañca (s). Construções ou invenções verbais; atividade verbal; a dicotomia falsa necessariamente envolvida na formulação de uma enunciação verbal; jogo conceitual.

pratītya-samutpāda (s). [*paṭiccasamuppāda* (p)]. Origem interdependente; origem em comum; origem dependente.

pudgala (s). [*puggala* (p)]. Um eu inefável que subjaz aos cinco skandhas, cuja existência é negada pelos budistas.

rūpa (s). Forma; os elementos materiais.

rūpakāya (s). O corpo físico; o corpo da forma.

saddharma (s). Verdade Sagrada; os ensinamentos do Buda.

samādhi (s), (p). Colocar-se, fixar-se, compor-se na meditação ou concentração.

śamatha (s). [*samatha* (p), *chih* (c)]. Serenidade, calma; concentração; cessação da interferência de pensamentos e desejos. Muitas vezes composto com *vipaśyanā*.

saṃbodhi (s). Despertar supremo, iluminação.

saṃbhogakāya (s). O corpo da alegria; o corpo de recompensas.

saṃkhāra-dukkhatā (p). A dor causada pela inquietação e transitoriedade inerente a todos os fenômenos; a forma mais sutil de dor, plenamente avaliada somente pelos que alcançaram o discernimento espiritual.

sanrsarā [*saṃsāra* (s), (p)]. Este mundo da transmigração; o girar da roda do nascimento e morte.

saṃskṛta (s). Coisas produzidas ou condicionadas.

saṃvṛti-satya (s). Verdade mundana, provisória, ou convencional.

saṅgha (s). A comunidade dos devotos budistas; juntamente com o Buda de o darma, um dos *triratna* (três tesouros) nos quais o budista busca refúgio.

sassatavāda (p). A concepção extrema do eternalismo.

śāstra (s). Tratado; o segundo dos Três Cestos (Tripiṭaka), ou cânone, do budismo.

shen (c) [*shin* (j)]. Espírito; alma.

shih (c) [*ji* (j)]. Fatos, fenômenos, coisa, acontecimento, entidade.

śīla (s). [*śīla* (p)]. Regras morais; conduta e caráter moral; as regras para uma vida moral a ser observada pelos budistas e seu compromisso correspondente de evitar ações más.

skandha (s). Os agregados ou elementos constitutivos de toda existência, inclusive nossa própria existência, reconhecidos como em número de cinco: *rūpa* (forma), *vedanā* (sentimentos), *saṃjñā* (percepções), *saṃskāra* (impulsos volitivos), e *vijñāna* (consciência).

smṛti (s). Atenção; prestar atenção cuidadosa a um fenômeno específico.

śraddhā (s). [*saddhā* (p)]. Fé, envolvimento interior e profundo com a vida espiritual, fé devotada.

śrāvaka (s). Um "ouvinte"; discípulo; alguém que ouve os ensinamentos do Buda; um termo Mahāyāna para os seguidores da doutrina Hīnayāna.

srimaṇa (s). Asceta; mendicante; monge budista.

stūpa (s). Um túmulo ou cova funerária para os ossos ou restos dos mortos; também usado como abrigo para outras relíquias sagradas.

śūnyatā (s). [*suññatā* (p), *kung* (c), *kū* (j)]. Vazio; a ausência de todo ser substancial; a concepção budista fundamental da realidade última.

sutra [*sutra* (s)]; [*sutta* (p)]. Texto sagrado, texto; o primeiro dos Três Cestos (Tripiṭaka), ou cânone, do budismo.

svabhāva (s). Natureza própria; a existência própria de algo, que é negada pelo conceito budista de vazio (*niḥsvabhāva, śūnyatā*).

taṇhā (s), (p). Sede; o apego à ilusão comparada a uma garganta seca e ardendo de sede; as chamas da luxúria ou desejo.

tao (c) O Caminho; a base de tudo que é.

tathāgatagarbha (s). O ventre, embrião, matriz, da iluminação budista; o potencial inato de se alcançar a iluminação budista.

tathatā (s). O Ser-tal; o modo como as coisas são.

tattva (s). Estidade; o modo como as coisas são; a realidade verdadeira.

trilakṣan / trisvabhāva (s). Os três padrões, ou naturezas, da realidade tal como explicados na escola de Iogacara: o dependente de outro (*paratantra*-*), o imaginado (*parikalpita*-*) e o perfeito, ou puro (*pariniṣpanna*-*).

tripiṭaka (s). Os "Três Cestos"; as três divisões do cânone budista: *sutra*, *śāstra* e *vinaya*.

tzu jan (c). Naturalidade; espontaneidade; natureza.

ucchedavāda (p). A concepção extrema do aniquilacionismo.

upadeśa (s). Explicação, comentário.

upāya; upāyakauśalya (s). Meios hábeis.

upekṣa (s). [*upekkhā* (p)]. Equanimidade; serenidade.

vajra (s). Diamante.

vicāra (s). O fator cognitivo na meditação do "pensamento sustentado".

vijñāna (s). [*viññāna* (p)]. Consciência.

vinaya (s). Preceitos, regras de conduta; o terceiro dos Três Cestos (Tripiṭaka), ou cânone, do budismo.

vipaśyanā (s). [*vipassanā* (p), *kuan* (c)]. Introvisão; contemplação. Muitas vezes composto com *śamatha*.

vitarka (s). O fator cognitivo na meditação do "pensamento aplicado".

wu (c) [*mu* (j)]. Nada, vazio.

wu-wei (c) [*mu-i* (j)]. Sem-ação; não-ação; inativo.

yu (c) [*u* (j)]. Existência, ser.

Colaboradores

ROGER CORLESS trabalha na faculdade da Universidade Duke, em Durham, Carolina do Norte. Sua especialidade é Budismo da Terra Pura; ele é também um dos líderes no campo em desenvolvimento de Estudos Budo-Cristãos. Entre suas numerosas publicações está *The Vision of Buddhism*.

LUIS O. GÓMEZ é professor do Departamento de Línguas e Culturas Asiáticas na Universidade de Michigan.

PAUL J. GRIFFITHS é professor associado de Filosofia das Religiões na Universidade de Chicago e também exerce atividades na Divinity School e no Departamento de Línguas & Civilizações Sul-Asiáticas. Sua especialidade é filosofia budista indiana e ele é autor de *On Being Mindless: Buddhist Meditation and the Mind-Body Problem* e *An Apology for Apologetics: A Study in the Logic of Inter-religious Dialogue*.

KAJIYAMA YŪICHI é professor emérito da Universidade de Quioto e atualmente leciona na Universidade de Bukkyo. É autor de *Studies in Buddhist Philosophy.* São suas especialidades: budismo da Terra Pura, filosofia Mādhyamika e lógica e epistemologia budistas, tendo escrito um grande número de livros em japonês.

JOHN KEENAN é professor associado de religião no Middlebury College em Vermont. Seus estudos se concentram na escola Mahāyāna indiana e sua reinterpretação na China. É o tradutor de diversos textos importantes da escola Iogacara: o *Saṃdhinirmocanasutra*, o *Mahāyānasaṃgraha*, o *Buddhabhūmyupadeśa* e o *Karmasiddhiprakaraṇa*. Entre suas publicações estão *The Realm of Awakening* e *The Meaning of Christ: A Mahāyāna Theology*.

WINSTON L. KING é professor emérito da Universidade Vanderbilt, tendo também lecionado história das religiões nas faculdades de Grinnell e Oberlin e na Universidade do Estado do Colorado, especializando-se em budismo. Entre suas obras estão *In the Hope of Nibbana*, *A Thousand Lives Away*, *Death was His Kōan* e *Zen and the Way of the Sword*.

WHALEN W. LAI é professor e diretor do Programa de Estudos Religiosos, Universidade da Califórnia-Davis, Califórnia. Sua especialidade é filosofia chinesa e budismo do Leste asiático, tendo publicado um grande número de trabalhos em diversas revistas e coletâneas acadêmicas.

MAEDA EGAKU é professor e chefe do Departamento de Estudos Budistas, Graduate School of Letters, na Universidade de Aichi Gakuin em Nagóia, Japão, sendo membro do Conselho de Ciências do Japão. É autor de *History of the Formation of Original Buddhist Texts* e organizador de *Contemporary Buddhism in Sri Lanka*.

NAGAO GAJIN (GADJIN M. NAGAO) é professor emérito da Universidade de Quioto e membro da Academia Japonesa. Entre suas numerosas publicações estão *The Mahāyānasaṃgraha: An Annotated Japanese Translation*, *The Foundational Standpoint of Mādhyamika Philosophy*, *Mādhyamika and Yogācāra: A Study of Mahāyāna Philosophies* e *An Index to the Mahāyānasaṃgraha*.

SUNTHORN NA-RANGSI é um estudioso do budismo tailandês e professor associado de filosofia na Universidade de Chulalongkorn em Bancoc, Tailândia. É especialista em filosofia budista e indiana e membro do Royal Institute. É autor de diversos livros, entre os quais *The Buddhist Concepts of Karma and Rebirth* e, em tailandês, *Indian Philosophy: History and Thought*, *The Philosophy of Teravada Buddhism* e *Special Topics in Buddhist Philosophy*.

GOVIND CHANDRA PANDE é atualmente diretor do Museu de Allahabad. Foi professor e vice-reitor nas Universidades de Rajasthan

(Jaipur) e Allahabad. É autor de *Studies in the Origins of Buddhism*, *History of the Development of Buddhism* (em hindi) e *Lal Mani Joshi Memorial Lectures on Mahāyāna*.

MICHAEL PYE é professor no Departamento de Estudos Religiosos da Universidade de Lancaster. Entre suas publicações estão *Skilful Means: A Concept in Mahayana Buddhism* e *The Buddha*.

SAKURABE HAJIME foi professor de Estudos Budistas na Universidade de Ōtani em Quioto, Japão. É autor de *Kusharon no kenkyū* (*Um Estudo do Abidarmakośa*), *Bukkyōgo no kenkyū* (*Um Estudo dos Termos Budistas*) e *Hanjusanmai-kyō ki* (*Notas ao Pratyutpanna-buddha-saṃmkhāvasthita-samādhi-sutra*).

ERNST STEINKELLNER é professor de Estudos Budistas e Tibetanos na Universidade de Viena. É especialista na tradição budista da epistemologia e lógica, tanto indianas quanto tibetanas. Entre suas obras estão edições e interpretações críticas das principais obras de Dharmakīrti e uma tradução do *Bodhicaryāvatāra* de Śāntideva.

SULAK SIVARAKSA é advogado, analista social, defensor da não-violência, palestrista e estudioso da educação. É presidente do Santi Pracha Dhamma Institute de educação não-formal e pesquisa de desenvolvimento alternativo. É fundador da International Network of Engaged Buddhists e membro da comissão internacional do Buddhist Peace Fellowship. Publicou diversas obras em inglês, entre as quais, *Siamese Resurgence* e *Seeds of Peace. A Buddhist Vision for Renewing Society*.

PAUL L. SWANSON é membro permanente do Instituto Nanzan de Religião e Cultura e professor associado da Universidade de Nanzan. Entre suas publicações está *Foundations of T'ien-t'ai Philosophy. The Flowering of the Two Truths Theory in Chinese Buddhism*.

TACHIKAWA MUSASHI é professor do Museu Nacional de Etnologia em Osaca, Japão. Entre suas publicações está *The Structure of the World in Udayana's Realism*.

TAKEUCHI YOSHINORI é professor emérito da Universidade de Quioto. Uma das principais figuras da escola de filosofia de Quioto, ele é autor de numerosas obras sobre o budismo e sobre sua própria fé budista Shin, entre as quais, *The Heart of Buddhism: In Search of the Timeless Spirit of Primitive Buddhism*.

ROBERT A. F. THURMAN é professor da cadeira Jey Tsong Khapa de Estudos Budistas Indo-Tibetanos na Universidade de Colúmbia, fundador e presidente do Instituto Americano de Estudos Budistas e diretor do Centro de Estudos Budistas da Universidade de Colúmbia. Estudou na Universidade de Harvard e no Mosteiro de Namgyal, Dharmasala, Índia. Traduziu diversos textos budistas e tem publicado trabalhos sobre diversos aspectos do budismo.

TAITETSU UNNO é o professor da cadeira Jill Ker Conway de Religião e Estudos do Leste Asiático no Smith College. Um especialista no pensamento filosófico budista, ele é autor de *Tannisho: A Shin Buddhist Classic* e organizador de *The Religious Philosophy of Nishitani Keiji*.

PAUL B. WATT é professor associado e diretor de Estudos Asiáticos na Universidade de DePauw e foi professor na Universidade de Colúmbia e no Grinnell College. Especialista na história intelectual e religiosa do Japão, ele é autor de um grande número de ensaios sobre o budismo e sobre a interação entre a religião e a cultura japonesa.

ALEX WAYMAN é professor emérito da Universidade de Colúmbia. Publicou mais de 150 livros e artigos, entre os quais, *Analysis of the Śrāvakabhūmi Manuscript*, *The Buddhist Tantras*, *Calming the Mind and Discerning the Real*, *Buddhist Insight*, *Chanting the Names of Mañjuśrī*, *Ethics of Tibet*, e *The Enlightenment of Vairocana*.

Créditos Fotográficos

Os organizadores e editores desejam agradecer aos diferentes museus pelo fornecimento das fotos e cessão dos direitos de reprodução das ilustrações neste volume. Em particular, os organizadores e o editor de arte agradecem a enorme gentileza e ajuda da Kosei Publishing Company, não apenas pelo fornecimento de um grande número de fotos de sua própria coleção, mas também pela obtenção dos direitos de reprodução de outras fotos.

1. Com autorização da Kosei Publishing Company.
2. Museu de Arte Nelson-Atkins, Cidade do Kansas, Missouri (Fundo Nelson) 55-105.
3. Com autorização da Kosei Publishing Company.
4. Foto de Tsukamoto Keisho. Autorização da Kosei Publishing Company.
5. Museu de Arte de Cleveland, Fundo Dudley P. Allen, 35.146.
6. Museu de Arte de Cleveland, fundo Andrew R. e Martha Holden Jennings, 75.102.
7. Museu de Arte de Cleveland, Fundo Leonard C. Hanna, Jr., 61.418.
8. Com autorização da Kosei Publishing Company.
9. Com autorização da Kosei Publishing Company.
10. Com autorização da Kosei Publishing Company.
11. Foto de Sugimoto Yoshio.
12. Foto de Sugimoto Yoshio.
13. Extraída de *Ōgon no pagoda: Biruma bukkyō no tabi* (1989), pp. 39-40. Foto de Higuchi Hideo, com autorização.
14. Foto de Susan Offner.
15. Com autorização da British Library. Or 8210/P2.
16. Com autorização da Kosei Publishing Company.
17. Com autorização da Kosei Publishing Company.
18. Museu de Arte Nelson-Atkins, Cidade do Kansas, Missouri (Fundo Nelson), 44-10.
19. Doação de Mrs. W. Scott Fitz (22.407) e Doação de Edward Holmes Jackson em memória a sua mãe, Mrs. W. Scott Fitz (47.1407-1422). Cortesia do Museum of Fine Arts, Boston. Contas #22.407 e 47.1407-1422.

20. Cortesia do Museu da Cidade de Kawasaki.
21. Museu de Arte Nelson-Atkins, Cidade do Kansas, Missouri (Fundo Nelson), 51-27.
22. Museu de Arte Nelson-Atkins, Cidade do Kansas, Missouri (Fundo Nelson), 37-27.
23. Doação de Denman W. Ross, em memória de Okakura Kakuzo. Cortesia do Museum of Fine Arts, Boston. Conta #13.2804.

Índice de Nomes

A
Acariya Cha – 128
Acariya Mahā Boowa – 128
Acariya Mun – 128
Ahura Mazda – 273
Akṣobhya – 161, 164, 248, 258, 442
Āḷāra Kālāma – 5
Alaungpaya – 118n
Alaungsithu – 118n
Alá – 276
Altan Khan – 254
Amita – 269, 270, 271, 273, 274, 276, 277, 278, 279, 281, 283, 285-291, 293, 294
Amitābha – 154, 161, 164, 167-171,195, 199, 200, 248, 258, 271, 273, 274, 279, 280, 281, 282, 284-294, 321, 322, 366, 367, 368, 371, 390, 391, 442
Amitāyus – 199
Amoghasiddhi – 248, 259, 442
Amoghavajra – 105, 147n – 439, 442, 443
Anagārika Kharmapāla – 111
Ānanda – 24, 25, 159, 174, 278, 279
Anawrahta – 92, 93, 107, 113, 116, 117, 118
Anchō – 421
An Lu-shan – 362, 366, 372, 373, 374
An Shih-kao – 305, 306, 317
Anuruddha – 77
Ārāḍa Kālāma – 47
Arcata – 235
Āryadeva – 217, 224, 225, 334
Asaṅga – XIX,224, 225, 228-233, 253, 370, 402-407
Aśoka, rei – 22, 26, 27, 88, 89, 91, 92, 104, 113, 144, 145, 153, 159, 304, 323, 341, 354, 35, 362
Asvabhāva – 230, 231
Aśvaghoṣa – 196, 370
Atigupta – 439
Atīśa – 251, 261
Agostinho de Hipona, santo – 273, 290n
Avalokiteśvara – 164, 195, 197, 199, 245, 251, 255, 261, 264, 281, 284, 367, 373, 428, 429

B
Bartolomeu, são – 274
Bhaiṣajyarāja – 195, 200
Bhaiṣajyasamudgata – 200
Bhāvaviveka – 218-220, 381
Bimbisāra, rei – 134, 142
Blavatsky, Helena P. – 111
Blo-bzan ye-śes – 255
Acala Azul – 261
Bodapawya – 118
Bodhidharma – 147n

Bodhiraksha – 128
Bodhiruci – 285, 287
Boromkot, rei – 121
Brama – 93
'Brom-ston – 251
bSod-nams rgya-mtsho – 253
Buddhabhadra – 320, 321
Buddhadasa Bhikkhu – 129
Buddhadatta – 77, 105
Buddhaghosa – 56, 68, 77, 94, 95, 98, 99, 104, 105, 129, 130, 163
Buddhaguhya – 256-257
Buddhapālita – 212, 218-219
Bu-ston (Bu-ston Rin-chen-grub) – 250, 251, 252
Byams-chen chor-rje – 253

C
Cakravartin – 133
Candrakīrti – 212, 217, 219, 255, 381, 425n
Chang-an – 440, 441, 442
Chang Jung – 338, 339
Chao Phya Dipakaravamsa – 127
Chapta – 118
Ch'eng kuan – 396
Ch'i – 406, 407
Chia-tsai – 322
Chia Yung – 305, 343, 345
Chih Ch'an – 331
Chih-i – 362, 363, 364, 367, 378, 385-392, 411, 412, 422, 425-434
Chih-k'ung – 358
Chih Min-tu – 332
Chih-tsang – 416, 417
Chih Tun – 310, 312, 334, 335, 348
Chih-t'ung – 439
Ching-yin Hui-yüan – 356, 361
Chinul – 297
Chi-tsang – 332, 378, 382, 383, 384, 411, 416, 418-425
Chos-kyi-rGyal-mtshan – 455
Chou Yung – 337, 338, 418-420, 422
Chuang-tzu – 310, 311
Chu-hung – 444
Chulalongkorn, rei – 122, 124, 127
Chu Lü-yen – 431
Confúcio – 357

D
de Caussade, Jean-Pierre – 276
de Silva, David – 111
Devānaṁpiya Tissa, rei – 104
Dge-'dun-grub – 253
Dge-'dun-rgya-mtsho –
Dhammapāla – 105
Dhammazedi, rei – 92, 118
Dharmagupta – 440
Dharmākara (Dharmācara) – 168, 169, 278, 279, 287-290
Dharmakīrti – 220, 222, 234, 238, 255
Dharmakṣema – 314, 319, 326, 327, 343, 355, 357
Dharmapāla, rei – 108, 111, 251, 406
Dharmarakṣa – 326, 439
Dharmottara – 235
Dignāga – 218, 220, 234-238, 406
Dīpaṁkara – 162
Dissanayake, C. S., 111
Duṭṭhagāmāṇi – 92, 104

E
Enchin – 443
Ennin – 443

F
Fa-chao – 297
Fa-hsien – 104, 238
Fa-kuo – 324, 326, 354
Fan Chen – 341, 342
Fan Yeh – 304
Fa-shen – 331, 332
Fa-tsang – 370, 371, 393-400, 407
Fa-yao – 340
Fa-yun – 363
Feng, senhora – 371
Fo-t'u-teng – 314, 319, 323, 326, 352, 354, 439
Fu – 358
Fu Chien – 315, 317

G
Gautama Siddhārtha – XI, XII, 3, 88, 91, 97, 98, 99, 116, 133, 161, 162, 163, 164, 245, 254, 258, 261
Glan-dar-ma – 251
Gunabhadra – 403
Gu-shri Khan – 254, 262

H
Hang Po – 147n
Han-shan – 444
Han Yu – 374
Haribhadra – 163
Harivarman – 336
Ho Ch'ung – 320

Ho-lin Po-po – 336
Hōnen – 294
Ho Yen – 309
Hsin-hsing – 360, 361
Hsüan, imperador – 305
Hsüan-ch'ao – 443
Hsüan-kao – 319, 328
Hsüan-tsang – 105, 115, 230, 370, 371, 393, 405, 407
Hsüan-tsung – 440, 442
Hu, viúva – 354
Huang-Lao – 318
Huan Hsüan – 312
Hui Ko – 147n
Hui-kuan – 321
Hui-kuo – 443
Hui Neng – 147n
Hui-shih – 316, 317
Hui-ssu – 427, 428
Hui-yüan – 312, 313, 318, 319, 321, 322, 339, 343, 349, 355, 356, 357, 361
Hva-śan – 251

I
Inácio de Loiola, santo – 274
I-hsing – 441
Indra – 175
Īśvara – 90
Īśvarasena – 237, 238

J
Jagatīmdhara – 175
Jayavarman VII – 92
Jeta, príncipe – 134n
Jñānaśrīmitra – 236
João da Cruz – 271
Juan Chi – 310

K
Kalayaśas – 280
Kamalaśila – 219, 220n, 222, 223, 251
K'ang-shi – 262
Kaniṣka – 154
Kant – 224
Kao-tsu – 359
Kao-tzu – 329
Kataragama – 103
Khadiravanī Tārā – 261
'Khon dKon-mchog-rgyal-po – 251
Khri Ral-pa-can, rei – 251
Khri-sron-lde-btsan – 250
Khun Luang Mao – 120
Kīrti Śrī Rājasīmha – 108
Kittisirirājasīha – 121
Kittivuddho Bhikkhu – 129
K'ou Ch'ien-chih – 319
Krishna – 276
Kru Ba Srivijaya – 128
Kṣitigarbha – 373
Kuan-ting – 364
Kuan-yin – 373
Kublai Khan – 120, 252
Kūkai – 147n, 443
Kumārajīva – 163, 172, 195n, 197, 217, 280, 314, 317, 320, 321, 326, 334, 336, 339, 340, 357, 363, 378, 379n, 380, 384, 385, 412, 419n, 423n, 424n, 425n
Kuo Hsiang – 310, 401

L
Lao-tzu – 304, 309, 310, 318, 319, 331, 338, 339, 357, 358, 368, 373, 401
Lcan-skya Hutukhtu Nag-dban Blo-bzan chos-ldan – 255
lHa-bzang – 262
Liang-chou – 317, 319, 351, 355, 356
Lithai, rei – 121, 125, 126
Lokakṣema – 283
Lokeśvararāja – 169, 279
Lu Kuang – 317
Luang Poh Sod – 129
Lu-shan – 320, 322

M
Mahādeva – 27, 29
Mahagiri – 116, 117
Mahākāśyapa – 175
Mahānāga – 46
Mahāpadma, rei – 141, 142
Mahāsaṅghika – 328
Mahāsena, rei – 104
Mahāsthāmaprāpta – 281
Mahātissa – 104
Mahāvairocana – 259, 438, 439, 440, 441, 442, 443
Mahinda – 89
Maitland, Sir Thomas – 110
Maitreya – 161, 164, 174, 182, 224, 225, 260, 261, 264, 266, 354, 355, 357, 363, 367, 404, 405
Malalasekera, G. P. – 111
Mani – 134n, 273
Mañjuśrī – 159, 173, 176, 182, 202, 255, 260, 264, 363

Mara – 175, 243
Mar-pa (Marpa) – 252, 265
Mātṛceta – 139
Māyādevī – 141
Megha – 162
Meng-hsun – 326, 327
Milarepa (Mi-la Ras-pa) – 252, 264, 265
Milinda, rei – 76
Mīmāṁsā – 263
Mindon – 118
Ming, imperador – 304
Min-tu – 332-335
Mkhas-grub-rje – 253, 258, 264
Moggaliputta Tissa – 26, 27
Mohoṭṭivattē Guṇānanda – 111
Mongkut, rei – 122, 126, 127, 128, 129
Motovilov, Nicholas – 272, 279
Mou-tzu – 307, 308, 309, 313, 401
Munendra – 261

N
Nadoungmya – 117
Nag-dban Blo-bzan bsTan-'dsin rgya-mtsho – 262
Nag-dban Blo-bzan rgya-mtsho – 252
Nāgārjuna – XVI, XIX, 12, 130, 135, 209-211, 224-230, 253, 260, 284, 289, 334, 336, 363, 364, 380, 382-386, 402, 412, 413, 418, 425, 429
Nāgasena – 76, 334, 345
Nan-yüeh Hui-ssu – 363
Narapatisithu – 118
Naropa (Nāro-pā) – 253, 264
Nātha – 103
Nigaṇṭha Nātaputta – 7
Nishitani Keiji – 380
Nyāya – 236

O
Ormuz – 273
Olcott, H. C. – 111

P
Padmasaṁbhava – 219, 250, 252, 255, 261
Pao-liang – 341
Parakramabāhu I, rei – 107
Paramārtha – 370, 403-407
Pascal – 272
Pe-har – 261
'Phags-pa – 252
Pho-lha – 262
Piṅgala – 380, 381, 384
Prabhūtaratna – 194, 195
Prajñākaragupta – 235
P'u-chi – 441
Pybus – 110

R
Rādha – 420
Rāhulabhadra – 217
Ral-pa-can – 251
Rama I, rei – 122
Rāmānuja – 272
Ramkamhaeng o Grande, rei – 120, 121, 125, 126, 127
Ratnākara – 172
Ratnakīrti – 236
Ratnamati – 403, 404
Ratnasaṁbhava – 248, 258, 442
Rgyal-tshab-rje – 264
Rin-chen-bzan-po – 251

S
Sagākatham – 284
Saichō – 443
Sakra – 116
Śākyamati – 235
Śākyamuni. *Ver* Siddhārtha Gautama
Śākyaśrībhadra – 252
Samantabhadra – 180, 182, 195, 200, 442
Saṁghavarman – 278
Saṅghadeva – 322, 336, 339
Saṅghamitta – 89
San-lun – 335-336
Sangs-rgyas rgya-mtsho – 262, 263, 264
Śāntarakṣita – 219-223, 250
Śāntideva – 65-68, 219
Sa-pan – 252
Saraṇaṁkara – 108, 110
Sāriputta (Śāriputra) – 30, 107, 136, 142, 158, 175-176, 282, 423n
Sarvārthasiddha – 258
Seng-chao – 311, 335-337, 340, 348, 378, 379, 384, 387, 412-414, 418, 422
Seng-ch'üan – 337
Seng-lang – 314, 315, 317
Seng-min – 415
Seng-tu – 348, 349
Serafim, são – 272, 279
sGam-po-pa – 252
Shan Tao – 199, 292, 294, 296, 385n
Shih Hu – 315, 316, 444
Shih Lo – 314, 315, 317
Shin Arahan – 92, 113

Shinran – 294, 296
Shih-tsu (T'ai-wu) – 354
Shun-hsiao – 443
Shwegyn Sayadaw – 118
Siddhattha Gotama. *Ver* Gautama Siddhārtha
Śikṣānanda – 177
Sirimanna, F. S. – 111
Śiva – 91, 93, 105
Śrīmitra – 439
Sron-btsan-sgam-po – 250
Sthiramati – 224, 229
Śubhagupta – 235
Śubhākarasiṁha – 439-441, 442, 443
Subhūti – 255, 359
Sudhana – 181, 182
Sumana Thera – 121
Suzuki, D. T. – 178, 179

T
T'ai-tsu – 317, 324, 354
T'ai-tsung – 324, 370, 443
T'ai-wu – 318, 319
Tak Sin o Grande, rei – 121
T'an-luan – 284, 285, 287-294, 296, 359, 368
T'an-mo-tsui – 358
T'an-wu-lan – 439
T'an-yao – 329, 350, 351, 365, 439
Tao-an – 313, 314, 315, 317, 319, 324, 326, 332, 336, 348, 352
Tao-ch'o – 292, 293, 296, 368, 372
Tao-hsin – 368, 370
Tao-i – 333, 334, 335
Tao-sheng – 193, 320, 339, 340, 343
Tārā – 245
Thagyamin – 116
Thao-Du'ò'ng – 297
Thon-mi Sambhota – 250
Tissa – 76
Ti-tsang – 373
Trigault, Nicolas – 274
Tsan-dbyans rgya-mtsho – 262
Tson-kha-pa – 253, 255, 256, 264
Ts'ui Hao – 319, 328
Tsung Ping – 304
Tun-huang – 176, 355

U
Udayana – 236
Uddaka Rāmaputa (Udraka Rāmaputra) – 5, 47
U Nu – 117, 119
Upāli – 25, 110
Upatissa – 77
U Sobhana Mahathera – 20
Uthong, rei – 121

V
Vaidehī – 281
Vairocana – 179, 181, 182, 248, 257, 259, 360, 366, 367, 371, 372, 393
Vaiśesika – 236
Vajirañānavarorasa, príncipe – 127
Vajrabodhi – 105, 439, 440, 441, 442, 443
Vajradhara – 264
Vajrapāni – 255, 264
Vajrasattva – 249
Vasubandhu – XIX, 58, 59, 62-68, 171, 224-232, 237, 255, 260, 287, 293, 402-407
Vātsīputra – 27
Vaṭṭagāmaṇī Abhaya, rei – 104
Vaughan, Henry – 271
Vijayabāhu I, rei – 107
Vimaladharmasūriya I – 108
Vimalakīrti – XVIII, 158, 159, 172-176, 202, 359
Vicente – 108
Viṣṇu – 90, 93, 103, 154, 167, 168

W
Wang Pi – 309, 331, 401, 402
Wei-shih – 370
Wei Shou – 304, 307, 308, 344
Wei Yüan-sung – 363
Wen-ti – 362
Wu, imperador – 322, 323, 341, 354-356, 358, 361, 362, 363, 364
Wu, imperatriz – 371, 372
Wu-hsing – 440

Y
Yang-chien Wen-ti – 362
Yang Hsüan-chih – 352-353
Yang-ti – 362, 363
Yao Hsing – 317, 321, 322, 340
Yao Sung – 340
Yeh-shou – 296

Ye'śes-'od, 251
Yi – 419
Ying, príncipe – 304, 305, 343
Yü Fa-k'ai – 333, 334, 335, 418
Yü Fa-lan – 334
Yün-kang – 176
Yü-Tao-sui – 420

Z
Zoroastro – 134n

Índice de Assuntos

A

abhayagiri, seita – 104, 105
abidarma
  argumentos do – 52-53
  bibliografia – 73-77
  budismo tibetano, e o – 73
  crítica do – 84
  descrição do – 31
  doutrina – 77-78, 82-84
  ensinamentos e – 31
  filosofia – 157-158
  influência do – 84-85
  origem do – 73
  Sarvāstivāda, e a seita – 31-32, 73-75
  Teravada, e a seita – 31, 73, 75-77
Abhidharma-hṛdata – 75
Abhidharma-kośa – 75
Abhidharmakośabhāsya. *Ver Um Comentário ao Tesouro da Metafísica*
Abhidharma pitaka – 73, 75-76
Associação Budista de Moços (ABM) – 111
acittaka (a-mental), estado – 46
Ailao, reino – 120
Ājīvakas – 15
alcance da cessação – 42-48
alegria (prīti) – 44
Amarapura Nikāya – 111
amizade (maitri) – 54, 57
amor – 18-19
anglicana, igreja – 110
aniquilacionismo (ucchedavāda) – 12, 13, 32
Anuttarayoga, Tantra – 245, 246, 247, 248, 249
arquitetura – 124, 344-346
arte – 124
Ārya-mārga. *Ver* nobre caminho
ascetismo – 143
Aśubha-bhāvanā. *Ver* cultivo do horrível
atenção (smṛti) – 41, 51-53
Aṭṭhakavagga – 24
Aṭṭhasālinī – 77
Avatamsaka, Sutra de
  bodisatva e o – 178-180, 184-186
  descrição do – 178-183
  desenvolvimento do – 177-178
  finalidade do – 177-178
  influência do – 186-187
  interpretação do – 177
  Mahāyāna, e a seita – 183-186
  textos que chegaram até nós – 177
Ayudhya, reino de – 121

B

bhāvanā. *Ver* cultivo
boas/más ações (karman) – 82, 210, 211, 307-308

Bodhicaryāvatāra (*Adentrando a Prática do Despertar*) – 65-67
bodhicitta. *Ver* decisão pela iluminação
Bodisatva
culto ao – 162-167
Mahāsāṅghika, e a seita – 27-29, 32-33
Mahāyāna e o – 169-170
Sutra de Avataṃsaka e o – 178-180, 184-186
Sūtra do Lótus e o – 191
bom rei (deva rāja) – 91-93, 117
Bön, bibliografia – 265
Bramânico-upanishada, hinduísmo – 88
Brahmavihāras. *Ver* "modos para se viver como Brama"
Buda
ascetismo e o – 143
alcance do – 135-136
budismo chinês e o – 303-305, 342-346, 348-354
budismo da Terra Pura e o – 271, 276-277
caminho do meio e o – 7, 12-14
caminho espiritual e o – 14-15
civilização e o – 133-138
contribuição do – 133
conversão do – 3-5
definição do – 135-137
Dignāga e o – 234-235
disseminação da mensagem do – 23, 24
divindade do – 32-33
ensinamento como o sucessor do – 24-25
ensinamentos do – 3, 10-12, 139
espiritualidade do – 10-11
explicação dos três corpos do – 194-197
gratuidade missionária e o – 159
iluminação do – 7-10, 98
imagens do – 115-116, 342-344
instituição educacional do – 139-141
Mahāsāṅghika, e a seita – 27-28, 32-33
monasticismo e o – 133-134
morte do – 23
nirvana e o – 12-13
no Sri Lanka – 103-104
no *Sutra do Lótus* – 189, 190
nobre busca do – 5-6
origem interdependente e o – 12-13
perfeito – 136-137
poder do – 116
sarvāstivādin, e a seita – 32
sofrimento e o – 4-5, 24
tempo do – 138
veneração do Buda, no saṅgha – 350-351
vida anterior à iluminação – 47-48
Buddha-trikāya (três corpos do despertar) – 188, 231-233
budismo. *Ver também* Buda; seitas específicas
arquitetura tailandesa e – 124
concentração espiritual e – 18-23
darma e – 77-82
escolas primitivas do – 25-33
hinduísmo e – 87-88, 90-91
ideologia do bom rei e o – 91-93
império britânico e – 119
introdução ao budismo de Mian-mar – 113
libertação e – 14-15
meditação e – 7, 20-21, 37-38
moralidade e – 15-16, 18, 82
na Índia – 3, 134
primeiras discordâncias entre os seguidores do – 25-26
reforma do, seita Teravada como – 93-94
seitas mianmarenses de – 119
solidão do – 6
Sri Lanka – introdução do budismo no – 103-104
Sudeste asiático, introdução do budismo no – 88-89
surgimento do – 3
vazio e – 330-335, 411-412
Tailândia, introdução do budismo na – 120-121
taoísmo e – 305-306
templos e – 344-346
Tibete, introdução do budismo no – 250
Budismo chinês
apologética e – 306-310
arquitetura e – 344-346
Buda e o – 304, 342-346, 348-354
Chih Tun e o – 311-312
comunidades dos templos e o – 344-346
consciência e – 306
controvérsia e – 306-310
conversão ao – 346, 348-350
ensinamentos do – 330-342
fim de uma era e o – 354-360
homens santos e – 313-319
Hua-yen, e a escola – 377-378, 392-400
Hui-shih e o – 315-316
Hui-yüan e o – 312-313
Kuo Hsiang e o – 310
Mahāyāna e o – 351-354
monasticismo e o – 364-365
monges e – 313-319, 348
neotaoístas e o – 309
Nirvana, e a escola do – 339-341

nova era e o – 310-313
restauração do – 361-364
Saṅgha e o – 319-324, 327-330, 350-351
San-lun, e a escola de – 377-385
Satyasiddhi e o – 335-339
Seng-lang e o – 314, 315
síntese entre a prática no norte e a teoria no sul e o – 359
Sui, e a dinastia – 361-364
supressão do (574-577) – 361-362
T'ang, e a escola – 364-372, 373-374
tântrica, e a seita – 43-44, 437-444
Tao-an e o – 314-315
taoísmo e o – 305-306
templos urbanos e o – 351-354
Teng e o – 314-315
três períodos, e a seita dos – 360-361
T'ien-t'ai, e a escola – 363-364, 377-378, 385-392
vazio e – 330-335, 411-418
Wu (imperador) e o – 341-342
Iogacara e o – 401-402

C
Carã, tantra – 245, 246
Caminho do meio – 7, 12-14, 24, 143, 425-427. *Ver também* MMK
caminho (mārga) – 41, 42. *Ver também* tipos específicos
Caminho Branco, parábola do, Caminho da preparação (prayogamārga) – 58
O Caminho da Purificação (Visuddhimagga) – 77, 94-96
Caminho da visão (darśana-mārga) – 58, 60
Caminho do despertar – 49-50
certeza – 234-238
cessação
alcance da – 42-48
transe da – 99
tripla – 431-435
Cármica, retribuição – 166-168
Ch'eng shih – 336-338
Cinco Pontos do Mahādeva – 27, 29
citta (mente) – 51, 65, 83-84
civilização – 133-138
compaixão (karuṇā) – 18, 19, 20 , 54
conceitualização (saṃjñā) – 46
concentração. *Ver* Meditação
confiança – 274-278
confucianismo – 356, 364, 368, 371, 373, 374, 378
Congresso Budista de Todo o Sri Lanka – 111
conhecimento (jñāna) – 49, 59
consciência
budismo chinês e – 306
estado alterado de – 45-46, 47-48
estrutura da – 226-229
Iogacara e – 225-229
contemplação – 431-435. *Ver também* meditação
convencionais, designações – 420-422
Coração, Sutra do (*Prajñāpāramitā-hṛdaya*) – 155, 165, 177, 191, 193, 394, 395
corpo (kāya) – 51-53, 65
cores (kasiṇas) – 97
cristianismo – 29. *Ver também* Missionários; seitas específicas
cultivo (bhāvanā) – 40
cultivo do horrível (aśubha-bhāvanā) – 56-58

D
Dalai Lama – 147, 148, 253-255, 261-266
Darma – 77-82. *Ver também* ensinamentos
Darśana (visão) – 49-50
Darśana-mārga. *Ver* caminho da visão
decisão pela iluminação (bodhicitta) – 65
deleite (sanuk) – 125
desejo (kāma) – 44
destruição como manifestação – 383-384
Deva rāja. *Ver* bom rei
devoção – 286-297, 351-354
Dhamma. *Ver* Darma; ensinamentos
Dhammakaya escola – 129
Dhamma rāja – 89, 91, 92, 113, 117
Dhammayuttika Nikāya – 122, 127, 128
Dharmākara – 287-289
Dharmakīrti – 236-238
Dharmapāla – 405-406
Dharmaskandha – 74, 76
Diana. *Ver também* meditação
alcance da cessação e – 42-48
análise observacional e – 49-50
conhecimento e – 49-50
definição de – 39-41
enstasia e – 41
estados de – 40
perfeição de – 65-67
Diamante, Sutra do (*Sarvathāgata-Tattvasmgraha*) – 155, 256-261
Dignāga – 218-220, 234-238
Disposição (kṣānti) – 59
Divindade do Buda – 33
Doutrinais, fórmulas. *Ver* Ensinamentos
Dual, prática – 292-297
Dukkha (sofrimento) – 4-5, 24

E
emoções, manipulação das – 54-58

empática, alegria (mudita) – 54
encadeamento – 13
ensinamentos
  Abidarma e – 30-32
  atenção e – 51-53
  como o sucessor do – 25
  da escola T'ang – 366-374
  do Buda – 3, 10-12, 104, 139-140
  do budismo chinês – 330-342
  do Hīnayāna – 32
  inter-relações entre os – 396-399
  Mahāsānghika, da seita – 27-28
  Sarvāstivāda, da seita – 30-33, 77-82
  Teravada, da seita – 30-31
enstasia – 42, 50
equanimidade (upekṣa) –, 45, 54
Escola do Meio. *Ver* Seita Mādhyamika
esotérico, budismo. *Ver* Budismo tântrico
espiritual, concentração – 18-23. *Ver também* Meditação
espiritual, dinâmica – 229-231
espiritualidade do Buda – 10-11
  budista, fundamentos da – 11-12
  da confiança – 274-278
  estágios da – 14, 20-23
  Hua-yen, e a escola – 377-378
  Mahāyāna e a – 165-166
  na Tailândia – 125-130
  San-lun, e a escola – 377-378
  Terra Pura, e o budismo da – 270-278
  Teravada, e a seita – 93-94
  T'ien-t'ai, e a escola – 377-378
  Iogacara e a – 226
eternalismo (sassatavāda) – 12
exposição dos Dez Estágios – 403

F
Fa Hsiang, escola – 406, 407
fé (saddhā) – 15
felicidade (sukhā) – 44
Fundação da Disciplina (Vinayavastu) – 141

G
grande amizade (mahāsaṅgha) – 328

H
Hīnayāna – 30-33, 120, 135, 136, 161
hinduísmo – 87-88, 90-91, 243
holandesa, Igreja Reformada – 108, 110
Homens santos – 313-318. *Ver também* monges
Hua-yen, escola – 177, 377-378, 392-400
Hua-yen, seguidores da escola de – 370, 371, 372, 392, 393, 395

I
iluminação – 7-10, 65, 96
Índia – 3, 134. *Ver também* Indiana, meditação budista
Ioga – 57. *Ver também* meditação
Iogacara
  Buda dos – 195-196
  chinês, e o budismo – 401-402
  consciência e – 226-229
  definição de – 57
  espiritual, e a dinâmica – 229-231
  espiritualidade e – 225-226
  Fa Hsiang, e a escola – 405-407
  fundadores da escola – 224
  Hsüan-tsang, e a tradução de – 407
  negação e – 225-226
  os três corpos do despertar e – 231-233
  She-lun, e a escola – 402-405
  três corpos, e a explicação do Ti-lun, e a escola – 402-405
  vazio e – 224, 225
Ioga, Tantra – 245-249
ioga, prāṇāyāma da – 20
Indiana, meditação budista
  alcance da cessação e – 42-48
  magia e – 37-38
  manipulação das emoções e – 54-58
  análise observacional e – 49-53
  perfeição de diana e – 65-67
  ritual e – 37-38
  terminologia da – 38-42
  texto de Vasubandhu e – 58-60, 62-64
Individual, prática – 292-297
introvisão (vipassanā) – 29, 98-100. *Ver também* Meditação
intuitiva, compreensão. *Ver* Isolamento do conhecimento (viveka) – 42

J
Jhāna. *Ver* Meditação
Jñāna. *Ver* conhecimento
Jñānaprasthāna – 74

K
Kāma. *Ver* desejo
Karman. *Ver* boas/más ações
Karuṇā. *Ver* compaixão
Kasiñas. *Ver* cores
Kāya. *Ver* corpo
Kriyā, tantra – 245, 246, 247
Kṛtsna. *Ver* todo
Kṣānti. *Ver* disposição

L
leigos – 113, 116
libertação – 14-15, 142
Lun chu – 285, 287
Luz, misticismo da – 270-274

M
Madhyamakālaṃkāra – 220-223
Mādhyamika, desenvolvimento da fundador da – 209
Kamalaśīla e – 222-223
Mahāyāna, e a seita – 209
MMK e – 210-217
Śāntarakṣita e – 219-222
seita – 217-219
mãe, tantra – 249
Mahānikāya – 122
Mahāsaṅgha. *Ver* grande irmandade
Mahāsāṅghika, seita – 27, 29, 30, 32, 33
Mahāvaṃsa – 88, 89
Mahāvibāsā, 74, 75
Mahāvihāra – 104, 105, 107
Mahāyāna
bodisatva e – 162-167, 170
budismo chinês e – 351-354
contexto social da escola – 159-162
devoção e – 351-354
espiritualidade e – 166-167
filosofia da escola – 159-162
formação da escola – 88
herança da escola – 202-204
hinduísmo e – 87, 90-91
Mādhyamika, e a seita – 209-210
meditação e – 157-158
MMK e – 209-217
monarquia e – 91-93
na Tailândia – 120
no Sri Lanka – 105
noção de meios hábeis e – 188-192
práticas invocatórias na escola – 197-199
Terra Pura, e o budismo da escola – 167-171
Sutra de Avatamsaka e – 183-186
Sutra do Lótus e – 188-192
transferência de méritos e – 167-171
veneração do sutra e – 200-201
maitri. *Ver* amizade
manipulação das emoções – 54-58
mārga *Ver* caminho. *Ver também* tipos específicos
meditação. *Ver também* Diana; Indiana, meditação budista
budismo e – 7-9, 19-21, 37, 38
cores e – 97
definição de – 39-40
Dhammakaya, e a escola – 129
em contextos cristãos – 38-39
introvisão e – 99-100
Mahāyāna e – 157-158
prática da – 37-38, 40
samādhi e – 40, 95-97, 390-392
sem forma – 5-6, 97
sobre a piedade – 19
sobre o amor – 18-19
sudeste asiático, e o budismo do – 84-101
tipos de – 5, 7, 9
Ioga Sāṃkhya e – 20-21
mente. *Ver* citta
Mianmar
monges em – 92, 100
seitas budistas em – 119
soberania e – 92
seita Teravada em – 113, 116, 117
militarismo – 144, 145
misticismo da luz –
MMK (Mūlamadhyamaka-kārikā [Estâncias sobre o Caminho do meio])
autor do – 209-210
descrição do – 210
Mādhyamika, e a seita, 209-217
Mahāyāna e – 209-217
negação da realidade mundana e – 210-214
origem dependente e – 214-217
vazio e – 214-217
missionários – 108, 110
"Modos de se viver como Brama" (brahmavihāras) – 18, 20, 54-56
monarquia – 91-93, 144
monasticismo
Buda e o – 134
Budismo chinês e o – 365
budista, fases do – 145-148
contemporâneo – 148
Dalai Lama e o – 147
europeu – 147
militarismo e – 145
monarquia e – 144-145
monges e – 143
monjas e – 143
na Tailândia – 122-123
saṅgha e – 144
Teravāda, e a seita – 127-128
monges. *Ver também* Homens santos; monasticismo; nomes específicos
budismo chinês e – 313-319, 348
em Mianmar – 92, 100
grande irmandade e – 328-330

monasticismo e – 143
na Tailândia – 100
no Sri Lanka – 100
papel social dos – 143
monjas – 107, 143-144
morais, regras (sīla) – 95
moral, cultura – 15-18
mudita. *Ver* empática, alegria
Mūlamadhyamaka-kārikā (Estâncias sobre o Caminho do Meio). *Ver* MMK
mútua, identificação – 395-396
mútua, penetração – 395-396

N
Namu Amida Butsu ("Salve Buda Amita") – 269
Nanchao, reino – 120
Nat, relicários de – 116, 117
negação – 210-214, 224-226
neotaoístas – 309, 310, 311, 313, 331, 401
Nibbāna – 12-14
Nirodha-samāpatti (transe da cessação) – 99
Nirvana, escola do – 339-341
Nirvana, Sutra do – 202, 339
Nirvana – 12-14
nobre caminho (ārya-mārga) – 59, 83
noção de meios hábeis – 188-192

O
O Budista Moderno – 127
observacional, análise – 49-53
Ordem Posterior – 92, 118
Origem dependente,
Origem Interdependente – 12, 13
Outro Poder – 277, 287-289, 293, 294

P
Pagodes – 113
Pai, tantra – 249
Pāli, Cânone – 68, 104
Panchen Lama – 253, 255, 262
Pan-chou san-mei-ching sūtra – 282
Paññа – 95, 98
Parábola do Caminho Branco – 291-292
Paramārtha – 403-407
Pārāyanavagga – 24
Paya (poder do Buda) – 116
pensamento aplicado (vitarka) – 42, 44
Perfeição da Sabedoria, sutras da – 154-159
Poder Absoluto – 294-295
Poder monárquico – 91, 144
prática
budismo da Terra Pura e a – 292-297
da meditação – 37-38, 40-41
do vazio – 427-431
doutrinal – 197-202
dual – 292-297
individual – 292-297
Prajñāpāramitā. Ver também Mahāyāna
máxima do – 209-210
pano de fundo do – 153-154
perfeição da sabedoria, e os sutras da – 154-159
vazio e – 157-159, 229-231
Prajñāpāramitā-hṛdaya. Ver Sutra do Coração
Pramāṇasamuccaya – 234
Pramāṇavārttika – 234, 235
Prapañca – 210-217
Prātimokṣa, Sutra de. Ver Regra para a Libertação Individual
Prayogamārga. *Ver* caminho da preparação
predeterminismo – 15
preparação, caminho da – 58
Primeiro Concílio – 25
Prīti. *Ver* alegria
purificação – 18, 289-291. *Ver também* Caminho da Purificação

Q
Quatro Nobres Verdades – 4, 63, 83, 336

R
Rāmañña Nikāya – 111
realidade – 210-214
Regra para a Libertação Individual (*Sutra de Prātimokṣa*) – 142

S
Saddhā. *Ver* fé
Sākyas – 3
"Salve Buda Amita". *Ver* Namu Amida Butsu
Samādhi – 40, 95, 97, 390-391. *Ver também* meditação
Samatha. *Ver* serenidade
Saṃbodhi. *Ver* Iluminação
Saṃjñā. *Ver* conceitualização
Sāṃkhya, yoga,
Sammitiya, seita – 27, 30
Saṅgha
Anawrahta e o – 117-118
budismo chinês e – 319-324, 327-330, 350-351
confucianismo e o – 356-358
destruição do – 107

fundação do, na China – 319-321
leigos e o – 116
monasticismo e o – 143-144
Mongkut e o – 127-128
monjas e o – 107
no centro e sul da China – 321-323
no norte e noroeste da China – 323-328
Siyam Nikāya e o – 110-111
taoísmo e o – 356-358
veneração do Buda ao – 350-351
Saṅghītiparyāya – 74, 75
San-lun, escola de – 377-385
Santiasoka, seita – 128
Sanuk. *Ver* deleite
Sarvāstivāda, seita
abidarma e – 31, 73-75
Buda e a – 32
ensinamentos da – 30-31, 77-83
formação da – 28-29
lógica do Darma e a – 77-82
soteriologia – 82-83
Sarvatathāgata-Tattvasaṃgraha. *Ver Sutra do diamante*
Sassatavāda. *Ver* eternalismo
Sattva – 82
Satyasiddhi, filosofia – 335-339
Segundo Concílio – 25-27
Seita lokattaravāda – 27
sem mente (acittaka), condição – 41
Seng. *Ver* Monges
separação (viveka) – 42
serenidade (samatha) – 21
Sermão dos Três Mundos (Tebhūmikathā) – 121, 125, 126
sensação afetiva (vedanā) – 51, 52
She-lun, escola – 402-405
Sīla *Ver* regras morais,
Siyam Nikāya – 110, 111
Sukhāvatīvyūha menor – 280
Smṛti. *Ver* atenção
solidão – 5-6
soteriologia – 82
sudeste asiático, budismo do,
disseminação do – 88
êxito do – 93-94
início do 88-90
hindu-budista, e a interação – 90-91
meditação e o – 94-101
monarca, e o papel do – 91-93
reforma do budismo, e o – 93-94
Teravada, e a seita – 87-88
soberania – 91-93, 144-145
Śramana, movimento – 3
Sri Lanka
Buda no – 103-104
hindu-budista, interação – 90-91
Mahāyāna no – 105
missionários no – 107-108, 110
monges no – 100
soberania e – 92-93
Theravāda, e a seita – 103-112
Śrīmālā, Sutra de – 202
Stūpa, adoração do – 159, 161-162, 350
sofrimento. *Ver* dukkha
Sui, dinastia – 362-365
Sukha. *Ver* felicidade
Sukhāvatīvyūha – 278-280
Sukhāvatīvyūha Maior – 168, 278
sustentado, pensamento (vicāra) – 42, 44
Sutra de Kuan ching – 280-281
Sutra de Laṅkāvatāra – 191, 194, 195, 243, 284, 403
Sutra do Lótus
ajustes ao budismo tradicional e o – 188
análogos do – 191
bodisatva e o – 191
Buda e o – 194-197
Buda no – 188-190
budismo da Terra Pura e o – 284
explicação dos três corpos do Buda e – 194, 197
iluminação budista universal e o – 192-194
Mahāyāna e o – 188-192
noção de meios hábeis e o – 188-192
originalidade do – 189-190
popularidade do – 177
práticas doutrinas e o – 197-203
vazio e o – 190-191
Sutra da Sabedoria Perfeita – 154-159
Sūtra-piṭaka – 74, 77, 83
sutras. *Ver* nomes específicos
sutra, veneração do – 200
Suttanipāta – 24

T

T'ang, escola – 364-374
Tântrico, budismo
Amoghavajra e o – 441-444
deidades e o – 243, 245
formação do – 243-244
hinduísmo e o – 243
I-hsing e o – 441
livros ocidentais sobre o – 244
na China – 105, 437-444
Śubhākarasimha e o – 440-441

superioridade, reivindicação de, e o – 244-245
tantra, e as classes – 38-39, 245-249
textos do – 438-439
tibetano, e o budismo – 256-261
Vajrabodhi e o – 441-444
Taoísmo
budismo e o – 305-306
chinês, e o budismo – 305-306
saṅgha e o – 356-358
vazio e o – 330-335
Tathāgatagarbha (ventre) – 194, 202, 225
Tattvasaṃgraha – 220
Tebhūmikathā. *Ver* Sermão dos Três Mundos
Templos – 344-346, 351-354
Teng – 314, 315, 323, 354-355
Terra do Buda, construção da – 138
Terra Pura, budismo da
Buda e o – 271, 276-277
confiança e – 274-278
descrição do – 269-270
devoção da – 296-297
devoção e – 276-277
espiritualidade e – 270-278
invocação ligada ao – 269-270
Laṅkāvatāra, e o *Sutra de* – 284
Lótus, e o *Sutra do* – 284
Mahāyāna e o – 167-171
misticismo da luz e – 270-274
Outro Poder e – 287-289, 296
Parábola do Caminho Branco e – 291-292
prática e – 292-297
purificação e – 289-291
sutras do – 278-284
T'an-luan, e a visão de – 284-291
Tailândia
arquitetura e arte da Tailândia, budismo e – 122-124
espiritualidade na – 125-130
Mahāyāna na – 120-121
modernização na – 125-130
monasticismo na – 122-124, 127
monges na – 100
Teravada, seita – 120-124
Teravada, seita. *Ver também* Budismo do Sudeste Asiático
abidarma e a – 31, 73, 75-77
como reforma do budismo – 93-94
em Mianmar – 113-119
ensinamentos da – 30-31
espiritualidade e a – 94
filosofia da mente e a – 83-84
formação da – 103-104
monasticismo e a – 127-128
na Tailândia – 120-124
no Sri Lanka – 103-112
Sudeste asiático, e o budismo do – 87-88
Tripiṭaka e a – 73, 77
Terceiro Concílio – 26-27
Três corpos do despertar. *Ver* buddha-trikāya
Tibetano, budismo
Abidarma e o – 73
atual – 262-266
desenvolvimento do – 250-256
origem do – 250
tântrico, e o budismo – 256-261
T'ien-t'ai, escola – 363-364, 377-378, 385-392
Ti-lun, escola – 402-405
todo (kṛtsna) – 48
"Totalidade terra", 56
transe da cessação. *Ver* nirodha-samāpatti
transmigração – 167-171, 215-216
Três Corpos do Buda – 194-197
Três períodos, seita dos – 360-361
tripla, cessação – 431-435
tripla, verdade – 386-389, 425-427
Tripiṭaka – 73, 77

V

vazio
budista – 330-335, 411-412
budismo chinês e – 330-335, 411-418
cessação tripla e – 431-435
Chi-tsang, crítica do vazio por – 418-422
contemplação e – 431-435
designações convencionais e – 420-422
Duas Verdades e – 412-415, 423-425
interpretações do vazio no budismo chinês – 412-415
interpretações positivas do vazio
MMK e – 214-217
no budismo chinês – 415-418
prática do – 427-431
Prajñāpāramitā e – 158-159, 231
Sutra do Lótus e – 190-191
verdade tripla e – 426
Iogacara e – 224, 225
Verdade
conquista da – 138-139
Duas Verdades e – 412-415, 423-425
ensinamentos do Buda sobre a – 10
Quatro Nobres Verdades e os – 4, 63, 83, 336
suprema – 384-385
tripla – 386-387, 389, 425-427

U

Ucchedavāda. *Ver* aniquilacionalismo
Um Comentário ao Tesouro da Metafísica (Abhidharmakośabhāṣya) – 58-60, 63-64, 584
Universal, iluminação budista – 192-194
Upanishadas – 15
Upekṣa. *Ver* equanimidade
urbanos, templos,351-3541

V

vacuidade – 330-335
Vairocanābhisaṃbodhi, tantra de 249, 256-257
Vajjiputtaka, seita – 27-29
Vajrabodhi – 105, 441-444
Vedanā. *Ver* sensação afetiva
ventre. *ver* tathāgatagarbha
Vibhaṇga – 76-77
Vicāra. *Ver* pensamento sustentado
Vimalakīrti, Sutra de – 136-138, 158-159, 172-176, 202, 283, 414
Vinayavastu. *Ver* Fundação da Disciplina
Vipassanā. *Ver* introvisão. *Ver também* meditação
visão. *Ver* darśana. *Ver também* Caminho da visão
Visuddhimagga. *Ver* O Caminho da Purificação
Vitarka. *Ver* pensamento aplicado
Viveka. *Ver* isolamento/separação

W

Wang Pi – 330-331
Wei, dinastia – 318-319, 324-326, 364-365

Este livro foi impresso na cidade de Cotia,
nas oficinas da Meta Brasil,
para a Editora Perspectiva.